Volkmar Braunbehrens
Mozart in Wien

Zu diesem Buch

Mozart – das gefeierte Wunderkind, das schon zu Lebzeiten vereinsamt, vergessen wird, an Gift stirbt, im Massengrab endet? Mit dieser umfassenden Biographie des Musikers in seinem letzten Jahrzehnt gelingt es Volkmar Braunbehrens meisterhaft, die großen Fehlinterpretationen, Gerüchte und romantischen Legenden, die sich um Mozarts Leben ranken, aufzuklären. Anhand der Originalquellen entsteht so ein sozialgeschichtlich unterfüttertes und lebendiges Bild Mozarts. Der selbstbewußte Mensch, der weithin anerkannte, geschätzte und gut verdienende Künstler wird sichtbar im Wiener Alltag des Josephinischen Zeitalters. »Dieses Buch ist nicht nur spannend zu lesen, sondern ein Gewinn für alle, die Mozart – gereinigt von den Mythen der Romantik – aus der Perspektive seiner Zeit kennenlernen wollen.« (Fono Forum)

Volkmar Braunbehrens, geboren 1941 in Freiburg, Studium der Literaturgeschichte, Musikwissenschaft und Kunstgeschichte in München, Heidelberg und Berlin, seit 1981 Privatdozent. Mitbegründer der »Berliner Hefte«, langjähriger Leiter der Berliner Galerie am Savignyplatz, lebt in Freiburg. Veröffentlichungen u. a.: »Mozart-Lebensbilder« (1990), »Mozart. Ein Lebensbild« (1991), »Salieri. Ein Musiker im Schatten Mozarts« (1989).

Volkmar Braunbehrens
Mozart in Wien

Mit 42 Abbildungen

Piper München Zürich

Redaktion und Register: Uwe Steffen

Ungekürzte Taschenbuchausgabe
1. Auflage Oktober 1988
5. Auflage Oktober 1997
© 1986 Piper Verlag GmbH, München
Umschlag: Büro Hamburg
Simone Leitenberger, Susanne Schmitt, Annette Hartwig
Umschlagabbildung: Archiv für Kunst und Geschichte, Berlin
Foto Umschlagrückseite: Michael Lemster
Satz: Kösel, Kempten
Druck und Bindung: Clausen & Bosse, Leck
Printed in Germany   ISBN 3-492-22538-1

Inhalt

Vorwort 9

1. Ankunft in Wien
   In der Kutsche 17
   »Mon trés cher amy!« 27
   Der »Erzlimmel« 32
   Entlassung oder Kündigung? 39
   Die »Sau-Historie« 45
   Abschweifung: Josephinisches Straßenbild 50

2. Die Entführung – 1782
   Das neue Logis 58
   Verschlenzter Sommer? 66
   Ein besonderes Haus 74
   Verführte oder Liebende? 80
   »Die Entführung aus dem Serail« 86
   Abschweifung: Eine andere Entführung 97
   Die Baronin richtet den Hochzeitsschmaus 100

3. Bei Mozarts zu Haus
   Wer war Konstanze Mozart? 104
   Kleinfamilie 110
   Das Musikverständnis von Frau Mozart 114
   Der ökonomische Hausstand 119
   Die vielen Umzüge 123
   Mozarts Hausrat 133
   Abschweifung: Was verdient ein Musiker? 137
   Mozarts Einnahmen 146

Inhalt

4. Adlige und bürgerliche Salons
   Für mein Metier der beste Ort von der Welt   157
   Bei der Gräfin Thun   164
   Abschweifung: Georg Forster bei Gräfin Thun   170
   Freier Künstler oder Musikbeamter   174
   Mit schöner Manier zum Kaiser kommen...   179

5. Wien 1782 bis 1785
   Ein Jahrhundertereignis   189
   Orientierung in der Gesellschaft   196
   Ein Hauch von Landesverrat   201
   »Hauptsächlich aber ist es mir wegen der opera...«   204
   Reise nach Salzburg   209
   Arbeiten unter Druck   214
   Abschweifung: Lorenzo Da Ponte   219
   Der Kaiser verbietet – der Kaiser befiehlt   226
   Josephinismus   232

6. Mozart und die Freimaurerei
   Mozart betritt die Loge   243
   Abschweifung: Freimaurerei – vor allem im josephinischen Wien   249
   Mozarts Logenarbeit   257
   Das Freimaurerpatent und Auflösungserscheinungen   260
   Mozart verläßt die Loge – nicht   267
   »Die Zauberflöte« – eine Logenarbeit?   273

7. Wien 1786 bis 1790
   Wie angenehm, arglos zu sein   286
   Abschweifung: Der Fall Zahlheim   290
   Mozart komponiert   294
   Der tolle Tag: »Figaros Hochzeit«   297
   Die verhinderten Englandreisen   304
   Der Tod des Vaters   310
   Prager Voraussetzungen   313
   Mozart auf der Reise nach Prag   319
   Der gestrafte Ausschweifende oder: Don Jean   324
   Der Kaiser im Krieg – gegen alle   330
   Adlige Mäzene – Baron van Swieten   337

Bürgerliche Mäzene? Puchberg   342
Einmal Wien–Berlin und retour   347
Bettelbriefe   352
»So machen es alle«   357
Der Kaiser stirbt   365
Es lebe der Kaiser!   369
Frankfurt – eine unnütze Reise?   376

8. Das letzte Jahr
  Umbesetzungen   384
  Der Sohn im Internat   391
  Abschweifung: Emanuel Schikaneder   395
  »Die Zauberflöte« entsteht   402
  Ein eiliger Auftrag   407
  »La clemenza di Tito«   411
  »Was mich aber am meisten freuet, ist der stille Beifall«   415
  Ein anonymer Auftrag   423
  Krankheit zum Tode   426
  Die Todesursache   429
  Josephinische Begräbnisordnung   436
  Kein Armenbegräbnis   441
  Schätzung   448

Anmerkungen   453
Literatur   479
Abbildungsverzeichnis   492
Personenregister   495

Vorwort

Mozarts Leben vom in ganz Europa gefeierten Wunderkind bis zum bitteren Ende des schon zu Lebzeiten Vergessenen, als Kind mit Ehren und Geschenken von der Kaiserin, dem Papst, Königen und Fürsten überhäuft, aber als Fünfunddreißigjähriger im Armengrab verscharrt, namenlos und ohne Grabstein an unbekanntem Ort – ein einziger grandioser Abstieg: so ist mit vielen Schattierungen das Leben Wolfgang Mozarts schon immer erzählt worden, sei es als Künstlerroman, als Kinderbuch, als Filmbiographie, selbst in Darstellungen, die wissenschaftlichen Rang beanspruchen. Zwar sind in 130 Jahren Mozart-Forschung viele Einzelheiten dieses kurzen Lebens ermittelt und geklärt worden und haben natürlich auch Eingang gefunden in die biographische Literatur über Mozart, aber die Schlüsselstellen sind seit Otto Jahns erster großer Lebensbeschreibung (1856–59) im wesentlichen gleich geblieben: Danach folgten dem frühen Ruhm schnöde Mißachtung in Salzburg, ein kurzes Zwischenhoch als Klaviervirtuose in Wien, dann Mißerfolge und Intrigen mit der Wiener Oper, Rückzug der adligen Gönner, die ihn plötzlich im Stich ließen, bitterste Armut und verzweifelte Bettelbriefe und schließlich das einsame Armengrab, zu dem ihn nicht einmal die Freimaurer begleiteten. Das hat gewiß seine Faszination, hält aber einer historisch fundierten Überprüfung nicht stand.

Nur zum Teil liegt dies an den Quellenzeugnissen zu Mozarts Leben. Sie fließen reichlich für Mozarts Jugendzeit, zu der in ungewöhnlich ausführlichem Maße Briefe der Familie Mozart vorhanden sind. Nach Mozarts Übersiedlung nach Wien (1781) nimmt die Zahl der erhaltenen Familienbriefe jedoch rapide ab, nach dem Tod des Vaters, Leopold Mozart, versiegt diese Quelle ganz. Kein anderer regelmäßiger Briefwechsel tritt an diese Stelle, denn die meisten Menschen, mit denen Mozart engeren persönlichen Kontakt hatte, lebten in Wien; diese Bekanntschaften bedurften keines Briefwechsels. Und an seine Frau, von der er sich nur selten und ungern trennte, sind aus neun Ehejahren nur 36 Briefe erhalten, die Hälfte davon nach dem nahe gelegenen Baden bei Wien, wo Konstanze Mozart in der letzten Zeit öfter zur Kur weilte.

Alles, was auf die Freimaurerei Bezug hatte, ist schon frühzeitig verschwunden, wahrscheinlich um den Nachforschungen der Geheimpolizei zu entgehen. Ein übriges kommt hinzu: Wir wissen aus dieser Zeit nicht einmal in einer Metropole wie Wien von allen Konzerten und musikalischen Veranstaltungen, an denen Mozart mitwirkte. Die Tageszeitungen brachten noch keine öffentlichen Ankündigungen, von Kritiken ganz zu schweigen. Verlagsanzeigen haben sich wiederum mehr erhalten als die angezeigten Werkausgaben. Und zu Mozarts Schülern zählten sich später viele, von denen nicht nachprüfbar ist, ob sie sich mit dem Namen Mozart nur brüsten wollten.

Ist es mit authentischen Lebenszeugnissen des erwachsenen Künstlers Mozart eher mäßig bestellt – im Gegensatz zur Jugendzeit –, so werden die blinden Stellen dieser Biographie schon seit dem frühen 19. Jahrhundert mit Legenden, Histörchen, Anekdoten überwuchert, die allesamt aus fragwürdigen Quellen, erst nach Jahrzehnten schriftlich fixierten mündlichen Erzählungen oder vom Hörensagen stammen und sich jeder historischen Überprüfung entziehen. In allzu unkritischer Weise haben diese Anreicherungen Eingang in die Mozart-Biographik gefunden und werden bis heute weitergeschleppt: ein liebgewordener und vertrauter Ballast, der das Mozart-Bild romantisch verklärt und der Vermarktung gewiß nützlich ist.

Daran hat auch die wissenschaftliche Mozart-Biographik ihren gehörigen Anteil. Denn soviel Detailarbeit wir ihr zu verdanken haben, hat sie sich doch um die Schlüsselstellen herumgedrückt und die Hauptlinien vor allem von Mozarts Wiener Existenz säuberlich ausgeklammert. Mozarts angebliche Verarmung, die Freimaurerei (insbesondere die Loge, der Mozart angehörte), seine persönlichen Lebensumstände, sein enges persönliches Verhältnis zu gesellschaftlichen Randfiguren, der auffällig freundschaftliche Kontakt zu Juden, die damals in Wien noch einer weitreichenden Ächtung unterlagen, schließlich das angebliche Armenbegräbnis (um nur einige dieser Schlüsselstellen zu nennen) sind von der musikwissenschaftlichen Fachdisziplin kaum behandelt, bestenfalls von Außenstehenden aufgegriffen worden.

Sogar mit dem Namen Mozarts fügt sich die Musikwissenschaft bis heute den Marktgesetzen und hält wider besseres Wissen an dem romantischen »Amadeus« fest, der selbst die neue Gesamtausgabe von Mozarts

Vorwort

Werken verunziert: Denn Mozart selbst hat sich nie Amadeus genannt, sondern immer nur Amadé (oder Amadeo) – als Übersetzungsversuch seines Taufnamens Theophilus (Gottlieb). Da hat es schon eher seine Richtigkeit, wenn sich die Fiktion des Theaters oder die Überredungskunst des Kinos mit dem Namen »Amadeus« verbindet und damit unüberhörbar ankündigt, mit dem tatsächlichen Leben Mozarts nichts gemein haben zu wollen. »Amadeus« steht für die Legenden, Ausschmückungen, Phantasien um Mozart.

Sie haben in diesem Buch keinen Platz, und es wird auch nicht der Versuch unternommen, sie im einzelnen zu widerlegen. Wir wissen noch immer wenig über Mozart. Daran immer wieder zu erinnern scheint mir genauere biographische Ermittlung als die bloße Vermutung, als Wahrscheinlichkeit oder Möglichkeit einzelner Lebensumstände. Mir scheint es an der Zeit, Mozarts Denkmal von Patina, Verkrustungen und späteren Ablagerungen behutsam zu reinigen, durchaus mit der Neugierde, die solche Restaurierungsarbeit begleitet.

Biographen versuchen immer, ein möglichst lückenloses Bild des Lebensablaufes »ihres Helden« zu zeichnen – es ist ihre Aufgabe. Oftmals schreiten sie jedoch über die Löcher gesicherten Wissens einfach hinweg, versuchen mit Wahrscheinlichkeit abzudecken, was auch »unwahrscheinlich« abgelaufen sein kann, »psychologisieren«, obschon die Erklärung der Psyche eines Menschen die allergenauesten Kenntnisse von ihm erfordert, schmücken aus, wo die Überlieferung besonders dürftig ist (was einer gutgemeinten Verfälschung gleichkommt), und verfolgen Leitideen, mit deren Führung sie »ihren Helden« wie an Marionettenfäden tanzen lassen. Jede Biographie ist in Gefahr, ihren Gegenstand zu verfehlen durch eine zu große Nähe, wo Distanz geboten wäre. Zu große Distanz wiederum vermag nichts zu erklären.

Die äußeren Lebensumstände einer einzelnen Persönlichkeit zu verstehen bedarf der Kenntnis der historischen Lebensbedingungen, des zeitgenössischen Alltags ebenso wie der historischen Prozesse, die ihn bedingen. Banal gesprochen: Was passiert vor Mozarts Haustür, während er drinnen komponiert? Worüber wird im Wirtshaus, im Salon, während der Logenzusammenkünfte gesprochen, wenn Mozart dabeisitzt? Biographik ist immer zugleich Kulturgeschichtsschreibung. Das Thema »Mozart in Wien« ermöglicht diesen Blick aus der Nähe wie aus der Distanz in besonderer Weise.

Als Mozart-Biographie beschränkt sich dies Buch auf die letzten elf Jahre dieses kurzen Lebens, die Zeit des erwachsenen Künstlers, der großen Opern nach *Idomeneo,* der großen Konzerterfolge ohne den Nimbus des Wunderkindes, die Zeit der eigenen Lebensplanung und -verwirklichung. Hatte Mozart in seinen ersten 25 Jahren von Salzburg aus fast zehn Jahre auf Reisen zugebracht, die längsten davon als vielbestauntes Wunderkind, so waren die Wiener Jahre (1781–91) nur von wenigen kurzen Reisen unterbrochen, meist nur sechs bis acht Wochen. Das erlaubt es, auch solche Quellen heranzuziehen, in denen der Name Mozart nicht auftaucht und die infolgedessen von der Mozart-Forschung nur wenig benutzt worden sind: Quellen zur Stadtgeschichte, zur Sozialgeschichte Wiens, zur Struktur der Bevölkerung, zur kulturellen Entwicklung, zur zeitgenössischen politischen Diskussion und so fort. Für Wien, diese einzigartige europäische Metropole, zugleich das Zentrum des weitreichenden Habsburgerreiches, fließen solche Quellen besonders ergiebig.

Was Mozarts Wiener Jahre aber besonders aufregend macht und in hohem Maße Auswirkungen auf sein musikalisches Werk hatte, ist ihr zeitgenaues Zusammenfallen mit der Alleinregierung Kaiser Josephs II. (1780–90), mit dem josephinischen Jahrzehnt. Es ist die Zeit eines beispiellosen aufgeklärten Reformprogramms unter zentralabsolutistischen Vorzeichen, eines Versuchs, Vernunft und Aufklärung von oben durchzusetzen kraft der Macht des Souveräns. Die Eckpfeiler waren ein an werktätiger Frömmigkeit orientiertes Staatskirchentum, das sowohl dem Klosterunwesen als auch dem römischen Kircheneinfluß ein Ende zu bereiten suchte, die Aufhebung der Adelsprivilegien, die in dem Plan einer völlig neuen Steuergerechtigkeit gipfelte, und die Einführung von Individualrechten, die von der Aufhebung der Zensur bis zu Toleranzgesetzen für Minderheiten führten. Die europäischen Intellektuellen blickten fasziniert auf diese innenpolitische Entwicklung im Habsburgerreich. Das josephinische Jahrzehnt ist zugleich aber die Zeit eines beispiellosen Verspielens dieser Hoffnungen bis zum Fiasko und zum drohenden Zerfall der Habsburgermonarchie, während in Frankreich – unter allerdings ganz anderen Voraussetzungen – die Französische Revolution begann und die Völker lehrte, ihr Schicksal selbst in die Hand zu nehmen.

Mozart hat diese historischen Prozesse mit wachem Bewußtsein verfolgt. Jede seiner Wiener Opern enthielt so viel politischen Zündstoff, daß sie nur knapp an der Zensur oder dem gesellschaftlichen Verdikt vorbeischrappten. Sein Engagement für die Freimaurerei zu einer Zeit, als dieses längst nicht mehr opportun war, sondern der kritischen Beobachtung durch die Geheimpolizei unterlag, zeigt, daß Mozart sich zu deutlichem Bekenntnis herausgefordert fühlte. Als Musiker war er fast der erste, der als freier und unabhängiger Künstler für das musikalisch gebildete Publikum *aller* Gesellschaftsschichten schrieb.

Dieses Buch ist deshalb zugleich die Biographie des josephinischen Jahrzehnts in Wien. Es untersucht den historischen Lebensraum, die Lebensbedingungen, die politischen Spannungen und Konflikte, die gesellschaftlichen und sozialen Kräfteverhältnisse, unter denen Mozart seine Existenzmöglichkeiten suchte, mit denen er sich auseinandersetzte. Die Wiener Lebensverhältnisse, das gesellschaftlich »Normale« stehen so der Lebensverwirklichung eines einzelnen gegenüber. Mozarts Lebenszeugnisse gewinnen vor diesem Hintergrund vielfach einen anderen Sinn, eine neue Deutung.

Auf eine ästhetisch-analytische Werkbetrachtung wurde demgegenüber bewußt verzichtet. Musikalische Sachverhalte zu beschreiben ist ohnehin mißlich: Man muß sie hören. Und heutige Empfindungen beim Hören Mozartscher Musik gehören nicht in ein Buch historischer Zielsetzung. Darüber hinaus erforderte auch das einzelne Werk ein behutsames Abtragen liebgewordener Hörgewohnheiten, das den Rahmen dieser Biographie sprengen würde und einen ganz eigenen Problemkreis darstellt. Um nur ein Beispiel zu geben, sei auf eines der meistgespielten Klavierkonzerte aufmerksam gemacht, das – irreführend – den Namen *Krönungskonzert* trägt (KV 537, datiert: 24. Februar 1788).

In Mozarts Handschrift beginnt der zweite Satz mit folgenden acht Takten des Klaviers:

Für die linke Hand sind keine Noten notiert, aber auch keine Pausenzeichen. Mozart selbst hat die fehlenden Stimmen am Klavier improvisierend hinzugefügt, aber nicht niedergeschrieben. Wenn man dies Werk im Konzertsaal hört, erklingt meist folgendes:

Man mag diese Begleitstimmen schön, angebracht, dürftig, schülerhaft, überflüssig, »mozartisch« oder auch nicht finden – sie sind jedenfalls nicht von Mozart. Aber nicht nur hier fehlen die Begleitstimmen, sondern in den überwiegenden Solopartien aller drei Sätze dieses *Konzerts*. Und wir wissen noch nicht einmal, wer diese Stimmen für die gedruckte Partitur-Erstausgabe (1794) geschrieben hat, jedenfalls wurden sie vom Verleger Johann André veranlaßt. (Als der Pianist Friedrich Wührer es einmal wagte, eine andere Begleitung zu spielen als die übliche, aber nicht authentische, wurde er von der Musikkritik darob hart angegangen; hier wirkte wohl die normative Kraft des Faktischen...) Nun kommt aber hinzu, daß Mozart als verbindliches Orchester nur die Streicher angegeben hat, während alle Bläserstimmen und die Pauke »ad libitum« bezeichnet werden. Für diese »kleine« Besetzung ist das Werk also *auch* konzipiert, weshalb die Bläser mit einer für Mozart ungewöhnlichen Zurückhaltung und Unselbständigkeit notiert sind. Müßte aber dann der ohnehin nur angedeutete Klaviersatz nicht anders klingen? Hätte Mozart bei reduziertem Orchester nicht anders improvisiert als bei »großer« Besetzung? Und werden mit dem Namen *Krönungskonzert* nicht ohnehin falsche Hörerwartungen nach einem »festlich leuchtenden Konzert« erweckt, obschon das Werk für keinerlei Krönungszusammenhang konzipiert wurde, sondern eher für einen kleinen und intimen Rahmen?

Dies Beispiel zeigt, wie jedes Werk eigene Untersuchungen beansprucht. Die Erschließung historischer Dimensionen sagt noch nichts über die Möglichkeiten und Interessen heutiger Interpretation im Konzertsaal, und die ästhetische Diskussion verdeutlicht schon in ihrem Wortschatz ihren nur jeweils aktuellen Zugriff. So beschränkt sich dieses Buch mit Bedacht auf die Darstellung des äußeren Lebens Mozarts in

Vorwort

Wien. Es versucht, leichtfertige Gewißheit zu nehmen und neue Perspektiven zu geben.

*

Mozarts Briefe werden stets mit ihrem Datum zitiert, unter dem sie in der Gesamtausgabe der *Briefe und Aufzeichnungen* (von Wilhelm A. Bauer und Otto Erich Deutsch, Kassel 1962–75) zu finden sind. Die Orthographie wurde beibehalten. Häufig vorkommende Einfügungen Mozarts am Rande werden durch das auch von Mozart verwendete Zeichen |: (bzw. :| am Ende der Einfügung) kenntlich gemacht. Die Nummern des *Köchelverzeichnisses* werden nach der 7. Auflage (Wiesbaden 1965) genannt; erscheinen zwei Nummern für ein Werk, zum Beispiel KV 367a = 349, so entspricht die erste Nummer (367a) der chronologischen Einordnung nach neuestem Forschungsstand, die zweite (349) der ursprünglichen Numerierung Ludwig Ritter von Köchels, wie sie in Konzertprogrammen, Rundfunkansagen usw. bis heute noch benutzt wird.

Juni 1985

1. Ankunft in Wien

In der Kutsche

Am 12. März 1781 reiste Wolfgang Mozart auf Befehl seines Dienstherrn, des Salzburger Erzbischofs Hieronymus Graf Colloredo, nach Wien, wo dieser seinen erkrankten Vater, Rudolf Joseph Fürst Colloredo, besuchte. Der Kirchenfürst reiste mit einem stattlichen Gefolge, mit allem Pomp eines absolutistischen Souveräns. Er hatte nicht nur seine persönliche Dienerschaft dabei, sondern auch einen Kammerherrn (Karl Graf Arco), den Hofratsdirektor, seinen Berater in geistlichen Angelegenheiten sowie eine eigene Küchenbrigade, den Zuckerbäcker nicht zu vergessen. Außerdem gehörte noch eine kleine Musikabteilung zum Gefolge. Wahrscheinlich waren all diese Salzburger Hofschranzen gar nicht so unglücklich über die Reise, denn Wien bot gegenüber dem beschränkten Salzburger Leben einige Abwechslung und Unterhaltung. Und für die Musiker fiel in Wien leicht ein zusätzlicher Verdienst ab.

Mozart jedoch brauchte eine Extraaufforderung; sie wird nicht sehr gnädig ausgefallen sein. Denn Mozart war Anfang November 1780 (mit gnädigster Bewilligung) nach München gefahren, wo er seine Oper *Idomeneo* komponierte, einstudierte und am kurfürstlichen Hoftheater aufführen ließ. Er hatte seinen Urlaub nun aber bereits um fast drei Monate überschritten. Und auf dergleichen Eigenmächtigkeiten reagierte Graf Colloredo sehr viel unfreundlicher als sein Vorgänger Siegmund Christoph Graf Schrattenbach, dem die Familie Mozart in solcher Hinsicht auch einiges zugemutet hatte. Da die Reise des Erzbischofs unvorhergesehen war, hatte Mozart einen dringlichen Befehl nach München erhalten, sofort nach Wien zu kommen. Graf Colloredo ging es sicher nicht in erster Linie um seine persönliche musikalische Unterhaltung, sondern um die Vorführung »seiner« Musiker in der Gesellschaft des musikbegeisterten Wien, um Repräsentation also, und Mozart war dabei sicher das wichtigste Aushängeschild.

Mozarts Urlaubsüberschreitung war durchaus eine Provokation. Zwar hatte sich die Premiere von *Idomeneo* auf den 29. Januar verschoben, aber zumindest seit Anfang Februar gab es keinerlei Grund mehr, in München zu bleiben. Vielleicht dachte Mozart, seine Abwesenheit fiele nicht weiter auf, da der Erzbischof schon Ende Januar nach Wien gereist war. Aber Colloredo wird ihm in Salzburg die Nachricht hinterlassen haben, gleich nach Wien nachzukommen und, als dies nicht geschah, einen entsprechenden Befehl direkt nach München geschickt haben; das war bereits Anfang März. Im übrigen hatte Mozart auch die Rückendeckung seines Vaters, der selbst Ende Januar zur Premiere gereist war – ebenso wie einige andere Salzburger Bekannte der Mozart-Familie. Und auch Leopold Mozart blieb mit seiner Tochter Maria Anna bis zum 12. März in München – mit dem kleinen Unterschied, daß *er* während der Abwesenheit des Erzbischofs nicht gebraucht wurde.

Für die folgende Auseinandersetzung mit dem Dienstherrn war dieses Einverständnis von Vater und Sohn nicht ohne Bedeutung. Die Familie Mozart war sich in der Ablehnung des Erzbischofs einig, wenn auch die stärksten, unbeherrschten und zum Teil auch ungerechten Ausdrücke gegen Graf Colloredo von Wolfgang zu lesen sind – in Briefen, von denen niemand sicher war, ob sie der Erzbischof nicht heimlich abfangen, öffnen und mitlesen würde; das kam tatsächlich vor.

Es ist kaum von der Hand zu weisen, daß auch Leopold Mozart im Zusammenhang mit dem Münchner Aufenthalt mit seinem Sohn Zukunftspläne überlegt hat, Absprungmöglichkeiten aus Salzburg. Denn in Salzburg waren die Entfaltungsmöglichkeiten für eine musikalische Begabung wie die Mozarts nicht nur begrenzt, sondern einfach ungenügend. Und das lag sicher nur zum Teil am Landesherrn. Denn in Salzburg gab es weder ein gutes Orchester noch ein Opernhaus, war die Musikausübung auf eine kleine musikalisch interessierte Gesellschaft beschränkt, fehlte eine reiche Adelsschicht als organisatorischer und finanzieller Träger und beschränkte sich die Hofmusik zumeist auf Kammermusik. Selbst die Kirchenmusik wurde unter Colloredo auf ein Minimum reduziert, denn der Erzbischof war ein Anhänger der kirchlichen Erneuerungsbewegung, die auf alles äußerliche Gepränge zugunsten einer mehr werktätigen Frömmigkeit verzichten wollte.

Die Mozarts haben aus all diesem Colloredo persönliche Vorwürfe gemacht, ganz so, als seien die Salzburger Verhältnisse nichts anderes als das Ergebnis seiner Herrscherlaune. Und was die Kirchenmusik angeht, so muß immerhin festgehalten werden, daß Mozart sich keineswegs in erster Linie als Kirchenkomponist verstand. Bezeichnenderweise hat er nach der Salzburger Zeit fast keine Kirchenmusik mehr geschrieben (die *c-Moll-Messe* blieb unvollendet, das *Requiem* war ein hochbezahlter Auftrag, der kaum abzulehnen war). Den letzten Salzburger Kirchenwerken ist ihr ausgesprochener Verlegenheitscharakter deutlich anzuhören, gelegentliche inspirierte »schöne Stellen« lassen darüber nicht hinwegtäuschen. Das gilt vor allem für die *Kirchensonaten,* die unter Colloredo nicht länger als drei Minuten dauern durften, wenn sie für gewöhnliche Gottesdienste vorgesehen waren. Eine solche äußerliche Beschränkung hat sonst eher zu einer kompositorischen Verdichtung bei Mozart geführt, einer liebevollen und konzentrierten Detailarbeit, die diesen Kirchenwerken jedoch fehlt; man denke im Vergleich nur an die späten *Deutschen Tänze* und *Menuette,* die für die Hofbälle in der Redoute geschrieben waren, Gelegenheitskompositionen ganz anderen Kalibers.

Vor allem aber war die Oper Mozarts Metier, und dafür bestanden in Salzburg überhaupt keine Möglichkeiten. Auch in seinen Operninteressen hatte Mozart die volle Unterstützung seines Vaters. Dieser hatte einige Zeit zuvor selbst Fühler ausgestreckt, um für seinen Sohn eine entsprechende Anstellung zu finden. Damals hörte man gerade die ersten Nachrichten über den Plan eines Nationalsingspiels in Wien, das unter der höchstpersönlichen Oberaufsicht des Kaisers zustande kommen sollte. Von einem Wiener Bekannten, Franz von Heufeld, den er um Rat gefragt hatte, war ihm folgendes geantwortet worden:

»Will dero Sohn sich die Mühe nehmen zu irgend einer guten deutschen komischen Oper die Musick zu setzen, solche einschicken, sein Werk dem allerhöchsten Wohlgefallen anheimstellen und dann die Entschließung abwarten, so kann es sich ihm gerathen, wenn das Werk beyfall findet, anzukommen. In disem Falle aber wäre es wohl nöthig selbst gegenwärtig zu seyn. Wegen des Benda und Schweizers darf dero Sohn ganz außer allen Sorgen seyn. Ich wollte dafür stehen, daß keiner ankommen wird. Sie haben hier den Ruhm nicht, wie draußen. Vielleicht hat selbst Wieland etwas von der großen Meinung, welche er von disen leuten hatte, mit seinem Aufenthalt in Manheim fahren lassen. Ich habe ein Schreiben vom 5ten dises von ihm gelesen, worinn er bekennet in Manheim ein ganz anderes Licht, als er jemals gehabt, in der Musick erlanget zu haben.« (23. Januar 1778)

Es war zwar ungewöhnlich, ein Werk aufs Geratewohl ohne konkreten Auftrag und Aufführungsanlaß zu schreiben, aber in der Zwischenzeit hatte Mozart tatsächlich damit angefangen und zwei Akte einer solchen deutschen Oper geschrieben. Er hatte sie sogar in München in seinem Gepäck dabei – all dies ganz sicher mit Ermunterung seines Vaters. Denn auch in München konnte man sich ja umsehen, ob nicht eine Stelle am dortigen kurfürstlichen Hoftheater zu bekommen wäre.

Mozart befand sich also auf dem Absprung von Salzburg, wußte nur noch nicht wohin. Der Münchner *Idomeneo* war eine öffentliche Talentprobe dafür, denn seine früheren italienischen Opern waren diesseits der Alpen kaum bekannt und waren im übrigen auch eher konventionelle Jugendwerke, traditionsverhaftet und für den großen Durchbruch zum erfolgreichen Opernkomponisten völlig ungeeignet. Mozart hatte den *Idomeneo*-Auftrag zu nutzen verstanden und die Mithilfe seines Vaters nicht verschmäht. Da der Textdichter Giambattista Varesco in Salzburg lebte, Mozart aber bereits in München war, schaltete er seinen Vater als Vermittler für die überaus schwierige Textrevision ein. Denn Mozart hatte zahlreiche und grundlegende Änderungswünsche an das Textbuch, die nur mit Mühe Varesco begreiflich zu machen waren. Andererseits hatte Mozart inzwischen entschiedene und präzise Vorstellungen von der Operndramaturgie und war nicht bereit, auf die eigene Mitwirkung am Textbuch zu verzichten. Leopold Mozart fungierte dabei nicht nur als Vermittler von Mozarts Änderungswünschen, sondern war zugleich auch verständiger Gesprächspartner für alle kompositorisch-dramaturgischen und instrumentalen Details. Nie waren die Zusammenarbeit und das Einverständnis mit seinem Vater größer als bei der Vorbereitung dieser Münchner Oper.

Zwar ging es hier um die höfische Opera seria und nicht um die neuen Singspielformen; was Mozart aber daraus gemacht hatte, war im Ansatz etwas gänzlich Neues, das den überkommenen und eingefahrenen Typus der Opera seria, wo immer es ihm möglich schien, außer acht ließ. Freilich waren die Münchner Bedingungen bestens gewesen, und Mozart hatte Selbstbewußtsein genug, dies auszunutzen. Vor allem das Orchester war nicht nur technisch und musikalisch das beste, das er bekommen konnte, sondern darüber hinaus ihm in der freundschaftlichsten Weise zugetan. Es ermöglichte ihm, dies Werk aus der Fülle der Orchestermöglichkeiten, vor allem unter Ausnutzung der hervorragenden Bläser, so zu schreiben, daß er den Vorrang der Musik in der Oper orchestral grundieren konnte. Für die Rezitative nutzte er diesen Ansatz zu höchst dramatischen Lösungen, die ganz im Gegensatz zu den meist trockenen (»secco«) und dürren Gewohnheiten standen. Die Sängerinnen und – vor allem – die Sänger, die nicht den höchsten Anforderungen genügten,

In der Kutsche

stellte Mozart durch einen Kompromiß zufrieden, der den selbstbewußten Vorrang des Komponisten kaum beeinträchtigte: Bei den Arien konnte er Konzessionen an die Stimmen machen und sie den Sängern »in die Kehle« schreiben; hingegen bei den Ensemblesätzen und den Chören, die hier eine ganz ungewöhnliche Bedeutung bekamen, ließ er sich allein von den musikalisch-dramatischen Erfordernissen leiten. Die Dramaturgie dieser Oper war dadurch von einem Effekt, wie ihn die Opera seria bisher nicht kannte, ein Effekt, der im Grunde gattungsfremd war. Es ist daher später mit Recht gesagt worden, mit *Idomeneo* habe Mozart der Gattung der Opera seria den triumphalen Schlußpunkt beschert[1].

Mozart war über die Münchner Arbeitsbedingungen sehr beglückt gewesen: frei von lästigen Pflichten beim verhaßten Erzbischof, in relativer Unabhängigkeit nur an seinen Opernauftrag gebunden, beglückt vor allem über die Zusammenarbeit mit einem der besten Orchester Europas, das er schon aus Mannheim kannte und in dem er gute Freunde hatte. (Der Kurfürst Karl Theodor war 1778 zugleich Kurfürst von Bayern geworden und hatte seine Residenz nach München verlegt; fast das ganze berühmte Mannheimer Orchester hatte er mitgenommen.) Zuletzt hatte Mozart nach der *Idomeneo*-Premiere sich noch ein bißchen im Münchner Fasching treiben lassen. Sogar ein Ausflug mit seinem Vater und seiner Schwester zu den Augsburger Verwandten war noch möglich gewesen: Die Mozarts hatten die eigenmächtige Urlaubsverlängerung wahrlich ausgenutzt. Und so wird Mozart die erzbischöflichen Befehle, sofort nach Wien zu reisen, mit einem lachenden und einem weinenden Auge empfangen haben. Die schönen Wochen von München waren vorbei, und noch Jahre später empfand Mozart diese Münchner Zeit als die glücklichste seines Lebens. Andererseits lag in der Aussicht, einige Zeit in Wien zu sein, viel Verlockendes.

Mozart hatte sich mit *Idomeneo* als Opernkomponist gründlich ausgewiesen, auch wenn für Wien ein ganz anderer Operntypus gefragt war. Aber auch da war vorgesorgt: Die zwei Akte von *Zaide* waren im Gepäck und ließen sich in Wien sicher bei passender Gelegenheit herumzeigen. Zwar fehlte noch der Schluß dieses Singspiels, das die glückliche Auflösung einer »unvermuteten Zusammenkunft in der Sclaverey zwischen Vater, Tochter und Sohn« zum Gegenstand hatte, aber das war keine sehr große Arbeit mehr. Den farblosen Singspielen Anton Schweitzers, die zwar eine hübsche Musik hatten, aber vom dramatischen Ansatz her völlig verfehlt waren, war *Zaide* weit überlegen, weil Mozart hier die dramatischen Konflikte mit den neuesten Mitteln zu gestalten und zu verdeutlichen gesucht hatte. Vor allem hatte Mozart Georg Bendas »Erfindung« des Melodrams benutzt, eine Form der musikalischen Untermalung gesprochener Textpartien, die sich besonders für dramatische und erregte Momente eignete. Die Partitur von *Zaide* hatte er sogar in besonders zierlicher Reinschrift von eigener Hand dabei – vermutlich weil er sie dem Kaiser zeigen wollte. Ob Mozart noch an die Fertigstellung dieser Partitur dachte oder ob das unvollendete Werk nur als Vorzeigebeispiel seiner Fähigkeiten für einen ganz neuen Auftrag dienen sollte, läßt sich nicht feststellen.

Die hohe Meinung, die Mozart von Wien hatte, war keineswegs unbegründet. Sie beruhte auf den musikalischen Interessen des Hofes, des hohen Adels und der musikalischen Dilettanten, die unter dem Adel ebenso wie unter dem Bürgertum zu finden waren. Andererseits zeigt sich auch eine gehörige Portion Optimismus und Wunschglaube, denn Mozarts frühere Erfahrungen mit Wien waren – allen musikalischen Einrichtungen zum Trotz – eher zwiespältig: So leicht es war, in Wien aufzutreten und in den verschiedenen Häusern zu konzertieren, so schwer war es, verbindliche Zusagen für größere Engagements zu erhalten, in der Konkurrenz mit ansässigen Musikern zu bestehen und sich durchzusetzen.

Auf der ersten Reise nach Wien, im Herbst 1762 – Mozart war nicht einmal sieben Jahre alt –, war die Absicht in erster Linie gewesen, die virtuosen Kinder (Mozarts Schwester war fünf Jahre älter) am kaiserlichen Hof vorzustellen. Das war insoweit ein voller Erfolg gewesen: Wolfgang Mozart hatte in seiner spontanen Art sogar mit den kleinen, niedlichen Erzherzoginnen geschmust und war der Kaiserin Maria Theresia auf den Schoß gesprungen. Aber vor allem war diese Reise ein Wechsel auf die Zukunft: sich bekannt zu machen. (Darüber hinaus aber war sie überschattet von einer unangenehmen und schweren Krankheit, einer schmerzhaften Knotenrose, der unmittelbar nach der Rückkehr nach Salzburg ein Anfall von Gelenkrheumatismus folgte: Hier kündigte sich bereits ein Krankheitssyndrom an, das seine Spuren bis zur Todeskrankheit 28 Jahre später zeigte.)

Auch die zweite Wienreise (1767–69) war von einer lebensbedrohlichen Krankheit gezeichnet: Mozart war elf Jahre alt, als er während einer Epidemie die Blattern bekam. Durch die beherzte und umsichtige Pflege seiner Familie sowie den uneigennützigen Beistand von Freunden wurde diese gefährliche Krankheit überstanden. Aber abgesehen davon stand diese ganze sechzehnmonatige Reise unter einem Unstern. Leopold

Mozart hatte mit dem Ehrgeiz für seinen hochbegabten Sohn zu weit gegriffen, denn um nichts weniger als einen Opernauftrag für sein nun zwölfjähriges Kind ging es ihm. Er schrieb nach Salzburg: »nicht aber eine kleine opera buffa, sondern zu 2½ Stund bis 3 Stunden lang. [...] Was sagen sie dazu, ist der Ruhm eine opera für das Wienner Theater geschrieben zu haben nicht der beste weg nicht nur einen Credit in Teutschland sondern in Italien zu erhalten.« (30. Januar 1768)

Also nicht ein kleines einaktiges Werk à la Pergolesis *La serva padrona,* sondern eine große komische Oper! Zwar kam die Anregung direkt von Kaiser Joseph, aber Kredit war keiner dabei. Denn die Wiener Oper war an einen Privatunternehmer auf dessen Kosten verpachtet, und dieser hatte nicht genug Mut. So wurde die projektierte Oper *La finta semplice* (Text nach Carlo Goldoni) ein Opfer von Theaterintrigen, weil es in Wien genug Musiker gab, die sich ihren »Markt« nicht von einem zwölfjährigen Kind verderben lassen wollten. Im übrigen war Mozart mit diesem Werk tatsächlich überfordert und konnte bestenfalls die modischen Opernvorbilder der Zeit nachzuahmen versuchen, was aber dramaturgische Fehler nicht ausschloß.

Eine dritte Wienreise schließlich, im Sommer 1773 unternommen, dauerte nur zehn Wochen und brachte wiederum keine Ergebnisse. Zwar gab es abermals ein undeutliches Interesse an einem Opernkontrakt, im übrigen sind aber die Absichten, die mit dieser Reise Mozarts (diesmal allein mit seinem Vater) verbunden waren, unklar und in allzu dunkle Briefandeutungen gehüllt. Auch der Aufenthalt selbst wird der in Salzburg gebliebenen Familie in so verblümter Weise geschildert und mit Vertröstungen auf mündlichen Bericht versehen, daß das meiste Mozarts Geheimnis blieb. Auffällig ist höchstens, daß es keine Kontakte zum Adel gegeben zu haben scheint. Aber was besagt das? Warum wurde diese Reise mitten im Sommer unternommen, wo der Adel spätestens im Juni aufs Land zog und erst wieder im September in Wien eintraf? Das schloß Konzertauftritte von vornherein aus. Und warum blieben die Mozarts im Herbst nicht länger in Wien? Was haben sie in diesen Wochen unternommen (außer den zahlreichen Essenseinladungen, denen sie bei ihren verschiedenen Bekannten folgten)? Wir wissen es nicht, und alle Hinweise reichen zu keinem klaren Bild. Insgesamt wird man jedoch allen drei früheren Wienreisen einen höchst mageren Erfolg bescheinigen müssen.

Diesmal war es jedoch eine vollkommen andere Situation. Mozart kam nicht mit klar vorgezeichneten eigenen Zielen, sondern er kam als an seinen erzbischöflichen Landesherrn gebundener Hofmusiker, gewissermaßen unfrei und doch nicht ganz gegen seinen Willen. Denn in dieser Gefolgschaft hatte er kaum etwas zu verlieren, jedoch alles zu gewinnen. Es war klar, daß Mozart bei der geringsten Gelegenheit die beschränkte und aussichtslose Tätigkeit als Hoforganist in Salzburg aufgeben würde. Darüber bestand sicher auch ein prinzipielles Einvernehmen mit seinem Vater. Und selbst Graf Colloredo war sich wohl darüber im klaren, daß er einen Mozart auf Dauer nicht halten konnte. Er versuchte, seine Musiker so billig wie nur möglich an seinen Hof zu binden – einerseits, weil er knauserig war, andererseits, weil er feste Vorstellungen hatte, wieviel er für seine Musiker zu zahlen bereit war. Waren sie nicht bereit, für diesen karg bemessenen Lohn zu arbeiten, so mochten sie woanders ihr Auskommen suchen. Der Erzbischof war ein in diesen Angelegenheiten sehr nüchtern denkender Mann, und vermutlich hat dies die Familie Mozart zusätzlich gereizt und in ihrem Stolz verletzt – zu allen anderen, nicht immer ganz nachvollziehbaren Unverträglichkeiten, die seit seiner Regierungsübernahme bestanden.

Mozart reiste also am 12. März 1781 mit der Postkutsche in München ab. Die Fahrt ging über Altötting, Braunau, Lambach, Linz, Sankt Pölten nach Wien. Dafür brauchte man fünf Tage. Außer dem Postgeld war das Trinkgeld für den Postillon (mit geregelten Sätzen) zu zahlen sowie für Übernachtungen und Verzehr ein Tagessatz von etwa einem Gulden zu rechnen. Für Übergepäck war zudem ein Aufgeld fällig. Alles in allem mußte man für eine Strecke von 400 Kilometern (München–Wien) mit etwa 50 Gulden rechnen. Wenn man bedenkt, daß Mozart in Salzburg als Hoforganist ein Jahresgehalt von 450 Gulden hatte, so kann man sich einigermaßen vorstellen, wie teuer das Reisen im 18. Jahrhundert war – es wird einem verständlich, warum so viele Reiseberichte dieser Zeit von Fußreisen selbst über die Alpen bis nach Italien erzählen. Aber Mozart konnte vom Erzbischof ein Reisegeld beanspruchen, stellte dies doch so etwas wie eine Dienstreise dar. Die Beschwerlichkeiten der Postkutsche waren gleichwohl groß, und Mozart hatte schon von der Hinreise nach München geklagt:

»denn, ich versichere Sie, daß keinem von uns möglich war nur eine Minute die Nacht durch zu schlaffen – dieser Wagen stößt einem doch die Seele heraus! – und die Sitze! – hart wie stein! – von Wasserburg aus glaubte ich in der that meinen Hintern nicht ganz nach München bringen zu können! – er war ganz schwierig – und vermuthlich feüer Roth – zwey ganze Posten fuhr ich die Hände auf dem Polster gestützt, und den

In der Kutsche

Hintern in lüften haltend --- doch genug davon, das ist nun schon vorbey! – aber zur Regel wird es mir seyn, lieber zu fus zu gehen, als in einem Postwagen zu fahren. –« (8. November 1780)

Dabei hatte Mozart Reiseerfahrungen genug, war mit seinen 25 Jahren wie kaum ein anderer seines Alters in ganz Europa herumgekommen. Mehr als ein Drittel seiner bisherigen Lebenszeit war er auf Reisen gewesen, fast zehn Jahre. Das meiste waren Virtuosenreisen gewesen, die er mit seiner Schwester unternommen hatte, begleitet von der ganzen Familie einschließlich eines Bedienten und – in eigener Kutsche. Sie waren als Wunderkinder aufgetreten, der Vater als Impresario und umsichtiger Verwalter dieses Schatzes an Begabung und Frühreife. Die eigene Kutsche diente sicherlich der Reiseerleichterung, des Komforts auf diesen anstrengenden Gewalttouren, aber zugleich erlaubte sie eine größere Unabhängigkeit in der Reiseplanung. Man wollte schließlich nicht wie fahrende Musiker, Schausteller, Marktschreier oder Gaukler aller Art von Ort zu Ort den Künstlerlohn erbetteln, sondern es galt, eine internationale Karriere zu begründen, an den musikliebenden Höfen Europas sich bekannt zu machen, mit zunehmendem Alter Wolfgangs auch Kompositionsaufträge zu bekommen, in den großen Metropolen in öffentlichen Konzerten hervorzutreten und sich mit den größten und bedeutendsten Musikern der Zeit zu messen.

Die große Reise nach Paris und London (1763–66) hatte dreieinhalb Jahre gedauert, in Wien war man insgesamt dreimal gewesen, hinzu kamen drei Italienreisen, die Wolfgang Mozart allein mit seinem Vater unternommen hatte, bei denen man insgesamt auch zwei Jahre unterwegs war – da ging es bereits ganz um Opernaufträge. Und schließlich der erste Versuch, sich selbständig zu machen: die (zweite) Reise nach Paris über München und Mannheim (1777–79), die er in Begleitung seiner Mutter unternommen hatte. Sie diente vor allem dazu, irgendwo eine feste Anstellung zu suchen, sei es in München, sei es in Mannheim, Paris oder anderswo, oder zumindest als reisender Virtuose oder Komponist ein ansehnliches Geld zu verdienen. In jeder Hinsicht war diese Reise eine Niederlage geworden: von Anstellung oder ernsthaften Aussichten dazu keine Spur, finanziell ein Fiasko, das mit 700 Gulden Schulden endete. Und zu allem Unglück mußte er in Paris, allein und von seiner Familie getrennt, seine Mutter begraben, die nach kurzer Krankheit plötzlich gestorben war. Dieser erste Versuch zu einem eigenverantwortlichen, selbständigen Leben war gründlich mißlungen, und Mozart hatte allen Grund, es beim nächsten Mal sehr viel vorsichtiger anzufangen.

Wien bot allerdings sehr günstige Voraussetzungen, und Mozart scheint gewillt gewesen zu sein, mit dem Rückhalt einer ungeliebten, aber festen Anstellung in Salzburg seine Chancen zu nutzen. Er hatte in Wien zahlreiche Bekannte und Freunde, die ihm helfen konnten. Und er liebte die freie und ungezwungene Lebensart dort, die sich mit verschwenderischem Reichtum verband. Die vielen reichen Häuser, die sich ihre Musikbegeisterung etwas kosten ließen, fürstliche Häuser, die eigene Orchester unterhielten, teilweise sogar kleine Opernensembles, private und öffentliche Konzertveranstaltungen, die für jeden guten Musiker offenstanden und einträglichen Gewinn versprachen, nicht zu vergessen die vielen musikalischen Dilettanten, die durch eifrigen Musikunterricht ihr Können (vor allem auf dem Fortepiano) zu verbessern suchten – all dies gab es in Salzburg nicht.

Die Reise nach Wien, das Mozart schließlich eine neue und endgültige Heimat werden sollte, begann offensichtlich mit einigem Übermut. Denn Mozart vertauschte schon nach wenigen Kilometern die harten Sitze der Postkutsche mit den weichen Polstern einer Extrapost.

»bis Unter-Haag bin ich mit dem PostWagen gefahren – da hat mich aber mein Arsch und dasJenige woran er henkt, so gebrennt, daß ich es ohnmöglich hätte aushalten können – ich wollte also mit der ordinaire weiter gehen – H: Escherich aber ein Herschaftlicher Beamter hatte auch an dem Postwagen genug und machte mit mir Compagnie bis in kemmelbach –« (17. März 1781)

Von Kemmelbach bis Wien saß Mozart ganz allein in der Kutsche, die er nun auch allein bezahlen mußte. Natürlich ist eine solche Reise »erster Klasse« sehr viel teurer, denn nun mußte er zwei Pferde, den Postillon mit Trinkgeld sowie die Wagenschmiere bezahlen, insgesamt wohl einen Preis von etwa 80 Gulden oder mehr.

Am Morgen des 16. März traf Mozart schon vor acht Uhr ganz allein an der strengen Wiener Hauptmaut ein. Er mußte an dieser Zollstation sein Gepäck gründlich durchsuchen lassen, denn schließlich kam er nicht aus den Erbländern, sondern wurde als Ausländer behandelt. Und außerdem hatte er umfangreiches Gepäck bei sich, vielfältige Garderobe – nach München war ihm sogar noch einiges nachgeschickt worden – und zahlreiche Noten und Partituren von einigem Gewicht. Sicher ging es diesmal nicht so leicht ab wie 18 Jahre zuvor, als der sechsjährige Mozart die Zöllner um den Finger zu wickeln wußte. Der Vater berichtete darüber:

»Eins muß ich sonderheitl: anmerken, daß wir bey der schantzlmauth ganz geschwind sind abgefertigt und von der Hauptmauth gänzlich dispensirt worden. daran war auch unser H: Woferl schuld: dann er machte alsogleich seine Vertraulichkeit mit dem H: Mautner, zeigte ihm das Clavier, machte seine Einladung, spielte ihm auf dem geigerl ein Menuet, und hiemit waren wir expedirt. der Mautner bath sich mit der grösten Höflichkeit die Erlaubniß aus uns besuchen zu därffen, und notirte sich zu diesem Ende unser quartier.« (16. Oktober 1762)

Die heitere Stimmung von Mozarts Ankunft in Wien läßt sich in einem Lied wiederfinden, das er wohl schon in den letzten Münchner Tagen vertont hatte (KV 367a = 349, Text von Johann Martin Miller, insgesamt sechs Strophen):

> »Was frag ich viel nach Geld und Gut,
> wenn ich zufrieden bin.
> Gibt Gott mir nur gesundes Blut,
> so hab' ich frohen Sinn
> und sing aus dankbarem Gemüt
> mein Morgen- und mein Abendlied.
>
> So mancher schwimmt im Überfluß,
> hat Haus und Hof und Geld
> und ist doch immer voll Verdruß
> und freut sich nicht der Welt;
> je mehr er hat, je mehr er will,
> nie schweigen seine Klagen still.«

»Mon trés cher amy!«

Gelassenheit, Zufriedenheit und ruhiges Blut waren sehr vonnöten, denn kaum angekommen, ging der Trubel schon los. Als erstes hatte Mozart sich bei seinem Dienstherrn, dem Erzbischof Colloredo, zu melden, der im Hause des Deutschen Ritterordens logierte. Sofort wurde er daran erinnert, in wessen Diensten er noch immer stand. Das fing mit der Unterbringung an: Die anderen Salzburger Musiker, die im Gefolge des Erzbischofs nach Wien mitgekommen waren, der Konzertmeister Antonio Brunetti und der Kastrat Francesco Ceccarelli, wohnten auswärts, Mozart hingegen bekam »ein scharmantes Zimmer in nemlichen hause wo der Erzbischof logirt«, was er mit dem Ausruf »che distinzione!« quittiert. Diese Sonderbehandlung Mozarts, gewissermaßen mit einer ständigen Gesichtskontrolle durch Colloredo, war wohl eine Reaktion auf die eigenmächtige Urlaubsüberschreitung. Nicht weniger deutlich war ein anderer Befehl: Noch am selben Tage sollte er nachmittags um vier Uhr Konzert geben. Daß Mozart an diesem Morgen bereits um zwei Uhr aufgestanden war, um die letzte Strecke von Sankt Pölten nach Wien zu fahren, kam vermutlich gar nicht erst zur Sprache. Die Müdigkeit durch die Reiseanstrengungen interessierte nicht weiter, er hatte zu spielen. Dieser Nachmittagseinladung zum Konzert folgten, vermutlich auch Mozarts wegen, »20 Personen von der grösten Noblesse«. Und am Abend dieses ersten Tages zeigte sich eine weitere Eigentümlichkeit in der Behandlung der fürstlichen Angestellten: Ein Abendessen im Hause war nicht vorgesehen.

»Abends haben wir keine tafel, sondern Jeder bekommt 3 duckaten – da kann einer weit springen. – der H: Erzbischof hat die güte und gloriert sich mit seinen leuten – raubt ihnen ihre verdienste – und zahlt sie nicht davor –« (17. März 1781)

Der gesteigerte Affekt gegenüber dem Erzbischof ist unüberhörbar. Die Tatsachen sind allerdings etwas andere. Ein Spesengeld von drei Dukaten (das sind 13½ Gulden) für ein entgangenes Essen ist ein mehr als fürstlicher Satz, denn ein Abendessen im Wirtshaus kostete etwa ein bis zwei Gulden (oder war dies Geld für die ganze Woche gemeint?). Und für das Konzert am Ankunftstag erhielt Mozart vom Erzbischof vier Dukaten und von dessen Vater noch einmal fünf Dukaten, also immerhin 40½ Gulden Extrahonorar, abgesehen von seinem normalen Lohn von 450 Gulden im Jahr! Seinem Vater gegenüber wurden diese Einnahmen zunächst geleugnet und verschwiegen. Statt dessen beklagt sich Mozart über weitere schlechte Behandlung:

»um 12 uhr zu Mittage – leider für mich ein bischen zu frühe – gehen wir schon zu tische – da speisen die 2 Herrn Herrn leib und Seel kammerdiener [Angerbauer und Schlauka], H: Controleur [Köllenberger], H: Zetti, der zuckerbacker, 2 herrn köche, Ceccarelli, Brunetti und – meine Wenigkeit – *NB:* die 2 herrn leibkammerdiener sitzen oben an – Ich habe doch wenigstens die Ehre vor den köchen zu sitzen – Nu – ich denke halt ich bin in Salzburg – bey tische werden einfältige grobe spasse gemacht; mit mir macht keiner spasse, weil ich kein Wortrede, und wenn ich *was reden* muß, so ist es allzeit mit der grösten seriosität – so wie ich abgespeist habe so gehe ich meines Weegs. –« (17. März 1781)

»Mon trés cher amy!«

Mozart geht es nicht darum, daß Musiker etwas Besseres seien als Kammerdiener, sondern ihm geht es allein um seine Person. Immerhin übermittelt er seinem Vater Grüße eben jener Personen, von denen er sich gerade distanziert. Von den Musikerkollegen sagt er einmal sogar: »die beyden andern zähle ich nicht zu mir« (4. April 1781). Mozart steht mit seiner arroganten Haltung, die aus diesen Briefen spricht, nicht im besten Licht. Andererseits ist unverkennbar der Unterton von Stimmungsmache gegen den Erzbischof, die Unausweichlichkeit einer Trennung, auf die Mozart seinen Vater langsam vorbereiten will. Mozart geraten dabei treffliche Schilderungen vom höfischen Umgang:

»was sie mir vom Erzbischof schreiben, hat – was seinen ehrgeitz, meine Personn betreffend, kitzelt, in so weit seine Richtigkeit – allein was nützt mich alles dieß? –– von diesem lebt man nicht; – glauben sie nur sicher, daß er mir hier gleich einen *lichtschirm* ist – was giebt er mir denn für distinction? – H: v: kleinmayer, Beneckè haben mit dem Erlauchten graf Arco eine extra=tafel; – das wäre distinction wenn ich bey dieser tafel wäre – aber nicht bey den kammerdienern die, *ausser den Ersten Platz beym tisch* die lüster anzünden, die thür aufmachen, und in vorzimmer bleiben müssen, *wenn ich darinn bin* – und bej die herrn köche. – und dann, wenn wir wo hingerufen werden, wo ein Concert ist, so muß der H: Angelbauer herauß Passen bis die H: Salzburger kömmen, und sie dann durch einen lakay weisen lassen, damit sie hinein därfen – wie das der Brunetti so im discurs erzählte – so dachte ich, wartet nur bis ich einmal komme; – als wir also lezthin zum fürst gallizin musten, sagte mir Brunetti, nach seiner höflichen art; tu, bisogna che sei qui sta sera alle sette, per andare insieme dal Prencipe gallizin. l'Angelbauer ci condurrà. – *hò risposto:* và bene – ma – se in caso mai non foßi qui alle sette in punto: ci andate pure; non serve aspettarmi – sò ben dovè stà, e ci verrò sicuro; – Ich gieng also mit fleiß weil ich mich schäme mit ihnen wohin zu gehen, allein hin; – als ich hinauf kamm stund schon H: Angelbauer da den H: bedienten zu sagen, daß er mich hinein führen sollte – ich gab aber weder auf den H: Leibkammerdiener noch H: bedienten acht, sondern gieng gerade die zimmer durch in das Musick=zimmer, den die thürn warn alle offen. – und schnurgerade zum Prinzen hin und machte ihn mein Compliment – wo ich dann stehen blieb, und immer mit ihm sprach; – ich hatte ganz auf meine Ceccarelli und Brunetti vergessen, dann man sahe sie nicht – die steckten ganz hinterm orchestre an die Mauer gelehnt, und traueten sich keinen schritt hervor. – wenn ein Cavalier oder dame mit dem Ceccarelli redet, so lacht er immer. – und redet so Jemand mit den Brunetti so wird er roth, und giebt die trockenste antworten. – O, ich hätte viel zu schreiben wenn ich all die scenen die es schon dieweil ich hier bin und Ehe ich kamm wegen dem erzbischof und Ceccarelli und Brunetti gegeben hat, beschreiben wollte. – mich wundert nur, daß sich der – des brunetti nicht schämmt; ich schäme mich anstatt seiner. – und wie der kerl so ungern hier ist – das ding ist ihm halt als zu Nobel – so am tisch – das glaub ich sind seine vergnügtesten stunden –« (24. März 1781).

Sicher rechnete Mozart bei solchen Schilderungen mit der Zustimmung seines Vaters im Affekt gegen den Erzbischof. Denn im Selbstverständnis der Familie Mozart war man mehr als nur eine Hofmusikerfamilie. Aber dieses Überlegenheitsgefühl war beim Sohn sicher noch deutlicher ausgeprägt als beim Vater, der sich mit den engen Verhältnissen seiner Umgebung längst resignativ arrangiert hatte. Leopold Mozart sah für sich selbst keine Chance mehr, aus der Salzburger Beschränktheit herauszukommen. Er mußte froh sein, wenn er eine annehmbare Pension bekäme. Wolfgang Mozart drückt ganz unbekümmert dieses Gefühl eines höheren Selbstwertes aus, wenn er über die Honorarforderung eines Salzburger Musikerkollegen schreibt:

»Fiala gilt nun 1000mal mehr bey mir daß er nicht unter einen ducaten spiellt. – ist meine schwester noch nicht ersucht worden? – sie wird Ja hoffentlich 2 *begehren*. – denn mir wäre nicht lieb, wenn wir – die wir uns alle so von der ganzen hofmusick *in allem* unterscheiden – nicht auch es in diesem falle thäten – denn, wollen sie nicht, so sollen sie es bleiben lassen – und wollen sie es haben – so sollen sie im gottes Namen zahlen.« (24. März 1781)

Mozart war nicht bereit, sich zu arrangieren, und schon gar nicht im Dienste des Erzbischofs.

In Gelddingen teilte Leopold Mozart sicher die hochgespannten Ansichten seines Sohnes, hatte er ihm doch bei früheren Gelegenheiten immer wieder eingeschärft, sich nicht zu billig zu verkaufen. In der Frage der Lösung aus Salzburger Diensten war seine Meinung sicher zwiespältiger. Auf der großen Reise nach Mannheim und Paris war der Vater geradezu Motor für umsichtige Fühlungnahme wegen Anstellungskontrakten gewesen. Nach dem Fehlschlag dieser Pläne und dem Tod seiner Frau in Paris scheint jedoch das Gefühl überwogen zu haben, er habe nun genug für seine Kinder getan, die jetzt auch an ihn und sein Alter zu denken hätten. Und solange nichts Konkretes in Aussicht stand – im gehörigen Abstand zu ernsthaften Entscheidungen –, sagte Leopold

Mozart auch stets seine volle Unterstützung zu. Aus München hatte Wolfgang zum Beispiel geschrieben, es wäre ihm ganz recht gewesen, wenn er wegen Urlaubsüberschreitung vom Erzbischof entlassen werde; andernfalls bliebe er nur dem Vater zuliebe in Salzburger Diensten. Dieser hatte ihn daraufhin ermuntert und war sogar zu einer durchaus dreisten Rechtfertigung vor dem Erzbischof bereit.

Mozarts erster Brief aus Wien, mit dem die lange Reihe der Schilderungen über die Unzuträglichkeiten mit dem Erzbischof beginnt, ist mit einer ungewöhnlichen Anrede überschrieben, die nie zuvor und nie wieder danach benutzt wurde: »Mon trés cher amy!« Man bekommt den Eindruck, daß Mozart sich längst zum Absprung entschieden hatte und nur auf einen günstigen Augenblick in Wien wartete. Er appellierte mit dieser Anrede an einen nicht nur väterlichen Rat, sondern an Hilfe als Freund, Beistand und Ermutiger. Die Briefe der folgenden Wochen werben geradezu mit immer deutlicheren Worten um Zuspruch und Bestätigung; je häufiger diese ausbleiben, desto mehr geht das Werben über in die Bitte um wenigstens den väterlichen Segen. Die Briefe enden schließlich in Rechtfertigungen für den nur noch mühsam aufrechterhaltenen Familienfrieden. Immerhin waren Vater und Sohn in der Beurteilung des Erzbischofs ziemlich einer Meinung. Aber Mozart unterschätzte wohl die Zukunftssorgen, die sich sein Vater machte, der nun allein mit Nannerl, der schon fast dreißigjährigen, immer noch unverheirateten Tochter Maria Anna, in Salzburg zurückblieb.

Dabei dramatisiert die Überlieferungsgeschichte der Familienbriefe die Situation zusätzlich. Denn der Briefaustausch Mozarts mit seiner Salzburger Familie während der Münchner Wochen scheint noch lückenlos erhalten zu sein – aus der Wiener Zeit jedoch ist kein Brief Leopold Mozarts an seinen Sohn mehr überliefert. Somit äußert sich das endgültige Verlassen des Elternhauses auch in der Einseitigkeit der erhaltenen Korrespondenz. Zwar lassen sich aus Mozarts Briefen manchmal auch Reaktionen seines Vaters erschließen, nie aber ihr Wortlaut. Wir haben in dieser und in kommenden Auseinandersetzungen immer nur Mozarts Äußerungen (und auch diese später nicht mehr vollzählig). Das ist um so bedauerlicher, als sich ja zwei höchst verschieden temperierte Charaktere äußern. Und Mozart schildert alle Ereignisse sehr dezidiert aus seiner Sicht, kaum um »Objektivität« bemüht. Man darf nicht vergessen, daß uns der Bruch mit dem Erzbischof und der in die Weltgeschichte eingegangene Fußtritt des Grafen Arco, der ihn besiegelte, nur aus Mozarts Worten bekannt sind. Die Vorwürfe des Erzbischofs hingegen, auf die es gerade ankommen müßte, schildert Mozart nicht; um so deutlicher wird sein Haß »bis zur Raserei« auf den »Erzlimmel«, wie er Colloredo nennt.

Der »Erzlimmel«

Seltsamerweise kommt der Vorgänger Colloredos, der Erzbischof Siegmund Christoph Graf Schrattenbach, in der Überlieferung durch die Nachwelt gründlicher und unverdient wohlwollend weg. Das Augenmerk, das durch die Familie Mozart auf ihn fiel, mag dafür nicht die geringste Ursache sein. Dabei handelt es sich bei Schrattenbach um einen andächtelnden und bigotten Herrn, voller Schrullen und Marotten, mehr Kindergottesdienstpriester als Bischof und alles andere als ein weiser und guter Herrscher. Für die Geschichte seines Landes war er eine verhältnismäßig bedeutungslose Persönlichkeit. Zwar war er nicht frei von Willkürgesten, in finanziellen Dingen mehr unordentlich als verschwenderisch (was aber für die Untertanen auf das gleiche herauskommt), politisch ohne weitreichende Ambitionen, dabei vergnügungssüchtig (wenn auch im Rahmen der Kirchenzucht, was im Jahrhundert der Mätressenwirtschaft einigermaßen ungewöhnlich war), aber er galt als liebenswert und zugänglich. Und im übrigen liebte er die Musik. Er paßte ins Bild der Rokokoniedlichkeiten – an die Lebensbedingungen seiner Landeskinder darf man dabei nicht denken. Und die Mozarts hatten Glück mit ihm, was seinem Andenken bestens bekommen ist. Nicht daß sie ein enges oder besonders persönliches Verhältnis zu ihm hatten, aber er war nachsichtig mit ihnen und ließ ihnen ungewöhnlich viele Freiheiten. Das war alles. Die intellektuellen, künstlerischen wie politischen Neigungen eines Leopold Mozart waren ihm sicher höchst fremd, und von dessen aufgeklärtem Rationalismus war Schrattenbach kaum besonders angetan. Im Grunde gehörte er einem vergangenen Zeitalter an, jedenfalls nicht dem des aufgeklärten Absolutismus: Immerhin regierte er bis 1771 – als das Aufklärungszeitalter schon im Zenit stand; aber davon hat Schrattenbach nicht viel mitbekommen.

Da war sein Nachfolger Hieronymus Graf Colloredo aus ganz anderem Holz geschnitzt. In Wien geboren und (wie sein Vorgänger) in Rom ausgebildet, war Colloredo ein vom Aufklärungsdenken geprägter Herrscher und ein vom Jansenismus beeinflußter Geistlicher. Er entstammte einer alten Friauler Familie, aus der vor allem bedeutende Militärs und Diplomaten im kaiserlichen Dienst hervorgegangen waren. Sein Vater residierte als Reichsvizekanzler in Wien. Auch der Salzburger Erzbischof verstand sich in erster Linie als Politiker. Deutliches Vorbild war ihm Joseph II., dessen Reformen er vielleicht wie kein anderer nachzuahmen suchte – sowohl im innenpolitischen Bereich wie bei der Konstitution eines modernen Staatskirchentums. (Gleichwohl hingen in seinem Arbeitszimmer die Porträts von Rousseau und Voltaire, wenn auch meist verhängt, um seine Besucher nicht zu schockieren...)

Vor allem das Bildungswesen profitierte von Colloredos Einstellung, daß es in erster Linie auf nützliche und brauchbare Kenntnisse ankäme und nicht so sehr auf Frömmelei. Neben der Schulverbesserung galt sein Interesse ebenso der Universität mit dem Ausbau der Naturwissenschaften, aber auch der Verbesserung agrarischer Kenntnisse. Die Bauern ließ er über bessere Anbaumethoden unterrichten, empfahl die Stallfütterung und die Kultivierung des Brachlandes, erließ aber auch eine Anordnung zur Verbesserung der Viehhygiene und der Viehzucht. Seine physiokratisch beeinflußte Ökonomie ließ ihn eine Flurbereinigung durchführen, bei der Mindestgrößen für landwirtschaftliche Betriebe vorgeschrieben wurden, um die bäuerliche Nebentätigkeit zu unterbinden. An Stelle von Naturalien wurden Geldabgaben eingeführt. Die Vergrößerung der großen Güter wurde verboten, um die Kleinbauern zu schützen. Den landwirtschaftlichen Schuldenstand und die Erbgelder erkannte er als ein Hauptübel, erwartete von einer gesunden Landwirtschaft aber auch hohe Abgaben.

Das Gesundheitswesen wurde durch Hospitäler und eine bessere Ärzteausbildung reformiert, außerdem die Impfung eingeführt, ein bei den Zeitgenossen mit ängstlichen Vorbehalten aufgenommener Schritt. (Maria Theresia ließ ihre Kinder öffentlich impfen, um die Vorurteile gegen diese Seuchenbekämpfungsmethode abzubauen; auch hierbei hatte Colloredo also von Wien gelernt.) Für die Industrialisierung seines Landes hat Colloredo nur wenig getan, immerhin aber das Bergwerks- und Hüttenwesen gefördert. Die Straßenverhältnisse im Salzburgischen galten hingegen als vorbildlich (was etwas heißen will in einer Zeit, wo die Straßen selbst in den Städten manchmal Schlammbetten glichen; man denke nur an die Weimarer Straßen, die zu verbessern zu Goethes ministeriellem Aufgabenkatalog gehörte).

Im »Justizfache« fallen vor allem die Maßnahmen zur Verkürzung der Prozesse und die Verbesserung des Gefängniswesens auf. Strafverfahren waren durch relative Milde gekennzeichnet, dennoch wurden zwischen 1772 und 1791 immerhin noch 25 Todesstrafen tatsächlich vollstreckt. Vor allem herrschte Strenge bei Jagdvergehen und Wilderei, kein Wunder angesichts der Jagdleidenschaft des Fürsten, die mit der Pferdeliebhaberei sein einziges kostspieliges Vergnügen bildete (er besaß ein Gestüt mit 200 Pferden).

Im Grunde war Colloredo jedoch ein Sparsamkeitsapostel und Knauser (vielleicht weil sein Vater als ausgesprochener Verschwender und Schürzenjäger galt). Seine ständigen Ermahnungen galten der Einfachheit und Sparsamkeit, waren gegen Üppigkeit von Kleidung und Nahrung sowie gegen jeden Luxus gerichtet. Schwer auszumachen, was daran Ausdruck seiner Persönlichkeit, was Politik war. Aufgeklärtes Nützlichkeitsdenken hat ja größere Nähe zu protestantischem Puritanismus als zu katholischem Prunk und lebensfreudigem Genießen. Und die staatskirchliche Erneuerungsbewegung stellte für den Katholizismus so etwas wie eine zweite Reformation dar. Daß Colloredo sich solcher Bewegung relativ deutlich anschloß, mag in einem Lande besonders auffallen, das sich kaum 40 Jahre zuvor noch die gewaltsame und brutale Vertreibung der Protestanten geleistet hatte.

Im »geistlichen Fache« riß Colloredo das Steuer drastisch herum und dürfte damit die ohnehin schon seit seiner Wahl zum Salzburger Erzbischof bestehenden Spannungen mit dem Domkapitel und den übrigen Geistlichen kaum abgebaut haben. Auch hier gab es viele Entsprechungen zur josephinischen Politik. Daß Colloredo eine Verminderung der Feiertage durchsetzte, den »Luxus« bei Gottesdiensten, Hochzeiten und Begräbnissen verbot, hat ihm – ebenso wie Joseph II. – gerade bei der Bevölkerung viel Feindschaft eingetragen. Die Beschränkung der Kirchenmusik auf das Notwendigste ist ein Gegenstand der Polemik bei der Familie Mozart, die von Colloredos Vorgänger gerade das Gegenteil gewohnt war. (Gleichwohl war Schrattenbach sicher sehr viel unmusikalischer als Colloredo, der für seine Kirchenmusik-Maßnahmen ja vor allem theologisch-reformatorische Gründe hatte.) Auch die Abschaffung der Passionsspiele und Prozessionen hat dem Erzbischof vor allem unter der ländlichen Bevölkerung nicht gerade Freunde eingetragen. Daß Wunderkuren und ähnliche religiöse Mißbräuche, so verbreitet sie waren, seinem aufgeklärten Denken nicht entsprachen und unterbunden wurden, nimmt nicht wunder. Aber auch in der Frage der Klöster und Mönchsorden versuchte er, sich mit seinem kaiserlichen Vorbild zu messen, auch wenn er weniger drastisch vorging. Aber immerhin sank

»Der Erzlimmel«

Hieronymus Graf Colloredo, 1772 zum Fürsterzbischof von Salzburg gewählt

die Zahl der Klosterinsassen auch in Salzburg während seiner Regierungszeit auf ein Drittel.

Das größte Aufsehen machte sein Hirtenbrief von 1782, in dem er der Kirche im Sinne der Volkskirche eindeutige Zügel anzulegen versuchte. Hier wettert er nicht nur gegen den Kirchenschmuck, sondern verlangt, daß die Kirche, statt Geld zu verschwenden, sich lieber mit Armen- und Krankenhäusern befassen solle. Der Klerus wird aufgefordert, als Volkslehrer zu wirken und dafür Landwirtschaft, Gesundheitslehre, Naturlehre und die Landesgesetze zu studieren, daneben aber auch Naturrecht und schöne Wissenschaften. Ganz im Sinne der Kirchenerneuerung tritt er gegen Ablaßmißbräuche ein und empfiehlt den Gläubigen, die Bibel und die Kirchenväter zu lesen. Im Rahmen der Liturgie setzt er das deutsche Kirchenlied als Gemeindegesang durch. Bezeichnenderweise ist in dem ganzen Hirtenbrief ständig von Vernunft und Aufklärung die Rede, die die Kirche verbreiten solle – an keiner Stelle jedoch von Andersgläubigen. Die Zeiten der Protestantenvertreibung aus Salzburg waren endgültig vorbei, und in der Frage der Judenbehandlung verfuhr Colloredo pragmatisch: Sie wurden geduldet, hatten aber keine generelle Handelsfreiheit, die sie von Fall zu Fall erst erwerben mußten.

In der Durchsetzung eines so anspruchsvollen Programms überwiegen jedoch die Schattenseiten dieses widersprüchlichen Herrschers. Colloredo neigte – wie Joseph II. – zur Schroffheit und zu einem unsensiblen Autokratismus. Hinzu kam, daß es in Salzburg keine Reformpartei gab, auf die sich Colloredo hätte stützen können. Als Wahlfürstentum organisiert, kam Salzburg nur wegen der Uneinigkeit seines Domkapitels zu diesem Herrscher, der dann auch von keinem geliebt oder unterstützt wurde. Mit dem Domkapitel stritt er sich in nutzlosen Prozessen, die seine Macht aber nicht beschneiden konnten; die Bürger zeigten ihm durch Spottverse ihre Mißachtung und waren ebenso machtlos. Colloredos Anlage zum absolutistischen Alleinherrscher wurde dadurch objektiv unterstützt, denn er wußte natürlich, daß niemand ihn wollte. Von seiner Politik jemanden zu überzeugen schien ihm auf diese Weise sinnlos – und war es wahrscheinlich auch. Bis zu einem gewissen Grade muß man – ähnlich wie bei Joseph II. – von einer tragischen Isolation sprechen, die das Gutgemeinte oftmals in ihr Gegenteil verkehrte.

Die abschätzige Meinung, die in den Familienbriefen der Mozarts über Colloredo zum Ausdruck kommt, ist somit ein Spiegel der allgemeinen Salzburger Beurteilung[2]. Ein kühl abwägendes Urteil darf man leider nicht erwarten. Das ist um so bedauerlicher, als Leopold Mozart sonst ein höchst differenziertes politisches Räsonnement zeigt und ein gut informierter Beobachter ist. (Wie weit seine politischen Informationsbedürfnisse reichten, mag man daran sehen, daß er einige Jahre zu den Beziehern von Friedrich Melchior von Grimms *Correspondance* gehörte, eines nur handschriftlich in 35 Exemplaren verbreiteten und für europäische Fürstenhöfe bestimmten »Informationsdienstes«.) Die Ablehnung Colloredos kann nicht mit einer Ablehnung des Reformkatholizismus gleichgesetzt werden, denn bei Joseph II. werden einige Maßnahmen, selbst die Klosteraufhebungen, ausdrücklich begrüßt. Schriften eines der Väter der Reformbewegung, Ludovico Antonio Muratori, hatte Leopold Mozart nicht nur gelesen, sondern besaß sie sogar. Aber das Vorurteil gegen Colloredo ging so weit, daß Mozart unterstellen konnte, die geistlichen Reformen des Erzbischofs sollten nur dazu dienen, sich beim Kaiser einzuschmeicheln (25. September 1782). Mag bei Leopolds Abneigung die allgemeine Salzburger Meinung ihren Ausdruck finden, so erklärt sie sich bei Wolfgang vermutlich allein aus der Tatsache, daß Colloredo sein Dienstherr war und im persönlichen Umgang alles andere als liebenswürdig, oftmals sogar beleidigend schroff. Objektiv behandelte Colloredo die Mozarts gar nicht so schlecht, aber er verstand es, ihnen ständig dieses Gefühl zu geben. (Und darin war er genau das Gegenteil von Joseph II., der nicht sehr viel für Mozart tat, ihn aber außerordentlich liebenswürdig behandelte. Mozart hat allerdings den Kaiser auch nie als seinen Dienstherrn angesehen, selbst dann nicht, als er vom Hof ein Gehalt als »Kammerkompositeur« bezog, was eher ein »Ehrensold« ohne wirkliche Gegenleistung war.)

Mozarts verglichen Colloredo eben ständig mit seinem Vorgänger, der patriarchalisch-leutselig war, dabei nicht besonders klug, fast einfältig. Colloredo hingegen war unnahbar, klug und gewitzt, und er ließ jeden spüren, wer Fürst und wer Untertan war. Bezeichnenderweise redete er alle Menschen mit »Er« an und zeigte damit von vornherein seine Mißachtung. Dabei war er viel gebildeter und musischer als sein Vorgänger, spielte selbst gern Geige, las viel und anspruchsvolle Werke. Aber er war alles andere als ein Mäzen. Er liebte das Theater, das bei seinem Vorgänger aus Sittlichkeitsgründen eher unter Kuratel stand. Aber auch darin konnte er den Salzburgern keinen Gefallen tun: Als er darauf bestand, ein neues Theater in der Stadt einzurichten, legte der amtierende Bürgermeister sein Amt nieder. Colloredo war durchaus ein Mann des offenen Wortes und hatte auch selbst keine Angst vor offenen Worten, weder im privaten Umgang noch im politischen Bereich. In Salzburg durfte Beaumarchais' Komödie *Der tolle Tag oder Die lustige Hochzeit des Figaro* gespielt werden, und der Erzbischof war mit dem ganzen Hofstaat dabei; in Wien hingegen war dieses Stück auf dem Theater vom Kaiser höchstpersönlich verboten worden. Überhaupt spielte die Zensur in Salzburg keine große Rolle.

Als ausgesprochener Verwaltungsmensch – und in der Tat hat Colloredo die verlotterte Verwaltung in Salzburg wieder in Ordnung gebracht – war der Erzbischof in der Frage der Dienstpflichten streng und duldete weder Schlendrian noch Eigenmächtigkeiten. Die Mozarts waren darin von Schrattenbach zweifellos verwöhnt worden: Leopold Mozarts Urlaubswünsche waren immer erfüllt worden, obschon sie ein extremes Ausmaß annahmen. In den zehn Jahren von 1762 bis 1771 betrugen sie insgesamt sechs Jahre und neun Monate! Unter Colloredo war es mit dieser Großzügigkeit vorbei. Denn schließlich waren diese vielen Urlaube nicht nur eine Bevorzugung gegenüber allen anderen Hofbeamten – Leopold Mozart bekam fast immer sein Gehalt weiter oder zumindest nachträglich ausbezahlt –, sondern es fielen damit auch Dienste bei der Hof- und Kirchenmusik aus, die von anderen wahrgenommen werden mußten. Immerhin war Leopold Vizekapellmeister und Wolfgang bis 1777 Konzertmeister, ab 1779 Hoforganist in Salzburg. In aller Offenheit empfahl daher Colloredo, Mozart solle doch sein Glück anderswo versuchen oder seine Verpflichtungen gefälligst wahrnehmen[3].

Die Mozart-Biographen hatten im allgemeinen wenig Verständnis für die strengeren Ansichten Colloredos über die Dienstauffassung. Erst Joseph Heinz Eibl (1975) plädierte für etwas mehr Gerechtigkeit gegenüber Colloredo. Mit Recht hält er in diesem Zusammenhang die Frage für müßig, ob der Erzbischof mit der Versagung längerer Urlaube Mozarts Genie verkannt habe. Schließlich kannte er ihn in erster Linie als Klaviervirtuosen, weniger als Komponisten, schon gar nicht mit den bis dahin bedeutendsten Werken, sondern eher mit Gelegenheitsarbeiten. Und für einen Klaviervirtuosen, wenn er Karriere machen wollte, waren die Salzburger Verhältnisse dann doch zu klein und zu bescheiden; das mehr oder weniger deutlich auszusprechen war wohl keine Verkennung. Der Sachverhalt war eben recht einfach: Der Erzbischof wollte nur solche Musiker an seinem Hof anstellen (und bezahlen), die auch in Salzburg und für ihn wirkten; Ehrengehälter wollte er nicht auswerfen, und das hat er den Mozarts recht deutlich gesagt. Angesichts einer so klaren Einstellung gab es nur zwei Möglichkeiten, wenn man sich damit nicht abfinden wollte. Entweder man mußte den Erzbischof beschummeln: So hat es

Leopold Mozart bei der dritten Italienreise im Januar 1773 gemacht, als er Briefe über eine plötzlich aufgetretene schmerzhafte rheumatische Erkrankung nach Salzburg schickte, von der er seiner Frau insgeheim gestand, es sei »alles nicht wahr«. Oder man konnte durch Eigenmächtigkeit provozieren, um zu sehen, wie weit man gehen konnte, notfalls mit dem Risiko, entlassen zu werden: Dies hat Mozart von München aus probiert.

Entlassung oder Kündigung?

Mozarts Entschluß, die Salzburger Dienste zu verlassen und in Wien zu bleiben, war zunächst von zwei Bedingungen abhängig: ausreichenden Verdienstmöglichkeiten und der väterlichen Einwilligung. Die Zeit drängte, denn Mozart mußte jedenfalls in Wien eine Entscheidung herbeiführen. Zwar machte der Erzbischof noch keine Anstalten zum Aufbruch, aber die Musiker im Gefolge bekamen schon für den 8. April den Befehl zur Heimreise. (Falls sie noch in Wien bleiben wollten, mußten sie auf eigene Kosten leben: eine der Sparsamkeitsaktionen des Erzbischofs.) Beide Schwierigkeiten scheint Mozart zunächst unterschätzt zu haben. Die Wiener Verdienstmöglichkeiten bestanden vorläufig nur in kühnen Wunschträumen, und Leopold Mozart scheint sich fürs erste in Schweigen gehüllt zu haben.

Vielleicht hängt dies auch ursächlich miteinander zusammen. Leopold Mozart wurde nämlich jetzt – anders als früher, wo es nur ums Plänemachen ging – zu Entscheidungen gedrängt. Und was sein Sohn für die Zukunft anzubieten hatte, schien ihm zu unsicher, zu unüberlegt, zu voreilig. Der schrieb jede Woche nach Salzburg, voller Beschwerden über den Erzbischof, der ihm sogar verboten hatte, beim Wohltätigkeitskonzert für die Pensionskasse der Tonkünstlerwitwen und -waisen zu spielen; erst nach einer Intervention des Adels erhielt Mozart die Erlaubnis dann doch.

»Nun ist meine Haupt=absicht hier daß ich mit schöner Manier zum kaiser komme, denn ich will absolumt daß er mich *kennen lernen soll.* – Ich möchte ihm mit lust meine opera durchPeitschen, und dann brav fugen spillen, denn das ist seine Sache. –« (24. März 1781)

Im nächsten Brief heißt es:

»Ich habe ihnen schon lezthin geschrieben daß mir der erzbischof hier eine grosse hinderniß ist, denn er ist mir wenigstens 100 dukaten schade, die ich ganz gewis durch eine Accademie In Theater machen könnte – denn die dames haben sich mir schon *selbst* angetragen, Billieters auszutheilen. [...] was glauben sie, wenn ich nun, da mich das Publikum einmal kennt, eine accademie für mich gebe, was ich nicht da machen würde? – allein unser erzlimmel erlaubt es nicht – will nicht daß seine leut profit haben sollen, sondern schaden – doch dieß kann er bey mir nicht zu wegn bringen; denn wenn ich hier 2 scolaren habe, so stehe ich besser als in Salzburg –« (4. April 1781)

Das waren dann doch sehr unbestimmte Aussichten, und für einen kühl rechnenden Kopf wie Leopold Mozart war es gewiß zuwenig. Mozart mag das selbst gespürt haben, machte aber in seinem nächsten Brief den Fehler, kühnere Versprechungen abzugeben und auf Entscheidung zu drängen.

»izt bitte ich mir, so bald möglich einen brief aus, und über folgendes einen vätterlichen und mithin den freundschaftlichsten Rath aus. [...] Ich habe also im sinn dem erzbischof zu bitten mir noch hier zu bleiben zu erlauben – liebster Vatter, ich habe sie wohl recht lieb, das sehen sie aus diesem. weil ich ihnen zu lieb allem Wunsch und begierde entsage – denn wenn sie nicht wären: so schwöre ich ihnen bey meiner ehre das ich keinen augenblick versäumen würde, sondern gleich meine dienste *quittirte* – ein grosses Concert gäbe, – vier scolaren nämme, und so weit kämme, daß ich wenigstens jährlich auf meine Tausend Thaller kämme. – Ich versichere sie, daß es mir oft schwer genug fällt, daß ich mein glück so auf die seite stellen soll – Ich bin noch jung, wie sie sagen, das ist wahr, aber wenn man seine junge jahre so in einen Bettel ort in Unthätigkeit verschlänzt, ist es auch trauerig genug, und auch – Verlust – darüber bitte ich mir ihren vätterlichen und wohlmeinenden Rath aus – aber bald –– denn ich muß mich erklären – übrigens haben sie nur alles vertrauen auf mich – denn ich denke nun gescheider –« (8. April 1781)

1000 Taler, also etwa 2000 Gulden, wären mehr als das Vierfache des Salzburger Einkommens gewesen; dabei von Anstellung – realistischerweise – keine Rede, sondern nur von vier Schülern. Kann es wundernehmen, daß Leopold Mozart den erbetenen zustimmenden Rat nicht gab? Aber Mozart ließ sich nicht beirren. Immer verheißungsvoller schilderte er die Wiener Verhältnisse; die Zahlen über mögliche Einkünfte wurden jedoch immer kleiner – ein Widerspruch, der dem Vater sicher auch aufgegangen ist. Und immer ist der Erzbischof im Weg, selbst wenn er Mozart in seinen eigenen Konzerten vor Wiener Publikum auftreten läßt:

Entlassung oder Kündigung?

»was mich aber halb desperat macht, ist, daß ich an dem Nemlichen abend als wir die scheis=Musick da hatten, zur Gräfin Thun invitirt war – und also nicht hinkommen konnte, und wer war dort? – *der kayser.* –

Adamberger und die Weigl waren dort, und hat Jedes 50 dukaten bekommen! – und welche gelegenheit! –

Ich kann Ja doch dem kayser nicht sagen lassen, wen er mich hören will, so soll er bald machen, denn inn soviell tägen reise ich ab – sowas muß man Ja doch immer erwarten. – und hier bleiben kann, und mag ich nicht, ausser ich gebe ein Concert – denn, ich stehe freylich, wenn ich nur 2 scolaren hier habe, besser als bey uns. – aber – wenn man 1000 oder 1200 fl. [Gulden] im sack hat, kann man sich ein wenig mehr bitten lassen; mithin auch besser bezahlen lassen. – und das erlaubt er nicht, der Menschenfeind – ich muß ihn so nennen; denn er ist es, und die ganze noblesse nennt ihn so. – genug davon. ich hoffe nächsten Posttag zu lesen, ob ich noch ferners in salzburg meine jungen jahre und mein talent vergraben solle; – oder ob ich mein Glück, wenn ich es machen kann, machen darf. – oder warten soll bis es zu späth ist. – in vierzehn tägen oder 3 wochen kann ich es freylich nicht machen, so wenig als in salzburg in tausend jahren. – übrigens ist es doch mit tausend Gulden das jahr – angenehmer zu warten, als mit vier. – denn so weit hab ich es izt schon gebracht – wenn ich will! – Ich darf nur sagen das ich hier bleibe – denn, was ich Componiere ist nicht dazu gerechnet – und dann, Wienn, und – salzburg? – wenn der Bono stirbt, so ist Salieri kapellmeister – dann anstatt Salieri – wird starzer einrücken, anstatt starzer – weis mann noch keinen. – Basta; – ich überlasse es ganz ihnen mein bester Vatter! –« (11. April 1781)

Von vier Schülern und 1000 Talern, dann wieder nur noch von der Hälfte ist die Rede – die verschwiegene Wirklichkeit sah so aus, daß er bis zum Herbst eine einzige Klavierschülerin hatte und von dieser (aufs Jahr gerechnet) nicht einmal 250 Gulden bekam, was immer noch ein stolzer Preis war. Mit Gelddingen nimmt es Mozart nicht so genau, denn in Salzburg verdiente er 450 Gulden, redet aber seinem Vater gegenüber, der es doch besser wissen muß, beständig von mageren 400 Gulden. Auch die Vorstellungen über Wiener Stellenbesetzungen waren reichlich verfrüht. Einstweilen war Giuseppe Bonno noch Hofkapellmeister und blieb es, bis 1788 Antonio Salieri tatsächlich seine Nachfolge antrat, und Joseph Starzer, der als Hofkomponist tätig war, blieb in seinem Amt bis zu seinem frühen Tod 1787. Mozarts Briefe waren also hoch aufgetrumpft: In Wirklichkeit hatte er nichts in Aussicht, und das erste Jahr nach Ende der Salzburger Dienste muß als seine »ärmste Zeit« gezählt werden.

Seinen Vater zu überzeugen, daß er nicht leichtfertige Pläne und Zukunftshoffnungen entwickelte, sondern Realitätssinn, Vorsicht, Verstand und umsichtiges Kalkül genug besaß, um eine vernünftige und zukunftsträchtige Lebensplanung zu entwickeln, gelang Mozart nicht. So fügte er sich fürs erste der väterlichen Autorität, weniger überzeugt als gehorchend und nur unter der Bedingung, daß er Anfang nächsten Jahres wieder nach Wien dürfe, denn inzwischen hat er ein Opernlibretto in Aussicht, *Die Entführung aus dem Serail,* das ihm den Absprung dann endgültig ermöglichen soll.

»Sie erwarten mich mit freude, mein liebster vatter! – das ist auch das einzige was mich zum Entschluß bringen kann, Wienn zu verlassen – ich schreibe das alles nun in der Natürlichen teutschen sprache, *weil es die ganze Welt wissen darf und soll, daß es der Erzbischof von Salzburg nur ihnen, Mein Bester vatter zu danken hat, daß er mich nicht gestern auf immer |: versteht sich, für seine Personn :| verloren hat* –«

Mozart benutzt in diesem Brief keine Verschlüsselung mehr – wie sonst –, sondern hofft, daß der Erzbischof den Brief bei der Postkontrolle mitliest, Mozart vielleicht deshalb selbst hinauswirft. Unverblümt fährt er fort:

»doch, wenn, wie ich aber nicht hoffen will, wieder so was vorgehen sollte, – so kann ich sie versichern, daß ich die gedult nicht mehr haben werde, und sie werden mir es gewis verzeihen – und das bitte ich sie, mein liebster vatter, daß sie mir erlauben künftige faste zu Ende Carneval nach Wienn zu reisen – nur auf sie kömmt es an, nicht auf den Erzbischof – denn will er es nicht erlauben, so gehe ich doch, es ist mein unglück nicht, gewis nicht! – O, könnte er dieß lesen, mir wäre es ganz recht; aber sie müssen es mir im künftigem briefe versprechen, denn – nur mit dieser bedingnüss gehe ich nach Salzburg; – *aber gewis versprechen,* damit ich den Damen hier mein Wort geben kann – Stefani wird mir eine teutsche oper zu schreiben geben – Ich erwarte also ihre antwort hierüber.« (28. April 1781)

Meinte es Mozart ernst mit diesen Bedingungen, die ja wirklich nicht mit seinem Vater auszuhandeln waren? Oder war das als Ankündigung zu verstehen, daß der Geduldsfaden beim nächsten Mal reißen werde – und noch in Wien? Bedeutet dieser Brief Subordination unter den väterlichen Willen zur Rückkehr nach Salzburg oder bereits versteckte Widersetzlichkeit? Jedenfalls kam es zwei Wochen später zum »Bruch« mit dem

Entlassung oder Kündigung?

Erzbischof – und auch mit Salzburg. Nichts gravierend Neues war vorgefallen, nur einer der erregten Wortwechsel, die sich immer mehr heraufsteigern bis zu dem Punkt, wo es keine Rückkehr mehr gibt.

»ich seye der liederlichste bursch den er kenne – kein mensch bediene ihn so schlecht wie ich – er rathe mir heute noch weg zu gehen, sonst schreibt er nach haus, daß die besoldung eingezogen wird – man konnte nicht zu rede kommen, daß gieng fort wie ein feuer – ich hörte alles gelassen an – er lügte mir ins gesicht ich hätte 500 fl: besoldung – hiesse mich einen lumpen, lausbub, einen fexen – o ich möchte ihnen nicht alles schreiben – Endlich da mein geblüt zu starck in Wallung gebracht wurde, so sagte ich – sind also Ew: H: gnaden nicht zu frieden mit mir? – was, er will mir drohen, er fex, O er fex! – dort ist die tühr, schau er, ich will mit einem solchen elenden buben nichts mehr zu thun haben – endlich sagte ich – und ich mit ihnen auch nichts mehr – also geh er – *und ich:* im weg gehen – es soll auch dabey bleiben; morgen werden sie es schriftlich bekommen. – sagen sie mir also bester vatter ob ich das nicht eher zu spätt als zu frühe gesagt habe? – – Nun hören sie; – meine Ehre ist mir über alles, und ich weis, daß es ihnen auch so ist. –« (9. Mai 1781)

Da ist von angegriffener Ehre die Rede, auch der Leopolds, und der väterlichen Mahnung, zu schweigen. Aber mehr als »zweymal hundsfut« konnte Mozart »halt doch nicht mehr seyn«. Insofern habe es wirklich nicht an ihm gelegen, wenn er gekündigt habe. Denn in der Tat hatte der Erzbischof Mozart keineswegs entlassen, auch später nie eine Entlassungsurkunde unterschrieben, weswegen sich Mozart noch zwei Jahre später ängstliche Gedanken über einen Besuch in Salzburg macht. Er gibt sogar offen zu, auch »ohne mindester ursache quitirt« zu haben, trotz gegenteiliger Ermahnungen, erst recht aber, nachdem der Erzbischof ihm nun schon zum drittenmal einen Vorwand geliefert hatte. Gegen den Vorwurf, leichtfertig gehandelt zu haben, baut Mozart gleich vor: in Wien werde ihm diese Kündigung überhaupt nicht schaden, weil der Erzbischof ohnehin bei allen »gehasst« sei. Und alle finanziellen Einwände versucht Mozart zu entkräften, indem er ankündigt, Geld zu schicken – vermutlich in Abzahlung seiner Schulden noch von der Parisreise her. (Die Geldsendung hat sich allerdings um mindestens sechs Wochen verzögert und scheint Mozart äußerst schwergefallen zu sein.)

Und schließlich, wohlverpackt in praktische Erwägungen, die als solche nicht von der Hand zu weisen sind, enthielt der Brief über den »Bruch« auch noch das Eingeständnis, daß er zu Madame Weber gezogen sei, die »so gütig war mir ihr haus zu offriren«. Mozart war sich sicher darüber im klaren, daß die Bekanntgabe dieser neuen Adresse bei seinem Vater die allerschlimmsten Befürchtungen wecken mußte, hatte doch Mozart vier Jahre zuvor in Mannheim sich nicht nur in eine der Töchter, Aloysia Weber, verliebt, sondern gleich die ganze Familie mit fünf Kindern aus ihrem finanziellen Desaster retten wollen, ja sogar eine Reise nach Italien geplant, um den Gesangskünsten seiner Angebeteten aufzuhelfen und die Familie zu unterstützen. Leopold Mozart muß bei neuerer Erwähnung dieser Familie, deren Familienoberhaupt Fridolin Weber kurz nach der Übersiedlung nach Wien gestorben war, äußerst erschrocken gewesen sein, sah seinen Sohn von neuem umgarnt und umstrickt und – wenn er erst einmal dort wohne – bald in ausgloser Situation.

Der Vater hat auf diesen Brief, der in seinen Augen eine Überfülle schlimmer Nachrichten enthielt, postwendend geantwortet und mit harten und drastischen Worten sicher nicht gespart. Sein Schreiben ist nicht erhalten, wohl aber Mozarts – ebenso postwendende – Reaktion:

»Mon trés cher Pére!

Ich konnte es nie anders vermuthen, als daß sie in der ersten Hitze, da der falle |: da sie mich schon ganz gewis erwarteten :| dermalen zu überaschend für sie war, alles das so hinschreiben werden, wie ich es wirklich lesen musste. – [...]

glauben sie mir, mein bester vatter, daß ich alle Männliche stärke brauche, um ihnen das zu schreiben was die vernunft befiehlt – Gott weis es, wie schwer es mir fällt, von ihnen zu gehen; – aber sollte ich betteln gehen, so möchte ich keinem solchen Herrn mehr dienen – denn, das kann ich mein lebetag nicht mehr vergessen. – und – ich bitte sie, ich bitte sie um alles in der welt stärcken sie mich in diesem Entschluß, anstatt daß sie mich davon abzubringen suchen. – sie machen mich unthätig – denn, Mein Wunsch, und meine hofnung ist – mir Ehre, Ruhm und Geld zu machen, und ich hoffe gewis daß ich ihnen in Wien mehr nützlich seyn kann, als in salzburg.« (16. Mai 1781)

So schnell, wie Mozart allerdings glaubte, kam der Familienfrieden nicht wieder ins Lot. Noch über Monate ziehen sich die Auseinandersetzungen über Leichtfertigkeit, Undankbarkeit, mangelnde Sohnesliebe und ähnliches hin; und auch zur Familie Weber gibt es noch manches Rechtfertigungsschreiben.

Zunächst allerdings schrieb Mozart erst einmal sein Entlassungsgesuch und gab es am folgenden Tag ab, zusammen mit dem bereits erhaltenen Reisegeld. Graf Arco jedoch, der offensichtlich Vorzimmerdienste versah, nahm das Entlassungsgesuch nicht an, war nicht einmal bereit, es an den Fürsten weiterzugeben, sondern verlangte die Einwilligung von Leopold Mozart. Damit eröffnet sich ein Nebenschauplatz, der allerdings in der historischen Rezeption wegen des berüchtigten Fußtrittes die Erinnerung an die Hauptsache nahezu zu überwuchern verstand: daß Mozart sein Dienstverhältnis selbst gekündigt hatte, fristlos, wie man hinzufügen kann, und durchaus nicht im gegenseitigen Einvernehmen.

Die »Sau-Historie«

Als Vermittler war Graf Arco bestens geeignet, denn einerseits war er ein enger Vertrauter des Erzbischofs, andererseits entstammte er einer Familie, die zu den guten Salzburger Bekannten der Mozarts gehörte. Die Vertrautheit ging so weit, daß Leopold Mozart einen (nicht erhaltenen) Brief an Arco nach Wien schreiben konnte, damit dieser freundschaftlichen Einfluß auf Wolfgang ausübe und ihn zur Rückkehr nach Salzburg bewege. Eine zweite Unterredung Arcos mit Mozart verlief dann auch eher vertraulich und freundschaftlich, indem der Graf nicht die Interessen des Erzbischofs vertrat, sondern Mozart vorhielt, er handle unüberlegt, übereilt und im Zorn.

Mozart war, wie er selbst zugibt, inzwischen voreingenommen, durch die heftigen Reaktionen seines Vaters auf den »Bruch« jedoch auch verunsichert. Er rettet sich in Rechtfertigungsversuche und Verteidigungen, die immer widersprüchlicher und unglaubhafter klingen. Einmal führt er als Hauptgrund der Kündigung die schlechte Bezahlung an:

»wenn ich aber so bezahlt bin, daß ich nicht nöthig habe auf andere orte zu denken. so kann ich zufrieden seyn. und wenn mich der Erzbisch: so bezahlt, so bin ich bereit heute noch abzureisen. –« (Ende Mai 1781)

Ein andermal schiebt er alles auf die gekränkte Ehre:

»nach dieser beleidigung – nach dieser dreyfachen beleidigung, dürfte mir der Erzbischof in eigener Person 1 200 fl. antragen, und ich nehme sie nicht – ich bin kein Pursch, kein Bub –« (19. Mai 1781)

Trotz aller Unsicherheit wird deutlich: das Verhältnis zu Colloredo war bis zur Unerträglichkeit belastet, die Bruchstelle irreparabel. Da konnte auch Graf Arco nichts retten. Mozart schreibt:

»kurz; er stellte mir alles auf die freundschaftlichste art vor; mann hätte schwören sollen es gieng ihm vom Herzen. – seiner seits durfte er glaub ich nicht schwören, daß es mir vom Herzen gieng; – mit aller möglichen gelassenheit, höflichkeit, und der besten art von der Welt sagte ich ihm auf seine wahr scheinenden reden – die reinste Wahrheit. – und er konnte kein Wort dawieder sagen;« (Ende Mai 1781)

Mozart hatte sich darauf versteift, in Wien zu bleiben, dort sein Glück zu versuchen und auf keinen Fall nach Salzburg zurückzukehren. Da nützten auch die freundschaftlichsten Warnungen und Ratschläge nichts mehr. Graf Arco versuchte es jetzt mit den Argumenten, die ihm vermutlich Leopold Mozart in seinem Brief anempfohlen hatte.

»glauben sie mir, sie lassen sich hier zu sehr verblenden; – hier dauert der Ruhm eines Menschen sehr kurz – von anfang hat man alle lobsprüche, und gewinnt auch sehr viel, das ist wahr – aber wie lange? – nach etwelchen Monathen wollen die Wiener wieder was neues; – sie haben recht, herr graf, sagte ich; – glauben sie denn, das ich in Wienn bleibe? – – Ey beleibe; ich weis schon wohin. – daß sich dieser fall eben in Wienn ereignet hat, ist der Erzbischof ursache und nicht ich; – wüste er mit leuten von talenten um zu gehen, so wäre das nicht geschehen. – herr graf; ich bin der beste kerl von der Welt – wenn man es nur mit mir ist; – Ja, der Erzbischof, sagte er, hält sie für einen Erz hofärtigen Menschen; das glaub ich, sagte ich; gegen ihm bin ich es freylich; wie man mit mir ist, so bin ich auch wieder; – wenn ich sehe daß mich Jemand verrachtet und gering schätzet, so kann ich so stolz seyn wie ein Pavian. –

unter andern sagte er mir auch, ob ich denn nicht glaube daß er auch öfters üble worte einschlucken müste? – ich schupfte die achseln, und sagte; sie werden ihre ursachen haben, warum sie es leiden, und ich – habe meine ursachen warum ich es – nicht leide. – das übrige wissen sie aus meinen letzten schreiben. – zweifeln sie nicht, mein liebster, bester vatter; es ist gewis zu meinen – und folglich auch zu ihren besten. – die Wienner sind wohl leute die gerne abschiessen – *aber nur am Theater.* – und mein fach ist zu beliebt hier, als daß ich mich nicht Soutenieren sollte. hier ist doch gewis das Clavierland! – und dann, lassen wir es zu, so wäre der fall erst in etwelchen Jahren, eher gewis nicht. – unterdessen hat man sich Ehre und geld gemacht – es giebt Ja noch andere örter – und wer weis was sich diewiel für eine gelegenheit ereignet?« (2. Juni 1781)

Mozart weicht bei jedem Argument aus. Nach dem Geld und der verletzten Ehre ist es jetzt das »Clavierland« Wien, und wenn das nicht überzeugend klingt, heißt es einfach: »glauben sie denn, das ich in Wienn bleibe?« Graf Arco wird über so viel Verstocktheit ärgerlich gewesen

Die »Sau-Historie« 47

sein; schließlich klang das, was Mozart ihm da antwortete, einfach unseriös. Er konnte schließlich nicht wissen, was zumindest Leopold wenigstens ahnte, daß Mozart einen – allerdings peinlichst verschwiegenen – weiteren Grund hatte, unbedingt in Wien zu bleiben, der mit der erneuerten Bekanntschaft mit der Familie Weber zusammenhing. Diese Karte zu spielen traute Mozart sich offensichtlich noch nicht, und weil verschwiegen werden mußte, was auch erst allmählich gewichtiger wurde, im Augenblick des überhitzten Wortwechsels mit Colloredo vielleicht noch allzu leicht wog, mußten alle nachgereichten Gründe immer weniger überzeugend wirken. Mozart geriet in Rechtfertigungsdruck, und je mehr er vorbrachte, um so unvernünftiger und unüberlegter klang es – als bei einer dritten Unterredung beim Grafen Arco (wieder mit dem Ziel, endlich sein Entlassungsschreiben loszuwerden) jene Eskalation geschah, die nun endgültig eine Rückkehr nach Salzburg unmöglich machte.

»Nun hat es der Herr Graf Arko recht gut gemacht! – das ist also die Art die leute zu bereden, sie an sich zu ziehen. – daß man aus angebohrner dummheit die Bittschriften nicht annimt, aus manglung des Muths und aus liebe zur fuchsschwänzerey dem Herrn gar kein Wort sagt, Jemand vier Wochen herum zieht, und endlich da derjenige gezwungen ist die Bittschrift selbst zu überreichen, anstatt ihm *wenigstens* den zutritt zu verstatten, ihn zur thüre hinaus schmeist, und einen tritt im Hintern giebt. – das ist also der Graf dem es |: nach ihren letzten schreiben :| so sehr vom Herzen geht – das ist also der Hof wo ich dienen soll – an welchem man Jemand, der um etwas schriftlich einkommen will, anstatt daß man ihm die übergebung zuwege bringt, ihn also behandelt? – das geschahe in der ante chambre – mithin war kein ander Mittel als sich losreissen und lauffen – dann ich wollte für die fürstlichen Zimmer den Respect nicht verlieren, wenn ihn schon der arco verloren hatte. – ich habe drey Memorial gemacht; habe sie 5 mal übergeben, und sind mir allzeit zurückgeschlagen worden. – ich habe sie ganz gut verwahrt, und wer sie lesen will, kann sie lesen und sich überzeugen daß nicht das geringste anzügliche darinnen seye. – Endlich da ich abends das Memorial durch H: v: kleinmayer zurückgesandt bekamm |: denn er ist hier dazu bestellt :| und als den andern tag darauf wäre die abreise des Erzbischofs, so war ich vor Zorn ganz ausser mir – weg reisen konnte ich ihn so nicht lassen, und – da ich vom arco gewust |: wenigstens sagte er mirs so :| daß er nichts darum wisse, mithin wie böse könnte der Erzb: nicht auf mich seyn, so lange hier zu seyn, und dann auf dem letzten Augenblick erst mit einer solchen bittschrift zu kommen. – ich machte also ein anders Memorial worinn ich ihm entdekte, daß ich schon bereits 4 Wochen eine bittschrift in bereitschaft hätte; und da ich mich, wüste nicht warum, so lange damit herum gezohen sähe, so seye ich nun genöthiget sie ihm selbst und zwar auf den letzten augenblick zu überreichen. – für dieses memorial bekamm ich die Entlassung meiner dienste auf die schönste art von der Welt. – denn wer weis ob es nicht auf befehl des Erzbischofs geschehen ist? – H: v: kleinmayer wenn er einen Ehrlichen Mann noch so fort spiellen will, und die bedienten des Erzbischofs sind Zeugen daß sein befehl ist vollzogen worden. – ich brauche nun gar keine Bittschrift mehr nach zu schicken, die sache ist nun geendigt. Ich will nun von der ganzen affaire nichts mehr schreiben; und wenn mir der Erzb: nun 1200 fl: besoldung gäbe, so gieng ich nicht, nach einer solchen behandlung. – wie leicht wäre ich nicht zu bereden gewesen! aber mit art, nicht mit stolz und grobheit. dem graf Arco habe ich sagen lassen; *ich habe nichts mit ihm zu reden*. weil er mich das erstemal so angefahren, und wie einen spitzbuben ausgemacht hat – welches ihm nicht zusteht. und – bey gott! wie ich schon geschrieben habe, ich wäre das letztemal auch nicht hingegangen hätte er mir nicht dazu sagen lassen, er hätte einen brief von ihnen. – Nun das letztemal. – was geht es ihn an, wenn ich meine Entlassung haben will? – und denkt er wirklich so gut für mich, so soll er mit Gründen Jemand zureden – oder die sache gehen lassen wie sie geht. aber nicht mit flegel und Pursche herum werfen, und einen bey der thüre durch einen tritt im arsch hinaus werfen; doch ich habe vergessen daß es vieleicht Hochfürstlicher befehl war. –« (9. Juni 1781)

Graf Arco, der keineswegs nur Stimme seines Herrn war, sondern die Interessen der Salzburger Mozart-Familie gewissermaßen mitvertrat und durch den Brief Leopold Mozarts dazu auch legitimiert war, scheint den Bogen doch etwas überspannt zu haben. Der Fußtritt ging über freundschaftliche Gesten nun doch hinaus und traf Mozart an einer sehr empfindlichen Stelle. Die Empörung darüber, im ersten Brief noch verhalten und gemäßigt, wird allerdings um so größer, als Mozart erkennt, daß er jetzt einen objektiven Grund hat, der jede Rückkehr nach Salzburg völlig ausschließt: Immer wieder spricht er die Vermutung aus, dieser Fußtritt sei vom Fürsterzbischof höchstselbst veranlaßt worden (was nun nachgerade eine höchst lächerliche Fehleinschätzung der Persönlichkeit Colloredos und seiner fürstlichen Machtmittel ist). Gerade weil Mozart an einem nicht recht zu lösenden Rechtfertigungsdruck gegenüber seinem Vater leidet, kommt ihm dieser Eskalationsschritt wie

Die »Sau-Historie«

gerufen; er ist nun eindeutig Opfer des erzbischöflichen »Menschenfeindes«.

Aber Leopold Mozart läßt sich nicht so leicht umstimmen und wiederholt ständig seine Vorwürfe. Jetzt, wo endgültige Tatsachen geschaffen sind, treffen immer wieder Briefe aus Salzburg ein; vordem, als Mozart durchaus den »vätterlichen und freundschaftlichen Rat« gebraucht hätte, herrschte Poststille. Die Vorwürfe kommen im nachhinein, und obschon Leopolds Briefe nicht erhalten sind, lassen sie sich aus Wolfgangs Antwortschreiben gut rekonstruieren und herausfiltern:

»sie können es niemalen Gut heissen, daß ich in Wienn Quitirt habe; [...] ich kann meine Ehre durch nichts anders retten, als daß ich von meinem Entschluße abstehe? [...] Ich habe ihnen also noch keine liebe gezeigt? [...] Ich wollte ihnen meinem vergnügen nichts aufopfern?« (19. Mai 1781)

Mozart antwortet nach weiteren ähnlichen Vorhaltungen recht deutlich:

»ich bitte sie, mein liebster, bester vatter, schreiben sie mir keine solche briefe mehr, ich beschwöre sie, denn sie nützen nichts als mir den kopf warm und das herz und gemüth unruhig zu machen. – und ich – der nun immer zu Componiren habe, brauche einen heitern kopf und ruhiges gemüth;« (9. Juni 1781)

Zum Bruch mit dem Erzbischof, mit Salzburg, war nun auch ein deutlicher Riß in den Familienbanden hinzugekommen. Zwar schreibt Mozart noch wöchentlich nach Hause, aber sein Vater verstummt mehr und mehr, seine Briefe werden immer seltener. Vom Erzbischof ist schon kaum die Rede mehr, aber die Schmach des Fußtrittes vom Grafen Arco wirkt nach. Ganz unverblümt äußert Mozart Rachegedanken:

»Mein handgreiflicher Discours bleibt dem hungrigen Esel nicht aus, und sollt es in zwanzig Jahren seyn. – denn, ihn sehen, und meinen fuß in seinem Arsch, ist gewis eins; ich müsste nur das unglück haben ihn zu erst an einem heiligen ort zu sehen.« (16. Juni 1781)

Mozart sieht im Grafen nicht nur den Kämmerer des Erzbischofs und auch nicht den in seinem gesellschaftlichen Rang über ihm Stehenden, sondern einen Menschen, der ihm einen unerhörten Schimpf angetan hat. Sein Rechtsbewußtsein ignoriert dabei völlig die gesellschaftlichen Machtverhältnisse. Er denkt aber auch nicht daran, sich beim Erzbischof über dieses unmögliche Betragen seines Kämmerers zu beschweren und diesen Vorfall als Übergriff der Herrschaftsausübung gegenüber dem Untertan einzuordnen – es wäre auch eine wenig sinnvolle Beschwerde geworden. Die beleidigte Ehre ist nicht so leicht zu heilen. Mozart möchte ganz persönlich die Schmach mit gleicher Münze heimzahlen, und das ist kein verbaler Ausrutscher im ersten Zorn, sondern wird mehrmals in Briefen wiederholt. Mozart war beherrscht genug, sich nicht an Ort und Stelle auf eine Prügelei mit dem Grafen einzulassen, denn die Wohnung des Erzbischofs, wo sich der Vorfall abspielte, ist – in seinen Worten – ein »heiliger Ort«, wo er »Respect« haben muß: Es sind schließlich die Räume seines bisherigen Dienstherrn, mit dem im übrigen sein Vater weiterhin auskommen muß. An neutralem Ort jedoch, bei nächster Gelegenheit, werde ihn nichts zurückhalten, betont er mehrfach gegenüber seinem Vater, dem es schier die Sprache verschlägt über so viel Unbotmäßigkeit und Aufbegehren. (Zum Glück ist Mozart dem Grafen Arco nie wieder begegnet...)

Abschweifung: Josephinisches Straßenbild

Mozart kannte Wien aus seinen Wunderkindzeiten – aber eben das theresianische Wien. Und inzwischen hatte sich vieles gewandelt. Eine Stadt bekommt ihr Gesicht nicht allein von ihrer steingehauenen Physiognomie, der Architektur ihrer Kirchen, Paläste, Verwaltungsgebäude, Wohnbauten, sondern ebenso von dem Treiben in den Straßenfurchen, den Fortbewegungsmitteln, den Märkten und Handelsständen, der Kleidung, all jenen Verhaltensformen, die sich in der Öffentlichkeit abspielen, denen die Architektur einer Stadt gewissermaßen als Kulisse dient. Die Topographie von Wien hatte sich seit der letzten großen Türkenbelagerung (1683) gründlich verändert. Das bis dahin bestehende mittelalterliche Wien war so tief verwundet, verstümmelt, zerstört, daß der Wiederaufbau ein völlig neues Antlitz schuf. Zwar war der Grundriß des alten Stadtkerns (im wesentlichen der heutige 1. Bezirk) erhalten geblieben, und hier war insofern jede Bautätigkeit auch ein Sanierungskompromiß, aber von den Vorstädten außerhalb der Befestigungen (die erst im 19. Jahrhundert zugunsten des Ringes aufgelöst wurden) stand kein Haus mehr.

In den fünf Jahrzehnten nach der Türkenbelagerung hatte nicht zuletzt mit dem Geld des erbeuteten Türkenschatzes eine Bautätigkeit begonnen, deren Ausmaß noch heute gut erkennbar ist, wenn man sich nur einmal die Werke der beiden bedeutendsten Baumeisterfamilien dieser Zeit

Abschweifung: Josephinisches Straßenbild

ansieht, der Fischer von Erlach und der Hildebrandt, die sowohl für den kaiserlichen Hof als auch für den Adel arbeiteten, nicht zu vergessen ihre zahlreichen Kirchenbauten. Insgesamt entstanden allein um die 300 Adelspalais unterschiedlichen Ausmaßes, teils eingezwängt in die engen Gegebenheiten der inneren Stadt, teils als Sommersitze mit großzügigen Gartenanlagen in den weitläufigen Vorstädten. Diese ungeheure Bautätigkeit war zu Zeiten Maria Theresias im wesentlichen abgeschlossen. Man hatte die Chance genutzt zu einer Residenzstadt, in der sich die barocke Prachtentfaltung ausleben konnte. Der Hof bildete das Zentrum des ganzen Lebens; seine Familienfeste, seine Vergnügungen, seine Zeremonien strukturierten das Leben der Stadt, weil sich in ihnen stets auch der ganze Herrscherwille und Machtanspruch der Habsburgermonarchie ausdrückte.

Das war im josephinischen Wien, der Zeit der Alleinherrschaft Josephs II. (1780–90), gänzlich anders, wenn auch nicht minder geprägt von der Herrscherpersönlichkeit auf dem Thron. Mozart fand dieses josephinische Wien freilich nicht gleich bei seiner Ankunft fertig vor, es entwickelte sich erst mit den Jahren josephinischer Reformpolitik. Aber die kurze Regierungszeit schuf dennoch so gründliche Umformungen, daß eine zusammenfassende Momentaufnahme möglich ist, die Mozarts Lebensraum in Wien (den »besten Ort der Welt«) als eine spätabsolutistische Alternative zu jeder anderen europäischen Residenzstadt zeigt. Der persönliche Herrscherstil Josephs II., dieses umstrittenen Kaisers, der bis heute keine fundamentale wissenschaftliche Biographie gefunden hat, prägte auch das Stadtbild von Wien, denn allem, was vor seine Augen kam, suchte er den Stempel seiner Anschauungen von aufgeklärtem Leben aufzudrücken, in alles mischte er sich persönlich ein, oft genug mehr provozierend als Nutzen und Zufriedenheit stiftend, mit vielen seiner Entscheidungen bejubelt, wegen ebenso vieler kritisiert, gar gehaßt.

Das Auffälligste war vielleicht die geringe Bedeutung seines Hofes für das gesellschaftliche Leben. Joseph II. war zweimal verheiratet und beide Male nach kurzer Zeit verwitwet; danach lebte er als kinderloser Junggeselle, den Hofstaat aufs mindeste reduziert, die halbe Zeit auf Inspektionsreisen, in Wien mit einem fast kargen Hausstand ohne jeden Prunk, fast nur mit der Regierungsarbeit beschäftigt. Hofzeremoniell gab es fast gar keines mehr, Joseph II. wollte ein Volkskaiser sein, jederzeit für jeden ansprechbar. Meistens trug er einfache (fast bürgerliche) Kleidung, einen braunen Rock über Kniehose mit Weste, sonst einen

Militärrock. (Die überlieferten Gemälde zeigen ihn freilich nur im Staatskleid mit den Herrscherzutaten und -insignien, weil sie den Kaiser, nicht die Person darstellen wollten.) Durch die Straßen der Stadt fuhr er im zweisitzigen Pirutsch, einer grünlackierten unauffälligen Kutsche, oft genug sah man ihn zu Fuß mitten unter der Bevölkerung. Feste am Hof gab es nur, soweit es unvermeidlich war, etwa wenn Staatsgäste kamen, sonst pflegte der Kaiser lieber in die Häuser des Adels zu gehen, um sich zu unterhalten. Die ganze Repräsentation der Residenzstadt Wien verlagerte sich so vom Hof auf den zahlreich residierenden Adel, worunter allein etwa 20 fürstliche und 60 gräfliche Familien mit weiten Verwandtschaftszweigen vertreten waren.

Das Fehlen des Hofes als gesellschaftlicher Mittelpunkt bedeutete auch das Fehlen des ganzen Hofschranzentums, das sonst in jeder Residenz eine so unsägliche Rolle spielte, der Günstlingswirtschaft und – in diesem Falle aus persönlicher Neigung – des Mätressenwesens sowie der zahlreichen Kleriker, die sich sonst an einem Hof zu schaffen machen. Und selbst die Soldaten am Hof waren auf eine äußerst geringe Zahl reduziert: Insgesamt 90 Mann stark (einschließlich der Offiziere) war die Burgwache, die rund um die Uhr Dienst tat (heute wird die Wiener Hofburg sicher von sehr viel mehr Leuten bewacht, obwohl auch damals schon zum Beispiel die Schatzkammer dort untergebracht war und ebenso viele Kostbarkeiten enthielt, die es neben dem Herrscher zu schützen galt). Andererseits hatte die Dürftigkeit des Hoflebens keinerlei Vorbildwirkung für das übrige Leben in Wien. Im Gegenteil, der Adel füllte die leere Stelle geradezu aus und übernahm eine glänzende Rolle adliger Selbstdarstellung, durchaus auch im Interesse des Hofes. Da die großen Adelsfamilien zugleich auch viele wichtige Regierungsämter innehatten, bedeutete ihre Repräsentationslust fast schon die Übernahme einer Hoffunktion, wäre Joseph II. nicht so gleichgültig gewesen gegenüber der Selbstdarstellung aller Stände unter ihm.

Um so stärker war seine eingreifende Hand in vielen oft kaum zu vermutenden Lebensbereichen der Bevölkerung zu spüren, nie aus lauter Herrscherlaune, immer mit aufgeklärten volkserzieherischen Absichten, in der Wirkung freilich oft genug despotisch, weit in Privatbereiche hineinreichend, oft genug anmaßend. So glaubte der Kaiser, ungesunde Kleidungsstücke, wie Schnürmieder, verbieten zu müssen; das »Wetterläuten« der Kirchenglocken gegen den Blitz wurde abgeschafft, der Leichenschmaus nach Begräbnissen gerügt. Andererseits waren manche Maßnahmen im sozialen oder medizinisch-hygienischen Bereich weit

Abschweifung: Josephinisches Straßenbild

vorausschauend: Zu denken sei nur an die strenge Aufsicht über das Apothekenwesen, die medizinische Versorgung der Bevölkerung, die Ausbildung der Ärzte oder Maßnahmen zum Schutz der unehelich Geborenen gegen Diskriminierung.

Für die Wiener muß der Kaiser manchmal eher wie ein Oberbürgermeister gewirkt haben, immer selbst beobachtend, eingreifend, möglichst oft selbst anwesend, sofort tätig werdend. Das ging so weit, daß Joseph II. sich nicht zu schade war, bei Bränden persönlich zum Löschen zu eilen und anschließend das zögerliche Helfen der übrigen zu tadeln. Die ganze Stadt Wien war ein persönlicher Wirkungsbereich des Kaisers, die Hofburg hingegen machte eher einen öden und großenteils unbelebten Eindruck.

Insgesamt wohnten in Wien etwas über 200 000 Menschen in 5 500 Gebäuden, davon etwa ein Viertel im inneren Bezirk. Man wohnte dicht gedrängt, durchschnittlich lebten in jedem Haus fast 50 Menschen. Hinzu kamen die engen Straßen, die von mehr als 4 000 Kutschen und Wagen aller Art befahren wurden. Denn obschon Wien eine regelmäßige Straßenreinigung hatte, war es sehr staubig, und der oftmals böige Wind wirbelte ständig ganze Schwaden von feinem Straßenstaub auf, der es jedem nahelegte, auch kleinere Gänge mit dem Fiaker oder der Lehnkutsche zurückzulegen. Für Fußgänger muß es ziemlich gefährlich gewesen sein, zwischen den haltenden und fahrenden Pferdewagen hindurchzukommen, und oft genug kamen Unfälle vor. Auf den größeren Plätzen und auf dem Graben drängten sich zudem zahlreiche kleine Buden und Hütten, in denen Limonade, Eis, Mandelmilch und Süßigkeiten verkauft wurden, selbst Theaterbuden gab es mehrere. In dem riesigen Gedränge mußte jedem Fremden vor allem die bunte Kleidung der verschiedenartigsten Nationaltrachten auffallen, die vor allem aus den südosteuropäischen Staaten bis aus der Türkei kamen. Die eigentlichen Wiener freilich gingen immer nach der neuesten Mode gekleidet und eher nach England orientiert als nach Pariser Geschmack. Die englische Mode war leichter und bequemer zu tragen, sie entsprach auch einer in Wien oft zu beobachtenden Anglomanie. Und auf die Kleidung wurde größter Wert gelegt, von ihrer Sorgfalt hing ein gut Teil der Wertschätzung ab, die einer genoß.

In den meisten Häusern waren im Erdgeschoß große Gewölbe mit Läden, Kaffeehäusern, Werkstätten der Handwerker, oder es befanden sich dort die Einfahrten zu den zahlreichen Stallungen. Freies Durchkommen war jedoch nicht immer garantiert. Denn an den Hausecken saßen oft noch Hökerfrauen, die alle möglichen Kleinigkeiten feilboten. Neben den Eingängen wurden die riesigen Mengen Holz gespalten, die jede Wohnung als Brennmaterial benötigte. Diese Mischung von vornehmer Gesellschaft in zwei- bis sechsspännigen Kutschen, Flanierenden, die die neueste Mode zur Schau trugen, kurzum: des Weltstädtischen, mit dem engen und an die unmittelbaren Bedürfnisse geknüpften täglichen Geschäfts- und Kleinkram ist heute schwer vorstellbar. Sie wird auch durch die zeitgenössischen Illustrationen nur unzureichend vermittelt, weil diese entweder die elegante und luxuriöse Welt darstellen oder in Kaufrufen und Berufsdarstellungen die bunte Geschäftigkeit zu Einzeldarstellungen auflösen.

Noch weniger vorstellbar sind die Gerüche dieser Stadt, die Geräusche des Straßenlebens, das Holpern der Wagenräder auf dem Pflaster, das eintönige Geklapper der Pferdehufe. Dabei waren diese Begleiterscheinungen schon den Zeitgenossen ein lästiges Problem. So waren die Wohnungen im zweiten Stockwerk überall die teuersten, weil man einerseits dem Lärm und Gestank der Stadt sich relativ enthoben dünkte, andererseits nicht alles Lebensnotwendige, einschließlich des Brennholzes, drei oder vier Treppen nach oben schleppen mußte. Und vor den großen Adelspalais war manchmal die ganze Straße mit Stroh ausgelegt, damit der Kutschenlärm etwas gedämpft wurde, falls im Haus einer krank lag. Zweimal am Tag wurden die Straßen gespritzt, um den Straßenstaub abzubinden. Für Ordnung sorgten die Polizeisoldaten, 300 für die ganze Stadt und alle mit einem Nummernschild versehen, falls sich einmal jemand über sie beschweren wollte. Die Straßen waren beschildert, und die Beleuchtung wurde erst um zwei Uhr nachts gelöscht.

Eine Stadt voller Annehmlichkeiten und Lebensart, zweckmäßig organisiert wie kaum eine andere in Europa. Aber keinem Fremden konnten auch spezifische josephinische Eigentümlichkeiten entgehen, die der Stadt ein ganz eigenes Gesicht gaben. Die Reformtätigkeit des Kaisers prägte selbst das Straßenbild und ließ niemanden vergessen, wo er sich befand. So sah man unter den vielen Nationaltrachten auch viele jüdische Kaftans, obschon die Zahl der fest in Wien ansässigen Juden noch immer recht gering war (etwa 500). Aber viele kamen nur für ihre Geschäfte von außerhalb her. Der Kaftan war zwar kein vorgeschriebenes Judenkleid mehr, aber doch altgewohnte Tracht, die viele Wiener Juden jetzt ablegten. Allerdings waren die gelben Judensterne oder -bänder, die früher getragen werden mußten, mit den Toleranzgesetzen ebenso abgeschafft worden wie andere Diskriminierungen. Der Übergang von Maria Theresia zu Jo-

Abschweifung: Josephinisches Straßenbild

seph II. war deutlich sichtbar (die wirklich schlimmen Worte der Kaiserin über die Juden einmal beiseite gelassen).

Die Abschaffung der Zensur hatte ebenso an jeder Straßenecke ihre sichtbare Auswirkung. Überall gab es nämlich zu Tagesereignissen, Zeitfragen, eingebildeten oder wirklichen Problemen kleine (zensurfreie) Broschüren, Heftchen, Einblattdrucke, Pamphlete, Zeitschriften und Spottschriften zu kaufen, immer frisch aus der Presse, meistens das, was man noch heute Wiener Schmäh nennt. Nichts war zu gering, um nicht aufgegriffen zu werden, allein die Schriftchen über die sogenannten Grabennymphen sind zahllos. Aber auch hochbrisante Flugschriften konnten ungehindert angeboten werden wie jene berühmt gewordene, weil durchaus nicht unberechtigte mit dem Titel »Warum wird Kaiser Joseph von seinem Volke nicht geliebt?«. Der ohnehin sehr freimütige und ungezwungene Ton, der in Wien herrschte, konnte sich hier frei entfalten. Die angesehensten europäischen Zeitungen wurden in Wien sogar übersetzt und nachgedruckt. Bücher freilich wurden ebenso nachgedruckt und in schönen Ausgaben (sehr zum Schaden der Originalverleger und der Autoren) verbreitet. Der berühmteste dieser Nachdrucker, Johann Thomas Edler von Trattnern, wurde so reich, daß er das bei weitem prächtigste und luxuriöseste Haus auf dem Graben bauen konnte, für alle Fremden eine Sehenswürdigkeit ersten Ranges.

Selbst die josephinische Justizreform hatte ihre Auswirkung bis in das Straßenbild. Zwar war ein modernes Gerichtswesen eingeführt worden, verbindlich selbst für den Adel, aber noch immer galt Abschreckung als eigentlicher Sinn jeder Strafsanktion. So konnte man auf dem Hohen Markt noch immer Straffällige am Pranger stehen sehen mit einem Schild, das ihr Vergehen bezeichnete. Drastischer allerdings war die Verurteilung zum Gassenkehren mit kahlgeschorenem Kopf, immer zu mehreren angekettet. Solche in aller Öffentlichkeit vollzogene Strafen konnten sogar Adlige treffen, und so kam es vor, daß Grafen ebenso wie Straßendirnen mit dem Besen in der Hand dem Gespött der Menge ausgesetzt wurden, um nach Verbüßung der Strafe von vier Wochen als erstes zum Perückenmacher zu eilen; die zeitgenössische Karikatur hat sich solcher für einen absolutistischen Staat ungewöhnlicher Szenen sofort bemächtigt. Die Abschaffung des Adelsprivilegs hätte der Kaiser kaum härter demonstrieren können.

Auch die Folgen der josephinischen Kirchenpolitik begegneten einem auf Schritt und Tritt. Die zahlreichen Klosteraufhebungen führten in vielen Fällen zur Freigabe des klösterlichen Grundbesitzes, der oft mitten in der Stadt lag, und zu seiner Bebauung vor allem mit Wohnungen. Auch in der josephinischen Zeit war Wien eine permanente Baustelle. Aber die Zweckbestimmung dieser Bauten hatte sich vollständig geändert: Keine neuen Paläste, Schlösser, Verwaltungsbauten wurden in Angriff genommen, sondern Wohnbauten als Mietshäuser, meist von bürgerlichen Unternehmern wie zum Beispiel den Taufpaten von Mozarts Kindern, Wetzlar von Plankenstern und Trattnern. Auch die vom Kaiser selbst initiierten Bauprojekte hatten klare Zweckbestimmungen, die unmittelbar aus der Reformtätigkeit Josephs II. erwuchsen. So entstanden der riesige Komplex des Allgemeinen Krankenhauses in der Vorstadt Alsergrund und das Josephinum als Ausbildungszentrum für Ärzte, vor allem auf chirurgischem Gebiet; sie gehörten zu den modernsten Einrichtungen in ganz Europa.

Klosteraufhebungen und Einrichtungen medizinischer und sozialer Art korrespondieren durchaus. Denn Joseph II. ging ausschließlich gegen die »unnützen«, rein kontemplativen Klöster vor, versuchte mit seinem Staatskirchentum hingegen die karitative und seelsorgerische Aufgabe der Kirche auszubauen. Die Pfarreien bekamen sogar staatliche Aufgaben zugewiesen wie etwa die Führung von Standesamtsregistern (andererseits wurde die Ehe zum bürgerlichen Vertrag mit Zuständigkeit der Gerichte). Eine neue Pfarreinteilung hatte auch zahlreiche neue Pfarrkirchen zur Folge, die allerdings jeden barocken Prunkes entbehrten und so auch mit ihrer Ausstattung ein seelsorgerisch tätiges Christentum an Stelle von Reliquienverehrung und Fürbitten propagierten. Waren zu Zeiten Maria Theresias Prozessionen fast alltäglich und beherrschten bei jeder Gelegenheit das Straßenbild, so gab es jetzt nur noch die eine Fronleichnamsprozession, und alle anderen wurden ebenso verboten wie Wallfahrten. Kein Venerabile wurde mehr herumgetragen, und niemand, der gerade auf der Straße stand, hatte andächtig auf die Knie zu fallen.

Wien zeigte sich nicht mehr als eine von den Selbstdarstellungen des Hofes und den verschwisterten religiösen Demonstrationen geprägte Residenzstadt, sondern als eine Metropole, von der aus ein großes Reich verwaltet wurde, wo die Bürokratie mit geregelten Amtsstunden zu einer morgendlichen und abendlichen Rush-hour mit eindrucksvollem Kutschengedrängel führte, wo eine Verbürgerlichung des Lebens eingesetzt hatte. Bei der selbst in den Vergnügungen beginnenden Vermischung der adligen und bürgerlichen Kreise spielten sogar Kleidungsunterschiede kaum noch eine Rolle.

Abschweifung: Josephinisches Straßenbild

Der Hof hatte selbst einen Teil seiner Exklusivität aufgegeben, als Joseph II. die ehemaligen höfischen Jagden des Praters und des Augartens dem allgemeinen Publikum als Naherholungsgebiete zugänglich machte. Ein Teil des Adels folgte mit der Öffnung seiner Parks. Ebenso hatten die Vergnügungsstätten ihre standesmäßige Zuordnung verloren, Theater, Oper, Konzerte und andere Spektakel standen jedermann offen, lediglich die privaten Salons bewahrten die Exklusivität persönlicher Auswahl. Dies bedeutete nicht nur die Öffnung der Hofoper auch für nichtadlige Schichten, sondern umgekehrt auch die Teilnahme des Adels an Jahrmarktsspektakeln, seinen Besuch in den Vorstadttheatern (mochten dort auch nur rohe Holzbänke stehen) oder bei der Tierhetze.

2. Die Entführung – 1782

Das neue Logis

Am 1. oder 2. Mai 1781 war Mozart aus dem erzbischöflichen Wohnsitz, dem Haus des Deutschritterordens, ausgezogen und hatte eine Wohnung im Hause »Zum Auge Gottes« (Am Peter 11) bei Cäcilia Weber bekommen. Am 9. Mai folgte das Gespräch beim Erzbischof, das zur Kündigung des Dienstverhältnisses führte. Hatte ihm die Familie Weber Mut gemacht für jenen entscheidenden Schritt in die Unabhängigkeit, nachdem sein Vater von ihm mit wenig überzeugenden, letztlich nur ängstlichen (oder väterliche Autorität beanspruchenden) Argumenten die Rückkehr nach Salzburg gefordert hatte? Von ihm hatte er über Wochen immer wieder Rat und Unterstützung erbeten, hatte Briefe gefordert und Antworten, ja, er hatte seinen Vater sogar als seinen engsten Freund umworben (»Mon trés cher amy!«) und war die meiste Zeit auf unverständliches Schweigen gestoßen. Auf insgesamt acht Briefe hatte er nur einen oder zwei Antwortbriefe erhalten. Das war ganz und gar ungewöhnlich, denn Leopold Mozart hatte sonst stets jeden Posttag zur Familienkorrespondenz ausgenutzt und von den Familienmitgliedern ebenso häufige Nachrichten verlangt.

Der ständige ausführliche Austausch über alle Neuigkeiten und die ausführliche Beratung jeden Lebensschrittes wurden in der Familie Mozart in ganz ungewöhnlichem Ausmaß gepflegt. In kaum einer Familie des schreibfreudigen 18. Jahrhunderts war der Briefwechsel so regelmäßig und ausgedehnt – bei übrigens enormen Portokosten. Das väterliche Schweigen muß für Mozart eine schwere Enttäuschung gewesen sein, unverkennbar war es aber auch ein Disziplinierungsmittel. Leopold Mozart ging offensichtlich davon aus, daß sein Sohn nichts ohne väterliche Zustimmung unternehmen werde. Den Plan, in Wien zu bleiben, hatte Leopold zuerst wohl nicht ganz ernst genommen, er schien ihm allzu unrealistisch, versponnen, verblendet, finanziell aussichtslos. Das hatte er seinem Sohn mitgeteilt und damit basta! Außerdem war er

Das neue Logis

ihm ohnehin noch böse wegen gewisser Vorkommnisse in München. Aus Mozarts Briefen klingen die Verteidigungen und Entschuldigungen deswegen noch den ganzen Sommer nach. Dabei ging es offenbar vor allem um zwei Komplexe, bei denen der Vater seinen Sohn als gänzlich unreif, unbedacht und unüberlegt ansah: im Verhältnis zu den Frauen und zum Geld.

Drei Jahre zuvor in Mannheim, als er Aloysia Weber, die älteste der Weber-Töchter, kennengelernt hatte, war es zu einem ersten harten Zusammenstoß mit seinem Vater gekommen: Im Überschwang früher Liebschaft wollte er nicht nur mit Aloysia nach Italien reisen, sondern auch gleich noch die ganze Familie Weber finanziell sanieren. Erst ein väterliches Machtwort beendete diese Episode. In München waren die Versuchungen nicht ganz so ernsthaft gewesen. Was auch immer in jenen Münchner Faschingswochen und unter den Augen Leopold Mozarts passiert sein mag, es hagelte Vorwürfe, gegen die sich Mozart geradezu wie ein ertappter Schuljunge verteidigte:

»mein ganzer umgang mit der Person vom schlechten Ruffe bestund auf dem Ball. – und den hatte ich schon lange ehe ich wusste daß sie vom schlechten Ruffe seye – und nur darum damit ich meiner gewissen Conterdanse tänzerin sicher seye. – dann, konnte ich ohne ihr die ursache zu sagen nicht auf einmal abbrechen – und wer wird Jemand so was ins gesicht sagen. – habe ich sie nicht auf die letzt öfters angesetzt, und mit andern getanzt? – ich war auch diesfalls ordentlich froh daß der fasching ein Ende hatte. – übrigens wird kein Mensch sagen können, daß ich sie sonst wo gesehen hätte, oder in ihrem hause gewesen seye, ohne für einen lügner zu paßieren. – übrigens seyn sie versichert daß ich gewis Religion habe – und sollte ich das unglück haben, Jemals |: welches gott verhüten wird :| auf seiten weege zu gerathen, so spreche ich sie, mein bester vatter aller schuld los. – denn, nur ich allein wäre der schurke – ihnen habe ich alles gute so wohl für mein zeitliches als geistliches wohl und heyl zu verdanken.« (13. Juni 1781)

Mozart war auf Bällen gewesen, hatte ausgelassen getanzt und fühlte sich zum erstenmal frei und glücklich. Später gestand er seiner Frau, es seien die glücklichsten Wochen seines Lebens gewesen. Auch Liebelei war im Spiel. Vor allem mit den Mitgliedern des Münchner Hoforchesters war er herumgezogen. Aus der Stimmung jener Tage hat sich ein *Lied* (KV 367b=351) erhalten, das den heiter-verspielten Ton, in den sich auch ein wenig Zittern und Herzklopfen mischten, sehr genau einfängt; sicher eine Gelegenheitskomposition (der Textdichter blieb unbekannt), geschrieben für den Hornisten des Orchesters, Martin Lang, und doch auch ein Beleg für die Unbeschwertheit dieser Zeit:

> »Komm, liebe Zither, komm,
> du Freundin stiller Liebe,
> du sollst auch meine Freundin sein.
> Komm, dir vertrau ich
> die geheimsten meiner Triebe,
> und dir vertrau ich meine Pein.
>
> Sag ihr an meiner Statt, –
> ich darf's ihr noch nicht sagen,
> wie ihr so ganz mein Herz gehört.
> Sag ihr an meiner Statt, –
> ich darf's ihr nocht nicht klagen,
> wie sich für sie mein Herz verzehrt.«

Mozarts Verhältnis zu seinem Vater war geprägt von großer Verehrung für dessen Persönlichkeit, die sich in unbedingter Unterordnung unter seine Autorität niederschlug. Nicht väterliche Strenge war ausschlaggebend, sondern Mozarts Bewußtsein, wieviel er seinem Vater für seine eigene Entwicklung verdankte. Leopold Mozart war nicht nur ein liebevoller und großzügiger Vater, sondern er vermittelte Mozart auch jenes künstlerische Selbstbewußtsein, ohne das kein großes Werk zustande kommt. Schon die Wunderkindexistenz fußte nicht – wie meist – auf strengem musikalischen Drill, erbarmungslosem Fingerüben, sondern war auf die Entwicklung spielerischer Kreativität angelegt. Bald war Leopold Mozart nicht mehr künstlerischer Vormund, sondern musikalischer Partner, helfend, kritisch begleitend, voller Anerkennung auch da, wo Mozart zunehmend eigene, oftmals ungewöhnliche Wege einschlug. Im außermusikalischen Bereich erkannte Mozart die weitblickende Klugheit, das scharfsinnige Räsonnement seines Vaters unbedingt an, forderte Rat und Urteil. Aber er war jetzt ein fünfundzwanzigjähriger Mann, erwachsen, suchte Autonomie und Selbständigkeit, mußte sich vom Vaterhaus emanzipieren, ein eigenständiges Leben etablieren. Und dieser lange hinausgezögerte Schritt stellte für den Vater sicher eine schwere Belastung dar, das Ende seiner Lebensaufgabe, dem Sohn all das mitzugeben, das nötig ist, einer außergewöhnlichen Begabung zum Erfolg zu verhelfen. Leopold Mozart fühlte sich ganz einfach allein

Das neue Logis 61

gelassen, ein alter, zunehmend verbitternder Mann; Frauen um Mozart hatten bei ihm keine Chance.

Als Leopold Mozart erfuhr, daß sein Sohn bei Cäcilia Weber Logis genommen habe, war er sofort hellhörig. Vielleicht deutlicher als Mozart selbst stellte er eine Verbindung her zwischen der Kündigung beim Erzbischof und der neuerlichen Verbindung zur Familie Weber. Daß in dem Brief über die Audienz beim Erzbischof der Satz stand: »izt fängt mein glück an, und ich hoffe daß mein glück auch das ihrige seyn wird«, hatte offensichtlich einen doppelten Sinn. Hatte er lange die Dringlichkeit seines väterlichen Rates nicht verstanden, hatte die vielen Andeutungen übersehen (»mir ist als wenn ich hier bleiben *müßte.* – und das war mir schon so als ich von München abreisete«), so spürte er jetzt die Gefahr, daß andere an Einfluß gewinnen könnten, fürchtete die Spontaneität seines Sohnes. Sofort verlangte er, die Kündigung rückgängig zu machen, zuallererst bei der Familie Weber auszuziehen. Aber alle Vorhaltungen nützten nichts: Mozart schrieb nach Salzburg noch wochenlang voller Galle vom Erzbischof, schließlich von der nun wirklich einen unwiderruflichen Schlußpunkt setzenden »Historie« mit dem Grafen Arco. Die finanziellen Möglichkeiten in Wien schilderte er immer wieder in den rosigsten Farben, wenn auch voller Widersprüche und Ungereimtheiten. Und von der Familie Weber erzählte er so arglos, als sei die Wohnung dort die einzige praktische Lösung gewesen, bei der es nichts anderes zu bedenken galt. Auf die zunehmend massiven Salzburger Mahnungen und Forderungen antwortete Mozart immer gereizter. Er wollte sich jetzt nicht mehr jeden Schritt von seinem Vater vorrechnen und vorbestimmen lassen, er war überzeugt, selbst und besser zu wissen, was für ihn das Richtige sei. Als er Unterstützung von seinem Vater forderte, hatte der geschwiegen, jetzt fühlte er sich in der Lage, allein seinen Weg zu gehen.

Seine ersten Erfahrungen in Wien, die Erfolge seiner Auftritte beim Adel, die Erneuerung früherer Bekanntschaften, die unkomplizierte Zugänglichkeit des Kaisers – auch wenn ein Zusammentreffen einstweilen noch vereitelt war –, das blühende und aufnahmebereite Musikleben in Wien, geradezu ein Musikenthusiasmus, hatten ihn bestätigt und seinen Hoffnungen schönste Nahrung gegeben. Mozart wußte, wer er auf musikalischem Gebiet war, kannte seinen Wert als Virtuose und mehr noch als Komponist. Vor allem aber wollte er sich als Opernkomponist zeigen, in einer Sparte also, mit der er in Wien so gut wie unbekannt war, für die er dort aber die besten Voraussetzungen fand. In Salzburg gab es keine Oper, und Mozart war bestenfalls auf die Gnade Colloredos angewiesen, ihm Urlaub für auswärtige Aufträge zu geben. In Wien bestand jedoch nicht nur die italienische Hofoper, sondern daneben, mit eigenem Ensemble, das deutsche Singspiel, mit dem Sprechtheater zusammengefaßt zu einem wirklichen Nationaltheater, für das zu schreiben eine außerordentlich reizvolle Aufgabe sein mußte. Er rechnete in Wien mit Aufträgen und war bereit, sich mit den anerkanntesten Opernkomponisten zu messen. Gerade noch für eine notwendige Übergangszeit dachte er mit Konzerten und Schülern seinen Unterhalt zu finanzieren, was ihm bei den Wiener Verhältnissen und seinem ausgedehnten Bekanntenkreis nicht besonders schwierig dünkte. Später sollte wohl eine feste Anstellung durch den Kaiser möglich sein.

Und was die Familie Weber anging, schrieb er seinem Vater:

»da habe ich mein hüpsches Zimmer; bin bey dienstfertigen leuten, die mir in allen, was man oft geschwind braucht, und |: wenn man allein ist nicht haben kann :| an die hand gehen. –« (9. Mai 1781)

Das waren sehr ernst gemeinte Vorteile. Denn ein Junggeselle lebte im 18. Jahrhundert nicht gerade bequem. Man brauchte, wenn man in der Gesellschaft verkehrte, eine Bedienung. Denn nicht einmal die Halsbinde konnte man ohne weiteres allein anlegen, noch komplizierter war es, die Frisur in Form zu bringen. Die Wäsche mußte in Ordnung gehalten werden, man konnte sie ja nicht einfach in eine Reinigung geben. Zum Essen mußte man ins Gasthaus gehen, was teuer und unbequem war:

»vielle Commoditeten werden mir doch abgehen in meinem neuen logement, – besonders wegen dem Essen – wann ich recht nothwendig zu schreiben hatte, so wartete man mit dem Essen so lange ich wollte, und ich konnte *unangezogen* fortschreiben, und dann nur zur andern thüre zum Essen hinein gehen. so wohl abends als Mittags. – izt, wenn ich nicht geld ausgeben will und mir nicht das Essen in mein Zimmer bringen lassen will, verliere ich wenigstens eine Stunde mit dem anziehen |: welches sonst nachmittag meine arbeit war :| und muß ausgehen. – abends besonders. – sie wissen daß ich mich gemeiniglich hunrig schreibe. – die guten freunde wo ich soupiren könnte, essen schon um 8 uhr oder längstens halbe 9 uhr. – da sind wir vor 10 uhr nicht zum tisch gegangen –« (1. August 1781)

Mozart konnte hier also gewissermaßen in Vollpension leben und mit Familienanschluß obendrein. Das muß den Vater besonders empört haben, denn es hieß für ihn, geradezu die Familie gewechselt zu haben.

Das neue Logis

Aber die Umstände bei den Webers waren darüber hinaus sehr vorteilhaft, denn Mozart standen bei dieser musikalischen Familie gleich zwei (technisch völlig verschiedene) Klaviere zur Verfügung, für ihn höchst willkommene Arbeitsinstrumente, »einer zum galanterie spiellen, und der andere eine Machine. der durchgeendes mit der tiefen octav gestimmt ist, wie der den wir in London hatten. folglich wie eine orgel« (27. Juni 1781). Selber konnte er sich noch kein Klavier leisten, und selbst das Mieten war sehr teuer. Einstweilen hatte er ja noch kaum Einkünfte. So waren zumindest die äußeren Umstände seines Starts in Wien die allerbesten.

Im Brief vom 9. Mai hatte Mozart geschrieben:

»schreiben sie mir heimlich daß sie vergnügt darüber sind, und daß können sie in der that seyn – und öffentlich aber zanken sie mich recht darüber, damit man ihnen keine schuld geben kann.«

Das bezog sich natürlich auf die Kündigung und enthielt zugleich eine Anspielung auf die Gewohnheit des Erzbischofs, Briefe abzufangen und zu lesen. Zu so viel taktischem Vorgehen war Leopold Mozart ganz und gar nicht aufgelegt; denn im selben Brief stand ja auch zum erstenmal die neue Adresse bei den Webers. Der Vater beließ es beim »Auszanken«, sicherlich mit vollem Ernst und großem Zorn.

Bei Cäcilia Weber wohnten noch drei Töchter: Josepha, Konstanze und Sophie, die Mozart alle schon von Mannheim her kannte. Die älteste, Josepha, war bereits 23 Jahre alt, Konstanze 19 und Sophie 18 Jahre. (Aloysia, die Zweitälteste, war seit einem halben Jahr mit dem Schauspieler und Maler Joseph Lange verheiratet und lebte nicht mehr im Hause.) Leopold Mozart hatte wohl vor allem im Auge, daß sein Sohn als Hahn im Korb dieses reinen Frauenhaushalts lebe, als er verlangte, er solle sofort ausziehen. Er empfand die Situation als gefährlich, zumal er offenbar Cäcilia Weber beim Verheiraten ihrer Töchter alles zutraute. (Aber so einfach ließ sich Mozart nicht verheiraten – das übersah der Vater wohl.) Zunächst lenkte Mozart ab, indem er von seiner noch bestehenden Neigung zur inzwischen verheirateten Aloysia erzählte:

»Ich liebte sie aber in der that, und fühle daß sie mir noch nicht gleichgültig ist – und ein glück für mich, daß ihr Mann ein Eyfersichtiger Narr ist, und sie nirgends hinlässt, und ich sie also selten zu sehen bekomme.« (16. Mai 1781)

Aber dieses Ablenkungsmanöver hielt nicht lange vor, denn bald kursierten die ersten Gerüchte in Wien, die schnell bis nach Salzburg vordrangen. Zunächst hieß es noch allgemein, Mozart sei »nur wegen den frauenzimmern« in Wien geblieben, schon bald aber wußte man genauer, wen sich Mozart erkoren hatte. Verschweigen lag ihm nicht, und so bestätigt er die Gerüchte – indem er sie dementiert. Namen fallen keine. Ganz unbeeindruckt blieb Mozart von dem Getratsche aber sicher nicht, und er hatte bestimmt auch selbst ein Interesse, Gerede zu vermeiden.

»Ich sage noch einmal daß ich schon längst im sinn gehabt ein anderes logis zu nehmen, und das nur wegen dem Geschwätze der leute; – und mir ist leid daß ich es, wegen einer albernen Plauderey woran kein wahres Wort ist, zu thun gezwungen bin. ich möchte doch nur wissen was gewisse leute für freude haben können ohne allen Grund so im tage hinein zu reden. – weil ich bey ihnen Wohne, so heyrathe ich die tochter; von verliebt seyn war gar die rede nicht, über das sind sie hinaus-gesprungen; sondern ich logire mich ins hauß, und *heyrathe*. – wenn ich mein lebetag nicht aufs heyrathen gedacht habe, so ist es gewis izt! – denn, |: ich wünsche mir zwar nichts weniger als eine Reiche frau :| wenn ich izt wirklich durch eine heyrath mein glück machen könnte, so könnte ich unmöglich aufwarten, weil ich ganz andere dinge im kopf habe. – gott hat mir mein Talent nicht gegeben, damit ich es an eine frau henke, und damit mein Junges leben in unthätigkeit dahin lebe. – ich fange erst an zu leben, und soll mir es selbst verbittern; – ich habe gewis nichts über den Ehestand, aber für mich wäre er dermalen ein übel. – Nun, da ist kein ander Mittel, ich muß, wenn es schon nicht wahr ist, wenigstens den schein vermeiden; – obwohl der schein an nichts anders beruht, als – daß ich da wohne – denn, wer nicht ins hause kömmt, der kann nicht einmal sagen daß ich mit ihr so viel umgang habe wie mit allen andern geschöpfen Gottes; denn, die kinder gehen selten aus – nirgends als in die komödie, und da gehe ich niemalen mit, weil ich meistens nicht zu hause bin zur comœdie stunde. – ein Paarmal waren wir im Prater, und da war die Mutter auch mit; und ich da ich im hause bin konnte es nicht abschlagen mitzugehen, – und damals hörte ich noch keine solche Narrensreden. danmuß ich aber auch sagen, daß ich nichts als *meinen theil* zahlen durfte. – und, da die mutter solche reden selbst gehört, und auch von mir aus weis, so muß ich sagen, daß sie selbst nicht mehr will, daß wir zusammen wohin gehen sollen, und mir selbst gerathen wo anderst hin zu ziehen, um fernere verdrüsslichkeiten zu vermeiden; denn sie sagt, sie möchte nicht unschuldigerweise an meinen unglücke schuld seyn. – das ist also die einzige ursache warum ich schon längst |: seitdem man so schwätzt :| im sinn gehabt wegzuziehen – und in so weit wahrheit

Das neue Logis

gilt, habe ich keine; was aber die Mäuler anbelangt, habe ich ursache.« (25. Juli 1781)

Das klingt als Dementi wenig überzeugend und war für Leopold Mozart gewiß nicht beruhigend. Freilich war Konstanze Weber keine reiche Frau, aber die allgemeinen Betrachtungen über die Ehe, die das Leben »verbittern« kann, über »Untätigkeit« und ähnliches sind ein Zerrbild, an das Mozart selbst nicht glaubte. (Ein halbes Jahr später, als er dem Vater seine Heiratsabsicht mitteilt und dabei zum erstenmal auch den Namen Konstanze erwähnt, gibt er zu, daß er schon vor Monaten diese Absicht gehabt, aber nicht offen auszusprechen sich getraut habe.) Leopold schreibt weiterhin geharnischte Briefe wegen »den Weberischen«, bis es seinem Sohn einmal zuviel wird und er ebenso unmißverständlich reagiert:

»aus dem, wie sie mein leztes schreiben aufgenommen, sehe ich leider – daß sie |: als wenn ich ein Erzbösewicht, oder ein dalk, oder beydes zugleich wäre :| mehr dem geschwätze und schreiberey anderer leute trauen, als mir, und folglich gar kein vertrauen auf mich setzen; ich versichere sie aber daß mir dies alles gar nichts macht – die leute mögen sich die augen aus dem kopf schreiben – und sie mögen ihnen beyfall geben wie sie wollen, so werde ich mich deswegen um kein haar verändern, und der nemliche Ehrliche kerl bleiben wie sonst. – und das schwöre ich ihnen, daß wenn nicht *sie* es hätten haben wollen, daß ich ein anders quartier nehmen sollte, ich gewis nicht würde ausgezogen seyn; – denn es kommt mir vor als wenn einer von seinen eigenen commoden Reiswagen sich in einen Postwagen sezte. – doch stille davon – denn es nützt doch nichts – denn die faxen die, gott weis wer ihnen im kopf gesezt hat, überwiegen doch immer meine gründe; – nur das bitte ich ihnen, wenn sie mir etwas schreiben daß ihnen an mir nicht recht ist, oder daß sie glauben daß es besser seyn könnte – und ich schreibe ihnen dann wieder meine gedanken darüber – so halte ich es allzeit für etwas das zwischen vatter und sohn geredet ist, also ein geheimnüss und nicht als etwas daß andere auch wissen sollen – mithin bitte ich sie, lassen sie es dann dabey bewenden, und adreßieren sie sich nicht an andere leute, denn, bey gott, andern leuten gieb ich nicht fingerlang rechenschaft von meinen thun und lassen, und sollte es der kayser seyn. – haben sie immer vertrauen auf mich, denn ich verdiene es. – ich habe sorge und kümmerniss genug hier für meinen unterhalt; verdriessliche briefe zu lesen ist dann gar keine sache für mich.« (5. September 1781)

Das ist nun schon der zweite Brief, in dem Mozart von seinem Vater fordert, ihn anders zu behandeln, als erwachsenen Menschen ernst zu nehmen. Zwar ist auch dieser Brief wie alle anderen unterschrieben »bin Ewig dero gehorsamst Sohn W: A: Mzt«, aber der Ton ist ein anderer geworden. Sodann stellt Mozart auch klar, daß er in Wien »von anfang als ich hieher kamm von *mir* ganz allein leben« mußte, »was ich durch meine bemühung habe erhalten können«, und daß sein Vater sich wohl etwas falsche Vorstellungen mache über sein Leben in Wien:

»aus allen ihren briefen sehe ich daß sie glauben daß ich nichts thue als mich hier amusiren – da betrügen sie sich wohl stark – ich kann wohl sagen daß ich gar kein vergnügen habe – gar keines – als das einzige daß ich nicht in Salzburg bin. – in Winter hoffe ich daß alles gut gehen wird – und da werde ich sie mein bester vatter gewis nicht vergessen. – sehe ich daß es gut thut, so bleibe ich noch länger hier, wo nicht, so habe ich im Sinn schnurgerade nach Paris zu gehen.« (5. September 1781)

Der insgesamt etwas gereizte Ton dieses Briefes klingt zugleich ehrlicher und realitätsnäher. Mozart gibt nämlich zu, daß es im »Clavierland« Wien auch nicht so einfach ist, sein Geld zu verdienen – schließlich fuhren die adligen Familien im Sommer auf ihre Landgüter. Durchaus möglich, daß er es noch einmal in Paris versuchen werde.

Dies war der erste Brief aus seinem »Neuen Zimmer. auf dem *graben* N:° 1175 im 3:^{ten} stock«.

Verschlenzter Sommer?

Der Sommer war sehr heiß. Zwischen Ende Mai und Mitte September gab es keinen Tag unter 20 Grad Celsius, und auch die vielen Gewitter brachten keine Abkühlung. Die Luft war schwül, und selbst in der Nacht sank die Temperatur kaum. Mozart war froh, wenigstens einige Tage auf dem Lande zubringen zu können: Johann Philipp Graf Cobenzl hatte ihn auf sein Landgut auf dem Reisenberg eingeladen. Aber sonst gab es wenig Abwechslung.

»die dermalige Saison ist die schlechteste für Jemand der geld gewinnen will; das wissen sie ohnehin; die vornehmsten Häuser sind auf dem lande. mithin ist nichts anderst zu thun, als sich auf den Winter, wo man weniger zeit dazu hat, vorzuarbeiten. –« (16. Juni 1781)

Das heißt wohl: komponieren, denn im Winter hoffte er eigene Konzerte geben zu können und wollte dabei sicher mit neuen Komposi-

Verschlenzter Sommer?

tionen aufwarten. Nur: Mozart hat in diesem Sommer so wenig komponiert wie sonst kaum. Es lag ihm überhaupt nicht, gewissermaßen auf Vorrat zu komponieren. Mozart brauchte immer konkrete Anlässe, seien es Aufträge, seien es Aufführungsgelegenheiten, Konzerte befreundeter Künstler, eigenes Vorspiel in Privatakademien der Musikliebhaber oder die eigenen Konzerte, in denen er stets auch mit neuen Kompositionen sich vorstellte. Aber all das lag in weiter Ferne. Zwar überlegte Mozart, für den Advent eine Kantate zu schreiben, es fehlte ihm aber noch ein geeigneter Text, der auch die Billigung des »General-Spektakel-Direktors« fände:

»denn wenn ich wirklich schon ein Buch hätte, so würde ich doch noch keine feder ansetzen, weil der graf Rosenberg nicht hier ist – wenn der auf die letzt das Buch nicht gut fände, so hätte ich die Ehre gehabt umsonst zu schreiben. und das lass ich fein bleiben. –« (16. Juni 1781)

Obschon Mozart immer wieder die Bezahlung seiner Kompositionen als Triebfeder des schöpferischen Prozesses anführt, scheint der Termindruck erst die künstlerische Potenz freizulegen. Mozart braucht die Unruhe, den Druck der Zeit, den letzten Moment vor der Aufführung, um alle künstlerischen Kräfte zu sammeln und zu einem Höchstmaß an Konzentration zu pressen.

Abgesehen von den paar Tagen auf dem Reisenberg blieb Mozart in Wien, versuchte Schüler zu bekommen, was gar nicht so einfach war, und tröstete seinen Vater – und vielleicht auch sich selbst – mit etwas vollmundigen und fast angeberischen Briefäußerungen, die ihm allerdings auch nicht viel über eine zunächst recht mühsame Situation hinweghelfen konnten:

»dermalen habe nur eine einzige Skolarin, welche ist die gräfin Rumbeck, die Baase vom kobenzl; ich könnte derer freylich mehrere haben, wenn ich meinen Preis herabsetzen wollte. – so bald man aber das thut so verliert man seinen credit – mein Preis ist für 12 lectionen 6 dukaten, und da gieb ich ihnen noch zu erkennen, daß ich es aus gefälligkeit thue. – ich will lieber 3 instructionen haben die mich gut bezahlen, als 6 die mich schlecht zahlen. – von dieser einzigen Skolarin kann ich mich *durchbringen,* und das ist mir unterdessen genug; –« (16. Juni 1781)

Lag es wirklich am Preis? Hätte er wirklich auf Anhieb mehrere Schüler haben können? Und von »durchbringen« konnte keine Rede sein. Schon bald mußte er nämlich feststellen, daß auch Marie Karoline Gräfin Thiennes de Rumbeke für einige Wochen aufs Land fuhr, und nun hatte er gar keine Einnahmen, solange sie verreist war. Erst im Dezember erfahren wir von einer zweiten zahlenden Schülerin, Maria Theresia von Trattnern, der Frau des Verlegers und Buchhändlers. Mozart verlangt zwar – aus Schaden klug geworden – jetzt auch für ausgefallene Stunden Bezahlung, jedoch so einfach war das nicht durchzusetzen. Theresia von Trattnern zum Beispiel war »zu Econom dazu« (22. Dezember 1781). Und was war mit Josepha Auernhammer, jener hochbegabten Klavierschülerin Mozarts, die sich sogleich in ihn verliebt hatte? Von ihr ist auch in diesem Herbst schon die Rede, allerdings wird sie nie bei den Unterrichtseinnahmen erwähnt. Hat Mozart also in einigen Fällen auch umsonst unterrichtet? Bei seiner selbstbewußten Haltung dem Geld gegenüber ist das schwer vorstellbar...

Andererseits waren seine Ausgaben erheblich. Schließlich war er nicht auf einen Daueraufenthalt in Wien eingerichtet. Die meiste Garderobe war noch in Salzburg und wurde ihm erst im Laufe des Sommers geschickt. So blieb ihm nichts anderes übrig, als sich neue Kleider machen zu lassen. Wien war ja eine ausgesprochen elegante und modebewußte Stadt. Eine gewisse Eitelkeit hatte man ihm zudem schon früh anerzogen. Auf der ersten großen Reise nach Paris und London war die ganze Familie neu eingekleidet worden; der Vater war so stolz auf diese Kleider, daß er sie in allen Einzelheiten in den Briefen nach Salzburg schilderte. Und Mozart legte auf seine Garderobe den größten Wert. Er empfand sich als Glied jener Gesellschaft, die ihn als Künstler bezahlte, und das prägte auch seinen Lebensstil. Seine ungewöhnlich kleine Gestalt brachte ihn wahrscheinlich dazu, durch auffallend gewählte Kleidung auszugleichen, was ihm an Aufmerksamkeit durch seine Körpergröße zu entgehen drohte. Der Verkehr in den adligen und bürgerlichen Salons, der Umgang mit dem Hof und das Auftreten als Virtuose beanspruchten nach seinem Selbstverständnis eine Gleichrangigkeit, die sich auch in der Kleidung ausdrücken mußte. Muzio Clementi schilderte ihn als eine Erscheinung, die von den vornehmen Hofbeamten und Kammerherren nicht zu unterscheiden war[1]. Als einen von allen gesellschaftlichen Konventionen befreiten Künstler faßte Mozart sich selbst nicht auf – wie später Ludwig van Beethoven, der sich mit einer gewissen Impertinenz und Konsequenz so darstellte. Wenn Mozart von seiner Kleidung redet, wird er sehr präzise und unmißverständlich:

»wie ein lump konnte ich nicht in Wienn herumgehen; besonders in diesen falle. – meine Wäsche sah aus zum erbarmen. – kein hausknecht hatte hier hemder von so grober leinwand als ich sie hatte. – und das ist

Verschlenzter Sommer?

gewis das abscheulichste an einem Mansbild. – mithin wieder ausgaben.« (5. September 1781)

Mozart scheint in diesem Sommer – neben seinen Klavierstunden – vor allem damit beschäftigt gewesen zu sein, seine Garderobe in Ordnung zu bringen, sich eine neue Wohnung zu suchen, ein Klavier dahin zu leihen und ins Theater oder in den Prater zu gehen. Anders ausgedrückt: Er war verliebt, war wohl die meiste Zeit mit Konstanze Weber zusammen, genoß den Sommer und wartete. Er wartete auf die Rückkehr der »Gesellschaft« vom Lande, auf ein Opernlibretto, das ihm der Schauspieler und Bühnenautor Gottlieb Stephanie (genannt der Jüngere) schon im April versprochen hatte, wartete auf Einnahmemöglichkeiten und Aufträge. Von Konstanze schreibt er noch kein Wort, wenn man davon absieht, daß er immer wieder jede engere Verbindung mit irgendeiner der Weber-Töchter dementiert. Sein Vater muß diese Untätigkeit gespürt haben, ebenso wie er ja auch die Hinwendung zu Konstanze spürte, die diese Untätigkeit vielleicht sehr freudvoll und unbeschwert werden ließ. Mozart gelingt es nicht, seinem Vater plausibel zu machen, daß er keineswegs nur seinen Vergnügungen nachgehe. Aber von Musik ist nun einmal in diesem Sommer wenig die Rede.

Sieht man sich das *Köchelverzeichnis* an, das ja eine Chronologie von Mozarts Werken zu konstruieren sucht, so bleiben für die Zeit von Mitte April bis Anfang Oktober lediglich drei kleine Variationenwerke und drei Sonaten für Klavier und Violine[2]. Das ist eine ungewöhnlich schmale Ausbeute für sechs Monate, auch wenn man berücksichtigt, daß sich Mozart im August bereits mit dem ersten Akt der *Entführung aus dem Serail* beschäftigt. Die drei Violinsonaten kamen zusammen mit drei früheren im November als »Opus II« im Wiener Verlag Artaria gestochen heraus. Sie stellen Mozarts Eintritt in das Wiener Musikleben dar, ein trotz des für eine Subskription ungünstigen Sommertermins erzwungenes Eröffnungswerk, das nicht allein wegen des Geldes veranstaltet wurde, sondern zugleich eine Probe des Könnens zeigen sollte. Eine Rezension in Karl Friedrich Cramers *Magazin der Musik* (4. April 1783) stellt die Originalität dieser sechs Sonaten gebührend heraus:

»Diese Sonaten sind die einzigen in ihrer Art. Reich an neuen Gedanken und Spuren des grossen musicalischen Genies des Verfassers. Sehr brillant, und dem Instrumente angemessen. Dabey ist das Accompagnement der Violine mit der Clavierpartie so künstlich verbunden, daß beide Instrumente in beständiger Aufmerksamkeit unterhalten werden; so daß diese Sonaten einen eben so fertigen Violin- als Clavier-Spieler erfodern. Allein es ist nicht möglich, eine vollständige Beschreibung dieses originellen Werks zu geben. Die Liebhaber und Kenner müssen sie selbst erst durchspielen, und alsdann werden sie erfahren, daß wir nichts übertrieben haben.«[3]

Mozart muß seine relative Untätigkeit deutlich empfunden haben, denn als er am 30. Juli von Stephanie das Libretto zur *Entführung aus dem Serail* erhielt, setzte er sich noch am selben Tag hin und fing an zu komponieren. Bereits zwei Tage später hat er drei (von sieben) Nummern des ersten Aktes fertig, am 22. August ist der ganze erste Akt abgeschlossen. Man ist ja von Mozart ein ungeheuer schnelles Arbeitstempo gewohnt, weiß auch, daß er vor der Niederschrift sich alles genau im Kopf auszukomponieren pflegte und dann in einem Zuge hinschreiben konnte. Ein Drittel eines Opernaktes in zwei Tagen übertrifft allerdings alle weiteren Beispiele von Mozarts Komponiergeschwindigkeit. Er hatte geradezu danach gefiebert, wieder schreiben zu können, hatte den Operntext herbeigesehnt, weil er ihm ja den erhofften Durchbruch in Wien verschaffen sollte.

»mich freuet es so, das Buch zu schreiben, daß schon die erste aria von der Cavalieri, und die vom adamberger und das terzett welches den Ersten Ackt schliesst, fertig sind. die zeit ist kurz, das ist wahr; denn im halben 7:[ber] soll es schon aufgeführt werden; – allein – die umstände, die zu der Zeit da es aufgeführt wird, dabey verknüpft sind, und überhaubts – alle andere absichten – erheitern meinen Geist dergestalten, daß ich mit der grösten Begierde zu meinem schreibtisch eile, und mit gröster freude dabey sitzen bleibe.« (1. August 1781)

Erstaunlicherweise reflektiert Mozart nicht die Qualität des Textbuches, die ihn zur Musik stimuliert, die ihm musikdramatische Lösungen ermöglicht und den Einfallsreichtum provoziert. Es sind die äußeren Umstände und die kurze Zeit bis zum September, wo die erste Aufführung anläßlich eines Besuches des Großfürsten Paul von Rußland bei Joseph II. stattfinden sollte. Denn immerhin gab es eine Anregung von ganz »oben«, Mozart eine Oper schreiben zu lassen, vom Hoftheaterdirektor Franz Xaver Wolf Graf Rosenberg-Orsini ausgesprochen, wahrscheinlich aber von Joseph II. selbst ins Gespräch gebracht. Man wollte Mozart eine Chance geben, ohne sich gleich fest zu binden, denn eine Stelle war ja nicht frei. Beim Besuch des Großfürsten gab es durchaus Bedarf an offiziellen Unterhaltungen, und im übrigen hatte der zur Bearbeitung vorgesehene Text auch eine gewisse Pikanterie in bezug auf die politische Konstellation dieses Besuches, die vielleicht nicht in allen

Verschlenzter Sommer? 71

Einzelheiten öffentlich bekannt war, jedoch in ihren Umrissen die Phantasie der Zeitgenossen durchaus beschäftigte. Erst im Jahr zuvor hatte sich Joseph II. mit Katharina II. getroffen, und dabei waren die gemeinsamen Interessen an der Türkei besprochen worden. Das Bündnis mit Katharina II. wurde immer enger, und die Notwendigkeit, sich auch mit ihrem Sohn, dem Großfürsten Paul, gut zu stellen, lag auf der Hand. Dieser war mit einer württembergischen Prinzessin, Sophie Dorothea, verheiratet, deren Schwester Elisabeth jetzt mit dem vorgesehenen Nachfolger Josephs II., seinem Neffen Franz, verlobt wurde. So wurde auch auf verwandtschaftlicher Ebene das Bündnis mit Rußland befestigt. Gerade zum Besuch des russischen Großfürsten mit seiner Frau zog deren Schwester als Braut des Erzherzogs Franz nach Wien, wo sie bei den Salesianerinnen erzogen werden sollte. Ein »türkisches« Opernsujet war ganz im Sinne der hohen Politik während der Anwesenheit des »Großtieres«, wie Mozart den künftigen Zaren nennt.

Der Großfürst Paul war in den verworrenen und unvorstellbar lieblosen und bösartigen Familienumständen aufgewachsen, die Katharina um sich zu verbreiten wußte. Seinen Vater, Peter III., hatte sie beseitigen lassen, ihn selbst in jeder Weise von den Regierungsgeschäften ferngehalten und in drastischer Weise unter Aufsicht gestellt: Bei der anderthalbjährigen Europareise, die ihn jetzt auch nach Wien führte, wurde von jeder Reisestation täglich ein Kurier nach Petersburg gesandt, der von den kleinsten Vorkommnissen Bericht erstatten mußte. Im Grunde war der Großfürst zur vollständigen Untätigkeit verdammt und zugleich aufs äußerste beargwöhnt. Er rettete sich in eine mehr oder weniger erzwungene Einsamkeit und ein ungewöhnlich harmonisches Familienleben, das ganz im Gegensatz stand zum Umgang seiner Mutter mit ihren wechselnden Liebhabern. Im Grunde konnte er nur im Nichtstun warten, bis er einmal an die Regierung käme[4]. Im Herbst 1781, als er Wien besuchte, galt er allgemein als ein liebenswürdiger und aufgeklärter Herr, den Mozart mit Variationen auf dem Klavier über eigens zusammengesuchte russische Volkslieder aufzuheitern versuchte.

Aus der Oper für den hohen Gast war nichts geworden. Das Libretto verlangte eine umfangreiche Umarbeitung, und der Hof hatte mittlerweile zwei Opern von Christoph Willibald von Gluck neu einstudieren lassen. Mozart hatte selbst die Umarbeitungen verlangt und sicher bis in Einzelheiten daran mitgewirkt. Die glanzvolle Premiere in Anwesenheit der herzoglichen Württemberger Familie und des russischen Großfürsten ließ sich nicht halten – aber Mozart kam es darauf an, mit der *Entführung aus dem Serail* eine Arbeit abzuliefern, die seinen Ansprüchen an eine musikdramatische Lösung entsprach, und dies verlangte ein kongeniales Zusammenkommen von Text und Musik. Mozart akzeptierte keine Teilung der Verantwortung und verlangte ausdrücklich, auch über den Text und seine Bearbeitung mitzureden. Anläßlich der *Entführung* formuliert Mozart geradezu ein musikdramatisches Programm, das für sein ganzes weiteres Opernschaffen Gültigkeit behalten sollte:

»und ich weis nicht – bey einer opera muß schlechterdings die Poesie der Musick gehorsame Tochter seyn. – warum gefallen denn die Welschen kommischen opern überall? – mit allem dem Elend was das buch anbelangt! – so gar in Paris – wovon ich selbst ein Zeuge war. – weil da ganz die Musick herscht – und man darüber alles vergisst. – um so mehr muß Ja eine opera gefallen wo der Plan des Stücks gut ausgearbeitet; die Wörter aber nur blos für die Musick geschrieben sind, und nicht hier und dort einem Elenden Reime zu gefallen |: die doch, bey gott, zum werth einer theatralischen vorstellung, es mag seyn was es wolle, gar nichts beytragen, wohl aber eher schaden bringen :| worte setzen – oder ganze strophen die des komponisten seine ganze idée verderben. – verse sind wohl für die Musick das unentbehrlichste – aber Reime – des reimens wegen das schädlichste; – die herrn, die so Pedantisch zu werke gehen, werden immermit sammt der Musick zu grunde gehen. –

da ist es am besten wenn ein guter komponist der das Theater versteht, und selbst etwas anzugeben im stande ist, und ein gescheider Poet, als ein wahrer Phönix, zusammen kommen. – dann darf einem vor dem beyfalle des unwissenden auch nicht bange seyn.« (13. Oktober 1781)

Die Zusammenarbeit mit Stephanie war gerade darum so erfreulich, weil er sich auf Mozarts theatralisches Verständnis einließ und ihn keineswegs als Konkurrenten seiner eigenen Leistung empfand. Ohnehin hatte auch Stephanie den Stoff dieser »Türkenoper« sich nicht selbst ausgedacht, sondern ein älteres Stück lediglich bearbeitet. Zwar ist Mozart noch ein wenig fremd in Wien und weiß durchaus, daß er leicht den undurchschaubaren Theaterintrigen zum Opfer fallen kann, aber von Stephanie scheint keine Gefahr zu drohen.

»alles schmelt über den Stephanie – es kann seyn daß er auch mit mir nur ins gesicht so freundschaftlich ist – aber er arrangirt mir halt doch das buch – und zwar so wie ich es will – auf ein haar – und mehr verlange ich bey gott nicht von ihm!« (26. September 1781)

Mochte auch der Aufführungstermin verschoben werden, wichtiger war allemal die gründliche Vorbereitung. Das Türkenthema mochte in

Verschlenzter Sommer?

Wien immer Gefallen finden. Mozart hatte also mit Geduld zu warten, bis Stephanie einen Entwurf der Umarbeitung des zweiten und dritten Aktes abliefern konnte.

Erst im Oktober finden wir Mozart wieder am Schreibtisch, jetzt mit einer *Serenade* (KV 375) zum Theresientag beschäftigt, die er für die Familie des Hofmalers Joseph Hickel schrieb.

»die haubtursache aber warum ich sie gemacht, war, um dem H: v: strack |: welcher täglich dahin kömmt :| etwas von mir hören zu lassen. und deswegen habe ich sie auch ein wenig vernünftig geschrieben.« (3. November 1781)

Da Johann Kilian Strack der Kammerdiener Josephs II. war, der nachmittags mit dem Kaiser Kammermusik spielte, hoffte Mozart auch hier aufzufallen und über den Diener an den Herrn zu kommen, wozu er auch gewisse stilistische Entgegenkommen zeigte. Eine solche Serenade hatte bei den damaligen Musikgewohnheiten jedoch vielfältige Gelegenheiten. Arme Musiker ließen sich leicht zu einem Ständchen engagieren, und so wurde in der Theresiennacht (15. Oktober) diese *Serenade* gleich an drei Orten gespielt und jedesmal den sechs Instrumentalisten entlohnt. (Mozart selbst hat das Werk gleich noch für acht Instrumente, später sogar für zehn Bläser umgearbeitet.) Dafür bekam Mozart sie dann an seinem eigenen Namenstag nachts um elf Uhr auch für sich selbst zu hören.

Im November gibt sich Gelegenheit zu einer kleinen Privatakademie bei der Familie Auernhammer. »Expreß«, wie Mozart das nennt, schreibt er hierfür eine *Sonate für zwei Klaviere* (KV 375a = 448), ein anspruchsvolles Werk, das Mozart selbst einmal »die große Sonate« nennt. Im Dezember 1781 hören wir zum erstenmal, seit Mozart auf eigenen Füßen steht, von einer Konzerteinnahme. Joseph II. hatte ihn zu einem Wettspiel mit Clementi, der eben in Wien war, vor seinen fürstlichen Gästen eingeladen. Clementi berichtet darüber:

»Kaum einige Tage in Wien anwesend, erhielt ich von Seiten des Kaisers eine Einladung, mich vor ihm auf dem Fortepiano hören zu lassen. In dessen Musiksaal eintretend, fand ich daselbst Jemand, den ich seines eleganten Äußeren wegen für einen kaiserlichen Kammerherrn hielt; allein kaum hatten wir eine Unterhaltung angeknüpft, als diese sofort auf musikalische Gegenstände überging und wir uns bald als Kunstgenossen – als Mozart und Clementi – erkannten und freundlichst begrüßten.«[5]

Der Kaiser, der noch Jahre später von diesem Wettspiel schwärmte, schickte Mozart zum Dank 50 Dukaten, also 225 Gulden. Daß Mozart dieses Geld dringend brauchte, versteht sich. Denn in Wien hatte er in diesem vergangenen Halbjahr höchstens 230 Gulden einnehmen können. Zwar wird er aus München für *Idomeneo* auch 400 bis 450 Gulden bekommen haben, aber dies Geld wurde vermutlich zur Rückzahlung der Schulden von der Parisreise benutzt. Nie wieder hat Mozart so bescheiden und arm gelebt wie in diesem ersten Sommer in Wien. Angesichts von Kleiderrechnungen, zweimaligem Umzug, Klaviermiete und Theatervergnügungen ist die Vermutung nicht ganz von der Hand zu weisen, daß Mozart diesen ersten Sommer nicht ohne Schulden (und Zuwendungen seiner Gönner aus adligen und bürgerlichen Salons) überstehen konnte.

Ein besonderes Haus

Als Mozart seinem Vater am 15. Dezember 1781 erstmals den Namen von Konstanze Weber nannte und zugleich seine Heiratsabsicht verkündete, fügte er die Bemerkung hinzu:

»das muß ich ihnen noch sagen, daß damals als ich quitirte die liebe noch nicht war – sondern erst durch ihre zärtliche sorge und bedienung |: als ich im hause wohnte :| gebohren wurde. –«

Mozart hätte auch schreiben können: das Liebesverhältnis zu Konstanze Weber bestehe schon seit einem halben Jahr, und an all den Gerüchten, die nach Salzburg drangen und Leopold Mozart beunruhigten, sei etwas dran. Die väterliche Forderung, aus dem Hause Weber auszuziehen, scheint Mozart so lange von sich gewiesen zu haben, als er sich über seine weiteren Absichten nicht im klaren war. Als sich die Verbindung mit Konstanze so weit gefestigt hatte, daß er (und sie) an eine Heirat dachte, schien auch für Mozart die Notwendigkeit einer anderen Behausung dringlicher. Denn nun zeigten sich deutlicher gewisse Schattenseiten der künftigen Schwiegermutter Cäcilia Weber, die zu einfältigen Planungen über das Schicksal ihrer Töchter neigte, dabei durchaus auch unwahres und boshaftes Zeug redete und oftmals eine schwer erträgliche Stimmung zu verbreiten wußte. Schlimmer freilich war, mit dem (an Stelle des gestorbenen Vaters tätigen) Vormund von Konstanze auszukommen, der über alle Alltäglichkeiten seines Mündels mitzuentscheiden hatte. Darüber hinaus war dieser Vormund, Johann Thorwart,

Ein besonderes Haus

ein einflußreicher Mann just in dem Bereich, wo Mozart sein Glück zu machen hoffte: beim Theater. Thorwart, früher einmal fürstlicher Bedienter, nun durch eine günstige Heirat und geschickte Planung seines Aufstiegs nicht nur mehrfacher Hausbesitzer, sondern auch an einer wichtigen Stelle der Verwaltung angelangt, war nämlich »k: k: theatl: Hof Direct: Revisor« (so unterzeichnete er den Heiratskontrakt) oder, anders ausgedrückt, Verwaltungsleiter des Hoftheaters und damit für den gesamten nichtkünstlerischen Bereich zuständig. Nicht daß Cäcilia Weber und Thorwart prinzipiell etwas gegen eine Heirat Konstanzes mit Mozart gehabt hätten, aber sie beförderten diesen Plan in einer Weise, die nicht ohne finanzielle Absichten war und schließlich, von seiten Thorwarts, fast erpresserische Züge annahm. Mozart muß das früh gespürt haben, denn schon ab Juli 1781 sucht er eine neue Wohnung. Ende August oder Anfang September zieht er um in ein kleines Zimmer ganz in der Nähe, im dritten Stock des Hauses 1175, Auf dem Graben 17. Er nennt es »ein recht hüpsches eingerichtes zimmer [...]. – ich habe es mit fleiß nicht auf die gasse genommen wegen der Ruhe.« (29. August 1781) Viel mehr als ein Schrank, Tisch, Bett und ein (gemietetes) Klavier paßten nicht hinein. Bei Frau Weber war es entschieden bequemer gewesen.

An eine Heirat war so lange nicht zu denken, wie Mozart kein einigermaßen gesichertes Einkommen hatte. Thorwart würde kaum die Zustimmung gegeben haben. Das bedeutete, zu warten und einigermaßen die manchmal hochschäumenden Wogen im Hause Weber zu glätten, Konflikten aus dem Wege zu gehen und sich durch bittere Worte nicht irritieren zu lassen. Immerhin war die Stimmung manchmal so gereizt, daß selbst Konstanze es nicht mehr zu Haus aushielt und für einige Zeit zur Baronin Martha Elisabeth Waldstätten floh, die des öfteren dem jungen Paar ihre helfende Hand bot.

Dennoch kann es in dem Haus Auf dem Graben nicht so schlecht gewesen sein, denn Mozart hielt es hier fast elf Monate aus. Äußerlich war es ein repräsentativer vierstöckiger Bau an der Ecke zur Habsburgergasse mit Blick auf den nordwestlichen der beiden Brunnen auf dem Graben. Der Graben mit seinen Kaffeehäusern, Limonadehütten, Geschäftsgewölben war schon damals das Zentrum des Wiener Straßenlebens. Wer Großstadtleben, geschäftiges Treiben, die Gesellschaft von Flaneuren und Bummlern oder schönen Frauen suchte, wer die neueste Mode studieren wollte, Unterhaltung bis in die späte Nacht, das Flair einer Metropole spüren wollte, fand sich am Graben ein.

Das Haus Nr. 1175 fiel durch zwei weit vorspringende Simsfiguren auf, sprungbereite Löwen, die in die Richtung des Platzes Am Peter mit der mächtigen Peterskirche blickten. Es gehörte einer Theresia Contrini, die sich im dritten Stock mit einem Zimmer als Wohnung begnügte, und einem Jakob Joseph Keesenberg. Die Geschäftsgewölbe zu ebener Erde waren an drei verschiedene Händler vermietet, das ganze übrige Haus – es hatte immerhin »neunzehn Zimmer, zehn Kammern, drei Küchen, drei Böden, zwei Keller, einen Wagenstall, Stallung für sechs Pferde und ein ›Heugewölb‹«[6] – bewohnte der kaiserliche Hoffaktor Adam Isaac Arnsteiner für 2690 Gulden Jahresmiete. Er wohnte hier mit seiner Familie und einer großen Zahl an Hauspersonal, Kanzleigehilfen und Buchhaltern, die zu seinem Großhandelsgeschäft gehörten. Diese wohnten sicher zum Teil im dritten Stock, Tür an Tür mit Mozart und der Hausbesitzerin, denn Arnsteins Hausstand umfaßte gewiß mehr als 30 Personen.

Die Besonderheit dieses Hauses läßt sich in nur einem Satz benennen: Es war das einzige Haus in Wien, das von einem Juden nach eigenem Belieben zu seiner Wohnung ausgesucht und gemietet worden war. Kein anderer Jude außer Arnsteiner genoß dieses Privileg für sich, seine Familie und die zu seinem Haus gehörigen Angestellten, die in seinen Schutzbrief einbezogen waren. Die Familie Arnsteiners war damit aus allen anderen jüdischen Familien in Wien in einer Weise herausgehoben, die ihm auch in den anderen Bestimmungen seines Schutzbriefes eine Sonderstellung einräumte. So war er fast einem getauften Juden, der die gleichen Rechte wie alle anderen Untertanen genoß, gleichgestellt.

Was das bedeutete, läßt sich nur ermessen, wenn man das Schicksal der Wiener Juden kennt, die – so unentbehrlich sie für die Staatsfinanzen und vor allem die Heereslieferungen waren – in der bedrücktesten und eingeschränktesten Weise zu leben gezwungen waren. In Wien gab es nicht einmal ein Getto, das den Juden doch immerhin ein Zusammenleben in ihren eigenen Lebensformen ermöglichte, den Zusammenhalt in einer Gemeinde mit Synagoge, Bildungseinrichtungen und dem Schutz der Abgeschlossenheit nach außen. Nicht nur Leibmaut (beim Passieren der Stadttore), sondern auch unerhört hohe Toleranzgelder hatten sie zu zahlen, unterlagen einer vorgeschriebenen Kleidung mit dem gelben Judenfleck, durften nur in zugewiesenen Häusern wohnen, durften keine Synagoge halten, mußten an christlichen Feiertagen im Haus bleiben, durften beim Vorbeiziehen einer der zahlreichen christlichen Prozessionen nicht einmal einen Blick aus dem Fenster werfen, sie durften erst recht nicht öffentliche Lokale, Theater oder Konzerte besuchen, von den

Ein besonderes Haus 77

Handels- und Gewerbehindernissen ganz zu schweigen. Die Zahl der Familien, die für Wien eine an das Familienoberhaupt gebundene Aufenthaltserlaubnis hatten, belief sich 1782 auf etwa 40 Familien mit rund 500 Personen. Maria Theresia, die einen erbitterten Judenhaß und -ekel hatte, obschon auch sie ohne die Hilfe der jüdischen Bankiers und Großhändler den Staatsbankrott hätte verkünden müssen, leistete sich bei ihren geschäftlichen Verhandlungen mit Juden sogar die Marotte, einen Wandschirm zwischen sich und ihre Gesprächspartner zu stellen, um sie nicht sehen zu müssen. Und davon war Arnsteiner nicht ausgenommen, mochte man ihm sonst auch zähneknirschend noch so viel Entgegenkommen gezeigt haben.

Der alte Arnsteiner hielt noch ganz an der Tradition jüdischer Sitten und Gebräuche fest, trug einen langen wallenden Bart und den bis zu den Knöcheln reichenden langen schwarzen Rock. Sein Sohn Nathan Adam Arnstein hingegen war ein modisch gekleideter, lebenslustiger Mann, der von keinem Kavalier in Wien zu unterscheiden war, ein Bonvivant, der seinen Reichtum nicht verbarg und sich seiner besonderen Stellung wohl bewußt war. Er war verheiratet mit Fanny, einer Tochter des berühmten Berliner Bankiers Daniel Itzig, womit die führenden jüdischen Familien in Preußen und Österreich miteinander verbunden waren. Fanny Arnstein sollte später den bedeutendsten Wiener Salon gründen, der in der Zeit des Wiener Kongresses eine hervorragende Rolle spielte und sich durch die eigentümliche Mischung von Geist, Ungezwungenheit und verschwenderischem Reichtum auszeichnete. Ihre Verbindung zu den größten Künstlern, Wissenschaftlern, Diplomaten und Adelsrepräsentanten machte ihren Salon zu einem Mittelpunkt des Wiener Gesellschaftslebens. Freilich war dieser Aufstieg zu einer gastgeberischen Vermittlerrolle zwischen allen, die geistigen Rang oder großen Namen hatten, erst nach dem Tode des traditionsbewußten Familienpatriarchen möglich und in einer Zeit, als zumindest die Vorurteile gegenüber den nicht nur jüdisch, sondern auch christlich-abendländisch gebildeten Juden geschwunden und eine gesellschaftliche Gleichstellung wenigstens zum Teil erreicht war. Dieser Prozeß der Judenemanzipation befand sich erst an den allerersten Anfängen, als Mozart bei Arnsteins Wohnung bezog. Die großen Gesellschaften gab es im Hause Arnstein auch erst am Beginn des 19. Jahrhunderts[7].

Über den persönlichen Umgang Mozarts mit den jungen Arnsteins wissen wir nichts; immerhin subskribierten sie auf seine Konzerte. Nicht unwahrscheinlich aber auch, daß durch Fanny Arnstein Mozart in den

Besitz des Buches *Phädon oder Über die Unsterblichkeit der Seele* von Moses Mendelssohn gelangte, dessen vierte Auflage, die Mozart besaß, in dem Jahr erschienen war, als Fanny Arnstein von Berlin nach Wien zog. Daß sie dieses bedeutende Werk nach Wien mitbrachte und dort bekannt zu machen suchte, ist erwiesen.

Von dem gesellschaftlichen Verkehr Mozarts erfahren wir nur wenig, und dies eher zufällig, vor allem, wenn es sich um musikalisch wenig ergiebige Bekanntschaften und Besuche handelt. Immerhin kann schon hier gesagt werden, daß sich in Mozarts Bekannten- und Freundeskreis viele Juden befanden. Auch wenn es sich dabei vielfach um getaufte Juden, also im bürgerlichen Leben Gleichgestellte handelte, so teilten sie doch alle die Erfahrung einer nur in engen Grenzen tolerierten, im Grunde aber unterdrückten Minderheit. Diese Minderheit vermochte sich nur im Bewußtsein einer besonderen geschichtlichen Rolle und mit den starken Banden einer Tradition an Sitten und Gebräuchen, die das Getto eher beförderte und die außerhalb des Gettos viel gefährdeter waren, durch die Zeiten schwerer Verfolgung und der Ausrottungsversuche zu halten. Im 18. Jahrhundert war die Scheidegrenze noch allein die Religion, und für viele Juden stellte der Taufakt zum christlichen Bekenntnis eine große Verführung dar, mit einem Male alle die jahrhundertealten Bürden, Gefahren, Mißachtungen und Drangsalierungen abzustreifen[8].

Daß Mozart fast ein Jahr im Haus dieser herausragenden jüdischen Familie gelebt hat, verzeichnet keine einzige Mozart-Biographie, obschon fast alle die Adresse dieses Hauses Auf dem Graben nennen.

Mozart kümmerte sich nicht um gesellschaftliche Vorurteile und war, ohne sich dessen bewußt zu werden, vielleicht mehr fasziniert von denen, die durch Erfahrung ihres Außenseitertums sich den geschärften Blick für gesellschaftliche Stimmungen und ein seismographisches Gespür für das leise Beben erworben haben, das großen Erschütterungen vorausgeht, als von den an Konventionen hängenden, in der Kunst nur die gefällige Unterhaltung suchenden, alles Ungewöhnliche meidenden Zeitgenossen. Sosehr Mozart vom Hof und von den einflußreichen Adelskreisen als seinen Auftraggebern abhängig war, mit wieviel Selbstverständlichkeit und ungewöhnlichem Selbstbewußtsein er sich auch in diesen Kreisen bewegte – so wenig ließ er sich in seinen Ansichten, Interessen und Wahrnehmungen beirren oder beeinflussen.

Daß Maria Theresia kurz vor ihrem Tod die folgende Äußerung gemacht hatte, war Indiz eines noch durchaus vorhandenen Judenhasses, nicht nur der Kaiserin: »Künfftig solle keinen Juden, wie sie Nahmen haben, zu erlauben, hier zu sein ohne meiner schrifftlichen Erlaubnus. Ich kenne keine ärgere Pest von Staatt als dise Nation, wegen Betrug, Wucher und Geldvertragen, Leüt in Bettelstand zu bringen, alle üble Handlungen ausüben, die ein anderer ehrlicher Mann verabscheüete; mithin sie, sovill sein kan, von hier abzuhalten und zu vermindern.«[9] Ein Gesetz gesellschaftlichen Verhaltens war damit jedoch nicht gegeben, schon gar nicht in Wien, wo ein gewisses Laisser-faire schon immer gepflogen wurde. Woanders mochten solche herrschaftlichen Unmutsäußerungen bis in die Glieder des letzten Untertanen nachzucken und ihre Wirkung nicht verfehlen, in Wien war man lässiger, spontaner, ohne deshalb prinzipiell toleranter zu sein. Geteilt wurde der Judenhaß der Kaiserin lediglich vom Wiener Magistrat, der die Kaufmannschaft repräsentierte, die zu unflexibel war, mit den jüdischen Geschäftsleuten konkurrieren zu können. Im gebildeten Bürgertum, beim Adel, der großenteils in der Staatsverwaltung tätig war, gab man sich bereits aufgeklärt-liberal, wenigstens nüchterner und pragmatisch.

So ergaben sich auf der unkomplizierten Wiener Gesellschaftsebene bereits Kontaktmöglichkeiten und immer häufiger Begegnungen mit den Vertretern der jüdischen Handelshäuser, ohne daß man deshalb bereits von einer vollständigen gesellschaftlichen Integration sprechen kann. Daß die eleganten und geistvollen jüdischen Frauen dabei eine Rolle als Wegbereiterinnen spielen konnten, nimmt nicht wunder. Sie halfen durch ihr ungezwungenes, freies und selbstbewußtes Benehmen Vorurteile abzubauen, bevor auf der politischen Ebene durch Reformen die sogenannte Judenemanzipation eingeleitet wurde. Und unter den vielen adligen und bürgerlichen Salons in Wien gab es offensichtlich schon einige, die es sich zur (ungewöhnlichen) Ehre gereichen ließen, eine Fanny Arnstein zu ihren Gästen zu zählen.

Auch Mozart hat über diesen Weg Fanny Arnstein kennengelernt und einen Kontakt knüpfen können, der schließlich dazu führte, daß er ihr Hausgenosse wurde. Zwar wissen wir nicht, wann und wo er ihr zum erstenmal begegnete, wissen nicht, wie ein Mietvertrag zustande kam, aber dennoch ist einer der möglichen Wege überliefert, der im Besonderen zugleich das Typische der angedeuteten gesellschaftlichen Entwicklung enthält. Von einem Hauskonzert beim Freiherrn Gottfried Adam von Hochstetter im Januar 1780 gibt es den Bericht eines Gastes: Bei diesem Abendkonzert »schlug eine Frau v. Arenstein zum Entzücken Klavier, und Mlle. Weberin bezauberte mit ihrem Gesang«[10]. Ob der

Verfasser dieses scheinbar belanglosen Satzes seiner Erinnerung wußte, wer diese beiden Frauen waren, die sich hier musikalisch verbanden? Denn »Mlle. Weberin« war ganz zweifellos eine der Weber-Töchter, wahrscheinlich Aloysia, die Geliebte Mozarts aus Mannheimer Tagen, zu der Mozart in Wien sogleich wieder Kontakt aufgenommen hatte. Aus diesem kleinen Hinweis ergibt sich, daß ein Kontakt zum Hause Arnstein auch durch die Familie Weber vorbereitet sein konnte. Er beleuchtet zugleich die Unvoreingenommenheit und Ungezwungenheit einer künstlerisch tätigen Familie, denn von den vier Töchtern Fridolin Webers waren nicht weniger als drei Sängerinnen geworden, und schon der Vater zeigte mehr Neigungen zur Musik und zum Theater als zu bürgerlichem Erwerbssinn und zum Festhalten an der einstmals begonnenen Verwaltungslaufbahn.

Verführte oder Liebende?

Ganz im Gegensatz dazu standen die kleinliche und spießige Art Cäcilia Webers und die des Vormundes von Konstanze, Johann Thorwart. Nachdem ihnen die Verbindung von Konstanze und Mozart fest genug schien, die Heiratsabsicht nicht mehr erschütterbar, versuchten sie mit den ihnen zur Verfügung stehenden Mitteln einen Handel zu treiben, bei dem Konstanze zum Handelsobjekt herabgewürdigt wurde, das möglichst hoch verschachert werden sollte. Zweifellos ging es Cäcilia Weber wirtschaftlich nicht sehr gut. Nach dem plötzlichen Tod ihres Mannes stand sie ohne Einkünfte da und war durchaus auf die Unterstützung durch ihre Töchter angewiesen, von denen drei noch im Hause wohnten. Als Zimmervermieterin in ihrer Wohnung im Haus »Zum Auge Gottes« hatte sie immerhin ein kleines Zubrot.

Noch vor dem Tod ihres Mannes müssen Schulden bestanden haben, und jetzt war sie mit angewiesen auf die Einkünfte ihrer Tochter Aloysia, die an der Nationaloper ein Engagement hatte. Jedenfalls ließ man sich beim Tod Fridolin Webers einen Vorschuß von 900 Gulden ausbezahlen. Als kurze Zeit später Joseph Lange und Aloysia Weber heiraten wollten, versprach Lange seiner zukünftigen Schwiegermutter eine jährliche Rente von immerhin 600 Gulden – ein beträchtliches Geld, etwa so viel, wie Joseph Haydn ab 1761 als Vizekapellmeister verdiente, wesentlich mehr als das Gehalt Leopold Mozarts in Salzburg. Allein, Cäcilia Weber, die wohl zu Streitereien neigte, trieb es mit ihrem künftigen Schwiegersohn so arg, daß dieser schließlich die Gerichte anrufen mußte. Am Ende verpflichtete sich der gutmütige Lange, nicht nur die Rente auf 700 Gulden jährlich zu erhöhen, sondern auch noch den Vorschuß von 900 Gulden an die Hofkasse zu übernehmen. Lange hat diese Rente tatsächlich bis zum Tode von Cäcilia Weber pünktlich bezahlt, auch als er längst nicht mehr über genügende Gelder verfügte und sogar Schulden machen mußte.

Ganz so schlimm trieb Cäcilia Weber es mit Mozart nicht, verschwieg ihm aber immerhin diese Einkünfte und schimpfte, daß sie von ihrer Tochter Aloysia keinerlei Unterstützung hätte. Vielleicht spielt bei diesen unerfreulichen Geldauseinandersetzungen auch eine Rolle, daß Cäcilia Weber offensichtlich Trinkerin war. Auch Leopold Mozart scheint davon gehört zu haben, denn Wolfgang versuchte ihm gegenüber, diesen Punkt herunterzuspielen, zugleich aber die Töchter von jedem Verdacht zu befreien:

»der apendix ihre Mutter betreffend ist nur in so weit gegründet, daß sie gerne trinkt, und zwar mehr –– als eine frau trinken sollte. doch – besoffen habe ich sie noch nicht gesehen, das müsste ich lügen. – die kinder trinken nichts als wasser – und obschon die Mutter sie fast zum Wein zwingen will, so kann sie es doch nicht dazu bringen. da giebt es öfters den grösten Streitt deswegen – könnte man sich wohl so einen Streitt von einer Muter vorstellen? –« (10. April 1782)

Mozart kam noch oft ins Haus, nachdem er ausgezogen war; es war ja schließlich auch nur ein Katzensprung von seiner Wohnung zum Haus Am Peter. Eine gewisse Zurückhaltung scheint Cäcilia Weber Mozart gegenüber gewahrt zu haben. Einerseits wußte sie sicher, daß Mozart im Augenblick selbst fast mittellos war, andererseits war ihr klar, daß er ein hochgeschätzter Musiker war, im Begriffe, eine europäische Berühmtheit zu werden. Sie kannte Mozart schließlich schon von Mannheim her, wußte von dem Münchner Erfolg und sah in Mozart den künftigen Stern am Opernhimmel, der gerade an seinem ersten Werk für das Nationalsingspiel arbeitete. Eine gewisse Achtung vor Mozart, mehr als vor ihrem anderen Schwiegersohn, hatte sie jedenfalls. Im übrigen fiel es ihr nicht schwer, sich bei Heiratskontrakten und ähnlichem herauszuhalten, weil das der Vormund Thorwart viel besser verstand. Dieser spielte seine Rolle mit aller Konsequenz. Wahrscheinlich gehörte er zu den Leuten, die ihre eigenen Vorstellungen von der Flatterhaftigkeit und Sittenlosigkeit des Theatervölkchens hatten, zu denen er Mozart sicher zählte, und die die Sicherheit des Geldes gegen die Unsicherheit des Künstlertums hielten. Im übrigen darf man aber nicht vergessen, daß solche Kontrakte über ein Eheversprechen durchaus nicht unüblich waren. Konstanze Weber hat mit ihrem Verhalten versucht, die Peinlichkeit möglichst schnell vergessen zu machen, die ihrem Naturell wohl kaum entsprach. Aber sie wurde schon gar nicht vorher gefragt. Mozart schreibt an seinen Vater:

»Nun aber auf den Ehecontract, oder vielmehr auf die schriftliche versicherung meiner guten absichten mit dem Mädchen zu kommen, so wissen sie wohl, daß weil der vatter |: leider für die ganze familie und auch für mich und meine konstanze :| nicht mehr lebt, ein vormund vorhanden ist – diesem |: der mich gar nicht kennt :| müssen so dienstfertige und Naseweisse herrn wie H: Winter und ihrer mehrere allerhand dinge von mir in die ohren geschrien haben – – daß man sich mit mir in acht nehmen müsse – daß ich nichts gewisses hätte – daß ich starken umgang mit ihr hätte – daß ich sie vieleicht sitzen lassen würde – und das Mädchen hernach unglücklich wäre etc: dies kroch dem H: vormund in die Nase – denn die Mutter die mich und meine Ehrlichkeit kennt, liess es dabey bewenden, und sagte ihm nichts davon. – denn mein ganzer umgang bestund darinn, daß ich – dort wohnte – und nachhero alle tage ins hauß kamm. – ausser dem hause sah mich kein Mensch mit ihr. – dieser lag der Mutter mit seinen vorstellungen so lange in den ohren, bis sie mir es sagte; und mich bat mit ihm selbst davon zu sprechen, er wolle die täge herkommen. – er kamm – ich redete mit ihm – das Resultat – |: weil ich mich nicht so deutlich explicirte, als er es gewollt :| war – daß er der Mutter sagte mir allen umgang mit ihrer tochter zu verwehren, bis ich es schriftlich mit ihm ausgemacht habe. – die Mutter sagte, sein ganzer umgang besteht darinn daß er in mein haus kömmt, und – mein haus kann ich ihm nicht verbieten – er ist ein zu guter freund – und ein freund dem ich vielle obligation habe. – ich bin zufrieden gestellt, ich traue ihm – machen sie es mit ihm aus. – er verbat mir also allen umgang mit ihr, wenn ich es nicht schriftlich mit ihm Machte. – was blieb mir also für ein Mittel übrig? – eine schriftliche legitimation zu geben, oder – das Mädchen zu lassen. – wer aufrichtig und solid liebt, kann der seine geliebte verlassen? – kann die Mutter, kann die geliebte selbst nicht die abscheulichste auslegung darüber machen? – das war mein fall. ich verfasste die schrift also, *daß ich mich verpflichte in zeit 3 Jahren die Mad:^{selle} Constance Weber zu eheligen; wofern sich die ohnmöglichkeit bey mir erreignen sollte, daß ich meine gedanken ändern sollte, so solle*

Verführte oder Liebende?

sie alle Jahre 300 fl: von mir zu ziehen haben. – ich konnte Ja nichts leichers in der Welt schreiben. – denn ich wusste daß es zu der bezahlung dieser 300 fl: niemalen kommen wird – weil ich sie niemalen verlassen werde –– und sollte ich so unglücklich seyn meine gedanken verrändern zu können – so würde ich recht froh seyn, wenn ich mich mit 300 fl: davon befreyen könte – und die konstanze wie ich sie kenne, würde zu Stolz seyn, um sich verkaufen zu lassen. –
was that aber das himmlische Mädchen, als der vormund weg war? – sie begehrte der Muter die schrift – sagte zu mir. – *lieber Mozart! ich brauche keine schriftliche versicherung von ihnen, ich glaube ihren Worten so;* – und zerriss die schrift. – dieser zug machte mir meine liebe konstanze noch werther. – und durch diese Caßirung der schrift, und durch das versprechen auf Parole d'honneur des vormunds, diese sache bey sich zu halten, war ich, wegen ihnen mein bester vatter, eins theils in etwas beruhiget. – denn für ihre Einwilligung zur heyrath |: da es ein Mädchen ist dem nichts als geld fehlt :| war mir nicht bange zu seiner zeit –– denn ich kenne ihre vernünftige Denkunsart in diesem falle.« (22. Dezember 1781)

Der Appell an die »vernünftige Denkunsart« des Vaters nützte nicht viel: Er war empört, daß Mozart sich auf einen solchen Handel eingelassen hatte. Und Mozart gab ja auch zu, daß er eine solche Reaktion des Vaters vorausgesehen hatte. Warum sonst verlangte er vom Vormund Verschwiegenheit? Daran hielt sich dieser aber nicht, sondern erzählte es in ganz Wien herum. So erfuhr sogar Leopold Mozart in Salzburg von einem schriftlichen Eheversprechen mit formulierter Vertragsstrafe. Der Vater scheint mit ziemlich deutlichen Worten den Vorgang kommentiert zu haben. Ihm schienen das Vorgehen Thorwarts eine Form der Zuhälterei und die 300 Gulden eine Art Dirnenlohn, die man mit der dafür vorgesehenen Strafe ahnden müßte. In Wien hatte Joseph II. dafür das öffentliche Gassenkehren eingeführt, angekettet und mit geschorenem Kopf, sowie das Prangerstehen mit einem Schild um den Hals, auf dem das Vergehen benannt wurde. Mozart beschwichtigt ein bißchen, ohne seinem Vater ganz unrecht zu geben, wenn er schreibt:

»daß die Mad:^{me} Weber und H: v: thorwarth aus zu vieller sicherheit für sich selbst gefehlt haben mögen, will ich ihnen gerne zulassen, obwohlen die Madame nicht mehr ihre eigene frau ist, und sich, besonders in dergleichen sachen, ganz dem vormund überlassen muß; und dieser |: da er mich niemalen gekannt :| mir wahrhaftig kein zutrauen schuldig ist – doch – war er in der forderung einer schriftlichen verpflichtung zu übereilt – das ist unwiedersprechlich; – besonders da ich ihm sagte, daß sie noch gar nichts davon wüssten, und ich es ihnen nun ohnmöglich entdecken könnte; – er möchte also nur noch eine kurze zeit damit gedult haben, bis meine umstände eine andere Wendung bekämmen, dann wollte ich ihnen alles schreiben, und sodann würde die ganze sache in ordnung gehen. – allein – nun, es ist vorbey; – und die liebe muß mich entschuldigen; – H: v: thorwarth hat aber gefehlt; – doch nicht so sehr, daß er und Mad:^me Weber in Eysen geschlagen Gassen kehren, und am halse eine Tafel tragen sollten, mit den Worten; *verführer der Jugend*. das ist auch übertrieben. – wenn das wahr wäre was sie da geschrieben, daß man mir zur liebe thür und thor erröfnet, mir alle freyheit im hause gelassen, mir alle gelegenheit dazu gegeben etc: etc: so wäre die straffe doch auch noch zu auf-fallend. – daß es nicht so ist, brauch ich nicht erst zu sagen; – mir thut die vermuthung weh genug daß sie glauben können, daß ihr Sohn so ein hauß frequentiren könnte, wo es also zugeht. – Nur so viel muß ich ihnen sagen, daß sie Just das gegentheil davon glauben därfen. – genug davon; –« (16. Januar 1782)

Mozarts Verlobungszeit war wenig erfreulich, denn beim abbedungenen schriftlichen Eheversprechen blieb es nicht, andere Schroffheiten und skandalträchtige Bosheiten kamen hinzu. So war Cäcilia Weber einmal drauf und dran, Konstanze durch die Polizei nach Haus holen zu lassen (eine Erinnerung an die Tätigkeit der gerade erst aufgelösten theresianischen Keuschheitspolizei, wo solcher Praxis aber auch noch ein entsprechendes Strafverfahren folgte). Ein andermal ließ sie Mozarts eigene Noten nur gegen schriftliche Quittung aushändigen, als habe man sich sonst wegen Unterschlagung oder ähnlichem zu verantworten. Es wurde höchste Zeit, Konstanze aus einem solchen Haus zu »erretten« und sich »zugleich mit ihr glücklich« zu machen, wie Mozart schon am 15. Dezember 1781 schrieb. Dazu mußte er jedoch bis Anfang August 1782 warten, denn ohne das Honorar für *Die Entführung aus dem Serail* war nun wirklich kein Hausstand zu begründen, an eine Entführung aus dem »Auge Gottes« nicht zu denken.

Und die Oper mußte sich Zeit lassen. Nachdem aus dem übereiligen Termin einer Aufführung schon Mitte September 1781 nichts geworden war – Mozart hätte in sechs Wochen die *Entführung* komponieren und einstudieren müssen, was er sich allerdings durchaus zutraute –, verschoben sich die Termine immer mehr. Unklar bleibt, ob nur die Umarbeitung des Librettos daran die Schuld trägt oder ob auch von seiten des Theaters immer neue Stolpersteine gelegt wurden – immerhin zeigten sich bei der

Verführte oder Liebende?

Mozarts Schwiegermutter Cäcilia Weber

ersten Aufführung noch Mißfallenskundgebungen, die vielleicht geplante Störversuche waren. (Ob sie nur das Ziel hatten, gegen einen lästigen Neuling auf den Wiener Bühnen Stimmung zu machen, der zum gefährlichen Konkurrenten bei Aufträgen werden konnte, oder ob Mozarts Bearbeitung des Stoffes Irritationen hervorrief, weil das Wiener Publikum an allzu eingefahrene Gleise gewöhnt war, ist nicht auszumachen.) Mozart hat die Zeit jedenfalls gut genutzt zu Theaterbesuchen, zu grundsätzlichen Überlegungen über das Musiktheater, zur gründlichen Überarbeitung des Textes zusammen mit seinem Textdichter Stephanie. Mozart ließ sich Zeit, komponierte wenig in diesen Monaten und sammelte seine Kräfte für einen Durchbruch als unabhängiger, freischaffender Musiker.

»Die Entführung aus dem Serail«

Ein Türkenstoff für Mozarts erste dramatische Arbeit in Wien lag in der Luft. Aktueller Anlaß der Oper war der Besuch des russischen Großfürsten Paul in Wien in einer Situation, wo sich das russisch-österreichische Bündnis gegen die Türkei immer mehr verfestigte. Vor diesem Hintergrund nimmt sich das Libretto der *Entführung aus dem Serail* nicht nur wie das geschickte Aufgreifen eines zeitbezogenen Themas aus, das darüber hinaus ein fremdartiges und exotisches Kolorit enthielt, sondern mußte fast wie der Versuch einer politischen Einmischung wirken, eine Warnung vor dem gemeinsamen Vorgehen gegen die Türkei. Jahrhundertelang waren die Türken so etwas wie Schicksalsgegner der Habsburgermonarchie. Und eben fing man an, sich auf ein Fest zum 100. Gedenktag des Sieges über die Türken von 1683 vorzubereiten. Jeder wußte, daß endgültige Grenzpfähle zwischen dem christlichen Europa und dem islamischen Großreich noch längst nicht gesteckt waren. Was die »Großtiere« in Schönbrunn oder am Zarenhof aussheckten, hatte schließlich für die Bevölkerung eine ungeheure Bedeutung. Es bedeutete Krieg oder Frieden, Teuerung, Militärdienst, Lebensrisiko – oder Stabilität, Handel und relativen Wohlstand. Und immerhin gab es mit der Türkei eine gewisse Form der Koexistenz – nicht ganz frei von gelegentlichen kleinen Grenzscharmützeln und Irritationen – und auch vielfältige Handelsbeziehungen auf unterer Ebene. Türkische Kleidung gehörte in Wien zum Straßenalltag.

»Die Entführung aus dem Serail«

Mozarts Oper hatte den Zusammenprall zweier verschiedener Kulturen zum Gegenstand, aber in einer verschobenen Perspektive: Europäer, am Hof eines türkischen Herrschers zwangsweise festgehalten, erleben – nachdem eine Befreiungsaktion von außen fehlgeschlagen ist – eine Großmut von viel höherer Moral, als sie sie aus ihren eigenen europäischen Ländern kennen. Es mutet fast wie eine Ahnung von den anspielungsreichen Implikationen des Stoffes an, daß für den russischen Besuch zwei andere Opern zur Aufführung ausgesucht wurden. Eine Festaufführung der *Entführung* zum Staatsbesuch wäre nicht ohne zusätzliche politische Brisanz gewesen.

Mozart relativierte in seiner Oper das Exotische und Fremdländische eher, als daß er es dem gewohnten Europäischen gegenüberstellte: Selbst das Landhaus des Bassa nimmt sich eher wie ein englischer Herrensitz aus, und von dem scharf bewachten Serail, wie man ihn sich in blühender Phantasie vorstellen mag, ist nur die Rede – was jedoch auf der Bühne gezeigt wird, spricht eher für einen freizügigen und keineswegs gefängnisartigen Aufenthalt in den Grenzen eines angenehmen Adelshauses mit ausgedehnter Parklandschaft. Aber in einem anderen Sinne war das Türkenthema noch aktuell: Es entsprach einer literarischen Tradition, die sich seit Montesquieus *Lettres persanes* (1721) in ganz Europa herausgebildet hatte. Im fremden Kolorit hatte sich eine Spiegelfolie entwickelt, um die eigenen Verhältnisse nur um so genauer darstellen zu können. Der türkische Schauplatz war ein literarischer Ort, wo man, verhältnismäßig unangefochten durch die Zensur, Verhaltensweisen darstellen und Reflexionen anstellen konnte, die die eigenen Zustände ins Überdeutliche vergrößerten. Vor allem im Roman des 18. Jahrhunderts war, oft in satirischer Überzeichnung, immer wieder die Reise des Europäers in das ferne Land oder die Reise des Fremden in Europa als zivilisationskritischer literarischer Trick gebraucht worden, um mit dem allemal »fremden Blick« die gesellschaftlichen Zustände zu Haus schärfer zu erfassen und auszuleuchten. Daß sich ein solcher Kulturvergleich nur in der Form des Abenteuers darstellen ließ, entsprach der Realität.

Auch auf dem Theater, vor allem in der Oper (Opera seria ebenso wie Opera buffa, im Singspiel oder in Formen der musikalischen Posse), gab es eine umfangreiche Liste von Türkensujets, in ihrer Zielsetzung jedoch oft weniger aufklärerisch, verwässerter und mehr das Koloristische in vordergründiger Art aufgreifend. Das waren gattungsbedingte Abschwächungen, die sicher auch etwas mit dem gesellschaftlichen Träger des musikalischen Theaters zu tun hatten. Oper bedeutete im 18. Jahrhundert fast ausnahmslos Hofoper, auch als das Publikum nicht mehr auf die Hofgesellschaft beschränkt war, sondern fast alle Schichten durch freien Kartenkauf Zugang zur Oper finden konnten. Die wenigen freien Truppen des Theaters, die durch die Lande zogen, waren zu anspruchsvollerem musikalischen Theater nicht in der Lage, dazu war und ist der Aufwand an entsprechend ausgebildeten Gesangskünstlern und Orchestermusikern zu groß, sind die künstlerischen Konzessionen an den Geschmack eines nicht theaterverwöhnten breiten Publikums untauglich.

Mozart erkannte sehr wohl, daß die speziellen Wiener Opernbedingungen, wo das Hoftheater bewußt (durch das persönliche Engagement Josephs II.) einen eigenständigen Teil als deutschsprachiges »Nationalsingspiel« abgespalten hatte, ihm eine Opernform gestatteten, die sich nicht in der Erfüllung überlieferter Gattungsformen erschöpfte, sondern die Möglichkeit gab, dichter heranzukommen an den möglichen Wahrheitsgehalt des Theaters, Gattungsregeln und verkrustete Opernschemata zu sprengen und ein zeitgenössisches Musiktheater zu entwickeln, das sowohl von der Dramaturgie wie von der musikalischen Sprache her in der Lage war, Individuen zu gestalten statt Typen, Konflikte zu verkörpern, die aus selbstverantwortetem Handeln entstehen, nicht aus schicksalshaft vorgegebenem Gesetz, Themen aufzugreifen, die der augenblicklichen Wirklichkeit entsprechen, ihr entnommen sind, an sie zurückgegeben werden.

Mit dem Titel *Die Entführung aus dem Serail* ging man auf Nummer Sicher. Er greift Erwartungen auf, die mit Abenteuer, Entführung, den faszinierenden und zugleich auch schauerlichen Vorstellungen vom türkischen Harem zusammenhängen, er verspricht außerdem ein glückliches Ende. Und das Libretto entsprach ja zunächst auch ganz den trivialen Vorbildern, die es in ungezählten Varianten gab. Stephanie hatte nichts anderes getan, als ein vorhandenes Textbuch (von Christoph Friedrich Bretzner, der dann auch prompt den Plagiatsvorwurf erhob), zu bearbeiten, ein bißchen zu verändern, entsprechend dem vorhandenen Personal aufzuarbeiten. Schließlich hatte auch Bretzner schon seine Vorbilder und Vorformen. Mozart gefiel das Textbuch von Stephanie zwar auf Anhieb, es erwies sich aber bald als lediglich brauchbare Ausgangsform. Erst über dem Komponieren des ersten Aktes und der Ausarbeitung eines musikalisch bestimmten dramatischen Konzeptes zeigte sich, wo das Textbuch geändert werden mußte.

»Nun sitze ich wie der Haaß im Pfeffer – über 3 wochen ist schon der Erste Ackt fertig – eine aria im 2:^{ten} Ackt, und das Saufduett |: per li Sig:^{ri}

»Die Entführung aus dem Serail«

vieneri :| welches in nichts als in *meinem* türkischen Zapfenstreich besteht :| ist schon fertig; – mehr kann ich aber nicht davon machen – weil izt die ganze geschichte umgestürzt wird – und zwar auf mein verlangen. – zu anfange des dritten Ackts ist ein charmantes quintett oder vielmehr final – dieses möchte ich aber lieber zum schluß des 2:ᵗ Ackts haben. um das bewerkstelligen zu können, muß eine grosse veränderung, Ja eine ganz Neue intrigue vorgenommen werden – und Stephani hat über hals und kopf arbeit da muß man halt ein wenig gedult haben.« (26. September 1781)

Mozart hat demnach an der Gestaltung des Librettos bis in Einzelheiten wichtigen Anteil und verantwortet jedes Detail selbst. Die Geschichte ist dabei äußerst einfach und überschaubar, was viele dramatische und spannungsreiche Szenen nicht ausschließt:

Bei einem Seeräuberangriff geraten Konstanze, Blonde (ihre Zofe) und Pedrillo (ein Bedienter) in Gefangenschaft und werden an den türkischen Sultan Bassa Selim verkauft, während Belmonte, der Geliebte von Konstanze, entkommt. Er rüstet ein Schiff, um Konstanze (sowie Blonde und Pedrillo) zu befreien. Konstanze wird von Bassa Selim umworben, während Osmin, der Aufseher über das Landhaus des Bassa, Blonde nachstellt. Pedrillo hat es verstanden, als Aufseher über die Gärten des Bassa eine relativ freizügige und ungezwungene Stellung zu finden. Nachdem Belmonte den Weg in die Gärten des Bassa gefunden hat, entwickelt er mit Pedrillo einen nächtlichen Entführungsplan, der allerdings durch Osmin vereitelt wird, obschon versucht wurde, diesen durch einen Schlaftrunk auszuschalten. Statt einer Bestrafung für den Entführungsversuch zeigt sich der Bassa Selim großmütig, nachdem er in Belmonte den Sohn eines Feindes erkannt hat. Die Gefangenen dürfen ihr Schiff besteigen und nach Haus zurückfahren, beschämt über die unerwartete Milde des Sultans.

Mozarts dramatische Begabung und sein Sinn für Bühnenwirkungen zeigen sich darin, daß er sich nicht auf seinen musikalischen Einfall verläßt, sondern bis in alle Einzelheiten den theatralischen Ablauf sowie die musikalischen Mittel seiner Ausgestaltung plant. Sein programmatischer Satz: »bey einer opera muß schlechterdings die Poesie der Musick gehorsame Tochter seyn«, ist leicht mißzuverstehen, wenn nicht das Ende des Abschnittes ebenso mitgelesen wird: »da ist es am besten wenn ein guter komponist der das Theater versteht, und selbst etwas anzugeben im stande ist, und ein gescheider Poet, als ein wahrer Phönix, zusammen kommen.« Denn die Librettisten kommen Mozart vor wie Handwerker, die sich an nichts anderes als ihre Handwerksregeln halten, einen schematischen Ablauf von Gesangsnummern schreiben, gereimt um des Reimes willen, statt sich um den theatralischen Ablauf zu kümmern, den die Musik zu intensivieren fähig ist, wenn das Libretto dazu Gelegenheit gibt. Mozart hat sich oft über die schlechten Textdichter beklagt und stellt hier bündig fest: »wenn wir komponisten immer so getreu unsern regeln |: die damals als man noch nichts bessers wusste, ganz gut waren :| folgen wollten, so würden wir eben so untaugliche Musik, als sie untaugliche bücheln, verfertigen. –« (13. Oktober 1781)

Das heißt nichts anderes, als daß Mozart dabei war, einen neuen Opernstil zu entwickeln, und Textdichter suchte, die seine Auffassung von Bühnenfiguren teilten. Denn Mozart kam es darauf an, einem Opernstoff die logische Struktur seiner Einzelheiten abzulauschen beziehungsweise sie dazuzuerfinden, weil er nicht Typen, sondern individuelle Charaktere gestalten wollte, lebendige Menschen, keine Marionetten. Mozart, der zeit seines Lebens ein begeisterter Theaterbesucher war, kannte das avancierte Theater, hatte die bedeutendsten Schauspieler gesehen in Shakespeare-Rollen, Lessing-Stücken und war dabei, die Opernbühne in gleicher Weise zu revolutionieren, wie Lessing das nachgottschedsche Theater umgekrempelt hatte. Mozarts Gestalten sind Individuen, die auf die Ereignisse um sich herum nach ihren individuellen Fähigkeiten, ihren charakterlichen Anlagen reagieren, sind entwicklungsfähig und erst durch die Ereignisse sich entwickelnde Gestalten, nicht Vertreter *einer* Charaktereigenschaft, sondern komplexe Gestalten mit positiven und negativen Zügen, lebensnah und facettenreich.

Belmonte, die Hauptgestalt der Oper, ist keineswegs der in allem überlegene Held. Sein Verhältnis zu seinem Diener Pedrillo offenbart Züge einer ichbezogenen Unsensibilität, die zugleich eine unaufdringliche, aber in ihrer ironischen Brechung unüberhörbare Kritik des Herr-Diener-Verhältnisses enthält, das selbst in einer abenteuerlichen und gefährlichen Situation des Aufeinanderangewiesenseins nicht aufgehoben wird. Er interessiert sich nur für das Schicksal Konstanzes, nach Pedrillo und Blonde fragt er nicht und überhört sogar alle diesbezüglichen Hinweise. Sein schwärmerisches Verhalten wird fast zur Gefahr:

»*Belmonte:* Ach, laß mich zu mir selbst kommen! Ich habe sie gesehen, hab das gute, treué, beste Mädchen gesehen! – O Konstanze, Konstanze! Was könnt' ich für dich tun, was für dich wagen?

Pedrillo: Ha, gemach, gemach, bester Herr! Stimmen Sie den Ton ein bißchen herab; Verstellung wird uns weit bessere Dienste leisten. Wir

sind nicht in unserm Vaterlande. Hier fragen sie den Henker danach, ob's einen Kopf mehr oder weniger in der Welt gibt. Bastonade und Strick um den Hals sind hier wie ein Morgenbrot.
Belmonte: Ach, Pedrillo, wenn du die Liebe kenntest! –
Pedrillo: Hm! Als wenn's mit unsereinem gar nichts wäre! Ich habe so gut meine zärtlichen Stunden als andere Leute. Und denken Sie denn, daß mir's nicht auch im Bauche grimmt, wenn ich mein Blondchen von so einem alten Spitzbuben, wie der Osmin ist, bewacht sehen muß?«[11]

Ohne die Verschlagenheit und Umsichtigkeit von Pedrillo könnte Belmonte nichts ausrichten. Das ist insoweit alles noch auf der Ebene witziger Handlungsauflockerung. Deutlicher allerdings, ohne dialogischen Witz, wird dieses Verhältnis durch die mehrfachen Hinweise auf das Geld angesprochen. Belmonte, der Sohn eines spanischen Granden, versucht immer wieder mit dem Hinweis auf seine Herkunft und auf seine finanziellen Mittel, sich aus der ausweglos scheinenden Situation zu retten, was allerdings weder bei Osmin noch bei Selim Bassa verfängt. (Auch hier bietet Belmonte lediglich für sich und Konstanze Lösegeld an, das Schicksal seines Dieners und Blondes ist ihm völlig gleichgültig.)

Ebenso wie Pedrillo nichts hat als seinen Witz, seinen Einfallsreichtum und sein Selbstvertrauen, ist Blonde auf sich allein angewiesen, versteht es aber (im Gegensatz zu Pedrillo), ihre Schlagfertigkeit bis zur massiven Handgreiflichkeit zu entwickeln. Während Konstanze zur schmachtenden Schicksalsergebenheit neigt, allerdings lieber sterben möchte, als ihrem Geliebten untreu zu werden, urteilt Blonde pragmatischer. Gegen Osmin jedoch begehrt sie mit einem Überlegenheitsgefühl auf, das selbst Osmin ganz hilflos macht:

»*Osmin:* Du hast doch wohl nicht vergessen, daß dich der Bassa mir zur Sklavin geschenkt hat?
Blonde: Bassa hin, Bassa her! Mädchen sind keine Ware zum Verschenken! Ich bin eine Engländerin, zur Freiheit geboren, und trotze jedem, der mich zu etwas zwingen will!«[12]

Später versteigt sie sich sogar zu Äußerungen, die eine satirisch überzeichnete Frauenherrschaft propagieren. Auch hier ist ein possenhafter Zug spürbar, der zugleich einen durchaus ernstgemeinten Hintergrund hat. Nicht zufällig verweist Blonde auf ihre englische Herkunft, die synonym mit bürgerlicher Freiheit zu verstehen ist. In der zeitgenössischen Literatur wird England immer wieder als reales Vorbild persönlicher Freiheitsrechte genannt und in bewußten Gegensatz gestellt zu den

Lebensbedingungen unter adliger Willkürherrschaft. (Der erste Entwurf zu Friedrich Schillers *Kabale und Liebe,* in dem Lady Milford als das berühmteste literarische Beispiel dieser Engländerinnen erscheint, ist im selben Sommer 1782 entstanden.)

Am merkwürdigsten muß es aber berühren, daß durch die Personen der *Entführung aus dem Serail* eine europäische Einkreisung vorgenommen wird, die die Großmut des (türkischen) Bassa in besonderem Licht erscheinen läßt. Belmonte ist ein spanischer Adliger, der von seinem Diener Pedrillo als italienischer Baumeister ausgegeben wird, Blonde eine Engländerin, und auf Belmontes Schiff wird ein offensichtlich holländischer Schiffer mitgeführt. Diesem Aufgebot aus Vertretern »zivilisierter« Seefahrerländer steht ein Selim Bassa gegenüber, der eine ungeahnte Menschlichkeit verkörpert. Er liebt Konstanze, möchte aber vor allem ihre Gegenliebe. Er stellt Pedrillo in einer Position an, die fast der Osmins gleichkommt: Der eine ist Aufseher über das Landhaus, der andere über die Gärten des Bassa. Er fühlt sich von Konstanze betrogen und von Belmonte verraten. Zugleich entdeckt er in ihm den Sohn seines »ärgsten Feindes«, der mit wenig schmeichelhaften Worten für einen spanischen Granden charakterisiert wird:

»Dein Vater, dieser Barbar, ist schuld, daß ich mein Vaterland verlassen mußte. Sein unbiegsamer Geiz entriß mir eine Geliebte, die ich höher als mein Leben schätzte. Er brachte mich um Ehrenstellen, Vermögen, um alles. Kurz, er zernichtete mein ganzes Glück.«[13]

Aber die Strafe des Bassa besteht nicht in rauher Gewalt, sondern in moralischen Ohrfeigen:

»*Belmonte:* Kühle deine Rache an mir, tilge das Unrecht, so mein Vater dir angetan! Ich erwarte alles und tadle dich nicht.

Selim: Es muß also wohl deinem Geschlechte eigen sein, Ungerechtigkeiten zu begehen, weil du das für so ausgemacht annimmst? Du betrügst dich. Ich habe deinen Vater viel zu sehr verabscheut, als daß ich je in seine Fußstapfen treten könnte. Nimm deine Freiheit, nimm Konstanzen, segle in dein Vaterland, sage deinem Vater, daß du in meiner Gewalt warst, daß ich dich freigelassen, um ihm sagen zu können, es wäre ein weit größer Vergnügen, eine erlittene Ungerechtigkeit durch Wohltaten zu vergelten, als Laster mit Lastern tilgen.

Belmonte: Herr!... Du setzest mich in Erstaunen...

Selim (ihn verächtlich ansehend): Das glaub ich. Zieh damit hin, und werde du wenigstens menschlicher als dein Vater, so ist meine Handlung belohnt.«[14]

Es liegt im Wesen des Singspiels, daß die Handlung tragenden Elemente den gesprochenen Partien angehören, die musikalisch ausgestalteten Gesangsnummern, Arien und Ensemblesätze, ein reflektierendes Element darstellen, Stimmungen, Gefühle, Leidenschaften ausdrücken, die das Handeln leiten, ihm zugrunde liegen. Die Gesangsnummern dienen der Entfaltung der Persönlichkeiten, drücken ihre Emotionalität aus. Der theatralische Rhythmus des Singspiels wird aus einem genau kalkulierten Plan von gesprochenen und gesungenen Partien bestimmt, der die wesensverschiedenen dramatischen Mittel von Dialog und Gesang zu einer harmonischen theatralischen Einheit verschmilzt. Mozart hat nicht nur die musikalischen Nummern dieser Singspieloper komponiert, sondern ist mitverantwortlich für die dramatische Gesamtheit. Wer den Text des Singspiels verändert oder kürzt, wie es auf den Opernhäusern bei gesprochenen Partien gang und gäbe ist, verfälscht auch das Werk des Komponisten, nimmt ihm gerade das, was die musikalischen Nummern erst ermöglicht. Gerade weil Mozart sich selbst als Praktiker des Musiktheaters verstand, legte er solchen Wert auf seine Textbücher und ließ es sich bei keiner Oper seit *Idomeneo* nehmen, selbst am Libretto mitzuwirken. Es ist immer wieder beklagt worden, Mozart habe (mit Ausnahme von Lorenzo Da Ponte) unzureichende, schlechte und seiner nicht würdige Textdichter gehabt. Dem ist entgegenzuhalten: Mozart hat seine Texte zu der Gestalt umzuarbeiten geholfen, die seiner eigenen Theaterauffassung entsprach.

Vor allem wußte Mozart, wie man mit musikalischen Mitteln Bühnenwirkungen erzielt. Unbekümmert um Gattungsüberlieferungen benutzt er Techniken und musikalische Muster der italienischen Buffooper, des Strophenliedes, des französischen Vaudevilles, der großen tragischen Arie und wirft sie in den Schmelztiegel, um eine neue Form des Singspiels zu schaffen, das aus individualisierten Rollen gedacht ist, »Hohes« und »Niederes« mischt, Stimmungen und Leidenschaften nachspürt als Triebfedern der Handlungen, das – durchaus konventionelle – Handlungsmuster in völlig neuer, überraschender Beleuchtung zeigt.

So lebt *Die Entführung aus dem Serail* nicht von dem Gegensatz von europäischer und »türkischer« Welt, sondern aus der Komplexität der Figuren. Zwar gibt es das Paar Konstanze/Belmonte, das zu schwärmerischen Empfindungen neigt, aber der »hohe« Ton ist nicht ohne Brüche, hat Züge von eingebildeter Verstiegenheit und lähmender Leidensbereitschaft, während das »niedere« Paar Blonde/Pedrillo rationale Kräfte besitzt, die für die Liebesbegegnung auch in der äußersten Bedrängnis noch Gelegenheit erfindet. Gleichwohl bleibt Raum für feine Unterscheidungen der männlichen und weiblichen Verhaltensweisen, die wohl selten zuvor so unaufdringlich leise wie unüberhörbar mitgestaltet wurden. Noch am ehesten einem überkommenen Typus nachgezeichnet ist die Figur des Osmin, der eine Rolle mit wenig Zwischentönen bekommt. Er wird als »Pascha« und grausam-einfältiger Subalterner schonungslos dem Gelächter preisgegeben; in ihm wird jedoch keineswegs die »Türkei« verspottet, jenes fremde Land, das gemeinhin als Land der Barbarei im Bewußtsein war.

Auch die Türkei kennt den Gegensatz von »hoch« und »nieder«, hat aber in Selim Bassa, der bewußt als reine Sprechpartie gestaltet ist, einen Fürsten, der eine (utopische) Gegenfigur zu feudaler Willkürherrschaft ist. Seine Großmut, seine Humanität sind nur in der Fremde zu finden. Die Entlassung in die Heimat mit einem schützenden Geleitbrief kommt so unerwartet wie ein Märchenschluß. Das Mitgefühl für das Schicksal der beiden nun befreiten Liebespaare weicht dem Erstaunen über einen Herrscher, der sich souverän verhält nicht nur im Verzicht auf Machtausübung, sondern auch im Verzicht auf die Erfüllung seiner eigenen Herzenswünsche. Bassa Selim benimmt sich nicht wie ein Sklavenhalter, der die vollständige Verfügungsgewalt über sein Eigentum beansprucht, er enträt der Gewalt und respektiert die Gefühle Konstanzes. Seine aufgeklärte Humanität hat weder politische Motive, noch wird sie durch verwandtschaftliche Rücksichten bestimmt. (In der ursprünglichen Fassung des Librettos stellt sich Belmonte plötzlich als ein verschollener – illegitimer? – Sohn des Bassa dar.) Seine »Großmut« ist aber auch nicht nur eine Herrscherlaune, eine positiv gewendete Willkürhandlung. Nicht ohne Stolz stellt sich Selim Bassa in erklärten Gegensatz zu den »zivilisierten« Verhaltensweisen des europäischen Adels. Ausdrücklich bezeichnet er Belmontes Vater als einen »Barbaren«. Seine Selbstachtung verbietet es ihm, sich genauso zu verhalten wie sein »ärgster Feind«, denn diese Feindschaft ist zu unversöhnlich, als daß sie sich auch nur einer gemeinsamen Sprache bedienen könnte. Belmonte (und die von ihm repräsentierte christlich-abendländische Welt) kommt nicht ohne Blessuren davon, schon gar nicht die Welt des herrschenden europäischen Adels, der Blonde etwas von bürgerlichen Freiheitsrechten ins Stammbuch schreibt.

Mozart hat damit die traditionelle Bearbeitungsform des Türkenstoffes, wie sie in ungezählten Theaterstücken und Opernlibretti zum Ausdruck kam, deutlich aufgegeben und statt dessen Anschluß gesucht an jene reflektierte Darstellungsweise, die vor allem die eigenen Verhältnisse meint; er sucht nicht in erster Linie den exotischen Kontrast, sondern relativiert Verhaltensmuster, spürt den Beziehungen der Personen untereinander nach und ihren gesellschaftlichen Fixierungen, fragt nach ihrem Rollenverhalten, ihren Ängstlichkeiten, der Ungewißheit in der Liebe. Das Koloristische und Fremdartige tritt demgegenüber in den Hintergrund, musikalisch bleibt es allein Osmin vorbehalten.

Man hat immer wieder in der *Entführung aus dem Serail* einen Bezug gesehen zu Mozarts Werben um Konstanze Weber und den Widrigkeiten bis zur Hochzeit. Aber die Problematik dieser Oper erschöpft sich keineswegs in der Frage, wie Konstanze befreit werden könnte. Mozart wird die Namensgleichheit eher belustigt haben: Sie stammte schließlich nicht von ihm, sondern war schon in der Vorform seines Librettos vorgegeben. Die Figuren der *Entführung* sind gerade nicht möglichst nahe an die Beispiele der Wirklichkeit und der realen Umgebung herangeführt, sondern in kritischer Distanz gehalten und aus der Distanz auch mit musikalischen Mitteln charakterisiert. Die Konstanze der *Entführung* ist in ihrer empfindsam-schwärmerischen und tugendhaft-leidenden Art näher an der berühmten Clarisse (aus Samuel Richardsons gleichnamigem Roman – auch wenn ihr ein ähnlich grausames Schicksal erspart bleibt) als an Konstanze Weber. Und die (englische) Blonde entspricht nicht dem Typus der Wiener Stubenmädchen, sondern dürfte ihnen eher als ein aufgeklärtes Vorbild gedient haben.

In keiner seiner Opern porträtiert Mozart ihm bekannte Personen, benutzt lebende Vorbilder, deren Identität zu entschlüsseln unsere Aufgabe sein könnte. (Selbst die Figur des Sarastro hat kein solches Vorbild, wie noch zu zeigen sein wird, obschon dies immer wieder gesucht wurde.) Andererseits sind alle Opern der Wiener Zeit außerordentlich dicht an das zeitgenössische Konfliktpotential und die realen gesellschaftlichen Erscheinungen herangeführt, bewußter und konsequenter als bei jedem anderen zeitgenössischen Opernkomponisten, manchmal bis an die Grenze dessen, was zum Einschreiten der Zensur führen konnte. Mozarts Gespür für die Brüche des gesellschaftlichen Gefüges wird immer wieder thematisiert, er weicht den Irritationen nicht aus. Seine Opern stellen einen Kommentar zu den Zeitereignissen dar und prägen auch insoweit einen neuen Operntypus. Wenn Mozart seine *Entführung* zu ausgesprochen kultur- und gesellschaftskritischen Überlegungen nutzt, so mag er aus dem Wiener Alltag und seinem persönlichen Bekanntenkreis sowie aus seinen Beobachtungen in der Wiener »Gesellschaft« manche Anregungen bekommen haben, die dem geschärften Blick bedeutsam werden mußten.

Sieht man sich in Mozarts Bekanntenkreis um, so entdeckt man eine Reihe von Außenseitern, Menschen eines ungewöhnlichen und besonderen Schicksals, die Fragen aufwerfen allein durch ihre Existenzform. Die Betroffenheit und Sensibilität für die Implikationen seiner Türkenoper konnten sehr wohl verstärkt werden bei der Begegnung mit Angelo Soliman, einem Schwarzen, der als »Entführter« im europäischen Wien lebte. Sein Lebensweg (bis zu den Jahren von Mozarts Bekanntschaft mit ihm Anfang der achtziger Jahre) bietet so etwas wie eine Negativfolie zur *Entführung aus dem Serail*. Sicher war Soliman kein Vorbild für die Türkenoper. Die Behandlung, die der entführte Afrikaner in Wien erfuhr, zeigt aber etwas von dem historischen Hintergrund der Zeit, in der Mozart seine Oper komponierte, und sie zeigt zugleich gesellschaftliche Mikroprozesse, die auch etwas mit der Aktualität von Mozarts Erfolgsstück zu tun haben.

Soliman hat in Wien keinen Selim Bassa gefunden, und auch dies zeigt, wie nah Mozart an kritische Punkte seiner Zeit gestoßen war. Die Freilassung der Verschleppten war eine Märchenutopie. Für die entführten Schwarzen, selbst wenn sie nicht als Sklaven, sondern wie Freigelassene behandelt wurden, was in den Kolonialländern Europas höchst selten war, gab es ohnehin kein Zurück: Die kulturelle Entfremdung von ihrem Herkommen stigmatisierte sie in unauslöschlicher Weise. Ihnen blieb nichts als der (vergebliche) Versuch der Assimilation. Selbst diesen Gedanken läßt Mozart in seiner Oper kurz aufscheinen, wenn er Blonde überlegen läßt: »Vielleicht würd' ich muselmännisch denken« (»hätt' ich meinen Pedrillo nicht an der Seite«)[15]. Mozarts *Entführung aus dem Serail* ist nicht das harmlos-gefällige Märchenstück, das uns die heutige Opernpraxis bietet, auch wenn es seinen andauernden Erfolg lediglich einigen »schönen« musikalischen Nummern zu verdanken scheint, weil es nicht mehr aus der Aktualität seiner musikdramatischen Gestaltung inszeniert wird. Eine historisch angemessene Inszenierung hätte die politische Brisanz des Stoffes erst wieder herzustellen und erfahrbar zu machen.

Abschweifung: Eine andere Entführung

Angelo Solimans Herkunft verliert sich im Dunkel einer Geschichte, die die afrikanischen Sklaven in allen Ländern gemeinsam haben. Einer mündlichen Überlieferung ihrer Herkunft und Verwandtschaft beraubt, weil aus einem Leben, das in jeder Einzelheit nach vollständig anderen Gesetzen organisiert war, mit einem Gewaltakt herausgerissen, waren sie, abgesehen von allem anderen Unrecht, das ihnen angetan wurde, auch noch vereinzelt und in dieser Isolation kaum noch in der Lage, wenigstens eine Erinnerung zu behalten an ihre frühere Existenz, die ihnen gleichwohl in ihrer Hautfarbe und ihrem damit verbundenen Schicksal gegenwärtig blieb. Die wenigen Sklaven, die durch Zufälle ein Los fanden, das sie wenigstens nicht zur »Sache« machte, sondern ihnen eine Form der menschlichen Existenz beließ, blieben so fremd und herkunftslos wie alle anderen, für die sich ohnehin kein Mitgefühl regte. Bei den wenigen Schwarzen, deren Biographie bemerkenswert genug war, überliefert worden zu sein, hat oft eine romantische Verklärung ihr übriges getan: In den meisten Fällen wurde eine fürstliche Abkunft behauptet, wurde das schöne Märchenmodell des entführten Königskindes angedichtet, nachprüfbar war es ohnehin nicht.

Auch von Soliman gibt es eine solche Überlieferung, auch sie gibt kaum einen Fingerzeig auf seine tatsächliche Existenz. Danach wurde er als Sohn eines Fürsten aus dem Geschlecht der Magui Famori in Pangusitlong geboren. Er hieß eigentlich Mmadi Make, seine Mutter Fatuma. Das Geburtsjahr ist unbekannt, vermutlich um 1726. Als Siebenjähriger wurde er von einem feindlichen Stamm *geraubt,* schließlich an Christen *verkauft* und kam so nach Messina in das Haus einer Marquise, die ihn erzog und ihm eine Grundausbildung gegeben haben muß. In Messina fiel er dem österreichischen General Johann Georg Christian Fürst Lobkowitz auf, der ihn unbedingt besitzen wollte und schließlich von der Marquise zum *Geschenk* erhielt.

Fast 20 Jahre blieb Soliman, der inzwischen getauft worden war, beim Fürsten Lobkowitz, begleitete diesen sogar auf zahlreichen Feldzügen, unter anderem auch gegen die Türken. Man bot ihm zwar eine militärische Stellung an, Soliman lehnte jedoch ab. Nach dem Tod von Lobkowitz (1753) wurde Soliman an Joseph Wenzel Fürst Liechtenstein *vererbt,* ebenfalls einen hohen Militär. In dessen Haus war er mit den Aufgaben eines Kammerdieners, später des Haushofmeisters betraut, im

Grunde aber war er »der fürstliche Mohr«, mit dem sich sein Herr schmückte. Auch mit Fürst Liechtenstein ging Soliman viel auf Reisen, da sein Herr öfter mit diplomatischen Aufgaben betraut wurde. So hatte Liechtenstein auch den Auftrag, als österreichischer Abgesandter die Wahl von Joseph II. zum Römischen Kaiser in Frankfurt am Main zu betreiben. Auch hier war Soliman dabei, und es ist nicht unwahrscheinlich, daß der vierzehnjährige Goethe ihn in Frankfurt gesehen hat. Denn »die würdige Persönlichkeit des Fürsten von Liechtenstein machte einen guten Eindruck«, nicht minder »die prächtigen Livreen« im Gefolge der kaiserlichen Komissarien, an die sich der alte Goethe in *Dichtung und Wahrheit* noch erinnert (5. Buch). Soliman war stets besonders prächtig herausgeputzt und trug einen goldbetreßten weißen Rock, von dem sich seine schwarze Hautfarbe besonders wirkungsvoll abhob.

Soliman war ein großer Schachspieler, wurde in Frankfurt vom Fürsten Liechtenstein aber verleitet, sich auch mit dem Pharaospiel zu beschäftigen. Es scheint dabei um sehr hohe Einsätze gegangen zu sein, denn Soliman gewann an einem Abend den ungeheuren Betrag von 20000 Gulden. Es wird sogar erzählt, er habe diesen ganzen Betrag noch einmal riskiert, weitere 24000 Gulden gewonnen, die er aber nicht behalten wollte. Deshalb habe er es so manipuliert, daß sein Spielgegner wenigstens diese 24000 Gulden wieder zurückgewonnen habe. Obschon Soliman einmal »verkauft«, dann »verschenkt« und schließlich »vererbt« worden war, war er dennoch ein bezahlter Angestellter des Fürsten und hatte sicher eine vollkommen freie Stellung wie jeder andere Bediente. Der riesige Spielgewinn, den Soliman nach Wien mitnahm, scheint ihn dazu gebracht zu haben, sich eine eigenständigere Existenz aufzubauen. Er heiratete eine Frau von Christiani, die Witwe eines holländischen Generals. Ganz einfach scheint das aber nicht gewesen zu sein, denn die Eheschließung mußte geheimgehalten werden und wurde auch heimlich durch den Kardinalerzbischof von Wien im Stephansdom vollzogen. Soliman war ja Katholik, und als solchem konnte ihm die Kirche die Trauung nicht verwehren, andererseits hatte auch die Kirche kein Interesse an einer öffentlichen Diskussion dieser gemischtrassigen Eheschließung. Soliman soll sich ein Haus in der Vorstadt gekauft haben und führte eine glückliche, wenn auch heimliche Ehe.

Mehr aus Versehen plauderte Joseph II., der Soliman sehr schätzte, bei einer Gesellschaft das Ehegeheimnis aus, und auf diese Weise erfuhr es auch Fürst Liechtenstein. Der war darüber so empört, daß er Soliman sofort aus seiner Stellung entließ und ihn aus seinem Testament strich, in

Abschweifung: Eine andere Entführung

dem er reichlich vorgesehen war. Offensichtlich betrachtete Liechtenstein das Privatleben seines »fürstlichen Mohren« als sein Eigentum. Soliman zog sich in sein Häuschen zurück und lebte bescheiden mit seiner Frau und einer gemeinsamen Tochter.

Zwei Jahre nach dem Tod von Joseph Wenzel Fürst Liechtenstein traf ihn zufällig dessen Neffe Franz Joseph auf der Straße und bot ihm Wiedergutmachung an. Soliman sollte die Aufsicht über die Erziehung seines Sohnes Alois Joseph übernehmen; Fürst Liechtenstein, Begründer der heutigen Vaduzer Linie der Familie, bot ihm dafür ein Jahresgehalt, das zugleich nach seinem Tod als Pension für seine Frau gelten sollte. Soliman zog wieder in den Liechtensteinschen Palast in angesehener Stellung.

Es wird von ihm berichtet, daß er vielseitig gebildet war, perfekt deutsch, italienisch und französisch sprach, daneben aber auch auf englisch, tschechisch und sogar lateinisch sich ausdrücken konnte. Er war allgemein hoch angesehen und mit den bedeutendsten Wissenschaftlern und Künstlern in Wien bekannt. Ab 1783 gehörte er als Freimaurer der Loge »Zur wahren Eintracht« an, der Loge, die vor allem Gelehrte, Künstler und Schriftsteller vereinte. Dort betritt er mehrfach zusammen mit Mozart den Logentempel, wie aus dem erhaltenen Protokollbuch hervorgeht. (In den Briefen und Dokumenten Mozarts taucht der Name Solimans nicht auf, aber das darf nicht wundernehmen: Mozarts Wiener Bekannte sind ohnehin nur zufälligerweise in den Briefen genannt, er traf sie auf Gesellschaften in Wien und hatte unmittelbaren mündlichen Kontakt, der das Briefeschreiben überflüssig machte.)

Es gab im 18. Jahrhundert manchen versklavten Mohren in den europäischen Staaten mit einem jeweils besonderen, manchmal sogar überlieferten Schicksal[16]. Wohl keinem aber ist noch nach seinem Tod so schrecklich mitgespielt worden wie Soliman. »Über Wunsch des Kaisers Franz II. wurde er trotz lebhaften, durch ein energisches Schreiben des Erzbischofs von Wien unterstützten Protestes der Familie, der man die Leiche abgelistet hatte, von dem Bildhauer Franz Thaler abgehäutet, ausgestopft und den kaiserlichen Sammlungen als Repräsentant des Menschengeschlechtes einverleibt, wo er in Gesellschaft eines Wasserschweines und mehrerer Sumpfvögel der frivolen Neugierde eines schaulustigen Publikums preisgegeben wurde. Bei der Beschießung Wiens im Jahre 1848 ging diese schändliche Erinnerung an dynastischen Ungeschmack in Flammen auf.«[17]

Die Baronin richtet den Hochzeitsschmaus

Am 16. Juli 1782 fand die Uraufführung der *Entführung aus dem Serail* statt, ein grandioser Erfolg, der von keiner anderen Oper Mozarts übertroffen wurde. Allein zu seinen Lebzeiten wurde die *Entführung* in über 40 europäischen Städten gegeben, von den zahlreichen Aufführungen in Wien ganz zu schweigen. Finanziell sprang für Mozart freilich wenig mehr heraus als das übliche Honorar von 100 Dukaten (oder 426 Gulden 40 Kronen, wie der schlechte Umrechnungskurs der Hoftheaterkasse vorgibt). Zwar konnte Mozart noch eine Partiturkopie an den preußischen Gesandten in Wien verkaufen (zu welchem Preis?), das war aber schon alles, denn wegen des sorglosen Umgangs mit den Noten waren bald zwei Raubdrucke des Klavierauszugs erschienen und brachten Mozart um jede weitere Einnahme aus dieser Oper.

Am Wiener Theater waren durch übliche Intrigen die ersten Aufführungen noch stark behindert worden – so wurde das Ende des ersten Aktes planmäßig ausgezischt –, aber für einzelne Arien gab es auch laute Bravorufe, und sogar ein Dacapo des Schlußterzetts aus dem ersten Akt konnte durchgesetzt werden; im zweiten Akt wurden die beiden Duette wiederholt. Natürlich hatte Mozart seinem Vater sofort von der Premiere und dem Kampf um den Erfolg vor ausverkauftem Haus berichtet, hatte ihm sogar die Originalpartitur zur Ansicht und Teilhabe an diesem ersten Wiener Triumph geschickt. (Dieser Mozart-Brief ist leider verschollen, möglicherweise, weil Leopold ihn voll väterlichem Stolz in Salzburg herumgereicht hat.) Mozart gegenüber spielte der Vater aber noch immer den Gekränkten und Verletzten, der es nicht über sich bringt, zum Erfolg zu gratulieren, wenn der Familienfrieden nicht wiederhergestellt ist. Auf diese Weise wurde Mozart auch hier um seinen Erfolg gebracht. Denn aus einem Antwortbrief läßt sich deutlich erschließen, wie Leopold sich seinem Sohn gegenüber verhielt.

»Ich habe heute ihr schreiben vom 26:ten erhalten, aber ein so gleichgültiges, kaltes schreiben, welches ich in der that auf die ihnen überschriebene Nachricht wegen der guten aufnahme meiner oper niemalen vermuthen konnte. – ich glaubte |: nach meiner empfindung zu schliessen :| sie würden vor begierde kaum das Pacquet eröfnen können, um nur geschwind das Werk ihres Sohnes besehen zu können, welches in Wienn |: nicht Platterdings gefallen :| sondern so lärm macht, daß mann gar nichts anders hören will, und das theater allzeit von Menschen wimmelt.

– gestern war sie zum 4:ten Mal und freytag wird sie wieder gegeben. – Allein – sie hatten nicht soviel Zeit – – – die ganze Welt behauptet daß ich durch mein gros-sprechen, kritisiren, die Profeßori von der Musick, und auch andere leute zu feinde habe! –

was für eine Welt? – vermuthlich die Salzburger Welt; denn wer hier ist – der wird genug das gegentheil davon sehen und hören; – und das soll meine antwort darauf seyn. –« (31. Juli 1782)

Leopold Mozart hatte also tatsächlich gesagt, er habe keine Zeit gehabt, sich die übersandten Noten seines Sohnes anzusehen. Und überhaupt: er höre immer nur, was für ein Angeber Wolfgang geworden sei, er habe sich schon viele Feinde damit gemacht, vor allem unter Musikern. Diese Reaktion aus Salzburg stellte so etwas wie einen Tiefpunkt der Vater-Sohn-Beziehung dar. Kein Zweifel, daß Mozarts Heiratspläne mit Konstanze Weber der Auslöser waren – vielleicht hatte Mozart seinem Premierenbericht sogar angefügt, daß er mit diesem Erfolg und dem Honorar in der Tasche nun endlich einen eigenen Hausstand gründen könne und um die väterliche Einwilligung bäte. Daß der Vater gegen diese Heirat war, war ein altes Thema: Er hatte eben seine Vorurteile gegen die Familie Weber, von der er übrigens kein Mitglied persönlich kannte. Und seine Einwände hat er bis zur Hochzeit ständig wiederholt; seine Einwilligung gab er schließlich so spät, daß sie erst einen Tag nach der Hochzeit eintraf.

Das alles war vielleicht ein unvermeidlicher Konflikt, in dem es auch um die längst überfällige Abnabelung vom Elternhaus ging. Daß Leopold Mozart jetzt aber auch auf musikalischem Gebiet Desinteresse an seinem Sohn zeigte, ein Werk wie die *Entführung* nicht zur Kenntnis nahm, weil er »keine Zeit« hatte, das signalisierte allerdings einen tieferen Riß. Denn in musikalischen Fragen, bei der Beurteilung von Mozarts Werken, hatte sein Vater stets neidlose Anerkennung gezollt, das Genie seines Sohnes bewundert und wohl auch am genauesten entdeckt. Er hatte ihm alles gegeben, das zu lehren er imstande war, und hatte später seinen Sohn in vielfältiger Weise musikalisch beraten; da gab es nie die geringsten Differenzen. Und Mozart hatte seinem Vater gegenüber stets von seinen kompositorischen Überlegungen offen und genau berichtet. (Das wenige, das wir über Mozarts Vorstellungen von der »Kompositionswissenschaft« wissen, findet sich in seinen Briefen an den Vater – oft genug Rechenschaftslegungen seiner Arbeit.) Vor allem im Zusammenhang mit der *Entführung* hatte Mozart ausführlich seine Vorstellungen vom Theater und von den Aufgaben des Opernkomponisten nach Salzburg geschickt, an allen Stadien (vor allem des ersten Aktes) seinen Vater teilnehmen lassen – und nun, da dieses Werk vollendet und unter unerhörtem Beifall aufgeführt worden war, hat sein Vater keine Zeit hineinzusehen, vielleicht noch nicht einmal, das Paket zu öffnen?

Man spürt in Mozarts Briefen, wie fremd ihm das alles ist. Er regt sich nicht mehr darüber auf – wie im Jahr zuvor noch, als es um die Entlassung aus den erzbischöflichen Diensten ging. Er fordert in jedem seiner Briefe die Heiratserlaubnis, berichtet das Notwendigste aus Wien, schickt Noten, mehr pflichtschuldig als liebevoll und stets mit der längst zur Formel erstarrten Schlußwendung: »ich küsse ihnen 1000mal die hände und bin Ewig dero gehorsamster Sohn W: A: Mozart«. Auch Mozarts Briefe werden kalt und gleichgültig, kürzer und seltener.

Sogar das genaue Datum seiner Hochzeit vergißt Mozart seinem Vater mitzuteilen. Sie fand am 4. August 1782 im Stephansdom statt, nachdem am Tag zuvor der Heiratskontrakt unterschrieben worden war. Bei der Trauung waren nur die Trauzeugen, der Vormund, Cäcilia Weber und Sophie, Konstanzes jüngste Schwester, dabei. Anschließend gab es ein Essen in noch kleinerem Kreis bei der Baronin Waldstätten, »welches in der that mehr fürstlich als Baronisch war« (7. August 1782). Von den vielen alten Mozartschen Familienbekannten war niemand dabei – Mozart war überhaupt sehr zurückhaltend mit der Erneuerung von Bekanntschaften aus Salzburg.

Wo er oder Konstanze Weber die Baronin Waldstätten kennengelernt hatten, ist nicht bekannt, jedenfalls waren die Kontakte in den ersten Wiener Jahren sehr eng und vertraut, zwanglos und ohne jede Förmlichkeit. Die Baronin, Ende Dreißig, von ihrem Ehemann getrennt lebend, scheint das gewesen zu sein, was man ein »fideles Haus« nennt. (In ihrem Haus spielte sich die in der Mozart-Literatur stets übertrieben gegen Konstanze ausgespielte Szene ab, bei der sich die Damen »von einem Chapeau die Waden messen« ließen.) Mozart nennt sie »über-haupts eine liebhaberin vom Et caetera« (29. April 1782) – aber das war er vermutlich auch. Mozart hat immer den Umgang mit ausgelassenen und nicht nur auf Distinktion bedachten Menschen gesucht, liebte Spontaneität und Übermut, brauchte laute Gesellschaft um sich herum und konnte in dieser Unruhe auch am besten arbeiten, komponieren.

Baronin Waldstätten war eine unkonventionelle Frau, die ihre eigenen Überzeugungen und Interessen höherhielt als gesellschaftliche Anpassung und Oberflächlichkeit: Sie zog sich zurück aufs Land, las, musizierte (auf einem Klavier, das ihr Mozart aussuchen mußte) und verzichtete auf ein gesellschaftliches Treiben, das sie mehr als Zwang und Langweile empfand denn als Bereicherung. Sie war eine Außenseiterin, die offensichtlich über ein großes Maß an menschlicher Wärme und Ausstrahlungskraft verfügte. Denn sie unternahm es, bei Leopold Mozart zu vermitteln, und ihr gelang es – obschon eine Fremde, deren Name höchstens einmal in einem Brief aus Wien erwähnt worden war –, dem verbitterten und vereinsamten Vater wieder lebensfrohe und versöhnliche Töne zu entlocken. Nach Jahren noch bezeichnet Leopold Mozart die Baronin als »meine Herzensfrau«, ein Wort, in dem sich Ironie und Schmeichelei unmerklich mischen.

Bei ihr bedankt er sich auch »für die außerordentliche Gnade, die Euer Hochgeb: für meinen Sohn hatte, seinen Hochzeittag so kostbar zu verherrlichen« (23. August 1782). Aber er kann es nicht unterlassen, eine lakonische Nachschrift anzufügen, die den Groll gegen die Familie Weber ein letztes Mal bekräftigt:

»Mein Sohn schrieb mir vormals, daß er, sobald er sich verheyrathen werde, nicht bey der Mutter wohnen wolle. Ich hoffe er werde dieses Haus auch wirklich verlassen haben. Ist es nicht geschehen, so ist es sein und seiner Frau Unglück«.

Aber Mozart hatte längst eine eigene Wohnung gemietet und wohnte seit Ende Juli in der Wipplingerstraße 19, Ecke Färbergasse, im zweiten Stock. Seinem Vater schreibt er:

»wie sie aber zu dem gedanken kommen daß meine hochgeehrteste fr: schwiegermutter auch da logirn könnte – das weis ich nicht. – denn ich habe in der that die Meinige nicht so bald geheyrathet um im verdruß und Zank zu leben, sondern um Ruhe und vergnügen zu genüssen!« (31. August 1782)

3. Bei Mozarts zu Haus

Wer war Konstanze Mozart?

Es gibt wohl kein biographisches Mozart-Buch, das nicht offen und grob, manchmal auch verdeckter und mit einem Unterton von Verachtung über angebliche menschliche und charakterliche Mängel von Konstanze Mozart berichtet. Meistens sind es nur kurze Bemerkungen, die darauf hinauslaufen, daß Konstanze es nicht wert gewesen sei, an der Seite dieses Mannes zu leben, gelegentlich summieren sich Vorwürfe zu dem Verdikt einer Mitschuld an Mozarts angeblicher Verelendung. Man sieht, daß die These von Mozarts sozialem Abstieg, der mit seiner künstlerischen Vervollkommnung korrespondiert habe, sogar zum Gradmesser der Geringschätzung Konstanze Mozarts werden konnte. Wo etwas mehr Nüchternheit die Darstellung beherrscht, etwa bei Erich Schenk, sind es nur noch einige Seitenhiebe, wenngleich eindeutige:

»Ihr Charakterbild war viel umstritten, wozu nicht zuletzt die über den Tod des Bruders hinaus eifersüchtelnde Schwägerin beigetragen hat. Gewiß konnte sie des Gatten Größe nicht ermessen. Gewiß sah sie in ihm vornehmlich den Familienversorger. Aber er hat die ihm geschenkte Liebe dankbar entgegengenommen. ›Gefährtin‹ im romantischen Sinne war sie gewiß nicht. Der Begriff war in ihrer Jugend noch nicht relevant. Doch hat sie in den entscheidenden Situationen ihrer Ehe mit W. A. Mozart nicht versagt. Die ihr gelegentlich vorgeworfenen Züge kleinlicher Gesinnung, des Neides, harter Kaufmannspraktiken und betriebsamer Werbetüchtigkeit wird man heute nicht mehr so streng beurteilen wie einst aus dem Blickwinkel des satten Liberalismus. Sie hat in einem langen Leben, das den Zeitraum vom sterbenden Rokoko bis zum Vormärz umfaßte, ihre vornehmste Pflicht, nämlich Erhaltung und Pflege des Mozart-Erbes, erfüllt.«[1]

Wolfgang Hildesheimer, der immerhin auf einen entscheidenden Umstand zur Beurteilung aufmerksam macht, nämlich die Quellenlage, schreibt einerseits zutreffend:

Wer war Konstanze Mozart?

»Constanze Mozart ist der seltene Fall einer biographischen Schlüsselfigur, deren Bild wir aus keinem einzigen Selbstzeugnis zusammensetzen können, zumindest nicht, solange sie Constanze Mozart war. Und auch die Aussagen anderer über sie sind spärlich genug. Wir sind beinah ausschließlich auf die an sie adressierten Briefe angewiesen, und auf die wenigen, meist unfreundlichen Andeutungen überlebender Zeitgenossen. Aus ihren acht Jahren als Mozarts Frau haben wir kein einziges Dokument von ihr selbst. Die Briefe an ihren Mann sind verschollen, entweder von ihm selbst verloren – er scheint ein äußerst fahrlässiger Bewahrer gewesen zu sein – oder von ihr und Nissen vernichtet. Weshalb – das wissen wir nicht. Vielleicht offenbarte sich in ihnen jene Liebe und Fürsorglichkeit, die sie für ihren Gatten empfunden haben will, allzu ungenügend für die registrierende Nachwelt.«

Andererseits unterläßt Hildesheimer es nicht, eine Seite zuvor Bemerkungen zu machen, die das parfümierte Gift (»empfunden haben will«) in eine übelriechende Chemikalie des Verderbens umformen:

»Constanze war eine leichtlebige, dabei triebhafte Natur, sie gewährte Mozart – und vielleicht nicht nur ihm – erotische, zumindest sexuelle, Befriedigung, wäre aber unfähig gewesen, ihm jenes Glück zu spenden, dessen ein Geringerer zu seiner Selbstverwirklichung bedurft hätte. Darin war Mozart Egozentriker: Der Maßstab allen menschlichen Empfindens war ihm das von ihm selbst investierte Gefühl, nicht die Erwiderung des Partners, deren mehr oder weniger geringen Grad er nicht wahrnahm oder zumindest: erst dann wahrnahm, wenn er, wie von Aloisia, zurückgewiesen wurde. Seine Einsamkeit war zwar extrem, zugleich aber war sie ihm auch ein Schutz vor Verletzungen seines Ego.«

Dieses Vernichtungsurteil Hildesheimers besagt nichts anderes, als daß Konstanze Mozart nichts außer sexueller Befriedigung bieten konnte. Selbst das, was Menschentum erst ausmacht, nämlich psychische Erlebnisfähigkeit, spricht Hildesheimer ihr ab:

»Es ist unwahrscheinlich, daß sie jemals psychisch gelitten hat, und auch ihre physischen Leiden betrachten wir mehr als willkommenen Vorwand zu Badekuren.«[2]

Es scheint, daß die Verliebtheit der Biographen in ihre »Helden« bis zu manifester Eifersucht reicht gegen alle, die jemals in zu große Nähe des Verehrten gekommen sind.

Andere, nicht minder horrende Urteile brauchen hier nicht referiert zu werden. Mit einer Ausnahme: Arthur Schurig. In seiner Mozart-Biographie kommen fast die gleichen Äußerungen über Konstanze Mozart vor wie bei Hildesheimer. Sie hatte »vom tiefsten einsamen Innenleben Mozarts zu keiner Zeit ihres Lebens eine Ahnung«[3], und was die Sexualität angeht, so »raubt die Ehe seiner künstlerischen Zeugungskraft die Intensität«[4]. Jedoch scheint Schurig ein schlechtes Gewissen geplagt zu haben, und so ist er später auf die Idee gekommen, das ganze Material über Konstanze Mozart, also auch ihren Briefverkehr aus späteren Jahren mit ihren Kindern, mit den Verlegern usw., in einer Monographie zusammenzufassen, die bis heute die einzige geblieben ist. Jedoch ist dieser Fortschritt nur relativ, wenn auch um Erfassung der Persönlichkeit bemüht. Schurig gesteht ein, nach Prüfung des Briefmaterials seine »Meinung über Frau Konstanze erheblich zu ihren Gunsten ändern [zu] müssen«. Im revidierten Urteil äußert sich Schurig so:

»Man hat ihr unrecht getan. Eine bedeutende Frau war sie nicht. Sie gehört gewiß nicht in die Reihe strahlender Gestalten, die in ihrer Gemeinschaft mit einem *homme supérieur,* als Freundin, Geliebte oder Gattin, den *Beruf* erkennen. In den zehn Jahren, da Konstanze neben Wolfgang Amade dahinschritt, gehörte Mozart – nach Arthur Schopenhauers bekannter Einteilung – nicht zu denen, die *etwas vorstellen*. Er besaß weder Geld, Rang noch Würden; kurz, er imponierte dem Spießbürger nicht – und Konstanze hatte ein ander Maß nicht zur Verfügung. *Er* hat sein Leben, so armselig es äußerlich war, nicht tragisch genommen. Der Wirklichkeit, dem *Leben der Anderen,* dem Kampfe mit der Mittelmäßigkeit war er nicht gewachsen; darum begnügte er sich, das Glück der holden Stunde zu genießen. Seine noch junge Frau ahmte seinem Beispiele nach. So haben sie sich beide sozusagen um nichts gekümmert. Im Grunde aber ist Konstanze immer die gleiche geblieben: als Mademoiselle Weber, als Frau Musikus Mozart, als Frau Etatsrätin v. Nissen. Sie pflegte sich den Umständen, ihrem Führer und dessen Maximen, triebmäßig und echt weiblich, anzupassen. Und als sie im Alter von 63 Jahren zum zweitenmal Witwe ward, zeigen sich in ihrer nunmehrigen Selbständigkeit ihre Haupteigenschaften, durch die lange Lebenserfahrung vielleicht etwas geläutert, ganz deutlich: Wirtschaftlichkeit, ungemeine Hochachtung vor der Konvenienz, Anhänglichkeit, Familiensinn – und tüchtige Selbstliebe. Ihre spaßige Bigotterie ist wohl schon Altersschwäche. Kleinlich, eitel, habgierig, abergläubisch und klatschhaft war sie sicherlich; alles in allem ein primitives, lebenslustiges, gutmütiges Geschöpf. Eines darf nicht vergessen werden: ihren beiden Söhnen war sie eine gar treffliche Mutter.«[5]

Schurigs Monographie enthält die überlieferten Briefe, Aufzeichnungen und Dokumente zum Leben Konstanze Mozarts, und damit ist nachprüfbar, was an seinem Urteil belegbar, was allein hineindeutende Vorstellung ist. Gerade aber aus der Zeit mit Mozart gibt es so gut wie nichts an Überlieferung. Was Mozart betrifft, so stellte er durchaus etwas vor, war schon zur Zeit der Wiener Wiederbegegnung mit Konstanze Weber, die er aus Mannheimer Tagen kannte, ein in ganz Europa bekannter Virtuose und hochgeschätzter Komponist, zwar nicht reich, aber doch von der Wiener Gesellschaft in einer Weise bewundert, die auch durchaus ökonomische Äquivalente versprach. Und Konstanze Weber stammte aus einem Haushalt, der eher verarmte Bohemezüge hatte als irgend etwas von Spießbürgerlichkeit – es wäre sonst auch in Schurigs Argumentationsweise kaum verständlich, wie sie zu einer engen Verbindung mit Mozart kommen sollte.

Konstanze Mozart hatte sehr wohl ein anderes Maß zur Beurteilung, nämlich ihre Zuneigung zu Mozart, ihre Musikalität, die zweifellos vorhanden war (wie sich nicht erst aus dem Verlegerbriefwechsel ergibt), und ihre Bereitschaft, sich aufs Unkonventionelle auch weiterhin einzulassen, die Nähe zum Theater, Umgang mit Musikern, ein Künstlerleben. Ihr Sinn für Wirtschaftlichkeit und das Kaufmännische, der aus ihren späteren Verlegerbriefen spricht, ist ihr oft für ihre Ehe mit Mozart abgesprochen worden: jedoch ohne den geringsten Grund. Selbst Leopold Mozart, obschon argwöhnisch und eher mißvergnügt über alle Weberischen, kann bei seinem Besuch in Wien ganz und gar nichts finden, woran er etwas aussetzen könnte.

Dennoch geht die bis heute andauernde Aversion gegen Konstanze Mozart vermutlich auf ihn zurück. Gäbe es nicht jene Auseinandersetzung um seine Heiratseinwilligung, gäbe es nicht seit den Mannheimer Tagen jene Vorstellung Leopold Mozarts von der Umgarnung seines Sohnes durch die Familie Weber, so würde Konstanze wohl in anderer Beleuchtung dastehen. Geben wir also nicht allzuviel auf das Urteil eines hierbei wirklich voreingenommenen Mannes, der seinen Sohn aus dem Familienpatriarchat zu entlassen gezwungen wird, eines Mannes, der – bei aller Hochschätzung – in diesem einen Punkt, der Beurteilung seiner Schwiegertochter, nicht frei von Vorurteilen war. Halten wir uns also an das wenige, das sonst von Konstanze Mozart aus der ersten Zeit ihrer Ehe bekannt ist, und bekennen wir ebenso offen, daß dieses wenige zu einem umfassenden Bild ihrer Persönlichkeit nicht ausreicht – allerdings auch nicht den geringsten Grund für irgendein abschätziges Urteil liefert.

Als Mozart sie kennenlernte, war Konstanze Weber etwa 16 Jahre alt. Das war in den Mannheimer Wochen 1777/78 auf der Zwischenstation nach Paris, noch mit seiner Mutter. Mozarts Äußerungen über die Familie Weber sind von Anfang an gefärbt, geschönt und bis zur Unkenntlichkeit entstellt. Den Konflikt mit dem Vater, der für dergleichen ein waches Auge hatte, hat dies eher noch verschärft, ganz im Gegensatz zu den Absichten seines Sohnes. Ob der selbst an seine Schilderungen der Weberschen Familie glaubte, ist nicht zu erkennen. Damals schrieb er im Glücksgefühl seiner Liebschaft mit Aloysia Weber:

»ich habe diese bedruckte familie so lieb, daß ich nichts mehr wünsche, als daß ich sie glücklich machen könnte; und vielleicht kann ich es auch. [...] meine schwester wird an der Mad:^{selle} Weber eine freündin und Cameradin finden, denn sie steht hier im Ruf, wie meine schwester in Salzburg wegen ihrer guten aufführung, der vatter wie meiner, und die ganze familie wie die Mozartische. es giebt freylich neider, wie bey uns, aber wenn es darzu kommt, so müssen sie halt doch die wahrheit sagen. redlich wehrt am längsten.« (4. Februar 1778)

Fast vier Jahre später, in jenem Brief, der zum erstenmal den Namen Konstanze Weber erwähnt und zugleich die Heiratsabsicht mit ihr offenbart, klingt das Urteil über die Weber-Töchter freilich sehr viel anders, jetzt aber offensichtlich, um das Bild Konstanzes besonders deutlich hervorzuheben:

»Ich habe in keiner famille solche ungleichheit der gemüther angetroffen wie in dieser. – die Älteste ist eine faule, grobe, falsche Personn, die es dick hinter den ohren hat. – die Langin ist eine falsche, schlechtdenkende Personn, und eine Coquette. – die Jüngste – ist noch zu Jung um etwas seyn zu können. – ist nichts als ein gutes aber zu leichtsinniges geschöpf! gott möge sie vor verführung bewahren. – die Mittelste aber, nemlich meine gute, liebe konstanze ist – die Marterin darunter, und eben deswegen vieleicht die gutherzigste, geschickteste und mit einem worte die beste darunter. – die nimmt sich um alles im hause an – und kann doch nichts recht thun. O Mein bester vatter, ich könnte ganze Bögen voll schreiben, wenn ich ihnen alle die auftritte beschreiben sollte, die mit uns beyden in diesem hause vorgegangen sind. wenn sie es aber verlangen, werde ich es im Nächsten briefe thun. – bevor ich ihnen von meinem gewäsche frey mache, muß ich ihnen doch noch näher mit dem karackter meiner liebsten konstanze bekannt machen. – sie ist nicht hässlich, aber auch nichts weniger als schön. – ihre ganze schönheit besteht, in zwey kleinen schwarzen augen, und in einen schönen Wachsthum. sie hat keinen Witz, aber gesunden Menschenverstand genug, um ihre Pflichten als eine frau und Muter erfüllen zu können. sie ist nicht zum aufwand geneigt, das ist grundfalsch. – imgegentheil ist sie gewohnt schlecht gekleidet zu seyn. – denn, das wenige was die Muter ihren kindern hat thun können, hat sie den zwey andern gethan, ihr aber niemalen. – das ist wahr daß sie gern Nett und reinlich, aber nicht propre gekleidet wäre. – und das Meiste was ein frauenzimmer braucht, kann sie sich selbst machen. und sie frisirt sich auch alle Tage selbst. – versteht die hauswirthschaft, hat das beste herz von der Welt – ich liebe sie, und sie liebt mich vom herzen? – sagen sie mir ob ich mir eine bessere frau wünschen könnte? –« (15. Dezember 1781)

Mozart schildert seine Braut hier als ein wahres Aschenputtel. Das alles ist sicher wiederum ein geschöntes Bild: Mozart stellte sich wohl vor, daß sein Vater es so am liebsten höre. Der freilich blieb mißtrauisch, wobei seine ablehnende Haltung durch Gerüchte und Tratschereien kräftig genährt wurde. Immerhin muß Konstanze Weber, die nun im 19. Lebensjahr ist, auch temperamentvoll, lustig, gesellig und gelegentlich auch etwas zu munter gewesen sein, denn Mozart macht ihr Vorwürfe, sie habe sich »von einem Chapeaux die Waden messen lassen« (29. April 1782), was er eine »etwas unüberlegte Aufführung« nennt. Im Streit darüber scheint Konstanze sogar hingeworfen zu haben, daß sie mit ihm »nichts mehr zu thun haben wollte«. Von ernsthaften Verstimmungen zwischen Mozart und seiner Frau ist jedoch während der ganzen Ehe nicht einmal die Rede, obschon er auch später seine Frau gelegentlich mahnt, »ein Frauenzimmer muß sich immer in Respekt erhalten – sonst kömmt sie in das Gerede der Leute«. Im selben Brief heißt es etwas undeutlich:

»erinnere Dich nur daß Du mir einmal selbst eingestanden hast, daß Du zu *nachgebend seyst* – Du kennst die Folgen davon – erinnere Dich auch des Versprechens welches Du mir thatst – O Gott! – versuche es nur, meine Liebe! – sey lustig und vergnügt und gefällig mit mir – quäle Dich und mich nicht mit unnöthiger Eifersucht – habe Vertrauen in meine Liebe, Du hast ja doch Beweise davon! – und Du wirst sehen wie vergnügt wir seyn werden, glaube sicher, nur das kluge Betragen einer Frau kann dem Mann Fesseln anlegen – adjeu – morgen küsse ich dich von Herzen.« (Anfang August 1789)

Zwischen dem Bild einer idealen Ehefrau, wie es der Brief an den Vater schildert, und einem unkonventionellen und ungezwungenen Verhalten, das Mozart mahnend kommentiert – in dieser Spannweite ziemlich gegensätzlicher Akzente scheint die Persönlichkeit Konstanze Mozarts aufgehoben zu sein. Für nähere Eingrenzungen fehlen uns alle Hinweise, die ein Mindestmaß an gerechter, unvoreingenommener Beurteilung ihres Wesens erlauben würden.

Und an Vorurteilen hat es nie gefehlt. Schon Leopold Mozart muß es höchst unverständlich gewesen sein, daß Konstanzes Vater, der einmal Jura zu studieren begonnen hatte und dann nach dem Tod seines Vaters dessen Stelle als Amtmann in Zell im Wiesental antrat, aus Gründen, die bis heute unbekannt geblieben sind, diese sichere Stellung aufgab und statt dessen als schlecht bezahlter Hofmusikus an den Mannheimer Hof ging. Bei einem Einkommen von nur 200 Gulden hatte er eine Familie mit fünf Kindern zu versorgen, ein fast aussichtsloses Unterfangen. Man war auf schlecht bezahlte Nebeneinkünfte angewiesen wie etwa das Notenkopieren. Dabei muß es sich bei Fridolin Weber um einen höchst gebildeten und vielseitig interessierten Mann gehandelt haben. (Von ihm erhielt Mozart eine Molière-Ausgabe zum Geschenk.) Ein solches bettelarmes Familienleben mit künstlerischen Neigungen, die zu einem erträglichen Auskommen nicht ausreichten, war Leopold Mozart höchst suspekt. Er vermutete sicher dabei auch noch schlechte Hauswirtschaft. Als die Familie später in Wien angesiedelt war und nach dem Tod des Familienvaters zunächst auf die Einkünfte der als Sängerin wirkenden Tochter Aloysia angewiesen war – später auf Zimmervermietung –, hielt Leopold Mozart Wolfgangs Einzug bei der Familie Weber für nichts anderes als Kuppelei.

Kleinfamilie

Konstanze Mozart hat in ihrer etwas über neun Jahre bestehenden Ehegemeinschaft mit Mozart sechs Kinder geboren, das erste zehn Monate nach der Hochzeit, das letzte viereinhalb Monate vor Mozarts Tod. Der Abstand zwischen den Kindern ist kurz, einmal nur 14 Monate, längstens zwei Jahre. Man muß sich also einen Haushalt vorstellen, in dem es oft Säuglingsgeschrei gab, der Tagesablauf strukturiert war durch das Kinderfüttern, Windelnwechseln, Waschen und die vielen kleinen Aufmerksamkeiten, die Kleinkinder beanspruchen. Die damit verbundenen Aufgaben oblagen keineswegs allein Konstanze, sondern wurden

Kleinfamilie

auch von angestelltem Hauspersonal, einem Stubenmädchen und einer Magd, besorgt. Konstanze Mozart hat auch ihre Kinder nicht selbst gestillt, wie es einem gängigen Vorurteil des 18. Jahrhunderts entsprach: Entweder gab man sie einer Amme, oder die Ernährung des Säuglings bestand aus Gersten- oder Haferschleim (»Wasser«). Über all diese Dinge hat Mozart selbst kräftig mitgesprochen, wie aus einem Brief an den Vater anläßlich der ersten Geburt hervorgeht:

»auf das Milchfieber habe ich Sorge! – denn sie hat ziemliche Brüste! – Nun hat das Kind wieder meinen Willen, und doch mit meinem Willen eine Säug-Amme bekommen! – Meine Frau sie seye es im Stande oder nicht, sollte niemalen ihr kind stillen das war immer mein fester Vorsaz! – allein, einer andern Milch solle Mein kind auch nicht hineinschlucken! – sondern bey Wasser, wie meine Schwester und ich, will ich es aufziehen. – allein – die Hebamme, meine Schwiegermutter, und die meisten leute hier haben mich ordentlich gebeten ich sollte das nicht thun, nur aus dieser ursache weil hier die meisten kinder beym Wasser darauf gehen, indemm die leute hier nicht damit umgehen können – das hat mich nun bewegt – nachzugeben – denn – ich möchte mir nicht gerne einen Vorwurf machen lassen. –« (18. Juni 1783)

Und so wird es auch bei den anderen Kindern gewesen sein... Die Schwangerschaften scheinen alle sehr unkompliziert verlaufen zu sein, die Geburten ebenso. Noch ohne eigene Erfahrungen, nur im heiteren Vertrauen auf die gute Konstitution wurde zwei Monate vor der Geburt des ersten Kindes eine Reise geplant:

»sie [Konstanze] befindet sich so wohl auf – und hat so zugenommen, daß alle Weiber gott danken därfen wenn sie in der schwangerschaft so glücklich sind. so bald also meine frau nach ihrer Niederkunft im Stande seyn wird zu reisen, so sind wir gewis gleich in Salzburg. –« (12. April 1783)

Man weiß nicht, ob man die Sorglosigkeit bewundern oder den Leichtsinn verurteilen soll, der allerdings von Mozart mitverantwortet wird und keineswegs allein seiner Frau zuzuschieben ist. Bei den hygienischen und medizinischen Verhältnissen des 18. Jahrhunderts waren eine Geburt und die Gefahr des Kindbettfiebers nicht zu unterschätzen. Hinzu kamen die vielen Gefährdungen des Kleinkindes, die sich in einer überaus hohen Säuglingssterblichkeit niederschlugen[6].

Das erste Kind, Raimund Leopold, war gerade sechs Wochen alt, als sich Mozarts auf die Reise nach Salzburg begaben, eine Strecke, für die man zwei bis zweieinhalb Tage in der Kutsche benötigte. Der kleine Sohn wurde bei der Amme in Pflege gegeben. Wir wissen nicht, ob mit dieser während der Abwesenheit ein zumindest postalischer Kontakt bestand, denn Mozarts waren immerhin vier Monate fort. Wahrscheinlicher ist, daß Mozarts erst nach ihrer Rückkehr Ende November erfuhren, daß der kleine Raimund bereits am 19. August an der »Gedärmfrais« gestorben war. Obschon als »dickes, fettes und liebes Buberl« beschrieben, war er nicht robust genug, der ersten Krankheitsbelastung zu widerstehen.

Das zweite Kind war der 1784 geborene Karl Thomas, der erst 1858 in Mailand als unverheirateter Finanzbeamter starb. Er scheint ein gesundes, immer fröhliches Kind gewesen zu sein, um dessen Schulbildung sich Mozart im Sommer 1791 noch selbst kümmerte. Nach Mozarts Tod kam Karl Thomas nach Prag – wo er auch zur Schule ging – in das Haus von Mozarts erstem Biographen Franz Xaver Niemetschek.

Das dritte Kind, Johann Thomas Leopold, kam 1786 zur Welt, starb aber schon nach vier Wochen. Das vierte Kind, Theresia Konstanzia, wurde 1787 geboren und starb mit sechs Monaten. Das fünfte Kind, Anna Maria, geboren 1789, erlebte nur seine Nottaufe.

Schließlich kam 1791, viereinhalb Monate vor Mozarts Tod, der jüngste Sohn, Franz Xaver Wolfgang, zur Welt, der später als Musiker vor allem in Lemberg und in galizischen Adelshäusern tätig war. Als Pianist genoß er einen gewissen Ruhm, konnte sich aber nie von dem Geburtsmal befreien, der Sohn eines berühmten Vaters zu sein. Schon seine Mutter hatte ihn in Wolfgang Amadeus umbenannt, er selbst hatte diesen Namen weiterbenutzt und so das Seinige getan, im Schatten seines Vaters zu bleiben, dessen Werke er bevorzugt spielte. Auch dieser Mozart-Sohn blieb unverheiratet; er starb früh, 1844, nach einem von ihm selbst als gescheitert empfundenen Leben. So waren von den sechs Mozart-Kindern nur zwei am Leben geblieben, was ziemlich genau der durchschnittlichen Lebenserwartung am Ende des 18. Jahrhunderts entsprach.

Der Rhythmus von Geburt und Tod in Mozarts Familie war derart, daß insgesamt nur zwölf Monate lang zwei Kinder zugleich die Stube bevölkerten. Lebensweise und Lebensplanung Mozarts wurden durch die Kinder kaum beeinflußt, erst im ansprechbaren Alter wurde ihnen mehr Aufmerksamkeit geschenkt. Auch der 1791 geborene Jüngste wurde schon im Alter von vier Wochen in der Obhut einer Amme zurückgelassen, als Mozart und seine Frau zur Premiere der Oper *La clemenza di Tito* nach Prag fuhren; diesmal dauerte die Reise allerdings nur drei Wochen.

Kleinfamilie

Nur zwei Reisen hat Mozart ohne seine Frau unternommen: nach Berlin und nach Frankfurt am Main. Jeweils zwischen sechs und sieben Wochen war er unterwegs. Allen außerordentlich vielfältigen Reiseeindrücken und Abwechslungen zum Trotz empfand Mozart die Trennung von seiner Frau schmerzlich belastend. Auch während ihrer Kuren in Baden schreibt Mozart sehnsuchtsvolle Briefe, die zeigen, daß er ohne Konstanze nur mit großer Mühe arbeiten kann. Sooft es eben geht, besucht er sie in Baden; manchmal hält er sich wochenlang dort auf.

»Nun wünsche ich nichts als daß meine Sachen schon in Ordnung wären, nur um wieder bey Dir zu seyn, Du kannst nicht glauben wie mir die ganze Zeit her die Zeit lang um Dich war! – ich kann Dir meine Empfindung nicht erklären, es ist eine gewisse Leere – die mir halt wehe thut, – ein gewisses Sehnen, welches nie befriediget wird, folglich nie aufhört – immer fortdauert, ja von Tag zu Tag wächst; – wenn ich denke wie lustig und kindisch wir in Baaden beysammen waren – und welch traurige, langweilige Stunden ich hier verlebe – es freuet mich auch meine Arbeit nicht, weil, gewohnt bisweilen auszusetzen und mit Dir ein paar Worte zu sprechen, dieses Vergnügen nun leider eine Unmöglichkeit ist – gehe ich ans Klavier und singe etwas aus der Oper, so muß ich gleich aufhören – es macht mir zu viel Empfindung – Basta! – wenn diese Stunde meine Sache zu Ende ist, so bin ich schon die andere Stunde nicht mehr hier.« (7. Juli 1791)

Allem Anschein nach war diese Ehe eine höchst affektive Beziehung. Mozart mußte seine Frau ständig um sich herum haben, ließ sich sogar beim Komponieren von ihr erzählen, empfand sie als einen Teil seiner Existenz. (Daß von Mozarts Hand eine Reihe von Liebesbriefen vorhanden ist, in denen er sich mit seiner Frau auf eine heiter-verspielte, manchmal auch sehr freizügige, kaum für die Augen prüder Biographen bestimmte Weise unterhält, daß von Konstanze Mozart hingegen nicht ein Brief überliefert ist, der an ihren Mann gerichtet wäre, geschweige ein Liebesbrief – dies sollte wahrlich kein Grund sein, die Einseitigkeit dieser Beziehung zu behaupten: Mozart selbst gibt nicht den geringsten Hinweis, der an seiner Frau zweifeln ließe, auch nicht mit seinen »Vermahnungen«, die sich bei näherem Hinsehen kaum als ernsthafte Trübungen erkennen lassen[7].

In den Jahren 1788 und 1789 war Konstanze Mozart häufig krank, teilweise wohl in einem bedrohlichen Zustand. In einem Brief an Michael Puchberg schreibt Mozart:

»Ich habe seit der Zeit als Sie mir so einen großen Freundschaftsdienst erwiesen in *Jammer* gelebt, so daß ich nicht nur nicht ausgehen, sondern auch nicht schreiben konnte, aus lauter Gram. –

Dermalen ist sie ruhiger; und wenn sie sich nicht *aufgelegt hätte*, welches ihre Lage fatal macht, würde sie schlafen können; – man befürchtet nur, daß der Knochen möchte angegriffen werden; – – sie giebt sich zum Erstaunen in ihr Schicksal und erwartet Besserung oder Tod mit wahrer philosophischer Gelassenheit, mit thränenden Augen schreibe ich dieses. –« (Juli 1789)

Für ihre Gesundheit war nichts zu teuer, und die besten Ärzte kamen zu ihr. Dabei bleibt unklar, welche Leiden sie eigentlich hatte. Es muß sich um offene Geschwüre an Fuß und Bein gehandelt haben, bei denen sehr schlechte Heilungsaussichten bestanden. Andererseits scheint Konstanze Mozart eine gute Allgemeinkonstitution gehabt zu haben, wie auch aus ihren völlig problemfreien sechs Schwangerschaften hervorgeht[8]. Ob sie später noch häufig krank war, wissen wir nicht, wie überhaupt die Nachrichten über sie sehr spärlich bleiben, obschon sie erst 1842 im 80. Lebensjahr in Salzburg gestorben ist.

Das Musikverständnis von Frau Mozart

Ihre Verdienste um Mozarts Werke sind außerordentlich groß, wobei ihr zweiter Ehemann, der dänische Etatsrat Georg Nikolaus von Nissen, ihr tatkräftige Unterstützung lieh und alles sammelte, was irgendeinen Bezug auf Mozart hatte; daraus entstand dann die umfangreiche Biographie Mozarts, die nach Nissens Tod 1828 herauskam. Man hat Konstanze Mozart vorgeworfen, sie habe in geldgieriger Absicht Mozarts Manuskripte verschleudert, habe in den Verhandlungen mit den Verlegern einen wahren Krämergeist entfaltet. Von alldem kann ganz und gar nicht die Rede sein. Im Gegenteil, man hat es wohl vor allem ihr zu verdanken, daß so vieles, was zu Mozarts Lebzeiten ungedruckt blieb, vor allem auch das fragmentarisch Gebliebene, in zuverlässigen Ausgaben überliefert ist und daß von so vielen Werken auch die Handschriften erhalten sind. Denn einer Verschleuderung des umfangreichen Nachlasses hat Konstanze Mozart vor allem dadurch vorgebeugt, daß sie nur mit zwei Verlegern verhandelt hat, die beide in gleicher Weise in der Lage waren, umfangreiche Gesamtausgaben zu planen und zu beginnen. Zum einen war es das Verlagshaus Breitkopf & Härtel in Leipzig, mit dem bereits Leopold Mozart in Verbindung gestanden hatte, der andere war Johann Anton André in Offenbach, zu dessen Familie Mozart selbst schon persönliche Beziehungen hatte. Ohne auf das umfangreiche Kapitel des Verbleibs der Mozart-Handschriften und der Verlagskorrespondenz von Konstanze Mozart eingehen zu wollen, muß festgehalten werden, daß Mozarts Witwe vor allem den korrekten Abdruck der Noten im Auge hatte und in Zweifelsfällen eher bereit war, auf eine Veröffentlichung zu verzichten, als etwas unter dem Namen Mozart erscheinen zu lassen, das nicht zweifelsfrei authentisch war. Diese Skrupelhaftigkeit war durchaus auch mit finanziellen Nachteilen verbunden, die gern in Kauf genommen wurden. Wo bei einzelnen Noten die geringsten Zweifel aufkamen, ließ Konstanze Mozart noch einmal die Handschriften prüfen, bevor sie dem Druck zustimmte. Selbst die kleinsten Nebenwerke oder Fragmente wurden von ihr sorgsamst gehütet, was man von den Briefen nicht in gleicher Weise sagen kann[9].

Eine eigentümliche Bewandtnis hat es mit den seiner Frau gewidmeten Werken Mozarts: Sie sind – soweit wir davon wissen – alle Fragment geblieben. Bei näherem Hinsehen zeigt sich aber, daß der Sachverhalt weitaus weniger auffällig ist (und folglich auch unergiebiger für allerlei Deutungskünste, die man daran anschließen könnte), als es auf den ersten Blick erscheinen mag. Genaugenommen scheint es nämlich nur zwei Werke mit einer ausdrücklichen Widmung an sie gegeben zu haben: einen Fragment gebliebenen *Sonatensatz für zwei Klaviere* (KV 375c = Anh. 43), der die eigenhändige Widmung Mozarts »per la Sig:ra Constanza Weber ah« enthält, und zwei Stücke aus einer Reihe von Solfeggien (Gesangsübungsstücken) mit der Bezeichnung »per la mia cara consorta«. Allerdings gibt es eine Reihe von Werken mit Bezug auf seine Frau, vor allem die *c-Moll-Messe,* Mozarts letzte große Kirchenkomposition (wenn man von dem *Requiem*-Auftrag einmal absieht). Offensichtlich hatte Mozart versprochen, eine Messe für den ersten gemeinsamen Salzburgbesuch zu schreiben; eine (unbekannte) Krankheit seiner Geliebten spielte dabei auch eine Rolle:

»ich habe es in meinem herzen wirklich versprochen, und hoffe es auch wirklich zu halten. – meine frau war als ich es versprach, noch ledig – da ich aber fest entschlossen war sie bald nach ihrer genesung zu heyrathen, so konnte ich es leicht versprechen – zeit und umstände aber vereitelten unsere Reise, wie sie selbst wissen; – zum beweis aber der wirklichkeit meines versprechens kann die spart von der hälfte einer

Messe dienen, welche noch in der besten hoffnung da liegt.« (4. Januar 1783)

Die Sopransolostimme dieser *Messe* scheint für Konstanze Mozart geschrieben zu sein, die sie wohl in Salzburg auch zum erstenmal gesungen hat. Konstanze muß eine gute Sängerin gewesen sein, wenn auch vielleicht nicht mit einer großen Stimme begabt. Sie kam ja aus einem Musikerhaushalt, und Schwestern von ihr waren Sängerinnen, Aloysia offenbar ausgebildet für bravouröse Partien und extrem hohe Lagen. Ganz zweifellos hat Konstanze auch Klavier gespielt, denn anders wäre die Widmung einer *Sonate für zwei Klaviere* an sie gar nicht zu verstehen. Im übrigen legt das auch die Tatsache nahe, daß Mozart eine Reihe von Sonaten für Klavier und Violine für sie zu komponieren beabsichtigte, vielleicht auch geschrieben hat. In diesem Fall hätte wohl sie den Klavierpart übernommen und Mozart die Geige gespielt. Mag sein, daß einige der Violinsonaten tatsächlich zu den für sie geschriebenen gehören; auch gibt es mehrere Fragment gebliebene Ansätze. Ganz sicher im Zusammenhang mit ihr stehen aber die zahlreichen Fugen aus dem »Fugenjahr« 1782.

Mozart, der in Wien sogleich mit dem Baron Gottfried van Swieten in näheren Kontakt gekommen war, der als Liebhaber älterer Musik der Bach- und Händel-Zeit galt, hatte sich bei ihm Noten ausgeliehen und sicher seine Kenntnisse vor allem der Bachschen Musik beträchtlich erweitern können. Bei Swieten wurde jeden Sonntagmorgen Bach und Händel gespielt, meist in einer Streichtriobesetzung, und Mozart war regelmäßiger Gast dieser Matineen. In einem Brief an seine Schwester schreibt Mozart noch während seiner Verlobungszeit:

»Baron van suiten zu dem ich alle Sonntage gehe, hat mir alle Werke des händls und Sebastian Bach |: nachdem ich sie ihm durchgespiellt :| nach hause gegeben. – als die konstanze die fugen hörte, ward sie ganz verliebt darein; – sie will nichts als fugen hören, besonders aber |: in diesem fach :| nichts als Händl und Bach; – weil sie mich nun öfters aus dem kopfe fugen spiellen gehört hat, so fragte sie mich ob ich noch keine aufgeschrieben hätte? – und als ich ihr Nein sagte. – so zankte sie mich recht sehr daß ich eben das künstlichste und schönste in der Musick nicht schreiben wollte; und gab mit bitten nicht nach, bis ich ihr eine fuge aufsezte, und so ward sie. – ich habe mit fleiß Andante Maestoso darauf geschrieben, damit man sie nur nicht geschwind spielle – denn wenn eine fuge nicht langsam gespiellt wird, so kann man das eintrettende subiect nicht deutlich und klar ausnehmen, und ist folglich von keiner wirkung. –

ich werde – mit der zeit und mit guter gelegenheit noch 5 machen, und sie dann dem Baron van suiten überreichen; der in der that – am Werthe einen sehr grossen – an der zahl aber freylich sehr kleinen schatz von guter Musickhat. – und eben deswegen bitte ich dich dein Versprechen nicht zurückzunehmen, und sie kein Menschen sehen zu lassen. – lerne sie auswendig, und spielle sie. – Eine fuge spiellt man nicht so leicht nach.« (20. April 1782)

Dieser Brief ist außerordentlich aufschlußreich für den musikalischen Geschmack der Zeit. Obwohl unter Musikern das Interesse an Bach nie geschwunden ist, liest man vom musikinteressierten Publikum jedoch immer wieder, daß die Bachsche Musik – bis zu Felix Mendelssohn-Bartholdys epochemachender Wiederaufführung der *Matthäuspassion* (1829) – immer mehr in Vergessenheit geraten sei. Das ist gewiß eine problematische Vereinfachung. Denn einerseits war das Konzertleben der Mozart-Zeit von zeitgenössischen Werken, aktuellen Kompositionen, den neuesten Stücken der lebenden Musiker geprägt – ältere Werke waren durchaus die Ausnahme (im Gegensatz zu heute, wo die meisten Konzertbesucher auf neuere Werke am liebsten ganz verzichten würden). Zum anderen waren Fugenkompositionen kein besonderes Merkmal der Bach-Zeit, sie waren zumindest in der Tradition der Kirchenmusik nie wirklich »aus der Mode« gekommen. Sie scheinen sogar in der Mozart-Zeit noch als Klavierpiècen geschätzt worden zu sein: Wie anders wäre verständlich, daß Mozart seine Schwester die Fugen zwar spielen läßt (auch öffentlich), sie aber bittet, die Noten nicht herzugeben, damit sie niemand illegal drucken lassen könne.

Konstanze Mozart liebte Fugen wegen ihrer »Künstlichkeit«, keineswegs – wie man immerhin bei Swieten vermuten könnte – aus einem historisierenden Musikverständnis. Auch von Kaiser Joseph II., einem Musikliebhaber von nicht gerade ausgefallenem Geschmack, weiß man, daß er besonders gern Fugen hörte, und Mozart ließ sich bei Konzerten, bei denen der Kaiser anwesend war, gern mit Fugenspiel als besonderes Kompliment vernehmen.

Das Musikverständnis von Konstanze Mozart ließ das »Künstlichste« zugleich als das »Schönste« gelten. Und sicher kann man die für zwei Klaviere oder vierhändiges Spiel gesetzten Fugen – abgesehen von ihrem Studiencharakter – als eigene Hauskompositionen verstehen. Denkbar, daß ihr meist fragmentarischer Charakter etwas mit diesem Hausgebrauch zu tun hat: Sie wurden zu Ende improvisiert, denn kurz vor ihrem Schluß bricht die Niederschrift meist unvermittelt ab. Möglicherweise klärt sich aus diesem pragmatischen Verständnis, was anders formuliert zum schwer verständlichen Vorwurf ausartet: daß Mozarts Phantasie bei Kompositionen für seine Frau mehr als den Ansatz, das Atemholen, die Geste des Anfangs, der kraftlos abbricht, nicht zugelassen habe. Ausgeführte Improvisationen ganz anderer Art, wie etwa das *Bandel-Terzett* (KV 441), das eine häusliche Szene zum komischen Entreakt im Taschenformat ausgestaltet, sprechen eher für eine wenig angestrengte Deutung zwanglosen Musizierens. Zur Veröffentlichung waren all diese Fragmente ohnehin nicht bestimmt, sie galten den musikalischen Interessen Konstanze Mozarts oder entstanden zu Studienzwecken.

Die ungewöhnlich schmale Überlieferung läßt nicht erkennen, in welcher Weise Konstanze Mozart in musikalischen Dingen eine Gesprächspartnerin des Komponisten war. Es fehlt vor allem jegliche Schilderung der häuslichen Situation bei der Familie Mozart. Immerhin notierte Mary Novello bei einem Besuch in Salzburg (1829) eine Bemerkung Konstanze Mozarts, die für eine umfangreiche gemeinsame Musizierpraxis spricht:

»Sie sagte uns, daß Mozart ihr jede fertiggestellte Oper brachte und sie bat, sie zu lernen. Er spielte und sang sie dann mit ihr, so daß sie nicht nur die Musik, sondern auch die Texte auswendig kannte [...].«[10]

Mozart hat seiner Frau auf diese Weise eine sehr genaue Kenntnis seiner Kompositionen vermittelt, ohne an ein öffentliches Auftreten zu denken. Vor allem die Kammermusik wurde ohnehin im Hause Mozart in zahlreichen Hauskonzerten erprobt und diskutiert: In ihr kommen Mozarts Experimentierlust und die zunehmende Verdichtung des musikalischen Satzes durch die Verarbeitungsstrenge des melodischen und harmonischen Materials zum Ausdruck, die den Zeitgenossen immer fremder und schwerer verständlich wurde. So heißt es in Karl Friedrich Cramers *Magazin der Musik* am 23. April 1787:

»[...] nur Schade, daß er sich in seinem künstlichen und wirklich schönen Satz, um ein neuer Schöpfer zu werden, zu hoch versteigt, wobey freilich Empfindung und Herz wenig gewinnen, seine neuen Quartetten für 2 Violin, Viole und Baß, die er Haydn dedicirt hat, sind doch wohl zu stark gewürzt – und welcher Gaum kann das lange aushalten.«[11]

Konstanze Mozart scheint mit dieser starken Würze bestens vertraut gewesen zu sein, wie eine kleine intime Szene verrät. Das zweite dieser *Quartette* (KV 421, d-Moll) entstand im Sommer 1783, als gerade das erste Kind geboren wurde. An seinen Vater berichtet Mozart:

»um halb 2 uhr Nachts fiengen die Schmerzen an – folglich – war es mit dieser Nacht um alle ruhe und schlaf für beyde getan. – um 4 uhr schickte ich um meine Schwiegermutter – und dann um die Hebamme; – um 6 uhr kamm sie im Stuhl – und um halb 7 uhr war alles vorbey. –« (18. Juni 1783)

Fast 50 Jahre später notiert Vincent Novello bei einem Besuch in Salzburg:

»Sie bestätigte, daß er das Quartett in d-moll geschrieben habe, während sie mit ihrem ersten Kinde niederkam; gewisse Stellen, namentlich das Menuett (wovon sie uns etwas vorsang) deuteten ihre Schmerzen an.«

Nun wird man sich kaum vorstellen können, daß Mozart das ganze *Quartett* in den fünf Stunden jener Nacht vom 17. Juni 1783 geschrieben habe, aber vielleicht eben doch das Menuett daraus. Mozart muß seiner Frau später die entsprechende Stelle so gedeutet haben, denn Konstanze kannte sie so genau, daß sie sie Novello noch 1829 vorsingen konnte[12].

Trotz der undeutlichen Konturen des Musikverständnisses von Konstanze Mozart drängt sich eher die Vermutung auf, daß sie gerade dort Mozart zu folgen vermochte, wo Zeitgenossen den Eindruck »des Verworrenen, Unklaren, Gekünstelten« (Hermann Abert[13]) hatten. Gerade wegen ihrer Kenntnis und ihres Verständnisses für die »schwierigen« Seiten des Mozartschen Komponierens, seines komplexen Satzbaues, der harmonischen Überraschungen und des kontrapunktischen Raffinements entwickelt sie später eine heilsame Skrupelhaftigkeit gegenüber den Verlegern[14].

Der ökonomische Hausstand

Eines scheint Konstanze Mozart nicht gewesen zu sein: eine biedere Hausfrau, die ihrem Mann den ganzen Tag die Wäsche richtet, in der Küche steht und kocht und im übrigen ihm die Kinder vom Leib hält, damit er die nötige Ruhe zum Arbeiten hat. Das Haus Mozart war ein lautes und unruhiges Haus, am wenigsten wegen der Kinder, die eine geringe Rolle spielten, eher schon wegen der Musik, durch Schüler, Hauskonzerte, Proben, am meisten aber, weil Mozart eine ständige Betriebsamkeit um sich herum brauchte, Lachen, Gerede, Besuche, darunter auch häufige Logiergäste, Billardpartner, Musikerkollegen, das alles oft bis spät in die Nacht. Hinzu kamen andere Umständlichkeiten.

Leopold Mozart schreibt von seinem Wienbesuch: »es ist ohnmöglich die schererey und Unruhe alles zu beschreiben: deines Bruders Fortepiano Flügel ist wenigst 12 mahl, seit dem hier bin, aus dem Hause ins Theater oder in ein andres Haus getragen worden« (12. März 1785) – also alle zwei bis drei Tage, weil Mozart auf diesem Instrument am liebsten spielte.

In dieser Unruhe, diesem ständigen Umhergerenne, Klaviertransportieren, Billardspielen, Musizieren, dieser überdrehten und forcierten Aktivität komponierte Mozart am liebsten, nicht am Schreibtisch oder am Klavier sitzend, sondern seine musikalischen Gedanken im Kopf ordnend, wägend, zusammenfügend, von den um ihn herum Agierenden bestenfalls durch eine leichte Abwesenheit an Gespräch oder Spiel bemerkt, abgeschaltet durch innere Konzentration auf die Lösungen seiner musikalischen Probleme. Hätte Konstanze Mozart einen Schutzwall um ihn herum aufgerichtet, eine Ruhezone und Abschirmung zu einem Sektor der Stille, wie sie ein anderer Komponist vielleicht braucht zum schöpferischen Arbeiten – Mozart wäre vermutlich eher irritiert, sogar gestört gewesen. Viel mehr spricht dafür, daß Konstanze dem Komponisten gerade in der Weise zur Seite stand, die er brauchte: in aller Unruhe, Umtriebigkeit und Ausgelassenheit, die uns schon in ihrer physischen Beanspruchung eher rätselhaft bleibt. Bei allen (unbegründeten und eher einer faden Phantasie entsprungenen) Einwänden gegen Konstanze wird nämlich vergessen, daß Mozart bei ihrer immer erwünschten und ersehnten Anwesenheit, in ständiger Auseinandersetzung mit ihr, das an äußerer Fülle und musikalischem Gedankenreichtum unfaßliche Werk seiner Wiener Jahre geschaffen hat und nicht ohne sie.

Mozart liebte Konstanze in ganz unvergleichlicher Weise, unbezweifelt, mit allen Fasern seiner physischen und psychischen Existenz. Dem Biographen steht es nicht an, als Richter die Erfüllung fremder Maßstäbe einzuklagen, sondern er soll ergründen, was gewesen ist. Es ist müßig, über Mozarts Einsamkeit zu reden, wenn man sie nur aus seiner Musik herauszuhören meint. Der innere Vorgang beim Komponieren, die Vorgänge, die über den rein musikalischen Umgang mit dem Material, den Tönen, ihrer melodischen, rhythmischen, harmonischen Organisation und den Bedingungen der instrumentalen und gesanglichen Realisation hinausreichen, die psychischen und »seelischen« Ereignisse und die Frage nach ihrem Ausdrucksbedürfnis bleiben verschlossen: Was daran Eingang in die Musik findet, ist dennoch aus ihr nicht wieder herauszudestillieren, bleibt bestenfalls des Nachhörers eigene Adaptation, berührt

Der ökonomische Hausstand

allenfalls die inneren Vorgänge des Rezipienten. Uns bleibt einerseits die Musik, andererseits stehen im äußersten Kontrast dazu die Dokumente ihrer Entstehungsbedingungen, das äußere Schicksal Mozarts inmitten einer lauten, verwirrenden und bunten Umgebung.

Der Mozartsche Haushalt war, »was Essen und Trinken betrifft, im höchsten Grad ökonomisch« – so schreibt Leopold Mozart von seinem Wienbesuch[15]. »Ökonomisch« heißt wohl bequem und finanziell nicht aufwendig. Freilich speiste der Vater bei seinem Besuch auch zumeist bei anderweitigen Einladungen. Konstanze jedenfalls dürfte die wenigste Zeit in der Küche gestanden haben, dafür hatte man ja Personal. Eine Küche mit offener Feuerstelle, rauchgeschwängert und zeitaufwendig, weil nach heutigen Begriffen außerordentlich primitiv, was die Werkzeuge angeht, in der durchaus üppig und nicht unkompliziert gekocht wurde – eine solche Küche und andererseits ein umfangreicher Anteil am gesellschaftlichen Leben ließen sich kaum miteinander vereinbaren. Konstanze Mozart stand dem Haushalt zwar vor, mußte aber keineswegs alles selbst machen. Und für besondere Aufgaben kamen wiederum spezielle Leute. Fußböden beispielsweise wurden nicht einmal von den Stubenmädchen oder der Magd gepflegt, sondern dafür kam ein »Zimmerbodenwixer« ins Haus (2. April 1785). Abgesehen davon, daß diese Gepflegtheit ihren Preis hatte, standen ihr auch Beanspruchungen der Wohnung gegenüber, die über das übliche hinausgingen. Nicht nur daß Schüler ins Haus kamen – zu den Schülerinnen ging Mozart hin –, sondern oft fanden auch Hausmusikabende oder Proben mit eingeladenen Zuhörern statt. Auch gingen Mozarts gern auf Feste oder zum Tanzen. Vor allem im Fasching fanden in der Redoute des Hofes ständig Bälle statt, zu denen man maskiert erschien. Mozart trat dort nicht nur verkleidet auf, sondern bot auch eigene Einlagen in Form von Sketches oder verteilten schriftlichen Rätseln, von denen einige sogar in einer Salzburger Zeitung sofort nachgedruckt wurden. Aber all das war noch nicht genug. Auch bei sich zu Haus gaben Mozarts Faschingsbälle, zu denen viele Leute vom Theater kamen sowie Salzburger Bekannte und Wiener Freunde. Offensichtlich waren die Vorbereitungen so gründlich und sorgfältig, daß Mozart von den Herren sogar einen Eintrittspreis von immerhin zwei Gulden verlangen konnte. Ein Brief an den Vater schildert anschaulich die Wichtigkeit solcher Ereignisse für Mozart:

»und nun noch eine bitte, denn meine frau lässt mir keinen fried; – sie wissen ohne zweifel daß izt fasching ist, und daß hier so gut wie in Salzburg und München getanzt wird; – und da möchte ich gerne |: aber daß es kein Mensch weis :| als Harlequin gehen – weil hier so vielle – aber lauter Eseln, auf der Redoute sind; – folglich möchte ich sie bitten mir ihr Harlequin kleid zukommen zu lassen. –– aber es müsste halt recht gar bald seyn – wir gehen eher nicht auf die Redoute, obwohl sie schon im grösten schwunge ist. – uns sind die Hausbälle lieber. – vergangene Woche habe ich in meiner Wohnung einen Ball gegeben. – versteht sich aber die chapeaus haben Jeder 2 gulden bezahlt. – wir haben abends um 6 uhr angefangen und um 7 uhr aufgehört; – was nur eine Stunde? – Nein Nein – Morgens um 7 uhr; – sie werden aber nicht begreifen wie ich den Platz dazu gehabt habe? – Ja – da fällt mir eben ein daß ich ihnen immer zu schreiben vergessen habe daß ich seit anderthalb Monathen ein anders logis habe – aber auch auf der hohen brücke – und wenige häuser entfernt; – wir Wohnen also, im kleinen Herbersteinischen hause, N: 412 im 3:ᵗ Stock; bey H: v: Wezlar – einen Reichen Juden. – Nun da habe ich ein zimmer – 1000 schritt lang und einen breit – und ein schlaf-zimmer – dann ein Vorzimmer – und eine schöne grosse küche; – dann sind noch 2 schönne grosse Zimmer neben unser welche noch leer Stehen – diese benutzte ich also zu diesen hausball – Baron wezlar und sie – waren auch dabey – wie auch die Baron Waldstätten – H: v: Edelbach – gilowsky, der Windmacher – der Junge Stephani et uxor – Adamberger und sie – lange und langin – etc etc: – Ich kann ihnen ohnmöglich *alle* hersagen. –« (22. Januar 1783)

All dies läßt auf einen Lebensstil schließen, der weniger biedermeierlich und bescheiden als aufwendig und mit bohemehaften Zügen ausgestattet war. Was Leopold Mozart an diesem Haushalt »ökonomisch« fand, war wohl nicht nur die Bequemlichkeit, sondern auch die Angemessenheit entsprechend den finanziellen Möglichkeiten. Man wird aber den Eindruck nicht los, daß der Gast aus Salzburg in jeder Weise so behandelt wurde, daß er sein früheres ungünstiges Urteil über eine Ehe mit einer der Weber-Töchter revidieren sollte. Von Mozarts Einkünften nahm er ein schönes Bild mit nach Haus, von den Ausgaben ebenso. Zwar wurde alle Tage geschlemmt mit erlesensten Köstlichkeiten – obschon Fastenzeit war –, aber eben doch immer in fremden Häusern, wo man sich anpassen muß. (Konstanze Mozart hingegen versorgte ihn mit Hagebuttentee gegen seinen Husten.) Diese Wochen seines einzigen Besuches bei Sohn und Schwiegertochter waren im übrigen so übervoll an Konzerten, Theatern, Gastlichkeiten und Logenbesuchen, daß er nur einen sehr kleinen Ausschnitt von Mozarts Lebensweise mitbekommen haben kann. So bleiben zwar seine Briefe mit Berichten über Wien eine reiche Quelle für Mozarts Konzerte in dieser Zeit, enthalten aber wenig über Mozarts Lebensumstände im häuslichen Bereich, schon gar nichts Genaues über die Einkommensverhältnisse, Ausgaben und Kosten.

Die vielen Umzüge

Von allen äußeren Lebensumständen Mozarts ist der auffälligste der häufige Quartierwechsel: In nicht einmal zehn Jahren haben die Mozarts in elf verschiedenen Wohnungen gewohnt (hinzu kommen die beiden Wohnungen aus Mozarts Junggesellenzeit). Aber der Rhythmus der Umzüge ist nicht konstant, die Anlässe waren höchst verschieden, die Qualität der Wohnungen sehr differierend. Keineswegs dokumentieren sie einen ständigen sozialen Abstieg zu immer kleineren und bescheideneren Domizilen, eher eine schnelle Anpassung an die wechselvollen Lebenslagen, durchaus nicht in erster Linie vom Mietpreis diktiert. Sosehr Mozart in Wien zu bleiben wünscht, feste Bindungen durch eine sichere Anstellung sucht, es bleibt doch eine ständige Aufbruchstimmung, ein Spielen mit Reiseplänen, gar Übersiedlungen nach Paris, England oder an einen anderen Hof, der materielle Sicherheit verspricht. Zur Seßhaftigkeit fehlen einfach die Rahmenbedingungen, und sie sind auch nicht erfüllt, als Mozart zum kaiserlichen Kammerkompositeur ernannt wird. Diese Überlegungen beginnen gleich nach seiner Heirat und bleiben aktuell bis zu seinem Tod.

»die H: Wienner I: worunter aber haubtsächlich der *kayser* verstanden ist :I sollen nur nicht glauben daß ich wegen Wienn allein auf der Welt seye. – keinen Monarchen in der Welt diene ich lieber als dem kayser – aber erbetteln will ich keinen dienst. – Ich glaube so viel im Stande zu seyn daß ich Jedem Hofe Ehre Machen werde. – will mich Teütschland, mein geliebtes vatterland, worauf ich I: wie sie wissen :I Stolz bin, nicht aufnehmen, so muß im gottes Nammen frankreich oder England wieder um einen geschickten Teutschen Mehr reich werden; – und das zur schande der teutschen Nation. – sie wissen wohl daß fast in allen künsten immer die Teutschen dieJenigen waren, welche Excellirten – wo fanden sie aber ihr glück, wo ihren Ruhm? – in teutschland wohl gewis nicht! – selbst *gluck* – hat ihn Teutschland zu diesem grossen Mann gemacht? – leider nicht! – [. . .] ich habe mich die zeither täglich in der französischen sprache geübt – und nun schon 3 lectionen im Englischen genommen. – in

3 Monathen hoffe ich so ganz Passable die Engländischen bücher lesen und verstehen zu können.« (17. August 1782)

So haftet dem ganzen Wiener Aufenthalt etwas Improvisiertes an, das sich auch im häufigen Wohnungswechsel ausdrückt.

Zunächst war es eine Wohnung in der Wipplingerstraße, Ecke Färbergasse, denn bei Arnsteins hatte Mozart ja nur ein möbliertes Zimmer gehabt; und Konstanze Weber aus dem Haus der Schwiegermutter zu holen war ein dringendes Ziel. Mozart mußte die Einnahmen für *Die Entführung aus dem Serail* abwarten, bevor er eine eigene Wohnung gründen konnte. Über ihre Größe und den Mietpreis ist nichts überliefert; vielleicht war diese Wohnung nur als Übergang gedacht, denn schon im Dezember ziehen Mozarts ein paar Häuser weiter (Wipplingerstraße 14) in das Haus des Barons Wetzlar, wo sie zwei Zimmer, Vorzimmer und Küche bewohnen, ein offensichtlich bescheidenes Quartier im dritten Stock.

Über die Wiener Wohnverhältnisse schreibt ein Zeitgenosse (Johann Pezzl, 1786ff.) folgendes:

»Die Wohnung ist einer der wichtigsten und teuersten Artikel in Wien.

Das größte Privatgebäude inner den Linien ist das *Starhembergsche Freihaus* außer dem Kärntnertor, zu Anfang der Vorstadt Wieden. [...] so behaupten Kenner doch, daß wenigstens für *dreitausend* Menschen Wohnplätze darin seien. Gegenwärtig trägt dieses Haus seinem Besitzer jährlich 15000 fl. ein, folglich ist es immer so viel wert, als manche Grafschaft des H. R. Reichs.

Dergleichen steinerne Grafschaften gibt es in Wien mehr. Vom Trattnerischen Haus ist bekannt, daß es so viel eintrage, wie zum Beispiel das Fürstentum Hechingen in Schwaben. Ein Haus für eine Kavaliersfamilie vom ersten und zweiten Rang kostet jährlich 5000 bis 6000 Gulden. Und ein gleich großes Haus, das nicht bloß für eine große Familie, sondern für Leute vom Mittel- und Bürgerstand in vielfältige Wohnungen eingerichtet ist, trägt noch mehr ein; darum schaffen alle diejenigen, welche die aufgehobenen Klöster gekauft haben, diese Gebäude nicht in glänzende Paläste um, sondern formieren ein halbes Hundert von bürgerlichen Wohnungen, Werkstätten und Kaufbuden daraus. [...]

Die größeren Bürgerhäuser auf dem Graben, Kohlmarkt, Hof, Stock-im-Eisen-Platz, in der Kärntnerstraße tragen des Jahres immer ihre 6000 bis 8000 Gulden. Ein bloßes Kaufmannsgewölbe auf dem Graben oder Kohlmarkt kostet 700 bis 900 Gulden. Eine ordentliche Wohnung für

Die vielen Umzüge 125

eine Familie, die eine Kutsche mit zwei Pferden hält, in einer mittelmäßigen Straße, im ersten oder zweiten Stockwerk kostet 800 bis 1100 Gulden.

[...] Der zu ebener Erde liegende Teil des Hauses wird beinahe in der ganzen Stadt Wien nicht bewohnt; er dient zu Kaufbuden, Zechstuben, Stallungen, Werkstätten, Magazinen, Apotheken, Kaffeeschenken usw. Auch wird er nicht unter die Stockwerke des Hauses gerechnet, sondern diese fängt man erst ober der ersten Treppe zu zählen an.«[16]

Man sieht hieraus, daß schon damals die Mieten einen großen Teil der Einkünfte verschlangen, daß es aber auch schon Tendenzen zur Konzentration des Immobilienbesitzes gab. Mozart selbst war mit zwei der reichen Besitzer umfangreicher Renditeobjekte persönlich bekannt, beide wurden Paten von Mozarts Kindern. Der eine war Raimund Baron Wetzlar von Plankenstern, den Mozart schon bald nach seiner Ankunft in Wien kennengelernt haben muß. Die Wetzlars waren eine reiche jüdische Familie, die aus Offenbach stammte und als Hofagenten nach Wien gezogen war. Nach der Konversion zum katholischen Glauben wurde ihr der Freiherrnstand verliehen, und die Wetzlars begannen, nun rechtlich vollkommen integriert, in Wien umfänglichen Hausbesitz zu erwerben[17]. Mozarts enge Bekanntschaft mit Wetzlar hielt über die ganzen Wiener Jahre an; gleichwohl weiß man nur wenig über diesen Mozart-Freund. In den Briefen wird er nur selten genannt[18].

Trotzdem ist diese Bekanntschaft höchst bemerkenswert. Denn sie zeigt Mozarts Aufmerksamkeit und sein Gespür für Menschen eines besonderen Schicksals, sein Interesse für ungewöhnliche Zeitgenossen, deren Integration in die gesellschaftlichen Verhältnisse nicht völlig selbstverständlich war, die zumindest aus eigenem Erleben ein Außenseiterdasein bis hin zur Ächtung kannten, das nur mit einschneidenden Konzessionen überwunden werden konnte. Denn aus Glaubensüberzeugung dürfte bei kaum einem Juden die Konversion erfolgt sein: Sie war der hohe Preis für den Erwerb der vollständigen bürgerlichen Rechte. Bezeichnenderweise hat Mozart im Hause Wetzlar einen anderen jüdischen Konvertiten kennengelernt, der später für ihn eine große Bedeutung erlangen sollte: den Abbate Lorenzo Da Ponte.

Mozart hat nicht lange in einem der Häuser Wetzlars gewohnt, nur drei Monate, und danach sogar für drei Monate ein schlechtes Übergangsquartier bezogen. Dabei ist aber nicht an eine Mozartische Unstetigkeit, gar an finanzielle Gründe zu denken, vielmehr handelte es sich um eine Gefälligkeit für Wetzlar, der offensichtlich zu größeren Umsetzungen in seinen Häusern gezwungen war. Dafür kam er Mozart mit der Miete außerordentlich entgegen:

»der Baron Wetlar hat in seine wohnung eine Dame bekommen. – und wir sind also ihm zu gefallen ausser der zeit in eine schlechte logis auf den kohlmarkt gezohen. – er hat aber hingegen für die 3 Monathe als wir dort logirten nichts angenommen, und die kosten des ausziehens auch übernommen. [...] auf dem Kohlmarkt hat auch *er* alles gezahlt.« (21. Mai 1783)

Erst im April 1783 fand Mozart endlich »ein gutes Quartier« am Judenplatz 3, also dort, wo früher einmal das Zentrum der Wiener jüdischen Gemeinde gewesen war. In dieser Wohnung wurde Mozarts erstes Kind geboren, Raimund Leopold. Die enge Beziehung Mozarts zu Wetzlar zeigt sich auch darin, daß er »die glückliche Entbindung meiner frau gleich dem Baron Wetzlar |: als meinem wahren guten freund :| benachrichtigen« ließ; »er kamm gleich darauf selbst – und offrirte sich zum gevattern« (18. Juni 1783).

Über Größe und Beschaffenheit der Wohnung am Judenplatz wissen wir nichts, als daß sie im ersten Stock lag. Mozart blieb hier neun Monate, bis sich die Gelegenheit ergab, in den Trattnernhof umzusiedeln, jenes repräsentative Haus am Graben, das wohl die bekannteste Adresse von ganz Wien war. Auch mit diesem Hausbesitzer, Johann Thomas Edler von Trattnern, war Mozart gut bekannt; dessen Frau Maria Theresia war eine seiner ersten Klavierschülerinnen geworden. Das Ehepaar Trattnern übernahm die Patenschaft von insgesamt vier Kindern Mozarts, ein Entgegenkommen, das auf eine sehr enge Bekanntschaft der beiden Familien schließen läßt, auch wenn hier wiederum der Name Trattnern in kaum einem Brief fällt.

Ob Wetzlar und Trattnern auch als Mäzene Mozarts zu verstehen sind, läßt sich aus den überlieferten Zeugnissen nicht erschließen. Sie tauchen nie als Gläubiger auf, werden nie als Widmungsträger Mozartscher Kompositionen genannt, als Briefkorrespondenten treten sie erst recht nicht in Erscheinung – warum auch, wenn ein so enger häuslicher Kontakt bestand. Nur Maria Theresia von Trattnern (über 40 Jahre jünger als ihr Mann, weshalb man ihr später gleich ein Verhältnis mit Mozart andichtete) erhielt von Mozart eine *Klaviersonate* mit einer *Fantasie*-Einleitung (KV 457 und 475). Immerhin gab auch Trattnern einen Mietnachlaß für Mozart von 20 Gulden jährlich.

Mozarts Wohnung im Trattnernhof muß recht klein gewesen sein, denn sie kostete regulär nur 150 Gulden im Jahr, darüber hinaus lag sie im

Die vielen Umzüge 127

dritten Stock. Was also konnte Mozart veranlassen, hierher zu ziehen, obschon er vordem »ein gutes quartier« hatte? Die Klavierstunden von Trattnerns Frau allein können es nicht gewesen sein. Plausibler erscheint Mozarts Plan einer eigenen Konzertreihe, die er veranstalten wollte, und dazu bot der Trattnernhof die denkbar besten Voraussetzungen. Nicht allein, weil Mozart sein Klavier nur innerhalb des Hauses transportieren lassen mußte, denn der gesamte Gebäudekomplex hatte für damalige Verhältnisse so ungewöhnliche Dimensionen, daß sogar ein Konzertsaal vorhanden war; sondern die ganze äußere und innere Einrichtung machte den Trattnernhof zu einer der Sehenswürdigkeiten von Wien.

Trattnern war einer der erfolgreichsten Unternehmer des 18. Jahrhunderts, und der Trattnernhof, dessen erstes Stockwerk er selbst bewohnte, machte diesen Erfolg in geradezu protziger Weise sichtbar. Trattnern war vor allem als Verleger, Raub- und Nachdrucker der Aufklärungsliteratur und der sogenannten Klassiker hervorgetreten. Dabei hatte er durchaus die Unterstützung des kaiserlichen Hofes: Hauptsache, es kamen Geschäfte ins Land – die eingesparten Autorenhonorare waren da höchstens ein bedauerlicher Schönheitsfehler. Trattnern, der zugleich offizieller Schulbuchverleger für die österreichischen Erblande war und insbesondere von Kaiserin Maria Theresia gefördert worden war, war ein Großverleger, der nicht nur fünf Druckereien und eine eigene Papierfabrik besaß, sondern auch acht Buchhandlungen und zahlreiche Bücherniederlagen. Seine Erträgnisse steckte Trattnern in immer neue Projekte und verstand es bestens, Privatinteressen mit geschäftlichem Erfolg zu verquicken. So wurde er Gutsbesitzer, Ständemitglied, hatte Kaiser und Fürsten bei sich zu Gast, richtete in seinem Haus ein Kasino für den Adel und für Menschen von »Distinktion« ein, ebenso ein öffentliches Lektürekabinett und so fort.

Zu ebener Erde des Trattnernhofes waren Geschäftsräume, darunter eine eigene Buchhandlung, die aufwendig mit Marmor ausgestaltet war, Warenlager, Stallungen und Remisen nach hinten zu den beiden Innenhöfen. Allein fünf Treppenhäuser verschafften Zugang zu den Wohnungen, die immerhin etwa 600 Menschen Platz boten. Die Kosten für das ganze Bauwerk mit seiner prachtvoll überladenen Ausstattung einschließlich riesiger Karyatiden am Portal und einer Figurenbalustrade auf dem Gesims betrugen rund 390 000 Gulden. Der Stil des umstrittenen Bauwerks verleugnete nicht den reich gewordenen Bürger, der sich mit einer Privatmythologie schmückt und mit Stolz das durch eigenen Geschäftssinn Erworbene vorzeigt – durchaus im Gegensatz zu der maßvollen

Eleganz der Adelspalais, die zum Vorbild dienten. Schon die Zeitgenossen waren einerseits von den Dimensionen und der zugrundeliegenden ökonomischen Kühnheit beeindruckt, andererseits empfanden einige auch die ästhetischen Formen als Zeichen eines niederen Geschmacks[19].

Im Frühjahr 1784 beginnt mit einer Serie von über 20 Konzerten Mozarts erfolgreichste Zeit in Wien, offensichtlich mit so hohen Einnahmen verbunden, daß er daran denken konnte, eine größere und luxuriösere Wohnung zu mieten, nun nicht mehr im dritten Stock, sondern in der Beletage. Das war auch im Hinblick auf die Klaviertransporte günstiger. Im Trattnernhof konnte er dergleichen nicht finden; mochte das Haus auch sonst alle Bequemlichkeiten haben, Mozarts brauchten mehr Platz, zumal sich wieder Nachwuchs ankündigte.

An Michaelis (29. September) 1784 zog Mozart in das Camesina-Haus in der Großen Schulerstraße, direkt hinter dem Stephansdom. Diese Räume, heute als Mozart-Gedenkstätte eingerichtet, waren mit Stuck reich verziert, entsprechend dem Metier des Hausbesitzers aus der berühmten Stukkateurfamilie Camesina. Zur Wohnung gehörten vier Zimmer, zwei Kabinette, Küche, Bodenraum, Keller und zwei Holzgewölbe. Von dieser Wohnung aus, in der Mozart fast drei Jahre (bis April 1787) blieb, feierte er seine größten Erfolge, hier entstand *Le nozze di Figaro,* hier war ein eigenes Billardzimmer eingerichtet: äußeres Zeichen der reichen Einnahmen. Nun bestand auch genügend Platz, Gäste unterzubringen. Nicht nur Leopold Mozart besuchte seinen Sohn hier und ließ sich beeindrucken von der guten Hauswirtschaft und dem ansehnlichen Vermögensstand, sondern auch durchreisende Musiker wie Joseph Fiala und Johann André konnten hier einige Wochen vorübergehenden Unterschlupf finden. Außerdem hatte Mozart in dieser Zeit den erst siebenjährigen Johann Nepomuk Hummel als Schüler in Logis genommen (er blieb etwa zweieinhalb Jahre im Hause Mozart).

War die Wohnung im Trattnernhof ganz aus kurzfristig-praktischen Erwägungen bezogen worden, so machte sich im Camesina-Haus ein Erfolgreicher breit, der auf billige Miete nicht mehr viel Rücksicht zu nehmen brauchte und sich auf Dauer einzurichten suchte. Der Preis für dieses komfortable und großzügige Logis war allerdings dementsprechend hoch: 230 Gulden im Halbjahr, mehr als das Dreifache der Miete im Trattnernhof[20].

Ganz zweifellos gehörten die zweieinhalb Jahre im Camesina-Haus zu Mozarts einträglichster Zeit. Und zweifellos war dies die teuerste Wohnung, die er je besessen hat. Warum also gab er dieses Quartier zum

Die vielen Umzüge 129

Der Bau des Trattnernhofs am Graben, in dem Mozart 1784 wohnte. Auch das josephinische Wien zeichnete sich durch eine rege Bautätigkeit aus, insbesondere nach den Klosteraufhebungen und für die josephinischen Zweckbauten (Krankenhäuser usw.)

offiziellen Georgitermin (24. April) 1787 auf. Man weiß, daß Mozart spätestens ein Jahr später erhebliche Schulden hatte; da fangen nämlich die berühmten Briefe mit seinem Gläubiger Michael Puchberg an. Es ist deshalb immer wieder angenommen worden, Mozart sei »aus ökonomischen Gründen von der Schulerstraße in die Hauptstraße der Vorstadt Landstraße Nr. 224 [heute Nr. 75] übersiedelt« (Joseph Heinz Eibl im Kommentar zum Brief vom 10. Mai 1787). Für diese Erklärung gibt es jedoch nicht den geringsten Hinweis. Sicher war die Miete in der Landstraße erheblich billiger, andererseits gab es durchaus Gründe, in dies Gartenhaus zu ziehen. Der Umzug erfolgte zum halbjährlichen Termin und unter Einhaltung der Kündigungsfristen, war also keineswegs überstürzt oder ungeplant. Mozarts hatten jetzt ein geräumiges Gartenhaus (von dem es noch eine ältere Photographie gibt) und konnten den Garten benutzen. Schüler gab es in dieser Zeit wohl keine, aber Mozart hatte gerade einen Opernauftrag aus Prag bekommen, dem er sich mit großer Konzentration widmete: *Don Giovanni*.

Von außergewöhnlichen Schulden ist in dieser Zeit nirgends die Rede, im Gegenteil hat Leopold Mozart erfahren, sein Sohn habe in Prag 1000 Gulden eingenommen. Zugleich hört er von neuerlichen Englandplänen. Seinen Vater hielt Mozart immer äußerst knapp mit Informationen über seine Lebensumstände. So kann dieser an Mozarts Schwester nur lakonisch weiterberichten:

»Dein Bruder wohnt itzt auf der Landstrasse *No. 224*. Er schreibt mir aber keine Ursache dazu. gar nichts! das mag ich leider errathen.« (11. Mai 1787)[21]

Jedoch Mozart blieb nur sieben Monate in der Landstraße und bezog im Dezember 1787 Unter den Tuchlauben 27, Ecke Schultergasse, ein vorübergehendes Quartier in der Stadt. Der Termin dieses Umzugs war ganz aus der Reihe und läßt sich nicht aufklären. Durchaus nicht unwahrscheinlich, daß das Gartenhaus für den Winter einfach ungeeignet war, zumal Konstanze Mozart für Ende Dezember ein Kind erwartete. Tatsächlich war es seit Mitte November ziemlich kalt geworden. Aber das bleibt der Versuch einer Erklärung an Stelle sicherer Nachrichten. Die Wohnung Unter den Tuchlauben scheint eine vorübergehende Lösung gewesen zu sein, denn im Sommer des folgenden Jahres zieht Mozart schon wieder um, diesmal immerhin mit längerfristigen Absichten.

Jetzt müssen die Briefe an seinen Freund und Gläubiger Puchberg die fehlenden Familienzeugnisse ersetzen. Und jetzt werden finanzielle Probleme auch im Zusammenhang mit der Wohnungsfrage diskutiert. Mozart bittet Puchberg, ihn »auf 1 oder 2 Jahre, mit 1 oder 2 tausend gulden gegen gebührenden Intereßen zu unterstützen«. Im selben Brief heißt es:

»wenn Sie vieleicht so bald nicht eine Solche Summa entbehren könnten, so bitte ich sie mir *wenigstens* bis Morgen ein *paar hundert gulden* zu lehnen, weil mein hausherr auf der Landstrasse so indiscret war, daß ich ihn gleich auf der stelle |: um ungelegenheit zu vermeiden :| auszahlen musste, welches mich sehr in unordnung gebracht hat! – wir schlafen heute daß erstemal in unserem neuen quartier, alwo wir *Sommer* und *winter* bleiben; – ich finde es im grunde einerley wo nicht besser; ich habe ohnehin nicht viel in der stadt zu thun, und kann, da ich den vielen besuchen nicht ausgesezt bin, mit mehrerer Musse arbeiten; – und muß ich *geschäfte halber* in die stadt, welches ohnehin selten genug geschehen wird, so führt mich Jeder fiacre um 10 x: hinein, um das ist auch das logis wohlfeiler, und wegen frühJahr, Sommer, und Herbst, *angenehmer*

Die vielen Umzüge

– da ich auch einen garten habe. – Das Logis ist *in der waringergasse, bey den 3 Sternen N.:° 135.*« (17. Juni 1788)

Die Auskünfte dieses Briefes sind verwirrend. Denn in der Landstraße wohnte er schon seit einem halben Jahr nicht mehr, war aber offensichtlich immer noch die Miete schuldig. Von der Wohnung Unter den Tuchlauben ist gar nicht die Rede, statt dessen schon wieder von einem neuen Quartier, in dem man »Sommer und winter bleiben« will. War das vorher also nicht möglich? Oder gar nicht geplant? Und dann beklagt sich Mozart über »die vielen Besucher«, die ihn offensichtlich beim Arbeiten störten. In der Stadt hat er nur »selten« und nur »geschäfte halber« zu tun – auch dies ein irritierender Satz, der eine ganz andere Lebensweise beschreibt als noch vor kurzem, wo er ständig auf privaten oder öffentlichen Akademien konzertierte, sich in den adligen Gesellschaften wie ein Fisch im Wasser bewegte, Bälle besuchte, auch selbst veranstaltete und eine grenzenlose Rastlosigkeit pflegte.

Was immer die Gründe für den Wechsel von der Landstraße in die Stadt waren, Geldsorgen können es eigentlich (noch) nicht gewesen sein; denn im Herbst 1787 bekam Mozart auch seinen Erbteil aus Salzburg, einen Betrag von immerhin 1000 Gulden. Anders 1788: Mag sein, daß Mozart noch einen Lebensstil pflegte, der seinen Einnahmen nicht mehr entsprach, mag sein, daß auch Spielschulden hinzukamen; denn spätestens 1788 hatte sich in Wien das gesellschaftliche Leben gründlich verändert, war die Stimmung gedrückt, fanden weniger Konzerte statt, saß das Geld nicht mehr so locker für Unterhaltungen und Vergnügungen. Es war das »Türkenjahr«, als wieder einmal kriegerische Auseinandersetzungen mit der Türkei stattfanden und keiner wußte, wie das ausgehen würde. Für Mozarts Einnahmen hatte das sicher erhebliche Folgen. Jetzt beginnen auch die immer verzweifelteren Bettelbriefe an Mozarts Freund und Hauptgläubiger Puchberg.

Das Logis in der Währinger Straße 26, obwohl auf längere Sicht geplant, wird schon nach sechs Monaten wieder aufgegeben und mit einer Wohnung am Judenplatz 4 vertauscht – wieder wissen wir keine Gründe. Das war der vierte Umzug in anderthalb Jahren. Immerhin bleibt die Familie Mozart hier fast zwei Jahre. Hier beginnt die Krankheit Konstanze Mozarts, die nicht nur große finanzielle Opfer bedeutete, sondern auch viele Rücksichten erforderte. Sie kann auch die hohen Schulden bei Puchberg erklären, die bis Mitte 1790 aufgenommen wurden, von denen ein großer Teil jedoch im Sommer 1791 schon zurückbezahlt war.

Es scheint, daß Mozart zwischen 1788 und 1789 in eine wirtschaftliche Krise geraten war, die mit den allgemeinen politischen Verhältnissen des Türkenkrieges und der gesamteuropäischen Krise am Vorabend der Französischen Revolution, im persönlichen Bereich mit der Krankheit seiner Frau erklärt werden muß. Ebenso deutlich wird aber auch, daß Mozart sich im Verlauf der Jahre 1790 und 1791 wirtschaftlich wieder stabilisieren konnte, Ende 1791 sogar Aussichten hatte, aus verschiedenen Quellen so hohe Pensionen zu beziehen, daß er ein sorgenfreies Leben führen konnte.

Für Mozarts Wohnungen kann man sagen, daß die zweieinhalb Jahre im Camesina-Haus in der Schulerstraße die Zeit der größten Erfolge vor allem als Klaviervirtuose sind. Die andere Wohnung, in der Mozart relativ lange ausgehalten hat, ist gekennzeichnet durch persönliche Sorgenzeit, Krankheit und allgemeine Unsicherheit: Es war die Wohnung auf dem Judenplatz 4.

Als Mozart auf der Reise zur Krönung Leopolds II. zum Römischen Kaiser in Frankfurt am Main war, erfolgte der Umzug in die Rauhensteingasse 8. Wieder handelt es sich um einen regulären Umzugstermin zu Michaelis (29. September) 1790, ihm ging also eine normale Kündigung voraus. Mozarts Lebensumstände hatten sich bereits wieder konsolidiert. Sogar eine aufwendige Wohnungsrenovierung wurde vorgenommen, wie sich aus einer erhaltenen hohen Tapezierrechnung ergibt. Das Logis in der Rauhensteingasse, das auch sein Sterbehaus werden sollte, war kaum kleiner als das Quartier im Camesina-Haus: Es hatte vier Zimmer, zwei Kabinette, Küche und Nebenräume und lag im ersten Stock. Immerhin war Platz für ein eigenes Billardzimmer. Von einem sozialen Abstieg ist keineswegs zu sprechen, was auch die Wohnungseinrichtung deutlich macht. Zwar hatte Mozart keine Reichtümer angehäuft, aber die Verschuldung in überschaubaren Grenzen halten können, sein völlig ausreichendes Geld allerdings auch stets so ausgegeben, daß er für außergewöhnliche Situationen (wie 1788/89) über keinerlei Rücklagen verfügte. Das hat jedoch mehr mit der Lebensweise als mit einer objektiven Verarmung zu tun. Vergleicht man Mozarts Situation mit der Haydns (vor seiner Pensionierung) oder Schuberts (der nur ein ähnlich niedriges Lebensalter erreichte), so steht Mozart als ein hochanerkannter und dementsprechend gut bezahlter Musiker und Komponist da.

Mozarts Hausrat

Mozarts Einnahmen spiegeln sich nicht allein in den durchaus nicht ärmlichen Wohnungen, sondern auch in deren Einrichtung und sonstigen Besitztümern. Durch das Nachlaßverzeichnis, das wenige Tage nach Mozarts Tod angelegt wurde, sind wir über die Wohnungseinrichtung, die Kleidung, aber auch Mozarts Bibliothek einigermaßen genau unterrichtet, wobei die Vollständigkeit (insbesondere beim Bücher- und Musikalienverzeichnis) eher problematisch ist[22]. Man muß sich schon wundern, was in eine Wohnung von etwa 145 Quadratmetern alles hineinpaßte: Allein vier Sofas und 18 Sessel verteilten sich auf die Zimmer; hinzu kamen fünf Schränke, ein Sekretär, ein Manuskriptschrank, fünf Tische, zwei Bücherregale, vier Betten (davon eines das Ehebett) sowie das große Fortepiano mit dem eigens angefertigten Pedalkasten und das (im Nachlaß nicht aufgeführte) Spinett. Außerdem gehörten noch die Kücheneinrichtung mit Schränken, Tischen usw. sowie die Einrichtung der Dienstbotenkammer dazu (von Kleinmöbeln einmal abgesehen). Und dann natürlich der Billardtisch, der so groß war, daß er allein ein ganzes Zimmer füllte.

Freilich wissen wir nicht, wann dies alles angeschafft worden ist, in welchen Wohnungen – deren Größe wir zumeist nicht kennen – es zuerst aufgestellt wurde. Jedenfalls war Mozart mit nichts als seiner Reisekleidung und einigen Noten in Wien angekommen, weitere Noten, Kleidung und Bücher hat er sich noch aus Salzburg schicken lassen – das war alles. Die ganze Einrichtung bestand also aus Anschaffungen seit dem Sommer 1782, als Mozarts zum erstenmal eine eigene Wohnung bezogen. Die vielen Umzüge bedeuten also keineswegs eine Gleichgültigkeit gegenüber den Wohnverhältnissen. Auch wird man eine nicht unerhebliche Mindestgröße annehmen müssen – schon der vielen Möbel wegen, die ja wohl kaum erst in den finanziell engen Jahren 1788 bis 1790 angeschafft wurden. Der größte Teil des Mobiliars wird sicher aus der Zeit im Camesina-Haus stammen.

Der hervorragenden Wohnungsausstattung entsprach ein anderer Teil bürgerlichen Wohllebens: Im Hause Mozart legte man auf die Kleidung einen sehr großen Wert, was nicht allein durch die Schneiderrechnungen im Nachlaß dokumentiert wird[23]. Der Kleidernachlaß Mozarts enthielt folgendes:

»1 weis Tüchener Rock mit manschester Schilleweste
1 blaulichter deto
1 roth Tüchener deto
1 deto von Nangim
1 braun atlassener deto samt Hosen, mit seide gestickt
1 schwarz Tüchen ganzes Kleid
1 mausfarber Kaput
1 zeuchener deto
1 blau Tüchener Belz Rock
1 deto Kiria mit Belz ausgeschlagen
4 versch: Westen, 9 deto Hosen
2 glatte Hüth, 3 paar Stifl, 3 paar Schuch
9 paar seidene Strümpf
9 Hemmeter
4 weisse Halsbinden, 1 Schlafhauben, 18 Sacktüchl
8 Gardehosen, 2 Bettleibl, 5 paar Unterstrümpf«

Diese für damalige Verhältnisse außerordentlich umfangreiche Garderobe entspricht einem gepflegten, fast etwas auffälligen und aufwendigen Geschmack. Der Rock mit Weste aus rotem Tuch, der darin erwähnt wird, könnte der in einem Brief an die Baronin Waldstätten auf eine fast impertinente Art erbetene sein. Mozarts Beschreibung und seine Gedanken darüber geben einen tiefen Einblick in seine außermusikalische Existenz, seine Empfänglichkeit für optische Reize und eine bis ins Extravagante reichende Eitelkeit:

»wegen dem schönen rothen frok welcher mich ganz grausam im herzen kitzelt, bittete ich halt recht sehr mir recht sagen zu lassen *wo man ihn bekommt,* und *wie theuer,* denn daß hab ich ganz vergessen, weil ich nur die schönheit davon in betrachtung gezogen, und nicht den Preis. – denn so einen frok muß ich haben, damit es der Mühe werthe ist die knöpfe darauf zu setzen, mit welchen ich schon lange in meinen gedanken schwanger gehe; – ich habe sie einmal, als ich mir zu einem kleide knöpfe ausnahm, auf dem kohlmark in der Brandauischen knöpffabrique vis a vis dem Milano gesehen. – diese sind Perlmutter, auf der seite etwelche weisse Steine herum, und in der Mitte ein schöner gelber Stein. – Ich möchte alles haben was gut, ächt und schön ist! – woher kommt es doch, daß die, welche es nicht im Stande sind, alles auf so was verwenden möchten, und die, welche es im Stande wären, es nicht thun?« (28. September 1782)

Zwar war in einigen Hofkapellen damals der rote Rock eine Art Dienstkleidung, aber hier geht es zweifellos um mehr: um ein ausgewähltes Kleidungsstück für besondere Anlässe, dessen Qualität »gut, ächt und schön« sein soll. (Baronin Waldstätten hat Mozart postwendend den beschriebenen Frack versprochen – wofür Mozart sich fast zu bedanken vergessen hätte!) Von der ersten Probe zu *Le nozze di Figaro* (Frühjahr 1785) erinnert sich der englische Sänger Michael Kelly, wie Mozart im roten Frack und auf dem Kopf einen goldbesetzten Zweispitz das Tempo auf der Bühne angab.

Mozarts Kleidung unterschied ihn kaum vom Adel, von den hohen Hofbeamten, den reichen Müßiggängern der Residenzstadt. Für den Winter hatte Mozart einen blauen, mit Pelz besetzten Mantel und einen zweiten mit vollständigem Innenfutter aus Pelz; bei Galagelegenheiten trug er einen weißen Anzug, bei anderen Anlässen lief er in Atlas und Seide herum. Ein etwas angeberischer Zug ist unverkennbar, wenn auch leicht erklärbar bei seiner wenig vorteilhaften Erscheinung. »Er war ein bemerkenswert kleiner Mann, mit einer Fülle von schönem Haar, auf welches er sich etwas einbildete.« Übereinstimmend wird Mozart als »kleiner Mann mit dickem Kopf und fleischigen Händen« beschrieben, dabei »hager, bleich von Farbe«. Im Laufe der Wiener Jahre scheint Mozart eine etwas kräftigere Statur bekommen zu haben; er selbst bezeichnet sich einmal als »fetten gesunden« Mann – aber das war vielleicht eine seiner scherzhaften Übertreibungen. Dabei muß man sich Mozart als temperamentvoll bis zur Heftigkeit vorstellen – Kelly sagte von ihm, er sei »auffahrend wie Schießpulver« (»as touchy as gunpowder«) gewesen –, aber auch äußerst liebenswürdig, selbstbewußt in seinem Auftreten, was mit seiner Eitelkeit bestens korrespondierte, manchmal aber auch ausgelassen und verspielt bis zur Kindlichkeit.

Die sorgfältige, an der vornehmen Gesellschaft orientierte Kleidung Mozarts darf jedoch nicht mißverstanden werden als Anpassung an jene (vor allem adlige) Gesellschaftsschicht, von der Mozart als Klaviervirtuose wie als Komponist abhängig war. Ganz im Gegenteil sind bei Mozart gewisse Bohemezüge unverkennbar, die sich nicht allein auf eine mehr behauptete als nachgewiesene Sorglosigkeit und Unordentlichkeit seines Hauswesens beschränken, sondern auch in Verhaltensweisen zeigen, die mit seiner Eitelkeit wenig zusammenstimmen. Mozart scheint ein ausgeprägter Individualist gewesen zu sein, der Freiheiten des Künstlerlebens durchaus in Anspruch nahm. Ein einzelner kleiner Briefausschnitt zeigt uns Mozart von einer so normalen Alltäglichkeit, wie sie sich als überliefertes Mozart-Bild jedoch nie festsetzen konnte. Konstanze Mozart war an diesem Tag zur Kur nach Baden gefahren, als er ihr schrieb:

»Nun meinen lebenslauf; – gleich nach Deiner Abseeglung Spielte ich mit Hr: von Mozart |: der die Oper beim Schickaneder geschrieben hat :| 2 Parthien Billard. – denn verkauffte ich um 14 duckaten meinen kleper. – dann liess ich mir durch Joseph den *Primus* rufen und schwarzen koffé hollen, wobey ich eine herrliche Pfeiffe toback schmauchte; dann Instrumentirte ich fast das ganze Rondó vom Stadtler.« (7. Oktober 1791)

Dieser morgendliche Lebenslauf zeigt eine heiter-gelassene Verfassung, humorvoll, wenn er den Kellner seines nahe gelegenen Stammlokals Joseph Deiner als Joseph den Ersten apostrophiert, entspannt beim Billardspiel gegen sich selbst, (unvorstellbar) beim Pferdehandel, schließlich stimuliert beim Komponieren durch gleich zwei Laster: den schwarzen Kaffee und das Pfeiferauchen. Besäßen wir ein einziges Mozart-Porträt mit Pfeife, Pferd oder beim Billardspiel, so wäre vermutlich das Bild, das wir uns heute gemeinhin von seinem (angeblich armseligen) Leben machen, ins krasse Gegenteil umgekippt. Es würde uns einen von Statur kleinen, dennoch auffälligen Elegant zeigen, dem die vergnüglichen Seiten des Lebens wichtig sind, der weder verzichten kann noch will, der angestrengte und (neben ihrer Qualität) auch ungeheuer fleißige Arbeit mit aufwendigen Vergnügungen belohnte, sie zur Erholung wie als Stimulantien auch brauchte und ohne falsche Bescheidenheit einforderte. Selbst das in dieser Zeit gesellschaftlich noch geächtete Rauchen gehört dazu[24].

Mozart hoch zu Roß in den Straßen von Wien – auch dies ist ein so fremdes wie realistisches Bild. Fast alle Biographien erwähnen, daß Mozarts Arzt Dr. Sigmund Barisani ihm das Reiten aus gesundheitlichen Gründen anempfohlen habe, gewissermaßen als sportlichen Ausgleich für seine vorwiegend sitzende Tätigkeit. Mozart war zudem ein Pferdenarr, wie zuverlässig bezeugt ist. Und deshalb hat er selbst auch ein Pferd besessen. Jedoch: wann ist Mozart ausgeritten, welche Wege pflegte er zu benutzen? Wo war sein Pferd untergestellt? (Zwar hatten viele Häuser in der Wiener Innenstadt Stallungen, die zu ebener Erde zugänglich waren, oftmals auch durch eine Zufahrt in den Keller führten, wo noch Platz für Kutschen war; bei anderen Häusern – vor allem bei den zahlreichen palaisartigen Wohnungen des Adels – boten Hinterhäuser und umbaute Höfe Platz für Tier- und Wagenhaltung. Bei vielen Wohnungen war ein Stallraum sogar im Mietpreis inbegriffen.) Wer schließlich pflegte sein Pferd? Daß Mozart – wenn auch nur kurze Zeit – eine Kutsche besessen hat, ist völlig sicher: Gerade nach der finanziellen Sorgenzeit läßt er es sich nicht nehmen, in eigener Kutsche die Reise nach Frankfurt anzutreten. Seiner Frau berichtet er von unterwegs, daß sein »Wagen |: ich möcht ihm ein Busserl geben :| herrlich ist« (28. September 1790). Unklar bleibt, ob er ihn gleich nach der Reise verkauft hat oder wo er geblieben ist.

Gerade an Mozarts Alltag wird deutlich, wie wenig wir von ihm wissen. Und zu diesem Alltag gehört auch das Billardspiel, dessen wertvollen Tisch er schon im Camesina-Haus besessen hat. Kelly, ein sehr verläßlicher Zeuge, berichtet:

»Er lud mich herzlich ein, ihn in seinem Hause zu besuchen, wovon ich Gebrauch machte und in Folge dessen ich einen großen Theil meiner Zeit dort verlebte. Er empfing mich stets mit Güte und Gastfreundschaft. – Er liebte besonders den Punsch, von welchem Getränk ich ihn starke Portionen nehmen sah. Auch das Billardspiel liebte er und hatte ein ausgezeichnetes Billard in seinem Hause. Gar manches Spiel habe ich mit ihm gemacht, war aber immer nur der Zweite.«[25]

Wie damals allgemein üblich, wurde sicher um Geld gespielt. Auch Kartenspiel (um Geld) gab es bei Mozarts. Der Zusammenhang mit Mozarts Geldsorgen ist nicht ganz von der Hand zu weisen, wenngleich es keinerlei Beweise für Spielschulden gibt. Anderseits muß man hinzufügen, daß es kaum eine Gesellschaft in Wien gab, wo nicht auch (um Geld) gespielt wurde. Selbst bei den Hofbällen in der Redoute oder den Tanzveranstaltungen in der Mehlgrube waren immer auch einige Kabinette mit Spieltischen eingerichtet, wobei vor allem Kartenspiele wie Tresette, aber auch ausgesprochene Glücksspiele wie etwa das Pharaospiel üblich waren.

Abschweifung: Was verdient ein Musiker?

Als Mozart sich vom Erzbischof von Salzburg trennte, hatte er eine Stelle aufgegeben, die ihm ein sicheres jährliches Einkommen von 450 Gulden verschaffte. Wir können nicht die Frage diskutieren, ob das ein angemessenes Honorar für einen Musiker vom Range Mozarts war. Das Angemessene ist immer nur in Relation zu sehen zu dem, was andere bekommen, ist nicht zu lösen von dem gesellschaftshistorischen Ort und dem sozialen Rang, dem musikalisches Künstlertum zugeordnet wird.

Die gesellschaftlichen Träger des Musiklebens gegen Ende des 18. Jahrhunderts sind in erster Linie die Höfe und der Adel – nur in rudimentärer Weise auch bürgerliche Schichten, soweit sie ökonomisch und gesellschaftlich Fuß zu fassen beginnen. Im Süden Deutschlands sowie in den habsburgischen Erblanden konnte sich das Bürgertum zudem erst viel später entfalten als im Norden. Hier spielte außerdem die Kirche eine sehr viel größere Rolle auch als weltliche Macht, wie es am Beispiel des Fürsterzbistums Salzburg deutlich war. Nur die Höfe und der oftmals über erhebliche Reichtümer verfügende Adel konnten Musiker fest anstellen, sich eigene Musikkapellen leisten, ja sogar Privatopernhäuser unterhalten. Bürgerliche Collegia musica, Stadtmusiken und ähnliche Einrichtungen spielten im Süden eine äußerst geringe Rolle. Das schließt jedoch nicht aus, daß auch das Bürgertum zu einer ausgedehnten Musizierpraxis findet, gelegentlich sogar Aufträge erteilt und eigene Konzerte veranstaltet; aber die Orchester dazu werden meist ad hoc zusammengestellt, sind nicht fest angestellt und erhalten bestenfalls eine Auftrittsgage, die keinerlei soziale Sicherung verspricht. (In Salzburg gibt die Familie Haffner ein Beispiel für den Umfang, aber auch die organisatorischen und finanziellen Grenzen dieses bürgerlichen Musikenthusiasmus.) Nur vereinzelt treten bereits bürgerliche Unternehmer auf, die ein Theater (auch für Opernunternehmungen) pachten und eine entsprechende Truppe zusammenstellen. Die vielen frei von Stadt zu Stadt umherziehenden Theatertruppen waren nur in sehr eingeschränkter Weise in der Lage, auch kleinere Opernaufführungen anzubieten. Die Wiener Privattheater – wie Emanuel Schikaneders »Freihaustheater auf der Wieden« – müssen als Ausnahmeerscheinung gewertet werden, wie sie nur in den großen Metropolen möglich war.

Die Gehälter, die ein Musiker in fester Anstellung erzielen konnte, waren nach unseren heutigen Verhältnissen außerordentlich gering, oft nur durch Ehelosigkeit und eine kaum vorstellbare Genügsamkeit ertragbar. In den Privatkapellen des Adels, der durchaus die Tendenz hatte, über seine Verhältnisse zu leben, war es üblich, Bedienstete – also Wachpersonal, Lakaien, Kammerdiener – einzustellen, die zugleich ein Instrument spielen konnten. Auf diese Weise kamen ganze Orchester zusammen, ohne eigens als solche bezahlt zu werden. In anderen Fällen wurden aus den Militärmusikern sogenannte Harmoniemusiken zusam-

Abschweifung: Was verdient ein Musiker?

mengestellt, die als Klangkörper durch das Fehlen der Streicher charakterisiert waren. Von den Gehältern dieser Musiker, die selbst oft nicht wußten, ob sie als Musiker oder als Bedienstete angestellt waren, wird man nicht ausgehen dürfen, wenn man nach den möglichen Einkünften eines Musikers fragt. Sie stellen gewissermaßen die unterste Sprosse einer langen Leiter dar. Die häufige, fast übliche Vermischung des Berufs eines Instrumentalisten mit einer anderen Tätigkeit zeigt allerdings zur Genüge den niederen sozialen Rang. Andererseits kamen bei Konzert- und Kapellmeistern gelegentlich Spitzengehälter vor, die eher Repräsentationsbedürfnissen als einem hohen Musikverständnis entsprachen.

Weil solche extrem hohen Gagen eigentlich nur an »welsche« Künstler gezahlt wurden, läßt sich die vor allem beim Adel erst allmählich schwindende Neigung zum italienischen Musikstil auch ökonomisch nachweisen. Wer italienische Musiker über die Alpen locken wollte, mußte tief in den Beutel greifen. So bekam Niccolò Jommelli als Kapellmeister am Stuttgarter Hof (bis 1768) ein Gehalt von 4000 Gulden, hatte ein Haus in Stuttgart und eines in Ludwigsburg zur Verfügung, erhielt das Futter für vier Pferde sowie Holz und Licht und bekam für seine Frau eine Pension von 2000 Gulden zugesagt. Zwar war der Württemberger Hof für seine Verschwendungssucht bekannt, aber dieses Gehalt übertraf alles Vergleichbare, selbst wenn man bedenkt, daß die Italiener im Durchschnitt ein 50 Prozent höheres Gehalt bekamen als einheimische Musiker. (Die soziale Stellung eines Miller in Schillers *Kabale und Liebe* dürfte für ein einfaches Mitglied des Stuttgarter Hoforchesters nicht untypisch, der Abstand zu den gefeierten Solisten nicht deutlicher sein.) Prinzipiell gab es jedoch keine quasi tariflichen Sätze bei der Bezahlung, und so waren die regionalen Unterschiede bei den einzelnen Höfen außerordentlich groß.

Zu den bestbezahlten Orchestern gehörte zweifellos das von Mannheim, das zusammen mit dem Kurfürsten Karl Theodor 1778 nach München umzog. Seiner Qualität nach war es eines der besten von Europa. Der Kapellmeister Ignaz Holzbauer erhielt etwa 3000, der Orchesterdirektor Christian Cannabich 1800 und der Konzertmeister Ignaz Fränzl 1400 Gulden. Ein Sänger kam immerhin auf ein Anfangsgehalt von 400 bis 600 Gulden. Hier waren fast nur deutsche (und böhmische) Musiker angestellt.

Demgegenüber waren die Verhältnisse in Salzburg höchst bescheiden. Leopold Mozart erhielt als Vizekapellmeister 350 Gulden, Wolfgang

Mozart wird 1772 mit 150 Gulden als Konzertmeister engagiert, andere Geiger bekommen zwischen 300 und 400 Gulden. Als Hoforganist (ab 1779) erhielt Mozart 450 Gulden.

Von allen Privatorchestern sind wir am besten über das des Fürsten Nikolaus Esterházy unterrichtet, dem Haydn lange Jahre vorstand. Die Entwicklung von Haydns fixem Einkommen zeigt den Spielraum, in dem sich fürstliches Engagement bewegen konnte. Sein Gehalt betrug 1761 als Vizekapellmeister 400 plus 180 Gulden Kostgeld, 1764 600 plus 180 Gulden Kostgeld. Ab 1779 erhielt er zusätzlich als Organist 180 Gulden in Naturalien, also zusammen um die 1000 Gulden. Die Orchestermusiker in der Esterházyschen Kapelle bekamen zwischen 200 und 300 Gulden sowie Naturalien im Werte von etwa 100 Gulden; außerdem hatten sie freies (wenn auch kein bequemes) Logis. Dennoch waren auch hier einzelne Ausnahmen möglich: So erhielt der italienische Konzertmeister Luigi Tomasini nicht nur 1800 Gulden und freie Wohnung, sondern auch noch Holz und Wein und bekam damit mehr als das Doppelte von Haydn. Das Leben im Schloß des Fürsten Esterházy war billig, und zum Geldausgeben war wenig Gelegenheit. Aber Haydn konnte immerhin ein eigenes Haus in Eisenstadt erwerben, hielt Hühner, zwei Pferde, wahrscheinlich sogar eine Kuh[26].

Der ganze Jammer von Musikern, die im Musikbetrieb leichter ersetzbar waren, zeigt sich an Haydns Bruder Johann Evangelist, der lediglich vierter Tenorist im Chor war und es damit nur auf 25 Gulden brachte, in den achtziger Jahren schließlich 60 Gulden bei freiem Quartier und Naturalien erhielt, wozu ein Esterházyscher Uniformrock aus grünem Tuch mit roten Aufschlägen gehörte. Das war ein Bettellohn, der bestenfalls dazu reichte, von der Hand in den Mund zu leben: Eine Familie zu gründen war mit diesem Einkommen undenkbar.

Solche niedrigen Gehälter waren auch im josephinischen Wien keine Seltenheit, nur gab es dort mehr Gelegenheit zum Nebenerwerb. Deutlich wird dies an den Einkünften von Mozarts Schwager Franz Hofer[27], der 1780 als zwölfter Violinist bei der Kirchenmusik von Sankt Stephan rund 20 Gulden bezog; als er 1787 zum zehnten Violinisten aufrückte, steigerte sich sein Gehalt auf 25 Gulden. Erst als er 1788 als Geiger an die kaiserliche Hofmusikkapelle kam, verdiente er nun 150 Gulden zusätzlich, erst 1796 kam er auf 450 Gulden. (Seine Frau Josepha, geb. Weber, die 1790 als Sängerin an Schikaneders Theater engagiert wurde, bekam 830 Gulden und 150 Gulden Garderobengeld.) Daß Hofer bei so geringem Einkommen dankbar in Privatakademien mitgespielt hat, für die das

Abschweifung: Was verdient ein Musiker?

Orchester meist ad hoc zusammengestellt wurde, versteht sich von selbst. Ohne dieses Zubrot war nicht auszukommen.

Einer bereits privilegierten Stellung entsprach die Mitwirkung am Nationalsingspiel, dem Teil der Hofbühne, der die deutschsprachige Oper pflegte. In diesem Orchester von etwa 30 Instrumenten wurden in der Regel Gehälter von 350 Gulden gezahlt, der Konzertmeister erhielt 450 Gulden. Erstklassige Bläser zu bekommen war jedoch recht schwierig, und so wurden als Honorierung der Oboisten, Klarinettisten, Fagottisten und der ersten beiden (von vier) Hornisten jeweils 750 Gulden gezahlt. Ihr Gehalt erreichte damit fast das des Kapellmeisters Iganz Umlauff, der mit 850 Gulden angesetzt war[28]. Auch die Mitglieder dieses Orchesters wirkten in den vielen musikalischen Akademien mit, die im Burgtheater oder in Privathäusern stattfanden, zumal sie für das Singspiel nur zehn bis zwölf Vorstellungen pro Monat zu absolvieren hatten (an den anderen Tagen fanden Schauspiele statt). Wie hoch die Honorierung bei den Konzertmitwirkungen war, bleibt unklar – wie wir überhaupt über das höchst vielgestaltige Konzertwesen in Wien am Ende des 18. Jahrhunderts erstaunlich wenig wissen.

Die soziale Stellung der Musiker läßt sich am ehesten durch einen Vergleich mit den Gehältern der Beamten in Wien[29] ermessen. Dabei muß man zwischen den Beamten der Hofstellen beziehungsweise des Staatsrates und denen der in Wien residierenden niederösterreichischen Landesregierung unterscheiden, die in der Regel nur etwa die Hälfte der Gehälter von Hofstellen erreichten. In der ersten Gehaltsstufe waren die Minister, Präsidenten der Hofstellen sowie die Staats- und Konferenzräte zusammengefaßt. Die Stelleninhaber stammten meist aus den ersten Familien des Adels, ihre Gehälter reichten von 8000 bis zu 20000 Gulden im Jahr. In der zweiten Gehaltsgruppe waren Räte, Sekretäre, Protokollisten und Konzipisten zusammengefaßt. Ein Hofrat konnte zwischen 4000 und 6000 Gulden verdienen, Hofsekretäre bekamen zwischen 1000 und 2000, Hofkonzipisten zwischen 700 und 1000 Gulden. Die Hofprotokollisten waren mit 1000 bis 1500 Gulden etwas besser bezahlt. Die dritte Gehaltsstufe war für den Großteil der Beamten bestimmt; ihre Titel waren die von Adjunkten, Kanzlisten, Offizialen, Registranten und Akzessisten entweder des Hofes oder der Landesregierung, auch hier erhielten letztere etwa die Hälfte der Hofbeamten. Hier bewegten sich die Gehälter zwischen 200 und 1200 Gulden, der größte Teil der Beamten dürfte aber zwischen 300 und 900 Gulden erhalten haben. Dabei darf nicht übersehen werden, daß die Beamtenanwärter, die sogenannten Praktikanten, überhaupt nicht auf der Gehaltsliste standen und oft jahrelang umsonst arbeiteten – in Erwartung einer späteren Stelle. Ein geregeltes Aufstiegssystem gab es nicht, mehr als zwei Positionen in der Hierarchie vorzurücken war in der Regel bis zur Pensionsgrenze nicht möglich. Festangestellte Diener erhielten ein jährliches Geld von 60 Gulden, ein Hausknecht konnte es aber auf bis zu 144 Gulden bringen. Immerhin erhielt diese unterste Gehaltsklasse jährlich ein Dienstkleid gestellt. Ein Stubenmädchen brachte es hingegen lediglich auf 20 bis höchstens 30 Gulden im Jahr.

Diesem ungeheuren sozialen Gefälle standen extrem hohe Einnahmen des Adels aus dessen Gütern gegenüber. Bei den fürstlichen Familien lagen die Jahreseinkünfte zwischen 100000 und 500000 Gulden und bei gräflichen Familien immerhin noch zwischen 20000 und 100000 Gulden. Daß solche Familien imstande waren, eine üppige Hofhaltung zu führen, sogar eigene Privatorchester zu unterhalten, nimmt nicht wunder. In Wien hat es sicher acht bis zehn solcher Privatorchester gegeben, die in den Sommermonaten ihren Adelsherren auf deren Güter in Ungarn, Böhmen, Mähren usw. folgten. Alle diese »ersten« Familien besetzten auch die »ersten« Stellen im Staate, wobei – zusätzlich zu den Gehältern – oftmals in Anerkennung besonderer Verdienste noch sogenannte »Gratiale« vom kaiserlichen Hof verliehen wurden: Es kam vor, daß zu solchen Gelegenheiten ganze Staatsgüter verschenkt wurden. (Dennoch gilt Joseph II. auch hier als der sparsamste und knausrigste unter den Habsburger Herrschern, und eine solche Überhäufung mit Geschenken, wie sie sein Neffe, Franz II., später an Klemens Graf Metternich vornahm, war bei ihm undenkbar.)

Die Beamtenbesoldungen zeigen deutlich den Unterschied zwischen Angehörigen des Adels und bürgerlichen Kreisen. Waren bestimmte Ämter allein dem Adel vorbehalten, so diente die Entlohnung auch der Aufrechterhaltung eines Lebensstils, eines Klassenunterschiedes. Man wird deshalb wohl auch bürgerlich-akademische Berufe zum Vergleich der Musikergehälter heranziehen müssen. Ein Universitätsprofessor erhielt zwischen 600 und 3 000 Gulden, die hohen Gehälter kamen jedoch nur dann zustande, wenn mit der Professur die Leitung wichtiger wissenschaftlicher Einrichtungen verbunden war – und die waren sehr selten. Das Beispiel Friedrich Schillers, der am Beginn seiner Universitätslaufbahn bereits ein berühmter und umworbener Mann war, zeigt das armselige Normalmaß: Zunächst (1789) war seine Professur unbezahlt, ihm blieben nur die Hörergelder; 1790 bekam er ein Gehalt von umge-

Abschweifung: Was verdient ein Musiker?

rechnet 400 Gulden, das sich 1799 auf 800 Gulden steigerte. Erst 1804 wurde dieser Betrag noch einmal verdoppelt. 1789 erklärte er, mit Einkünften von 1 400 Gulden »leidlich leben« zu können[30]. Demgegenüber verdiente ein Volksschullehrer in Österreich 120 bis 250 Gulden, an einer Mittelschule kam man auf 300 Gulden, wobei die Lehrergehälter in anderen Ländern (etwa Preußen) durchweg geringer waren. Ein Sekundararzt am josephinischen Allgemeinen Krankenhaus hatte 240 Gulden, ein Pfarrer zwischen 300 und 800 Gulden.

Aus diesen Vergleichszahlen sieht man, daß Orchestermusiker wie Dienstboten und bestenfalls so wie die untersten Beamtengruppen bezahlt wurden, nur bei einzelnen gesuchten Instrumentengruppen (Bläser) waren etwas höhere Gehälter möglich. Das Gros der Musiker rangierte damit bei den unteren sozialen Schichten.

Ganz andere Bewertungen ergeben sich bei den Solisten, insbesondere den Sängerinnen und Sängern. Zwar wurden in Wien keine solchen Spitzengagen bezahlt, wie sie bei den berühmtesten italienischen Kastraten üblich waren. Jedoch zeigt sich auch hier, daß die Italiener meist auf die doppelten Gagen kommen. So wurden beim deutschsprachigen Nationalsingspiel[31] von den 16 Gesangssolisten acht mit Gagen zwischen 400 und 800 Gulden bezahlt und sechs mit 1 200 Gulden. Lediglich Mozarts Schwägerin Aloysia Lange erhielt rund 1 700 Gulden und der berühmte Tenor Valentin Adamberger mehr als 2 000 Gulden. Bei der italienischen Hofoper[32] hingegen bekam Antonia Bernasconi 2 250 Gulden, was jedoch keineswegs das höchste Gehalt war. Zwar wurde vom Hof durchaus auf die Einhaltung mäßiger Obergrenzen geachtet, und Kaiser Joseph mischte sich selbst kräftig in Vertragsverhandlungen ein, engagierte auch selbst auf seinen Reisen Solisten für Wien – jedoch waren die Italiener nun einmal teurer: So erhielt der Kastrat Luigi Marchesi für sechs Auftritte eine Summe von 2 250 Gulden, soviel wie Adamberger in einem Jahr. Die vom Publikum ebenso wie vom Kaiser hochgeschätzte Sängerin Nancy Storace, italienischer Abstammung trotz ihres Namens, konnte 1787 bei einem einzigen Konzert über 4 000 Gulden einnehmen. Für die Saison 1788 bot man ihr erfolglos fast 5 000 Gulden.

Fürstliche Anstellungen bedeuteten aber keineswegs immer auch fürstliche Gagen. Die Musiker befanden sich untereinander in einer Konkurrenz, die sich auch bei den Honoraren in schädlicher Weise auswirken mußte. Wohl nirgends im deutschsprachigen Raum herrschte eine solche Musikbegeisterung wie in Wien, aber nirgends gab es auch eine solche Menge an Musikern. Deutlich wird dies am Beispiel der Klavierlehrer, die es schwer genug hatten, Schüler zu finden, obschon jeder, der auf sich hielt, zumindest Klavier spielen lernte.

Von der Anstellung eines Klavierlehrers für Prinzessin Elisabeth Wilhelmine von Württemberg, die als Braut des Erzherzogs Franz nach Wien gekommen war, gibt Mozart eine höchst anschauliche Schilderung. Er selbst hatte sich Hoffnung auf diese Anstellung gemacht, war aber froh, sie nicht bekommen zu haben, als er von dem dabei gezahlten Gehalt erfuhr:

»Sie schreiben, daß 400 fl: Jährlich *gewisses geld* nicht zu verachten seye; – wenn ich neben bey mich gut hinauf arbeiten kann, und folglich diese 400 fl: als eine beyhülfe ansehe, so ist es ganz gewis; doch ist hier leider dieser fall nicht. hier ist mein bestes Einkommen – 400 fl: – alles was ich sonst verdienen kann, muß ich als eine beyhilfe ansehen, und zwar als eine sehr unsichere – und folglich sehr geringe beyhilfe; weil sie leicht vermuthen können, daß man mit einer solchen schüllerin wie eine Prinzessin ist nicht so verfahren kann, wie mit einer andern Dame – wenn es so einer Prinzessin eben nicht gelegen ist – so hat man die Ehre zu warten. – sie logirt bey den Selesianerinen auf der wieden. – will man nicht zu fusse gehen, so hat man wenigstens die Ehre einen 20^{ger} hin und her zu bezahlen. da bleiben mir von meiner besoldung noch 304 fl: übrig. *NB:* wenn ich die Woche nur 3mal lection gebe. – muß ich also warten – so versäume ich unterdessen meine andern scolaren oder andere geschäfte |: womit ich mir leicht mehr als 400 fl: verdienen kann. :| will ich herein – so muß ich dopelt mein geld verfahren, weil ich wieder hinaus muß. – bleib ich daraus – und ist es, wie ohne zweifel, vor-Mittag, kömmt die Mittagszeit – so kann ich auch die Ehre haben in einem Wirths-hause schlecht und theuer zu Essen. – kann durch das versaumen anderer lectionen – sie gar verlieren – da Jeder sein geld für so gut hällt, als der Prinzessin ihres. – und verliere auch dabey die zeit und die laune mir mit der Composition desto mehr zu verdienen. – Einem grossen Herrn zu dienen |: das Amt mag seyn was es für eins wolle :| gehört eine bezahlung dazu – durch welche man im Stande ist seinem herrn *allein zu dienen* – und nicht nöthig hat sich vor mangel durch nebenverdienste zu sichern; – vor Mangel muß schon gesorgt seyn; – glauben sie nur nicht daß ich so dumm seyn werde Jemanden das zu sagen, was ich ihnen schreibe; – aber glauben sie auch sicher daß der kaiser seine schmutzigkeit *selbst* fühlt – und *nur* aus dieser ursache mich umgangen hat; – hätte ich angehalten –– ich wäre es gewis; aber nicht mit 400 fl: – aber auch

Abschweifung: Was verdient ein Musiker?

nicht mit so viel als es billig wäre. – Ich suche aber keine scolaren – ich kann ihrer genug haben; – und ihrer zwey – ohne mir die geringste ungelegenheit oder verhindernüss zu machen, geben mir so viel als – die Prinzessin ihrem Meister, der dann keine andere aussicht dabey hat, als daß er sein lebtage nicht verhungern wird; sie wissen wohl wie gemeiniglich dienste von grossen herrn belohnt werden.« (12. Oktober 1782)

Wie man sieht, hatte Mozart gewisse ökonomische Lektionen gelernt: Er hatte verstanden, die Nebenbedingungen einer Stelle in wirtschaftliche Faktoren umzurechnen und abzuschätzen. Und außerdem fand er sofort heraus, daß ein Musiker, der sich auf zuwenig einließ, allzuleicht zum Domestiken herabsank. Diese genaue Beobachtung schützte Mozart davor, selbst einer dieser ausgebeuteten Musiker zu werden. Eine feste Anstellung bedeutete im Normalfall um die 400 Gulden im Jahr; dies stellte bereits die Obergrenze dar, die lediglich von wenigen Musikern überschritten werden konnte, den Kapellmeistern und gewissen Virtuosen, seien es Sänger oder Instrumentalisten. Mozart rechnete jedoch mit ganz anderen finanziellen Bedürfnissen und behauptete, mit 1 200 Gulden im Jahr »kann man hier mit einer frau |: still und ruhig wie wir zu leben wünschen :| schon auskommen« (23. Januar 1782). Tatsächlich hat er aber ab 1783 ungefähr das Doppelte an Einnahmen gehabt und auch wieder ausgegeben.

Kapellmeisterbezüge von mehr als 1 000 Gulden im Jahr waren außerordentlich selten, wenngleich auch hier Nebeneinnahmen durch Kompositionen möglich waren. Nur in wenigen Fällen wurden größere Pensionen gewährt, vor allem für Musiker, die schon viele Jahre für den Hof gearbeitet hatten und die ohne weitere Verpflichtungen in lockerer Verbindung zum Hof bleiben sollten. So bekam Gluck eine Pension von 2 000 Gulden; er mußte jedoch nach mühsamen und langen Wanderjahren sich seinen Erfolg ohne jede feste Anstellung erringen – allein durch Kompositionen, die ihn erst im Alter zu einem reichen Mann gemacht haben[33]. Erst als er schon 60 Jahre alt war, entschloß sich der Wiener Hof zu diesem Ehrensold.

Den Wert dieses Geldes im heutigen Geldwert anzugeben ist außerordentlich schwierig. Zunächst gilt es, alle Beträge auf eine einheitliche Währung umzurechnen, denn im 18. Jahrhundert gibt es eine derartige Fülle von verschiedenen Geldsorten und Münzen, daß auch die Zeitgenossen immer wieder Schwierigkeiten hatten, sich ein Bild von den tatsächlichen Wertverhältnissen zu machen. Wer bei den verschiedenen Wechselgeschäften und Umrechnungen nicht betrogen werden wollte, mußte eine genaue Werttabelle im Kopf haben und darauf achten, »schlechte« Münzen nicht zu akzeptieren. Der Gulden als die gewöhnliche Rechnungseinheit in Süddeutschland und den österreichischen Erblanden war in 60 Kreuzer unterteilt. Es handelt sich dabei um eine Gold- bzw. Silberwährung, die bis in die Mitte des 19. Jahrhunderts galt und auf einem stabilen Gold-Silber-Verhältnis basierte.

Im Geldwert schlagen sich Handels- und Dienstleistungspreise nieder, die gegenüber heute unter völlig anderen gesellschaftlichen, industriellen und verkehrstechnischen Voraussetzungen entstanden sind. Gerade die Löhne spielten eine im Vergleich zu heute sehr geringe Rolle: Ein Handwerksgeselle hatte im Taglohn einen bis eineinhalb Gulden, ein ungelernter Taglöhner rund 15 Kreuzer, wobei eine regelmäßige Beschäftigung durch das ganze Jahr weder garantiert war noch wirklich vorkam. Man kennt zwar die Preise einzelner Güter, Nahrungsmittel, Löhne usw. vom Mittelalter bis heute, und sie sind einfach nachzuschlagen. Der für eine durchschnittliche Lebenshaltung notwendige Warenkorb hat sich jedoch laufend verändert, was man sich schon daran klarmachen kann, daß es Lebensmittelgeschäfte im heutigen Umfang im 18. Jahrhundert nicht gegeben hat und jeder Haushalt zu einer umsichtigen Lagerhaltung bei geringen Konservierungsmöglichkeiten genötigt war. Daß es unter diesen Umständen keinen gültigen Umrechnungskurs für die Kaufkraft damaliger Münzen geben kann, leuchtet ein. Um jedoch einen ungefähren Anhaltspunkt für das josephinische Jahrzehnt zu geben, kann man als Faustregel eine Bewertung von 40 DM (1986) für einen Gulden geben, was gegenüber den sonst in der Literatur genannten Kaufkraftverhältnissen einen mittleren Wert darstellt.

Mozarts Einnahmen

Mozarts Liebhabereien sind die eines Mannes, der gewohnt ist, auf recht großem Fuß zu leben. Seine Einnahmen waren ja auch dementsprechend hoch. Die meisten Mozart-Darstellungen zeichnen an dieser Stelle allerdings das Bild eines zunehmend verarmten Künstlers, ohne sich die Mühe zu machen, Mozarts Einnahmen einer genaueren Prüfung zu unterziehen. Dabei müssen verschiedene Einnahmequellen unterschieden werden, über die wir nicht in gleichem Maße Bescheid wissen. Immerhin können wir hilfsweise jenes Minimum bestimmen, das aus den

Lebenszeugnissen evident ist. Darüber hinaus gibt es Einnahmen, die in ihrer Höhe nicht belegt sind, aber zweifellos vorhanden waren. Schließlich ist auch an Einkünfte zu denken, die sich unserer Kenntnis völlig entziehen: Mozart hatte ja durchaus die Neigung, Einkünfte zu verschweigen – beispielsweise seiner Frau gegenüber. Die Herkunft von Mozarts Einnahmen läßt sich nach mindestens vier verschiedenen Bereichen aufschlüsseln: Aufträge für Kompositionen (zum Beispiel Opern), Konzerteinnahmen (als Pianist), Verlagshonorare und das Geld aus Unterrichtsstunden. Außerdem kommt ab 1787 noch das Gehalt als k. k. Kammerkompositeur hinzu.

Allerdings waren alle diese Einnahmen zeitlich wie in ihrer Höhe ziemlich unregelmäßig, und aus den keineswegs parallel verlaufenden Kurven von Einnahmen und Ausgaben ergibt sich ein höchst wechselvolles Geschick persönlicher Lebensumstände, das die Entstehung der Legende von der »bitteren Armut« durchaus begünstigen konnte. Und zweifellos kam Mozart mit diesen Wechselbädern glücklicher und schwieriger Zeiten nicht zurecht – die geringe haushälterische Begabung tat ein übriges. Natürlich gab es für Kompositionen sowenig wie heute »feste Preise«. Ganz beliebig waren die Honorare für die einzelnen Gattungen von Kompositionen jedoch auch nicht; es hatten sich durchaus übliche Spannbreiten herausgebildet. An der Nationaloper zum Beispiel wurden normalerweise 100 Dukaten, also rund 450 Gulden, für ein abendfüllendes Werk bezahlt – für *Così fan tutte* (1790) bekam Mozart das doppelte Honorar. Auch bei anderen Gattungen spielte die öffentliche Wertschätzung eines Komponisten eine nicht unerhebliche Rolle – so war Mozart sicher etwas »teurer« als sein acht Jahre älterer Konkurrent Leopold Koželuch. Und schließlich drückt ein Künstler die besondere Bedeutung eines Werkes unter Umständen auch in seinen Preisforderungen aus: Mozart verlangte zum Beispiel für die sechs Haydn gewidmeten *Streichquartette* das ungewöhnlich hohe Honorar von 50 Louisdor (450 Gulden) von seinem Verleger. Allerdings waren mit dem Verkauf eines Werkes an einen Verleger oder eine Privatperson zu deren eigenem Gebrauch sämtliche Rechte gegen ein einmaliges Honorar abgegolten. Bot jedoch der Komponist selbst sein Werk zur Subskription an, so betätigte er sich mit unternehmerischem Risiko beim Preis und beim Verkauf. Ein gleiches galt für Werke, die nur in Abschriften verbreitet wurden.

Auch bei Konzerten gab es keine festen Honorare, die etwa mit einem Veranstalter vorher vereinbart worden wären. Meist traten die Künstler in selbst organisierten Konzerten auf und hatten ihren finanziellen Erfolg im Einnahmeüberschuß nach Abzug der Unkosten. Die Zuhörer zahlten dabei oft freiwillig ein erhöhtes Eintrittsgeld – insbesondere die Angehörigen des Adels – und übten damit ein gewisses Mäzenatentum aus. Kaiser Joseph zum Beispiel pflegte, wenn er ins Konzert ging, im voraus einen Betrag zu schicken. Das konnten schon einmal 25 Dukaten (112 Gulden 30 Kreuzer) sein, wie bei Mozarts Konzert im Burgtheater am 23. März 1783. (Bekam man das Burgtheater als Konzertsaal, so mußte man keine Miete dafür bezahlen.) Konzerte wurden oft schon als Benefizveranstaltungen angekündigt und damit gewisse finanzielle Erwartungen signalisiert. Anders war es mit den Privatakademien in den vermögenderen Häusern insbesondere des Adels, wo ein den Geber auszeichnendes Geschenk als Honorar diente. Mozart hat bekanntlich in vielen herrschaftlichen Häusern bei Privatkonzerten mitgewirkt. Schon im Dezember 1782 ist er bei dem Fürsten Dmitri Golizyn »auf alle seine Concert Engagirt«, sicher nicht ohne entsprechende Zuwendungen, wie eine Briefformulierung erahnen läßt:

»werde allzeit mit seiner Equipage abgeholt, und nach haus geführt, und dort auf die Nobelste art von der Welt tractirt; –« (21. Dezember 1782)

Selbstverständlich wirkten Solisten bei eigenen Akademien von Kollegen unentgeltlich mit, wohingegen die meisten Orchestermusiker bezahlt werden mußten; sie hatten ohnehin so geringe Einkünfte, daß sie auf solche Nebeneinnahmen dringend angewiesen waren. Auch in der Nationaloper gab es Benefizvorstellungen, die den Sängerinnen und Sängern bewilligt wurden, mit oft besonders hohen Einnahmen. Hier schlug sich eben eine gewisse Starbegeisterung besonders auffällig nieder.

Mozart gehörte zweifellos zu den bestbezahlten Solisten in Wien. Nimmt man sehr vorsichtige Schätzungen an und legt die Einnahmen der Konzerte zugrunde, über die wir unterrichtet sind, so dürften nach Abzug der Kosten für Saalmiete und Orchester im Durchschnitt mindestens 300 Gulden übriggeblieben sein. Im Falle der Subskriptionskonzerte, die ja Serien von drei beziehungsweise sechs Konzerten umfaßten, blieben bei vorsichtiger Schätzung mindestens 100 Gulden. Bei den Konzerten in den Häusern des Adels, also bei den Fürsten oder Grafen Golizyn, Esterházy, Zichy, Pálffy usw., wurden sicher in den meisten Fällen Geschenke im Wert von 50 Gulden übergeben, oft wird es aber mehr gewesen sein. Vom Wettspiel mit Muzio Clementi vor Joseph II. Weihnachten 1782 wissen wir, daß Mozart 50 Dukaten (225 Gulden) bekommen hat.

Einzige erhaltene Konzertkarte zu einer von Mozart selbst veranstalteten Akademie. Das Datum dieses Konzerts läßt sich nicht rekonstruieren

Mozarts Verlagshonorare sind ein bis heute fast undurchschaubares Kapitel. Summiert man einmal die Werke, die in den Wiener Jahren gedruckt worden sind, so kommt man immerhin auf die beachtliche Zahl von rund 110 Nummern des *Köchelverzeichnisses* (das in der sechsten Auflage rund 790 Nummern umfaßt). Etwa 20 Prozent dieser zwischen 1781 und 1791 gedruckten Werke sind vor der Wiener Zeit entstanden. Und immerhin fast ein Sechstel der in Wien entstandenen Werke Mozarts wurde noch zu seinen Lebzeiten gedruckt. In einer Zeit, wo das Musikalienverlagswesen erst in seinen Anfängen stand, ist dies eine ungewöhnlich hohe Zahl, die von den wenigsten Musikerkollegen Mozarts erreicht worden sein dürfte – und einen vergleichbar produktiven gab es schon gar nicht. Von diesen 110 Nummern sind immerhin 65 größere Werke, die anderen sind kleinere Werke sowie Tänze und Lieder. Die meisten wurden bei Artaria in Wien verlegt, einige auch bei Hoffmeister, die anderen bei kleineren Verlegern in Wien, Paris und anderswo. Mozart hat zweifellos aus den meisten dieser gedruckten Werke Einnahmen gehabt, wenn auch nicht immer in so stolzer Höhe wie bei den *Haydn-Quartetten*. Aus einigen Preisen, die Mozart verlangte, läßt sich aber ein ungefähres Bild gewinnen: Für sechs Sonaten für Klavier und Violine verlangt er 135

Gulden, also mehr als 20 Gulden für jede dieser Kompositionen, für ein Klavierkonzert zwischen 30 und 100 Gulden. Welche Honorare Mozart jedoch (etwa von Artaria) tatsächlich erhalten hat, ist nicht überliefert. Auffällig ist aber, daß die meisten Werke in den Jahren 1785 bis 1788 erschienen sind, in den anderen Jahren die Veröffentlichungen deutlich zurückgehen. Auch hier zeigt sich der 1788 beginnende Türkenkrieg als eine schwere Belastung: Das kulturelle Leben scheint in diesen Kriegsmonaten einen jähen Einbruch erlitten zu haben, und der gleich darauf folgende Tod Josephs II. in einer Zeit neuer außenpolitischer Ungewißheiten (Französische Revolution) sorgte ebenfalls für eine gewisse Erstarrung des öffentlichen Lebens.

In den ersten Wiener Jahren, als Mozart noch nicht mit größeren Verlagshonoraren rechnen konnte, spielten die Honorare aus seinen Unterrichtsstunden eine wesentliche Rolle bei der Bestreitung des Lebensunterhalts. Mozart verlangte von seinen Schülern monatlich sechs Dukaten (27 Gulden) und war bereit, dafür zwölf Lektionen zu geben. Bei drei Schülern kam er damit auf fast 1 000 Gulden im Jahr. In dem Maße, wie Mozart durch öffentliche Konzerte mehr in Anspruch genommen wurde, schränkte er das Unterrichten ein; er hatte aber immer wieder Schüler, die nur für wenige Stunden sich bei ihm anmeldeten und insofern keine Einnahmekontinuität versprachen. Nur ging es Mozart zwischen 1785 und 1787 finanziell gut genug, auf diese etwas unergiebige Einnahme nach Möglichkeit zu verzichten. Spätestens 1790 jedoch hat er wieder Schüler gehabt, wenngleich wohl nur von jeweils kurzer Dauer.

Versucht man Mozarts Einnahmen in ihren nachweisbaren Zahlen zusammenzustellen, so erhält man das folgende Minimum:

		Gulden	Gulden
1781	*Idomeneo*	450	
	Quartalsgehalt aus Salzburg	112	
	Honorare (Konzerte, Schüler)	400	
1782	*Die Entführung aus dem Serail*	426	
	Honorare (Konzerte, Schüler, Verleger)	1 100	
1783	Konzert im Burgtheater (23. März)	1 600	
	Honorare (Schüler)	650	
	Honorare (weitere Konzerte, Verleger)	?	
1784	Subskriptionskonzerte im Trattnernhof	1 000	
	Honorare (Schüler)	650	
	Honorare (weitere Konzerte, Verleger)	?	

1785	Akademie im Burgtheater (10. März)	559	
	Honorare (Verleger)	720	
	Honorare (weitere Konzerte, Schüler)	?	
1786	*Der Schauspieldirektor*	225	
	Le nozze di Figaro	450	
	Drei Klavierkonzerte nach Donaueschingen	81	
	Honorare (Konzerte, Schüler, Verleger)	?	
1787	*Don Giovanni* (Prag)	450	
	Benefizvorstellung *Don Giovanni*	700	
	Konzert in Prag	1 000	
	Honorare (Konzerte, Schüler, Verleger)	?	
	Erbschaft	1 000	
	Gehalt (ab Dezember)	66	
1788	*Don Giovanni* in Wien	225	
	Honorare (Konzerte, Schüler, Verleger)	?	
	Benefizkonzert mit Händels *Pastorale*	?	
	Gehalt	800	
	Von Puchberg geliehen		300
1789	Berlinreise:		
	Zwei goldene Dosen, mit Geld gefüllt	1 285	
	Honorare (Konzerte, Schüler, Verleger)	?	
	Gehalt	800	
	»Aus dem Ausland« (?)	450	
	Von Puchberg geliehen		450
	Von Hofdemel geliehen		100
1790	*Così fan tutte*	900	
	Frankfurtreise	165	
	Gehalt	800	
	Von Puchberg geliehen		610
1791	*La clemenza di Tito*	900	
	Die Zauberflöte	?	
	Requiem (Anzahlung)	225	
	Honorare (Schüler, Verleger)	?	
	Gehalt (bis zum Tode ausbezahlt)	600	
	ungeklärte Summe (Brief vom 25. Juni 1791)	2 000	
	Von Puchberg geliehen		55

Diese Zahlen sind seit über 100 Jahren bekannt, eigentlich seit Otto Jahns erster großer Mozart-Biographie von 1856–59. Seit dieser Zeit haben sie sich weder konkretisiert, noch konnten sie ergänzt werden. Sie stellen ausschließlich jene Einnahmen Mozarts dar, die durch Briefe oder Dokumente in irgendeiner Form belegbar sind. In Jahreszahlen lauten sie so:

1781	962 Gulden
1782	1526 Gulden
1783	2250 Gulden
1784	1650 Gulden
1785	1279 Gulden
1786	756 Gulden
1787	3216 Gulden
1788	1025 Gulden
1789	2535 Gulden
1790	1865 Gulden
1791	3725 Gulden

Die vielen Fragezeichen machen zugleich deutlich, daß Mozart selbstverständlich sehr viel höhere Einnahmen hatte, die sich allerdings in Zahlen nicht nachweisen lassen. So wissen wir kaum etwas über die Konzerteinnahmen – mit ganz wenigen Ausnahmen. Für die Schülerhonorare lassen sich für die ersten drei Jahre immerhin aus Mozarts eigenen Angaben ungefähre Einnahmen addieren, für die spätere Zeit wissen wir nicht einmal genau, wer (wie lange) Mozarts Schüler war. Erst recht sind Mozarts Verlagseinkünfte beziehungsweise solche aus dem Verkauf seiner Werke bis heute nicht bekannt.

Und auch die Liste gesicherter Einkünfte enthält einiges Merkwürdige. In den ersten drei Jahren werden die tatsächlichen Einkünfte aus Honoraren zwar höher gewesen sein, aber zumindest nicht in signifikanter Weise. Die Jahre 1784 bis 1786 gehören jedoch allein schon wegen der häufigen Konzerte zu einer Zeit großer Erfolge, die sich auch finanziell niedergeschlagen haben müssen, während sich in unserer Liste ein krasser Einnahmeverfall dokumentiert; das bedeutet jedoch nur, daß wir aus jenen Jahren besonders wenig über den finanziellen Ertrag wissen. Auch in allen anderen Biographien erscheint diese Zeit als Mozarts erfolgreichste; Mozarts Verarmung wird erst für die folgenden Jahre behauptet. Gerade für diese läßt sich jedoch ein hohes Einkommen deutlich nachweisen. Selbst wenn man die Erbschaft von Leopold Mozart aus dem Jahre 1787 abzieht, bleibt ein Betrag von mehr als 2200 Gulden übrig. Nach dem Jahr 1790 stabilisiert sich Mozarts finanzielle Lage – auf einem relativ hohen Niveau. (Die ungeklärten 2000 Gulden können sich durchaus schon aus den Pensionszusagen von Amsterdam beziehungsweise dem ungarischen Adel erklären.)

Diese nachweisbaren Einkünfte repräsentieren bereits ein Einkommen, das – gemessen an den Einnahmen anderer Musiker – als überdurchschnittlich anzusehen ist, jedenfalls die These von der Verarmung deutlich widerlegt. Mozarts Einkünfte entsprachen bei den Beamtengehältern denen der gehobenen Stellung eines Hofsekretärs. Sie waren offensichtlich am Ende seines Lebens deutlich ansteigend und sicher ungewöhnlich für einen Mann seines Alters. Haydn, der bekanntermaßen hohe Verlagseinkünfte hatte, brachte seine ersten Werke in einem Alter zum Druck, das Mozart gar nicht mehr erlebt hat; Haydns eigentlicher Aufstieg – auch im finanziellen Sinne – begann erst, als er schon Mitte Vierzig war.

Die Frage, wie hoch Mozarts Einnahmen nun wirklich waren, gehört in den Bereich mehr oder weniger vorsichtiger Spekulation. Uwe Krämer hat in einer Studie unter dem provozierenden Titel *Wer hat Mozart verhungern lassen?* (1976) eine oberflächliche Rechnung aufgestellt, die bisherige Darstellungen dieses Themas genau in ihr Gegenteil verkehren: Nun soll Mozart plötzlich ein Krösus gewesen sein, der sein ganzes Geld verspielt habe. Nach Krämer »dürfte Mozart pro Jahr aus seiner Virtuosentätigkeit etwa 10 000 Gulden bezogen haben. Hinzu kamen die Einnahmen aus den Lektionen mit 900 Gulden und beträchtliche Honorare aus Kompositionen.«[34]

Carl Bär macht eine andere, seriösere Rechnung auf und versucht, die nachweisbaren Einnahmen und die vermuteten Ausgaben, die er aus genauen Berechnungen von Mieten, Preisen, Löhnen usw. fiktiv zusammenstellt, zu bilanzieren. Für die Jahre 1785 bis 1791 kommt er zu folgendem Gesamtergebnis:

»Wie ersichtlich ist, stehen Einnahmen von ungefähr 11 000 Gulden Ausgaben in gleicher Höhe gegenüber. So gesehen ist die Bilanz ausgeglichen. Unter den Einnahmen figurieren aber 1 000 fl. für Darlehen. Es besteht somit genau genommen ein Ausgabenüberschuß. Weiterhin bestehen auf beiden Seiten Imponderabilien, die bei den Einnahmen wohl nur scheinbar schwerer wiegen als bei den Ausgaben. Man wird davon ausgehen müssen, daß die Familie Mozart in diesen sechs Jahren ungefähr 12 000 Gulden verbraucht hat, pro Jahr im Durchschnitt 2 000 Gulden.«[35]

Bär berücksichtigt in seiner Berechnung allerdings nicht die Einnahmen Mozarts, die aus der überlieferten Anzahl von Konzerten und aus der Zahl der Veröffentlichungen angenommen werden müßten. Mozart ist schließlich nicht dauernd umsonst aufgetreten und hat seine Werke auch den Verlegern nicht für nichts überlassen. Zwar hat er nicht in jeder seiner Akademien 1 600 Gulden eingenommen, wie im März 1783, und sicher nicht immer Honorare durchsetzen können wie bei den Haydn gewidmeten *Quartetten*. Aber man könnte immerhin Mindesteinnahmen pro Konzert beziehungsweise für die einzelnen Verlagswerke annehmen, die – vorsichtig geschätzt – in einem oder dem anderen Fall mal unterschritten wurden, dann wieder gesteigert werden konnten: Durchschnittssätze also, die sich hochrechnen lassen.

Wenn man davon ausgeht, daß Mozart bei einer eigenen Akademie 300, bei Subskriptionskonzerten 100 Gulden und bei Privatkonzerten des Adels Geschenke im Werte von 50 Gulden erhalten hat, wenn man als Verlagseinnahmen bei größeren Werken einen Durchschnitt von 20 Gulden zugrunde legt und bei kleineren von 5 Gulden, so kommt man, addiert zu den nachgewiesenen Einnahmen, auf ein sehr vorsichtig geschätztes Durchschnittseinkommen Mozarts zwischen 1782 und 1791 von 3 000 bis 4 000 Gulden. Im Jahre 1781 wird Mozart kaum mehr als 1 500 Gulden gehabt haben – er mußte seine Kontakte schließlich erst knüpfen, da er ja ohne jede Vorbereitung nach Wien gekommen war. Für das Jahr 1786 errechnet sich ein Betrag, der bei nur 2 000 Gulden liegt, im folgenden Jahr hingegen liegt die Schätzung bei 4 000 Gulden, also keine auffälligen Mindereinnahmen.

Eine gewisse Ausnahme bildet das Jahr 1788, in dem auch die Reihe der Puchberg-Briefe[36] mit ihren Geldforderungen beginnt. Es ist das Jahr, in dem der Türkenkrieg auf einem Höhepunkt ist, das gesellschaftliche Leben in der Hauptstadt Wien fast zum Erliegen kommt, da ein großer Teil des männlichen Adels zum Militär eilt, die anderen sich auf ihre Güter zurückziehen, deren Verwaltung in kriegerischen Zeiten schwieriger ist und größere Sorgfalt erfordert. Der Kaiser selbst ist während dieses ganzen Jahres beim Heer, die Stimmung in Wien ist gedrückt: für Künstler gewiß eine besonders schwere Zeit.

Mozart hat offensichtlich versucht, durch Schuldenmachen seinen Lebensstandard zu halten. Man wird wohl davon ausgehen können, daß Mozart ständig kurzfristig Schulden hatte, mit denen er die Unregelmäßigkeit seiner Einkünfte auszugleichen suchte: Schließlich erzielte er die meisten Gelder aus den Konzerten, für die vor allem die kurze Saison der

Fastenzeit sowie die Adventszeit zur Verfügung standen. Aber Privatschulden waren im 18. Jahrhundert mindestens so üblich wie heute Kleinkredite oder Kontenüberziehungen bei den Banken. Der Kernpunkt von Mozarts finanziellen Schwierigkeiten zwischen 1788 und 1790 scheint gewesen zu sein, daß er zum erstenmal nicht in der Lage war, die kurzfristigen Verbindlichkeiten von 1788 zu tilgen. Der Grund dafür lag ausschließlich in der teuren Krankheit seiner Frau, die im Frühsommer 1789 begann und sich mit den notwendigen Kuren weit bis ins Jahr 1790 hinzog. Mozart scheint zwar 1789 viel mehr als 3000 Gulden eingenommen zu haben, er war aber dennoch wegen der hohen Krankheitskosten nicht in der Lage, seine Schulden zu begleichen. Wirklich stabilisiert hat sich seine Lage erst 1791, ein Jahr, in dem Mozart weit mehr als 4000 Gulden (eher sogar gegen 5000 Gulden) eingenommen hat. Jetzt war er in der Lage, einen Teil seiner Schulden bei Puchberg zurückzuzahlen, zugleich aber zwei weitere Badekuren seiner Frau zu finanzieren, die diesmal medizinisch nicht mehr so dringend waren, und außerdem seinen Sohn in einem teuren Internat unterzubringen.

Mozarts Einnahmen waren nicht nur überdurchschnittlich hoch im Vergleich zu fast allen Musikerkollegen, sondern sie versprachen noch wesentliche Steigerungen. Kurz vor seinem Tod nämlich begann sich der internationale Ruhm, den Mozart erworben hatte – nicht als virtuoses Wunderkind, sondern als ausgereifter und bewunderter Komponist –, auch finanziell niederzuschlagen. Reiseeinladungen nach England und Rußland häuften sich – was sie finanziell bedeuteten, lehrt das Beispiel Haydn –, darüber hinaus fanden sich auch Mäzene, die bereit waren, Mozart eine finanzielle Unabhängigkeit zu verschaffen, die es ihm ermöglicht hätte, ohne weitere Verpflichtungen im gewohnten teuren Lebensstil zu arbeiten, ohne von Honoraren oder Verlagseinkünften abhängig zu sein. Sowohl eine Gruppe der Amsterdamer Kaufmannschaft als auch einige ungarische Magnaten kündigten unabhängig voneinander ein entsprechendes Ehrenlegat an.

Haydn, dessen Grundeinkommen in dieser Zeit noch weit niedriger war, weil er praktisch keine Konzert- oder Schülerhonorare erhielt, statt dessen bis 1790 den täglichen anstrengenden Dienst als Hofkapellmeister und gelegentlich noch als Organist zu versehen hatte, hat sich vor allem durch die Englandreisen (ab 1790) ein Vermögen erworben, das bei seinem Tod einen Wert von etwa 35000 Gulden ausmachte. Mozarts Erfolgsaussichten waren bei seinem Tode eher noch besser, zumal er 24 Jahre jünger als Haydn war. Mozart gehörte allerdings nicht zu jenem

Typus von Bürgern, die durch sparsame Lebensführung einen Teil ihrer Einkünfte beiseite zu schaffen versuchen, um ein sicheres Polster für Alter, Krankheit, Not zu haben. Haydn hatte sein Geld in »öffentlichen Schuldverschreibungen« und privaten Schuldscheinen angelegt: Sein Vermögen wurde durch die gewaltige Inflation während der napoleonischen Zeit völlig entwertet. Mozart hingegen gab gleich aus, was er hatte, und legte nichts bei den unsicheren Banken zurück. Im Grunde verhielt er sich damit durchaus einsichtsvoll in die unzuverlässige Struktur der Geldwirtschaft am Ende des 18. Jahrhunderts. Von Armut war Mozart jedenfalls weit entfernt.

4. Adlige und bürgerliche Salons

Für mein Metier der beste Ort von der Welt

Mozarts Entscheidung, sich in Wien niederzulassen, nach einer herbeigezwungenen Entlassung aus Salzburger Diensten und gegen den ausdrücklichen väterlichen Rat, war der selbstbewußte Entschluß, alles auf eine Karte zu setzen. Unüberlegt oder verblendet war dieser Schritt ganz und gar nicht. Wien war neben Paris die einzige Metropole auf dem Kontinent und im musikalischen Bereich gewiß der chancenreichste Ort. Vielleicht wurde in Paris mehr Geld für Repräsentation ausgegeben, war die Hofhaltung prächtiger, war der Adel zahlreicher und verschwendungsbereiter, aber nirgends wurde der Musik ein so hoher Stellenwert eingeräumt, gab es so viele Musiker, war die Liebe zur Musik ausgeprägter und keineswegs allein auf Repräsentanz gesellschaftlicher Machtverhältnisse beschränkt. Zwar gab es einzelne Höfe, die – vor allem für die Oper – horrende Summen ausgaben, wie etwa der Stuttgarter Hof, zwar gab es Hofhaltungen, wie etwa in Mannheim beziehungsweise München, die sich die besten europäischen Orchester leisteten, aber in Wien gab es neben dem kaiserlichen Hof eine Fülle weiterer Hofhaltungen von fürstlichen und gräflichen Häusern, die untereinander geradezu konkurrierten im Aufwand für eigene Orchester, angestellte Musiker und in manchen Fällen sogar eigene Opernensembles.

Natürlich war jeder Herrschersitz ein Anziehungspunkt für den umliegenden Adel, der mit seiner Anwesenheit am Hof seinen Einfluß zu sichern suchte, bei der Ämtervergabe berücksichtigt werden wollte und mit dem Machtanteil auch ökonomische Interessen verband. Aber der kaiserliche Hof war doch etwas attraktiver und gewichtiger als zum Beispiel der preußische, abgesehen davon, daß der in den Habsburger Erblanden ansässige Adel sehr viel vermögender war als etwa die preußischen Junker[1]. Die Bedeutung des Wiener Hofes lag auch keineswegs allein in der kaiserlichen Würde – denn zum Kaiser gekrönt wurde in Frankfurt am Main, die Reichsinsignien lagen in Nürnberg, der

Reichstag residierte in Regensburg und so weiter –, sondern im Umfang der Erblande, die von Böhmen bis zum Banat, von den Niederlanden bis nach Italien reichten.

Mozart kannte natürlich diese Verhältnisse, schließlich war er als Jugendlicher schon dreimal in Wien gewesen und hatte darüber hinaus eine Erziehung genossen, bei der die Einschätzung des Machtgefüges der absolutistischen Staaten und ihre sinnvolle Inanspruchnahme für eine künstlerische Tätigkeit eine große Rolle spielten. Ihm ging es nicht allein darum, eine feste Anstellung zu finden, die besser bezahlt würde als die in Salzburg, sondern zugleich einen Wirkungsort zu suchen, von dem aus die größte Ausstrahlung zu erreichen wäre, der meiste Ruhm, die weiteste Verbreitung seiner künstlerischen Produktion. Mozarts Karriere war von frühester Jugend an international ausgerichtet gewesen, vor allem durch die großen Reisen nach Paris und London und drei Reisen nach Italien.

Vom 7. bis zum 23. Lebensjahr war Mozart mehr als die Hälfte der Zeit unterwegs gewesen, hatte gelernt, indem er zugleich als Virtuose und Komponist sich produzieren mußte. Kaum ein Musiker, schon gar nicht seines Alters, hatte so viele Erfahrungen sammeln können mit öffentlichem Auftreten, mit Auftraggebern und finanziellem Niederschlag der Musikbegeisterung. Mozart war zwar erfolgverwöhnt, aber einige Niederlagen hatte er doch einstecken müssen, hatte Intrigenspiel ebenso kennengelernt wie Adelsarroganz, und trotz aller Musikbegeisterung war auch Wien kein ganz einfaches Pflaster. Schließlich gab es hier viele Musiker, die um die Gunst des Publikums buhlten, die Opernaufträge durchsetzen wollten und vor allem auf Zuwendungen des reichen Adels aus waren.

Wer am Hof Einfluß haben wollte, also für sich und seine Familie Anspruch erhob auf Teilhabe an Hof und Regierung – sei es als Regierungsbeamter, Militär oder in den zahlreichen Verwaltungsstellen –, mußte eine Wohnung in der Residenzstadt haben. Die Verteilung aller wichtigen Ämter in den Erblanden an Angehörige einer überschaubaren Zahl von Adelsfamilien sicherte vom 17. bis zum 19. Jahrhundert eine Kontinuität im Staatsdienst, die sich auf ein festes gesellschaftliches Gepräge stützen konnte. Die zahlreichen Adelspaläste in Wien sind somit nicht allein Ausdruck des Repräsentationswillens ihrer Erbauer, sondern dienen zugleich der Sicherheit, daß auch künftige Familienabkömmlinge eine ähnliche politische und gesellschaftliche Stellung einnehmen werden, wozu sie in gleicher Weise eines angemessenen Wohnsitzes in

Sichtweite des Hofes bedürfen. Die engen Verschwägerungen dieser aristokratischen Familien sorgten darüber hinaus für die zahlenmäßige Beschränktheit der einflußreichen Familienclane. Mit dem Aufwand für Repräsentation wurde einerseits der Machtwille dokumentiert, andererseits die Fähigkeit zur Schau gestellt, große Besitzungen zu verwalten und einem Hausstand vorzustehen, der ein kleineres Abbild des größeren Hofes darstellte.

Die Kapitalien, die dieser Aristokratenschicht zur Verfügung standen und die Erträgnisse riesiger Güter, aber auch anderer Produktionsbetriebe darstellten, waren außerordentlich hoch. Selbst Familien des sogenannten zweiten Adels (Ritter, Freiherren, Edle usw.) hatten im allgemeinen zwischen 10000 und 20000 Gulden zur Verfügung. Solche Summen standen aber auch bereits einigen Großkaufleuten, Hofagenten, Lieferanten und Wechslern zu Gebote, die sich vor allem durch die Heereslieferungen für Kaiserin Maria Theresia verdient gemacht hatten und oft neben ihrem Einkommen auch noch durch Adelsprädikate belohnt worden waren. Das Geld dieser Schichten, die zusammen nur etwa zwei bis drei Prozent der Bevölkerung ausmachten, war die Grundlage einer beispiellosen kulturellen Blüte – mit der Nebenbedingung der Armut von über 90 Prozent der Bevölkerung[2].

Wesentliches Merkmal aller musikalischen Aktivitäten des Adels war vor allem ihre Öffentlichkeit. Der in Wien am Ende des 18. Jahrhunderts ansässige Adel kultivierte noch nicht jene borniete Verriegelung gegenüber allen nicht Gleichrangigen, die für die Zeit nach der Französischen Revolution und des Vormärz so charakteristisch wurde. Der Zutritt zu den musikalischen Aufführungen war verhältnismäßig unkompliziert, wenn nicht von vornherein die Öffentlichkeit geradezu gesucht wurde: Die vielen Freiluftaufführungen auf öffentlichen Plätzen oder in den Parks, die in der josephinischen Zeit zumeist für jedermann geöffnet waren, zeigen diese Tendenz sehr deutlich. Ebenso wie der Kaiser mit der Öffnung des Augartens vorangegangen war – die demonstrative Torüberschrift, die er anbringen ließ, lautete: »Allen Menschen gewidmeter Belustigungsort von ihrem Schätzer« –, ebenso vorbildlich zugänglich war das Hoftheater, das darüber hinaus an allen spielfreien Tagen für Konzertveranstaltungen zur Verfügung stand. Die Oberaufsicht über die Oper hatte Joseph II. nicht nur persönlich übernommen, sondern sich zugleich an die Spitze einer Reformbewegung zu setzen gesucht, als er 1778 neben der italienischen Oper ein deutsches Nationalsingspiel einrichtete.

Über die Zahl der Adelskapellen, ihre Zusammensetzung, ihre musikalische Praxis sind wir nur sehr unvollständig unterrichtet. Einzig das Orchester des Fürsten Nikolaus Joseph von Esterházy hat wegen Joseph Haydns langjähriger Leitung einige Aufmerksamkeit gefunden und ist daher auch gut dokumentiert. Jedoch haben zwischen 1770 und 1790 zahlreiche weitere Privatorchester bestanden, über die bis heute nur spärliche oder gar keine Untersuchungen existieren. Das ist um so erstaunlicher, als diesen Ensembles eine konstitutionelle Bedeutung für die Musikgeschichte jener Zeit zukommt: Viel Musik wäre ohne deren Existenz einfach nicht geschrieben worden[3]. Von den meisten Orchestern wissen wir nur aus Biographien einzelner Instrumentalisten, die einem Ensemble eine Zeitlang angehörten, dann zu einem anderen wechselten und so fort. Konzertprogramme und öffentliche Ankündigungen sind nirgends überliefert, aber die (teilweise heute noch bestehenden) Archive der Adelsfamilien vor allem Böhmens und Ungarns sind bisher kaum ausgewertet, obschon sie möglicherweise wertvolles Material in Form von Rechnungsbüchern und ähnlichem enthalten.

Wer kein eigenes Orchester unterhalten konnte, veranstaltete dennoch regelmäßig Konzerte, zu denen dann jeweils entsprechende Orchesterbesetzungen zusammengestellt wurden. Unter den Dilettanten und den Berufsmusikern gab es immer genug, die sich bereitwillig vereinigen ließen. Gerade die Berufsmusiker verdienten so wenig Geld, daß sie darauf angewiesen waren, auf diese Weise ihr Gehalt aufzubessern. Den Angehörigen der kaiserlichen Hofmusik war die Mitwirkung in anderen Konzerten sogar ausdrücklich erlaubt. Vor allem auch die Kirchenmusiker benötigten solche Lohndienste für ihr Existenzminimum. Mozart hat in seinen Konzerten, von wem auch immer sie veranstaltet wurden, stets solche eigens zusammengestellten Orchester zur Verfügung gehabt, deren Qualität keineswegs der fester Vereinigungen nachstehen mußte. Bis in die Beethoven-Zeit waren solche Ad-hoc-Zusammensetzungen eher die Regel. Damit waren aber auch bürgerlichen Konzertveranstaltern alle Möglichkeiten gegeben: Musikalische Akademien waren kein Adelsprivileg, denn willige Musiker gab es genug und geeignete Säle ebenso, meist sogar bewirtschaftet, was die Räumlichkeiten auch für Tanzveranstaltungen und Bälle geeignet machte. Da man in dieser Zeit noch nicht nach Unterhaltungsmusik und Konzertmusik unterschied – die Teilung von »U-Musik« und »E-Musik« vollzieht sich erst in der Mitte des 19. Jahrhunderts –, gab es oft bei Konzerten in Nebensälen Spieltische sowie Erfrischungsstände.

Über das Wiener Konzertleben wissen wir bis jetzt nur höchst unvollkommen Bescheid[4]. Öffentliche Ankündigungen in Zeitungen waren sehr selten, eine regelmäßige Konzertkritik gab es noch nicht, und die beste, wenn auch lückenhafte Überlieferung sind Briefzeugnisse, Tagebuchaufzeichnungen und ähnliches, aus denen hervorgeht, daß es sowohl beim Adel als auch bei anderen Veranstaltern eine gewisse Regelmäßigkeit der Konzerte gab, ohne daß wir Einzelheiten wissen. Bezeugt sind allein an Gartenmusiken regelmäßige Konzerte im Augarten, im Belvederepark, im Garten des Liechtenstein-Palais in der Roßau sowie auf der Bastei »an den Limonadehütten«. Konzerte im Haus der »Mehlgrube« sowie im Jahnschen Saal in der Himmelpfortgasse kommen hinzu. Neben den regelmäßigen Liebhaberkonzerten sind vor allem die jährlich vier Konzerte der »Tonkünstler-Societät« zu nennen, eines Unterstützungsvereins für Musikerwitwen und -waisen, der nur aus Berufsmusikern bestand. In diesen Konzerten wurden vor allem große Oratorien aufgeführt, wobei auch Riesenbesetzungen möglich waren, weil jeder Musiker bereit war, für diese Sozialeinrichtung solidarisch tätig zu werden[5]. Reisende Musiker, die Wien als Metropole des Musiklebens in großer Zahl besuchten, konnten sich im allgemeinen an den spielfreien Abenden im Burgtheater hören lassen. Auf diese Weise hat Wien fast alle bedeutenden Virtuosen zu hören bekommen, und auch Mozart hat im Burgtheater öfter eigene Akademien gegeben, oft mit beträchtlichem finanziellen Erfolg.

Entscheidend für das Wiener Musikleben war aber, daß sowohl der Adel wie das Bürgertum nicht nur eine passive Rolle als Musikbegeisterte spielten, sondern das eigene häusliche Musizieren in allen Schichten verbreitet war. Das fing beim Kaiser an, der sich nachmittags fast immer für eine Stunde zum Quartettspiel zurückzog – wie überhaupt die Habsburger fast alle ein Instrument spielten. Im adligen Salon gab es hervorragende Musiker, von denen einige in Johann Ferdinand von Schönfelds *Jahrbuch der Tonkunst* (1796) verzeichnet sind. Auch in den bürgerlichen Häusern wurde überall musiziert, und ein Klavier zu haben gehörte zum mindesten.

Für das Musikleben hatte dieses Dilettantenwesen eine wichtige Nebenbedeutung: Ein unersättlicher Hunger nach immer neuen Kompositionen war die Folge. Der Adel benötigte für seine eigenen Orchester stets neue Werke, in den öffentlichen Konzerten wurden fast ausschließlich neue Kompositionen vorgestellt, und auch im häuslichen Kreis hatte man ständig Bedarf nach Werken einfacher Besetzung und vor allem nach Klaviermusik. Ein aufblühender Musikalienmarkt war die Folge, wobei die neuesten Opern in Klavierauszügen oder Instrumentalbearbeitungen mit den erfolgreichsten Stücken besonders schnell verbreitet waren. Nur das jeweils Neueste war begehrt, mit älterem mochte sich niemand abgeben. Es gab fast keine andere Musik zu hören als im engsten Sinne zeitgenössische. Um ganz zu erfassen, was das bedeutet, müßte man sich vorstellen, es gäbe in unserem heutigen Konzertwesen, im Rundfunk, auf Schallplatten, in den Opernhäusern nichts anderes zu hören als Musik, die in den letzten zehn Jahren entstanden ist. Der Bedarf an neuen Werken aller Art mußte bei der ausgedehnten Musizierpraxis grenzenlos sein, zumal jedes Werk auch sofort aufgeführt wurde. Schließlich entstanden die Kompositionen auch nur im engen Zusammenhang mit Aufführungsgelegenheiten und Bestellungen sowie für den eigenen Gebrauch. Mozart betont des öfteren, daß er gar nicht daran denke, etwas ohne solchen Anlaß zu schreiben. Und in der Tat wird man kaum ein Mozart-Werk finden, das nicht für einen ganz konkreten Anlaß, wenigstens für die eigene Konzerttätigkeit geschrieben wäre. Freilich war die Kehrseite solcher Haltung ein geradezu verschwenderischer Umgang mit dem einzelnen Werk: Wie viele Kompositionen wurden ein einziges Mal gespielt und verschwanden dann in den Musikaliensammlungen ihrer Auftraggeber? Vor allem am Beispiel Haydns ließe sich dieser luxuriöse Umgang zeigen: Werkkomplexe wie etwa die weit über 100 Barytontrios, die er für den Fürsten Esterházy zu schreiben hatte, waren nur für einmalige Gelegenheiten gedacht. Den vielen anderen Komponisten, die für die Orchester ihrer Dienstherren zumeist auch als Instrumentalisten tätig waren, ging es nicht anders. Eine Fülle von Werken sogenannter Kleinmeister dürfte bis heute nicht ein zweites Mal aufgeführt worden sein.

Es läßt sich nicht rekonstruieren, wie viele Musiker in der josephinischen Zeit in Wien lebten – das *Jahrbuch der Tonkunst* von 1796 nennt allein über 200 »Virtuosen und Dilettanten« namentlich. Berufsmusiker, die mit ihrer musikalischen Tätigkeit ihr Einkommen bestritten, müssen viele hundert gewesen sein, vor allem, wenn man die Kirchen- und die Tanzmusiker hinzuzählt, die Militärmusiker noch gar nicht gerechnet. Auch die Zahl der Dilettanten kann kaum hoch genug angesetzt werden, denn Schönfeld erwähnt in seinem *Jahrbuch* nur die, die wenigstens gelegentlich auch öffentlich auftraten, nicht unbedingt in öffentlich plakatierten Veranstaltungen, aber in der Öffentlichkeit der musikinteressierten Kreise.

Dafür stand der Salon zur Verfügung, eine Einrichtung, die sowohl den Adel wie das gebildete Bürgertum zum Träger haben konnte. Der Wiener Salon der josephinischen Zeit unterschied sich erheblich von seinem berühmten Pariser Vorbild, vor allem, weil ihm das kritische Räsonnement und jeder Anspruch auf eine führende Rolle im literarisch geprägten Meinungsbildungsprozeß fehlten. Mag das mit der Aufhebung der Zensur zusammenhängen oder mit den tendenziell vom Hof Josephs II. ausgehenden Aufklärungsinitiativen, mit einer literarischen und philosophischen Rückständigkeit in Wien oder mit der Aufteilung in verschiedene kulturelle Zentren innerhalb der Erblande – die Wiener Salons konnten nie eine Rolle als Stellvertreter der politisch wirksamen Öffentlichkeit gewinnen. Gleichwohl waren sie ein wichtiger Ort allen gesellschaftlichen Lebens, zugänglich für jeden Interessierten, vor allem aber nicht abgeschlossen nach den Bereichen des gesellschaftlichen Ranges. Nirgendwo sonst waren die Standesunterschiede so aufgehoben, fand eine so ungezwungene Vermischung aller Schichten statt. Selbst der Kaiser, der auf ein gesellschaftliches Hofleben weitestgehend verzichtete, benutzte den Besuch im Salon als Ersatz für anderweitige Zerstreuung. (Da er weder ein ausgeprägtes Familienleben hatte noch Mätressenwirtschaft liebte und höfisches Zeremoniell ihm zuwider war – was sich auch in seiner einfachen, fast bürgerlichen Kleidung ausdrückte –, diente ihm der Hof in erster Linie als Arbeitsstätte; zu seiner Unterhaltung ging er jedoch in die Häuser, wo er eine ihm gemäße Gesellschaft fand.) Zwar suchte er keine bürgerlichen Häuser auf. Er beschränkte seinen Verkehr jedoch nicht auf die ihm rangmäßig näherstehenden fürstlichen Häuser, sondern war zum Beispiel regelmäßiger Gast im Salon der Gräfin Maria Wilhelmine von Thun, ein Haus, das keineswegs durch wichtige Hofämter eine natürliche Nähe zum Kaiser aufwies, sondern allein durch die Persönlichkeit der Gräfin geprägt war.

Für das Wiener Konzertleben spielten die vielen Privatakademien in den adligen und bürgerlichen Salons nicht die Rolle einer Konkurrenz – hier etwa das öffentliche Konzert als Ausdruck beginnender bürgerlicher Kulturformen, dort etwa die Privatheit des Hauses als Ausdruck der Abgeschlossenheit adliger Kultur (wobei im bürgerlichen Salon das oft zu beobachtende Nachäffen adligen Lebensstils bei einem erst im Entstehen begriffenen Bürgertum zu sehen wäre, dem es an Selbstbewußtsein mangelt) – die Privatakademien sind vielmehr eine Ergänzung für einen überbordenden Musikenthusiasmus, der das häusliche Musizieren zu halböffentlichen Formen erweitert. Und die musikalischen Dilettanten konnten sich sehr wohl öffentlich hören lassen. Viele von ihnen waren in ihren Fertigkeiten den Berufsmusikern ebenbürtig, wie das Wort »Dilettant« in dieser Zeit auch keine Geringschätzung bedeutet, sondern nur das nicht berufsmäßige Ausüben der Kunst meint; die meisten öffentlichen Konzerte waren ebenso »Dilettantenkonzerte«. Andererseits wurden zu den Privatakademien auch Berufsmusiker eingeladen; »privat« meint nur den kleineren Rahmen eines Privathauses, was nicht einmal die Darbietung von Orchestermusik ausschloß.

Mozart kannte all diese Formen des Wiener Musiklebens bestens, als er 1781 nach Wien kam. Vor allem wußte er, daß der zwanglosen Form des Salons alle Möglichkeiten für die Gespräche innewohnten, die am Rande eines Konzerts zu weiterführenden Engagements führen konnten. Nirgendwo war so gute Gelegenheit, die eigenen Fähigkeiten vorzustellen und um weitere Beweise seines Könnens gebeten zu werden. Mit drastischen Ausdrücken schildert Mozart eine entgangene Gelegenheit während seiner ersten Wiener Wochen, als er noch im Dienste des Salzburger Erzbischofs auftreten mußte:

»was mich aber halb desperat macht, ist, daß ich an dem Nemlichen abend als wir die scheis-Musick da hatten, zur Gräfin Thun invitirt war – und also nicht hinkommen konnte, und wer war dort? – *der kayser.*

Adamberger und die Weigl waren dort, und hat Jedes 50 dukaten bekommen! – und welche gelegenheit! –

Ich kann Ja doch dem kayser nicht sagen lassen, wen er mich hören will, so soll er bald machen, denn inn soviell tägen reise ich ab – sowas muß man Ja doch immer erwarten.« (11. April 1781)[6]

Mozart zeigt damit deutlich den besonderen Charakter des Salons als halböffentlicher Konzertstätte, wo man gutes Geld verdienen kann, sowie die Durchlässigkeit für verschiedene hierarchische Ebenen, seine Vermittlerrolle, wobei dem Salon der Gräfin Thun eine besondere Bedeutung zukommt.

Bei der Gräfin Thun

Die Familie Mozart war auf ihren vielen Reisen schon öfter Angehörigen der Grafenfamilie Thun begegnet, von denen manche im geistlichen Stand ihre Karriere gemacht hatten, nicht zuletzt auch in Salzburg. Die Besitztümer der Thuns lagen vor allem in Böhmen. In Prag und Linz residierte das Familienoberhaupt, Johann Joseph Graf Thun, ein musikliebender Herr, der in Prag ein eigenes Theater und eine Kapelle unterhielt. In Linz besaß er ein Palais am Minoritenplatz. Als Mozart im Herbst 1783 von seinem Besuch in Salzburg nach Wien zurückfuhr, ließ ihn Graf Thun auf der Durchreise in Linz abpassen:

»da kamm gleich der Junge graf thun |: bruder zu dem thun in Wienn :| zu mir, und sagte mir daß sein H: Vater schon 14 tage auf mich wartete, und ich möchte nur gleich bey ihm anfahren, denn ich müsste bey ihm Logiren. – Ich sagte ich würde schon in einem Wirthshause absteigen. – als wir den andern tage zu Linz beym thor waren, war schon ein bedienter da, um uns zum alten grafen thun zu führen, alwo wir nun auch Logiren. – Ich kann ihn nicht genug sagen wie sehr man uns in diesem Hause mit höflichkeit überschüttet. –« (31. Oktober 1783)

Bei diesem Aufenthalt ergab sich gleich noch Gelegenheit zu einem öffentlichen Konzert, für das Mozart »über hals und kopf« eine neue *Symphonie* schrieb, die sogenannte *Linzer* (KV 425). Die geradezu freundschaftliche Verbindung zu dem »alten« Graf Thun zeigte sich auch in einem Besuch Mozarts beim Grafen, als dieser im Juni 1784 zur Kur in Baden sich aufhielt. Während der ersten Pragreise im Januar 1787 war Mozart wiederum als Gast in das Thunsche Palais auf der Kleinseite aufgenommen worden. Graf Thun ließ sogar ein »ganz gutes Pianoforte« in sein Zimmer stellen, das Mozart »nicht unbenützt und ungespielt« stehen ließ.

Dieser höchst familiäre Ton herrschte aber auch in dem Wiener Palais Thun, wo ein Sohn, Franz Joseph Graf Thun, mit seiner Familie wohnte. Hier ging Mozart schon in den ersten Wiener Tagen 1781 ein und aus. Auch diesen Graf Thun kannte er schon länger und nennt ihn »den nemlichen sonderbaren – aber gutdenkenden rechtschaffenen Cavalier« (24. März 1781). Er war Freimaurer (wie auch sein Vater) und gehörte der Wiener Aufklärer- und Naturforscherloge »Zur wahren Eintracht« an, zu der auch Mozart enge Beziehungen hatte. Gleichwohl wird der Graf als »Schwärmer« bezeichnet; er hatte einen Hang zum spekulativen und mystizistischen Geheimbundwesen, das dieser Loge sonst fremd war. Durch den Wiener Arzt und Naturforscher Franz Anton Mesmer, der Wesentliches zur Physiotherapie beigetragen hatte, aber gelegentlich die Grenzen der Naturwissenschaft zu spekulativen Methoden übersprang, war Graf Thun zu Experimenten mit dem sogenannten Magnetismus gekommen. Später erregte er mancherlei Aufmerksamkeit durch Wunderkuren mit Handauflegen und ähnlichem, die er veranstaltete und

Franz Joseph Graf Thun, nach Mozart ein »sonderbarer – aber gutdenkender rechtschaffener Cavalier«, Freimaurer mit alchimistischen Interessen, verheiratet mit Wilhelmine Gräfin Thun

Bei der Gräfin Thun

die ihn sogar zu einer berüchtigten Rundreise zu Demonstrationen seiner Kunst veranlaßte. Er behauptete, Gichtschmerzen und Gliederlähmungen durch bloßes Auflegen der rechten Hand heilen zu können. Wahrscheinlich meinte Mozart solche Versuche, wenn er den Grafen als »sonderbar« bezeichnete.

Mittelpunkt des Hauses war aber zweifellos seine Frau, die Gräfin Maria Wilhelmine von Thun, deren Salon in gastfreundlicher Weise jedem offenstand. Ihr Haus war für den Fremden eine erste Adresse in Wien, um Bekanntschaften zu machen, in die Gesellschaft eingeführt zu werden und in zwangloser Weise Künstler und Wissenschaftler kennenzulernen, die sich nirgends sonst so angeregt mit der Aristokratie mischten. Insbesondere wurden in ihrem Hause Beziehungen nach England gepflegt, das politisch als freies und demokratisches Land eine Vorbildrolle auf dem Kontinent genoß, im literarischen und vor allem naturwissenschaftlichen Bereich nicht minder anregend und maßgeblich war. Gräfin Thun verfügte wohl über alle die Eigenschaften, die sie für eine vielseitige Vermittlerrolle prädestinierten. Einer der englischen Besucher ihres Hauses schrieb über sie eine bündige Charakteristik:

»Die Gräfin besitzt die Kunst, eine Gesellschaft zu erhalten, und zu machen, daß sie einander selbst unterhalte, besser als irgend jemand, den ich gekannt habe. Bei vielem Witz und einer vollkommenen Kenntnis der Welt besitzt sie das uneigennützigste Herz. Sie ist die erste, die die guten Eigenschaften ihrer Freunde entdeckt, und die letzte, die deren Schwachheiten merkt. Eine ihrer größten Vergnügungen ist, Vorurteile unter ihren Bekannten aus dem Wege zu räumen und Freundschaften zu stiften und zu befördern. Sie hat einen unbesiegbaren Zustrom von heiterstem Lebensgeistern, die sie so geschickt zu benützen weiß, daß sie die Fröhlichen ergötzt, ohne den Traurigen zu mißfallen. Nie habe ich irgend jemand gekannt, der eine solche Menge Freunde gehabt und auf jeden von ihnen so viel großmütige Freundschaft zu verschwenden gewußt hätte. Sie hat sich ein kleines System von Glückseligkeit in ihrem eigenen Hause geschaffen, und ist selbst der anlockende und verbindende Mittelpunkt.«[7]

Mozart verdankte ihr nicht nur manchen guten Rat und einige Bekanntschaften, die für ihn Bedeutung erlangen sollten, sondern vor allem einen ständigen wichtigen Zuspruch vor seiner ersten großen Wiener Bewährungsprobe, der *Entführung aus dem Serail*. Auch auf musikalischem Gebiet war die Gräfin Thun ein Gesprächspartner, spielte sie doch selbst vorzüglich Klavier, wahrscheinlich war sie als junges Mädchen eine

Klavierschülerin Haydns gewesen. Auch bei der Erziehung ihrer drei Töchter spielte die Musik eine große Rolle, zwei von ihnen werden in Schönfelds Verzeichnis der *Virtuosen und Dilettanten von Wien* genannt[8].

Von finanziellen Zuwendungen der Familie Thun an Mozart ist nichts überliefert. Dennoch hat Mozart sicher bei einigen Gelegenheiten auch Entlohnungen bekommen: zum Beispiel für die *Linzer Symphonie* – wäre es anders, so hätte er es in seiner nüchtern bilanzierenden Art sicher vermerkt. Andererseits waren die indirekten Unterstützungen der Gräfin für Mozart insgesamt viel bedeutsamer. Nicht nur, daß sie ihm für wichtige Konzertgelegenheiten – wie etwa das Wettspiel mit Muzio Clementi vor Kaiser Joseph II. – ihr »schönes Steiner-Pianforte« geliehen hatte, sie betrachtete ihn offensichtlich als ihren Schützling, den man mit den richtigen Leuten zusammenbringen müsse, damit er an ihm gemäße Aufträge käme. Und von dieser unauffälligen Vermittlerrolle verstand sie etwas. Sie sorgte dafür, daß Mozarts letzter großer Erfolg, *Idomeneo,* gleich auch in Wien bekannt wurde, am besten vom Komponisten selbst vorgestellt. Mozart war noch mitten im Streit mit seinem Salzburger Erzbischof (Graf Arco war noch nicht handgreiflich geworden), da arrangierte Gräfin Thun bereits in ihrem Haus ein Zusammentreffen Mozarts mit dem Grafen Franz Xaver Wolf von Rosenberg-Orsini, als »General-Specktakel-Meister« etwa einem Generalintendanten der Hofbühne vergleichbar, und Gottfried van Swieten, um *Idomeneo* zu hören. Zwar kannte Mozart beide schon von seinen jugendlichen Wienbesuchen, aber die Voraussetzungen waren diesmal doch etwas andere: Vor allem von Graf Rosenberg hing es ab, einen Opernauftrag zu bekommen. Als Gräfin Thun Wochen später aufs Land fuhr, lag die Partitur noch immer bei ihr, vermutlich weil sie sie weiter herumzeigen wollte. Das Textbuch dazu behielt sie sogar Monate bei sich, bis es bei einem Umzug verlorenging.

Die Entführung aus dem Serail entstand im engen Kontakt mit Gräfin Thun. Aktweise bekam sie vorgestellt, was Mozart komponiert hatte. Seinem Vater schreibt er:

»Gestern habe ich bey der Gräfin thun gespeist, und Morgen werde ich wieder bey ihr speisen. – ich habe ihr was fertig ist hören lassen. – sie sagte mir auf die lezt, daß sie sich getraue mir mit ihren leben gut zu stehen, daß das, was ich bis dato geschrieben, gewiß gefallen wird. – ich gehe in diesen Punckt *auf keines Menschens lob oder tadel* – bevor so leute nicht alles *im ganzen* – gehört und gesehen haben; sondern folge

Bei der Gräfin Thun

schlechterdings *meinen eigenen Empfindungen* – sie mögen aber nur daraus sehen, wie sehr sie damit muß zufrieden gewesen seyn, um so etwas zu sagen. –« (8. August 1781)

Am 7. Mai hat Mozart ihr dann seinen »2:^t Ackt vorgeritten, mit welchem sie nicht weniger zufrieden ist, als mit dem Ersten« (8. Mai 1782), am 30. Mai den dritten Akt.

Mozart hat des öfteren im Salon der Gräfin Thun gespielt, und die Gräfin ging sicher zu allen Konzerten Mozarts, wann immer sie dazu Gelegenheit hatte. Merkwürdigerweise ist aber über den Kontakt zum Hause Thun besonders wenig überliefert, das wenige nur zufällig. So erfahren wir allein aus dem Tagebuch des Grafen Karl von Zinzendorf, daß Mozart am 14. Dezember 1782 bei der Gräfin konzertierte. Andere Daten stützen sich ebensooft auf einen einzigen kleinen Hinweis, der fast unbeabsichtigt erhalten geblieben ist. Nach 1782 taucht der Name der Gräfin Thun in den Mozart-Briefen kaum noch auf. Gleichwohl gibt es nicht den geringsten Anlaß, deshalb anzunehmen, die Beziehung zu diesem Haus sei erkaltet, vielleicht sogar abgebrochen. Nur werden die Briefe an den Vater nach Mozarts erstem Jahr in Wien immer seltener, die Nachrichten von Mozarts Alltag immer unzusammenhängender und lückenhafter. Von Gräfin Thun ist höchstens ihre Anwesenheit bei einem Konzert vermerkt – wäre nicht Mozarts Besuch mit ihrem Ehemann beim alten Grafen Thun oder dessen Einladung an Mozart, bei ihm in seinem Prager Palais zu wohnen, so wäre es schwer, der unzulässigen Vermutung zu widerstehen, hier sei ein Bruch eingetreten. Denn unzulässig bleibt solche Vermutung, wie sie gelegentlich geäußert wurde, allemal: Es hieße, einen weißen Fleck auf der Landkarte einfach anzumalen, statt ihn weiß zu lassen, bis nähere Erkundung Aufschlüsse gibt.

Da gibt es zum Beispiel eine kleine Episode von der Berlinreise, die Mozart im Frühjahr 1789 in Begleitung des Fürsten Karl von Lichnowsky unternahm. Mozart mußte dem Fürsten 100 Gulden leihen, »weil sein beutel abnahm – ich konnte es [ihm] nicht gut abschlagen, du weist warum« (23. Mai 1789 an Konstanze Mozart). Die Bemerkung »du weist warum« läßt sich nicht ganz aufklären. Aber Lichnowsky war zu diesem Zeitpunkt kurz vor seiner Heirat mit der zweiten Tochter der Gräfin Thun, Maria Christina. Sollte sich diese Bemerkung also auf die engen und förderlichen Beziehungen zur Familie Thun beziehen, die Mozart bei dem eigenartigen Schuldenmachen des Fürsten nicht ignorieren konnte? Und woher kannte Mozart Lichnowsky, der in keinem früheren Brief auch nur erwähnt wurde? Eines jedenfalls ist sicher: Lichnowsky ging schon 1784 im Haus der Gräfin Thun ein und aus, also zu der Zeit, als Mozart mit dem Grafen Thun einen Freundschaftsbesuch bei dessen Vater unternahm.

Am Anfang der Bekanntschaft mit dem Salon der Gräfin Thun, gleich in der ersten Wiener Woche, schrieb Mozart an seinen Vater: »das ist die charmanteste, liebste Damme die ich in meinem leben gesehen; und ich gelte auch sehr viel bey ihr« (24. März 1781).

Ein solch tiefer Eindruck ist auch von anderen Besuchern ihres Hauses in teilweise überschwenglicher Weise geschildert worden. Die Gräfin wußte ihre Umgebung zu bezaubern und zugleich jedem das Gefühl einer besonderen Wertschätzung zu geben, gänzlich ohne Koketterie, vorurteilsfrei, liberal und freigebig.

In einer kleinen Abschweifung soll der Weg eines anderen Zeitgenossen, Georg Forster, in ihr Haus verfolgt werden, seine Eindrücke von der Gräfin, ihren Besuchern und von dem, was in diesem Haus alltäglich passierte. Fast alle Personen, denen Forster hier begegnete, sind enge Bekannte Mozarts, er bewegt sich großenteils in denselben Kreisen wie Mozart, und nur dem Umstand, daß dieser Reisende kein besonderes Verhältnis zur Musik hatte, ist es zuzuschreiben, daß in seinen Aufzeichnungen der Name Mozarts kein einziges Mal fällt, obschon beide vermutlich des öfteren zusammengetroffen sind, zumindest im selben Raum sich befanden. Ignoranz kann die Nähe manchmal nicht verleugnen, und so seien die folgenden Schilderungen wie eine unfreiwillige Zeugenschaft, ein Blick aus unmittelbarer Nähe.

Abschweifung: Georg Forster bei Gräfin Thun

Georg Forster kam auf seiner Reise von Kassel nach Wilna, wo er eine Professur antreten wollte, im Juli 1784 nach Wien und blieb, tief beeindruckt von der Stadt und der Aufnahme durch seine Bewunderer, insgesamt sieben Wochen. Er wurde geradezu herumgereicht in der Wiener Gesellschaft, sei es unter dem Adel, den Wiener Gelehrten, die in ihm den weltumsegelnden Naturforscher bewunderten, sei es in den bürgerlichen Salons der Kaufleute und Beamten, die wiederum alle zusammen ihn in den Freimaurerlogen ehrten. Einer der ersten Bekannten, die Forster (in einer Loge) traf, war Fürst Karl von Lichnowsky, den Forster aus der Studentenzeit in Göttingen kannte und als »meinen alten

Abschweifung: Georg Forster bei Gräfin Thun

Göttinger Freund« bezeichnete. Mit ihm ging er in die Oper, und anschließend nahm ihn Lichnowsky zum erstenmal in das Thunsche Haus mit. Zunächst waren nur die drei Töchter der Gräfin anwesend, von denen Forster sogleich in seinem Tagebuch schwärmte. Gräfin Thun traf er an einem der folgenden Abende auf einem Maskenball, auf dem er bis nachts um zwei Uhr blieb und mit der Gräfin angeregt plauderte. In den ersten beiden Wochen seines Aufenthalts bewegt sich Forster jedoch mehr in Kreisen, die auch dem Freimaurertum zugehören, trifft dort den Baron Gemmingen, Sonnenfels, Blumauer, Gebler, Hunczovsky und andere und macht Besuche beim Fürsten Kaunitz, im Haus Greiner, wo er auch Alxinger und Rautenstrauch trifft, bei Henikstein und anderen. Immer wieder kommen dann auch Besuche im Hause Thun vor, manchmal sogar täglich, mal mit Gemmingen, mal mit Lichnowsky oder Born, meist bis spät in die Nacht, einmal bis vier Uhr morgens. Von einem Nachmittag im Garten der Gräfin auf der Landstraße notiert Forster in seinem Tagebuch:

»Zu Born. Mit ihm und Blumauer zur Gräfin Thun. – da gegessen mit Gemmingen, Stütz, Werthes – Hernach Ballon gespielt mit gräfin Elisabeth; die Kupfer gezeigt, im Beyseyn der Gräfin Bassewitz und ihrer Tochter. – Hernach die Gräfin und Graf Cziczi?? gesehn, die nach Ungarn abgiengen. Einen herrlichen Nachmittag zugebracht mit Spielen des Witzes, vorlesung von allerley Gedichten pp. – – Noch mit der Gräfin in ihrem Zimmer allein geplaudert, eingeladen worden zu allen Zeiten wenn ich wolle zu kommen, pp.« (18. August 1784)[9]

Diese Einladung war wörtlich so gemeint. Das Haus stand jederzeit offen, irgendwer von der Familie war immer anzutreffen, und seien es die drei Töchter, die zwischen 17 und 20 Jahre alt waren. Offensichtlich ließ man sich durch niemanden in der zwanglosen Unterhaltung stören, versuchte vielmehr jeden sofort einzubeziehen und ihm das Gefühl selbstverständlicher Zugehörigkeit zu geben. Hier gab es keine steifen Sitten, keine geregelten und einzuhaltenden Besuchszeiten, aber eine zu jeder Stunde geübte Gastlichkeit. Man unterhält sich oder sieht Bilder an, spielt Gesellschaftsspiele, tanzt auch, musiziert und liest vor, ganz so, wie es sich gerade durch die Anwesenden ergibt.

An einem anderen Tag bringt Forster aus dem Sonnenfelsschen Garten frische Feigen mit. Er notiert von diesem Abend:

»Biersuppe – Hernach tanzen sie eine Quadrille und ich muß richtig nolens volens mit. Christiane war mein Partner. – Sodann sang die Puffendorf wie ein Engel, bis 12.« (19. August 1784)[10]

Forster fühlt sich immer wohler im Salon Thun. Nach einer Audienz beim Kaiser eilt er »um 4 zur Gräfin Thun« und notiert davon:

»Sehr vertraut worden mit ihr, Sie ist mir sehr gut, und ich fange an die Gaucherie abzulegen und die Ängstlichkeit mit; die entweder von übertriebener Demuth oder überempfindlichen Stolz herrührt und beide gränzen so nah aneinander! – Ich lese ihr den ganzen Abend Englische Gedichte vor. Gray's Elegy in a Churchyard, Eton College. Pope's Eloisa to Abelard. – Shenstone's Pastoral, pp. – Um 10 endlich nach Hause, doch nicht ohne Einladung und Versprechen Donnerstag Mittag da zu seyn.« (24. August 1784)

Aber schon am Sonntag trifft Forster die Familie Thun wieder, diesmal in einer Gesellschaft beim Grafen Johann Philipp von Cobenzl, wo er mit der Gräfin einen langen Spaziergang macht. Dienstag, Mittwoch, Donnerstag wieder im Hause Thun. Nach dem Essen wird »Volante gespielt«, dann eine Spazierfahrt mit der »Gräfin die sich in meinen Wagen setzt und mit mir im Prater fährt, die drei Comtessen und Mariane fahren im Wagen – Wir spazieren im Prater; ich allein mit der Gräfin. Die Unterredung roulirte auf Erziehung, was schicklich sey den Kindern zu verheelen oder nicht, hernach auf Religion, Glauben; Widersehn pp.« (2. September 1784) Fast jeden Tag ist Forster jetzt bei der Gräfin oder auf Landausflügen in ihrer Gesellschaft. Einmal liest Baron Otto von Gemmingen Lessings *Nathan der Weise* vor, ein andermal »im Garten spatziert, gesprungen, gelaufen, welches mich volends ermüdet – Es wird zuletzt rasend gesungen, 1.2.3.4.5.6. und andre Canons« (13. September 1784). Bei fast allen diesen Gesellschaften ist auch Lichnowsky dabei, oft Gemmingen oder der Hofrat Born. Fast der ganze Mozartsche Bekanntenkreis erschließt sich Forster in den sieben Wiener Wochen, aber der Name Mozart fällt nicht ein einziges Mal. Allerdings war Mozart seit der Premiere von Giovanni Paisiellos *Il re Teodore* am 23. August durch eine heftige Erkältung ans Bett gefesselt.

Forsters Tagebuch schildert – ausführlicher als der stets eilige Mozart – das Treiben in der Gesellschaft, der auch Mozart angehörte. Bei Mozart werden fast nur solche Ereignisse erwähnt, die mit seinem eigenen musikalischen Auftreten zusammenhängen, Forster hingegen schildert gerade das, was die musikalischen Aktivitäten ergänzt und woran Mozart mit Sicherheit auch einen erheblichen Anteil hatte.

Aus Warschau schreibt Forster rückblickend an die Gräfin:

»Das alles was ich da erfuhr scheint mir ein süser Traum. Ist es wohl gewis wahr, daß ich dort unter Menschen gelebt habe; unter jener Gattung

Abschweifung: Georg Forster bei Gräfin Thun

von Menschen, von denen Nathan sagt, *daß es ihnen genügt Menschen zu seyn!* Ist es gewis daß ich die glücklichsten Tage meines Lebens schon verfliessen sahe, indem ich bey Menschen war, die mich nicht fragten, ob ich weise und gelehrt, sondern ob ich glücklich sey, und wisse was dazu gehört! Erbarmen Sie sich meines Unglaubens, gnädige Gräfin; und geben Sie mir handgreifliche Beweise, daß ich nicht geträumt habe; eine Zeile von Ihrer Hand ist hinreichend mich mit meinem Gedächtnis auszusöhnen. Wie glücklich würde ich mich schätzen, wenn ich mich überreden könte, daß ich noch nicht ganz aus dem Andenken Ihres Hauses verloren bin!« (12. Oktober 1784)

Vergessen war Forster ganz und gar nicht. Gräfin Thun schrieb mehrere Briefe nach Warschau (die nicht erhalten zu sein scheinen), und Forster antwortete in langen, überschwenglichen Schreiben, mit denen er die in Wien begonnenen Gespräche fortsetzte. Was ihn vor allem beeindruckte, waren das Fehlen jeden Adelsstolzes und die aufgeklärte Denkweise.

»Wenn ich die hiesigen Großen gegen jene kleiner Herren kleine Diener halte, so gewinnen sie unendlich. Sie glauben nicht, wie herablassend, wie freundschaftlich man ist. Kaum merkt mans, daß man unter Leuten von Stande ist, und jeden Augenblick möchte mans vergessen, und sie auf den vertrauten Fuß der gleichgebornen Freunde behandeln – *betasten* nenne ichs hier, wenn ich bei der Gräfin Thun bin, dem besten Weibe von der Welt, und ihren drei Grazien von Töchtern« (3. September 1784 an Therese Heyne).

Ähnlich wie Mozart und sicher nicht zuletzt unter dem Eindruck dieses Hauses dünkt Forster Wien einer der angenehmsten Orte der Welt. Forster konnte hier im katholischen Süden, der als rückständig galt und aufgeklärtem Denken wenig zugänglich, mehr auf Selbstdarstellung adligen Lebensgefühls und Repräsentation orientiert, eine Tendenz zur Verbürgerlichung beobachten, die der asketischeren Grundhaltung des protestantischen Nordens einen sinnenfrohen Ton beimischte, für den Forster besonders empfänglich war.

»Die feinste Unterredung, die größte Delicatesse, dabei eine völlige Freimüthigkeit, eine ausgebreitete Lecture, wohl verdaut und ganz durchdacht, eine so reine, herzliche, von allem Aberglauben entfernte Religion eines sanften, schuldlosen und mit der Natur und Schöpfung vertrauten Herzens« (3. September 1784 an Therese Heyne) – das war Forsters Eindruck von der Gräfin Thun.

Freier Künstler oder Musikbeamter

Die Beschreibung des alltäglichen Treibens in diesem Hause gewährt einen charakteristischen Einblick in die Wiener Verhältnisse der josephinischen Zeit. Außer den täglichen Gästen, die sich zwanglos einfanden, gab es auch spezielle Abendeinladungen, bei denen anspruchsvolle Privatkonzerte mit erstklassigen Solisten gegeben wurden. Zweifellos sind solche Abende gemeint, die regelmäßig stattfanden, an denen auch Kaiser Joseph ein häufiger Gast war; in einigen Quellen wird sogar von wöchentlichen Besuchen des Kaisers im Hause Thun gesprochen, wenn er nicht auf einer seiner zahllosen Reisen war.

Das Haus der Gräfin Thun hatte zweifellos seinen eigentümlichen und höchst anziehenden Stil, andererseits gab es zahlreiche Häuser, die – vielleicht nicht mit so viel Regelmäßigkeit und Selbstverständlichkeit, aber nicht minder anspruchsvoll – musikalische Abendunterhaltungen und Privatkonzerte veranstalteten, oft sogar mit ganzen Orchestern. Die Rede ist hier nicht von den fürstlichen Häusern, die sich zumindest zeitweilig eigene Musikkapellen leisteten, sondern von denen, die mit unterschiedlichem Aufwand Hausmusiken und Privatkonzerte veranstalteten, die nicht ihren Repräsentationspflichten zugerechnet werden können, sondern allein der Musikbegeisterung, die sich oftmals auch in der aktiven musikalischen Beteiligung der Gastgeber ausdrückte. Über diese vielen mehr oder weniger ausgeprägten musikalischen Salons sind wir bis heute nur höchst unzulänglich unterrichtet, zumal alle Auskünfte darüber aus privaten Aufzeichnungen von Zeitgenossen zusammengesammelt werden müßten, wobei Name und Rang ihrer Verfasser bedeutungslos wären gegenüber der Genauigkeit und Authentizität ihrer Schilderung. Wir schulden unsere geringen Kenntnisse einer Geschichtswissenschaft, die lange dem historischen Alltag so gut wie keine Bedeutung beigemessen hat und ein Geschichtsverständnis auszubreiten wußte, das Alltagsaufzeichnungen so lange für wertlos achtete, als sie nicht »berühmte« Persönlichkeiten betrafen. Das heute breiter ausgerichtete Geschichtsinteresse, das den Alltag ebenso als Geschichtsquelle wie als Forschungsgegenstand erkennt, steht allerdings vor einem weitgehend verschütteten Trümmerfeld an Material, so daß die Hoffnungen gering sind, große Schätze zu heben.

So gibt es zum Beispiel zahlreiche Hinweise, daß der berühmte Salon der Gräfin Thun geradezu gewetteifert habe mit dem der Gräfin Pergen um die erste Stelle innerhalb der Wiener Gesellschaft, jedoch gibt es keinen überlieferten Bericht von anschaulichem Gewicht über die einzelnen Aktivitäten der Gräfin Philippine Gabriele von Pergen. Auch in diesem Hause verkehrte Joseph II. privat (»dienstlich« war Graf Johann Anton von Pergen als Präsident der Niederösterreichischen Landesregierung vor allem mit den Polizeiaufgaben für Wien betraut).

Auch von anderen Salons wissen wir nur unzulänglich, etwa den Anfängen des Hauses Greiner. Zwar hat Karoline Pichler, die Tochter des Hofrats Franz Sales von Greiner, in ihren *Denkwürdigkeiten aus meinem Leben* reichhaltige Schilderungen des Wiener Gesellschaftslebens niedergeschrieben, von ihrer Jugendzeit im Haus zur Mehlgrube am Neuen Markt jedoch nur wenig erzählt. »Musik wurde in unserm Hause, nach dem Wunsche meines Vaters, viel getrieben, der große Mozart, obwohl nicht mein Lehrmeister, schenkte mir manche Stunde, ich hatte oft Gelegenheit, ihn spielen zu hören und mich nach seiner Anweisung zu vervollkommnen«, heißt es da. Aus allen zeitgenössischen Erwähnungen geht hervor, daß unter den bürgerlichen Salons der des Hofrats Greiner der wichtigste und einflußreichste war. In der Advents- und in der Fastenzeit gab es in diesem Haus jeden Dienstag einen Musikabend, abgesehen von großen Konzerten an Familienfesten. Greiner, der schon als politischer Vertrauter Maria Theresias galt, ist im Grunde besser als überzeugter Josephiner charakterisiert, der viel zur Durchsetzung aufgeklärter Reformen beigetragen hat. Er gehörte der Freimaurerloge »Zur wahren Eintracht« an und galt als Freund der Wissenschaften und der Künste. Seine Tochter mußte nicht nur die europäischen Sprachen lernen, sondern ebenso Lateinisch und wurde von drei Privatlehrern (Johann Baptist von Alxinger, Gottlieb Leon und Lorenz Leopold Haschka) unterrichtet, die alle Freimaurer waren. (Mozart stand zu allen dreien als Textdichtern in Beziehung.) Zumindest aus dem wissenschaftlichen und künstlerischen Bereich verkehrte im Hause Greiner, als einem Zentrum der Aufklärung, alles, was Rang und Namen hatte. Hier wurde ein Stil gepflegt, der sich nicht so sehr am Adelsvorbild als am Interesse zur Vermittlung neuer Literatur und Musik orientierte.

Mozart hat in manchen bürgerlichen Häusern gespielt; es seien hier nur die von Auernhammer, Hofrat Braun, Ployer, Hofrat Spielmann, Trattnern und Wetzlar genannt, bei denen Konzerte bezeugt sind. Sehr viel umfangreicher ist die Liste der Adelspalais, in denen Mozart aufgetreten ist, wobei vielleicht auch die bessere Überlieferung eine Rolle spielt. So lassen sich Auftritte vor Joseph II., Erzherzog Maximilian, den Fürsten

Golizyn und Auersperg, den Grafen Esterházy, Hadik, Pálffy, Zichy und bei seiner Schülerin Gräfin Rumbeke sowie Baron van Swieten nachweisen. Daß er aber so relativ fest etablierte Konzertveranstaltungen wie die des Fürsten Liechtenstein, des Grafen Czernin oder der Gräfin Pergen ausgelassen haben sollte, ist wenig wahrscheinlich.

Mozarts ganzes Auftreten in Wien, seine gepflegte, aber auffällige äußere Erscheinung, der selbstbewußte Umgang mit dem Adel, ein Benehmen, das Gleichrangigkeit beanspruchte beziehungsweise den herausgehobenen Künstler außerhalb jeder Subordination stellte, machte auch nach außen deutlich, daß Mozart sich zu keiner untergeordneten Tätigkeit zu verstehen bereit war. Als Mozart von dem geringen Gehalt der Württemberger Prinzessin erfuhr, wurde ihm klar, daß nur noch eine leitende und mehr oder weniger unabhängige Stellung am kaiserlichen Hof für ihn in Frage kam, also als Hofkomponist oder als Hofkapellmeister. Ansonsten richtete er sich darauf ein, als freier Komponist und Klaviervirtuose von Honoraren für bestellte Kompositionen oder Konzertauftritte zu leben (und nur ergänzungsweise Unterricht zu erteilen gegen ein allerdings seinem musikalischen Rang entsprechendes Honorar).

Die Existenz verschiedener adliger und bürgerlicher Salons in Wien, das repräsentative Musikleben des hohen Adels, ein allgemeiner Musikenthusiasmus, der erfolgversprechende öffentliche Konzertauftritte ermöglichte, und die Nationaloper stellten eine reale Alternative dar gegenüber dem üblichen Musikbeamtentum – wenigstens für einen seines Ranges so bewußten Musiker wie Mozart.

Freier Künstler zu sein bedeutete im Falle Mozarts etwas grundsätzlich Neues – es stellt den Beginn einer künstlerischen Existenzform dar, die zumindest für den Komponisten in der bürgerlichen Gesellschaft etwas Selbstverständliches geworden ist. Reproduzierende Musiker wie Sänger oder Instrumentalisten gab es schon immer in der Form des reisenden Virtuosen, dem zugleich aber immer auch etwas Vagabundierendes anhaftete, etwas vom Spielmann, der auf Jahrmärkten oder sonstigen Volksbelustigungen auftrat und sich seinen Lohn oft genug erbetteln mußte. (Leopold Mozart war sich auf den langen Reisen mit seiner Wunderkindfamilie dieser Gefährdung stets bewußt und versuchte durch eine sehr gekonnte Form der Selbstdarstellung sich abzusetzen von einer gesellschaftlich wenig geachteten Schicht herumziehender Musiker.) Instrumentalist und Komponist waren noch nicht in der Weise getrennte Musikberufe, wie das heute üblich geworden ist. Wer als Instrumentalvirtuose auf sich hielt, komponierte auch, vor allem für sein Instrument und zu eigenem Gebrauch. Mozart jedoch ist sehr früh mit dem Anspruch aufgetreten, sich vor allem durch seine Kompositionen auszuweisen, die weder mit ihren musikalischen Einfällen noch durch die Verarbeitungskunst irgendeinen Vergleich scheuen mußten. Leopold Mozart, den das Reisen, die damit verbundene Welterfahrung und der internationale Erfolg immer gereizt haben, bestand gleichwohl auch immer auf der Absicherung durch eine feste Anstellung.

Und auch Wolfgang Mozart hat sie immer gesucht – aber stets mit der Bedingung, daß eine Anstellung zwar Sicherheit geben müsse, aber nie zur Fessel werden, einer freien Entfaltung seiner künstlerischen Vorhaben im Wege stehen dürfe. Er ging das Risiko ein, auf eine optimale Stelle zu warten und so lange lieber auf feste Bindungen zu verzichten – und hat mit dieser ungewöhnlichen und mutigen Entscheidung recht behalten. Der Ausweg, wieder auf Reisen zu gehen, sollte er in Wien kein Auskommen finden, blieb immer und wurde von Mozart bewußt wach gehalten: Er fing im selben Moment an, Englisch zu lernen, als er sich entschied, es als freier Künstler in Wien zu versuchen; er hat die Reisepläne (vor allem nach England) ebenso gepflegt und immer wieder diskutiert, wie er sie hinauszögerte und immer wieder verschob, solange er dieses Rettungsankers nicht bedurfte.

Mozart hat sich zunehmend gelöst von der Rolle des umherziehenden Virtuosen und sie in Wien immer mehr vertauscht gegen die eines (seßhaften) Komponisten, der für einen freien Markt von Auftraggebern, Bestellern und mit Angeboten auf eigenes Risiko arbeitete. Dafür gab es kein Vorbild. Natürlich handelt es sich hierbei nicht um eine bewußte Konstituierung eines neuen Typus von Komponisten; diese Vorgänge stellen eher einen Prozeß aus Reaktionen, Verhaltensanpassung und Selbstvertrauen als aus berufspolitischen Überlegungen und nüchternen Bilanzierungen dar. Aber Mozart ist sich seiner Sonderstellung bewußt gewesen, zumal sie auch auf bewußt getroffenen Entscheidungen beruhte. Andererseits muß man sagen, daß in keiner Stadt außer Wien die Voraussetzungen so günstig waren für den Versuch, als residierender freier Künstler zu arbeiten und ein gewiß nicht anspruchsloses Auskommen zu finden.

Der Wiener musikalische Salon ebenso wie die öffentlichen Akademien verlangten nicht allein einen ungewöhnlichen Klaviervirtuosen, sondern zugleich immer neue Werke. In dem Maße, wie die musikinteressierte Öffentlichkeit sich neue Formen des Musiklebens suchte, brauchte sie auch Kompositionen, die diesen Bedürfnissen entsprachen. Die Adelskapellen waren weitgehend selbstversorgte Institutionen mit festangestellten Musikern, die auch den größten Teil der dafür benötigten Kompositionen lieferten. Privates Musizieren und Dilettantenkonzert, Salon, Privatakademie und öffentliche Konzertveranstaltungen von Liebhaberkreisen (auch erste Beispiele bürgerlichen Konzertunternehmertums) – sie alle hatten einen Bedarf an Kompositionen, der die Grundlage für einen neuen Typ von freien Komponisten schuf. Diese neuen Konzertformen waren von denen geschaffen worden, die nicht in der Lage oder gewillt waren, eigene Ensembles zu unterhalten, von Adelsschichten mit geringeren Einkünften oder ohne Repräsentationsabsichten, zunehmend aber auch von bürgerlichen Unternehmern, Beamten, Kaufleuten, Bankiers und Großhändlern, die oft selbst als Musikdilettanten auftraten und sich aus dem Heer der einkommensschwachen Musiker von Fall zu Fall ganze Orchester zum gemeinsamen Musizieren zusammenstellten. Dieser Prozeß der Verbürgerlichung des Musiklebens wird relativ schnell begleitet vom Zusammenbruch der Privatorchester des hohen Adels, wobei das geschwundene Repräsentationsinteresse des josephinischen Staates eine ausschlaggebende Rolle gespielt haben mag. Die Konflikte Kaiser Josephs II. mit dem Adel, die am Ende der achtziger Jahre einen Höhepunkt fanden, mögen – ebenso wie der Türkenkrieg – ab 1787 zu einem zeitweisen Rückzug des Adels aus Wien geführt haben, der auch das Musikleben ausgedünnt hat.

Aber das war nur eine vorübergehende Belastungsprobe. Wesentlicher ist ein strukturelles Moment: Die Musiker werden zunehmend aus ihren festen Anstellungen beim Adel entlassen, Komponisten schreiben nicht mehr für den Alleinbesitz ihrer Dienstherren, Einkünfte aus öffentlichen Konzerten und Verlagshonorare spielen für den Lebensunterhalt des Musikers eine immer größere Rolle. Daneben bildet sich eine andere Form des Mäzenatentums heraus, die dem Künstler Geldbeträge zur Verfügung stellt, damit er frei und unabhängig arbeiten kann. Mozart hat am Ende seines Lebens solches Mäzenatentum noch erfahren, wenn auch – durch seinen krankheitsbedingten frühen Tod – nicht mehr genießen können. Bezeichnenderweise kamen die Angebote zu einer Art Ehrengehalt, das ihm die Unabhängigkeit seines Arbeitens sichern sollte, von zwei verschiedenen Seiten: einmal von der holländischen Kaufmannschaft, zum anderen von einem Kreis ungarischer Magnaten. Adel und Bürgertum unterschieden sich in ihrem Verhältnis zum Künstler nicht mehr und hatten sich auch ökonomisch entsprechend angeglichen.

Mit schöner Manier zum Kaiser kommen...

Freier Komponist zu sein, unabhängig für einen immer größer werdenden Kreis von Musikliebhabern aller Schichten zu arbeiten, stellte für den erfolggewohnten Mozart noch kein Ideal dar. Als Übergangszeit mochte er eine solche Rolle akzeptieren, weil er in Wien genug Wirkungsmöglichkeiten sah, die finanziell vor allem durch Unterrichtstätigkeit und das Auftreten als Klaviervirtuose abzusichern waren. Für ihn kam als Festanstellung jedoch lediglich eine Stelle im Konnex mit dem kaiserlichen Hof in Frage. Dort waren einstweilen zwar alle Posten vergeben, aber Mozart war – überzeugt, man werde ihn schließlich nicht übergehen können – durchaus bereit, die Zeit abzuwarten. Sowohl der Hofkapellmeister Bonno als auch Gluck als Hofkomponist waren alt und kränklich, und selbst wenn man die natürliche Nachfolge Salieris und Starzers in Erwägung zog, blieb immer noch ein Eingangstor offen.

Zwar drehte sich das Stellenkarussell etwas anders, als 1787 die angedeutete Situation eintraf, aber in gewisser Weise hat Mozart durchaus recht behalten. Es gab noch mehr Stellen am Hof beziehungsweise am Burgtheater; sie entsprachen jedoch in keiner Weise der Planung seiner künstlerischen Absichten. Mozart wollte nämlich eher die Position eines Hofkomponisten als die eines Kapellmeisters oder Kammermusikdirektors, die täglich für Proben und Aufführungen zur Verfügung stehen mußten, wobei kaum Zeit zum Komponieren blieb – abgesehen davon, daß diese auch schlecht bezahlt waren. (Kein Wunder, daß Mozart in keinem seiner Briefe, die sich über Wiener Anstellungsmöglichkeiten auslassen, einen begehrlichen Blick auf diese beiden Posten warf.)

Daß Joseph II. ein »Knicker« war, ist Tenor vieler Briefe. Der Geiz und die Knausrigkeit des Kaisers waren geradezu sprichwörtlich. Andererseits ist dieses Urteil sicher auch geprägt von der üppigen Großzügigkeit zu Zeiten der Kaiserin Maria Theresia. Man fand die josephinische Sparsamkeit in mancher Hinsicht nicht richtig, aber niemand konnte sich der Hochachtung entziehen für einen Monarchen, der seine Mitregentschaft zu Lebzeiten der Kaiserin mit einem Verzicht auf das väterliche Erbe von 22 Millionen Gulden zugunsten der Staatskasse angetreten hatte (und von seinem Bruder Leopold zu dessen Entsetzen einen ähnlichen Erbverzicht forderte). Die geradezu willkürliche Ämtervergabe und generöse Pensionsgewährung war unter Josephs II. Alleinherrschaft vorbei. Nur nützliche und notwendige Stellen wurden eingerichtet, ein geregeltes Beamtenwesen mit gesetzlichen Pensionen nach Dienstalter eingeführt, die Hofhaltung auf ein Minimum beschränkt. Joseph selbst wohnte meist in einem kleinen Pavillon im Augarten, von der Burg waren nur noch Teile benutzt, die nicht benutzten wurden mit Brettern zugenagelt, um Wachen zu sparen. Ebenso geschah es mit dem Schloß Schönbrunn, dem Lieblingsaufenthalt seiner kaiserlichen Mutter. Auch hier wurde alles zugenagelt, lediglich die Orangerie benutzte Joseph gelegentlich zu größeren unumgänglichen Festen, wenn andere Fürstlichkeiten zu Besuch nach Wien kamen.

Selbstverständlich entlohnte Joseph II. die Künstler in angemessener Weise. Sobald es aber um feste Anstellungen ging, achtete er selbst sehr genau darauf, daß die Gagen ein gewisses Maß nicht überschritten, vor allem nicht höher lagen, als unbedingt nötig war, um die gewünschten Künstler in Wien zu halten. Vor allem im Bereich des Hoftheaters, dessen oberste Leitung er persönlich wahrnahm, schlug sich dieses Sparsamkeitsregime nieder. Seine persönlichen Anweisungen an seinen Intendanten sowie seine eigenen Berichte über »Einkäufe« von Sängerinnen und Sängern während seiner Reisen (vor allem in Italien) handeln stets von dem Verhältnis von Leistung und Kosten. Andererseits gab der Kaiser, der oft in Wien in öffentliche Konzerte ging (oder zu Privataufführungen in die Salons), den beteiligten Künstlern großzügige Entlohnung: üblicherweise 25 Dukaten (das sind etwa 112 Gulden), manchmal auch das Doppelte. Man sieht daraus, daß der Geiz des Kaisers eher den Hofämtern galt als persönlicher Geiz war; mit mangelnder Liebe zur Musik hatte er schon gar nichts zu tun.

Über das Musikverständnis des Kaisers ist trotzdem viel geschmält worden. Freilich gehört Joseph nicht zu jenen Habsburgern, die irgendeine Rolle in der Musikgeschichte als Musiker beanspruchen können, aber dennoch sind solche Urteile, die ihn geradezu als unmusikalisch hinstellen, nicht nur ungerecht, sondern schlichtweg falsch. Meist werden sie auch an zwar wirkungsvollen, aber zugleich zweifelhaften Anekdoten belegt, fast immer im Zusammenhang mit Mozart (wobei der Wiener Gesellschaft und allen voran Joseph II. die Schuld gegeben wird, daß Mozart ohne Anerkennung dahingesiecht und schließlich im Armengrab verscharrt worden sei, schnöde im Stich gelassen von einer Gesellschaft, die sein Genie nicht erkannt habe, ihm nicht einmal seinen Lebensunterhalt zu verschaffen in der Lage gewesen sei: hieran ist jedes Wort erweislich falsch). So wird erzählt, Joseph II. habe über *Die Entführung aus dem Serail* zu Mozart gesagt: »Zu schön für unsere Ohren und gewaltig viel Noten, lieber Mozart.« (Mozart habe darauf schlagfertig geantwortet: »Grad so viel Noten, Eure Majestät, als nötig sind!«) Krasser noch kommt das angebliche Unverständnis des Kaisers für Mozart zum Ausdruck, wenn ein abfälliges Urteil über *Don Giovanni* kolportiert wird, obschon Joseph II. diese Oper noch gar nicht gesehen hatte: »Die Musik Mozarts ist viel zu schwierig für den Gesang.« Allerdings bezog sich diese Bemerkung auf die Verlegenheit, guten Sängernachwuchs für die Oper zu engagieren, der den Anforderungen der Mozart-Rollen gewachsen wäre; zum geringen Erfolg der *Don-Giovanni*-Premiere meinte der abwesende Kaiser vielmehr: »Der Mißerfolg der Oper nimmt mich gar nicht wunder. Es ist nur das Neue, was in Wien Anwert findet, und wenn man sie ein Jahr lang die Oper entbehren ließe, glaube ich, wäre dies das einzige Mittel, sie an einer sehr viel mittelmäßigeren Geschmack finden zu lassen.«[11] Der Kaiser verteidigt Mozart sogar gegen den Wiener Publikumsgeschmack. Möglich, daß er die Oper bereits aus der Partitur kannte: Er pflegte gerne neue Opernarien mit seiner mittäglichen Kammermusik durchzuprobieren.

Allerdings ist Mozart nicht gänzlich unschuldig an einem widersprüchlichen Bild von den musikalischen Interessen des Kaisers, enthalten seine Briefe doch Bemerkungen, die – einseitig ausgelegt durch Mozart-Verteidiger – ein recht schiefes Bild vermitteln, vor allem jene, beim Kaiser gelte »nichts als Salieri« (15. Dezember 1781). Zieht man einmal den ohnehin aufgebauschten und schließlich spekulativ bis zur Ungeheuerlichkeit der angeblichen Vergiftung Mozarts durch Salieri ausgeschwärzten Gegensatz von Mozart und dem Direktor des Hoftheaters ab, so bliebe ein bei Joseph II. vorherrschender Geschmack für die italienische Oper, der allerdings mit den vom Kaiser ausgehenden Bestrebungen für ein deutsches Nationalsingspiel kollidieren würde. Es gibt jedoch kein Urteil des Kaisers, bei dem eine Oper Salieris gegenüber einer von Mozart vorgezogen würde. Salieri war eben der offizielle Repräsentant der »welschen« Oper, Mozart ein Komponist ohne Amtswürden, und es scheint eher so, daß beide sich sehr wohl schätzten und auch freundschaftlich miteinander verkehrten bis auf gelegentliche Trübungen, die sich allein aus Salieris Platzvorteil als Hoftheaterdirektor ergaben. Die auch von Joseph II. durchaus begrüßte Konkurrenz zeigt sich nicht zuletzt in dem Doppelauftrag an beide, je eine Kurzoper für einen fürstlichen Besuch zu schreiben: So wurden am selben Abend Mozarts *Schauspieldirektor* und Salieris *Prima la musica e poi le parole* in Schönbrunn aufgeführt.

Etwas anderes kam hinzu, was die Salieri-Bevorzugung des Kaisers (über ihre gewissermaßen institutionelle Substanz hinaus) in Frage stellt, wenn nicht gar widerlegt: Salieri war nur Opernkomponist und hat kaum anderes geschrieben, zum wenigsten Instrumentalwerke; Mozart hingegen galt in erster Linie als Instrumentalkomponist und Klaviermeister und hatte vor 1786 im josephinischen Wien lediglich mit der *Entführung* reüssiert. Gerade mit seinen Klavierwerken hatte er aber die ungeteilte Bewunderung des Kaisers erfahren, der in den Salons von Mozarts Künsten geradezu schwärmte. Kennzeichnend für den musikalischen Geschmack Josephs II. ist schon eher eine Vorliebe für das Fugenspielen, dem Mozart bei manchen Gelegenheiten seiner Anwesenheit als ein besonderes Kompliment frönte. Aber auch ohne solche Schmeicheleien schätzte der Kaiser jenen Mozartschen Instrumentalstil, der durch ungewöhnlich reiche Farbschattierungen und höchst wechselvolle Tönungen eine geradezu theatralische Dramatik schuf, wie sie kein Zeitgenosse sonst hervorbrachte. Nach einem solchen Konzert (*Klavierkonzert B-Dur* KV 456) spielte sich jene kleine Szene ab, die Leopold Mozart als Augenzeuge schilderte:

»als dein Bruder weg gieng, machte ihm der kayser mit dem Hut in der Hand ein Compl: hinab und schrie *bravo Mozart*.« (16. Februar 1785)

Sie zeugt von einem ungezwungenen, fast familiären Umgang, der nicht im geringsten vom Zeremoniell behindert wurde und keineswegs allein aufs Musikalische beschränkt blieb. So erfuhr Leopold Mozart kaum früher von Mozarts Heiratsabsichten als der Kaiser. Bei Gelegenheit des Wettspiels mit Clementi am Weihnachtsabend 1781 bestand bereits genügend Vertraulichkeit dazu: »der kayser [...] hat vieles heimlich mit mir gesprochen. – hat auch von meiner heyrath mit mir gesprochen. –« (16. Januar 1782) Im selben Brief schildert Mozart eine Bevorzugung im Wettspiel, die schon fast einer parteiischen Verfälschung zu seinen Gunsten gleichkommt:

»Merkwürdig ist dabey, daß ich für mich das Piano forte der gräfin thun gelehnt, und aber nur |: als ich allein gespiellt :| darauf gespiellt habe. – weil es der kayser also gewollt. – und *Nb:* das andere war verstimmt und 3 Tasten blieben stecken. – *es thut nichts,* sagte der kayser; – ich nemme es so, und zwar auf der besten Seite, daß der kayser Meine kunst und Wissenschaft in der Musick schon kennt, und nur den fremden recht hat verkosten wollen.« (Mit ironischen Bemerkungen hieß Joseph II. Clementi bereits beginnen: »*La santa chiesa Catholica* sagte er. weil Clementi ein Römer ist. –«)

Mozart spart in seinen Briefen nicht mit scharfzüngigen Beurteilungen seiner Umwelt, neigt sogar manchmal zu höchst unkontrollierten Temperamentsausbrüchen, die sich kaum in der Öffentlichkeit hören lassen konnten. Über Joseph II. jedoch gibt es kein einziges böses Wort, sieht man einmal von der häufigen Klage ab, daß der Kaiser bei jeder Gelegenheit sein Sparregime herrschen lasse. Eher spricht aus den Briefen eine heimliche Bewunderung, die in den Briefen Leopold Mozarts mit ihren politischen »tours d'horizont« unverhohlener zum Ausdruck kommt. Mozart selbst kommentiert höchst selten politische Vorgänge. Deutlicher wird er in der Schilderung von Persönlichkeiten – da macht er auch vor der kaiserlichen Familie nicht halt. Vom Bruder Kaiser Josephs, dem gerade zum Koadjutor des Kölner Erzbischofs ernannten Erzherzog Maximilian, heißt es zum Beispiel:

»wem gott ein amt giebt, giebt er auch verstand – so ist es auch wirklich beym Erzherzog. – als er noch nicht Pfaff war, war er viel witziger und geistiger, und hat weniger aber vernünftiger gesprochen. – sie sollten ihn itzt sehen! – die dumheit guckt ihm aus den augen heraus. – er redet und spricht in alle Ewigkeit fort, und alles in falset. – er hat einen geschwollnen hals. – mit einem Wort als wenn der ganze herr umgekehrt wär. –« (17. November 1781)

Bei Joseph II. bleibt eine sachliche Benennung der Vorwürfe, die allein das Ökonomische zum Gegenstand haben, jedoch nie auch nur als unterschiedliche musikalische Wertschätzung erscheinen, geschweige als persönliche Differenz. Mozart wirft dem Kaiser vor, zuwenig für die Kunst zu tun, keineswegs aber, die Italiener etwa in ungerechter Weise bevorzugt zu haben. Ein ausführlicher Brief zu diesem Thema vom 17. August 1782 zeigt, daß Mozart in der Lage war, sein eigenes Schicksal im Zusammenhang mit der gesamten Kulturpolitik des Kaisers (und der deutschen absolutistischen Herrschaften) zu sehen. Mozart fordert hier keine Sonderstellung für sich selbst, sondern ein Umdenken, das nicht ohne Grund gerade von Kaiser Joseph gefordert wird, auf den sich die Hoffnungen zahlreicher deutscher Intellektueller konzentrierten.

»die H: Wienner |: worunter aber haubtsächlich der *kayser* verstanden ist :| sollen nur nicht glauben daß ich wegen Wienn allein auf der Welt seye. – keinen Monarchen in der Welt diene ich lieber als dem kayser – aber erbetteln will ich keinen dienst. – Ich glaube so viel im Stande zu seyn daß ich Jedem Hofe Ehre Machen werde. – will mich Teütschland, mein geliebtes vatterland, worauf ich |: wie sie wissen :| Stolz bin, nicht aufnehmen, so muß im gottes Nammen frankreich oder England wieder um einen geschickten Teutschen Mehr reich werden; – und das zur schande der teutschen Nation. – sie wissen wohl daß fast in allen künsten immer die Teutschen dieJenigen waren, welche Excellirten – wo fanden sie aber ihr glück, wo ihren Ruhm? – in teutschland wohl gewis nicht! – selbst *gluck* – hat ihn Teutschland zu diesem grossen Mann gemacht? – leider nicht! – Gräfin thun, – graf Zitschy, Baron van suiten – selbst der fürst kaunitz ist deswegen mit dem kayser sehr unzufrieden, daß er nicht mehr die leute von Talent schätzt – und sie aus seinem gebiete lässt. lezterer sagte Jüngsthin zum Erzherzog Maximilian als die rede von mir war, daß *solche leute nur alle 100 Jahre auf die welt kämmen, und solche leute müsse man nicht aus teutschland treiben – besonders wenn man so glücklich ist, sie wirklich in der Residenz Stadt zu besitzen.* – sie können nicht glauben wie gütig und höflich der fürst kaunitz mit mir war als ich bey ihm war. – zulezt sagte er noch; – *Ich bin ihnen verbunden, Mein lieber Mozart, daß sie sich die Mühe gegeben haben, mich zu besuchen* Etc: sie können auch nicht glauben was sich die gräfin Thun, Baron van suiten und andere grosse für Mühe geben mich hier zu behalten – allein – Ich kann auch nicht so lange warten – und *will* auch wirklich nicht so auf Barmherzigkeit warten – finde daß ich eben auch |: wenn es schon der kayser ist :| seine gnade nicht so vonnöthen habe. –«

Joseph II. wollte durchaus die besten Künstler an Wien binden, aber kosten sollte es möglichst wenig. Er war – wie die zahlreichen Schreiben aus seiner Hand an Graf Rosenberg-Orsini belegen – durchaus bereit, um jede Gage zu feilschen, und dies auch auf die Gefahr hin, daß ein Engagement nicht zustande kam. Was für sein persönliches Eingreifen in die Opernverwaltung galt, trifft in gleicher Weise auf andere Bereiche zu. So hatte der Kaiser sicher auch ein erhebliches Interesse, Mozart in Wien zu halten, aber solange das ohne Kosten möglich war – um so besser. Mozart hat diese Haltung, die keineswegs persönliche Geringschätzung bedeutete, wohl erkannt, interessanterweise Joseph II. aber nicht mit anderen deutschen Partikularpotentaten verglichen, deren Hofhaltung sich im musikalischen Bereich zumindest mit der kaiserlichen messen lassen konnte – etwa die Höfe in Stuttgart oder München. Wenn nicht Wien, dann eben Frankreich oder England: dies sind die Alternativen. Allerdings ist dies nicht allein ein plötzlich aufblühender nationaler Zug bei Mozart, sondern hängt auch eng zusammen mit dem Josephinismus als einem aufgeklärten staatlichen Programm, das zentralistische Absichten mit volkserzieherischen Ideen zu kombinieren suchte. So erweist sich Mozart hier als einer jener, die in Rücksicht auf eine Nationalerziehung ihre Hoffnungen auf den jungen Kaiser setzten, nun aber einige Ernüchterungen erfahren mußten. Damit befand sich Mozart in bester Gesellschaft vor allem mit deutschen Dichtern und Denkern wie Klopstock, Lessing, Herder und anderen, die den Regierungsantritt Josephs II. teilweise emphatisch begrüßt hatten.

Ihre Hoffnung ging dahin, Joseph II. werde die katholischen süddeutschen Länder der Aufklärung zugänglich machen, vor allem aber selbst zum Protektor einer deutschen Nationalkultur werden. Darin drückte sich nicht zuletzt auch die Sehnsucht nach der Überwindung kleinstaatlicher Partikularinteressen zumindest im kulturellen Bereich aus. (Vom preußischen König war bei dessen einseitiger Bevorzugung der französischen Kultur und den verächtlichen Bemerkungen über die deutschen Schriftsteller – in seiner Schrift *De la littérature allemande*, 1781 – nichts zu erwarten.) Das Projekt einer Wiener Akademie der schönen Künste, das zu Anfang der siebziger Jahre diskutiert wurde, war nur ein Hoffnungsträger, ein anderer die finanzielle Ausstattung der Wiener Universität, schließlich auch die Aufmerksamkeit, die der Kaiser dem Theater zollte, nicht zuletzt durch die Berufung von einigen der bedeutendsten Schauspieler wie Friedrich Ludwig Schröder, Franz Brockmann und anderen an das seit 1776 durch den Kaiser selbst so benannte »deutsche Nationaltheater«. Der Kaiser schickte sogar einen Beauftragten nach Norddeutschland, der nach geeigneten Schauspielern für dieses verheißungsvolle Institut Ausschau halten sollte. Dieser kam auch zu Lessing, der am Ende seiner *Hamburgischen Dramaturgie* (1769) von dem »gutherzigen Einfall, den Deutschen ein Nationaltheater zu verschaffen, da wir Deutsche noch keine Nation sind!«, geschrieben hatte. Jetzt äußerte sich Lessing weniger resignativ und sagte zu dem kaiserlichen Beauftragten:

»Ich verehre Ihren Kaiser, er ist ein großer Mann! Unstreitig kann er vor allen andern Höfen uns Deutschen am ersten eine Nationalbühne geben, da der König in Berlin das vaterländische Theater nur duldet und nicht in Schutz nimmt, wie Ihr Regent.«[12]

Freilich war es mit der Errichtung eines Nationaltheaters nicht getan, und Lessings Wort von der fehlenden Nation hatte noch immer seine Gültigkeit. Das Wiener Publikum bewahrte durchaus seine alten Vorlieben für die Stegreifkomödie und hatte sich erst mühsam der französischen Theatertradition angenähert. Für ein modernes, von Lessings Theaterreform geprägtes deutsches Nationaltheater war der Weg noch recht dornenvoll.

Nicht unähnlich ging es dem deutschen »Nationalsingspiel«, das seine Einrichtung ebenso der persönlichen Initiative des Kaisers verdankte und mit ähnlichen Schwierigkeiten zu kämpfen hatte. Es mußte sich vor allem gegen die italienische Buffooper behaupten, hatte aber vor allem mit dem Mangel an überzeugenden und fähigen Textdichtern und Komponisten zu kämpfen. Vielleicht krankte das Unternehmen auch an einer Halbherzigkeit bei seiner Einrichtung. Zwar gab es ein Orchester von über 30 Sitzen, einen brauchbaren, teilweise sogar hervorragenden Stamm von Sängern (wenigstens nach den ersten Spielzeiten), aber an eine eigene Dramaturgie, fest mit dem Haus verbundene Textdichter oder Komponisten hatte man – vermutlich aus Sparsamkeitsgründen – nicht gedacht. Für diesen Teil des Nationaltheaters gab es keine Stelle eines Hofkomponisten, obschon man ganz auf örtliche Kräfte angewiesen war, denn die norddeutsche Singspielbewegung wurde weitestgehend ignoriert. Musikgeschichtlich gesehen hat das Wiener Nationalsingspiel seine Chance kaum nutzen können, weil es in »splendid isolation« improvisierte, statt eine mögliche avantgardistische Rolle bei der Entwicklung einer nationalen Opernreform zu übernehmen. Aber vielleicht hat auch hier Lessings resignativer Satz zu gelten, daß die Zeit noch nicht reif war...

Mozart hatte sicher auch dies Nationalsingspiel im Sinn, wenn er sich überlegte, wie er »mit schöner Manier zum Kaiser kommen« könnte. Schon im Gepäck hatte er seine halbfertige Singspiel-Oper *Zaide,* als er nach Wien kam. Der Auftrag zur *Entführung aus dem Serail* war vielleicht als Talentprobe zu verstehen. Als die *Entführung* dann mit einem dreiviertel Jahr Verspätung auf die Bühne kam, brachte sie zwar einen beispiellosen Erfolg, der allein das ganze Unternehmen jedoch nicht mehr retten konnte. Die folgende Spielzeit war die letzte des Nationalsingspiels, das am 4. März 1783 geschlossen wurde. Von allen Stücken war es einzig der *Entführung* beschieden, diese Theaterabteilung zu überleben und in die (italienische) Oper des Burgtheaters übernommen zu werden, bevor es seinen Triumphzug durch Europa antrat.

Mit dem Erlöschen des deutschen Nationalsingspiels war Mozarts Opernambitionen nun keineswegs die Geschäftsgrundlage entzogen. Der Wunsch, »mit schöner Manier zum Kaiser zu kommen«, konnte jetzt vielleicht noch realistischer in Erfüllung gehen – nicht weil Joseph II. der italienischen Oper ohnehin mehr zugetan wäre, sondern weil die italienische Oper am Burgtheater eine viel breitere gesellschaftliche Trägerschicht hatte, die sich vor allem auch aus den Kreisen des hohen Adels zusammensetzte[13].

Der vom höfischen Stil zu Zeiten Maria Theresias geprägte Adel war musikalisch ganz auf Musik des italienischen Stils eingestellt – mochte Joseph II. auch noch soviel herumexperimentieren mit dem deutschen Singspiel, das doch deutlich einem bürgerlichen Geschmack entgegenkam, wenn ihn nicht gar repräsentierte. Aber Joseph II. hielt ja, wie gesagt, vom höfischen Wesen herzlich wenig; und so gehörte sicher auch ein großer Teil von Mozarts Bewunderern zu jenen, die ihn ohnehin für die »welsche« Oper gewinnen wollten.

Auch Mozart selbst war ja keineswegs präokkupiert für das deutsche Singspiel: Das war eine verhältnismäßig neue Gattung, und er traute sich wohl zu, in ihr etwas zu leisten. Mit der *Entführung* hatte er seinen Rang beansprucht; aber mit den Traditionen der italienischen Oper hatte er viel mehr Erfahrungen und ein nicht minder großes Interesse vor allem am gemischten Stil der neuen Opera buffa. Für Mozart änderte sich wenig: Er war in beiden Gattungen zu Hause und weiterhin begierig auf Aufträge. Und vielleicht war es auch besser, die Operndramaturgie erst noch auf einem Feld weiterzuentwickeln, das schon eine lange Tradition besaß und viele Entwicklungsschritte bereits gemacht hatte, während das Singspiel ganz an seinem Anfang stand und noch mancher Erprobungen bedurfte. Mozart hatte schließlich selbst erfahren, wie schwer es war, geeignete Textdichter zu finden, von der ganz anderen Rezitationsweise in der deutschen Sprache einmal abgesehen, die sich keineswegs so leicht musikalisch biegen, dehnen, perlen oder spinnen ließ.

Gewissermaßen im Nachspann zum deutschen Nationalsingspiel und ironischerweise mit einem Text aus dem Theaterleben bekam Mozart noch einmal einen Singspielauftrag für eine Festaufführung in Schönbrunn; so entstand *Der Schauspieldirektor* – aber das war schon unmittelbar vor dem Auftrag zu *Le nozze di Figaro,* der nun wirklich »mit schöner Manier« vom Kaiser kam.

Faßt man das Verhalten Josephs II. gegenüber Mozart in schlagwortartiger Vereinfachung zusammen, so läßt sich sagen, daß der Kaiser um eine faire Behandlung bemüht war: Mozart war ohne offizielle Ermunterung nach Wien gekommen, wo alle Stellen besetzt waren; der Kaiser hat zu keinem Zeitpunkt Mozart irgendwelche Versprechungen gemacht, die er nicht eingehalten hätte; er hat bei vielen Gelegenheiten Mozart seine besondere Wertschätzung erkennen lassen und ihn entsprechend entlohnt; Opernaufträge bekam Mozart alle drei Jahre mit einer gewissen Regelmäßigkeit, teilweise mit verdoppeltem Honorar; als zum erstenmal Stellen frei wurden (durch den Tod Bonnos und Glucks), wurde Mozart mit der Einrichtung einer ganz neuen Stelle berücksichtigt, die mit keinen nennenswerten Verpflichtungen verbunden war, sondern so etwas wie einen Ehrensold darstellte, der ungefähr dem Gehalt des Musikdirektors des »Nationalsingspiels« entsprach; das persönliche Verhältnis war herzlich und voller gegenseitiger Hochachtung, die auch durch Mozarts offen bekannte Freimaurerei, die politisch brisanten Opernlibretti oder Mozarts Auswanderungspläne, die dem Kaiser wohl bekannt waren, ebensowenig getrübt wurde wie durch das kaiserliche Sparregime, das Mozart keine Sonderrolle zugestand, vielmehr nur gerade so viel bewilligte, daß Mozart Wien doch nicht verließ.

5. Wien 1782 bis 1785

Ein Jahrhundertereignis

Anders als die Briefe seines Vaters sind Mozarts briefliche Mitteilungen karg an Beobachtungen, Schilderungen oder Berichten über die alltäglichen Vorfälle oder herausragende Ereignisse in seinem Umkreis, wenn sie sich nicht unmittelbar mit seinen eigenen musikalischen Interessen berühren. Auch von den Gesprächen, zu denen er vielfältige Gelegenheiten bei bedeutenden Persönlichkeiten hatte, findet kaum etwas in seinen Briefen auch nur Erwähnung. Mozart legte den größten Wert darauf, als ein gleichrangiger Mensch auch in den höchsten Adelskreisen behandelt zu werden, und verstand sich keineswegs allein als ein die Gesellschaft unterhaltender Musiker. Die gewöhnliche Gleichstellung des Musikers mit dem Lakaien hat Mozart für sich erfolgreich aufgehoben. Der ganze außermusikalische Bereich seines Auftretens in der Gesellschaft ist uns verschlossen, unbekannt, und dennoch darf man diese wenig überlieferte Seite der Persönlichkeit nicht geringschätzen oder gar verleugnen, weil man sich Mozart nur als einen fast überirdischen Geist vorstellt, der nichts als Musik gewesen sei, der nur in Tönen zu leben und zu denken vermochte. Ganz im Gegenteil ist alles an Mozart höchst diesseitig und irdisch (und selbst seine Musik bei allem Anteil von Inspiration ein ganz bewußtes, Ton für Ton überlegtes Komponieren). Man kann sich zwar vorstellen, daß Mozart viel in Gesellschaft und oft in der höheren Gesellschaft verkehrte, aber was dort geredet wurde, wenn es nicht um Musik ging, das alltägliche Geplauder, das stets auch von den Persönlichkeiten, Interessen und Berufen der Gesprächspartner bestimmt wird, bleibt fremd, zumal wenn sich Mozart in Kreisen des höchsten Adels und der höchsten Staatsämter bewegt. Aber offensichtlich wurde er durchaus integriert, als Teilnehmer und Gesprächspartner, und ohne Komplikation aufgenommen – was übrigens auch auf seiten Mozarts eine erhebliche Anpassungsfähigkeit und ein sowohl zwangloses wie unaufdringliches Benehmen voraussetzt.

Ein Beispiel solchen freien Umgangs ist die Bekanntschaft mit Johann Philipp Graf Cobenzl, dem Vizehof- und -staatskanzler, einem der engsten Mitarbeiter Josephs II. Mozart kannte den Grafen wie so viele der Wiener Gesellschaft schon von einer der Reisen als Wunderkind. Gleich im ersten Wiener Sommer (1781) war er als Gast des Grafen öfter auf dessen Landsitz, dem Reisenberg, eingeladen. Jedoch stand damals noch nicht das Palais Cobenzl (das um 1896 wiederum einem Hotel weichen mußte), sondern nur ein kleineres Anwesen, von dem aus der Graf die umliegende Gegend in einen eindrucksvollen künstlichen Park umgestaltete, in dem eine wild-romantische Berglandschaft mit überraschenden Durchblicken sich öffnete, Pavillons unvermutet zum Ausruhen einluden, sogar eine künstliche Grotte angelegt war, die Mozarts Entzücken hervorrief. (Eindrücklich beschrieben ist dieser Park in den Briefen Georg Forsters, der zusammen mit der Gräfin Thun hier lange Spaziergänge machte.) Die Unterkunft muß noch ziemlich einfach gewesen sein, Mozart sagt:

»das häuschen ist nichts; aber die gegend! – der Wald – worinnen er eine Grotte gebauet, als wenn sie so von Natur wäre. das ist Prächtig und sehr angenehm.« (13. Juli 1781)

Da oben eingeladen zu sein bedeutete Interesse an langen Gesprächen, Spaziergängen, Naturempfindung – mit Musik und Salon hatte das herzlich wenig zu tun. Und Mozart war nicht nur einmal dort oben.

Ganz natürlicherweise wurde auch über politische Dinge gesprochen, das ergab sich schließlich aus der Stellung des Grafen. Und so kann es nicht verwundern, daß Mozart von Graf Cobenzl auch Neuigkeiten erfährt, die nicht nur Tagesmeldungen waren, sondern auch Einblick geben in die politischen Details der kaiserlichen Politik. Völlig überraschend hatte sich nämlich der Papst in Wien zu einem Besuch angesagt, dessen Bedeutung wohl jeder ahnte. Und ausnahmsweise beeilte sich Mozart, von dieser Sensation seinem Vater zu berichten, von dem er wußte, daß er die politischen Welthändel mit Aufmerksamkeit und Hang zu ausgiebigem Räsonnement verfolgte: »unterdessen will ich ihnen benachrichtigen, daß der Papst hieher kommen soll; davon ist die ganze Stadt voll«, schreibt er am 9. Januar 1782.

Wenn der Papst auf Reisen ging, konnte es um die Stellung der Kirche nicht zum besten bestellt sein, zu ungewöhnlich war ein solches Ereignis. In der Tat hatte die kaiserliche Kirchenpolitik einen Punkt erreicht, an dem der Papst mit dem ganzen Gewicht seiner persönlichen Autorität versuchen mußte, zu retten, was zu retten war. Es ging schließlich um nichts anderes als die Frage nach dem Primat des Staates oder der Kirche.

Schon unter Maria Theresia, gewiß einer frommen und überzeugten Katholikin, hatte eine Politik begonnen, die den Einfluß der Kirche auf das empfindlichste beschnitt, am sichtbarsten in der Aufhebung des Jesuitenordens, einschneidender jedoch in nationalkirchlichen Bestrebungen, die auch die Geistlichen als Untertanen des Staates auffaßten und damit den römischen Einfluß untergruben. Man darf nicht vergessen, daß es schon unter der Kaiserin zu Klosteraufhebungen kam. Joseph II. radikalisierte lediglich eine bereits begonnene Politik mit dem Ziel, die Kirche als Staatskirche den staatlichen Zielen unterzuordnen, sie dem Staat dienstbar zu machen. Nicht um Glaubensfragen ging es – Joseph II. war selbst gläubiger Katholik –, sondern um die Kontrolle kirchlicher Macht, Bekämpfung schmarotzerhafter Auswüchse und die Durchsetzung der Toleranz gegenüber Andersgläubigen, die im Interesse eines aufgeklärten Staates und einer modernen Wirtschaftspolitik lag.

Die Maßnahmen, die Joseph II. ergriff, mußten für die römische Kirchenzentrale alarmierend sein und liefen darauf hinaus, den Papst nur noch als Regenten des Kirchenstaates anzuerkennen, nicht aber als politischen Anführer der katholischen Christenheit oder auch nur seiner geistlichen Heerscharen. Der Streit war jahrhundertealt, nur war niemand so weit gegangen wie Joseph II. mit seinen aufgeklärten Gegenansprüchen. Er versuchte durchzusetzen, daß die Diözesangebiete identisch wurden mit den weltlichen Herrschaftsgebieten, um sie besser kontrollieren zu können. Päpstliche Schreiben (Bullen, Breves usw.) durften nur nach einer Genehmigung durch den Kaiser veröffentlicht werden. Die Klöster wurden den Bischöfen unterstellt, kontemplative oder »unnütze« Klöster aufgehoben, das Vermögen eingezogen, Besitztümer versteigert zugunsten eines Religionsfonds, aus dem die zahlreichen neu eingerichteten Pfarreien bezahlt wurden und die Exmönche eine Pension erhielten. Die Pfarreien waren als Netzwerk für soziale Reformen sowie als Propagandastellen staatlicher Aufklärungsmaßnahmen gedacht, die Pfarrer waren nicht nur Seelsorger, sondern zugleich Volksaufklärer, Leiter des Armenwesens und als Staatsbeamte im administrativen Bereich tätig. Die Priesterseminare wurden verstaatlicht, den Klöstern die Ausbildung ihres Nachwuchses genommen. Bis in die Alltäglichkeiten der vertrauten kirchlichen Gebräuche regierte Joseph II. hinein; so beschränkte er zum Beispiel das Glockenläuten, verbot die vielen Prozessionen, löste die Privatkapellen auf, verbot das Aufhängen von Opfergaben in der Kirche und ließ nicht einmal das Schmücken von Heiligenfiguren mit echten Kleidern zu. Solche Maßnahmen mochten aufgeklärtem und Verschwendung verabscheuendem Denken entsprechen, wurden aber von vielen nur als Stichelei gegen die Kirche und Willkür verstanden. Die Aufhebung der »unnützen« Klöster und das Vorgehen gehen das kirchliche Bettelunwesen hingegen fanden einen größeren Zuspruch, wenn nicht allgemeine Billigung.

Diese kirchlichen Reformen verteilten sich über mehrere Jahre, nahmen aber bereits 1780 ihren entschiedenen Anfang mit dem Patent über die Klosteraufhebungen. Die Umrisse der kaiserlichen Kirchenreform und ihrer Ziele waren bereits klar erkennbar, als Pius VI. sich entschloß, durch eine persönliche Reise nach Wien das Schlimmste zu verhüten und den Kaiser zur Umkehr zu bewegen. In Wien war man verblüfft und einen Moment lang unsicher, ob man dieser Selbsteinladung des Papstes überhaupt nachgeben sollte. Joseph II. mag sich gründlich überlegt haben, wie man verhindern konnte, daß der zu erwartende Volksauflauf zur Stärkung der päpstlichen Autorität umgedeutet werden konnte, ob es nicht besser sei, eine solche Reise gar nicht erst zuzulassen.

Mozart war über diese Überlegungen durch Graf Cobenzl bestens informiert. Das setzt aber auch voraus, daß er zumindest in groben Zügen darüber unterrichtet war, was mit dieser Reise beabsichtigt war. Nicht daß er zum Eingeweihten irgendwelcher Regierungsgeheimnisse geworden wäre. Aber er wurde auch nicht ausgeschlossen aus den politischen Überlegungen des Grafen, der ebenso wie alle anderen Ratgeber Josephs II. die Vor- und Nachteile eines Papstbesuches sorgfältig analysierte und schließlich wohl eher dazu neigte, die Gefahr einer Aufhetzung der Kirche gegen den Kaiser zu sehen. Das Auftreten des Papstes würde eine ungeheure Zahl von Neugierigen nach Wien locken, und aus dem Spektakel würde leicht ein schwer abzuschätzender innenpolitischer Druck entstehen. Mozart schrieb in dieser Situation an seinen Vater, er glaube nicht, daß der Papst kommen werde, »denn, graf kobenzl hat mir gesagt daß der kayser diese visite nicht annehmen wird« (9. Januar 1782). Mozart gab hier die Meinung des Grafen wieder und wird ebenso überrascht gewesen sein wie dieser, als sich zwei Tage später der Kaiser plötzlich entschloß, die Selbsteinladung des Papstes anzunehmen. Es war eine kühne Entscheidung, die ein sorgfältiges Kalkül jedes einzelnen Schrittes innerhalb des Besuchsprogramms voraussetzte. Aber Joseph II. hat diese Aufgabe mit ebensoviel Unbeugsamkeit wie Bravour an Höflichkeit hinter sich gebracht. Graf Cobenzl selbst wurde an die Grenze der

Ein Jahrhundertereignis

Papst Pius VI. besuchte 1782 Wien, um den Kaiser zu einer Änderung seiner Kirchenpolitik zu bewegen. Die Reise blieb politisch erfolglos, veranlaßte aber riesige Menschenmengen zu einem neugierigen Ausflug nach Wien

österreichischen Territorien geschickt, um den Papst zu empfangen, und auch der Kaiser reiste dem überraschten Papst eine Tagreise entgegen. Am 23. März schrieb Mozart an seinen Vater: »[...] nur noch, daß gestern Nachmittag um halb 4 uhr der Pabst hier angekommen ist – eine lustige Nachricht.«

Schon bei der Ankunft des Papstes waren 200 000 Schaulustige zugegen, zum päpstlichen Ostersegen sollen allein 30 000 Fremde nach Wien gekommen sein, von den Einwohnern Wiens ganz zu schweigen. Für den Aufenthalt war ein umfangreiches Besichtigungsprogramm organisiert, schon um die Zeit für politische Verhandlungen möglichst kurz zu halten. Und der Kaiser hatte eine glänzende Entschuldigung, sich möglichst selten mit seinem Gast gemeinsam zu zeigen: Er hatte nämlich eine unangenehme Augenkrankheit und durfte sich nur in abgedunkelten

Räumen aufhalten, so daß selbst politische Gespräche im Halbdunkel stattfinden mußten. Zu irgendwelchen politischen Konzessionen war der Kaiser nicht bereit, vielmehr wurden sogar während der Anwesenheit des Papstes fast demonstrativ drei Wiener Klöster aufgehoben und der erste (noch nicht so anstößige) Teil der josephinischen Begräbnisordnung verkündet. Gleichzeitig wurde der Papst aber mit einer Liebenswürdigkeit und protokollarischen Akkuratesse behandelt, die selbst jeden Anschein eines Affronts vermied. Joseph II. hat diesen Besuch glänzend überstanden und sich in nichts bei seiner Kirchenpolitik beirren lassen. Im übrigen war die Persönlichkeit dieses Papstes auch nicht dazu angetan, bei einem Herrscher vom Format Josephs II. viel zu erreichen: Eitelkeit und kostspielige Repräsentationslust des Papstes waren Schwachstellen, die der Kaiser geschickt auszunutzen verstand. Wirklich konsequentes Handeln des Kirchenoberhauptes war hier leicht zu unterminieren. Insgesamt hat dieser Besuch die Sympathien für Pius VI. eher schwinden lassen. (Im Kirchenstaat war er wegen seines einträglichen Ämterverkaufs so verhaßt, daß man sogar nach seinem Leben trachtete.)

Wenn Mozart als einziges Wort zum Papstbesuch »lustig« einfällt, so sind damit wohl in erster Linie der Prachtaufwand und das umständliche Zeremoniell mit seinem Charakter öffentlicher Volksbelustigung gemeint. Ehrerbietung gegenüber der geistlichen Autorität des Papstes spricht daraus kaum (obschon Mozart dem Vorgänger Klemens XIV. die Würde eines Ritters vom goldenen Sporn verdankte, ein Titel, von dem er – im Gegensatz zu Gluck etwa – jedoch keinen Gebrauch machte). Mit diesem Wort gibt Mozart ein josephinisches Schmunzeln zu erkennen, jedenfalls ließ er sich nicht beeindrucken, bringt schon gar nicht ein Wort über die Lippen, das auch nur andeutungsweise der kaiserlichen Kirchenreform widerspricht. Mozart war gewiß ein überzeugter Christ, aber doch auch ein lauer Katholik, zunehmend geprägt von einem aufgeklärten Denken, das eher durch die praktizierten christlich-humanen Anschauungen der Freimaurerei beeinflußt war als von den Gebräuchen der Kirche. (Im eigentlichen Sinne theologische Anschauungen, die ihn einer speziellen Richtung etwa des Reformkatholizismus zuordnen lassen, sind von ihm nicht bekannt.)

Bezeichnenderweise hat Mozart zum Papstbesuch auch mit keiner einzigen (kirchlichen) Komposition beigetragen. Das ist immerhin auffällig bei einem Komponisten, der nicht zuletzt mit seinen Kirchenkompositionen bekannt geworden war, die in der Zeit bis zur Übersicdlung nach Wien ein Viertel seines Œuvres ausgemacht hatten. Freilich war

Mozart in Salzburg als Hoforganist angestellt gewesen und zu Kirchenkompositionen verpflichtet. Auffällig bleibt aber dennoch, daß in der Wiener Zeit fast nichts an geistlichen Werken entstanden ist und mehr jedenfalls für freimaurerische Gelegenheiten, nachdem er sich 1784 dieser Vereinigung angeschlossen hatte. Dies allein mit dem Mangel an kirchlichen Aufträgen zu erklären reicht wohl kaum aus; es erklärt gerade noch, warum bei Gelegenheit des Papstbesuches nichts entstanden ist. Man muß sich dabei vor Augen halten, daß zum Beispiel für den relativ familiären Besuch des Generalgouverneurs der Niederlande, Herzog Albert Kasimir von Sachsen-Teschen, mit seiner Frau, Erzherzogin Maria Christine (einer Schwester des Kaisers), sowohl bei Mozart wie bei Salieri je eine kleine Oper in Auftrag gegeben wurde (1786), die *Entführung* anläßlich des Besuches des halb inkognito reisenden russischen Großfürsten Paul Premiere haben sollte (1782) – und anläßlich eines Staatsbesuches von so besonderer Art wie dem des Papstes wurde anscheinend nicht *ein* Werk in Auftrag gegeben zu Ehren dieses illustren Gastes. Protokollfragen enthalten politische Signale, das scheint ihr Sinn zu sein.

Mozart war schon in Salzburg mit der Kirchenreformbewegung konfrontiert worden, schließlich war der Erzbischof Colloredo ein übereifriger Anhänger jener Reformbestrebungen, die man später mit dem Begriff des Josephinismus belegt hat. Die Verringerung der Kirchenmusik war nur ein Aspekt davon (der Mozart zu dreiminütigen *Kirchensonaten* nötigte). Aber alle Polemik dagegen bezog sich ausschließlich auf die Person des verhaßten Erzbischofs und darf nicht gleichgesetzt werden mit der Ablehnung der Kirchenreform insgesamt. Mozart betont immer wieder, daß der Salzburger Erzbischof beim Kaiser »verhaßt« sei, mochte er noch so sehr der kaiserlichen Politik nacheifern. Mozart läßt seine Sympathien für Joseph II. immer wieder durchscheinen, gibt sich sogar als Josephiner zu erkennen:

»daß die ohnöthigen bildereyen in den kirchen, die vielen opfertafeln, und instrumental-musique etc: |: was hier geschehen wird :| bey ihnen schon abgekommen sind«, schreibt er seinem Vater, »war mir etwas Neues. – da glaubt der erzbischof vermuthlich sich *dadurch* beym kaiser einzuschmeicheln; aber ich glaube schwerlich daß diese seine Politique von grossem nutzen seyn mag. –« (25. September 1782)

Und auch Leopold Mozart, ein frommer Mann, der selbst noch seinen erwachsenen Sohn nach dem regelmäßigen Kirchenbesuch fragte (zugleich mit diesem aber Freimaurer wurde, was sich nicht widersprach), äußert sich über die Klosteraufhebungen recht deutlich und ganz im Sinne des Kaisers:

»da sieht man was pure Bettschwesterey für ein abscheulicher Unterscheid vom wahren Christenthum ist. [...] Es ist und bleibt doch immer gut, wenn man die Weiberklöster aufhebt. Es ist weder wahrer Beruf, – weder übernatürlicher Zug, geist: wahrer Eyfer, noch ächte Schule der wahren Andacht und abthötung der Leydenschaften darinnen; sondern nichts als zwang, Gleisnerey, Verstellung, Scheinheiligkeit und unendlich viele Kinderey, und am Ende versteckte Bossheit. –« (14. Oktober 1785)

Man sieht daraus, daß Leopold Mozart kirchlichen Institutionen recht kritisch gegenüberstand und eine eher protestantisch anmutende Frömmigkeit besaß. Und auch sein Sohn wird schwerlich zu jenen gehört haben, die darum Schlange standen, dem Papst den Pantoffel küssen zu dürfen. In der Tat gehörte dies zu den Geschmacklosigkeiten des Papstbesuches, daß seine Pantoffeln sogar in die vornehmen Häuser getragen wurden, weil sie so begehrt waren. Auch solche Nebenerscheinungen einer irregeleiteten Frömmigkeit hat Mozart wohl antizipierend gemeint, als er den hohen Besuch nur »lustig« fand. Er hat den Papstbesuch nicht völlig ignoriert, er wird ihm vielmehr jene politische Bedeutung beigemessen haben, die er besaß...

Orientierung in der Gesellschaft

Mozart hatte gleich die ersten Wochen in Wien zu umfangreichen Bekanntschaften genutzt, er war in Gesellschaft ja alles andere als scheu oder ängstlich und konnte freimütig auf jeden zugehen, ohne sich von Standesunterschieden und anderen gesellschaftlichen Rücksichten beeindrucken zu lassen. So hatte er schon bald persönlichen Kontakt zum russischen Botschafter Graf Golizyn, zur Gräfin Thun – zu Häusern, in denen alles verkehrte, was Rang und Namen hatte –, schließlich zum Kaiser selbst. Aber erst mit der lange verzögerten Premiere der *Entführung aus dem Serail* am 16. Juli 1782 konnte sich Mozart ganz in seinem liebsten Metier vorführen. Und er suchte ja noch immer nach einer festen Anstellung.

Jeden Sonntag war Mozart bei Gottfried van Swieten, bei dem sich von 12 bis 14 Uhr eine kleine Gesellschaft von Kennern und Liebhabern

Orientierung in der Gesellschaft

älterer Musik zum Musizieren versammelte. Swieten hatte einige Zeit in Berlin als Gesandter gelebt und dort die Musik Johann Sebastian Bachs und seiner Zeit kennengelernt, die nur durch die Kirchenmusik noch im öffentlichen Gedächtnis war. (Gleichwohl gab es bis zur »Wiederentdekkung« Bachs im 19. Jahrhundert immer Liebhaberkreise, die die Verbindung zur Musik vor 1750, vor allem zu Bach und Händel, nicht abreißen ließen; Swieten war nur der Wiener Förderer solcher Bestrebungen.) Swieten sammelte alte Handschriften und Drucke, und Mozart war ein eifriger Benutzer dieser wertvollen Schätze. Wahrscheinlich hier (wenn nicht bei Gräfin Thun) hat er auch den Fürsten Lichnowsky[1] kennengelernt, der selbst Bach-Abschriften mitgebracht hatte.

Auch Mozart ist immer wieder bemüht, für die sonntäglichen Matineen unbekannte Noten beizusteuern. Von seiner eigenen Hand sind es vor allem Kompositionen wie die *c-Moll-Fuge* für zwei Klaviere (KV 426) oder für Streichquartett bearbeitete Bach-Fugen; Mozart fordert sogar seinen Vater auf, ihm von dessen älteren Kompositionen zu schicken, und versucht, ihm seine Zurückhaltung wegen des veralteten Stils dieser Musik auszureden:

»wenn es wärmer wird, so bitte ich unter dem dache zu suchen, und uns etwas von ihrer kirchenMusik zu schicken; – sie haben gar nicht nöthig sich zu schämen. – Baron van suiten, und Starzer, wissen so gut als sie und ich, daß sich der Gusto immer ändert – und *aber* – daß sich die Verränderung des gusto leider so gar bis auf die kirchenMusic erstreckt-hat; welches aber nicht seyn sollte – woher es dann auch kömmt, daß man die wahre kirchenMusic – unter dem dache – und fast von würmern gefressen – findet. –« (12. April 1783)

Es geht hierbei nicht um archivalische Interessen, sondern um das Lebendighalten eines Erbes, das nicht außer Kurs gesetzt werden darf – auch um der neuen Musik willen. Und Swieten selbst komponiert genausowenig im »alten« Stil wie Mozart, was gelegentliche Stilübungen nicht ausschließt, die Mozart selbst noch in der *Zauberflöte* wirkungsvoll nutzbar macht.

Gottfried van Swieten gehörte zu den bedeutendsten Politikern seiner Zeit und war als Präsident der Studienhofkommission im innenpolitischen Bereich einer der wichtigsten Reformer um Joseph II. Zu diesem Kreis gehörte auch Hofrat Anton von Spielmann, der als rechte Hand von Wenzel Anton Graf Kaunitz für die Außenpolitik zuständig war. Es ist dabei immer wieder erstaunlich, zu beobachten, daß die einflußreichsten Persönlichkeiten des politischen Lebens zugleich auch die engagiertesten

Förderer der Kunst geworden sind. Aktives Interesse scheint dabei die gesellschaftlichen Nebenaspekte zu überwiegen: Der Swieten-Kreis war nur für wirkliche Kenner und Liebhaber zugänglich, ein Privatsalon exklusiver Art, während Spielmann einen Salon unterhielt, in dem es mehr um gesellschaftliches Vergnügen ging. (Seine Tochter Franziska, eine Klavierschülerin Haydns, trat hier auf, auch Mozart scheint hier gespielt zu haben.)

Über solchen anregenden Gelegenheiten hat Mozart den Kontakt zu »zünftigen« Musikern keineswegs verloren. Durch alle Wiener Jahre zum Beispiel stand Mozart in Verbindung zu dem Hornisten Joseph Leutgeb, der, früher in salzburgischen Diensten, jetzt in Wien lebte (und bei der Kapelle des Fürsten Grassalkovics tätig war). Hier brauchte sich Mozart keine Contenance aufzuerlegen, sondern konnte sein manchmal übersprudelndes Temperament frei schießen lassen. So schrieb er in eines der für Leutgeb komponierten Hornkonzerte mit vier verschiedenfarbigen Tinten einen Anmerkungsapparat, der aus dem Konzert beinahe einen theatralischen Akt macht[2].

Solcher Ausgelassenheit, wenn auch in einer ortsbezogen gezähmten Art, entspricht auch eine Pantomime, die Mozart mit Freunden während eines öffentlichen Maskenballs in der Hofburg aufführte; leider ist die Musik dazu nur fragmentarisch erhalten. Die Idee stammte von Mozart, den Text in Knittelversen ließ er sich von einem Schauspieler schreiben. Die fünf handelnden Personen waren eine Colombine, ein Harlequin (Mozart), ein Pierrot, Pantaleon und ein Doktor. Kurz vorher hatte in Mozarts Wohnung der Ball stattgefunden, der bis zum frühen Morgen gedauert hatte. Und obwohl in diesem Winter und Frühjahr insgesamt drei Umzüge stattgefunden hatten und Mozart in einigen Konzerten aufgetreten war, seine Klavierschülerinnen nicht zu vergessen, nimmt er sich die Zeit für einen ganztägigen Ausflug in den Prater:

»Ich kann mich ohnmöglich entschlüssen so frühe in die Stadt hinein zu fahren. – das Wetter ist gar zu schön – und im Prater ist es heute gar zu angenehm. – wir haben heraus gespeist, und bleiben also noch bis abends 8 oder Neun uhr. – Meine ganze gesellschaft besteht in meinen schwangern Weiberl – *und ihre* – in ihrem nicht schwangern aber fetten gesunden Mannerl.« (3. Mai 1783)

Sechs Wochen später wurde Mozarts erstes Kind, Raimund Leopold, geboren.

Neben allen Vergnügungen hatte Mozart in diesem ersten Ehejahr aber auch viel gearbeitet, zwar ohne die Anspannung der kommenden Jahre

Orientierung in der Gesellschaft

und ohne die vielen Verpflichtungen, die sich später aus den häufigen Konzertterminen ergaben, vieles auch ohne Abschluß, aber für die Entwicklung seiner musikalischen Absichten sicher von großer Bedeutung. Vollendet wurden eine *Bläserserenade* (KV 384a = 388), die *Haffner-Symphonie,* drei *Klavierkonzerte,* ein *Hornkonzert,* das *Hornquintett,* drei der sechs Haydn gewidmeten *Streichquartette,* sechs *Konzertarien* und einige *Fugen*; Fragment blieben einige Sätze für *Klavier-Violin-Sonaten,* eine *Klavierfantasie,* ein *Oboenkonzert* und die *c-Moll-Messe.* Andere Fragmente sind wohl als Entwürfe zu verstehen. Hinzu kommen aber noch drei Opernpläne, von denen zwei immerhin auch in Angriff genommen worden sind (wir werden gleich noch auf sie zu sprechen kommen). Zu diesem immensen Arbeitspensum gehört neben allem anderen ein staunenswertes Maß an Disziplin, wobei Mozart in dieser Zeit nie über zuviel Arbeit klagt. Im Gegenteil suchte er nach Konzertmöglichkeiten, und die drei neuen *Klavierkonzerte* waren für die ersten sich bietenden Gelegenheiten gedacht. 14 Tage vor der *Entführung* fand immerhin das erste der Augarten-Konzerte statt, bei dem Mozart mit Josepha Auernhammer das schon früher entstandene *Konzert für zwei Klaviere* (KV 316a = 365) aufführen konnte. Natürlich gab es in Privatakademien einige Konzerte, aber er suchte die Öffentlichkeit einer eigenen Akademie im Burgtheater, und die kam erst am 23. März zustande, dafür aber offenbar mit einem rauschenden Erfolg. Seinem Vater schrieb Mozart:

»Ich glaube es wird nicht nöthig seyn ihnen viel von dem erfolg meiner academie zu schreiben, sie werden es vieleicht schon gehört haben. genug; das theater hätte ohnmöglich völler seyn können, und alle logen waren besezt. – das liebste aber war mir, daß seine Mayestätt der kayser auch zugegen war, und wie vergnügt er war, und was für lauten beyfall er mir gegeben; [...] seine zufriedenheit war ohne gränzen; –« (29. März 1783)

Wenn der Bericht in Karl Friedrich Cramers *Magazin der Musik* (Mai 1783) stimmt, hat Mozart bei diesem Konzert seine höchste je erzielte Einnahme gehabt: 1 600 Gulden. Das Programm bestand aus elf Kompositionen, darunter die *Haffner-Symphonie,* zwei *Klavierkonzerte* und sechs *Konzertarien* bzw. -*szenen.* Schon am 11. März war Mozart bei einer Akademie seiner Schwägerin Aloysia Lange mit einem *Klavierkonzert* (KV 387b = 415) aufgetreten, und Ende März spielte er noch eines der neuen *Konzerte* im Burgtheater. Die Begeisterung war grenzenlos; Gluck lud Mozart spontan zum Essen ein und bekam dafür im nächsten Konzert von Mozart eine improvisierte *Variationen*-Einlage über ein

Thema von Gluck (KV 455). Diese Erfolge nach der *Entführung* haben Mozart in Wien richtig heimisch werden lassen; sie sicherten ihm darüber hinaus auch für die nächste Saison zahlreiche Einladungen in die Salons.

Außer bei Baron van Swieten, Hofrat von Spielmann und bei Musikerkollegen ist Mozart oft bei der Gräfin Thun, bei der bürgerliche Personen wie solche des höchsten Adels ein und aus gehen. Mozart wiederum bringt diese Gesellschaft in das Haus des Wirtschaftsrats Johann Michael Auernhammer, dessen Tochter Josepha bei Mozart ihr Klavierspiel perfektioniert – und sich in Mozart so verguckt, daß er recht ungehalten darauf reagiert. Anscheinend ganz ohne Zusammenhang zu diesen Kreisen ist der intensive Verkehr mit der Baronin Waldstätten, einer Einzelgängerin, deren Lebensschicksal bis heute im dunkeln blieb. Alte Salzburger Bekannte schließlich bringt Mozart mit der Baronin zusammen, mit neugewonnenen Freunden vom Theater, vor allem mit dem Sänger Valentin Adamberger, aber auch mit Aloysia und Joseph Lange und mit Raimund Wetzlar von Plankenstern, der mehr und mehr in Grundstücksspekulationen engagiert ist. Bei Wetzlar wiederum lernt Mozart den italienischen Abbé Lorenzo Da Ponte kennen, mit dem eine vorsichtige Annäherung beginnt, zunächst voller Skepsis – später wird er Mozarts bedeutungsvoller Librettist.

Eine kunterbunte Gesellschaft reicht sich die Hände. Alles ist ein ständiges Geben und Nehmen, ein Empfangen und Austeilen von Anregungen, ein Herumreichen und Ausschauhalten. Nach wie vor hält Mozart den Gedanken an Paris oder London wach, nimmt Französisch- und Englischlektionen. Aber zugleich wird ihm Wien »der liebste Ort von der Welt«, den er ohne Not nicht verlassen möchte. Mozart ist gefangen von der Wiener Liberalität, der gesellschaftlichen Unkompliziertheit, der Begegnung mit unkonventionellen Menschen, von der schier grenzenlosen Musikbegeisterung, die alle miteinander verbindet. Er trifft kaum einen, der nicht in irgendeiner Weise am musikalischen Leben Anteil hätte. Selbst die Baronin Waldstätten spielt Klavier und läßt sich von Mozart ein neues Instrument aussuchen. Und sogar Freund Wetzlar ist bei all seinen komplizierten Geschäften ein großer Musikfreund, bei dem es manche Musizierabende gibt; im übrigen spielt er selbst ausgezeichnet Gitarre, ein Instrument, das wieder in Mode kommt.

Ein Hauch von Landesverrat

Man kann nicht oft genug wiederholen, daß wir über Mozarts Bekannten- und Freundeskreis nur völlig unzureichend Bescheid wissen – und auch die Mozart-Forschung hat merkwürdigerweise bei diesem Thema nur mangelhaftes Interesse bewiesen, indem sie zwar (von den auch nur entferntesten Verwandten einmal abgesehen) Musikern im Umkreise Mozarts starke Beachtung schenkte, aber schon bei der Liste seiner Schülerinnen und Schüler wenig Interesse zeigte. Jene aber, die nicht zum musikalischen Umfeld im engeren Sinne gehörten, blieben von den biographischen Ermittlungen weitgehend ausgespart. Das ist um so bedauerlicher, als Mozart keineswegs nur mit Musikern und Angehörigen der musikalischen Salons verkehrte, sondern einen ausgeprägt vielschichtigen und heterogenen Bekannten- und Freundeskreis hatte. Die Überlieferungsgeschichte tut ein übriges: Mit den Wienern brauchte Mozart keinen Briefwechsel zu unterhalten, in den Briefen (vor allem an seinen Vater) werden einzelne mehr zufällig erwähnt, und vom täglichen Umgang wird alles andere als lückenlos berichtet. Das führt dazu, daß wir von manchen Bekannten Mozarts, mit denen er – häufiger oder nicht – zusammentraf, in den Briefen kaum einmal den Namen erwähnt finden, in der Mozart-Literatur auch keine Aufschlüsse erhalten, obschon es sich um Persönlichkeiten handelt, die Mozart viel bedeutet haben. Zu nennen wären hier Fanny Arnstein ebenso wie die Baronin Waldstätten, Michael Puchberg und Baron Wetzlar, von den Logenbrüdern ganz zu schweigen. Es würde auffallen, daß Mozart zu den in Wien kaum der Ächtung entgangenen Juden besonders vielfältige Kontakte hatte, daß er bei der Freimaurerei gerade nicht in der »Prominentenloge«, sondern in einer eher bürgerlichen Loge organisiert war. Noch aufschlußreicher wäre es freilich, eine Genealogie seiner Bekanntschaften vorzunehmen, aus der hervorginge, wo und wann die ersten Kontakte geknüpft wurden.

So hat Mozart möglicherweise im Hause Arnstein einen der engsten Vertrauten des Kaisers kennengelernt, den Hofkonzipisten Johann Valentin Günther, der so etwas wie ein Privat- und Geheimsekretär Josephs II. war. Als solcher war er auch 1780 auf die Reise des Kaisers zu Katharina II. mitgenommen worden, gewiß einer heiklen Mission, galt es doch die (noch) mit Preußen verbündete Kaiserin zu einer habsburgischen Partnerin zu machen. Für so schwierige Vorhaben konnte man nur seine vertrautesten Mitarbeiter gebrauchen. Über Günther wissen wir kaum etwas, jedenfalls zuwenig, um die Gründe für Mozarts Bekanntschaft zu erfahren. Mozart versprach sich vielleicht von Günther eine Fürsprache bei Joseph II., aber das war wohl eine Hoffnung, die er jedem umhängte, der engen Kontakt mit dem Kaiser hatte. Mozart nennt ihn immerhin einen »sehr guten Freund«, und damit war sicher mehr gemeint als nur »Beziehungen«.

Günther lebte seit einigen Jahren, ohne mit ihr verheiratet zu sein, mit Eleonore Eskeles zusammen, einer aus Wien gebürtigen Jüdin, die in Amsterdam aufgewachsen, dann in Berlin verheiratet war, sich von ihrem Mann (Moises Fließ) getrennt hatte und nun zu ihrem Bruder Bernhard Eskeles nach Wien gezogen war. In solchen Lebenslinien zeigt sich der Kosmopolitismus jener, denen ihr Judentum kaum erlaubte, sich irgendwo heimisch zu fühlen, die immer nur geduldet waren. Bernhard Eskeles war als Bankier und Händler in Wien tätig, später hat er mit Arnstein ein gemeinsames Bank- und Handelshaus eröffnet, das dank seiner reichen internationalen Verbindungen bald eines der bedeutendsten und größten von Wien werden sollte. Im übrigen war Fanny Arnstein mit Eleonore Eskeles auch weitläufig verwandt und verkehrte mit ihr als ihrer engsten Freundin.

Am 27. Juni 1782 war Mozart zum Souper bei Günther eingeladen – am nächsten Morgen wurde Günther wegen Spionageverdachts zugunsten Preußens verhaftet... Diese Affäre hat ungeheure Wellen geschlagen, was bei der Vertrauensstellung Günthers beim Kaiser kein Wunder sein kann, zumal Günther ja offensichtlich bestens geeignet war, die wichtigsten Staatsgeheimnisse zu verraten, die sich mit der Abwerbung Rußlands von der preußischen Freundschaft und den höchst aktuellen neuen Verträgen mit den Habsburgern beschäftigten. Selbst die *Frankfurter Zeitung* berichtete ausführlich über die Neuigkeiten der Affäre. Auch Mozart dürfte der Schock in die Glieder gefahren sein, einerseits wegen seiner Freundschaft mit Günther, dann aber auch wegen der Brisanz der Vorwürfe, falls sie sich bestätigen sollten: Selbst für die an Vertrauensbruch und Verrat so reichen Verhältnisse des 18. Jahrhunderts wären die Umstände dieses Falles ein starkes Stück gewesen. Mozart war so betroffen, daß er nach Salzburg erst dann berichtete, als ihn sein Vater, durch die Zeitungen ohnehin informiert, nach näheren Auskünften fragte. Da allerdings hatte sich der Verdacht zum Glück nicht erhärtet, obschon natürlich etwas hängengeblieben war, auch bei Mozart, was die Beteiligung von Eleonore Eskeles anging. Mozart übernahm die – äußerst umstrittene – Version des Kaisers, bei der Günther zwar rehabilitiert wurde, Eleonore Eskeles jedoch dem weiterbestehenden Mißtrauen des Kaisers geopfert wurde. Mozart schreibt:

»die Jüdin *Escules* wird freylich ein sehr gutes und nützliches instrument zur freundschafts-trennung zwischen dem kayser und Russischem hofe gewesen seyn – denn sie ist wirklich vorgestern nach *berlin geführt worden,* um dem König das vergnügen ihrer gegenwart zu schenken; – die ist also eine haupt-Sau – denn sie war auch die einzige ursache an dem unglück des günthers – wenn das ein unglück ist, 2 Monath in einem schönen Zimmer |: nebst beybehaltung aller seiner bücher, seinen forte piano Ec: :| arrest zu haben, seinen vorigem Posto zu verlieren, dann aber in einem andern mit 1 200 fl.: gehalt angestellt zu werden; denn er ist gestern nach *hermannstadt* abgereiset. – doch – solch eine sache thut einem Ehrlichen Mane immer wehe, und nichts in der Welt kann so was ersetzen. – Nur sollen sie daraus ersehen, daß er nicht so ein sehr grosses verbrechen gethan hat. – sein ganzes verbrechen ist – Etourderie – leichtsinnigkeit – folglich – zu wenig scharfe verschwiegenheit – welches freylich ein grosser fehler bey einer Cabinets-Personn ist. – obwohlen er nichts vom Wichtigkeit Jemand anvertrauet, so haben doch seine feinde, wovon der Erste |: der gewesene Stadthalter gr: v: herber-Stain :| ist, es so gut und fein anzustellen gewust, daß der kayser welcher so ein starkes vertrauen zu ihm gehabt hat, daß er Stundenweise mit ihm arm in arm im zimmer auf und ab gegangen, ein desto stärkeres mistrauen in ihn bekamm. – zu diesem allen kamm die Sau *Escules* |: eine gewesene amantin vom günther :| und beschuldigte ihn auf das Stärkste – bey der untersuchung der sache kamme es aber sehr einfältig für die herrn heraus – der grosse lärm von der Sache war schon gemacht – die grossen H: wollen niemals unrecht haben – und mithin war also das schicksaal des armen günthers, den ich vom herzen bedaure, weil er ein sehr guter freund von mir war, und |: wenn es beym alten geblieben wäre :| mir gute dienste beym kayser hätte thun können. – stellen sie sich vor wie fremd und unerwartet es mir war, und wie nahe es mir gieng. Stephani – Adamberger – und ich waren abends bey ihm beym Soupè und den andern Tag wurde er in arest genommen. –« (11. September 1782)

Ein bißchen anders hatte sich die Sache allerdings zugetragen[3], und von einer Belastung Günthers durch Eleonore Eskeles konnte keine Rede sein; diese Behauptung gehörte wohl zu den Versuchen, wenigstens eine nachträgliche Begründung für die Abschiebung zu finden. Nach Mozarts Version, die auch der sonst verbreiteten entsprach, hat sich zwar der Landesverrat nicht bestätigt, aber Eleonore Eskeles habe zumindest

– wie Zeitgenossen berichteten – Vertrauliches weitergegeben, vor allem Tratsch aus dem Intimleben des Kaisers. Jedoch auch das war unzutreffend.

Tatsächlich hatte sich folgendes ereignet: Zwei Wiener Juden hatten verabredet, vom preußischen Hof Geld zu erschwindeln, indem sie aus Preußen selbst beschaffte Nachrichten als solche aus Wien verkaufen wollten, und dabei einen erfundenen Konfidenten angaben. Das war fein ausgedacht, aber schlecht eingefädelt. Denn ein dritter, in dieses Geschäft eingeweiht, wollte wiederum für sich selbst etwas verdienen, indem er die angebliche Spionagegeschichte aufdeckte; und dabei brachte er aus persönlichen Gründen und vielleicht auch, um die Sache aufzuwerten, die Namen Günther und Eskeles ins Spiel. Die ganze Geschichte konnte relativ schnell aufgeklärt werden, zumal die beiden eigentlichen Urheber geständig waren; sie wurden streng bestraft. Eine weitere Folge war allerdings, daß die Affäre mit dem Judentum in Verbindung gebracht wurde, und das war auch der Grund, warum Eleonore Eskeles des Landes verwiesen wurde[4].

Schon den Zeitgenossen erschien diese Wendung höchst ungerecht, hatten sich doch alle Vorwürfe gegen Eleonore Eskeles und ebenso gegen Günther als vollständig haltlos erwiesen. Um so mehr erstaunt, daß Mozart sich an die vom kaiserlichen Hof verbreitete Darstellung auch gegenüber seinem Vater hielt. Vielleicht war dies eine Vorsichtsmaßnahme, denn die Mozarts hatten mit heimlicher Briefkontrolle ihre Erfahrungen. Im übrigen konnte Mozart nichts Schlimmeres passieren, als gerade beim Kaiser auch nur im entferntesten Zusammenhang mit so einer Geschichte genannt zu werden. Günther hatte trotz vollkommener Unschuld einen Posten fast in der Verbannung anzutreten; Mozarts Aussichten auf kaiserliche Anstellung wären zumindest äußerst gefährdet gewesen.

»Hauptsächlich aber ist es mir wegen der opera ...«

Von allen Produktionen des deutschen Nationalsingspiels scheint *Die Entführung aus dem Serail* die erfolgreichste gewesen zu sein: In sieben Monaten waren 18 Aufführungen zusammengekommen. Retten konnte sie die halbherzige Theaterunternehmung damit nicht mehr. In den letzten beiden Spielzeiten hatten es nur drei von neun Singspielen auf mehr als drei Aufführungen gebracht; und die anderen Produktionen waren Übersetzungen französischer Singspiele oder italienischer Buffoopern, das heißt, das neu zu entwickelnde und zu fördernde deutsche Originalsingspiel wurde gegen jene Konkurrenz ausgespielt, gegen die es gerade ins Leben gerufen worden war. Darüber hinaus waren unter den neuen deutschen Singspielen einige (nach Mozart) so »exegrable« (abscheulich), daß sie den Ruf des ganzen Hauses ruinieren mußten. Mozart kommentiert diese Vorgänge mit deutlichen Worten:

»es ist, als wenn sie, da die teutsche oper ohne dies nach ostern stirbt, sie noch vor der zeit umbringen wollten; – und das thun selbst teutsche – pfui teufel! –« (5. Februar 1783)

In der Tat hat das deutsche Nationalsingspiel mit Mühe das Ende dieser Spielzeit erreicht. Mit der neuen Spielzeit wurden wieder italienische Sängerinnen und Sänger engagiert. Man muß sich hüten, diesen Mißerfolg als einen des Wiener Bürgertums durch den italienisch orientierten Adel zu verstehen: Sosehr eine klassenmäßige Zuordnung des deutschen Singspiels an bürgerliche Schichten und der italienischen Opera buffa an den Adel erweisbar sein mag, für das deutsche Originalsingspiel hat in diesem Hause keine wirkliche Chance bestanden, da man erst gar nicht versucht hat, die fähigsten Komponisten und Textdichter zur Mitwirkung einzuladen. Insofern hat Mozart mit seinem bitteren Kommentar völlig recht. Ebenso hatte er recht, deshalb das deutsche Singspiel nicht völlig abzuschreiben. Zwar kann Mozart sich genauso schnell auch wieder auf die italienische Oper einstellen und ist – sofern er Aufträge bekommt – dazu auch bereit. Aber nicht aus Nationalgefühl allein, sondern vor allem aus seiner Einschätzung der künftigen Entwicklungen möchte er es mit dem deutschen Singspiel weiter versuchen.

»Ich glaube nicht daß sich die Welsche oper lange Souteniren wird – und *ich* – halte es auch mit den Teutschen. – wenn es mir schon mehr Mühe kostet, so ist es mir doch lieber. – Jede Nation hat ihre Oper – warum sollen wir Teutsche sie nicht haben? – ist die teutsche sprache nicht so gut singbar wie die französische, und Englische? – – nicht singbarer als die Russische? – Nun; – Ich schreibe izt eine teutsche opera *für mich*: Ich habe die Comœdie vom goldoni – Il servitore di Due Padroni – dazu gewählt – und der Erste Ackt ist schon ganz übersezt – der übersezer ist Baron Binder. – es ist aber alles noch ein geheimnüss, bis alles fertig ist; – nun, was halten sie davon? – glauben sie nicht daß ich meine Sache gut dabey werde machen können? –« (5. Februar 1783, an den Vater)

Zwar ist es nicht zur Ausführung des Plans gekommen, und Mozart mag auch die Schwierigkeiten dieser schnellen (und improvisierten) Verwechslungskomödie für eine musikalische Bearbeitung unterschätzt haben, aber das Interesse war so groß, daß er bereit war, diese Arbeit auch ohne konkrete Aufführungshoffnung in Angriff zu nehmen. Im übrigen wirft seine Wahl ein bezeichnendes Licht auf die Schwierigkeiten, geeignete Libretti und Textdichter zu finden – zumal in Wien (immerhin war der italienische Text bereits mehr als 30 Jahre alt, hatte aber im Gefolge der Commedia-dell'arte-Traditionen einen ungebrochenen Theatererfolg).

Die Erfahrungen mit der *Entführung* bestätigen Mozart aber auch darin, daß die Oper sein eigentliches Metier sei. Hatte er nicht den einzigen auch finanziellen Erfolg der ganzen letzten Spielzeit errungen? Und das alles gegen ein einmaliges Honorar, das schon in einer einzigen Aufführung wieder eingespielt werden konnte! Er war sich auch seiner zukünftigen Siege zu gewiß, um sich mit dieser üblichen Honorierung einverstanden erklären zu können, zumal anderswo (zum Beispiel in Paris) ein nachhaltiger Erfolg durch Extratantiemen honoriert wurde. Übermütig, wenn man an die Durchsetzbarkeit solcher Pläne denkt, entwickelt Mozart kühne Vorhaben:

»denn, – ich werde eine opera schreiben, aber nicht um mit hundert duckaten zuzusehen wie das Theater in 14 Tägen dadurch viermal so viel gewinnt; – sondernd ich werde meine opera auf meine unkösten aufführen – in drey vorstellungen wenigstens 1 200 fl: machen – und dann kann sie die Direction um 50 duckaten haben; wo nicht; so bin ich bezahlt, und kann sie überall anbringen. – übrigens hoffe ich werden sie noch niemalen einige spur von Neugung zu einer schlechtenhandlung bey mir bemerkt haben; man muß keinen schlechten kerl machen! – aber auch keinen dummen, der andern leuten von seiner arbeit, die ihm studium und Mühe genug kost hat, den Nutzen ziehen lässt, und allen fernern anspruch darauf aufgiebt. –« (5. Oktober 1782)

Deutlich schwingt hier ein schlechtes Gewissen mit, denn unter der Hand hatte er die *Entführung* zum Kopieren gegeben, um sie an den Berliner Hof noch einmal verkaufen zu können. (Daß der preußische Gesandte ihn danach gefragt hatte, bedeutete gewiß eine Pikanterie bei den gespannten Beziehungen zwischen dem Berliner und dem Wiener Hof; er ließ deshalb die Kopie in Salzburg anfertigen, damit nichts vorzeitig bekannt werde.) Aber die Sorgen waren unnötig, die Wiener Theaterdirektion erwies sich in solchen Fragen stets als großzügig.

Ob Mozart mit dieser Oper auf eigene »unkösten« an ein deutsches Singspiel oder eine »welsche« Oper dachte, ist nicht deutlich, denn immerhin beschäftigte er sich nun auch noch mit zwei italienischen Textbüchern. Beide Opern sind jedoch Fragment geblieben.

Die erste dieser beiden Opern, *L'oca del Cairo (Die Gans von Kairo),* variiert ein Entführungsthema, indem ein reicher junger Mann die Tochter eines bösartigen Marchese versprochen bekommt, falls es ihm gelingt, die junge Frau in einem befestigten Turm aufzusuchen, in dem sie gefangengehalten wird. Der Clou der Oper besteht in einer künstlichen Gans, in deren Innerem sich der Liebhaber wie in einem trojanischen Pferd einschmuggeln kann. Durch aufgeregte Nebenhandlungen werden am Ende gleich drei Paare »glücklich«. Die Komik dieses mit der Liebe zu mechanischen Wunderwerken spekulierenden Dramas ist durchaus begrenzt, und Mozart bemüht sich, mit dem Textdichter Giambattista Varesco, der auch schon das Libretto zu *Idomeneo* geschrieben hatte, zu Vereinfachungen zu kommen, die gleichwohl einer musikdramatischen Bearbeitung, auf die sich Mozart viel mehr verläßt, genügenden Spielraum lassen. (Mozart kann sich dabei durchaus vorstellen, daß auch eine andere List als die mit der Gans dem Liebhaber zum Ziel verhilft.) Immerhin ist von dem dreiaktigen Stück der größte Teil des ersten Aktes fertig geworden, an den weiteren Teilen ist offensichtlich bereits der Textdichter gescheitert.

Bei dem anderen Opernvorhaben, *Lo sposo deluso ossia La rivalità di tre donne per un solo amante (Der enttäuschte Verlobte oder Die Rivalität von drei Frauen um einen einzigen Geliebten),* verrät schon der Titel alles: Ein etwas älterer reicher Mann ist mit einer jungen Frau verlobt, bekommt aber einen Nebenbuhler, der gleich von zwei weiteren Damen umschwärmt wird. Die Intrigen zwischen diesen fünf Hauptpersonen bilden den Inhalt eines Stückes, das komische und tragische Momente vereint und in dem von drei Frauen geliebten Nebenbuhler thematische Anklänge an *Don Giovanni* aufweist. (Der Textdichter des Librettos ist unbekannt, doch vermutet Alfred Einstein nicht ohne Plausibilität Lorenzo Da Ponte als Verfasser.) Bei diesem Stück mußte Mozart nicht allein die intrigenreiche Bühnensituation interessieren, sondern vor allem eine Personencharakterisierung mit musikdramatischen Mitteln, wie sie die folgenden Opern von *Le nozze di Figaro* bis *Così fan tutte* so grandios vorführen. Die Musik malt nicht nur die Gefühle der Beteiligten, sie karikiert auch, übertreibt, kommentiert vor allem mit musiksprachlichen Mitteln das Bühnengeschehen und seine Protagonisten.

Mozart ist hier offensichtlich nicht an seinem Textdichter gescheitert oder hat das Interesse an dem Stoff verloren, sondern die mangelnde Aufführungsgelegenheit scheint dafür gesorgt zu haben, daß die Partitur einstweilen beiseite gelegt wurde. In seiner Textvorlage hatte Mozart bereits die Namen der möglichen Darsteller des Nationaltheaters notiert, die Partien also offensichtlich dem vorhandenen Personal auf den Leib geschrieben.

Mozart hatte es sich vielleicht allzu einfach vorgestellt, ans Nationaltheater zu kommen. Ohne Auftrag war wohl gar nicht daran zu denken, zumal in erster Linie die fest mit dem Haus oder dem Hof verbundenen Komponisten berücksichtigt wurden. Andererseits kann man jedoch in keiner Weise von einer besonderen Benachteiligung Mozarts sprechen[5].

Mozart nutzte die Zeit nicht nur mit Opernentwürfen und angefangenen Kompositionen, sondern versuchte sich auch grundsätzlicher über die Dramaturgie der Oper klar zu werden. Oper ist ja nicht einfach musikalisch unterlegtes Theater, sondern fügt der Sprache des Wortes ein zusätzliches Element der Musiksprache hinzu, die in vielfältiger Weise mit dem Wort und der spezifisch gestischen Theatersprache verknüpft werden kann. Einerseits läßt sich der Text musikalisch gestalten, und zwar nicht nur als gesungener Text, sondern auch durch die Begleitung etwa des Orchesters. Andererseits kann die Musiksprache zum eigenständigen Dialogpartner werden, ist keineswegs nur »Verstärker«. Schließlich führt die Zufügung des musikalischen Elements zum Theater zu einer vollkommen anderen Zeitstruktur des Bühnengeschehens, abgesehen davon, daß die Musik eine eigene formale Struktur mitbringt, der sich auch das »Sprechen« der Protagonisten unterordnen muß, ohne daß alle Kunstrealität aufgehoben würde. Die Oper ist dadurch eine der komplexesten Kunstformen und verlangt ein hohes Maß an Reflexion ihrer künstlerischen Möglichkeiten[6]. Komponieren ist nicht nur Ergebnis begnadeter Inspiration, sondern vor allem auch intellektuelle Durchdringung der musikalischen Einfälle: Besonders in der Oper wird dies nicht nur hörbar, sondern auch sichtbar, und Mozarts Rang vor den unendlich vielen kleineren Meistern erweist sich gerade darin.

Das Verhältnis von Text und Musik ist immer ein künstliches, und Mozart versucht, sich darüber klar zu werden. Anlaß ist ein kleiner Auftrag, der ihm jedoch einiges Kopfzerbrechen macht:

»zugleich arbeite ich an einer Sache die sehr schwer ist, das ist an einen Bardengesang vom Denis über gibraltar; – das ist aber ein geheimnüss, denn eine ungarische Damme will den Denis diese Ehre erweisen. – die ode ist erhaben, schön, alles was sie wollen – allein – zu übertrieben schwülstig für meine feine Ohren – aber was wollen sie! – das mittelding – das wahre in allen sachen kennt und schätzt man izt nimmer – um beyfall zu erhalten muß man sachen schreiben die so verständlich sind, daß es ein fiacre nachsingen könnte, oder so unverständlich – daß es ihnen, eben weil es kein vernünftiger Mensch verstehen kann, gerade eben deswegen gefällt; –« (28. Dezember 1782)

Gleiche Überlegungen müssen bei der Oper angestellt werden, und Mozart, der sich mit dem Goldoni-Plan für ein deutsches Singspiel gerade ebenso herumschlägt wie mit den italienischen Buffoplänen, »hätte lust ein Buch – eine kleine Musicalische kritik mit Exemplen zu schreiben – aber *NB:* nicht unter meinem Namen«, wie er im selben Brief seinem Vater gesteht.

Mozart hat dieses Buch nicht geschrieben. Das ist mehr zu bedauern als manches Fragment gebliebene oder nicht geschriebene musikalische Werk. Wir hätten sonst den Ansatz einer selbstverfaßten Musikästhetik in Händen, ja vielleicht so etwas wie eine Kompositionslehre, jedenfalls eine polemische Schrift über musikalisches Handwerk von programmatischer Bedeutung. (Ganz sicher hätte diese Schrift auch das spätere Mozart-Bild erheblich beeinflußt, selbst der romantisch gefärbten Mozart-Biographie einige Widerhaken als Störfaktoren beschert, die heilsam gewesen wären.)

Reise nach Salzburg

Mit all diesen Opernplänen und -überlegungen reisten Mozart und seine Frau Ende Juli 1783 nach Salzburg zu einem ersten (und letzten) Besuch bei seinem Vater und seiner Schwester. Diese Reise war schon ein Jahr früher geplant gewesen und sollte gleich nach der Hochzeit stattfinden, wurde aber aus den unterschiedlichsten Gründen immer wieder verschoben. Zunächst galt es, ein Konzert mit seiner Schülerin Josepha Auernhammer abzuwarten, dann war der Termin ungünstig, weil eben der Adel vom Sommeraufenthalt nach Wien zurückkehrte und also die neue Saison begann, hinzu kam dann die »üble Witterung« mit heftigen Schneefällen, im Frühjahr schließlich Konstanzes Schwangerschaft – aber immer wieder die Beteuerung, wie sehr sich beide Mozarts auf ein Wiedersehen mit Vater und Schwester freuen. Als dann endlich, nach der Geburt des Sohnes Raimund, eigentlich nichts mehr im Wege zu stehen schien, kam Mozart mit einem neuen Bedenken: Wie wird sich der Erzbischof verhalten?

»ich zweifle nicht das wir im Monath September gewis reisen können; – und sie können sich wohl vorstellen, daß wir beyde nichts so sehnlich wünschen, als sie beyde zu umarmen; Nur, kann ich ihnen nicht verhehlen, sondern muß ihnen aufrichtig bekennen, daß ich durch vielle leute hier so bange gemacht werde, daß es nicht zu sagen ist; – *sie wissen schon warum;* – – ich mag einwenden was ich will, man erwiedert; – *Nun, sie werden sehen, sie kommen nicht mehr weg.* – *sie glauben nicht zu was dieser schlechte – boshafte fürst fähig ist! – sie kennen auch die Pfiff bey dergleichen affairen nicht. – ich rathe ihnen – kommen sie mit ihrem Hr: Vatern in einem driten orte zusamen.* – sehen sie, das ist es was mich und meine frau bishero beunruhiget hat, und noch beängstiget. – oft denke ich mir, ey, es kann nicht so seyn! dann fällt mir gleich wieder ein, daß es doch so seyn könnte, und daß es nicht die erste ungerechtigkeit wäre, die man ausgeübet hat. – Basta! – in dieser sache kann mich kein Mensch trösten, als sie mein bester vatter! – und ich, für meine Personn würde mir noch sehr wenig darausmachen, denn ich wäre im stande mich in alles zu schicken – allein – wenn ich an meine frau – und an mein Raymundl denke – dann kann ich nicht mehr gleichgültig dabey seyn! – überlegen sie es; – können sie mir versicherung geben, daß ich keine gefahr lauffe – desto mehr freude werden wir beyde haben – wo nicht – so müssen wir auf Mittel denken – eins wäre mir das liebste! – und das werde ich ihnen | nachdem ich antwort von ihnen erhalten habe | schreiben; – ich glaube um ein grosses vergnügen zu genüssen – lässt sich auch schon etwas – entbehren – es ist Ja die gröste glückseeligkeit nicht ohne Mangel –« (5. Juli 1783)

Man wird zugeben müssen, daß es etwas schwerfällt, diesen Brief ganz ernst zu nehmen. Gewiß war Willkür an der Tagesordnung, und auch in Salzburg herrschte kein freier Rechtsstaat. Der Erzbischof, der nie eine Entlassungsurkunde ausgestellt hatte, sollte Mozart als einen illegal aus dem Dienst Entflohenen betrachten, den man folglich mit Gewalt festhalten und einsperren mußte? So etwas kam höchstens bei einfachem Dienstpersonal vor. Es gab auch Beispiele wie den Fall Christian Friedrich Daniel Schubarts, der auf fremdem Territorium gekidnappt worden war, weil er sich als Journalist allzu freimütig verbreitet hatte (er saß mehr als zehn Jahre ohne Urteil auf dem Hohen

Asperg in strenger Haft), aber daß Mozart ein ähnliches Schicksal ereilen könnte, ist denn doch ein bißchen weit hergeholt. Andererseits mochte es in Wien Leute geben, die ihn vor dem dort höchst unbeliebten Erzbischof in dieser Weise warnten. Dennoch klang dies Leopold Mozart, einem gewiß nicht übermütigen Manne, allzusehr nach Ausrede, und er fand den Hinweis auf die Familie wohl reichlich dick aufgetragen und sentimental. Seine Antwort scheint geharnischt gewesen zu sein, und Mozart hatte sich nicht nur zu verteidigen, sondern auch zu entscheiden. Er schrieb am 12. Juli zurück:

»wenn sie das foppen nennen wollen, was wirkliche hindernüsse ist, so kann ich es ihnen nicht verwehren; – man kann Jede sache bey einem falschen Nammen nennen, wenn es einem beliebt – ob es aber recht ist? – das ist eine andere frage. – haben sie einmal an mir gemerkt daß ich keine lust oder begierde hätte sie zu sehen? – gewis nicht! – aber wohl daß ich gar keine lust habe salzburg oder den erzbischof zu sehen; – wer wäre also, wen wir in einen dritten orte zusamen kämmen, wer wäre dann der gefoppte? *der erzbischof und nicht sie*. – Ich hoffe nicht daß es nöthig ist zu sagen, daß mir an salzburg sehr wenig und am erzb gar nichts gelegen ist, und ich auf beydes scheisse – und mein lebetage mir nicht im kopf kommen liesse, extra eine reise hinzumachen, wenn nicht sie und meine schwester daselbst wären. – die ganze sache war also nur die gutmeynende besorgnüss meiner guten freunde, die doch auch gesunden Menschen verstand haben; – und ich glaubte doch auch nicht so unvernünftig zu handeln, wenn ich mich in dieser sache bey ihnen erkundigte, um dann ihrem Rath folgen zu können; – die ganze besorgnusse meiner freunde war, daß er mich, da ich meine entlassung nicht habe, arretiren lässt. – – Nun bin ich aber durch sie ganz getröstet – und wir kommen im august – längstens September gewis; –«

Eine gewisse Mißstimmung ist aus solchen Briefen schon zu spüren, eine Spannung, die sich in der drastischen Ablehnung ganz Salzburgs ausdrückt. Mozart ließ deutlich spüren, daß er mit seiner Vaterstadt nichts mehr zu tun hatte, und nicht nur des Erzbischofs wegen. Es war eine Abneigung gegen das ganze beschränkte Milieu dieser Stadt, und insofern fühlte sich Leopold Mozart von solchen Urteilen mitgetroffen. Daß hingegen der eigentliche Zweck der Reise, die Vorstellung Konstanzes und ihre Aufnahme in die Familie, gründlich mißlungen sei, ist kaum erwiesen. Es scheint, als habe die notorische Ablehnung Konstanze Mozarts durch die Nachwelt auch hierbei die Farben wieder kräftig durcheinandergerührt. Aus den Familienzeugnissen ist von dieser Ablehnung nichts zu lesen, und die folgende »Geschichte« ist, sooft sie auch wiedererzählt wird, nur ein Beispiel dafür, wie die weißen Blätter der Biographie Mozarts immer wieder durch freies Herumpsychologisieren geschwärzt werden:

»Mozart hatte gehofft, seine Frau würde einige der Kostbarkeiten erhalten, die ihm in seiner Jugend geschenkt worden waren, der Vater jedoch hielt, getreu seinem Grundsatz, daß die Familie des Sohnes nichts mehr von ihm zu erwarten habe, seine Schränke verschlossen. Natürlich war Konstanze über diesen Empfang innerlich aufs tiefste empört und hat ihn dem Schwiegervater und der Schwägerin nie vergessen. Aber auch Wolfgang schied schwer enttäuscht und verstimmt aus seiner Vaterstadt.«[7]

Man weiß von dem Salzburgbesuch herzlich wenig – nur aus den Tagebuchaufzeichnungen von Mozarts Schwester von den täglichen Besuchen, Ausflügen, Gesellschaftsspielen, Theateraufführungen und vom Baden im Freien; dies alles nur als Ereignisse notiert, ohne Kommentar. Natürlich wird auch viel von gemeinsamem Musizieren berichtet. Auffällig ist allenfalls, daß Mozart oft seiner eigenen Wege gegangen zu sein scheint, jedenfalls nicht bei jedem Besuch unter Salzburger Bekannten dabei war. Auch scheint er nicht, wie seine Schwester, morgens um sieben Uhr als erstes in die Kirche gegangen zu sein. Diese Aufzeichnungen sind sogar so dürftig, daß aus ihnen nicht einmal mit Sicherheit hervorgeht, ob in Salzburg tatsächlich die *c-Moll-Messe* aufgeführt wurde, wie man es immer liest – es kann auch eine andere Messe gewesen sein, jedenfalls hat Konstanze Mozart ein Sopransolo gesungen und die ganze Hofkapelle mitgewirkt.

Die *c-Moll-Messe* (KV 427) war wohl wirklich für Salzburg geschrieben, nur blieb sie unvollendet. Ihr Anlaß war ein Gelübde Mozarts bei einer Krankheit seiner Frau (noch vor der Hochzeit und also weder für das erste glückliche Kindbett geschrieben noch für die endlich durchgesetzte Verehelichung, wie immer wieder behauptet wird). Auch hierbei muß sich Mozart wegen der Einhaltung des Gelübdes von seinem Vater mahnen lassen, der auch sonst immer wieder nach der Einhaltung der religiösen Gebräuche fragt.

»Ich habe lezthin vergessen ihnen zu schreiben daß meine frau und ich zusamm am Purtiunkula tage bey den Theatinern unsere Andacht verichtet haben – wenn uns auch wirklich die andacht nicht dazu getrieben hätte, so musten wir es der Zettel wegen thun, ohne welche wir nicht hätten Copulirt werden können. –« (17. August 1782)

Mozart mag mit solchen Erklärungen seinem Vater gegenüber aber allzusehr dessen Erwartungen enttäuscht haben, weshalb er gleich hinzufügt (und damit nicht glaubwürdiger wird):

»wir sind auch schon eine geraume Zeit lediger allzeit mitsammen so wohl in die hl: Messe als zum Beichten und Communiciren gegangen – und Ich habe gefunden daß ich niemalen so kräftig gebetet, so andächtig gebeichtet und Communicirt hätte als an ihrer Seite; – und so gieng es ihr auch; – mit einem Worte wir sind für einander geschaffen – und gott der alles anordnet, und folglich dieses auch also gefüget hat, wird uns nicht verlassen. wir beyde danken ihnen auf das gehorsammste für ihren vätterlichen Seegen. –«

Aus all solchen Äußerungen ist eine Entfremdung zu spüren, die auch ohne die Verbindung mit Konstanze Mozart bestehen bliebe. Nicht als ob sie vor allem in einer Laxheit gegenüber der Religion bestanden habe, sie drückte sich dort nur unter anderem aus und scheint eher mit Mozarts Abwanderung in die Metropole und dem Gegensatz zum Salzburger Provinzialismus zu tun zu haben, der Mozart deutlich fühlbar geworden sein muß. Mozart war jetzt die Wiener Liberalität gewohnt, auch einen Zug Freigeisterei und Unabhängigkeit, der im josephinischen Wien bestens gedieh. Er hatte jetzt andere Interessen, andere Gespräche, andere Freunde – und selbst seine Arbeitsgedanken, die er nach Salzburg mitgebracht hatte, kreisten um die Oper gleich in dreifacher Weise...

Mozart hat in diesen drei Monaten, die er in Salzburg verbrachte, anscheinend nichts komponiert außer den beiden *Duos für Violine und Viola* (KV 423 und 424), mit denen er Michael Haydn aus einer Verlegenheit half, gleichwohl ganz herrlichen Sätzen. Nicht einmal die *c-Moll-Messe* wurde zu Ende geschrieben, obschon er sie mitgebracht hatte und kurz vor seiner Abreise tatsächlich eine Messe in Sankt Peter aufführen ließ[8]. Was Mozart wirklich in diesen drei Monaten gemacht hat, bleibt undurchsichtig. Vielleicht wird das ganze Ausmaß dieser biographischen Lücke deutlich, wenn man sich daran erinnert, daß Mozart auf der Rückreise in Linz in vier Tagen eine ganze *Symphonie* schrieb, »weil ich keine einzige Simphonie bey mir habe« (31. Oktober 1783).

Mozart hat seine Vaterstadt Salzburg, die er mit so heftigen Ausdrücken titulierte, nie wieder gesehen, während seine Frau später ausgerechnet dort ihren Lebensabend verbrachte (in der unmittelbaren Nachbarschaft von Mozarts Schwester, mit der ein loser Kontakt bestand) und der ungeliebten Stadt zu einer fortdauernden Attraktion verhalf, die Mozart und Salzburg fast zu Synonymen werden ließ. Mozarts Wahlheimat Wien hingegen mußte mit dem Ruf leben, den Genius schnöde vernachlässigt, gar vergessen zu haben. Im Herbst 1783 sah es genau umgekehrt aus: ein Familienausflug nach Salzburg ohne weitreichende künstlerische Erfolge, ein Aufenthalt ohne Anregung zu bedeutenden Kompositionen, keine erfolgreichen Konzerte, kein in der Erinnerung nachwirkendes Ereignis. In Wien jedoch begannen Mozarts erfolgreichste Jahre, ein so gedrängtes Programm an Konzertterminen und Kompositionen (als Tribut an den Erfolg), daß die Vorstellungskraft allein schon für die Schreibleistung versagt, sieht man von der eigentlichen Tätigkeit des Komponierens ab, dem künstlerischen Umgang mit der Phantasie. Fast schon beruhigend zu wissen, daß Mozarts klavieristische Geläufigkeit von ihm anscheinend kein Üben erforderte.

Arbeiten unter Druck

Anfang Februar 1784 legte Mozart ein Heft an und beschriftete es »Verzeichnüß aller meiner Werke vom Monath Febrario 1784 bis Monath ... Wolfgang Amadé Mozart«. Im allgemeinen sind die Eintragungen sehr sorgfältig vorgenommen, meist am Tage der Fertigstellung eines Werkes, immer mit den ersten Takten in Notenschrift zur Identifizierung der Werke, genaueren Besetzungsangaben und oft auch Hinweisen zum Anlaß der Komposition. Durch dieses Werkverzeichnis sind wir recht genau über die Datierung der Kompositionen ab 1784 unterrichtet, nur in einigen wenigen Fällen wurden die Eintragungen erst nachträglich und summarisch vorgenommen.

Für das Jahr 1784 sind sechs *Klavierkonzerte,* ein *Klavierquintett* (mit Bläsern), ein *Streichquartett,* zwei *Sonaten* und *Klaviervariationen* verzeichnet, einige kleinere Kompositionen kommen hinzu. Aber diese immense Arbeitsleistung findet nicht in ungestörter Abgeschiedenheit und Ruhe statt, sondern zwischen Unterrichtsverpflichtungen, Privatakademien, Subskriptionskonzerten, zwei Umzügen, Besuchen und Ablenkungen aller Art, die jede für sich einen anderen bereits nervös gemacht hätten. Insgesamt 26 Konzertauftritte sind in diesem Jahr belegt, darunter vier eigene Konzerte und 20 in den vornehmen Salons. Das Gedränge der kompositorischen Arbeit war jedoch noch weit größer, denn zwischen dem 21. April und dem 30. September findet sich nur eine einzige Arbeit ins Werkverzeichnis eingetragen, *Klaviervariationen* (KV 455) über ein Thema von Gluck, die Mozart bereits in einem früheren Konzert (23. März 1783) zu Ehren Glucks improvisiert hatte.

Solche Schaffenspausen sind bei Mozart nichts Seltenes, wenn auch die Dauer von mindestens vier Monaten überrascht[9]. Andererseits bedeuten solche Pausen ein noch intensiveres Zusammendrücken zu Arbeitsphasen, die man nur als äußerste Kraftanstrengungen bezeichnen kann: So sind zwischen dem 9. Februar und dem 12. April 1784 gleich drei *Klavierkonzerte* und das *Quintett für Klavier und Bläser* entstanden, letzteres eine Art Konzert ohne Streicher. Mozart schreibt, es habe »ausserordentlichenn beyfall erhalten; – ich selbst halte es für das beste was ich noch in meinem leben geschrieben habe. [...] Ich wollte wünschen sie hätten es hören können! – und wie schön es aufgeführt wurde!« Er fügt allerdings hinzu: »übrigens bin ich |: die wahrheit zu gestehen :| auf die lezthin müde geworden – vor lauter spielen. – und es macht mir keine geringe Ehre daß es meine zuhörer *nie* wurden. –« (10. April 1784) In diesen neun Wochen hatte Mozart neben dem Komponieren in der Tat noch 24 Konzerte gegeben.

Auch das Jahr 1785 verzeichnet eine kaum geringere Fülle von Kompositionen und Konzerten; diesmal sind es 20 Auftritte, wozu noch mindestens drei Hausmusiken und zwei Aufführungen im Rahmen von Logenveranstaltungen kommen. (Allein zehn eigene Akademien sind darunter.) Die Kompositionen dieses Jahres sind drei *Klavierkonzerte*, zwei *Streichquartette*, ein *Klavierquartett*, eine *Sonate*, die *c-Moll-Fantasie*, die *Maurerische Trauermusik*, je eine *Opernszene* für Gesangsquartett und -terzett, mehrere *Lieder* und die Bearbeitung der *c-Moll-Messe* zur Kantate *Davidde penitente*. In diesem Jahr kommen noch ein zehnwöchiger Besuch von Leopold Mozart in Wien hinzu sowie zahlreiche Logenbesuche, teilweise zusammen mit seinem Vater.

Leopold Mozart hatte die Genugtuung, seinen Sohn in der erfolgreichsten Tätigkeit, in rastloser Arbeit und in wohlgeordneten und finanziell besten Verhältnissen zu beobachten. Freilich wurde ihm der Aufenthalt in Wien doch etwas zuviel, und er sehnte sich wieder nach Haus in das bescheidenere Salzburg. Schon die äußeren Umstände dieses Besuches waren beschwerlich genug. Gleich nach seiner Ankunft am 11. Februar gab es in Wien viel Schnee und bis Anfang März eine solche Kälte, daß mehrere Menschen erfroren. Dessenungeachtet mußte bald jeden zweiten Tag Mozarts Klavier zu einem Konzert aus dem Haus getragen werden. Ständige Unruhe im Haus, jeden Abend Konzert oder Besuche bei

Mozarts Bekannten und Freunden – manchmal ist der Terminkalender so voll, daß das Ehepaar Mozart sogar zu verschiedenen Einladungen oder Konzerten sich teilen muß. Ende März/Anfang April dann wieder viel Schnee, so daß sich Leopold Mozart eine starke Erkältung zuzieht, dazwischen Opern- und Theaterbesuche, Logentreffen oder Ausflüge, alles bei abscheulichem Wetter. Der Vater ist natürlich sehr beeindruckt von dem Wiener Leben und den Erfolgen seines Sohnes und gibt seiner Tochter Briefschilderungen, die sehr viel mehr Einblick geben in den Mozartschen Alltag als alles, was man sonst aus Wien erfährt. (Gleichwohl dürfte er das meiste mündlichen Berichten vorbehalten haben.)

Die musikalischen Eindrücke von Wien waren überwältigend, vor allem aber die Qualität der Orchester. Leopold Mozart schreibt:

»Ich war hinten nur 2 Logen von der recht schönen würtemb: Prinzessin neben ihr entfernt und hatte das vergnügen alle Abwechslungen der Instrumente so vortrefflich zu hören, daß mir vor Vergnügen die thränen in den augen standen.« (16. Februar 1785)

Die neuen Klavierkonzerte seines Sohnes, die er noch nicht kannte, lobt er in den höchsten Ausdrücken. Am wichtigsten ist ihm allerdings das Urteil Joseph Haydns, den er an einem Quartettabend in Mozarts Wohnung trifft, wo drei der Haydn gewidmeten *Streichquartette* aufgeführt werden:

»H: Haydn sagte mir: *ich sage ihnen vor gott, als ein ehrlicher Mann, ihr Sohn ist der größte Componist, den ich von Person und den Nahmen nach kenne: er hat geschmack, und über das die größte Compositionswissenschaft.*« (16. Februar 1785)

Auch die finanziellen Verhältnisse werden von Leopold Mozart insgeheim genau geprüft und selbst die Konzerteinnahmen mit denen anderer verglichen. Beruhigende Nachrichten auch hierüber:

»Ich glaube, daß mein Sohn, wenn er keine Schulden zu bezahlen hat, itzt 2000 fl. in die bank legen kann: das Geld ist sicher da, die Hauswirthschaft ist, was Essen und Trinken betrifft, im höchsten Grad ökonomisch...« (19. März 1785)

Dies Urteil wiegt um so schwerer, als Leopold Mozart über die hohen Preise in Wien, vor allem über die Mieten, sehr erstaunt war. Die meiste Zeit jedoch waren alle eingeladen, wobei auch hier der Aufwand überraschte.

»*den 17ten, am donnerstage,* speissten wir bey deines Bruders Schwiegermutter, der Frau Weber, wir waren nur wir 4, die Weberin und ihre Tochter Sophie, denn die älteste tochter ist in Gratz. ich muß dir sagen,

Nachricht.

Donnerstag den 10ten März 1785. wird Hr. Kapellmeister Mozart die Ehre haben in dem

k. k. National-Hof-Theater

eine

grosse musikalische Akademie

zu seinem Vortheile

zu geben, wobey er nicht nur ein neues erst verfertigtes Forte piano - Konzert spielen, sondern auch ein besonders grosses Forte piano Pedal beym Phantasieren gebrauchen wird. Die übrigen Stücke wird der grosse Anschlagzettel am Tage selbst zeigen.

Im Februar und März 1785 gab Mozart sieben Konzerte und trat in mindestens sieben weiteren Konzerten auf. In der Handzettelwerbung wurde auch auf das eigens für Mozart konstruierte Pedal aufmerksam gemacht, das als großer Kasten unter dem Klavier stand. Es ist nicht erhalten geblieben daß das Essen nicht zu viel und nicht zu wenig, anbey unvergleichlich gekocht war: das gebrattene war ein schöner grosser Phasan, – alles überhaupts vortreflich zugericht. *Freytag den 18ten* war Tafel beym jüngern Stephani, wo niemand als wir 4, dann H: Le brun, seine Frau, der Carl Cannabich und ein *geistlicher* waren. Nun, zum Voraus gesagt, ist hier an keinen Fastetag zu gedenken. Es wurde nichts als Fleischspeisen aufgetragen, und der *Phasan war zur Zuspeise im Kraut,* das übrige war Fürstlich, am Ende *Austern,* das herrlichste Confect, und viele Boutellien Champagner wein nicht zu vergessen. überall Coffeé, – das versteht sich.« (21. Februar 1785)

Trotz des umfangreichen Programms während des väterlichen Besuches schrieb Mozart in diesen zehn Besuchswochen noch ein *Klavierkonzert* (KV 467), die Kantate *Davidde penitente,* ein Andante zu einem *Violinkonzert* und zwei Freimaurer-Kompositionen. Man gewinnt den Eindruck, daß Mozart am liebsten unter Druck arbeitet, in äußerster zeitlicher Anspannung, gejagt von Aufführungsterminen, doch ohne auch nur eine der zahlreichen Essenseinladungen und Besuche auszuschlagen, als brauche er, was andere als Bedrängnis und Störung empfinden, um seine künstlerischen Einfälle komprimieren zu können.

Aber auch in diesem Sommer gönnt sich Mozart eine monatelange Pause vom 20. Mai, als er in sein Verzeichnis die *c-Moll-Fantasie* (KV 475) einträgt, bis zum Oktober, in dem er das *Klavierquartett* (KV 478) schreibt. Selbst die Briefe an seinen Vater bekommen in dieser Zeit Seltenheitswert. Ein einziges kleines Werk, das sich jedoch besonderer Wertschätzung erfreut, ist aus jenem Sommer überliefert und mit dem 8. Juni 1785 datiert, das Goethe-Lied *Das Veilchen*[10]. Wo Mozart sich in dieser ganzen Zeit aufgehalten hat, wissen wir nicht – sein Vater, der kaum Nachrichten von ihm hatte, vermutete ihn »auf dem Lande«. Nur für den 12. August ist ein Besuch in der Freimaurerloge belegt, dann erst wieder ein Konzert am 20. Oktober (wiederum in der Loge). Dieser ganze Sommer und Herbst ist einer der weißen Flecken auf unserer biographischen Landkarte; nicht einmal von Kompositionen wissen wir. Doch immerhin eins: Irgendwann im Frühsommer muß Mozart das Textbuch zu Beaumarchais' Komödie *Der tolle Tag oder Die Hochzeit des Figaro* in den Händen gehabt haben, muß Feuer gefangen und sich nach einem geeigneten Bearbeiter für ein Libretto umgesehen haben.

Mozart stand schon seit dem Mai 1783 mit dem italienischen Dichter Abbé Da Ponte in Verbindung, den er im Hause seines Freundes Baron Wetzlar kennengelernt hatte. Er war – mit wechselndem Erfolg – als

Opernlibrettist in Erscheinung getreten, arbeitete freilich auch für Antonio Salieri, den Direktor der Wiener Oper und Mozarts Hauptkonkurrenten. Da Ponte war allerdings versiert genug im Intrigenspiel, um sogar gleichzeitig für drei miteinander im Wettbewerb stehende Komponisten als Textdichter zu arbeiten. Jedoch ist Mozart am besten mit ihm gefahren, vermutlich weil er selbst sich um das Textbuch kümmerte, daran mitarbeitete, eigene Vorschläge einbrachte, verwarf, ändern ließ und sich bei seiner Vorstellungskraft für musikdramatische Abläufe nicht beirren ließ. Andere mochten im Sinne von Arbeitsteilung auf ein fertiges Textbuch warten und in Musik setzen, was der Dichter lieferte – Mozart betrachtete seine eigene Mitarbeit am Textbuch als Voraussetzung für das Gelingen. Da Ponte wiederum hatte so viel Achtung vor Mozarts dramatischer Begabung, daß er sich bereitwillig hineinreden ließ – oder sie konnten einfach gut miteinander. Da Ponte hat sich in seinen manchmal weitschweifigen Memoiren über die Details der Zusammenarbeit mit Mozart ausgeschwiegen. Irgendwann im Sommer begann die Arbeit am Textbuch von *Le nozze di Figaro,* bald schon wird Mozart mit der Komposition dieser umfangreichen Partitur angefangen haben. Zugleich war dies der Beginn einer fünfjährigen, äußerst fruchtbaren Zusammenarbeit mit Da Ponte, die beide, Dichter wie Komponist, zu anhaltendem Ruhm führte – für beide eine ungeheure Steigerung ihrer schöpferischen Möglichkeiten und ein so kongeniales Zusammenwirken, wie Mozart es sich schon immer für sich gewünscht hatte.

Abschweifung: Lorenzo Da Ponte

Da Ponte stammte aus der Republik Venedig und war 1749 in der Kleinstadt Ceneda im Getto geboren. Diese Herkunft, von Da Ponte zwar nicht verleugnet, aber in seinen *Memoiren* undeutlich gelassen, zeichnete einen Lebensweg mit einer klaren Alternative vor: entweder als Jude im Getto zu bleiben, Handwerker und Händler wie sein Vater zu werden, im engen Kreis und nur relativen Schutz einer isolierten, nicht ungefährdeten jüdischen Gemeinde zu bleiben, oder ein ganz anderer zu werden, untreu dem alten Glauben und einer prägenden Tradition, gewissermaßen ein zweites Mal geboren in ein fremdes Leben, aber vom Makel der unterdrückten und verfolgten Glaubensgemeinschaft befreit. Da Ponte freilich konnte nicht einmal selbst solche Entscheidungen treffen, sondern über ihn wurde als Vierzehnjähriger verfügt. Seine Mutter war nämlich früh gestorben, und nach zehnjähriger Witwerschaft wollte sein Vater wieder heiraten, diesmal eine Christin, und gab bei dieser Gelegenheit sein Judentum für sich und seine ganze Familie auf. Als Taufpate fungierte der Bischof von Ceneda, Lorenzo Da Ponte, und gab dabei auch seinen Namen an die Familie Conegliano weiter. So wurde aus Emanuele Conegliano ein Lorenzo Da Ponte, der darüber hinaus auch noch eine Sechzehnjährige als Stiefmutter bekam, gerade zwei Jahre älter als er, mit der er sich zudem wenig gut verstand.

Der Bischof erwies sich als großzügig und zahlte fünf Jahre lang Lorenzo und seinen beiden Brüdern die Ausbildung. Vielleicht spielte dabei eine Rolle, daß sie vom Vater dem Bischof als künftige Priester versprochen wurden, jedenfalls erhielt Da Ponte 1770 die niederen Weihen und wurde 1773 Priester. In seinen *Memoiren* wirft er dies seinem Vater vor, weil dieser Stand »meiner wahren Berufung und meinem Charakter« widersprach; der Vater muß demnach einen sehr beherrschenden Einfluß gehabt haben, denn Da Ponte war inzwischen ein erwachsener Mann, der es dennoch nicht wagte, sich zu widersetzen. Später bezeichnet er den Priesterberuf als den einzigen peinlichen Vorfall seines Lebens. Sieht man seinen weiteren Lebensweg, so wird man ihm recht geben: Er war zu allem eher geeignet als zum Geistlichen.

Andererseits genoß Da Ponte auf diese Weise eine Ausbildung, die ihn erst dazu befähigte, von seinen Talenten Gebrauch zu machen. Gleich nachdem er die niederen Weihen empfangen hatte, wurde er nämlich bereits als Lehrer der Rhetorik am Seminar angestellt, nach der Priesterweihe zum Professor der schönen Wissenschaften am Priesterseminar von Treviso bestellt. In dieser Zeit erwarb sich Da Ponte außerordentliche Kenntnisse der italienischen Literatur, aber auch der antiken Klassiker, bildete sich ein sprachliches Feingefühl und begann mit eigenen Proben seines dichterischen Könnens, witzig, elegant, ein bißchen sophistisch, ein bißchen aufsässig, ein bißchen mutwillig, manchmal einfach unbedacht. Eine Rede, als Deklamationsübung für seine Schüler ausgedacht, brachte einen ersten schweren Konflikt. Ihr Thema warf die Frage auf, ob der Mensch im Naturzustand nicht glücklicher sei als in einer sozialen Ordnung. Eine lateinische Elegie mit dem für das spätere Leben beziehungsreichen Titel *Der Amerikaner in Europa* erregte nicht minderen Anstoß – kurzum: ein förmliches Gericht des Senats der Republik Venedig trat zusammen und verhängte ein lebenslängliches Lehrverbot in

Abschweifung: Lorenzo Da Ponte

diesem Staat wegen Verführung der Jugend zu Aufsässigkeit und Ketzerei.

Da Ponte war kein Rebell, kein Ketzer, kein Aufwiegler, aber er hatte voller Übermut provoziert, seine satirischen Messerchen gewetzt und die Leute zum Lachen gebracht. Das genügte der verletzten Obrigkeit. Aber er ließ sich von dieser übertriebenen Strafe nicht beeindrucken, denn er hatte gesellschaftlichen Erfolg und wurde bewundert. Etwas anderes kam hinzu: ein recht freizügiges Leben im Priesterstand, Zusammenleben mit einer Freundin, ein gemeinsames Kind – Da Ponte führte ein »anstößiges« Leben, und das war fast noch schlimmer als die geistige Verführung der Jugend als Lehrer. Wieder kam es zur Anklage, diesmal wegen Ehebruchs und Konkubinats eines pflichtvergessenen Priesters; das Urteil lautete jetzt auf fünfzehnjährige Verbannung aus dem Staatsgebiet, dem sich Da Ponte durch die Flucht in die österreichischen Erblande entzog.

Da Ponte hatte ähnliche Erfahrungen machen müssen wie sein älterer Freund Giacomo Casanova, und doch unterscheidet ihn etwas Wesentliches. Da Ponte ist kein bewußter Abenteurer, sondern er wird immer wieder zu einem abenteuerlichen Leben gedrängt. Er findet keinen Lebensmittelpunkt, obschon er ihn immer wieder sucht. Er sucht bei den Frauen ein familiäres Glück, wo Casanova verliebt ist in das Verliebtsein. Da Ponte sieht seine wahre Berufung als Dichter und Förderer der italienischen Literatur und kehrt immer wieder zu diesem Zentrum seines Lebens zurück, hat damit seine größten Erfolge. Aber immer wieder begibt er sich in Verhältnisse, Verwicklungen, Intrigen, Geldgeschäfte, die ihn aus der Bahn werfen, am Abgrund entlangführen. Seine *Memoiren,* obwohl unter dem Primat radikaler Ehrlichkeit geschrieben, haben doch den entscheidenden Mangel, daß sie fast melodramatisch vor allem seine Niederlagen, Abstürze, die Elendigkeiten seines langen Lebens hervorkehren, ihn immer wieder als das Opfer von Intrigen, Betrügereien und manchmal auch seiner aufbrausenden Leidenschaften darstellen, die Höhen dieses Lebens, seine Erfolge, seinen immer wieder entstehenden Reichtum und die vielen glücklichen Jahre jedoch weniger ausleuchten. Da Ponte muß sich im Alter als ein vom Unglück Verfolgter gesehen haben und scheint doch viel eher ein Stehaufmann gewesen zu sein, der sich in keiner Lage von Verzweiflung niederdrücken ließ, sondern immer wieder neue, oft ungewöhnliche Wege fand, sich durchzuwursteln und nach einiger Zeit neue Höhen zu erklimmen. Man bekommt den Eindruck, daß Da Ponte ein Leben lang von jenen Fähigkeiten profitiert hat, die ein unterdrücktes und verfolgtes Volk von früh auf lernt: Selbstbehauptungswillen zu entwickeln mit der Kraft, immer wieder aus dem Nichts heraus von vorn anzufangen, in der aussichtslosesten Lage phantasiereich ein von Demütigungen geprägtes Außenseiterdasein zu führen, das seine Stärke aus dem Wissen bezieht, ein Besonderer zu sein.

Nach seiner Verbannung aus Venedig kam Da Ponte über mehrere Umwege nach Wien. Immer wieder fand er Freunde, die ihn mit Reisekosten und dem Notwendigsten versorgten, immer wieder dankt er mit Proben seiner Poesie. In Wien war Da Ponte zunächst so gut wie unbekannt, hatte aber ein Empfehlungsschreiben an den Operndirektor Salieri und fand auch den Weg zu Pietro Metastasio, dem Altmeister italienischer Theaterdichtung, der kurz vor seinem Tod (1782) Da Ponte öffentlich lobte. Als das deutsche Nationalsingspiel geschlossen wurde und 1783 wieder eine italienische Oper beim Nationaltheater eingerichtet wurde, bewarb sich Da Ponte um die Stelle eines Theaterdichters, von Salieri dazu ermuntert und wohl auch beim Kaiser empfohlen. Von der entscheidenden Audienz bei Joseph II. berichtet Da Ponte selbst:

»Nie zuvor hatte ich mit einem Monarchen gesprochen. Obwohl mir jeder sagte, Joseph sei der menschlichste, liebenswürdigste Fürst der Welt, erschien ich vor ihm doch nicht ohne frommen Schauder und einige Schüchternheit. Aber sein lächelndes Gesicht, seine angenehme Stimme und vor allem die große Einfachheit seines Wesens und seiner Kleidung, was alles ich mir bei einem Herrscher nie vorgestellt hatte, machten mir nicht nur Mut, sondern ließen mir kaum Zeit zu überlegen, vor wem ich stand. Ich hatte gehört, er beurteile die Menschen sehr oft nach ihrer Gesichtsbildung. Nun schien ihm die meine nicht zu mißfallen, denn seine Huld und Güte bei dieser ersten mir gewährten Audienz war groß. Wissensdurstig wie er war, stellte er mir viele Fragen nach Vaterland und Studien sowie nach den Gründen, die mich nach Wien geführt hatten. Ich antwortete auf alles sehr kurz, und auch davon schien er befriedigt. Zuletzt fragte er mich, wieviele Operntexte ich verfaßt hätte, worauf ich frei heraus sagte: ›Keinen, Sire.‹ ›Nun schön‹, erwiderte er lächelnd, ›so werden wir eine jungfräuliche Muse haben.‹«[11]

Da Ponte muß sehr gute Fürsprecher gehabt haben, wenn sich Joseph II. auf ein so unbeschriebenes Blatt einließ. Als Gehalt bekam er 1 200 Gulden, hinzu kamen aber die Einnahmen aus dem Verkauf der Textbücher, also ein erfolgsabhängiger Zuschlag. Etwa um die gleiche Zeit traf Da Ponte zum erstenmal mit Mozart zusammen, im Hause des ebenfalls zum Christentum konvertierten Barons Wetzlar. Mozarts erste

Abschweifung: Lorenzo Da Ponte

Erwähnung Da Pontes ist zurückhaltend und eher skeptisch, jedenfalls gleich sachbezogen auf die mögliche Autorschaft eines Opernlibrettos:

»Nun hat die italienische opera Buffa alhier wider angefangen; und gefällt sehr. – der Buffo ist besonders gut. er heist Benuci. – ich habe leicht 100 – Ja wohl mehr bücheln durchgesehen – allein – ich habe fast kein einziges gefunden mit welchem ich zufrieden seyn könnte; – wenigstens müsste da und dort vieles verändert werden. – und wenn sich schon ein dichter mit diesem abgeben will, so wird er vieleicht leichter ein ganz Neues machen. – und Neu – ist es halt doch immer besser. – wir haben hier einen gewissen abate da Ponte als Poeten. – dieser hat nunmehro mit der Correctur im theater rasend zu thun. – muß *per obligo* ein ganz Neues büchel für dem Salieri machen. – das wird vor 2 Monathen nicht fertig werden. – dann hat er mir ein Neues zu machen versprochen; – wer weis nun ob er dann auch sein Wort halten kann – oder will! – sie wissen wohl die Herrn Italiener sind ins gesicht sehr artig! – genug, wir kennen sie! – ist er mit Salieri verstanden, so bekomme ich mein lebtage keins – und ich möchte gar zu gerne mich auch in einer Welschen opera zeigen. –« (7. Mai 1783)

Ob Mozart wußte, daß Da Ponte noch so unerfahren war, daß er erst einmal 20 Libretti las, um zu lernen, wie ein Operntext beschaffen sein muß? Aber Da Ponte ließ sich nicht aufhalten. Er schrieb für Salieri, für Martín y Soler, Gazzaniga, Storace usw. – und für Mozart, und er hatte zumindest mit den Mozart-Opern und *Una cosa rara* für Vicente Martín y Soler ungeheuren Erfolg. Aber Da Ponte war bald auch in die Theaterintrigen und -eifersüchteleien so verstrickt, daß er sich nahezu umstellt sah von Neidern und Feinden. Er selbst hielt sich dabei keineswegs zurück, sondern mischte kräftig mit, immer sprühend von kleinen Boshaftigkeiten, Sticheleien und Witz. Immerhin hatte er in Joseph II. einen wirksamen Beschützer. Nach dem Tod des Kaisers konnte sich Da Ponte in Wien jedoch nicht mehr halten. Leopold II., der zunächst mit anderen Sorgen als Theater beschäftigt war, interessierte sich kaum dafür, wer bei all dem Theatertratsch im Recht war, er wollte Ruhe an dieser Front, und um Da Ponte gab es nun einmal immer Ärger. Da Ponte wurde zu Audienzen nicht mehr vorgelassen, auch dabei gab es Intrigen, schließlich bat man ihn, Wien zu verlassen. Er versuchte es noch einmal, paßte den neuen Kaiser in Triest ab, wo es zu einer pathetischen und theatralischen Begegnung kam, aber Leopold II. war zu keinem Engagement mehr bereit. Um Da Ponte gab es ständig Turbulenzen und »Zufälle«, der größere Teil der Sänger opponierte gegen ihn, und Fürsprecher hatte er wohl keine mehr.

Da Ponte mußte völlig von neuem beginnen, und er tat es in zweifacher Weise. Er heiratete eine junge Engländerin, die er eben erst kennengelernt hatte, und ging mit ihr – wiederum auf Umwegen – 1792 nach London. Seine Frau, Nancy Grahl, war 20 Jahre jünger, stammte aus dem vermögenden Haus eines jüdischen Händlers, und er kannte sie kaum. Aber er hatte es keineswegs auf ihr elterliches Vermögen abgesehen, von dem er mit der großsprecherischen Bemerkung, er sei versorgt, nichts nahm. In Wirklichkeit war Da Ponte zu diesem Zeitpunkt bettelarm. Aus seiner Heimat Venedig verbannt, in einem Land, dessen Sprache er erst lernen mußte, ohne Anstellung, dabei im Stand eines verheirateten katholischen Priesters, der Autor von Mozarts großen Opern – ein bizarres Schicksal. Aber auch in London fand Da Ponte keine Ruhe. Hier war er bald die rechte Hand des Opernchefs William Taylor, spielte die Rolle eines Verwaltungsleiters am Theater, verfaßte weiter Libretti, betrieb aber mit seiner Frau zusammen auch noch das Theatercafé. Später besaß er eine Druckerei und einen Verlag, in dem seine Textbücher erschienen, er gründete ein Antiquariat und eine Buchhandlung für italienische Bücher, war sogar zwischenzeitlich Teilhaber einer Klavierfabrik und eines Musikverlages. Überschattet wurden all diese Aktivitäten von ständigen Wechselgeschäften, großenteils für seine Theaterdirektion eingegangen, die ihn immer wieder zu Boden drückten, oft genug nur in letzter Minute vor dem Schuldturm bewahrten. Hinzu kam auch in London die ständige Verwicklung in alle Theaterintrigen. Ein beständiges Auf und Ab von Höhen und Tiefen, Erfolgen und Mißerfolgen, Reichtum und Armut. Andererseits führte er eine sehr glückliche Ehe, gewissermaßen eine stabile Achse in einem ständig pendelnden und wild ausschlagenden Lebensrhythmus. Vielleicht fühlte er sich hier versöhnt mit seiner jüdischen Herkunft, zu Hause im Exil.

Aber auch die Tage in London waren gezählt. 1805 geht Da Ponte nach Amerika, nachdem er seine Frau mit ihren vier Kindern vorausgeschickt hat. Auch hier das gleiche wechselvolle Geschick, mal arm, mal reich, manchmal durchaus im Luxus lebend, handelnd mit allem möglichen, und immer wieder auch jähe Abstürze. Insgesamt überwiegen in Amerika die Erfolge; sie kreisen immer mehr um die italienische Sprache und Literatur und um die Oper. Zum einen hält Da Ponte Vorträge über Italien, unterrichtet auf italienisch, publiziert und wird schließlich sogar der erste Professor für italienische Sprache und Literatur (am Columbia

Abschweifung: Lorenzo Da Ponte

College in New York). Zum anderen holt er die erste italienische Operntruppe nach New York und läßt zum erstenmal dort *Don Giovanni* erklingen. Seine Erfolge als Opernimpresario ermuntern ihn schließlich, für das erste New Yorker Opernhaus zu sammeln, das 1832 errichtet wird. Es ist einer der Höhepunkte eines Lebens, das erst sechs Jahre später, mit fast 90 Jahren, enden sollte.

Da Ponte hat sein ganzes Leben in fremden Ländern verbracht und sich doch beständig mit der Verbreitung der italienischen Literatur befaßt. Er hat die verschiedenartigsten Berufe ausgeübt und sich doch immer als italienischer Dichter verstanden. Er war unfreiwillig katholischer Priester geworden und hat doch sein ganzes Leben an der Seite von geliebten Frauen verbracht, meistens in langjährigen Beziehungen, schließlich 40 Jahre mit seiner Frau Nancy, ein Leben, in dem sich Beständigkeit und Treue mit Unruhe und Flucht eigentümlich vermischten. (Seine *Memoiren,* deutlich am Vorbild seines Freundes Casanova orientiert, zeigen in vielem gerade das Gegenteil des abenteuernden Spielers Casanova, ein Schicksal mit dennoch vielen Ähnlichkeiten, so charakterverschieden beide auch sind.)

Da Pontes schillerndes Leben spielte sich nicht gerade in völliger Heimlichkeit ab. Jedermann wußte von seinem Priesterberuf, und auch seine Freundinnen waren keineswegs unbekannt. In Wien lebte er als Beschützer einer Frau und ihres Kindes, die zehn Jahre lang seine Wohnung teilten, seine Geliebte war eine der Sängerinnen der italienischen Operntruppe, die für ihre Eskapaden berühmt war. Aber in gewisser Weise war Da Ponte ungewöhnlich treu, eher auf der ständigen Suche nach einem Familienidyll als Heimat in der Fremde, das ihm erst seine Frau Nancy bescheren konnte. Ebenso beständig war er in seinen Freundschaften mit oft gänzlich andersgearteten Menschen, Freundschaften, die viele Stürme, Belastungen, Schroffheiten aushielten. Selbst bei seinen Versprechungen, oft genug reichlich vollmundig, verhielt sich Da Ponte nicht als Spieler oder Hochstapler, sondern versuchte Wort zu halten. Vielleicht besteht darin auch ein Teil des Geheimnisses, wie es ihm immer wieder gelang, Freunde zu gewinnen, weil er es verstand, von seinen ungewöhnlichen menschlichen Qualitäten zu überzeugen und den Verdacht, nur ein hochfliegender und steil abstürzender Abenteurer zu sein, zu zerstreuen wußte.

Mozarts anfängliche Skepsis erwies sich bald als unbegründet. Denn Da Ponte arbeitete zwar für Salieri, aber sein Versprechen gegenüber Mozart hielt er dennoch ein. Das war ganz und gar ungewöhnlich und zeugte von Charakterfestigkeit. Andererseits bestand zwischen Mozart und Salieri keine Feindschaft – obschon das (man muß schon sagen: wider besseres Wissen) immer wieder behauptet wird. Salieri saß schließlich in einer Machtposition, aus der ihn selbst ein Mozart nicht verdrängen konnte, und er bewunderte Mozart aufrichtig, was ihn nicht hinderte, auch einmal gegen ihn zu intrigieren, wenn seine eigenen Interessen berührt waren. Da Ponte stand in solchen Konflikten zu Mozart, obschon er von Salieri ziemlich abhängig war: Er war schließlich sein Fürsprecher beim Kaiser gewesen. Die Verbindung Da Pontes mit Mozart muß eng und sehr freundschaftlich gewesen sein. Die Tatsache, daß keine Briefzeugnisse darüber berichten, sagt nichts Gegenteiliges aus: Warum sollten sie korrespondieren, wenn sie sich in Wien ständig sehen konnten und zusammen arbeiteten?

Da Ponte gehörte zu Mozarts engem Freundeskreis, der auch sonst untereinander vielfältig verbunden war. Auch Da Ponte war einer jener ungewöhnlichen Menschen, in deren Umgebung sich Mozart erst wohl fühlte, unter den Außenseitern, Schicksalsbeladenen, Unangepaßten, Bedrohten, denen ihr Platz in der Gesellschaft nicht schon durch ihre Geburt endgültig vorgezeichnet ist.

Der Kaiser verbietet – der Kaiser befiehlt

Aus Lorenzo Da Pontes *Memoiren* geht hervor, daß Mozart selbst Beaumarchais' Komödie *Die Hochzeit des Figaro* als Opernstoff ausgesucht und Da Ponte um die Bearbeitung zu einem geeigneten Libretto gebeten hatte. Soviel man Da Ponte (insbesondere bei Daten) mißtrauen mag, er hätte sich wohl kaum den Ruhm entgehen lassen, wäre er selbst der Urheber dieser verwegenen Idee gewesen. Und so ausgeschmückt seine Erzählung auch ist, einige Einzelheiten haben die Glaubwürdigkeit einer historischen Quelle. Verwegen war dieser Opernplan gleich in dreifacher Weise: Zum einen lag kein Auftrag vor, die Oper mußte bei der Direktion also erst durchgesetzt werden; zum anderen war das Stück für eine Theateraufführung bereits »verboten« worden, eine Opernfassung mußte also mit erheblichen Schwierigkeiten rechnen; zum dritten aber stellte die Umwandlung eines so umfangreichen, auf schnellen und spritzigen Dialog gebauten Stückes zu einer singbaren Opernfassung den Librettisten vor erhebliche dramaturgische Probleme. Und Da Ponte war

Der Kaiser verbietet – der Kaiser befiehlt

ja keineswegs ein erfahrener Librettist, sondern noch Anfänger in diesem Metier.

Obschon Da Ponte überall auf Bedenken stieß, hatte er genug spielerischen Mut, nun erst recht mit diesen Schwierigkeiten fertig werden zu wollen. Mozart hielt es für ausgeschlossen, den Auftrag zu bekommen, weil er die Theaterintrigen kannte. Baron Wetzlar war skeptisch wegen der schon einmal verhinderten Theateraufführung, war aber bereit, als Mäzen notfalls beizuspringen:

»Der Baron Wetzlar bot mir ein sehr anständiges Honorar für den Text«, schreibt Da Ponte, »um dann die Oper in London oder in Frankreich aufführen zu lassen, wenn es in Wien nicht erlaubt werden sollte, aber ich schlug sein Anerbieten aus und machte den Vorschlag, wir wollten Text und Musik so schreiben, daß durchaus niemand eine Ahnung davon hätte, und dann einen günstigen Augenblick ergreifen, um sie den Direktoren oder dem Kaiser selbst anzubieten, und hatte selbst den Mut, mich zur Ausführung dieses Projekts anzubieten [...]. Ich machte mich also an das Unternehmen, wir arbeiteten Hand in Hand, sowie ich etwas vom Texte geschrieben hatte, setzte Mozart es in Musik, und in sechs Wochen war alles fertig.«[12]

Ganz so einfach wird es nicht gewesen sein...

Daß Da Ponte ein geeigneter Diplomat und Unterhändler für dieses Projekt war, wird man glauben dürfen, auch ohne alle Einzelheiten seiner Vorsprache beim Kaiser zu übernehmen. Denkbar auch, daß die Oper schon mehr oder weniger »fertig« war, als er sich um eine Aufführung bemühte, schon deshalb, weil beide es für nötig hielten, von der »Entschärfung« aller Anstößigkeiten zu überzeugen – und zwar den Kaiser selbst. Denn der hatte sich ja vor kurzem erst mit einer Anweisung an den Polizeiminister Graf Pergen unmißverständlich geäußert:

»Ich vernehme, daß die bekannte Komedie le Mariage de Figaro in einer deutschen Übersetzung für das Kärntnerthortheater angetragen seyn solle; da nun dieses Stück viel Anstößiges enthält; so versehe Ich mich, daß der Censor solches entweder ganz verwerfen, oder doch solche Veränderungen darin veranlassen werde, daß er für die Vorstellung dieser Piece und den Eindruck, den sie machen dürfte, haften werde können.«[13]

Emanuel Schikaneder, der das Stück drei Tage später, am 3. Februar 1785, mit seiner Truppe aufführen wollte, mußte sich eine durch »Anschlagzettel mitgetheilte Nachricht« gefallen lassen, die das Stück »zwar zum Drucke aber nicht zur Vorstellung« erlaubte. Das Textbuch wurde daraufhin sogleich gedruckt, und der Übersetzer, Johann Rautenstrauch, ließ es sich nicht nehmen, die Ausgabe »dem Andenken von zweyhundert Dukaten« zu widmen, die ihm durch das Verbot als Honorar entgangen waren[14].

Den Kaiser kümmerten solche kleinen Invektiven nicht. Er war sicher über die höchst wechselvolle Geschichte dieses Lustspiels bis zu seiner Pariser Uraufführung im Jahr zuvor bestens informiert. Dort war es zunächst ebenso verboten, kursierte gleichwohl in der Gesellschaft des frivolen Adels, der feierte, was gegen ihn gemünzt war, wurde sogar für eine Privataufführung beim Grafen d'Artois verboten, um desto bekannter zu werden, bis schließlich im April 1784 die Uraufführung in der Comédie-Française nicht mehr zu vermeiden war: Sie begann mit Tumult und Aufruhr als unmißverständliche Fanfare des Siegeszugs, den das Stück in der Folge antrat. Schließlich würdigte das instinktlose Königspaar das Theater mit seinem Besuch. Joseph II. hatte ein verständliches Interesse, größeres Aufsehen um dieses Stück zu vermeiden, und handelte gewiß auch umsichtiger als seine königliche Schwester Marie Antoinette. Schon sein Billett an den Polizeiminister sprach nicht ein striktes Verbot aus, sondern verlangte lediglich Vorkehrungen dergestalt, daß die Wirkung nicht in unkontrollierbare Richtung verlaufe.

Beaumarchais' Text enthält in der Tat einige »starke« Stellen. Am deutlichsten ist der Monolog Figaros im fünften Akt (dritte Szene), in dem Figaro nicht nur seinen Widerstand gegen den Grafen und sein Vorhaben, Susanne zu vergewaltigen – nicht anders läßt sich das feudale »Recht der ersten Nacht« bezeichnen –, mit einer solchen Wucht formuliert, daß daraus unüberhörbar das ganze Gesellschaftssystem in Frage gestellt wird. Hier ist der vorrevolutionäre Unterton am deutlichsten spürbar:

»Nein, mein Herr Graf, Sie werden sie nicht besitzen! Sie werden sie nicht besitzen! Glauben Sie, weil Sie ein großer Herr sind, wären Sie auch ein großer Geist? Adel, Reichtum, Rang und Würden machen Sie so hochmütig? Was haben Sie denn geleistet, all das zu verdienen? Sie haben sich die Mühe gegeben, geboren zu werden, weiter nichts. Im übrigen sind Sie ein ganz gewöhnlicher Mensch. Während ich, zum Donnerwetter, verloren im dunkelsten Gewühl der Menge, mehr Fleiß und Verstand aufwenden mußte, mich emporzuarbeiten, um nackt existieren zu können, als die gesamte Regierung Spaniens nicht in hundert Jahren verbraucht hat! Und Sie wollen den Kampf mit mir...«

Und dann schildert der Kammerdiener des Grafen Almaviva seinen bisherigen Lebensweg als den vergeblichen Versuch, von seinem Verstand Gebrauch zu machen, der immer wieder in Schwierigkeiten, Verfolgungen, Gefängnis und Mißhandlung endet, weil er immer wieder mit den Herrschenden kollidiert.

»Da sich im Lande gerade ein Streit über die Ursache lokaler Güteranhäufung erhebt und man nicht nötig hat, die Dinge aus eigener Hand zu kennen, über die man urteilt, so schreib' ich eine Abhandlung über die Bedeutung des Geldes, verliere mich in weitläufige Betrachtungen über seine Verwendung und finde mich wieder – im Gefängnis. Oh, könnt' ich nur einmal einen von den Gewaltigen wenige Tage zu fassen kriegen, die so schnellzüngig das Böse verdammen, das sie selber befohlen haben, wenn eine gerechte Ungnade ihren Hochmut gebrochen hat, ich würd' ihm sagen, daß die Freiheit des Tadelns nur den Wert des Lobens erhöht und daß nur die kleinen Menschen sich über die kleinen Stiche der Federn ärgern.«[15]

Solche Äußerungen, die Da Ponte wohlweislich in seiner Fassung gestrichen hat, sind es jedoch nicht allein, die dem Stück seinen hochpolitischen Charakter verleihen, vielmehr enthält seine ganze Anlage ein schonungsloses und drastisches Sittenbild der häuslichen Verhältnisse des Adels, gewissermaßen die Rückseite der gesellschaftlichen Außenansicht, die gewiß auch auf einen großen Teil des Adels in den österreichischen Landen zutraf. An der dramatischen Struktur des Textes hat Da Ponte jedoch nichts geändert, vielmehr durch Verknappung und Raffung der Dialoge eine eher noch intensivere Vorlage geschaffen, die die Eigenständigkeit der Personen verdeutlicht, sie schärfer zeichnet, die Komödientypisierungen zugunsten von Individualcharakteren aufhebt. Für einen dramatisch denkenden Musiker wie Mozart ergab sich ein Libretto von solcher Dichte, daß er mit musikalischen Mitteln jedes kleinste Detail ausmalen, kommentieren, ironisieren oder durch musiksprachliche Assoziationen interpretieren konnte – in allen Orchesterfarben, mit allen satztechnischen Kniffen (die *Figaro* zu einer sehr viel schwerer erfaßbaren Oper machen als selbst *Don Giovanni*).

Da Ponte behauptet, er habe die Oper durchsetzen können, indem es ihm gelungen sei, den Kaiser zur Anhörung einiger Probenummern mit Mozart am Klavier zu bestimmen. Der Kaiser habe sich dabei überzeugen lassen, daß nichts »Anstößiges« mehr in dem Stück enthalten sei, er habe selbst schließlich der Theaterdirektion befohlen, das Stück herauszubringen. Wie dem auch gewesen sei, es muß festgehalten werden, daß das Stück ein absolutes Novum auf der Opernbühne darstellte, ein realistisches, allein an der gesellschaftlichen Wirklichkeit orientiertes Musikdrama, ohne den Filter irgendwelcher überlieferter Gattungsmerkmale, ohne Rücksicht auf die Regeln über die Darstellung »hoher« und »niederer« Personen auf der Bühne, ungeschminkt in der Milieuschilderung, dabei ohne verletzende oder aufreizende Invektiven (weniger sogar als bei Beaumarchais), im kritischen Gehalt eher noch konsequenter als in der Vorlage, mit einer Musik, die jegliche Verniedlichung vermeidet, vielmehr jedes Detail zum wichtigen dramatischen Angelpunkt gestaltet; kurzum, ein Zeitstück, wie es die Opernbühne nicht kannte (und mit einer Konsequenz, die später nicht einmal die Offenbachsche Operette erreichte): Das war vor allem das Anstößige an dieser Oper. Und dies auf die Opernbühne zu bringen hatte Joseph II. sogar ein Interesse[16].

Le nozze di Figaro ist nicht nur die politischste Oper im Sinne des unmittelbaren und aktuellen Zeitstücks – sie ist es auch als ein Beitrag zur josephinischen Innenpolitik. Mag sein, daß Mozart und Da Ponte zunächst nur an das Aufsehen des Stückes in Frankreich und die vom Innenminister in Wien verbotene Aufführung gedacht haben, die ihrem Projekt von vornherein Aufmerksamkeit sicherten, als sie sich an dies wagnisreiche Unternehmen machten. Ein Interesse am Stoff, an seinen politischen Implikationen muß ohnehin bei ihnen bestanden haben. Und Ängstlichkeit, sie könnten sich mit dem brisanten Sujet vielleicht schaden, in ein gesellschaftliches Abseits geraten, hatten sie sicher nicht. Selbst der gewiß eher zur Ängstlichkeit neigende Leopold Mozart äußert sich nicht in diesem Sinne, als er von der Oper hört. Er sieht nur die musikdramatischen Schwierigkeiten, nicht die politischen:

»ich kenne die piece, es ist ein sehr mühesammes Stück, und die Übersetzung aus dem franz: hat sicher zu einer opera frey müssen umgeändert werden, wenns für eine opera wirkung thun soll. Gott gebe, daß es in der action gut ausfallt; an der Musik zweifle ich nicht. das wird ihm eben vieles Lauffen und disputiren kosten, bis er das Buch so eingerichtet bekommt, wie ers zu seiner Absicht zu haben wünschet: –«
(11. November 1785)

Dem Kaiser jedoch paßte die Tendenz dieses Werkes durchaus in seine Pläne, und sein Befehl, die Oper in Wien aufzuführen, bedeutete kein Zugeständnis, kein besonderes Entgegenkommen, keinen Widerspruch zu seinen Bedenken gegen die Theateraufführung, sondern politisches Kalkül. (Selbst die ersten Aufführungen dieser Oper in Italien, in Monza und Florenz, kamen auf persönliche Anregung Kaiser Josephs II. zustande.)

Der Kaiser verbietet – der Kaiser befiehlt

Das Sprechtheater wandte sich an ein breites Publikum, bürgerliche Schichten vor allem, war mit seinen niedrigeren Eintrittspreisen keineswegs nur den vermögenden Teilen vorbehalten, es gehörte zu den noch für jedermann erschwinglichen Vergnügungen. Einem solchen Publikum den »tollen Tag« vorzuführen konnte leicht »tolle Nächte« zur Folge haben, Ausschreitungen, Übergriffe, Ermutigungen zu unabsehbaren Unbotmäßigkeiten. Es wäre wie eine Anleitung verstanden worden, die eigenen Verhältnisse zu überdenken, das Verhalten adliger Herrschaften nicht unbeantwortet zu lassen. Da die Politik des Kaisers, auch den Adel den allgemeingültigen Gesetzen zu unterwerfen und seine Vorrechte abzuschaffen, allgemein bekannt war, hätte eine Aufführung am kaiserlichen Burgtheater für jenes breite Publikum geradezu als offizielle Ermutigung verstanden werden können, die vom Kaiser betriebene Entprivilegisierung mit der Propagierung allgemeiner Gleichheit in eins zu setzen. Aber der Kaiser war kein Revolutionär, sondern ein absolutistischer Monarch – auch wenn das bis heute gelegentlich verwechselt wird[17].

Ganz anders eine Aufführung durch die italienische Truppe der Hofoper. Schon seiner hohen Eintrittspreise wegen hatte sie ein ganz anderes Publikum. Darüber hinaus verkörperte sie die Tradition des alten höfischen Theaters, nicht zuletzt verdeutlicht im Festhalten an der italienischen Sprache, die einem breiteren Publikum nicht vertraut war. Die Opernlogen waren zumeist in festen Händen der adligen Familien, die auf diese Weise beliebigen Zugang zur Oper hatten. Zumal seit der kaiserliche Hof kaum noch mit Festlichkeiten brillierte, war die Oper der Ort festlicher Öffentlichkeit. Für das Lustspiel von *Figaros Hochzeit* konnte die klare soziale Differenzierung des Publikums von Theater und Oper nur einen ebenso klaren Perspektivwechsel bedeuten: Im Theater sah man gewissermaßen durch die Brille Figaros auf einen etwas verkommenen, wenig sympathischen Adel, in der Nationaloper wurde der Adel mit einem Vertreter seinesgleichen konfrontiert und mit Bediensteten, die sich nicht mehr ohne weiteres alles gefallen lassen. Daß der Kaiser ausdrücklich befohlen hatte, dies in der italienischen Hofoper zu zeigen, das war das Politikum, mochte das Stück ansonsten gefallen oder nicht. Hier ging es nicht in erster Linie um den Bediensteten, der sich wehrt, sondern darum, dem betroffenen Adel einen Spiegel vorzuhalten. Davon konnte kein Mißverständnis ausgehen, im Sinne der kaiserlichen Politik waren davon keine unerwünschten »Anstößigkeiten« zu befürchten.

Denn insgeheim propagierte diese Oper, was wesentlicher Bestandteil der josephinischen Innenpolitik war: die Eliminierung adliger Privilegien, die rechtliche Gleichstellung aller Untertanen. Im Rahmen der josephinischen Reformen hatte der Text nicht so sehr revolutionäre Untertöne – die er nur haben konnte, wenn die geschilderten Zustände aufrechterhalten und verteidigt werden sollten –, sondern ihm kam eine Signalwirkung zu, die sich propagandistisch dem josephinischen Staatsziel bestens einordnen ließ. Mozart war auf diese Weise – sicher zu einem gut Teil in Übereinstimmung mit seinen eigenen politischen Ansichten, wenigstens soweit sie sich in dieser Oper ausdrückten – in die vorderste Verteidigungslinie der josephinischen Reformpolitik geraten.

Josephinismus

Wenn man die der josephinischen Reformpolitik zugrundeliegenden Kerngedanken, das, was man das Staatsziel nennen könnte, in wenigen Worten benennen soll, so ging es Joseph II. um einen modernen, wirtschaftlich starken, aufgeklärten Staat, militärisch unangreifbar, geleitet von einem Souverän, der das Gesamtwohl des Staates und seiner Einwohner zur obersten Richtschnur seines Handelns macht. So vernünftig, ja fast unproblematisch diese selbstverordnete Regierungsaufgabe klingt, so birgt sie doch in ihren Realisierungsformen ein Reformprogramm, das den überlieferten Staat grundlegend verändern sollte. Der Kaiser bemühte sich um eine Belebung der Wirtschaft durch Gewerbefreiheit und Förderung des Manufaktur- und Industriewesens auf neuartige Weise, sorgte sich um die Verbesserung der Verkehrswege, die Ertragssteigerung der Agrarerzeugnisse durch Verbesserung der Anbaumethoden und der Viehzucht, die Volksgesundheit und die Bevölkerungsvermehrung. Er reorganisierte das Gerichtswesen und führte ein bürgerliches Gesetzbuch ein, verbesserte das allgemeine Schulwesen und liberalisierte die Zensur. Zugleich aber beschnitt der Kaiser die Rechte der Stände, schaffte schrittweise immer mehr der adligen Privilegien ab und entmachtete die Kirche. Dabei war Joseph II. ebensowenig Freigeist wie Demokrat. Im Gegenteil ging es ihm um die Stärkung seiner absolutistischen Zentralgewalt, einer pyramidal aufgebauten Staatsordnung, in der der Souverän von keiner Einrichtung mehr abhängig ist, sei es die überlieferte Ständeordnung, die immerhin Macht und Geld bewilligen mußte, sei es die Kirche, die mit ihren Ansprüchen ein erheblicher Machtfaktor war.

Josephinismus

Dieses Programm war kühn, weil es mit allen überkommenen Gesetzen und Traditionen zu brechen bereit war, es war fortschrittlich, weil es nicht der Willkür eines verschwenderischen und selbstherrlichen Alleinherrschers entsprach, sondern sich am Wohl aller Schichten des Staatsvolkes orientierte, aber es war zugleich auch despotisch, weil der Kaiser sich bei seinen Plänen um niemandes Zustimmung bemühte, das von ihm als vernünftig Erkannte rücksichtslos durchsetzte und selbst wohlmeinende Kritik ohne Bedenken ignorierte.

Vieles von den josephinischen Reformen war schon unter Maria Theresia begonnen worden, und Joseph II. verkörperte durchaus auch ein Stück Kontinuität des Habsburgerreiches. Mit dem Beginn seiner Alleinherrschaft (Dezember 1780) allerdings änderten sich das Tempo dieser Politik, ihre konsequente Durchführung und ihr allumfassender, in alle Gebiete des Lebens eingreifender Anspruch. Joseph II. war dabei von einer Welle der Sympathie getragen, die so groß war, daß selbst die, die von ihren überkommenen Besitzansprüchen etwas lassen mußten, dem Kaiser ihre Anerkennung nicht versagten oder mit öffentlich geäußerter Kritik zumindest sehr zurückhaltend waren. Vor allem in der Kirche gab es von großen Teilen der Geistlichkeit Billigung und Verständnis für Josephs Maßnahmen, die ja nicht einem antikatholischen Affekt entsprungen waren, sondern eher einer weitverbreiteten kirchlichen Erneuerungsbewegung entsprachen, die seelsorgerische und soziale Aufgaben der Kirche zu stärken suchte, das unnütze Mönchswesen und die dem Glauben kaum förderlichen übertriebenen Zeremonien und an Aberglauben reichenden Gebräuche jedoch zu vertreiben unternahm.

Die Jahre der Alleinregierung begannen mit einigen Paukenschlägen, die in ganz Europa die größte Beachtung fanden. Das Toleranzpatent verkündete vollständige Glaubensfreiheit und duldete keine Benachteiligung in den Bürgerrechten aus Glaubensgründen. Vor allem für die Juden bedeutete dies eine wesentliche Verbesserung ihrer Lage, wenngleich auch nicht alle Benachteiligungen damit aufgehört hatten. In einem eigenen Judenpatent waren die Sonderbestimmungen festgehalten: Die Freizügigkeit blieb zwar eingeschränkt, ein Schutzgeld war zu entrichten, die deutsche Sprache mußte für den amtlichen Verkehr übernommen werden. Andererseits wurden viele diskriminierende Gebote aufgehoben: zum Beispiel Bärte zu tragen, sich in einer Judentracht zu kleiden, das Verbot, Theater oder öffentliche Vergnügungen zu besuchen, selbst das Degentragen für die Honoratioren wurde erlaubt, die Leibmaut abgeschafft und völlige Handels- und Gewerbefreiheit gewährt. Andererseits machte das Judenpatent deutlich, daß es sich bei diesen Verordnungen um rein wirtschaftliche Erwägungen handelte, eine Vermehrung der Zahl der Juden jedoch keineswegs beabsichtigt war.

Keine der josephinischen Reformen machte jedoch so viel Aufsehen wie die Aufhebung der kontemplativen Klöster und der Einzug der Kirchenschätze und deren Überführung in einen Religionsfonds, der im wesentlichen Gehälter und Pensionen für ehemalige Klosterinsassen auswarf. Mehr als 700 Klöster wurden aufgehoben, statt dessen jedoch rund 3 000 Pfarreien und Seelsorgestationen eingerichtet. Man kann allein an dieser Umschichtung sehen, daß es nicht um Gegnerschaft zur Kirche ging, sondern um die Beschneidung ihrer wirtschaftlichen Macht, den Wegfall ihrer Sonderprivilegien und ihre Integration in den Staat, der an der Erziehung und seelsorgerischen Betreuung der Bevölkerung ein größeres Interesse haben mußte als an der Kultivierung von Ordenspfründen und Schmarotzertum. Zugleich ging es aber auch um die Frage, wieweit die Kirche als Staat im Staat von der päpstlichen Regierung abhing oder – wie es auch innerkirchliche Reformer propagierten – eine Art Staatskirchentum eingerichtet werden sollte. Die Frage der Bischofskompetenz war hierbei ebenso angesprochen wie zum Beispiel die nach der Priesterausbildung. Selbstverständlich gab es auch eine konservative, reformunwillige Fraktion innerhalb der Kirche, die sich insbesondere um den Wiener Erzbischof Christoph Bartholomäus Anton Migazzi scharte – nach dem für Papst Pius VI. erfolglosen Besuch in Wien war jedoch auch der Einfluß Migazzis denkbar gering geworden. Weitere Pläne Josephs II. zugunsten eines aufgeklärten Staatskirchentums konnten wegen des Türkenkrieges und des frühen Todes des Monarchen nicht mehr realisiert werden.

Aber die Kirchenpolitik war nur ein Baustein innerhalb der josephinischen Reformen, die keinen Punkt ausließen, der dem Kaiser irgendwann einmal als verbesserungsbedürftig aufgefallen war. Ob es dabei um das Verbot des Miedertragens ging (weil gesundheitsschädlich), des Glockenläutens bei Gewitter (ein harmloser Aberglaube) oder das Verbot, daß die Bauern Honigkuchen backen (weil angeblich unbekömmlich) – Joseph war sich nicht zu schade, alles persönlich regeln zu wollen. Natürlich führten manche dieser Verordnungen auch zu Verbitterungen und Zorn in der Bevölkerung, keine aber so sehr wie das sogenannte Begräbnispatent. Zunächst ging es nur um die Verlegung der Friedhöfe außerhalb der Stadt aus hygienischen Gründen – das mochte noch angehen. Dann aber glaubte der Kaiser auch Särge verbieten zu sollen,

Josephinismus

Gedenkblatt auf den Tod Josephs II. Die Steine dieser Grabpyramide sind mit den Ruhmestaten des Kaisers beschriftet, unter anderem »Reinigung der Religion von Missbräuchen«, »Einführung der Toleranz«, »Aufhebung der Leibeigenschaft«, »Pressfreyheit«, »Abschaffung der Begräbnisse in Städten«

um Holz zu sparen und bei einer Bestattung im Leintuch eine schnellere Verwesung herbeizuführen: Diesmal war der Protest gegen die »aufgeklärte« Verordnung so stark, daß Joseph II. sie nach wenigen Monaten zurücknehmen mußte, begleitet von resignierten Kommentaren über die verbreitete Volksdummheit im Gewande der Pietät.

Joseph II. standen zwar klare Ziele vor Augen, aber er hatte weder ein Gespür für die jeweilige Wichtigkeit seiner Reformzumutungen noch für die richtige Vorbereitung oder den günstigen Zeitpunkt. Konsequent war er vor allem in seinen beiden zentralen Anliegen, der kirchlichen Reform und dem Abbau der Adelsprivilegien. Bei einem Teil des Adels fand der Kaiser zunächst noch Unterstützung. Die Abschaffung der Leibeigenschaft traf kaum auf Widerstand, obschon sie in die Organisation und den Ertrag der großen adligen Güter durchaus einschneidende Veränderungen brachte. Die Aufhebung des Adelsprivilegs im Strafgesetzbuch wurde allerdings nur widerwillig hingenommen, weil es jetzt passieren konnte, daß man einen Grafen bei der entehrenden Strafe des Gassenkehrens mit geschorenem Kopf beobachten konnte, wenn er mit dem Strafgesetz in Konflikt geraten war. Es waren bittere Pillen, die der Adel zu schlucken hatte. Da kam vieles zusammen, mit dem der Kaiser signalisierte, daß es mit alten Vorrechten vorbei sei. Die Hofetikette wurde auf ein Minimum reduziert, in Regierungsämter kamen immer mehr bürgerliche Beamte, die dann freilich häufig geadelt wurden; aber Joseph II. machte oft genug auch deutlich, daß ihm Nobilitierungen ganz gleichgültig seien, mochte man sich dabei auch noch so kunstvolle Wappen und heraldischen Zierat ausdenken. Er betrachtete alle zuerst einmal als Untertanen und verlangte deshalb ihre völlige Gleichstellung – vor allem vor dem Gesetz.

Joseph II. war von der Richtigkeit und Wirksamkeit seiner Politik viel zu überzeugt, um einer strengen Zensur in seinen Staaten zu bedürfen. Daß er sie nicht ganz aufgab, sondern auf eine kontrollierte Wirkung aller Publikationen – zu denen in gewisser Weise ja auch das Theater gehörte – Wert legte, zeigt gerade das Beispiel *Figaro*. Trotz des Theaterverbotes in der Oper erwünscht, glaubte der Kaiser auch bei der Veröffentlichung des Textes keine Gefahr zu laufen. Ungehindert konnte Rautenstrauch seine Übersetzung von Beaumarchais' Komödie erscheinen lassen und auf das Titelblatt ein Zitat setzen, das sogar ziemlich genau der Meinung des Kaisers über die Wirkung der Zensur entsprach: »Gedruckte Dummheiten haben nur da einen Werth, wo man ihren freyen Umlauf hindert. Fünfter Aufzug, dritter Auftritt.«[18]

Josephinismus

Die Vorstellungen des Kaisers über die Zensur sind einer der Schlüssel für sein Staatsverständnis. Sie zeigen, daß Joseph II. seine Lektionen über Naturrecht und Staat, über individuelle Freiheitsrechte und Staatswohl gelernt hatte, und sie zeigen, wie der absolute Herrscher die Aufklärung handhabe, sich selbst als Erzieher und Menschenbeglücker verstand. Unter Maria Theresia lag die Zensur zunächst in den Händen der Jesuiten. Nach dem Jesuitenverbot wurde versucht, die Zensur in staatliche Kommissionen zu überführen, was jedoch wegen der Halbherzigkeit der Kaiserin in allen die Kirche mitbetreffenden Fragen mißlang. Zu den ersten Reformen der Alleinherrschaft Josephs II. gehörte die der Zensur, die nun völlig verstaatlicht und zugleich für alle Erblande zentralisiert wurde. Der Zusammenhang mit der Kirchenreform ist unverkennbar, ist vielleicht sogar Motiv gewesen. Denn die Zensur erwies sich als ein trefflich geeignetes Instrument zur Durchsetzung eines Staatskirchentums und zur Entmachtung der römischen Kurie mit ihren verlängerten Armen in allen Kircheninstitutionen.

Nach den neuen »Grundsätzen«, die mit den Toleranzgesetzen abgestimmt waren, sollte alles verboten sein, was »systematisch« gegen die Religion gerichtet sei, und solche Schriften, die sie »öffentlich zum Spott und lächerlich machten«. Andererseits war es das Bestreben des Reformkatholizismus, Vernunft und Rationalismus mit der Kirche zu versöhnen. Aberglaube und Wunderdarstellungen hatten hier nur noch wenig Chancen. Im Sinne der staatlichen Kontrolle auch über die Kirche wurde selbst bei religiösen Schriften die Mitwirkung der Kirche bei der Zensur verhindert. Im Gegenteil: nirgends war die Zensur so streng wie bei der Kirche, insbesondere da, wo sie das Primat der staatlichen Macht in Frage stellte. Aus diesem Grunde wurde die Verbreitung von mindestens vier päpstlichen Bullen verboten. Bei einem unter Umgehung der Zensur erschienenen Gebetbuch wurden sogar strenge Strafen ausgesprochen, vom Kaiser selbst überdies noch verschärft. Gegenüber der Kirche verdiente die Zensur wahrlich ihren Namen, sie war sogar das wichtigste Mittel des Kaisers, seine Untertanen von der geistigen Führung durch Rom zu befreien und statt dessen den Reformkatholizismus zu propagieren.

Im übrigen war der oberste Grundsatz der neuen Zensurbestimmungen, nur das zu verbieten, was dem Staat schadet. Auf die praktische Auslegung dieses gewiß nicht ermutigenden Satzes kam jedoch alles an. Aber Joseph II. war sowohl durch Erziehung wie Neigung zu sehr der Aufklärung verpflichtet, als daß er das gewiß auch für ihn geltende Wort

»L'état c'est moi!« im Sinne einer selbstgerechten Willkürherrschaft aufgefaßt hätte. Einerseits war es sein Bestreben, für alle Untertanen eine strikte Rechtssicherheit herzustellen: Diesem Ziel diente die umfassende, für alle, vom Niedrigsten bis zum Höchsten, verbindliche Justizreform, die sich auf Strafrecht, Zivilrecht und klare Prozeßordnungen erstreckte; andererseits ging er von der prinzipiellen Gleichheit aller Menschen aus und der Anerkennung der größtmöglichen Freiheit des Individuums. Schon als junger Mann hatte er in einer Denkschrift an seine Mutter formuliert:

»Alle Menschen sind von Geburt gleich; wir erben von unseren Eltern nur das animalische Leben, dabei besteht nicht der geringste Unterschied zwischen König, Graf, Bürger und Bauer. Ich finde, daß weder ein göttliches noch ein natürliches Gesetz dieser Gleichheit entgegensteht.«[19]

Aufgabe des Staates, das heißt: des absoluten Monarchen, war es im Verständnis des Kaisers, dem Allgemeinwohl zu dienen, das nur durch den Staat verwirklicht werden könne. Natürlich besteht die Gefahr bei solcher Definition, daß ein noch so wohlmeinender Herrscher das von ihm als gut Erkannte mit despotischen Mitteln durchzusetzen versucht – und Joseph II. ist dieser Gefahr auch nicht entgangen –, aber in der Frage der Zensur erwies sich das praktizierte System als eines der liberalsten in ganz Europa. Es war durchaus darauf ausgerichtet, nicht wegen einzelner kleiner anstößiger Stellen gleich eine ganze Schrift zu verbieten. Und überhaupt sollten alle »wissenschaftlichen und die freien Künste behandelnden Werke« frei sein, ausgenommen die Schriften, die das Staatswesen betreffen, für die eine Prüfung vorgeschrieben war. Alles, was Aufklärung und Vernunft zum Ziel hatte, sollte von der Zensur freigegeben werden, wobei es gelegentlich Mißverständnisse und Ungereimtheiten gab (die insgesamt jedoch nicht zu hoch veranschlagt werden müssen: eine Zeitlang war zum Beispiel Goethes *Leiden des jungen Werthers* wegen der Gefahr einer Beförderung der Schwärmerei verboten).

Was allerdings besonders wichtig war und die aufklärerische Zielrichtung der ganzen Zensurpolitik bestens umreißt, war die allgemeine Kritikfreiheit, die ausdrücklich auch die Kritik am Landesfürsten einschloß. Daß dies nicht nur schöne Redensarten waren und es nicht wie sonst bestenfalls bei einigen Feigenblättchen blieb, zeigt die ab 1782 vor allem in Wien einsetzende Broschürenflut, die sich zu jedem gerade interessierenden Thema ergoß und nichts und niemanden verschonte. (Sie hat in den ersten Jahren dem Kaiser offensichtlich mehr genützt als geschadet.) Joseph II. hat in seiner Zensurpolitik nicht den starken Staat hervorgekehrt, sondern den milden und liberalen, der eher seinen Untertanen zu vertrauen bereit ist, als daß er sie kontrollieren und beaufsichtigen will. Selbst an den Grenzen hieß er die allzu strengen Untersuchungen des Gepäcks von Reisenden zu unterbinden: Persönliche Habe sollte nicht konfisziert werden, auch wenn sich verbotene Schriften darunter fanden, solange es sich nicht um mehrere, offensichtlich für die Verbreitung bestimmte Exemplare handelte. Die josephinische Zensur wurde dann auch im In- und Ausland als »Preß-Freyheit« gefeiert; nur wenige Kritiker der Reaktion, die meist aus dem kirchlichen Lager kamen, forderten strengere Maßstäbe, beziehungsweise einige radikalere Aufklärer fanden sich, denen diese Reform nicht weit genug ging. Die praktische Zensurtätigkeit hat sowohl seiner Kirchenpolitik enorm geholfen und die Erwartungen des Kaisers ziemlich erfüllt – im allgemeinen fand er breiteste Zustimmung für sein gesamtes Vorgehen der Kirche gegenüber – als auch den anderen Zielen seiner Reformpolitik wertvolle Unterstützung geleistet: Sie zeigte, daß es dem Kaiser ernst war mit Aufklärung und Rationalismus.

Daß dies keineswegs nur Phrase war, zeigt sich vor allem im sozialen Verständnis seiner Vorstellung von der Gleichheit und der Würde des Menschen. Der Staat empfand durchaus die Verpflichtung, denen zu helfen, die nicht für sich selbst sorgen können. Die Kirche wurde dabei mit der Armenpflege in die Pflicht genommen. Ganz neu war jedoch die erstmalige Trennung der Alterspflege vom medizinischen Bereich. Jahrhundertelang waren Alte, Sieche und Kranke in Stiftungshäusern zusammengepfercht gewesen. Nun wurden die Krankenanstalten davon getrennt und der Förderung der medizinischen Wissenschaft ein ganz besonderes Augenmerk verliehen. Joseph II. gründete in Wien das Allgemeine Krankenhaus (1784), die militärmedizinische Akademie (Josephinum, 1785), die Gebäranstalt, ein Kinderkrankenhaus und schließlich ein Haus für Geisteskranke. Die Chirurgie wurde aus ihrer Tradition als Handwerkszunft gelöst und an der Universität gelehrt, wo man seit 1784 auch einen eigenen chirurgischen Doktorgrad erwerben konnte; sie war damit der (inneren) Medizin erstmals gleichgestellt. Ebenso wurde Hygiene als Fach gelehrt, denn Joseph II. wußte wohl, daß zum Beispiel im Krieg mehr Soldaten den Tod durch Seuchen als durch Kriegswunden fanden. Die Pockenimpfung wurde eingeführt (schon Maria Theresia hatte ihre Kinder demonstrativ impfen lassen, um die Vorurteile dagegen abbauen zu helfen), auf die Verbesserung der

Geburtshilfe wurde großer Wert gelegt, die Augenheilkunde besonders gefördert. Auch um die organisatorischen Details kümmerte sich der Kaiser persönlich. So erließ er für das Gebärhaus eine Ordnung, daß niemand gezwungen sei, dort seinen Namen anzugeben, und Kinder, die unerwünscht waren, sogleich ins Findelhaus kamen. Diese Anonymität war ein praktischer Versuch, etwas gegen die Vorurteile über ledige Mütter zu unternehmen, indem Heimlichkeit staatlich unterstützt wurde. Die Kinder aus dem Findelhaus wurden an Pflegeeltern auf dem Land vermittelt, die bis zum achten Lebensjahr dieser Kinder eine staatliche Unterstützung erhielten. Immerhin kamen im Wiener Gebärhaus jährlich 1 200 Kinder zur Welt!

Das ganze Schul- und Universitätswesen wurde gründlich verändert. Joseph II. versuchte eine allgemeine Schulpflicht einzuführen und den Unterricht umfassend zu verbessern. Er scheute sich nicht, hierzu auch einen Schulgeldzwang einzuführen, von dem sich Arme jedoch – anders als in Preußen – befreien konnten; zudem war an den Grundschulen der Unterricht frei. Eine neue Schule wurde immer dann gegründet, wenn in einem Dorf mehr als 90 schulpflichtige Kinder vorhanden waren. Die Schulaufsicht war streng, die Schulbücher vorgeschrieben, aber zumindest der Intention nach sollten die Schüler zu selbständigem Denken und Urteilen angeleitet werden.

Weniger glücklich waren die Universitätsreformen. Zwar war der kirchliche Einfluß (vor allem der der Jesuiten) vollständig gebrochen, aber die Universitäten verloren zugleich auch ihre Autonomie und standen gänzlich unter staatlichem Zwang. Das Unterrichtswesen wurde völlig verschult, die Lehrbücher vorgeschrieben, durch ständige Prüfungen eine Erfolgskontrolle eingeführt und die Studiendauer dadurch beträchtlich verkürzt[20]. Die Folge war eine Entwissenschaftlichung der Universität, die ihren Stellenwert als Forschungsanstalt fast gänzlich verlor; auch die Professoren hatten kein Interesse daran, wurden darin eher behindert. Die Universität war nicht mehr ein Teil der Gelehrtenrepublik, sondern ein in jeder Weise unselbständiges, staatlich kontrolliertes Ausbildungsinstitut. Im Ausland zu studieren war verboten, Ausländer studierten bei diesem System natürlich nicht in den Universitäten der Erblande: Die Folge war eine fortbestehende Isolation, die um so schlimmer war, als auch keine freien Akademien der Wissenschaften eingerichtet worden waren, so viele Pläne es dazu auch gab. Die in allen Bereichen ausgeübte Staatskontrolle mochte an vielen Stellen ihr Gutes haben, im Bereich der Universitäten war sie verheerend.

Nützlichkeitserwägungen waren das alleinige Gebot. Merkwürdigerweise führten solche Überlegungen an ganz unvermuteten Stellen zu liberaler Praxis, anders gesprochen zu einer staatlichen Zurückhaltung und dem Vertrauen auf Privatinitiative. Im Wirtschaftsbereich wurde ein rigoroser (vor allem auch die Stände und den Adel treffender) Abbau oder ein Unterlaufen von Zunftprivilegien und Monopolen bis zu ihrer Bedeutungslosigkeit vorgenommen, der eine faktische allgemeine Gewerbe- und Handelsfreiheit innerhalb der zur Wirtschaftseinheit zusammengeschlossenen Erblande herbeiführte. Man vertraute auf Privatinitiative und sogar Konkurrenz zur Belebung und Steigerung von Produktion. Im Verkehr mit den nichthabsburgischen Ländern, also nach außen, wurde jedoch ein immer strengeres Prohibitivsystem eingeführt, das die Einfuhr von Waren aufs äußerste erschwerte oder unmöglich machte.

Um nur ein Beispiel zu nennen: Von diesem Wirtschaftssystem profitierte selbst der Großverleger und als Nachdrucker berüchtigte, bei den deutschen Intellektuellen gehaßte Buchhändler Johann Thomas Edler von Trattnern. Seine Nachdrucke hielten die Einfuhr der Originalausgaben zurück und trugen so zum Gewerbeaufschwung bei: Trattnern hatte allein 37 Druckerpressen, eine Schriftgießerei, so daß er mit über 100 verschiedenen Schriften drucken konnte, und zwei Papierfabriken; er beschäftigte mehr als 200 Personen. (Das besondere Wohlwollen des Hofes, das für einen solchen Aufstieg notwendig war, kommt unter anderem darin zum Ausdruck, daß Joseph II. selbst bei Trattnern die Buchdruckerei gelernt hatte.)

Zwar hatte die josephinische Handels- und Gewerbepolitik eine nicht zu unterschätzende Bedeutung in einem Staat, dessen Bevölkerung kontinuierlich wuchs, aber in erster Linie bildeten die Erblande einen Agrarstaat. Sowohl für die Ernährung als auch für das Steueraufkommen war die Entwicklung der Landwirtschaft das wichtigste Anliegen innerstaatlicher Regierungstätigkeit. Vor allem mußte es auf eine Ertragssteigerung landwirtschaftlicher Produkte ankommen, für die die herkömmliche Guts- und Bauernwirtschaft wenig geeignet war. Vermutlich standen für die Aufhebung der Leibeigenschaft in erster Linie wirtschaftliche Überlegungen im Vordergrund. Man mußte die Bauern motivieren, mit modernen Agrarmethoden vertraut machen und sie am Erfolg beteiligen; das war der Kerngedanke. Die Schulbildung der Bauern wurde verbessert. Vor allem aber wurden die Robot (Frondienste) in Geldleistung und der herkömmliche Zehnt in eine stets gleiche Ertragssteuer umgewandelt. Voraussetzung dieser Reformen und einer umfassenden Steuerregulierung war ein Kataster auf neuestem Stand, der überhaupt erst die Berechnungen der Geldleistungen ermöglichte. Allein dieser Kataster nahm Jahre in Anspruch (und konnte nur völlig unzureichend durchgeführt werden). Für den Adel mit seinen riesigen Gutswirtschaften war anfangs völlig unübersichtlich, was im Endeffekt als Renteneinnahme einerseits, als Steuerpflichten andererseits herauskommen würde. Vielleicht hielt man das gesamte Reformwerk auch für undurchführbar und wartete erst einmal ab. Schließlich mußten zuerst einmal die Landvermesser ausgebildet werden, bevor die Arbeiten beginnen konnten. Andererseits hatte der ganze Plan nichts Geringeres im Auge als eine vollständige Änderung des bisherigen Steuersystems, das nun die Grundsteuer als Fundament haben sollte und damit die ständische Einbringung der Steuer mit ihrer Freiwilligkeit und Eigenverantwortung ablösen sollte. Es handelte sich dabei um eine modifizierte Übernahme physiokratischer Modelle. Hier werden zugleich die Konturen einer völligen Entmachtung der Stände zugunsten des zentralisierten, absolutistischen Einheitsstaates sichtbar. (Die Vermessung des Landes erfolgte ab 1785 und war 1789 beendet. Das weitere Schicksal der neuen Steuerregulierung fällt somit in die zweite Hälfte der josephinischen Alleinregierung und soll in deren Zusammenhang behandelt werden.)

Sosehr Joseph II. mit all seinen Reformen aus eigenem Antrieb handelte – und dieser fußte in erster Linie auf seiner Anschauung der Zustände im Lande, wie er sie auf seinen zahlreichen Reisen beobachten konnte, und daraus abgeleiteten Verbesserungsüberlegungen –, so verfügte der Kaiser auch über eine nicht geringe Zahl außerordentlich befähigter Ratgeber und Beamter, teils aus dem bürgerlichen Lager, zum Teil auch aus Vertretern des Adels. Viele von ihnen waren aufgeklärte und die josephinischen Reformen im Prinzip fördernde Regierungsbeamte, unterstützt vom gebildeten Bürgertum, von Wissenschaftlern und Schriftstellern und moralisch angefeuert von allen denen, die sich zur europäischen Aufklärung zählten. Kein Wunder, daß der größere Teil von ihnen sich in den Wiener Freimaurerlogen wiederfindet, die zum geistigen Zentrum der Reichshauptstadt gehörten, ja, man kann sogar sagen, daß die wichtigsten Freimaurerlogen in den Erblanden von den fortschrittlichen Aufklärern beherrscht wurden, die mehr oder weniger als entschiedene Josephiner bezeichnet werden können.

6. Mozart und die Freimaurerei

Mozart betritt die Loge

Kurz nach 18 Uhr ging Mozart über den Bauernmarkt zur Landskrongasse. Gewöhnlich begann die Loge »um ½7 Uhr«. Das war im übrigen auch die gewöhnliche Anfangszeit für Oper, Theater, Konzerte und sonstige Abendveranstaltungen, denn erst danach ging man in die verschiedenen Salons, wo diskutiert, musiziert oder auch getanzt wurde, meist nicht vor 21 Uhr und oft bis weit nach Mitternacht. Zwischen 18 Uhr und 18.30 Uhr muß auf der Straße ein unbeschreibliches Gedränge geherrscht haben, denn die meisten kamen mit ihrer Kutsche oder dem Fiaker, und in der engen Gasse war kaum Platz zum Anhalten mehrerer Wagen. Gegen 50 Besucher waren es mindestens, oftmals sogar bis zu 100, die zu den Logensitzungen kamen. Im Haus des Barons Moser in der Landskrongasse residierten die Freimaurer schon seit 1782. Sie hatten das ganze erste Stockwerk für den stolzen Preis von 850 Gulden jährlich gemietet. Das Logenlokal teilten sich mehrere Logen, und jede hatte ihren Anteil an der Miete, den Heizkosten und der Entlohnung für die Bediensteten, die selbst natürlich auch Logenbrüder waren. Das Haus steht heute nicht mehr, ein »Verzeichnis aller Effecten, welche sich befinden in dem Quartier der sehr Ehrwürdigen Loge zur gekrönten Hofnung in dem Baron ›moserischen‹ Haus«, hat sich jedoch erhalten und gibt eine recht genaue Vorstellung[1].

Gleich neben dem Eingang befand sich ein kleiner Raum, »gemahlt als wie ein Karner«, offensichtlich die »dunkle Kammer«, die der »Suchende«, der in den Orden aufgenommen werden will, als erstes betritt, ein Ort der Selbstbesinnung und der Prüfung, hier wohl schwarz ausstaffiert und mit Skelettmalereien geschmückt. Die freimaurerischen Rituale beschreiben in vielfältiger Weise die Reise vom Dunkel ins Licht, eine Wanderung, die die Schrecken des Todes nicht ausspart, sondern zu überwinden trachtet. Mozart hat in seinem (letzten) Brief an den Vater diese Gedanken aufgegriffen, die ja auch Leopold Mozart als Freimaurer nicht unbekannt waren:

»da der Tod |: genau zu nemmen :| der wahre Endzweck unsers lebens ist, so habe ich mich seit ein Paar Jahren mit diesem wahren, besten freunde des Menschen so bekannt gemacht, daß sein Bild nicht allein nichts schreckendes mehr für mich hat, sondern recht viel beruhigendes und tröstendes! und ich danke meinem gott, daß er mir das glück gegönnt hat mir die gelegenheit |: sie verstehen mich :| zu verschaffen, ihn als den *schlüssel* zu unserer wahren Glückseeligkeit kennen zu lernen. – ich lege mich nie zu bette ohne zu bedenken, daß ich vielleicht |: so Jung als ich bin :| den andern Tag nicht mehr seyn werde – und es wird doch kein Mensch von allen die mich kennen sagn können daß ich im Umgange mürrisch oder traurig wäre – und für diese glückseeligkeit danke ich alle Tage meinem Schöpfer und wünsche sie vom Herzen Jedem meiner Mitmenschen. –« (4. April 1787)

Mozart betrat die Loge mit großem Ernst. Er gehörte nicht zu denen, die sich aus gesellschaftlicher Opportunität angeschlossen hatten, in der Hoffnung auf persönliche Vorteile, aus Anpassung an die vielen Freunde und Bekannten, die zur Loge gehörten, als Teilnehmer an einer Modeströmung gar, sondern mit innerer Überzeugung von der »Verbesserung des Menschengeschlechtes« durch Selbstvervollkommnung. Freimaurerei bedeutete Schulung an sich selbst, praktizierte Humanität und Toleranz, und nicht ohne Grund war sie in Wien ein Zusammenschluß all jener, die ihre Arbeit im Geiste der Aufklärung verstanden, der Wissenschaftler und Künstler, Schriftsteller und Mediziner, nicht zuletzt aber der josephinischen Verwaltungsbeamten bis in die höchsten Regierungsstellen. Sie trafen sich meist einmal wöchentlich in ihren jeweiligen Logen zu den Arbeiten der Aufnahme und Beförderung ihrer Mitglieder, zu gelehrten Vorträgen, aber auch zu festlichen Sitzungen und Konzerten, wie immer der Anlaß es ergab.

Das Logenlokal war für alle diese Gelegenheiten groß genug und zweckmäßig eingerichtet. Am Eingang befanden sich (außer der »dunklen Kammer«) noch »zwei Nebenzimmer mit Leinwand spalirt à l'antique gemahlt«, sodann ein drittes Zimmer »mit Mahlerey à l'antique«, das als Bibliothek eingerichtet war. Hier lagen nicht nur freimaurerische Schriften und Zeitschriften aus, von denen es in Wien eine ganze Anzahl gab – nicht immer als solche erkennbar, einige von Freimaurern im Sinne der aufklärerischen Ziele redigiert, aber für eine breite Öffentlichkeit bestimmt –, sondern auch politische Zeitschriften und wissenschaftliche und literarische Werke zur Benutzung durch die Brüder Freimaurer. Gleich daneben ein viertes Zimmer – »dasselbe ist antique gemahlt« –, in dem sich unter anderem »3 musikalische Pulte« befanden. Bei den Logensitzungen spielte die Musik eine nicht unerhebliche Rolle, und mit gutem Grund nimmt man heute an, daß zum Beispiel Mozarts zahlreiche Kompositionen für Bläser (Klarinetten und Bassetthörner) mindestens zum Teil für »freimauerische Feierlichkeit« (KV 484a = 411, Anmerkung) bestimmt waren. Ein fünftes Zimmer, das über Eck ging, »ist ebenfalls antique gemahlt«.

Im Zentrum befand sich ein großer Saal, vor dessen Eingang sich jeder in das »Präsenzbuch« eintragen mußte, das der Bruder Türhüter bereithielt. Denn kein »Profaner« oder Außenstehender darf an den Sitzungen teilnehmen, damit das Geheimnis, das den Wesenskern der Zeremonien bildet, gewahrt bleibt. Wer als »Suchender« zum erstenmal zur Loge kam, hatte schon vorher einen Revers unterschrieben, der so lautete:

»Ich Unterzeichneter versichere auf Ehrenwort, daß ich von Niemand durch Versprechung der Entdeckung außerordentlicher Dinge oder zeitlicher Vortheile verleitet worden bin, um die Aufnahme in den Freymaurer-Orden zu bitten, sondern daß ich dieß aus eigenem Trieb verlange. Nachdem mir auch zugesagt worden, daß in diesem Orden nichts gegen den Staat, Landesfürsten, Religion, und gute Sitten vorgenommen werde, so verspreche ich als ein ehrlicher Mann alles dasjenige, was mir eröffnet oder sonst mit mir vorgenommen werden wird, gegen Jedermann, er sey geistlichen oder weltlichen Standes, auch dann geheim zu halten, wenn ich nicht zur Aufnahme gelangen sollte.«[2]

Auch Mozart hatte dies mit eigener Hand schreiben müssen. Eines Bürgen oder Paten bedurfte es allerdings nicht, um Logenmitglied zu werden. Im (erhaltenen) Schriftwechsel der Loge »Zur wahren Eintracht« finden sich zahlreiche Briefe ähnlichen Wortlauts wie dieser:

»Verehrungswürdiger Freund! Von jeher war es einer meiner sehnlichsten Wünsche, mit Menschen in eine Verbindung zu treten, die in ihrem Bestreben das rühmliche Ziel ausgestecket haben, an der Aufklärung und dem Wohl ihrer Mitmenschen zu arbeiten. Ich glaube, in der Freymaurerey diese besseren Menschen gefunden zu haben; so wie ich aus verschiedenen Gründen zu schließen keinen Anstand nehme, daß Sie wirklich darunter gehören...«[3]

Wenn man die »mittlere Kammer« oder den eigentlichen Logensaal betrat, fiel zunächst einmal seine Größe auf. 105 weiß gestrichene und mit Eisen beschlagene Stühle hatten an den Wänden Platz. Im »Osten« war ein Podium mit drei Stufen, auf dem zwei bedeckte Tische mit jeweils einem dreiarmigen Kerzenleuchter standen. Außerdem lagen dort verschiedene symbolische Gegenstände, darunter der Hammer des »Meisters vom Stuhl«. Die Fenster waren verhängt. Von diesem Saal heißt es im »Verzeichnis der Effecten«: »nach der korinthischen Ordnung gemahlt und mit Figuren und Hieroglyphen«. (Man kann nach dieser Angabe vermuten, daß das Gemälde im Historischen Museum der Stadt Wien, das die »Aufnahme in einer Wiener Loge« zeigt, den Logensaal im Moserschen Haus in der Landskrongasse darstellt[4].) Wenn die Beförderung eines Gesellen zum Meister vorgesehen war, wurde der Logentempel schwarz verhängt, ebenso der Altar. »An der Wand werden im Süden und Norden, so wie hinter dem Altar Totenköpfe angeheftet. In den Ecken der Meistertafel erscheinen statt den Leuchtern die 3 Skelette.«

Die Logenbrüder haben ihre Bekleidung angelegt, den weißledernen Maurerschurz, die weißen Handschuhe als Symbole der Reinheit und ihre Abzeichen: einen kleinen elfenbeinernen Schlüssel am Lederband zum Zeichen der Verschwiegenheit, eine kleine Kelle, die mit ihren drei Ecken Weisheit, Schönheit und Stärke versinnbildlicht, und einen fünfzackigen Stern im Strahlenkranz, der an die Sonne erinnert, die mit ihren Strahlen die Erde erleuchtet. Mozarts Logenutensilien sind allerdings ebenso verschwunden wie die Pergamenturkunde, die seine Zugehörigkeit bestätigte, ein mit figürlicher Darstellung und Symbolen reich bestücktes Dokument.

»Der Schmuck des Zubefördernden, bestehend in der blaugefütterten, und mit 3 blauen Dreyecken verzierten Schürze, einer gelbpolierten Kelle und einem Schlüssel von Bein, ist auf dem Schatzmeistertische. Auch eine zureichende Anzahl Trauermäntel muß in Bereitschaft seyn. Die Brüder kleiden sich in der Loge selbst an, und lassen sich ausser dem Saal nicht mehr sehen. Die Schürzen bindet man über die Mäntel. Der Zeremonienmeister bleibt solange ohne Mantel, bis er nicht mehr nöthig hat, aus dem Arbeitssaal zu gehen. Der Zubefördernde darf das Ankleidezimmer nicht verlassen.«

Wenn geprüft ist, daß die Loge so geschlossen ist, daß kein Fremder sich nähern oder Geheimnisse ausspähen kann, »thut der Meister vom Stuhl zum erstenmal den aus 3 Lehrlingsschlägen bestehenden Meisterschlag auf den Altar, den die beyden Aufseher auf die Degenknöpfe wiederholen«. Nach der Eröffnung der Loge wird »von nun an durchgängig mit etwas leiserer Stimme gesprochen.

Meister vom Stuhl: Meine würdigen Brüder. Welches ist das Zeichen der Meister?

Mozart betritt die Loge

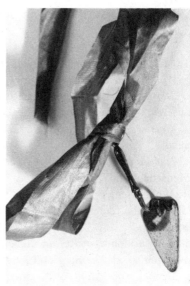

Als Logenabzeichen wurden eine Kelle (für den Gesellen), ein Winkelmaß (für den Meister) und in einigen Logen ein Schlüssel (als Zeichen der Verschwiegenheit) verliehen.

Alle Brüder machen einmal das Meisterzeichen.
1ster Aufseher: Meine würdigen Brüder, helfen sie dem Ehrwürdigsten Meister die Loge zu öffnen.
Alle Brüder machen das Meisterzeichen noch zweymal. Sie setzen sich und singen Das Lied der Meister um die Mittagsstunde.
während der ersten Reise
2ter Aufseher beim Todtenkopf in Süden: Unser ganzes Leben ist nur eine Reise zum Tode.
Meister vom Stuhl, indem hinter dem Althar innegehalten wird, und er einen starken Hammerschlag thut: Gedenkt an den Tod!
2ter Aufseher bey dem Todtenkopf im Norden: Nur der Thor waffnet sich wider Schrecken des Todes durch Vergessenheit. Unvorgesehen kömmt er fürchterlicher.
Während der zweyten
2ter Aufseher in Süden: Frühe Bekanntschaft mit dem Tode ist die beste Schule des Lebens.

Meister vom Stuhl wie oben: Gedenke an den Tod, er ist unausbleiblich.

2ter Aufseher in Norden: Der Gedanke an den Tod ist dem Leidenden Trost, dem Glücklichen ersprießliche Warnung.

Während der dritten:

2ter Aufseher in Süden: Die Reise zum Tode ist eine Reise zum Ziel unserer Vollkommenheit.

Meister vom Stuhl wie oben: Gedenke an den Tod! Vielleicht ist er dir nahe.

2ter Aufseher in Norden: Vor dem Tode mag der schadenfrohe Menschenfeind zittern; denn er ist ihm der Scherge, der ihn zum Richtplatz schleppt. Dem Freunde der leidenden Menschheit ist er ein Glücksbothe, der ihn einladet, die Früchte seines Edelmuthes ewig zu genießen.

Nach vollendeten Reisen drehen die beyden Aufseher den Gesellen plötzlich so, daß er Sarg und Altar vor Augen hat.

Meister vom Stuhl nach einer Pause: Die Trauer, in die sie unsern Tempel gehüllt sehen, könnte sie befremden. Hören sie die Ursache...«[5]

Dieser Beginn eines Meisterrituals verdeutlicht das, woran Mozart sich in dem zitierten Brief an seinen Vater erinnerte. Ein solches Ritual hat Mozart zuerst bei seiner eigenen Beförderung zum Meister im Frühjahr 1785 und später ungezählte Male erlebt.

Logentätigkeit ist kein Glaubensersatz, ist vielmehr eine Form praktizierten christlichen Glaubens und ihrem Selbstverständnis nach auch nicht im Widerspruch zur Kirche. In den Wiener Logen der josephinischen Zeit gab es eine ganze Reihe von katholischen Priestern, die Mitglieder waren[6]. Zwar existierten zwei päpstliche Bullen (von 1738 und 1751), die Freimaurerei als Ketzerei verdammten, aber päpstliche Meinungen standen in einer Zeit der Schwächung des Papsttums und der Erneuerungsbewegungen innerhalb der katholischen Kirche ohnehin nicht sehr hoch im Kurs. In den habsburgischen Ländern gab es sogar Bischöfe, die dem Orden angehörten. Bedeutsamer als die religiöse Frage ist aber gerade für die josephinische Zeit der politische Charakter des Logenwesens, der einerseits zu einem enormen Aufschwung im Zusammenhang mit der kaiserlichen Reformtätigkeit unter dem Zeichen der Aufklärung führte, andererseits sehr schnell auch wieder zusammenbrach, als der Kaiser mit seinem Freimaurerpatent das Logenwesen unter seine Kontrolle zu bringen versuchte.

Am 5. Dezember 1784 war Mozart zum Mitglied der Loge »Zur Wohltätigkeit« vorgeschlagen worden, am 14. Dezember wurde er aufgenommen. Diese fast auf den Tag genau siebenjährige Logenzugehörigkeit ist in den erhaltenen Briefen Mozarts wie ausradiert. Einzig in den Briefen an Michael Puchberg, der Schatzmeister der Loge »Zur Wahrheit« war, läßt sich in den Anreden die Spur der Zugehörigkeit vernehmen, wenn Mozart schreibt: »Verehrungswürdigster Freund und Ordensbruder!«, aber auch hierbei benutzt er die in Logenkreisen übliche Abkürzung »O:.B:.« (Auch in den Briefen an Leopold Mozart findet sich kein direkter Hinweis; Mozarts Schwester berichtet zwar, der Vater habe alle diesbezüglichen Briefe vernichtet, dies ist allerdings von der Mozart-Forschung immer wieder bezweifelt worden. Denkbar ist jedoch auch, daß die Spuren erst später getilgt wurden.) Bei den Puchberg-Briefen weiß man von zumindest einem nicht erhaltenen Brief von der Berlinreise (vom 28. April 1789 aus Leipzig), der jedoch sicher keine Geldforderung enthielt und vielleicht nur deshalb nicht aufbewahrt wurde; denkbar ist allerdings, daß darin von einem Logenbesuch in Leipzig berichtet wurde.

Dieses – man muß schon vermuten: planmäßige – Verschwinden von Briefen ist nicht mehr ganz so befremdlich, wenn man bedenkt, daß in der Zeit von Franz II. als österreichischem Herrscher (1792–1835) unter dem Schein der Biedermeierlichkeit ein strenges System der Verfolgung und Denunziation aller geheimen Gesellschaften und aufgeklärt-freigeistigen oder liberalen Regungen etabliert wurde. Immerhin hat sich aber in den »Vertraulichen Akten« der Kabinettskanzlei (im Haus-, Hof- und Staatsarchiv in Wien) umfangreiches Material über die Wiener Logen erhalten, das auch Aufschlüsse über ihre Verschiedenartigkeit gibt. (Es ist dies ein schönes Beispiel für den Doppelcharakter des staatlichen Eingriffs mit dem Ziel der Erstickung oppositioneller Regungen, daß durch Beschlagnahme das Inkriminierte zugleich am besten und sichersten dokumentiert und der Nachwelt erhalten bleibt.)

Abschweifung: Freimaurerei – vor allem im josephinischen Wien

In Wien war die erste Loge schon 1742 entstanden; ihr soll Franz von Lothringen, der Vater Josephs II., angehört haben. Bis in die siebziger Jahre spielte das Wiener Logenwesen keine große Rolle, angesichts der vehementen Anfeindung durch Maria Theresia kein Wunder. Als Stifterlogen für die immer wieder unternommenen Gründungen fungierten vor allem Regensburg, Breslau und Dresden, insgesamt bestand aber eine Abhängigkeit von der Berliner Großen National-Mutterloge, was sich angesichts der politischen Spannungen zwischen dem Habsburgerreich und Preußen sehr ungünstig auswirken mußte: Seit 1776 waren die Wiener Logen als österreichische Provinzialloge zusammengefaßt. Um 1780 wird es in Wien etwa 200 Freimaurer gegeben haben, verteilt auf sechs Logen. Die Alleinherrschaft Josephs II. hat ganz sicher den immensen Aufschwung der Freimaurerei in den folgenden Jahren begünstigt. Denn das Reformprogramm des Kaisers korrespondierte in deutlicher Weise mit den Gedanken der humanitären und aufgeklärten Freimaurerei.

Allerdings machten sich innerhalb der Logen auch rosenkreuzerische Tendenzen in verschiedener Spielart breit, was bald zu deutlichen Fraktionierungen führte. Die Rosenkreuzer betrachteten die Freimaurerei nur als Vorstufe eines esoterischen Zirkels, der Alchimie, Magie, Kabbala und Theosophie mit Chemie und Physik zu einer Geheimwissenschaft auf der Suche nach dem Stein der Weisen zusammenschmolz. Die »Asiatischen Brüder« hingegen waren ganz auf ihr Oberhaupt Freiherr Heinrich von Ecker und Eckhoffen ausgerichtet und unterschieden sich von den Rosenkreuzern vor allem durch die sonst nicht vorkommende Aufnahme von Angehörigen der jüdischen Religion. (Den »Asiatischen Brüdern« stand der Freiherr Otto von Gemmingen nahe, der angeblich Mozart in die Loge einführte.) Außerdem gab es in den verschiedenen Logen Einfluß der Illuminaten, vor allem aber in der 1781 gegründeten Loge »Zur wahren Eintracht«, die die bekannteste Loge Wiens wurde und bis heute fälschlicherweise synonym mit den Wiener Logen gesehen wird. Beherrschende Figur war hier Ignaz von Born, ein bedeutender Naturwissenschaftler, der sich vor allem um das Bergwesen und die Metallurgie verdient gemacht hatte. Er stellte unter den Wiener Gelehrten eine große Integrationskraft dar, hielt aber auch Kontakte zu den führenden Salons des Adels und verfügte damit über hervorragende Verbindungen in alle Gesellschaftskreise. Born wies sich darüber hinaus mit einigen scharf gewürzten satirischen Schriften, insbesondere zum Mönchswesen, als ein erklärter Anhänger der josephinischen Reformen aus.

Mit der Gründung einer österreichischen Landesloge wurden 1784 vollständige Unabhängigkeit von Berlin erreicht und mehrere österreichische Provinziallogen errichtet. Damit bestanden für die Wiener Freimau-

Abschweifung: Freimaurerei – vor allem im josephinischen Wien

rerei die besten Voraussetzungen für eine glänzende Arbeit, zumal die höchsten Staatsbeamten und die überzeugtesten Anhänger der Reformpolitik des Kaisers sich seit Beginn der achtziger Jahre an der Logenarbeit beteiligten. Ein Versuch, auch Joseph II. für die Freimaurerei zu gewinnen, scheiterte freilich. Der Kaiser war zu rationalistisch eingestellt, um sich an einem Orden zu beteiligen, dessen zweifellos wohlmeinende Arbeit zu einem emanzipatorischen Bewußtsein, zu Toleranz und praktischer Aufklärung den Weg über Rituale und symbolische Arbeit ging, organisiert in einem Geheimbund, dessen Mitglieder zu strenger Verschwiegenheit verpflichtet waren – wenngleich es mit der Verschwiegenheit nicht immer weit her war.

Im absolutistischen Staat des 18. Jahrhunderts – das gilt für das Ancien régime ebenso wie für den josephinischen Reformabsolutismus – liegt im Bestehen auf einem nach außen gewahrten Geheimnis, welcherart auch immer, ein Politikum ersten Ranges. Denn alles gesellschaftliche Handeln bezieht sich letztlich auf den regierenden Fürsten als den obersten Souverän; entsprechend dem pyramidalen Staatsaufbau kann und darf es keine horizontalen Kräfte geben, nichts in die Breite Wirkendes, das nicht im Herrscher seinen Bezugspunkt hat. Und vor ihm kann also auch kein Geheimnis geduldet werden, kein Sonderinteresse, das sich seinem Machtstrahl zu entziehen versucht. Das Wohl (und Wehe) jedes einzelnen hing allein vom absolutistischen Herrscher ab, und wohl keiner war so überzeugt, allein dem Allgemeinwohl zu dienen, wie Joseph II.

Daß gerade im 18. Jahrhundert so viele Geheimgesellschaften blühten, darf nicht wundernehmen. Es war nicht nur Spielerei und Abenteurertum dabei, denn schließlich konnten nur im Geheimen eigenständige Interessen kleinerer, nicht institutioneller Gemeinschaften formuliert werden. Es muß sich keineswegs immer gleich um Verschwörergesellschaften handeln, schon eine Lesegesellschaft, ein religiöser Erbauungszirkel, ein Gesellenverein waren eine Bedrohung absoluter Macht. Die Freimaurergesellschaften mit ihren verschiedenen Ausprägungen stellen nur die bekannteste, weitverbreitetste und darüber hinaus sogar international verbundene Geheimorganisation dar, die wegen ihrer sehr allgemein gehaltenen Humanitätsgedanken geradezu wie ein Schwamm ihre Anziehungskraft bei allen kritischen und freigeistigen Intellektuellen dieser Zeit ausüben konnte. Die Logen bildeten so einen Freiraum eigenständiger Art, in dem – unter dem Schutz ihrer Abgeschlossenheit nach außen – eine freie Gemeinschaft von Gleichen unter Gleichen agieren konnte. *In* der Loge galt kein Gesetz als das selbstauferlegte, herrschte die nach außen geschützte freie Rede, von der kein Laut in unbefugte Ohren drang, wurde eine Brüderlichkeit propagiert, die sich zugleich auf jede andere besuchte Loge freundschaftlich übertrug – auf Reisen bestand damit eine immer verläßliche Anlaufstelle für Kontakte zu Gleichgesinnten unter dem gleichen persönlichen Schutz. Die Losung der Französischen Revolution von Freiheit, Gleichheit, Brüderlichkeit war hier (ohne eine bewußt revolutionäre Stoßrichtung) vorweggenommen in einer gewissermaßen exterritorialen Kleingesellschaft inmitten jener Gesellschaft des absolutistischen Staates, die nur Herrscher und Untertan kannte. Zu keiner Zeit hat die Freimaurerei einen so emanzipatorischen Charakter gehabt wie in diesen Jahren vor der Französischen Revolution.

Dabei haben die Logengeheimnisse mit dem Staat oder dem Fürsten als Staatssouverän gar nichts zu tun. Sie beziehen sich lediglich auf das Ritual und seine Überlieferung. Das freimaurerische Geheimnis war niemals anders geschützt als durch das Versprechen der Mitglieder zur Verschwiegenheit. Es war deshalb schon immer ein leichtes (und ist es heute erst recht), alles zu erfahren, was man zu wissen begehrt. Zudem wird das Logengeheimnis höchst unterschiedlich streng gehandhabt. Hochgradsysteme, die bis zu 90 verschiedene Stufen aufweisen, messen dem Geheimnis eine höhere Bedeutung bei als Logen, die nur die drei sogenannten Johannisgrade des Lehrlings, Gesellen und Meisters kennen. Schon immer hat es zudem »Verräter« gegeben, die die Logengeheimnisse der Öffentlichkeit übergeben haben. Kurz vor Mozarts Logenbeitritt erschien zum Beispiel in einer der kurzlebigen Wiener Zeitschriften mit dem Titel *Der Spion von Wien* ein Bericht mit teilweiser Aufdeckung der Rituale für alle drei Grade. Der Verleger dieser Zeitschrift war Johann Thomas Edler von Trattnern, selbst Freimaurer, bei dem Mozart zur gleichen Zeit gerade Untermieter war. Auch Mozart hatte es also nicht weit, wenn er sich informieren wollte.

Allein durch die Verschwiegenheitspflicht stellten die Freimaurer so etwas wie einen Staat im Staate dar. Das verleiht diesen Geheimgesellschaften eine geradezu subversive Sprengkraft, auch wenn sich die Tätigkeit der Freimaurer jeder Einmischung in die Staatsangelegenheiten ausdrücklich enthalten sollte. Dabei spielt schon die Zusammensetzung ihrer Mitglieder eine höchst bedeutsame Rolle. Reinhart Koselleck hat in seinem Buch *Kritik und Krise* die politische Struktur der Geheimgesellschaften im absolutistischen Staat beschrieben und Gemeinsamkeiten ihrer Mitglieder betont, die trotz ihrer verschiedenen Herkunft aus unteren und mittleren, bürgerlichen und adligen Schichten bestanden.

Abschweifung: Freimaurerei – vor allem im josephinischen Wien 253

Mit nur geringen Modifikationen gilt dies für Frankreich ebenso wie etwa für Österreich:

»Aus allen diesen Gruppen verschiedener Art: sozial anerkannt, aber ohne politischen Einfluß wie der Adel, oder von wirtschaftlicher Macht, aber sozial als homines novi abgestempelt wie die Financiers, oder sozial ohne rechten Ort, aber von höchster geistiger Bedeutung wie die Philosophen, formierte sich eine neue Schicht, die verschiedenste, ja entgegengesetzte Interessen verfolgte, deren gemeinsames Schicksal es aber war, in den bestehenden Einrichtungen des absolutistischen Staates keinen zureichenden Platz zu finden. Der absolutistische Fürst hielt seine Hand auf alle Zugänge zu dem Befehlsapparat im Staat, auf Gesetzgebung, Polizei und Militär, und er führte zudem einen erbitterten Kampf gegen die letzten Reste der ständischen Vertretung, in der die neue Elite, wenigstens teilweise vertreten, einige Interessen wahren konnte. Völlig verschlossen war ihr der Einfluß auf die Außenpolitik, durch die über Krieg und Frieden entschieden wurde [...]. So schuf sich im Schutze des absolutistischen Staates die neue Gesellschaft ihre Institutionen, deren Aufgaben – ob vom Staate geduldet, gefördert oder nicht – ›gesellschaftliche‹ waren. Es kam zu einer Institutionalisierung im Hintergrund, deren politische Kraft sich nicht offen, d. h. in den Bahnen fürstlicher Gesetzgebung oder im Rahmen staatlicher oder noch bestehender ständischer Einrichtungen entfalten konnte; vielmehr konnten die Vertreter der Gesellschaft von vorneherein einen politischen Einfluß, wenn überhaupt, nur indirekt ausüben. Alle sozialen Einrichtungen dieser neuen gesellligen und gesellschaftlichen Schicht gewinnen somit einen politischen Charakter und insoweit sie einen Einfluß auf die Politik und staatliche Gesetzgebung bereits ausübten, wurden sie zu indirekten politischen Gewalten.«[7]

Besonders auffällig wird dieser Charakter eines Staates im Staate bei der vollständigen Gleichheit aller Freimaurer-»Brüder«, der Aufhebung jeglicher Rang- und Herkunftsunterschiede, sei einer nun Fürst oder dessen Diener, reicher Bankier oder armer Künstler, Philosoph oder Soldat, Wissenschaftler oder Handwerker. (Ein Brief von Mozart an Wenzel Johann Joseph Graf Paar vom 14. Januar 1786, mit dem er sich von »unserer heutigen ersten feyerlichkeit« entschuldigt, ist überschrieben mit »Lieber Bruder« und unterzeichnet: »ich bin Ewig ihr aufrichtigster Br. Mozart – Euer Hochgräflichen – – O Ja gewis....« Man kann hier Mozart bei der Bewußtwerdung der gesellschaftlichen Bedeutung des Wortes »Bruder« beobachten: zunächst als angenommene Floskel, dann als noch ungewohnte, aber inner- und außerhalb der Loge differierende Ehrerbietung.)

Vor allem die Tätigkeit der Aufklärerlogen, in denen die Suche nach dem Licht in erster Linie das Licht der Aufklärung und der praktischen Vernunft meinte und nicht so sehr die Arbeit mit Symbolen, verknüpfte die Logenarbeit wieder stärker mit dem politischen und gesellschaftlichen Leben. Hierbei ging es vor allem um die praktische Umsetzung von Begriffen wie Humanität, Toleranz, Wohltätigkeit. Gerade die Wiener Logen, in denen man – wie in der »Wahren Eintracht« – sich mit neuester Naturwissenschaft und technischen Umsetzungsproblemen befaßte, verdeutlichen den Widerspruch, daß Aufklärung, die sich an die Öffentlichkeit wendet, im Dunkel des Geheimen arbeiten muß. Andererseits war das politische Selbstbewußtsein so weit entwickelt, daß die Logengesellschaft sich selbst als eigener Staat definierte mit Formulierungen, die zu Recht vor der Öffentlichkeit und dem Staatssouverän verborgen blieben. In einem (handschriftlich überlieferten) »Gesetzbuch der Provinz Österreich. Für die sehr ehrwürdige Johannis-Loge zur Wahrheit in Wien«, datiert »Österreich im Orient zu Wien, am Tage Johannis des Täufers, im Jahre 5786« (24. Juni 1786), heißt es als erster Grundsatz: »Die Maurerey in ihrer Verfassung und dem Verhältnisse der Logen gegeneinander, ist eine *demokratische* Verfassung und jede Loge eine *Demokratie*.«[8] Mit dieser Formulierung wurde zweifellos nicht eine staatsrevolutionäre Tendenz der Loge zu beschreiben versucht, aber doch wird daran sichtbar, wie politische Begriffe in die Freimaurerei Eingang fanden.

Charakteristisch für die Wiener Logen ist ein Bericht Georg Forsters, der bei seinem Wienbesuch 1784 auch Logen besuchte:

»Die Maurerei geht in vollem Schwunge. Alles ist Macon. Alle kaiserlichen Logen sind vereinigt unter einem gemeinschaftlichen Haupte, dem Grafen von Dietrichstein, als Nationalgroßmeister (das includirt österreichische, böhmische, ungarische und italienische). Der Graf Dietrichstein soll Rosen Creuzer sein, allein er hat weiter keinen Einfluß, um die Rosen Creuzer auszubreiten, oder das mindeste für die Rosen Creuzer vortheilhafte aus der Logen Vereinigung zu ziehen. Im Gegentheil, wirkt die gesammte Maurerei auf Aufklärung, und das so sehr, daß durch die Freimaurer die Aufhebung der Klöster und viele wichtige Reformen noch bei Lebzeiten der seligen Kaiserin wäre bewirkt worden, wäre sie nicht, da sie eben den besten Willen hatte, darüber weggestorben. Die Loge zur wahren Eintracht ist diejenige, welche am allermeisten zur Aufklärung wirkt. Sie giebt ein Journal für Frei Maurer heraus, worin über Glauben, über den Eid, über die Schwärmerei, über die Ceremonien, kurz über alles freier gesprochen wird, als man bei uns, d. h. in Niedersachsen herum, thun würde. Die besten Köpfe Wiens unter den Gelehrten, und die besten Dichter sind Mitglieder drinnen. Man spottet drinn über alles was Heimlichkeit bei der Sache ist, und hat die ganze Sache zu einer Gesellschaft wissenschaftlicher, Aufklärung liebender, von Vorurtheil freier Männer, umgeschaffen. Born ist Meister vom Stuhl darin.«

Deutlich wird daraus, daß die »Schwärmerei« – für Forster dasselbe wie Rosenkreuzertum und andere Hochgradsysteme – als Tendenz auch in den Aufklärerlogen vorhanden war. Forster wußte im übrigen, wovon er redete, denn er war kurz vorher selbst in einer Rosenkreuzerloge in Kassel schmählich betrogen worden und hatte von daher einige Reserven gegen die Maurerei insgesamt. Andererseits war er beeindruckt von dem Wirken einiger von ihm hochgeachteter Aufklärer innerhalb der Logen, vor allem Ignaz von Borns. Mit ihm unterhielt er sich ganz offen über die Frage, ob Freimaurerei und Aufklärung nicht ein Widerspruch seien und die Gefahr eines Mißbrauchs gegeben sei. Aber Born gab ihm darauf so freimütige Antworten, daß Forster sogar bereit war, der Loge Borns beizutreten:

»Ich that es aus vielen Gründen. 1) Aus Achtung für Born. 2) weil es ganz ohne Consequenz ist. 3) Aus Politik, weil ich dadurch mir einen Anhang zusichere. Alle Brüder haben mich lieb zum Fressen, und thäten alles um mich einmal herzubringen. 4) Wenn mit der Sache je etwas Gutes gemacht werden kann, ist es auf dem Wege, den diese Loge einschlägt, der Vernunft ihr ganzes Recht wieder zu geben. Von aller Schwärmerei sind die Brüder ganz frei.«

Deutlich wird daraus, wie Born versuchte, Gleichgesinnte um sich zu scharen und damit seinen aufklärerischen Einfluß zu festigen. Er bemühte sich ja, die Loge »Zur wahren Eintracht« zu einer freimaurerischen Akademie der Wissenschaften und schönen Künste umzugestalten, als Vorläufer oder Ersatz für die geplante, aber bisher noch nicht zustandegekommene kaiserliche Akademie. Bis zu einem gewissen Grade ist dies Born auch gelungen. Bei der Gründung (1781) hatte die Loge »Zur wahren Eintracht« 15 Mitglieder, nach zwei Jahren waren es bereits 96, und im Jahre 1785, auf ihrem Höhepunkt, vereinigte sie 197 Logenbrüder. Sie unterhielt das von Born begründete Naturalienkabinett, eine vor allem naturwissenschaftlich angelegte Bibliothek von 1900 Bänden und gab sogar eine naturwissenschaftliche Zeitschrift heraus, abgesehen von dem *Journal für Freymaurer,* das die Tendenzen dieser Loge unter den anderen österreichischen Logen zu verbreiten suchte. Forster hat sich gerade von dem Einfluß der hier versammelten Gelehrten auch die Möglichkeit versprochen, selbst einmal nach Wien berufen zu werden.

Interessant ist auch, wie Born den Einwänden Forsters gegen die Maurerei begegnet:

»Ich sagte ihm meine Objection gegen die ganze Maurerei, daß man sie nämlich so leicht mißbrauchen könne. Posito er stürbe, oder ginge ab, so könnte leicht alles zu Grunde gehen, weil es in böse Hände käme, in denen es Instrument zum Bösen würde. Er gab die Möglichkeit zu, und sagte, es schiene ihm nicht recht an das zu denken, was geschehen könne nach ihm; wenn er gewiß sei, daß er Zeit seines Lebens Gutes damit wirken könne, so müsse er es thun. Man könne für den Mißbrauch, der von jedem menschlichen Unternehmen, was es wolle, gemacht werden könne, gar nicht sicher einstehen; solle man es darum ganz unterlassen? Wir hätten Unrecht, so weit in die Ferne zu sehen, da wir heut arbeiten müßten.«[9]

Wie ausführlich Born dabei auch über seine organisatorischen Maßnahmen gesprochen hat, mit denen er die Freimaurerei mit der Unterstützung der josephinischen Reformpolitik zu verbinden suchte, geht aus Forsters Bericht nicht hervor. Born war nämlich nicht nur Meister vom Stuhl seiner Loge, sondern zugleich auch Großsekretär der Landesloge und hatte damit Einfluß auch auf das Freimaurergeschehen in allen sieben Provinziallogen oder den gesamten Erblanden. Mit allen Mitteln versuchte er, auf den leitenden Posten in den Erbländern und in den fernsten Logen solche Freimaurer unterzubringen, die im politischen Bereich die Reformpolitik des Kaisers vertraten. In einigen Fällen wurden die politischen Provinzchefs und Gouverneure zu Provinzialgroßmeistern gemacht, in vielen Fällen erhielten sie die Würde eines Meisters vom Stuhl in ihren Logen. Da aber nicht genügend Freimaurer für diese Tätigkeit vorhanden waren, war es Borns Bestreben, entsprechende Regierungsvertreter, bevor sie in ihre Provinzen abreisten, schnell noch in die Loge aufzunehmen und (gewissermaßen im Schnellkurs innerhalb von manchmal nur einer Woche) gleich zu Meistern zu befördern. Ähnliches geschah auch bei Reisenden, die sich nur kurz in Wien aufhielten; sie wurden – wenn sie einflußreich zu sein versprachen und als aufgeklärte Männer angesehen werden konnten – ebenso in kürzester Zeit aufgenommen und befördert. Forster ist hier nur ein Beispiel, ein anderes

Tafel 1
Mozart am Klavier; unvollendetes Ölbild von Mozarts Schwager Joseph Lange

Tafel 2
Konstanze Mozart

Tafel 3
Die beiden überlebenden Söhne Mozarts, Karl Thomas und Franz Xaver Wolfgang (später Wolfgang Amadeus d. J. genannt)

Tafel 4
Leopold Mozart

Tafel 5
Joseph II. am Spinett. Der Kaiser – hier in einem privaten Salon – war sehr musikinteressiert und spielte selbst fast täglich Kammermusik

Tafel 6
Kaiser Joseph II.
Kaiser Leopold II.

Tafel 7
Der Graben, auch zur Mozart-Zeit die Flanierstraße von Wien; rechts der Trattnernhof mit einem figurengeschmückten Dachgesims

Der Michaelerplatz mit Michaelerkirche und Burgtheater (ganz rechts)

Tafel 8
Maria Wilhelmine Gräfin Thun
Karl Fürst Lichnowsky
Fanny Arnstein

Tafel 9
Aufnahme in den Lehrlingsgrad einer Freimaurerloge. Am Ende der Reise erst wird dem Suchenden die Augenbinde abgenommen. Unter den anwesenden Brüdern auch ein Bischof (Wandmitte rechts). Angeblich ist ganz vorn rechts Mozart dargestellt

Tafel 10
Angelo Soliman, ein Logenbruder Mozarts, als Sklave aus Afrika verschleppt, verschenkt, vererbt, schließlich in Diensten des Fürsten Liechtenstein, dann freigelassen – nach seinem Tod auf Wunsch Kaiser Franz' II. ausgestopft wie ein Tier und im Museum zur Schau gestellt

Tafel 11
Mitgliedsurkunde von Mozarts Loge »Zur gekrönten Hoffnung«

Gesellenschurz (aus weißem Rehleder) der Loge »Zur gekrönten Hoffnung«; der Grad wurde durch die Zahl der Seidenrosetten dargestellt

TAMINO. »Holde Flöte, durch dein Spielen selbst wilde Thiere Freude fühlen« Fünfzehnter Auftritt. 1 Act.

Es lebe SARASTRO.
Achtzehnter Auftritt. 1 Act.

Tafel 12/13
Zeitgenössische Szenenbilder zur »Zauberflöte«
I. Akt, 15. Szene: Tamino besänftigt mit seinem Flötenspiel wilde Tiere, hier eine Horde Affen. Die drei Tempel im Hintergrund sind deutlich beschriftet: Vernunft, Weisheit, Natur
Sarastro wird bei seinem ersten Auftreten von einem sechsspännigen Löwenwagen mit imperialem Gepränge hereingefahren, sehr im Gegensatz zu den heute üblichen Idealisierungen
In der Prüfungsszene sind deutlich der Wasserfall (links) und das Feuer (rechts) zu erkennen. Außer den beiden Geharnischten sind noch zwei Priester dargestellt, wobei nicht zu erkennen ist, ob es sich dabei um Frauen handelt. Der Schlußchor (als »Chor der Priester« bezeichnet) ist jedenfalls auch für Frauenstimmen notiert

Tafel 14
Die Flugversuche François Blanchards 1791 in Wien fanden große Aufmerksamkeit. Nach einigen Fehlstarts gelang am 6. Juli eine Ballonfahrt. Mozart griff dies Thema sofort in der »Zauberflöte« auf

Tafel 15
Der Anfang des »Lacrimosa« aus dem »Requiem«, vermutlich die letzten Noten, die Mozart geschrieben hat. Die letzten beiden Takte stammen von Mozarts Schüler Joseph Eybler

Tafel 16
Der Stephansdom. Die Einsegnung von Mozarts Leiche fand in der Kreuzkapelle links neben dem Riesentor statt (am rechten Bildrand unter dem kleinen »Heidenturm«). Anschließend wurde die Leiche in der Kruzifixkapelle aufgebahrt (Eingang zu den Katakomben)

Leopold Mozart, der innerhalb von 16 Tagen aufgenommen und bis zum Meister befördert wurde.

Borns »Personalpolitik« war ganz eindeutig gegen die zur Schwärmerei neigenden Logenbrüder gerichtet und von sehr entschiedenen Vorstellungen über die Aufgaben der Freimaurerei geprägt. Offensichtlich ist es ihm lange Zeit gelungen, sich selbst nicht zum Gegenstand des inneren Logenzwistes werden zu lassen, sondern eine von allen anerkannte führende Stellung zu behalten. Sosehr manche seiner Einflußnahmen bedenklich im Sinne freimaurerischer Zielsetzung sein mußten, so hatte andererseits Born der Freimaurerei eine ungeheure Zahl der bedeutendsten Köpfe zugeführt und ihr ein bisher ungekanntes öffentliches Ansehen verschafft[10].

Mozarts Logenarbeit

Einzelheiten über Mozarts Logenbeitritt wissen wir nicht – nur das Datum 14. Dezember 1784. In Mozarts Bekanntenkreis gab es viele Freimaurer der verschiedensten Richtungen. Franz Joseph Graf Thun zum Beispiel gehörte zu den »Asiatischen Brüdern«, und Mozart bezeichnet ihn als »der nemliche sonderbare – aber gutdenkende rechtschafene Cavalier« (24. März 1781), weil ihm seine alchimistischen Neigungen schon seit langem bekannt waren. Aber im Hause Thun verkehrte ebenso Born, der Exponent der entgegengesetzten Richtung. Auch zahlreiche Musikerkollegen waren Logenmitglieder. Allem Anschein nach wurde überall recht offen darüber geredet, wie ja auch Forster bezeugt. In Wien gab es in dieser Zeit 600 bis 800 Freimaurer der dortigen Logen, und sie alle stammten aus einer gutsituierten bürgerlichen Schicht oder aus dem Adel. Mozart war geradezu umstellt von Freimaurern. Um nur ein Beispiel zu nennen: Mindestens jeder vierte von den Subskribenten der drei Konzerte, die Mozart im März 1784 im Trattnernhof gab, war nachweislich Logenmitglied. Dies dürfte einigermaßen repräsentativ sein für die Gesellschaft, in der er sich in Wien bewegte. Erstaunlich bleibt daher eher der späte Zeitpunkt seines Beitritts.

Wenn man daran denkt, daß die Loge »Zur wahren Eintracht« nicht nur eine »Prominentenloge«, sondern vor allem die Loge der Gelehrten und Schriftsteller war, der aber auch ein Mann wie Joseph Haydn beigetreten ist, so nimmt es wunder, daß Mozart den Weg in die Loge »Zur Wohltätigkeit« gefunden hat, die von ihrer Zusammensetzung her eine sehr viel »einfachere« war. Sie war ebenso wie die »Eintracht« aus der noch existierenden Loge »Zur gekrönten Hoffnung« hervorgegangen und erst 1783 gegründet worden. 1784 hatte sie 32 Mitglieder. Es gab natürlich unter den Logen viele Querverbindungen. Das fing mit der gemeinsamen Benutzung des Logenlokals an, konnte aber auch dazu führen, daß Mozart seine Beförderung zum Gesellen in der »Eintracht« erlebte. Immerhin setzte das eine enge Zusammenarbeit voraus. Aber in der »Wohltätigkeit« waren unter den 32 Mitgliedern nur zwei aus dem Adel: Freiherr von Gemmingen und Graf von Lichnowsky, die beide im Salon der Gräfin Thun zu den häufigsten Gästen gehörten. Die Loge hatte im Frühjahr 1784 ihrem Namen Ehre gemacht, indem sie eine Sammlung für die Opfer der Überschwemmungen veranstaltete, bei der der beträchtliche Betrag von 4184 Gulden zusammengekommen war, nach heutigem Geldwert mehr als 160000 DM. In ganz Wien war dieses Hilfswerk in aller Munde. Haben solche Beispiele praktischer Humanität Mozart bewogen, in diese und keine andere Loge einzutreten[11]?

Mozarts erste Logenarbeit war freilich ganz anderer Art: Er führte seinen Vater, als dieser ihn im März 1785 in Wien besuchte, in die Loge ein. Auch hier wissen wir nicht, was den eigentlichen Anlaß zu diesem Schritt bildete. Denn auch in Salzburg gab es mindestens seit 1783 eine Loge »Zur Fürsicht«, die in enger Verbindung mit den Münchner Logen stand. Außerdem soll es noch zwei Illuminatenlogen in Salzburg gegeben haben, »Apollo« und »Wissenschaft«. Zahlreiche Bekannte der Mozarts gehörten diesen Logen an, vor allem auch Illuminaten, die seit dem Juni 1784 in Bayern mit einem Verbot des Kurfürsten belegt waren. Dabei spielte eine wichtige Rolle, daß die Illuminaten in Verbindung gesehen wurden mit den Plänen, Bayern gegen die Niederlande einzutauschen und der josephinischen Herrschaft einzuverleiben. Aber die Illuminatenfrage kann Leopold Mozart eigentlich nicht abgehalten haben, einer Loge in Salzburg beizutreten, denn die Illuminaten spielten in den Wiener Aufklärungslogen eine noch gewichtigere Rolle: Führende Logenmitglieder in Wien, wie etwa Born, waren selbst Illuminaten. Über all dies wurde in Wien relativ offen geredet, und Leopold Mozart verfolgte das Illuminatenverbot in Bayern mit lebhaftem Interesse. Seit der dritten Wiederholung des Verbots durch den Kurfürsten (im August 1785) setzte in Bayern eine strenge Verfolgung dieser Gruppierung ein, und Leopold Mozart hält brieflich seine Tochter über alles auf dem laufenden, was er darüber hört[12]. Das Wiener *Journal für Freymaurer* berichtete über alle Maßnahmen ausführlich unter Abdruck der Originaldokumente und mit persönlichen Stellungnahmen Borns.

Sowenig es einem überlieferten, aber fragwürdigen Bilde Mozarts entsprechen mag, muß doch festgehalten werden, daß wir Mozart immer wieder in unmittelbarer Nähe der wichtigsten politischen Ereignisse sehen. Obschon – im Gegensatz zu seinem Vater – von ihm keine dezidierten politischen Kommentare überliefert sind, bestenfalls Stichworte für seine eigenen Überzeugungen – so bezeichnet er sich selbst einmal als einen »Erzengländer« –, kann man Mozart doch als einen aufmerksamen und informierten Beobachter sehen, der sich für politische Vorgänge lebhaft interessiert, in seinen Opern sehr genau und dicht an die drängendsten Zeitfragen sich heranwagte, ganz und gar nicht »überzeitlich« oder »allgemeinmenschlich«. Das setzte einen wachen Instinkt für gesellschaftliche Vorgänge voraus, Nähe der Beobachtung und Distanz der Beurteilung.

Mozart hat diese Instinktsicherheit auch der Freimaurerei gegenüber bewiesen, als er nicht der Loge »Zur wahren Eintracht«, sondern der »Zur Wohltätigkeit« beitrat, Geschwisterlogen von ihrer Entstehung her, verwandt in ihrem aufklärerischen Anspruch und doch auch wohlunterschieden in ihrer weiteren Entwicklung; denn nicht der »Eintracht«, wohl aber der »Wohltätigkeit« war es beschieden, die Sturmzeiten nach dem Freimaurerpatent des Kaisers zu überstehen.

Mozart hat mit seinen musikalischen Mitteln die Loge vielfältig unterstützt. Die musikalische Ausgestaltung der Logensitzungen spielte eine große Rolle, wobei feierliche Lieder der Logenbrüder die Rituale begleiteten, aber auch reine Instrumentalstücke dargeboten wurden. Sogar ganze Kantaten mit anspruchsvollen Soli und orchestraler Begleitung, wenn auch in kleiner, jedoch vielfältiger Besetzung, kamen vor. So entstand als erstes ein Lied zur »Gesellenreise« (KV 468), kurz darauf eine Kantate zu Ehren Borns (KV 471), die bei einer festlichen Tafelloge mit 84 Personen (darunter auch Leopold Mozart) aufgeführt wurde. Bezeichnenderweise war der Anlaß ein naturwissenschaftlicher: Born hatte nämlich eine neue »Amalgamationsmethode zur Scheidung der Metalle« entwickelt, die die Kosten im Berg- und Hüttenwesen drastisch senkte und von Joseph II. sofort in den Erblanden eingeführt worden war, wobei Born großzügig am Gewinn der Fabriken beteiligt wurde. Man muß diese Logenfeier wohl als demonstrativen Akt gegen den spekulativen oder alchimistischen Umgang mit den Metallen ansehen[13].

Mozart entwickelte sich bald zu einer Art Hauskomponist seiner Loge. Noch 1785 entstanden mehrere Lieder, im Herbst die *Maurerische Trauermusik* (KV 477) auf den Tod zweier Logenbrüder für eine Trauerloge, ein anspruchsvolles Werk für eine umfangreiche und höchst differenzierte Besetzung.

Ein anderes Beispiel von Mozarts Logenarbeit hat sich durch Zufall erhalten, womit angedeutet werden soll, daß vieles hinzugekommen sein mag, das nicht überliefert ist, vor allem aus den folgenden Jahren. Hier liegen jedoch gedruckte Einladungen vor, die sich im Logenkonvolut der Polizeiakten erhalten haben; es handelt sich um ein Konzert zur Unterstützung zweier Musiker, die in Not geraten waren. Mozart spielte in dem sehr umfangreichen Programm ein Klavierkonzert und phantasierte zum Schluß frei (15. Dezember 1785).

Im engen Zusammenhang zur Freimaurerei steht wohl auch eine Reihe von Liedern dieser Zeit, die 1788 im Rahmen der »Neuen Kinderbibliothek« des Wiener Taubstummen-Instituts erschienen. Zwar handelte es sich dabei um eine kaiserliche Einrichtung, offensichtlich aber unterstützten Freimaurer das Institut mit Freundesgaben, deren Erlös als Spende gedacht war.

Das Freimaurerpatent und Auflösungserscheinungen

Der große Aufschwung, den die Freimaurerei in Wien seit 1783 genommen hatte, war jäh zu Ende, als Mitte Dezember 1785 das berühmte Freimaurerpatent erschien. Es kam wie ein unerwarteter Donnerschlag, bei dem die Ängstlichen in Panik erst einmal davonrannten. Offensichtlich hatte niemand damit gerechnet, daß der Kaiser, der sich bisher für das Logenwesen nicht weiter interessiert hatte, mit einem Machtwort in das organisatorische Gefüge eingreifen werde; vor allem aber waren die Formulierungen, mit denen er sich äußerte, erschreckend:

»Die sogenannten Freymaurergesellschaften, deren Geheimnisse mir eben so unbewußt sind, als ich deren Gaukeleyen zu erfahren jemals wenig vorwitzig war, vermehren und erstrecken sich jetzt auch schon auf kleinere Städte. Diese Versammlungen, wenn sie sich selbst ganz überlassen, und unter keiner Leitung sind, können in Ausschweifungen, die für Religion, Ordnung und Sitten allerdings verderblich seyn können, besonders aber bey Obern durch eine fanatische engere Verknüpfung in ganz vollkommene Unbilligkeit gegen ihre Untergebene, die nicht in der nemlichen gesellschaftlichen Verbindung mit ihnen stehen, ganz wohl ausarten, oder doch wenigstens zu einer Geldschneiderey dienen.

Vormals und in andern Ländern verboth und bestrafte man die Freymaurer, und zerstörte ihre in den Logen abgehaltene Versammlungen, blos, weil man von ihren Geheimnissen nicht unterrichtet war. Mir, obschon sie mir ebenso unbekannt sind, ist genug zu wissen, daß von diesen Freymaurerversammlungen dennoch wirklich einiges Gutes für den Nächsten, für die Armuth und Erziehung schon ist geleistet worden, um mehr für sie, als je in einem Lande noch geschehen ist, hiemit zu verordnen, nämlich, daß selbe auch unwissend ihrer Gesetze, und Verhandlungen dennoch, so lange sie Gutes wirken, unter den Schutz und unter die Obhut des Staates zu nehmen, und also ihre Versammlungen förmlich zu gestatten sind.«

Die darauf folgenden Verordnungen, die polizeiliche Aufsicht über das Logenwesen betreffend, waren nicht sehr einschneidend, sie waren zumindest nicht zerstörerisch in dem Sinne, daß sie versucht hätten, Essentielles der Freimaurerei zu verletzen, sie im Kern zu treffen: Sie betrafen nur Dinge des »Versammlungsrechts«. Das Wort von den »Gaukeleyen« allerdings machte mit einem Schlage deutlich, was der Kaiser von diesem Bund hielt, dem er im übrigen nicht absprechen wollte, daß auch »einiges Gutes für den Nächsten, für die Armuth und Erziehung schon ist geleistet worden«.

Über den Grund dieser Verfügung wird bis heute gerätselt. Einige nehmen an, daß Aufklärer wie Ignaz von Born selbst daran mitgewirkt hätten – freilich nicht an der wenig freundlichen Formulierung. Andere vermuten, daß der Kaiser so lange sich der Freimaurer und über sie der Illuminaten bedient hätte, wie er sein Tauschprojekt Bayern gegen die Niederlande verfolgte; nach seiner Niederlage habe er diese Unterstützer fallengelassen. Man wird allerdings (wie Helmut Reinalter) den Hauptgrund darin sehen müssen, daß ein Geheimbund mit der absolutistischen Staatsauffassung unvereinbar ist und der Kompromißlosigkeit eines Mannes wie Joseph II. schon gar widersprach. Im übrigen darf aber auch nicht vergessen werden, daß im Fahrwasser der Freimaurerei eine Unzahl anderer geheimer Gesellschaften segelten, die nicht immer ganz harmlos waren. Offensichtlich wußte Joseph II. ganz gut, welche Logen mehr oder weniger deutlich seine Reformpolitik unterstützten oder hauptsächlich im humanitären Sinne tätig waren und bei welchen anderes die

Hauptrolle spielte. Mit »Gaukeleyen« waren in erster Linie die Rosenkreuzer, Asiatischen Brüder, Alchimisten usw. gemeint[14].

Daß es auch höchst gefährliche Geheimgesellschaften gab, zeigt das Beispiel der »Fratres de cruce«. Hierbei handelte es sich um eine Verbrüderung von Siebenbürger Wallachen (Rumänen), die nicht nur in Wien existierte. In Wien allerdings stellte sich heraus, daß dieser Geheimbund aus Anhängern des sogenannten Horia-Aufstandes bestand, der ein Jahr zuvor gegen die ungarischen Magnaten und Großgrundbesitzer im heutigen Rumänien ausgebrochen war. Dabei waren mehr als 100 Adlige ermordet, 62 Dörfer und 132 Adelssitze zerstört worden. Nur unter großen Anstrengungen des Militärs war es gelungen, diesen Aufstand niederzuschlagen, bei dem 4000 Menschen ums Leben kamen. Entzündet hatte er sich an der in Ungarn noch nicht abgeschafften Leibeigenschaft, den Steuerungerechtigkeiten und dem empörenden Verhalten des Adels – im Grunde also daran, daß die josephinischen Reformen nicht schnell genug in den einzelnen Erblanden durchgesetzt werden konnten, weil der Widerstand des Adels und der noch mächtigen Stände dies verhinderte. Dieser Aufstand, der in ganz Europa sehr große Beachtung fand, berief sich also auf Joseph II. selbst und zeigte damit, daß der Kaiser in Gefahr stand, von zwei Seiten bedrängt zu werden: einerseits von einem Teil des Adels und der Stände, die nicht bereit waren, von ihren Privilegien etwas abzugeben, andererseits von denen, die dem Kaiser zustimmten, zugleich aber ungeduldig wurden oder mit radikaleren Forderungen auftraten.

Die Freimaurergesellschaften, die in Wien noch einigermaßen überschaubar waren, in den entfernteren Erblanden jedoch als Geheimgesellschaften eine unkontrollierte Gefahr darstellten, spiegelten schon in ihrer Zusammensetzung diese Konflikte wider. In den Aufklärerlogen saßen die Josephiner, die allerdings nicht kritiklos dem Kaiser zustimmten – aus ihnen sollten sich später auch die Beteiligten der Jakobinerprozesse rekrutieren –, in anderen Logen, vor allem denen mit rosenkreuzerischen Tendenzen, war in erster Linie der Adel repräsentiert, der zugleich einflußreiche Stellen der Verwaltung innehatte. Die Logen stärker zu kontrollieren mußte also unter den gegebenen innenpolitischen Voraussetzungen für Joseph II. ein Gebot der Stunde sein, zumal der politische Charakter einzelner Logen vor allem in den Erblanden immer deutlicher wurde. Die einzelnen Regelungen des Freimaurerpatents verlangten von den Logen folgendes: 1. Nur in Städten mit Regierungsstellen dürfen Logen entstehen, nicht aber auf dem Lande oder auf Adelssitzen; 2. die

Versammlungstermine müssen den Behörden angezeigt werden; 3. Mitgliederlisten und Namen der Vorstände müssen jährlich eingereicht werden, Freimaurergrade brauchen nicht genannt zu werden, und jede weitere Ausforschung soll unterbleiben; 4. alle Winkellogen und ähnliche Vereinigungen werden verboten. Außerdem wurde bestimmt, daß an keinem Ort mehr als drei Logen mit jeweils höchstens 180 Mitgliedern bestehen sollten.

Die Wiener Logen kamen diesem Edikt in der Weise nach, daß die Logen »Zur wahren Eintracht«, »Zum Palmbaum« und »Zu den drei Adlern« sich zur Loge »Zur Wahrheit« vereinigten und die Logen »Zur Wohltätigkeit«, »Zu den drei Feuern« und »Zur gekrönten Hoffnung« zur Loge »Zur neugekrönten Hoffnung« zusammenfanden. Andere Logen lösten sich ganz auf. Es scheint, daß das Mosersche Haus in der Landskrongasse nun als hauptsächlicher Logentempel benutzt wurde. Mit seinen 105 Stühlen reichte es aus, denn viele Freimaurer benutzten die Neuorganisation, um auszutreten, sei es, weil sie aus den Formulierungen des Kaisers seinen deutlichen Unmut herauslasen, sei es wegen der internen Streitereien, in denen sich die Freimaurer zunehmend verstrickten. Waren es vor dem Erlaß mindestens 600 bis 800 Freimaurer gewesen, so blieben jetzt höchstens 400 Mitglieder übrig, deren Zahl sich im Verlaufe von nur einem Jahr noch einmal auf die Hälfte verminderte.

Im *Journal für Freymaurer* herrschte zunächst keineswegs Resignation, vielmehr versuchte dort der aufklärerische Flügel mit eindeutiger Zielrichtung weiterzuarbeiten. Diese Zeitschrift, die ja vor allem auch auf eine Leitungsfunktion in den sämtlichen Erblanden bedacht war, veröffentlichte im Herbst 1786 »Nachrichten« über die »wissenschaftlichen Institute der beyden sehr ehrw. Logen zur neugekrönten Hoffnung und zur Wahrheit«, die programmatischen Charakter haben:

»Die Loge zur neugekrönten Hoffnung, welche jede Gelegenheit emsig ergreifen wird, den Schutz zu verdienen, welchen ihr der Staat gewährt, und sich zum Hauptgesetz gemacht hat, nach Vermögen dem Nächsten und der Gelehrsamkeit nützlich zu seyn, glaubt zu diesem Zweck dadurch etwas beytragen zu können, wenn sie allen Brüdern Freymaurern eine Gelegenheit darbietet, diejenigen Kenntnisse zu vermehren, zu unterhalten und zu berichtigen, durch welche jeder einzelne Bruder in seinem Wirkungskreise zum allgemeinen Besten beytragen kann. In dieser Absicht hat sich die Loge von einigen ihrer Brüder Vorschläge machen lassen, durch welche Mittel und nach was für einem

Plan ein so nützliches Institut zu Stande gebracht werden könnte, und beschlossen, ein Musäum zum Gebrauch der Brüder Freymaurer anzulegen.«[15]

Dieses Museum sollte sowohl physikalische Instrumente als auch naturgeschichtliche Sammlungen umfassen, daneben aber auch »technologische Sammlungen zur Kenntnis des Manufaktur- und Fabrikwesens«. Wie man sieht, wird der bürgerliche, Wissenschaft und industrielle Technik vereinende Charakter der Arbeit immer deutlicher hervorgehoben. Ergänzt werden sollte dieses Institut durch eine Bücher- und Zeitschriftensammlung, die »täglich von 8 Uhr des Morgens bis 9 Uhr Abends« geöffnet sei. Gedacht war dabei sowohl an Fachliteratur, damit jeder Benutzer »das jedesmalige Fortrücken seiner Wissenschaft erfahre, oder mit anderen Worten zu reden, weil die Kenntnis der neuesten Litteratur einem jeden in seinem Fache unentbehrlich ist«. Darüber hinaus sollten »nach und nach die besten klassischen Schriftsteller aller Nationen« und, »weil ferner keinem die Geschichte seiner Zeit gleichgültig seyn kann, [...] die besten politischen Zeitungen und Journale« angeschafft werden. Anscheinend in einem Extraraum sollte eine Logenbibliothek eingerichtet werden mit einer »ansehnlichen Sammlung von Schriften, Akten und Ritualen beynahe aller Grade und aller bekannten Systeme der Maurerey«. Die Benutzung all dieser Sammlungen sollte unentgeltlich sein und ganz aus den »ordentlichen Zuflüssen ihrer Kasse« von den Logen bestritten werden.

Ein Resümee verspricht die Weiterarbeit gemäß der bisherigen Tätigkeit: Die Loge »will, indem sie vor den Augen der Brüder die Reichtümer der Natur ausbreitet, auch einigermaßen ihrer Freygiebigkeit nachfolgen, welche, unaufhörlich geschäftig, auch da, wo keine Menschenhand pflügt und säet, immer nützbare Dinge erzeuget. Alle diese seit Jahren getroffenen Anstalten hatten ursprünglich und noch izt keinen andern Zweck, als die Vervollkommnung unsrer selbst; und Verbreitung nützlicher Kenntnisse unter unsre Mitmenschen [...]. Zu diesem Zweck wird zu gleicher Zeit in den ordentlichen Versammlungen einer aus den Brüdern der Loge zusammengesetzten Kommitee untersucht und überlegt werden, was in den mannigfaltigen Fächern der Wissenschaften und Künste vorzüglich aber im Fache der Technologie noch mangle, und durch welche Versuche manche uns noch unbekannte Vortheile zum Behuf des Fabrik- und Manufakturwesens entdeckt werden könnten [...]. Dieses ist der Umriß unserer ferneren Beschäftigung, welchen wir unsern verehrungswürdigen Mitbrüdern vorzulegen nöthig fanden, um

Das Freimaurerpatent und Auflösungserscheinungen 265

uns in ihren Augen zu rechtfertigen, daß nicht Ermüdung die Folge des der Maurerey ertheilten kaiserlichen Schutzes sey.«[16]

Sicher sind solche umfangreichen Vorhaben nur zum Teil verwirklicht worden. Wir wissen nicht einmal, ob die Bibliothek, das Naturalienkabinett sowie die Zeitschriftensammlung – offensichtlich eine Fortsetzung der früher schon bestehenden Einrichtungen und ihr planmäßiger Ausbau – nach 1786 noch existiert haben geschweige denn täglich zugänglich waren, was ja immerhin eine umfangreiche organisatorische und finanzielle Verpflichtung bedeutete. Das ganze Logenwesen ist ab dem Freimaurerpatent nämlich nur höchst unzulänglich dokumentiert (sieht man von der neuen Loge »Zur Wahrheit« einmal ab, worauf gleich noch zurückzukommen ist). Offensichtlich hielten es die weiterbestehenden Logen für besser, ihre Akten, Briefwechsel und sonstigen Dokumente unter Verschluß zu halten, so daß auch später der franziszeischen Geheimpolizei so gut wie nichts in die Hände fiel. Worüber die Geschichtsforschung auf diese Weise wenig weiß, muß deshalb aber noch lange nicht inexistent gewesen sein, wie unser ganzes Wissen über die Geschichte immer nur ein Versuch der Spurensuche nach den wirklichen historischen Vorgängen ist.

Die früher bestehende Bibliothek und das Naturalienkabinett bauten auf den reichen Schätzen Borns auf, die dieser der Loge zur Verfügung gestellt hatte. Jetzt aber – auch dies eine Folge des Freimaurerpatents – mußte man ohne diesen Grundbestand auskommen, und das berechtigt sehr wohl zu dem Zweifel, ob die versprochenen Einrichtungen zum Tragen kamen. Denn Born hatte mittlerweile selbst »gedeckt«, das heißt die Freimaurerei aufgegeben. Aber selbst als bloße Ankündigung über den Charakter der künftigen Arbeit bliebe der Plan aufschlußreich, zumal er jetzt im Namen der »Neugekrönten Hoffnung« ausgesprochen wurde (also nicht im Namen der Bornschen Loge, sondern der Mozarts).

Die Loge »Zur Wahrheit«, in der zunächst Born noch als Meister vom Stuhl agierte, wurde mit 100 Anwesenden im Januar 1786 neu gegründet. Aber ausgerechnet in ihr, die sich als die Aufklärerloge schlechthin vorkam und die ganze gelehrte Prominenz von Wien vereinte, kam es schnell zu Streitereien, die mit der Zeit die ganze Logenarbeit hinfällig machten. Zunächst setzte sie sich mit einigen Freimaurern auseinander, die anläßlich des Ediktes ausgetreten waren. Als erstes ließ Leopold Alois Hoffmann ein Pamphlet gegen die Freimaurerei insgesamt erscheinen. (Hoffmann, der der Loge »Zur Wohltätigkeit« angehört hatte, war zunächst Sekretär des Freiherrn von Gemmingen, erhielt dann aber einen

Lehrstuhl in Pest. Später betätigte er sich als einer der übelsten Renegaten und Denunzianten der Freimaurerei; wie man aus den Polizeiakten sieht, brauchte er nur eine Woche, um des Kaisers Wort von der »Gaukeley« aufzugreifen und damit seine ehemaligen Mitbrüder anzugreifen: Opportunismus muß eine große Stärke dieses Mannes gewesen sein.) Ein anderer Kritiker trat nur gegen die Verbindung der Freimaurer mit den Illuminaten auf. Hiervon mußte sich vor allem Born angesprochen fühlen, der sich nicht scheute, Briefe abzufangen, um seinen Kritiker entlarven zu können. Mehr noch: Born lud den Ahnungslosen zu einer Versammlung ein, bei der er ihn (Franz Kratter) öffentlich bloßstellte; fast wäre es sogar zu einer handfesten Schlägerei gekommen. Born war durchaus bereit, mit bedenklichen Mitteln seinen Einfluß zu sichern. Die Auseinandersetzungen darüber nahmen an Heftigkeit jedoch so zu, daß er bereits nach einem halben Jahr die Loge verließ und damit ihren vollständigen Niedergang einleitete. Die Austritte häuften sich: Im zweiten Vierteljahr 1786 waren es sechs und nur ein Beitritt (bezeichnenderweise von einem Logendiener). Danach gab es nur noch Austritte: im dritten Vierteljahr fünf, im vierten 30 und Anfang 1787 noch einmal sieben. Die Logensitzungen nahmen ab, zwischen Juni 1786 und Juni 1787 waren es nur noch sieben Termine, an denen schließlich nur noch 24 Brüder teilnahmen, danach hörte die Arbeit ganz auf, bis die Loge sich im April 1789 formell auflöste. Der letzte Schatzmeister, Michael Puchberg, hatte zum Schluß ein Vermögen von mehr als 3 000 Gulden zu verwalten[17].

Der Niedergang dieser Loge wurde allzuoft mit dem Niedergang der ganzen Freimaurerei in Wien gleichgesetzt. Da man Born als den führenden und allseits geachteten Kopf ansah, identifizierte man ihn mit dem Logenwesen. Wie dies außerhalb Wiens wirkte, belegt ein Brief Georg Forsters, der in Wilna Besuch eines Grafen Gallenberg bekam und von ihm unterrichtet wurde:

»Ich erfuhr durch den Grafen, daß der erste Anlaß zur Freimaurerreform im Oesterreichischen durch die geheimen Zusammenkünfte der Ungarn, die der neuen kaiserlichen Einrichtung entgegen arbeiteten, gegeben worden sey. Diese Herren hatten nämlich Freimaurerversammlungen zum Vorwand gebraucht, um sich über ihre Widersetzungsmaßregeln zu berathschlagen. Daher die Verordnung, es dürfe keine Loge, außer in solchen Städten, wo Dikasterien und Tribunale sitzen, errichtet werden, und jede Versammlung müsse deren Gouvernement zuvor angesagt werden. Übrigens hat diese Geschichte zu großen Zerrüttungen unter den Freimaurern selbst in Wien Anlaß gegeben. Born und Sonnenfels haben sich darüber ganz entzweit. Born hat unendlichen Verdruß und Aerger von der Sache gehabt, und das Ansehen der Maurerei ist gänzlich gefallen. Mich dünkt, so weit ich im Stande bin die Sache zu beurtheilen, kam dieser Streich zur rechten Zeit, denn der Mysteriokrypsie war kein Ende.«[18]

Forsters Mißtrauen gegen die Maurerei, die mißbraucht werden könne – hier vom ungarischen Adel gegen den Kaiser –, und sein Vorbehalt gegen geheimes Mysteriengehabe (wie es beispielsweise bei den Rosenkreuzern vorkam) hatten sich also bestätigt. Freilich konnte er nicht wissen, daß Born für den internen Zwist durchaus mitverantwortlich war. Er hatte versucht, Aufklärung und Unterstützung der kaiserlichen Reformpolitik in der Logenarbeit miteinander zu verknüpfen. Als sich jetzt zeigte, was der Kaiser vom Logenwesen hielt, geriet Born jedoch in eine schiefe Position. Er, der die Logenarbeit als politisches Instrument benutzt hatte, sah sich nun mit Kritikern konfrontiert, die auf eine größere Unabhängigkeit im politischen Bereich drängten. Und Born wehrte diese Angriffe mit der Freimaurerei fremden Mitteln ab. Das ist der Kern des berühmt-berüchtigten Kratterschen »Autodafés«, das eine wahre Flut von Broschüren zu diesem Thema auslöste.

Mozart hat an dieser denkwürdigen Versammlung vom 10. März 1786, die fast an ein Femegericht gegen Kratter erinnert, sicher nicht teilgenommen. Er komponierte an diesem Tage zwei neue Arien für eine Privataufführung des *Idomeneo* im Palais Auersperg. Aber zweifellos war er nachträglich informiert über diese Geschehnisse, die unter den Wiener Freimaurern so viel Aufsehen erregten[19].

Mozart verläßt die Loge – nicht

Auch Mozarts Loge »Zur neugekrönten Hoffnung« blieb von den Auflösungserscheinungen nicht gänzlich verschont. Sie war im Januar 1786 mit 116 Mitgliedern neu gegründet worden. Auch hier scheint es zu Austritten gekommen zu sein, wahrscheinlich sogar in erheblichem Umfang. Andererseits gab es schon in den Jahren 1786 und 1787 zahlreiche Neuaufnahmen und Beförderungen, und später ist sogar ein Ansteigen ihrer Mitgliederzahl zu vermelden: Von 1789 bis 1790 stieg die Zahl der arbeitenden Brüder von 79 auf 89. Offensichtlich hat diese Loge es verstanden, nach einer Reorganisationsphase sich auf ihre freimaurerischen Ziele zu besinnen und ein neues Selbstverständnis zu finden. Es hat den Anschein, als sei sie den politischen Fragen mit sehr viel mehr Behutsamkeit begegnet, habe sich vor allem wieder mehr auf die auch im Namen einer ihrer drei Vorgängerinnen ausgedrückten Ziele besonnen und Wohltätigkeit zum Gegenstand ihrer Arbeit gemacht. Andererseits blieb das Faktum bestehen, daß es sich um eine Geheimgesellschaft handelte, wenn auch eine vom Kaiser sanktionierte, solange sich an die Einschränkungen des Freimaurerpatents hielt. Diesen Verpflichtungen kam sie wohl nach, wie die erhaltenen jährlichen Mitgliederverzeichnisse ausweisen, in denen auch der Name Mozart stets notiert ist. Aber ihren ganzen internen Schriftverkehr, ihren Briefwechsel mit anderen Logen, ihre Finanzaufstellungen, Logenprotokolle usw. hielt sie unter gutem Schutz und so verborgen, daß selbst später die Geheimpolizei so gut wie nichts in die Hände bekam – und wir über die Einzelheiten ihrer Arbeit wenig wissen. Ihre Schwesterloge »Zur Wahrheit« hingegen scheint keinerlei Vorsichtsmaßregeln getroffen zu haben, so daß ihr ganzes Archiv sich in den »Vertraulichen Akten« des Staatsarchivs wiederfindet. Kurioserweise sind wir so über den Niedergang der »Wahrheit« besser unterrichtet als über den Aufstieg der »Hoffnung«. Selbst die vielen leeren Pergamenturkunden für neu aufzunehmende Brüder der Loge »Zur Wahrheit« sind auf diese Weise erhalten geblieben: prächtige Pergamentdrucke mit bildlichen und symbolischen Darstellungen und einem pompösen Text, in den nur noch der Name des neuen Bruders kalligraphisch eingefügt werden mußte – vergebliche Vorbereitungen, da sich keine neuen Brüder fanden. Von der Loge »Zur neugekrönten Hoffnung« fehlen solche prunkvollen Leerformulare.

Die Mitgliederstruktur der überlebenden Loge scheint sich stark verändert zu haben. War die stärkste ihrer Vorgängerinnen (»Zur gekrönten Hoffnung«, 1785: 195 Mitglieder) vor allem eine Adelsloge, so war jetzt der hohe Adel kaum noch vertreten – gerade mit sieben Angehörigen. Dagegen ist auffällig die hohe Zahl von Doktoren der Medizin oder Arzneikunde und Apothekern (zehn) sowie der Fabrikanten, Händler und Agenten. Die Loge hatte sich verbürgerlicht. Im gleichen Maße war der Anteil der einflußreichen politischen Amtsinhaber zurückgegangen; diese hielten es wohl nicht mehr für opportun, einer Loge anzugehören. Um so auffälliger mag es erscheinen, daß Mozart offensichtlich nicht im geringsten daran dachte, sein Freimaurertum zu verleugnen, im Gegenteil, sich weiterhin auch öffentlich dazu bekannte, obschon er von der Gunst des Kaisers doch erheblich abhängig war, der schließlich sich selbst um die Belange seines Nationaltheaters kümmerte. Mozart war sich entweder des Risikos kaiserlicher Ungnade bewußt und bereit, es auf sich zu nehmen, oder er schätzte seinen Ruhm und das prinzipielle Wohlwollen Josephs II. ihm gegenüber so hoch ein, daß er glaubte, diese Belastung bestehen zu können. In der Tat verdanken sich die Aufführungen von *Don Giovanni* und *Così fan tutte* in Wien dem Wunsch des Kaisers, waren von ihm persönlich veranlaßt. Mozart, der anscheinend nie ein führendes Amt in seiner Loge bekleidet hat, und der Buchdrucker Christian Friedrich Wappler waren schließlich die einzigen dieser Loge, die ihr von 1784 bis 1791 angehörten. Diese Kontinuität Mozarts, wo die meisten andern flüchtig wurden, stellt mit ihrem unerschütterlichen Optimismus ein beachtliches Stück Logenarbeit dar. Standhalten gegen den Einspruch, das Freimaurerwesen sei nichts als »Gaukeley«, war die Devise – als »Josephiner« von seinem Fehlurteil überzeugen, nicht sich auf die Protektion eines hohen Adels verlassen, sondern auf geduldige und kontinuierliche Arbeit.

Mozart scheute sich nicht einmal, selbst den Plan einer Geheimgesellschaft zu entwickeln und niederzuschreiben. Leider ist dieses einzigartige Dokument verlorengegangen, und alles, was wir darüber wissen, ist höchst dürftig. In einem Brief Konstanze Mozarts an den Verlag Breitkopf und Härtel in Leipzig vom 21. Juli 1800 heißt es:

»Ich leihe Ihnen hiemit zum Gebrauch für die biographie, welche Sachen ich mir gelegentlich und franco wieder erbitte [...].

1. einen Aufsaz, größtentheils in der handschrift meines Mannes, von einem Orden oder Geselschaft die er errichten wollte: Grotta genannt. Ich kann nicht mehr Erläuterung schaffen. der hiesige Hofclarinettist Stadler der ältere, der den Rest geschrieben hat, könnte es, trägt aber Bedenken zu gestehen, daß er darum weiß, weil die Ordens oder geheime Geselschaften so sehr verhaßt sind.«

Aus dem ferneren Briefwechsel mit dem Verlag geht nicht hervor, daß die beigefügten »Sachen« in Leipzig etwa nicht angekommen wären. Demnach hat dieser Aufsatz Mozarts 1800 noch existiert und ist irgendwann danach verlorengegangen. Auch über den erwähnten Anton Stadler, der in den letzten Jahren viel mit Mozart zusammen und selbst sein Logenbruder war, sind keine Aufschlüsse über den Verbleib zu erlangen.

In der einschlägigen Mozart-Literatur wurde von dieser »Grotten«-Gesellschaft meist nur als eines Mozartschen Scherzes Erwähnung getan. Vielleicht stellte man sich vor, Mozart habe hier die Satzungen einer Sauf- oder Freßbrüderschaft niedergeschrieben. Aber erstens gibt es für solche entschiedenen Vermutungen nicht den geringsten Hinweis (außer, daß sie anders nicht in das befragenswerte, aber festgeschriebene Mozart-Bild hineinpaßten), zweitens aber – wie ernst man auch immer diese Gesellschaft nimmt – würde sich Mozart damit doch auf ein gefährliches Eis begeben haben. Denn gerade die geheimen Winkelklubs waren dem Kaiser und seiner eben erst reaktivierten Polizeibehörde besonders suspekt und im Freimaureredikt ausdrücklich und ausnahmslos verboten. Mozart kannte aus seiner Logenzugehörigkeit nicht nur das entsprechende Patent zur Genüge, sondern wußte aus den Folgen auch recht gut, daß mit dergleichen nicht zu spaßen war[20]. Will man den Plan zu einer Geheimgesellschaft »Die Grotte« ernst nehmen und Mozart nicht vollständigen Leichtsinn attestieren, so wird man auch eine andere Vermutung in Betracht ziehen müssen: daß es sich nämlich um nichts anderes handelte als einen Plan zur Reorganisation, Erneuerung oder Neugründung einer Freimaurerloge, vielleicht einer Tochtergründung seiner Loge. (Die Geschichte der Freimaurerei läßt sich ja weitgehend als die Geschichte unzufriedener Logenbrüder schreiben, die das System ihrer Loge zu verbessern, zu reformieren, umzugestalten versuchen und zu Abspaltungen und Neugründungen schreiten. Diese Art produktiver Unruhe scheint ein Wesensmerkmal der freimaurerischen Tätigkeit zu sein, über der unvollendeten Arbeit am Stein sich schon wieder dem nächsten Stein zuzuwenden.) Die Gemeinsamkeit mit Stadler bei diesem Geheimplan würde ebenso dafür sprechen wie eine auch in Mozarts letzter Logenarbeit, der *Kleinen Freimaurerkantate* (KV 623), zu beobachtende Tendenz, für eine Erneuerung der Logenarbeit einzutreten.

Auch in den Erbländern war durch das Freimaurerpatent die Logenarbeit reorganisiert worden, aber keineswegs eingestellt. In Prag entstand aus einer Zusammenlegung die neue Loge »Wahrheit und Einigkeit zu den drei Säulen«. Mozart hat sie bei seinen Pragreisen häufig besucht, war ja auch mit vielen ihrer Mitglieder persönlich bekannt. Bei seinem letzten Pragaufenthalt im September 1791 wurde dort zu seinen Ehren die Kantate *Die Maurerfreude* aufgeführt. Auch bei den anderen Reisen ist an Logenbesuche zu denken, vor allem bei der Berlinreise im April/Mai 1789. So gibt sich Mozart in der Widmung der *Kleinen Gigue* (KV 574) im Stammbuch des sächsischen Hoforganisten Karl Immanuel Engel, der zugleich für die in Leipzig gastierende Guardasoni-Truppe als Musikdirektor arbeitete, als Logenbruder zu erkennen. In Dresden trifft er mit dem höchst aktiven Freimaurer Johann Gottlieb Naumann zusammen, der selbst schon 1781 eine Oper *Osiride (Osiris)* geschrieben hatte[21]. Im übrigen reiste Mozart mit dem Logenbruder Fürst Karl von Lichnowsky; denkbar wäre auch ein Logenbesuch in Berlin. Über alle diese Kontakte haben sich so gut wie keine Dokumente erhalten, und so stehen diese Hinweise für nichts anderes als ein offensichtlich ungebrochenes Zugehörigkeitsgefühl.

Dabei kamen neue Belastungen auf das Freimaurerwesen zu. Der Ausbruch der Französischen Revolution wurde alsbald als große Verschwörung der Freimaurer dargestellt, teils weil man es wirklich glaubte, teils weil es eine bequeme Begründung war für eine Propaganda gegen die, die Menschenliebe und Gerechtigkeit, Gleichheit und Brüderlichkeit, Aufklärung und Freigeistigkeit zum Programm ihrer (geheimen) Zusammenkünfte gemacht hatten. Es gab in der Tat sehr viele programmatische Berührungspunkte mit der Freimaurerei zumindest in den Anfängen der Französischen Revolution. Andererseits waren unter Joseph II. zahlreiche Forderungen der Frühphase der Revolution durch die Reformpolitik bereits eingelöst, oder zumindest war mit ihrer Einlösung begonnen worden. Solange vom französischen König der Eid auf die Verfassung gefordert wurde, also eine konstitutionelle Monarchie beibehalten werden sollte, gab es sogar eine gewisse Sympathie mit den Zielen der Revolution, deutlicher bei Leopold II. als bei seinem Bruder und Vorgänger Joseph II. Denn die österreichischen Herrscher teilten die Kritik an den auf einem Tiefpunkt angelangten moralischen und sittlichen Verkommenheiten insbesondere der Geistlichkeit und des Adels in Frankreich, an der Korruptheit, Willkürherrschaft, Ungerechtigkeit, Überheblichkeit und völligen Unfähigkeit, die Geschicke des Staates zu lenken. Und in der Lesart dieser Habsburger war das Staatsinteresse in erster Linie das allgemeine Volkswohl. Andererseits war auch das Habsburgerreich von seinen Rändern her (Niederlande, Ungarn vor allem) vom Geist der Auflehnung und des Abfallens erfüllt und bedroht, mochte dafür auch das Festhalten an alten ständischen Rechten und Privilegien der Hauptgrund sein (und nicht eine Revolution mit dem Ziel einer neuen Gesellschafts- und Herrschaftsstruktur). Die Französische Revolution mußte für die im Aufstand begriffenen Erblande wie ein Signal wirken und war daher für den Bestand des Reiches eine nicht ungefährliche Herausforderung. Im übrigen hatte es in der letzten Zeit, bedingt durch den Türkenkrieg 1788 bis 1790 und die schlechte Wirtschaftslage, soziale Unruhen selbst in Wien gegeben. Es hatte darüber hinaus immer wieder auch Bauernunruhen und lokale Aufstände gegen die Grundherrschaft gegeben – auch hier waren gefährliche Ermunterungen aus Frankreich zu erwarten.

Es zeigt sich, daß in der österreichischen Monarchie so gut wie keine Gefahr einer Nachahmung der Französischen Revolution bestand, hier sogar weniger als in allen deutschen Staaten – andererseits konnte sie ganz anders geartete und disparate Gärungen (mit teilweise entgegengesetzter Zielrichtung) beeinflussen, anregen und ermuntern. In dieser Situation konnten die Gegner der Freimaurer durchaus wirkungsvoll ihr Denunziationsgeschäft betreiben, vor allem jener Teil des Adels, der die alten feudalen Zustände wiederherstellen wollte (und im Polizeiminister Johann Anton Graf Pergen sein Instrument hatte), der Klerus (mit dem Wiener Erzbischof Christoph Graf Migazzi an der Spitze) und ehemalige Freimaurer (wie Hoffmann), die aus unterschiedlichen Gründen zu erbitterten Gegnern geworden waren. Einerseits versuchten sie die Freimaurerei für die Revolution verantwortlich zu machen (so Pergen, aber auch die Kirche), andererseits wurden Pläne entwickelt, die Logen zu unterwandern, um sie besser beobachten zu können, neue kaisertreue Logen zu gründen (Hoffmann), sie gar zu Instrumenten kaiserlicher Politik umzufunktionieren.

Von solchen Plänen mußte Mozarts Loge, die in Wien die bedeutendste nach der Selbstauflösung der Loge »Zur Wahrheit« war, besonders betroffen sein. Sie war auch speziell gemeint in Pergens Denkschrift an den Kaiser, die ein schärferes Vorgehen gegen solche Geheimbünde forderte:

»Aber nie war die Wuth solche geheime und zweydeutige Verbindungen zu errichten stärker als in unsern Tagen, man weiß es als Thatsache, daß mehrere dieser geheimen Gesellschaften, die unter verschiedenen Namen bekannt sind, nicht wie sie vorgeben, blos vernünftige Aufklärung und thätige Menschenliebe zum Zwecke haben, sondern daß ihre Absicht auf nichts weniger gehe, als das Ansehn, und die Macht der Monarchen nach und nach zu untergraben, Freyheitssinn bey den Nazionen aufzuregen, die Denkungsart des Volkes umzustimmen, und solches durch eine geheime Oberherrschaft nach ihren Absichten zu lenken. Der Abfall der englischen Kolonien in America ist die erste Operation dieser geheimen Oberherrschaft, von da suchte sie sich weiter auszubreiten, und es ist unbezweyfelt, daß der Umsturz der Französischen Monarchie das Werk einer solchen geheimen Gesellschaft sey. Daß diese hiebey es nicht zu bewenden Sinnes ist, beweisen die ausgeschickten Emissäre in allen Reichen, und die Aufforderungsschreiben, welche sie in andern Ländern in Umgang zu bringen weiß; besonders suchen die französischen Freymaurerlogen ähnliche Gesinnungen bey ihren Mitbrüdern in andern Staaten hervorzubringen. Auffallend ist die Stelle eines solchen Schreibens der Loge von Bordeaux, wo gesagt wird: Die weisen Grundsätze der neuen französischen Verfassung stehen mit den maurerischen Grundbegriffen der Freiheit, Gleichheit, Gerechtigkeit, Toleranz, Philosophie, Wohltätigkeit und Ordnung in so enger Beziehung, daß sie die schönsten Erfolge versprechen – in der That ist in Zukunft jeder gute französische Bürger werth, Maurer zu seyn, weil er frey ist.«[22]

Das hier zitierte Schreiben aus Bordeaux war gerade an Mozarts Loge gerichtet, die sich dabei in höchster Gefahr befand. Wenn ein Briefwechsel zu diesem Thema in die Hände der Geheimpolizei fiele, konnte dies zu einer scharfen Untersuchung und dem Verbot der Loge führen. Da ohnehin die Logen mit Beschuldigungen auch in der Öffentlichkeit überschüttet wurden, beschloß die Loge nach eingehender Beratung, in die Offensive und jeder nutzlosen Gefährdung aus dem Weg zu gehen. Graf Pergen hatte sich schon gewundert, warum der Geheimpolizei kein Antwortbrief von Mozarts Loge in die Hände kam, wurde dann aber von einem Schreiben der Loge überrascht, über das er dem Kaiser berichtete:

»Ich vermuthe, die Vorsteher der hiesigen Loge von der gekrönten Hoffnung haben Argwohn geschöpfet; und in der Besorgniß, daß ihnen bey längerem Stillschweigen eine Unannehmlichkeit von Seite der Polizey zugehen möchte, weil dieses Schreiben aufrührerische Sätze enthält, haben sie mir selbes im Original mit dem Beysatze überbracht, daß sie alles angewandt hätte, um dieses Schreiben unbeantwortet zu lassen.«[23]

Der Briefwechsel zeigt deutlich, daß die Freimaurer auf diese Gefahren mit einem offenen Rückzug reagierten. Zwar dachten sie noch nicht an die Einstellung ihrer Arbeit, vermieden aber alles, was als Opposition gegen den Staat hätte mißverstanden oder als Sympathie mit partiellen Zielen der Französischen Revolution hätte aufgefaßt werden können.

»Die Zauberflöte« – eine Logenarbeit?

Im selben Frühsommer 1791 beschäftigte sich Mozart noch in ganz anderer Weise mit der Freimaurerei, was seine Teilnahme an den Versammlungen, in denen über das Verhalten gegenüber dem Grafen Pergen beraten wurde, nicht ausschließt. Man versteht nachgerade, warum der Salon der Gräfin Pergen in Mozarts Biographie nicht einmal erwähnt wird, hingegen der mit ihr konkurrierende Salon der Gräfin Thun eine so große Rolle spielt: Die Haltung zur Freimaurerei stellte so etwas wie eine Scheidelinie dar, wie sich aus der Liste der Besucher, soweit sie sich rekonstruieren läßt, ebenso erweist. Man könnte einwenden, daß die Freimaurerei den Frauen grundsätzlich verschlossen sei und deshalb kaum zum Thema des von der Hausherrin geprägten Salons werden könne. Dabei würde aber übersehen, daß das Logenwesen zu einer eminent politischen Frage geworden war, ihr politischer Charakter im Vordergrund stand; und Gräfin Pergen repräsentierte den konservativen, aber einflußreichen Hochadel, der wichtige Staatsämter innehatte. Vertreter dieser Schicht waren in den Logen kaum mehr vertreten. Gräfin Thun repräsentierte dagegen die zwanglose Mischung des aufgeklärten Adels mit dem gebildeten und selbstbewußten Bürgertum, die in den Aufklärerlogen vertreten war. Außerdem darf man nicht übersehen, daß auch in Gegenwart von Frauen über Freimaurerei gesprochen wurde, das Thema vor den Frauen nicht verborgen blieb. Schließlich waren die Frauen lediglich bei den Freimaurerritualen ausgeschlossen, bei allen anderen, vor allem festlichen Gelegenheiten jedoch hatten sie Zutritt, trugen sogar Schmuck mit Freimaurersymbolen, bekamen von den Logenbrüdern weiße Handschuhe geschenkt und schenkten diesen wiederum Stickereien mit maurerischen Zeichen. Im übrigen wurde der Charakter der Freimaurerei als Männerbund offen diskutiert und in Frage gestellt, wie die zeitgenössische Zeitschriftenliteratur beweist.

Mozart arbeitete in diesem Frühsommer an der *Zauberflöte,* seinem Beitrag zur Diskussion um die Freimaurerei und vor dem Hintergrund der Situation des Jahres 1791 von eminenter Bedeutung. Denn in dieser Oper wird ein Geheimbund von »Eingeweihten« einerseits einem profanen Publikum vorgeführt und sowohl mit seinen Zielen wie mit seinen Verfahrensweisen vorgestellt, andererseits enthält die Darstellung für Logenkenner und Eingeweihte unüberhörbar auch Kritisches zur Maurerei; schließlich wendet sich die Oper deutlich an ein anderes Publikum als alle bisherigen Mozart-Opern, nämlich das ausschließlich bürgerliche Publikum der Vorstadttheater, an die »kleinen Leute«, die ganz andere Erwartungen an das Theater hatten als das Publikum des Burgtheaters, die ihre Kasperle- und Hanswurstfiguren noch liebten, die den Einsatz der neuesten Theatermaschinen und des Bühnenzaubers bejubelten, eines Theaters, in dem noch Zirkusluft wehte. Und gerade auf dieses Publikum verstand sich Emanuel Schikaneder, der Leiter des Theaters auf der

»Die Zauberflöte« – eine Logenarbeit?

Wieden und Verfasser des Textbuches der *Zauberflöte*. (Auf die Frage, ob Schikaneder der alleinige Verfasser des Librettos war, soll hier zunächst nicht eingegangen werden, ebensowenig auf Mozarts Verhältnis zum Text. Einstweilen genüge, daß er diesen Text komponiert hat und ihn insoweit mitverantwortet gerade auch in dem, was die Freimaurerei betrifft.)

Berücksichtigen wir in diesem Zusammenhang nur das Freimaurerische der Handlung, so wird die Aufnahme eines Prinzen gezeigt, der zum Kreis der »Eingeweihten« gehören möchte. Er muß eine Reihe von Prüfungen durchleben und kann sich am Schluß der Oper zu den Priestern des Osiris-und-Isis-Kultes zählen. Die Rituale dieser Einweihung und ein großer Teil der dabei benutzten Symbole gehören der Freimaurerei an. Sie stellen als solche kein Geheimnis dar, das sei noch einmal betont, sondern das Geheimnis besteht allein im *Erlebnis* einer Läuterung, die über die Arbeit mit Symbolen geschieht. Weder Mozart noch Schikaneder haben also etwas »verraten«, abgesehen davon, daß ihre Darstellung der Einweihung keineswegs konsequent einem praktizierten Ritual einer der Wiener Logen folgt, sondern Elemente daraus aufgreift und mit anderen, vornehmlich aus altägyptischen Mysterien zusammengestellt, aber auch mit solchen des Geheimbundromans und anderen Quellen vermischt. (Das Altägyptische war aus dem *Journal für Freymaurer* genommen, jenem Organ der Loge »Zur wahren Eintracht«, das sich als Instrument des aufklärerischen Einflusses verstand und das Mozart und Schikaneder offensichtlich genau gelesen hatten.)

Möchte denn Prinz Tamino eingeweiht werden? Eindeutig und unzweifelhaft sagt er es an keiner Stelle. Es geht ihm mehr darum, Pamina aus den Händen des »Unmenschen« und »Tyrannen« Sarastro zu befreien, der Pamina aus dem Garten ihrer Mutter geraubt hat. Eine Wandlung Taminos vom Ankläger Sarastros zum Bewunderer seiner »Weisheit« läßt sich nirgends feststellen: Das sichtbare Ende ihrer Prüfungen kommentieren Tamino und Pamina lediglich mit dem Ausruf: »Ihr Götter! Welch ein Augenblick! Gewähret ist uns Isis' Glück.«[24] Danach begegnet man ihnen erst wieder im Schlußbild, wo sie beide (darauf wird zurückzukommen sein) »in priesterlicher Kleidung« unter den »ägyptischen Priestern auf beiden Seiten« stehen.

Daß Sarastro ein »Tyrann« sei, ein »böser Dämon«, »Bösewicht«, erfährt Tamino zuerst von den drei Damen der Königin der Nacht. Es klingt sogar plausibel, denn er hat wirklich Pamina geraubt, und eine Erklärung kann später nicht einmal einer der Priester geben, denn »die

Zunge bindet Eid und Pflicht!«. Erst Sarastro gibt Aufklärung, wenn er zu Pamina über ihre Mutter sagt: »Du würdest um dein Glück gebracht, wenn ich dich ihren Händen ließe.« Pamina empfindet bis zum Schluß mit keinem Wort Dankbarkeit gegenüber Sarastro, dessen Weisheit sich nur mit Gewalt und Raub durchsetzen kann. Auch Tamino gegenüber verhält sich Sarastro nicht als einfühlsamer Pädagoge, sondern als ein despotischer Erzieher, der die Wege nach seinem Gusto vorbestimmt. (Von der unbedingten Freiwilligkeit und dem Ehrenwort, durch keine Versprechung zum Beitritt in den Orden verleitet worden zu sein, ist bei ihm keine Rede.) Sarastros Macht hat immerhin ihre Grenzen bei den Priestern, die eine demokratische Brüderversammlung darstellen. Er muß die Aufnahme Taminos zur Abstimmung stellen:

»Mit reiner Seele erklär ich euch, daß unsere heutige Versammlung eine der wichtigsten unserer Zeit ist. Tamino, ein Königssohn, zwanzig Jahre seines Alters, wandelt an der nördlichen Pforte unseres Tempels und seufzt mit tugendvollem Herzen nach einem Gegenstande, den wir alle mit Mühe und Fleiß erringen müssen. Kurz, dieser Jüngling will seinen nächtlichen Schleier von sich reißen und ins Heiligtum des größten Lichtes blicken. Diesen Tugendhaften zu bewachen, ihm freundschaftlich die Hand zu bieten, sei heute eine unsrer wichtigsten Pflichten.«

Daß Tamino ein Königssohn ist, bedeutet allein noch keinen Vorzug, mag Sarastro es auch so darstellen. Erst der Besitz dreier wesentlicher Voraussetzungen berechtigt ihn, aufgenommen zu werden: Tugend, Verschwiegenheit und Wohltätigkeit. Und auch dann bleibt noch der Zweifel eines Priesters:

»Großer Sarastro, deine weisheitsvollen Reden erkennen und bewundern wir; allein wird Tamino auch die harten Prüfungen, so seiner warten, bekämpfen? Verzeih, daß ich so frei bin, dir meinen Zweifel zu eröffnen! Mir bangt es um den Jüngling. Wenn nun, im Schmerz dahingesunken, sein Geist ihn verließe und er dem harten Kampf unterläge? Er ist Prinz.«

Darauf weiß Sarastro nur zu antworten: »Noch mehr – er ist Mensch!«[25] Sarastro muß seinen Hinweis auf den Königssohn gewissermaßen zurücknehmen, denn in der Versammlung der Eingeweihten gibt es keine hervorgehobene Stellung mehr, hier herrscht die Gleichheit unter Gleichen, gibt es nur noch gleiche »Menschen«.

Eine der meist gestrichenen Sprechszenen aus der »Zauberflöte«: Sarastro verkörpert nicht nur Humanität, sondern wird zugleich als Sklavenhalter gezeigt

Tamino, Papageno.

Drey Knäbchen jung, schön, hold und weise,
Umschweben uns auf unsrer Reise.

Alle Fünf.

So lebet wohl! wir wollen gehen,
Lebt wohl! lebt wohl! auf Wiedersehen.

(Alle ab.)

Neunter Auftritt.

Zwey Sclaven tragen, so bald das Theater in ein prächtiges ägyptisches Zimmer verwandelt ist, schöne Pölster nebst einem prächtigen türkischen Tisch heraus, breiten Teppiche auf, sodann kommt der dritte Sclav.

Dritter Sclav. Ha, ha, ha!
Erster Sclav. Pst, Pst!
Zweyter Sclav. Was soll denn das Lachen? —
Dritter Sclav. Unser Peiniger, der alles belauschende Mohr, wird morgen sicherlich gehangen oder gespießt. — Pamina! — Ha, ha, ha!
Erster Sclav. Nun?

24

Dritter Sclav. Das reizende Mädchen! — Ha, ha, ha!

Zweyter Sclav. Nun?

Dritter Sclav. Ist entsprungen.

Erster und zweyter Sclav. Entsprungen? — —

Erster Sclav. Und sie entkam?

Dritter Sclav. Unfehlbar! — Wenigstens ist's mein wahrer Wunsch.

Erster Sclav. O Dank euch ihr guten Götter! ihr habt meine Bitte erhört.

Dritter Sclav. Sagt ich euch nicht immer, es wird doch ein Tag für uns scheinen, wo wir gerochen, und der schwarze Monostatos bestraft werden wird.

Zweyter Sclav. Was spricht nun der Mohr zu der Geschichte?

Erster Sclav. Er weiß doch davon?

Dritter Sclav. Natürlich! Sie entlief vor seinen Augen. — Wie mir einige Brüder erzählten, die im Garten arbeiteten, und von weitem sahen und hörten, so ist der Mohr nicht mehr zu retten; auch wenn Pamina von Sarastros Gefolge wieder eingebracht würde.

Erster und zweyter Sclav. Wie so?

Dritter Sclav. Du kennst ja den üppigen Wanst und seine Weise; das Mädchen aber war klüger als ich dachte. — In dem Augenblicke, da er zu siegen glaubte, rief sie Sarastros Namen: das erschütterte den Mohren; er blieb stumm und unbeweglich stehen — indeß lief Pamina nach dem Kanal, und schiffte von selbst in einer Gondel dem Palmwäldchen zu.

Erster Sclav. O wie wird das schüchterne Reh mit Todesangst dem Pallaste ihrer zärtlichen Mutter zueilen.

Zehnter Auftritt.

Vorige, Monostatos (von innen.)

Monost. He Sclaven!

Erster Sclav. Monostatos Stimme!

Monost. He Sclaven! Schaft Fesseln herbey. —

Die drey Sclaven. Fesseln?

Erster Sclav. (lauft zur Seitenthüre) Doch nicht für Pamina? O ihr Götter! da seht Brüder, das Mädchen ist gefangen.

Zweyter und dritter Sclav. Pamina? — Schrecklicher Anblick!

Erster Sclav. Seht, wie der unbarmherzige Teufel sie bey ihren zarten Händchen faßt. — Das halt ich nicht aus. (geht auf die andere Seite ab.)

Es ist dies die wunde Stelle Sarastros, dessen mit viel Baßpathos verkündete Weisheitslehren so wenig mit seinem Verhalten zusammenstimmen. War schon der Raub Paminas sehr fragwürdig, so ist es sein Auftreten erst recht. Er »fährt auf einem Triumphwagen heraus, der von sechs Löwen gezogen wird«, Zeichen einer in vollen Zügen genossenen Herrscherwürde. Seine Umgebung besteht aus lauter Sklaven, was meist in den Inszenierungen der *Zauberflöte* verunklart wird, unter anderem durch die willkürliche Kürzung der gesprochenen Textpartien. Die Sklaven haben sogar eigene Textszenen[26], die allerdings fast immer weggelassen werden. (Auf dem Plakat der Uraufführung, das in den meisten heutigen Programmheften abgedruckt wird, kann man deutlich die Rolle eines ersten, zweiten und dritten Sklaven lesen, wohingegen die drei Knaben dort nicht aufgeführt waren!) Aber die Sklaven Sarastros sind es nicht allein, auch seine Willkürherrschaft wird deutlich vorgeführt. So gelingt es Monostatos, dem schwarzen Sklavenaufpasser, die Entflohenen Pamina und Papageno wieder einzufangen. Statt Dank für diese »Wachsamkeit« erhält er die Antwort:

»*Sarastro:* Verdient, daß man ihr Lorbeer streut. He! Gebt dem Ehrenmann sogleich –
Monostatos: Schon deine Gnade macht mich reich.
Sarastro: Nur siebenundsiebzig Sohlenstreich'.
Monostatos: Ach, Herr, den Lohn verhofft' ich nicht!
Sarastro: Nicht Dank, es ist ja meine Pflicht!«[27]

Ein solcher Zynismus des Herrschers gegenüber dem Untergebenen, hier dem ohnehin Verachteten und wegen seiner Hautfarbe Benachteiligten, ist natürlich nicht ohne Absicht eingeführt worden. Sarastro mag zu den Eingeweihten gehören, ein Tugendhafter, ein Vorbild an Weisheit ist er deshalb noch lange nicht, auch er bedarf der Arbeit an sich selbst. Die spätere Arie des Sarastro verhält sich zu diesem »Vorkommnis« wie Anspruch und Wirklichkeit. Sie ist pure Ideologie aus seinem Munde; statt so zu künden, hätte er so zu handeln:

»In diesen heil'gen Hallen
Kennt man die Rache nicht,
Und ist ein Mensch gefallen,
Führt Liebe hin zur Pflicht.
Dann wandelt er an Freundes Hand
Vergnügt und froh ins beßre Land.

»Die Zauberflöte« – eine Logenarbeit? 281

> In diesen heil'gen Mauern,
> Wo Mensch den Menschen liebt,
> Kann kein Verräter lauern,
> Weil man dem Feind vergibt.
> Wen solche Lehren nicht erfreun,
> Verdienet nicht, ein Mensch zu sein.«[28]

Implizit ist damit ein weiterer Punkt angesprochen, der einer deutlichen Frauenfeindschaft in dieser Oper. Auch hier muß man betonen, daß sie in erster Linie von Sarastro ausgeht. Seine Begründung für den Raub Paminas lautet abstrakt gesprochen so: »Ein Mann muß Eure Herzen leiten, denn ohne ihn pflegt jedes Weib aus seinem Wirkungskreis zu schreiten.«[29] Konkreter: »Pamina, das sanfte, tugendhafte Mädchen, haben die Götter dem holden Jüngling bestimmt; dies ist der Grund, warum ich sie der stolzen Mutter entriß. Das Weib dünkt sich groß zu sein, hofft durch Blendwerk und Aberglauben das Volk zu berücken und unsern festen Tempelbau zu zerstören. Allein, das soll sie nicht.«[30] Sarastro befindet sich da in einer gewissen Herrschertradition, nicht aber in einer frauenfeindlichen Tradition der Eingeweihten, wie wir aus einem Dialog Paminas mit ihrer Mutter, der Königin der Nacht, erfahren:

»Königin: [...] Liebes Kind, deine Mutter kann dich nicht mehr schützen. Mit deines Vaters Tod ging meine Macht zu Grabe.

Pamina: Mein Vater –

Königin: Übergab freiwillig den siebenfachen Sonnenkreis den Eingeweihten. Diesen mächtigen Sonnenkreis trägt Sarastro auf seiner Brust. Als ich ihn darüber beredete, so sprach er mit gefalteter Stirn: ›Weib, meine letzte Stunde ist da – alle Schätze, so ich allein besaß, sind dein und deiner Tochter.‹ – ›Der alles verzehrende Sonnenkreis‹ – fiel ich ihm hastig in die Rede – ›Ist den Geweihten bestimmt‹, antwortete er. ›Sarastro wird ihn so männlich verwalten wie ich bisher. Und nun kein Wort weiter; forsche nicht nach Wesen, die dem weiblichen Geist unbegreiflich sind. Deine Pflicht ist, dich und deine Tochter der Führung weiser Männer zu überlassen.‹«

Für die Königin der Nacht besteht daher eine strikte Feindschaft zu den Eingeweihten und Sarastro; Tamino muß sich deshalb zwischen Pamina und den Eingeweihten entscheiden. Pamina jedoch hinterfragt diese deutliche Feindschaft:

»Liebe Mutter, dürft' ich den Jüngling als Eingeweihten denn nicht auch ebenso zärtlich lieben, wie ich ihn jetzt liebe? Mein Vater selbst war ja mit diesen weisen Männern verbunden. Er sprach jederzeit mit Entzücken von ihnen, pries ihre Güte – ihren Verstand – ihre Tugend.«[31]

In der Antwort der Mutter ist nur noch vom Todfeind Sarastro die Rede, ja sie steigert sich in der anschließenden Rachearie sogar zur Verfluchung ihrer Tochter, wenn diese nicht eigenhändig Sarastro umbringe.

Die Prüfungen Taminos werden von den Priestern oder den beiden Geharnischten (die wohl auch Eingeweihte sind) vollzogen, bis auf eine, die Sarastro selbst vornimmt. Es ist bezeichnenderweise die, in der Tamino sich von Pamina verabschieden soll, bevor er »tödliche Gefahren« zu bestehen hat. Diese klare Probe der Enthaltsamkeit von den Frauen gehört allein Sarastro an. Und wie eine insgeheime Korrektur wirkt es, wenn die Geharnischten nun plötzlich auch Pamina zusammen mit Tamino in den Tempel einziehen lassen, weil auch sie den Tod nicht gescheut hat:

»Froh Hand in Hand in Tempel gehn. / Ein Weib, das Nacht und Tod nicht scheut, / ist würdig und wird eingeweiht.«[32]

Sarastro wird hier ganz eindeutig von den Priestern korrigiert, die den Geschlechtsunterschied unter Menschen in ihrem Kreis aufheben. (Es ist sogar die Frage zu stellen, ob unter den Priestern nicht ohnehin auch Frauen zu begreifen sind, immerhin ist der Priesterchor von Mozart eindeutig mit Sopran-, Alt-, Tenor- und Baßstimmen notiert.)

Vor dem Hintergrund des Wiener Freimaurertums, in dem auch sogenannte Adoptionslogen mit gemeinsam arbeitenden Männern und Frauen existierten – ein historisch noch ganz unerforschtes Feld, weil von seiten der Freimaurerforschung bis heute dieses Thema ausgeklammert oder heruntergespielt wird –, stellt sich die *Zauberflöte* als eine Oper dar, in der die Eingeweihten nicht als monolithischer Block gezeigt werden, sondern als Gruppierung voller Widersprüche, arbeitend ohne jeden Anspruch auf Unfehlbarkeit. Mozart unterstreicht mit musikalischen Mitteln dieses Infragestellen, wenn er zum Beispiel dem Priesterduett »Bewahret euch vor Weibertücken: / Dies ist des Bundes erste Pflicht! / Manch weiser Mann ließ sich berücken, / [...] / Tod und Verzweiflung war sein Lohn«[33] eine so parodistische Musik unterlegt, daß man nicht weiß, ob die Priester sich lustig machen (zum Beispiel über Sarastro) oder Mozart die Priester karikiert.

Bei genauer Textlektüre – die oft *gegen* den vordergründigen Sinn des Textes geschriebene Musik fordert geradezu dazu heraus – kann die

»Die Zauberflöte« – eine Logenarbeit?

Vorstellung, Sarastro verkörpere die Welt des Guten, die Königin der Nacht das Böse, so nicht aufrechterhalten werden (auch wenn die Rezeption der *Zauberflöte* von diesem Dualismus geprägt ist und damit selbst zum historischen Faktum wird). Die Entfesselung der Leidenschaften bis zur Anstiftung zum Mord (Königin der Nacht), Prachtentfaltung, Herrschaftsgelüste und krasse Ungerechtigkeiten (Sarastro), zwei Selbstmordversuche (Papageno und Pamina), Unbeherrschtheit und Schwatzhaftigkeit (Papageno), Frauenverachtung (Sarastro, zwei Priester) – solche Eigenschaften, die durchaus der Läuterung bedürfen, sind auf viele Personen der Oper gleichmäßig verteilt, und ebenso läßt sich von ihnen auch ein Katalog höchst schätzenswerter Charakterzüge zusammenstellen. Es hat seinen tiefen Sinn, daß die drei Tempel nicht mit den freimaurerischen Begriffen Schönheit, Stärke, Weisheit überschrieben sind, sondern mit Natur, Vernunft, Weisheit. Sich in diesem Spannungsfeld zurechtzufinden, zwischen Natur und Vernunft einen weisen Weg zu finden, das ist eher das freimaurerische Programm dieser Oper als das Vertrauen auf die begrenzte Weisheit eines Sarastro. Es scheint, als hätten Schikaneder und Mozart der Freimaurerei ins Stammbuch geschrieben, sie solle an Stelle von Selbstgerechtigkeit Bescheidenheit üben, Herrschsucht in den eigenen Reihen bekämpfen, Freiheit, Gleichheit und Brüderlichkeit lernen und das helle Licht der Aufklärung nicht verlieren, das Vernünftigkeit, Gerechtigkeit und Menschenliebe meinte.

Andererseits bedeutete *Die Zauberflöte* in der konkreten historischen Situation ihres Erscheinens und unter dem Beginn von Verdächtigungen und Verbotsdrohungen (im Zusammenhang mit der Französischen Revolution) nicht nur ein Bekenntnis zur Freimaurerei, sondern auch den Versuch, sie aus dem Kreis völlig falscher Vorstellungen herauszulösen – nicht durch ein geschöntes Bild ihrer Wirklichkeit, sondern mit theatralischen Mitteln, die sich aus verschiedenartigsten Elementen speisten und nicht einmal vor der Posse oder Anklängen an die auf der Vorstadtbühne so beliebten Kasperlefiguren haltmachten. Wie die Rezeptionsgeschichte dieser Oper deutlich lehrt, haben die komödiantischen, parodistischen und zauberpossenhaften Züge ihrer Ernsthaftigkeit keinen Abbruch getan.

Wie ernst sich Mozart mit der Erneuerung der Freimaurerei im Sommer und Herbst 1791 beschäftigte, zeigt, die *Zauberflöte* ergänzend und ganz für eine Wirkung nach innen bestimmt, die *Kleine Freimaurerkantate* (KV 623), die als Mozarts letztes in sein Werkverzeichnis eingetragenes Werk so etwas wie ein Vermächtnis darstellt. Auch diese

Kantate hat Schikaneder zum Verfasser, der ja seit 1788 selbst Freimaurer war. Sie wurde zur Einweihung eines neuen Logentempels von Mozarts Loge »Zur neugekrönten Hoffnung« geschrieben und bei dieser Gelegenheit am 18. November 1791 von Mozart selbst dirigiert. Es war sein letztes Auftreten vor seinem plötzlichen Tod zwei Wochen später. Fast wie ein Kommentar zum grandiosen Gepränge von Sarastros Welt hört man in einer Tenorarie die folgenden Worte:

> »Dieser Gottheit Allmacht
> ruhet nicht auf Lärmen, Pracht und Saus,
> nein, im Stillen wiegt und spendet
> sie der Menschheit Segen aus.
> Stille Gottheit, deinem Bilde
> huldigt ganz des Maurers Brust,
> denn du wärmst mit Sonnenmilde
> stets sein Herz in süßer Lust.«

Die Turbulenzen und Streitereien in den Logen nach dem Freimaurerpatent von 1785, die der Maurerei so sehr geschadet haben, werden deutlich angeprochen, und es wird dazu gemahnt, dies alles zu beenden und mit dem neuen Logenlokal zugleich einen neuen Anfang der Maurerarbeit zu beginnen. »Wohlan ihr Brüder, überlaßt euch ganz der Seligkeit eurer Empfindungen, da ihr nie, daß ihr Maurer seid, vergeßt. Diese heutige Feier sei ein Denkmal des wieder neu und festgeschloßnen Bundes. Verbannet sei auf immer Neid, Habsucht, Verleumdung aus unsrer Maurerbrust, und Eintracht knüpfe fest das teure Band, das seine Bruderliebe webte.« (Nicht von ungefähr wird hier an die »Eintracht« erinnert.) Die Logenarbeit als eine ständige Arbeit an sich selbst kennt keine endlich erreichte Vollkommenheit. »Fanget froh die Arbeit an. Und auch der schon angefangen, fange heute wieder an. Haben wir an diesem Orte unser Herz und unsre Worte an die Tugend ganz gewöhnt, o dann ist der Neid gestillet und der Wunsch so ganz erfüllet, welcher unsre Hoffnung krönt.«

Jedoch die Freimaurerei war nicht mehr zu retten. Nach dem plötzlichen Tod Leopolds II. (1792) wurde dessen Sohn Franz Nachfolger auf dem Habsburger Thron, ein Herrscher, der die Errungenschaften der josephinischen Zeit endgültig wieder aufhob und eine Regime der Verfolgung aller freigeistigen, aufklärerischen und fortschrittlichen Ideen einleitete, der in allem nur den Keim des Aufstandes, des Umsturzes, der

Revolution erblickte. Die Loge »Zur neugekrönten Hoffnung« stellte am 2. Dezember 1793 durch ein Schreiben an den Kaiser ihre Arbeit ein, weil ihre Aufgabe nicht mehr erfüllbar sei, »verkannt, erschwert und angefochten« werde und es »immer unmöglicher wird, den schönen Zweck der Freymaurerei mit jener umwölkten Heiterkeit des Geistes, die zum segenvollen Anbaue nothwendig ist, und in dem Umfange zu erreichen, als es die Regel des Institutes, das Beste des Staates und der Menschheit, und die eigene Zufriedenheit der Arbeiter fordert«[34].

7. Wien 1786 bis 1790

Wie angenehm, arglos zu sein

Die Zeit der Arbeit an *Le nozze di Figaro* (Ende Oktober 1785 bis Ende April 1786) war die produktivste Zeit Mozarts überhaupt. Das Höchstmaß an Konzentration auf die musikalische Lösung der komplizierten Dramaturgie dieser Oper führte ihn nicht nur zu völlig neuen Lösungen komplexer Ensemblegestaltungen, sondern mobilisierte einen Erfindungsreichtum, der sich in einer Serie gleichzeitig entstandener Werke niederschlug, die jedes für sich ein unverwechselbares Meisterwerk darstellen. Schon bei der Aufzählung der Kompositionen dieses halben Jahres, soweit deren Entstehungszeit sicher überliefert ist, verblüfft die Menge der verschiedenen Gattungen. Man muß ja daran denken, daß Mozart die Bearbeitung des *Figaro*-Librettos nach dem Theaterstück von Beaumarchais nicht einfach abgewartet hat, sondern sicher – wie sonst auch – an ihr genauen und kritischen Anteil nahm und seine musikdramatischen Vorstellungen durchzusetzen versuchte. Das hieß, Wort für Wort mit Lorenzo Da Ponte alles nach den Erfordernissen des Opernpraktikers durchzusprechen; das kostete nicht nur Zeit, sondern beanspruchte eine Vorstellungskraft, die bereits ein integraler Bestandteil der kompositorischen Arbeit ist.

Neben dieser Arbeit an *Figaro* und den anderen gleichzeitigen Kompositionen war der Tagesablauf vielfältig unterteilt und belastet: Mozart hatte noch Schüler (in dieser Zeit vor allem Thomas Attwood, von dem ein Arbeitsheft mit durchaus anspruchsvollen Studien erhalten ist); Logiergäste wohnten einige Wochen in Mozarts Wohnung (der Oboist Joseph Fiala mit seinem Schüler André – ein Akt freundschaftlicher Solidarität mit einem Musiker, der sich, wie Mozart früher, aus Salzburger Diensten davongemacht und bessere Anstellung gesucht hatte); schließlich besuchte Mozart gerade in dieser Zeit häufig die Loge (die sich auf Grund des Freimaurerpatents in ihrer tiefgreifenden Umorganisation befand). Darüber hinaus war Mozart als praktischer Musiker gefordert: Allein in diesem halben Jahr trat er mindestens in sieben Konzerten auf oder dirigierte (beispielsweise eine Privataufführung von *Idomeneo* durch den Adel im Palais Auersperg). Zu alldem also noch folgende Kompositionen, die meisten alles andere als Nebenwerke: drei *Klavierkonzerte* (KV 482, 488 und 491), die *Maurerische Trauermusik* (KV 477), eine *Sonate für Klavier und Violine* (KV 481), zwei *Freimaurerlieder* mit Chor und Orgel (KV 483 und 484), als Operneinlagen: ein *Vokalquartett* (KV 479), ein *Terzett* (KV 480), ein *Duett* (KV 489), eine *Scena mit Violinsolo* (KV 490), verschiedene kleinere Bläserwerke und ein *Klavierrondo* (KV 485), die Komödie mit Musik *Der Schauspieldirektor* – und eben *Le nozze di Figaro,* Opera buffa in vier Akten. Um sich allein die Schreibleistung eines solchen Pensums vorzustellen: alles zusammen täglich etwa sechs Notenseiten in dem zwölfzeiligen Querformat, das Mozart seit dem Beginn der Wiener Zeit fast ausnahmslos benutzte, der eigentlichen gedanklichen und schöpferischen Arbeit des Komponierens gar nicht gedacht. (Zum Vergleich: Im Jahr 1791, das mit der *Zauberflöte, La clemenza di Tito,* dem *Requiem,* dem *Klarinettenkonzert* und anderem zu einem der produktivsten Jahre Mozarts gehörte, macht die Schreibleistung ein durchschnittliches Tagespensum von drei Seiten desselben Formats aus.)

Mozart bediente in diesem halben Jahr alle seine Interessenten gleichzeitig. Er trat in einem Konzert der Tonkünstlersozietät (einem Versicherungsverein für Musiker) ebenso auf wie in den Freimaurerlogen, spielte in Wohltätigkeitskonzerten ebenso wie im adligen Salon, in einer eigenen Akademie im Burgtheater ebenso wie in drei Subskriptionskonzerten, dirigierte in Privataufführungen des Adels und vor dem Kaiser, schrieb für eigene Konzerte, für die Loge, für den Kaiser, für die Sänger und Sängerinnen des Hoftheaters, für die Privatsalons, für ein großes Hoffest und so weiter. Daneben findet er Zeit, auf einem Maskenball in der Redoute aufzutreten und selbstverfaßte Rätsel als Flugblätter zu verteilen. Mozart hier, Mozart da, getragen von einer Welle der Sympathie aus allen Schichten, und es war nicht zufällig, daß der überaus wendige und einfallsreiche Wiener Verleger und Kupferstecher Hieronymus Löschenkohl eben jetzt einen gestochenen Schattenriß von Mozart in seinen neuen Kalender für das Jahr 1786 aufnahm. Mozart gehörte zu den Berühmtheiten von Wien.

Daß Mozart bei solcher Anspannung nicht zum Briefeschreiben kommt, nimmt nicht wunder. Freilich kennen wir den Umfang seiner Korrespondenz nicht und können nur von den erhaltenen oder durch sichere Anhaltspunkte belegbaren Briefen ausgehen. An den Vater sind es in dieser Zeit nur alle sechs Wochen Kurznachrichten, sogar der Geburtstagsbrief zum 14. November kommt mehr als eine Woche zu spät in Salzburg an. Merkt Mozart bei dieser Überbeschäftigung eigentlich noch, was um ihn herum vorgeht? Kann er überhaupt noch registrieren, daß sich höchst bedeutsame Vorgänge sowohl im innenpolitischen wie im außenpolitischen Bereich abspielen? Oder hat Mozart nichts anderes als seine Noten, seine Musik, seine Aufführungen im Kopf? Sicher nicht. Das gerade veröffentlichte Freimaurerpatent verlangte einschneidende Änderungen der Logenstruktur. Und Mozart hat gerade zur feierlichen Neukonstituierung mit einer Komposition beigetragen, besuchte gerade in dieser Zeit selbst häufig die Loge. Und *Figaro* – ein Werk, das so nah an Vorgängen in der adligen Gesellschaft ist, dazu nur einer besonderen Konstellation der kaiserlichen Politik seine Aufführung verdankt – erforderte ein waches Ohr für die Stimmung in der Gesellschaft, von der Zustimmung oder Ablehnung entscheidend abhing, ein seismographisches Organ für das Maß von Empfindlichkeit, die hinreichende Provokation, die musikalische Aufnahmefähigkeit bei seiner der groben Typisierung fremden Darstellung individueller Charaktere. Hinzu kam die Anspannung wegen der sich anbahnenden Theaterintrigen, bei denen jedes Wort bedacht sein mußte, andererseits Ellenbogen erforderlich waren, um sich durchzusetzen. Höchste Aufmerksamkeit für alles und jedes war vonnöten. Wer so in der Gunst der Gesellschaft steht, kann sich nicht allein auf seine musikalischen Einfälle und das perlende Klavierspiel verlassen. Die Großwetterlage läßt manchen schönen Plan verregnen.

Die *Figaro*-Zeit ist eine Zeit der Gärung, die zugleich einen Kulminationspunkt der josephinischen Politik just zur Halbzeit der Alleinregierung von Joseph II. darstellt. Leopold Mozart, der jetzt etwa jeden dritten Tag an seine Tochter schreibt, geht ausführlich auf die Ereignisse ein und gibt einen beachtlich weitsichtigen Kommentar, der auch bei seiner Tochter auf Bewunderung stößt. Er antwortet ihr darauf:

»Daß ich einen guten Zeitungschreiber hätte machen können, das mag wohl seyn: allein ich finde es nicht schwer für einen Mann, der die Welt gesehen hat, die Welt kennt und solche studirt hat, und aber dann, wenns ins Publikum hinaus geht, auch Zeit hat mit Nachdenken zu schreiben – – das, was ich euch schrieb, sind nur in eyle hingeworffne gedanken« (11. November 1785).

Immerhin hatte Leopold Mozart Zeit genug für einen so ausführlichen Briefwechsel und eine umfangreiche Zeitungslektüre als Informations-

Wie angenehm, arglos zu sein

grundlage seiner Kommentare. Die Weltoffenheit, die Neugier auf die neuesten politischen Begebenheiten, in denen man lebt – mag der absolutistische Staat auch noch sowenig Teilhabe bieten –, hat er auch seinen Kindern mitgegeben. Sie prägten ein selbstbewußtes bürgerliches Familienleben, in dem Aufgeklärtheit nicht nur rationalistische Spielerei war, sondern Grundlage der hohen Selbsteinschätzung des bürgerlichen Individuums, das sich durchaus als ebenbürtig empfand, wo nicht überlegen einem streckenweise als nutzlos empfundenen, aber herrschenden Adel. Diese Selbsteinschätzung hatte Wolfgang Mozart ebenso mitbekommen wie eine nicht weniger ausgeprägte Neugier, die weit über den Bereich seiner künstlerischen Interessen hinausging. Auch die Zugehörigkeit zur Freimaurerei ist ja keineswegs in erster Linie dem Anknüpfen von Verbindungen zu danken, die vielleicht für das berufliche Fortkommen und die Sicherung des Einkommens nützlich sein konnten, sondern sie ist eher Ausdruck eines gesellschaftlichen Programms, das ein Stück weit die Losung von Freiheit, Gleichheit und Brüderlichkeit vorwegnimmt.

Was aber sind die politischen Themen, die Leopold Mozart in diesem Winter 1785/86 so lebhaft interessieren? Zum einen sind es außenpolitische Themen, die mit dem Plan der Vertauschung Bayerns als Stichwort benannt sind; sodann aber auch eher innenpolitische Vorgänge, wie etwa die Bauernaufstände in Siebenbürgen, Beschwerden über den regierenden Adel beim Regensburger Reichstag und darauf folgende Repressalien gegen die Beschwerdeführer bis hin zu Lokalereignissen wie etwa dem Spießrutenlaufen eines Soldaten der Salzburger Garnison. Ob Leopold auch in den – allerdings weit weniger zahlreichen – Briefen an seinen Sohn ähnlich weitläufige Betrachtungen anstellte? Wir wissen es nicht, denn diese Briefe sind nicht überliefert; es ist wahrscheinlich, denn Leopold Mozart war ja auch neugierig zu erfahren, was man in Wien dachte[1].

So zweifellos Joseph II. ein aufgeklärter Monarch war, so irritierte zunehmend die Schroffheit seines Vorgehens, die Rücksichtslosigkeit und Härte, mit denen er die von ihm als vernünftig und nützlich erkannten Schritte durchzusetzen unternahm. Er verstand sich selbst als der Erzieher seiner Nation zu aufgeklärtem und vernünftigem Handeln und war, so weit seine Macht reichte, völlig unnachsichtig gegen überkommene Sitten, Gebräuche, Traditionen und Verhaltensweisen. Und oft genug überschätzte der Kaiser auch seine Macht. Er konnte zwar die Gleichheit aller vor dem Gericht und damit ein gutes Stück allgemeiner Rechtssicherheit durchsetzen, indem auch der Adel keine Justizfreiheit mehr genoß, er konnte aber nicht alle Privilegien der Stände abschaffen und ist bei der Steuerreform, die vor allem den Adel belasten sollte, gescheitert; er konnte die Krönung zum ungarischen König als überflüssig verweigern, er konnte den Ungarn aber nicht ihre Krone als Zeichen ihrer eigenen Nationalität rauben, sondern mußte sie wieder zurückgeben; er konnte kirchliche Rechte beschneiden, unnütze Klöster aufheben, aber er konnte nicht den Leuten ihre Totenbestattung vorschreiben, sondern mußte die entsprechenden Verordnungen zurücknehmen. Joseph II. war völlig blind dafür, daß nicht alles, was ihm vernünftig schien, deshalb auch durchsetzbar sei. Vor allem machte er kaum einen Versuch, von der Vernünftigkeit seiner Maßnahmen zu überzeugen und Zustimmung zu bekommen, sondern ihm genügte es, wenn ein gehorsames Volk nach seinen Vorstellungen handelte – mochte es dabei denken, was es wollte. Joseph II. war ein Vernunftdespot, der mit seinem Verhalten selbst seine Anhänger vor den Kopf stieß und zu kritischer Distanz brachte. Das Freimaurerpatent, mit seinem verständnislosen und schroffen Wort von der »Gaukeley«, hat ihn viele Sympathien gekostet – nicht wegen der Beaufsichtigung durch die Staatsorgane, sondern wegen der Geringschätzung in den Formulierungen. Immer wieder hört man als hauptsächliche Kritikpunkte, der Kaiser solle etwas nachsichtiger gegenüber den Schwächen und Fehlern anderer sein, nicht so sparsam bis zum Geiz sich verhalten, nicht so voreilige Entscheidungen treffen und mehr für Wissenschaft und Kunst tun. Die Kritik auch aus den Reihen seiner Anhänger nahm zu und signalisierte eine allgemeine Irritation. Zu vieles war einfach zu widersprüchlich, als daß es von den Zeitgenossen ohne weiteres noch verstanden werden konnte. Ein drastisches Beispiel war der Fall Zahlheim, bei dem die Errungenschaften des aufgeklärten Staates mit dem despotischen Herrscher in Konflikt gerieten: Joseph II. griff hierbei in das Gerichtswesen in einer Weise ein, die seine eigenen Reformmaßnahmen außer Kraft setzte, um durch ein abschreckendes Urteil seiner Willkür vermeintlich erzieherisch zu wirken.

Abschweifung: Der Fall Zahlheim

Was war geschehen? Franz Zaglauer von Zahlheim, ein Angehöriger des Beamtenadels, hatte Umgang mit einer älteren Frau, der er schließlich die Ehe versprochen hatte. Er führte jedoch ein lockeres, unstetes Leben und

Abschweifung: Der Fall Zahlheim

hatte Schulden von etwa 1600 Gulden. Sein maßloser Lebenswandel führte schließlich zum Raubmord an seiner Freundin, die eine Barschaft von immerhin etwa 1000 Gulden besaß. Ein bei aller Verwerflichkeit vom kriminalpolizeilichen Standpunkt aus banaler Fall, der weder von den Umständen noch der Ausführung der Tat her geeignet schien, Justizgeschichte zu machen. In Wien passierten am Ende des 18. Jahrhunderts bei einer Bevölkerung von etwa 200000 Menschen ein bis zwei Morde im Jahr. Sicher waren darunter manche, die erschreckender und die Emotionen hochpeitschender waren als dieser. Aber keiner hat die teilnehmende Öffentlichkeit so bewegt wie dieser – nicht wegen der Tat, sondern wegen des folgenden Urteils.

Der normale Gang der Aburteilung war seit der De-facto-Abschaffung der Todesstrafe (1776), die zwar den Gerichten, nicht aber der Öffentlichkeit bekanntgemacht wurde, ein scharfes, grausames und in jeder Weise auf Abschreckung zielendes Urteil, das dann auf dem Gnadenweg erheblich gemildert wurde. Die Folter, etwa zur Erlangung eines Geständnisses (die unter Kaiserin Maria Theresia noch üblich und in der »Constitutio Criminalis Theresiana« von 1769 ausführlich geregelt war), war von Joseph II. bereits im Januar 1776 aufgehoben worden – eine seiner ersten Reformen[2]. Zum Charakter der josephinischen Strafrechtsreform muß gesagt werden, daß auch Joseph II. als oberstes Prinzip der Strafe ihre Abschreckungswirkung ansah, die Todesstrafe jedoch als hierfür ungeeignet verwarf und statt dessen die lebenslange verschärfte Strafe bis zur physischen Vernichtung bevorzugte. Ihm ging es darum, eine lebenslange Hoffnungslosigkeit ohne jede Chance der Bewährung zu erzeugen. Als strengste Strafe stand in erster Linie das Schiffsziehen an, wobei die Gefangenen mit Hals- und Fußeisen angeschmiedet waren und bei nur einer Mahlzeit am Tag, oft bis zu den Hüften im Morast, von Fieber und Seuchen geschüttelt, bis zur Erschöpfung arbeiten mußten. Wien war der Sammelplatz für diese Gefangenen aus allen Erblanden, die dann als Schub nach Ungarn oder Triest weiterbefördert wurden. (Kaum einer der Häftlinge hielt eine solche lebenslange Strafe länger als ein Jahr durch.) Zusätzlich gab es noch körperliche Züchtigungen mit Rutenstreichen.

Im Bereich der Strafjustiz war der Aufklärer Joseph II. kaum über das Mittelalter hinausgekommen und zeigte sich ganz und gar nicht als milder Menschenfreund. Vielleicht haben die Anhänger des Kaisers, die die Abschaffung von Folter und Todesstrafe als Wohltat feierten, übersehen, welche finsteren Gedanken den Kaiser dazu veranlaßt hatten[3].

Die Hinrichtung des Raubmörders Franz Zahlheim wurde als Bruchstelle der kaiserlichen Reformpolitik verstanden und erregt debattiert. Sie wurde nach mittelalterlichen Methoden vor 30 000 Zuschauern exekutiert

Bei Josephs II. Tendenz zu erschreckend hohen Strafen, die im josephinischen Strafgesetzbuch von 1787 festgeschrieben sind, verhängten die Gerichte im allgemeinen die Mindeststrafe, die von den Berufungsgerichten noch um ein Drittel gesenkt wurde. Kam es zur Anrufung der obersten Justizstelle, so wurde meist (cum plena potestate) weiter reduziert. In dieser Praxis der ordentlichen Justizstellen drückte sich sicherlich ein gewisser Widerstand gegen die Vorstellungen des Kaisers aus.

Mag sein, daß sich Joseph II. über diese Gnadenpraxis ärgerte, im Fall Zahlheim jedenfalls griff er höchstpersönlich in die Justizangelegenheiten mit einer Entschließung ein und verletzte damit selbst den Grundsatz der Nichteinmischung in die Verfahren seiner Behörden, hob den Grundsatz der Rechtssicherheit selbst auf. Das erstinstanzliche Urteil gegen Zahlheim sprach eine verschärfte Todesstrafe aus, wohingegen durch das Berufungsgericht mehrere mildere Strafen alternativ erwogen wurden. In

Abschweifung: Der Fall Zahlheim

einem eigenhändig unterzeichneten Reskript bestand Joseph II. jedoch darauf, »daß nach der Vorschrift der Nemesis Theresiana die hier ausgedruckte verschärfte Todesstrafe an dem Delinquenten auf dem gewöhnlichen Richtplatz ohne Gnade vollzogen werde«. Das hieß, daß »der wegen Diebstahl und Meuchelmord processirte Franz Zaglauer v. Zalheim des Adels für seine Person entsetzet, sohin auf den hohen Markt, und die sogenannte Schranne geführt, nach ihm allda angekündigten Urtheil auf den hohen Wagen gesetzet, und ihm in die rechte Brust ein Zwick mit glühenden Zangen, sodann auf der Freiung eben ein gleicher Zwick in die linke Brust gegeben, sofort auf die gewöhnliche Richtstätte geführt, und dort von unten hinauf mit dem Rade vom Leben zum Tode hingerichtet, dessen Körper auf das Rad geflochten und darüber ein Galgen mit herabhangendem Strange aufgerichtet werden solle.«[4]

Eine so barbarische Hinrichtung hatte Wien seit langem nicht erlebt. Von der Verlesung des Urteils bis zum Aufflechten auf das Rad und zur Ausstellung des Toten unter dem Galgen vergingen viele Stunden. Entsprechend der Abschreckungstheorie war eine Hinrichtung ein öffentlicher Akt und vollzog sich hier nach zeitgenössischen Berichten unter den Augen von 30000 Zuschauern. Auch wenn man sich vorstellt, daß der öffentliche Galgen in dieser Zeit noch etwas »Normales« darstellt, daß jeder Reisende oftmals an Hinrichtungsstätten vorbeifuhr, die es bei jedem größeren Dorf gab, daß die Öffentlichkeit des Strafens keineswegs inhumaner ist als die heute übliche Heimlichkeit, so muß man doch sagen, daß das hier vollzogene Urteil an Zahlheim ein barbarischer Rückfall war, dessen einzigartige Bedeutung für die Grenzen des Fortschritts in einem sich selbst als aufgeklärt bezeichnenden Zeitalter den Zeitgenossen durchaus klar war – zumal in Wien, jener Hochburg eines säkularisierten Lebens, das an Weltgewandtheit und geradezu professioneller Fortschrittlichkeit den Sieg vor dem anderen Zentrum der Aufklärung, Berlin, längst davongetragen hatte. In dem erschütterten Zutrauen zur Reformpolitik Josephs II. hat der Fall Zahlheim Jahre nachgewirkt; um so mehr war er Gesprächsthema zu der Zeit, in der er sich ereignete. In jedem Wirtshaus wurde darüber diskutiert, in jedem Salon hin und her debattiert, in jeder Freimaurerloge. Es ging um die Frage, ob sich hier nicht ein Ende der Reformpolitik abzeichnete, eine deutliche Umkehr zum strengen Regime, eine Zurücknahme der kaiserlichen »Wohltaten«, wie die Reformgesetze genannt wurden. Zum erstenmal begann man zu zweifeln, ob das Rad der Geschichte von Joseph II. nicht wieder zurückgedreht werde.

Mozart komponiert

Die Hinrichtung Zahlheims fand am Vormittag des 10. März 1786 statt. Mozart war in Wien. Ob er der Hinrichtung selbst beigewohnt hat, wissen wir nicht. Sie nahm ihren Ausgang ein paar hundert Meter von seiner Wohnung entfernt. Das Hin- und Hergerenne auf den Straßen, das Schreien einer so zahlreichen Volksmenge konnte er auch in seiner Wohnung hören[5].

Am Nachmittag desselben Tages fand in der Leopoldstadt von Wien jene Freimaurerversammlung statt, die als das »Krattersche Autodafé« berüchtigt wurde. Wie sich Mozart auch immer zu den Ereignissen verhielt, die vor seiner Haustür oder in geistiger Nähe zu ihm stattfanden – er komponierte an diesem Tage zwei Arien, die für die *Idomeneo*-Aufführung im Palais Auersperg als Einschübe gedacht waren. Sie haben von ihrem Inhalt her nicht die geringste Beziehung zu den aufwühlenden Ereignissen dieses Tages. Man wird vielleicht erwarten, daß sich in der Musik etwas von der erregten Stimmung niederschlagen werde. Das ist jedoch nicht der Fall, und zwar nicht als Zeichen besonderer Herzlosigkeit, Unbetroffenheit oder Gleichgültigkeit, sondern aus musikalischen Gründen.

Vielleicht läßt sich dies an einem Beispiel anderer Art besser erklären. Ein Maler, der ein Porträt malt oder eine Landschaft, hat eine bestimmte Vorstellung von seinem Bild, genährt von der realen Anschauung, zugleich aber auch als Vorstellung des Bildwerks, der Anordnung von Gegenständen zu einer Bildkomposition, der Verteilung von Farbe, Kolorit und Fläche in einem Spannungsbezug unterschiedlich verteilter Gewichte und Anordnungen. Persönliche Ereignisse und Betroffenheiten, die sich während seiner Arbeit an dem Bild ergeben, haben meist mit dem Dargestellten nichts zu tun. Er wird sein Porträt oder die Landschaft zu Ende malen entsprechend seinem Vorhaben, das gewissermaßen eine Problemanordnung und ihre Lösung bedeutet.

Ähnlich der Musiker. Seine Kompositionen stellen auch musikalische Problemlösungen in einem bestimmten, vorgegebenen Kontext dar – hier bei Mozart die musikdramaturgische Bearbeitung einer durch den Gang der Oper vorbestimmten Stelle von *Idomeneo*. Hier war auf eine auch ganz musikalisch-handwerkliche Art, unter Berücksichtigung der Sänger einer bestimmten Aufführung und der mitwirkenden Instrumentalisten, die Neufassung von zwei Musikstücken zu leisten. Schöpferische Arbeit ist allemal eine Problemlösung am (freilich selbstgewählten) musikalischen Material. Die Tagesereignisse sind mit Idamantes Arie nicht in Verbindung zu bringen – es sei denn, ihr Gelingen oder Mißlingen steht zur Frage. Das sei vor allem deshalb angemerkt, weil der (neue) Text für die Arie dieses bedrückenden Tages, der Mozart allerdings schon vorlag, zu irreführenden Assoziationen Anlaß gibt, wenn Idamante, begleitet von einem anspruchsvollen Violinsolo, singt:

»Fürchte dich nicht, Geliebte, für dich schlägt immer mein Herz. Rohe, erbarmungslose Sterne, warum so große Härte? Schöne Seelen, die ihr mein Leiden in solchem Augenblick seht, sagt ihr, ob ein treues Herz so große Qualen ertragen kann.«

Etwas anderes ist es, ob das *c-Moll-Konzert* (KV 491), das Mozart in den nächsten 14 Tagen schrieb, einen musikalischen Reflex, vielleicht sogar etwas wie einen Kommentar auf eine in jeder Weise angespannte, betroffen machende Situation darstellte. (Das Konzert wurde für eine eigene Akademie Mozarts im Burgtheater geschrieben, die am 7. April stattfand; das weitere Programm ist nicht überliefert.) Fast alle musikwissenschaftlichen Interpreten dieses *Klavierkonzerts* weisen auf dessen »tragische« oder »dämonische Züge« (Abert, Einstein) hin, Alfred Einstein spricht sogar von »finsteren Ausbrüchen«, einer »Explosion der Leidenschaft, der dunklen tragischen Gefühle«. Wolfgang Hildesheimer hingegen betont: »Zwar höre auch ich diesen Satz düster-erregt, doch seltsamerweise ›enthöre‹ ich ihm – auch außerhalb der Es-Dur-Passagen – eine Dur-Stimmung, gewiß heftig und bewegend, doch nicht ›tragisch‹ [...].«[6]

Das Hauptthema des ersten Satzes ist aus zwei ungemein prägnanten Motivpartikeln zusammengesetzt, »konstruiert« auch, komponiert vor allem: einer harmonisch interessant wirkenden Intervallfolge in volltaktig schwerem Schritt und einem fast abrupten, scharf akzentuierten Nachsprung. Gewiß ist diese Bildung thematischen Materials vor allem von Beethoven benutzt und weiterentwickelt worden – wie ja bei Beethoven nicht so sehr der melodische Findling (»Einfall«), sondern der zurechtgehauene Materialbrocken als Ausgangspunkt seiner Kompositionen kenntlich bleibt. Und auch die »Verarbeitung« entfernt sich weit von allen überlieferten Gattungsschemata, selbst den von Mozart in seinen Konzerten entwickelten typischen Formen. Aber der auffallende Eigensinn dieser Musik, sein in allen Einzelheiten bis in die Instrumentierung ungewöhnlicher Duktus, die fast solistische Bevorzugung der Bläserstimmen, hebt dieses *Konzert* zwar als ein besonderes hervor, hat aber doch nichts mit »tragischen Zügen« zu tun. Mit ihnen ist sein Stimmungsgehalt gemeint, Wirkungen, die es hervorruft. Diese Wirkung unterliegt aber einem geschichtlichen Wandel. Mozarts Zeitgenossen, die Hörer, denen Mozart dieses Konzert vorspielte, hatten Empfindungen dabei, die sie nicht mit Worten wie »tragisch« oder »dämonisch« umschrieben, Worten, die einer sehr viel späteren Zeit des 19. Jahrhunderts angehören und die heute vermutlich auch wieder weniger verstanden werden. Vor allem unterschieden die zeitgenössischen Beschreibungen von Musik noch sehr viel deutlicher zwischen den musikalischen Ereignissen und den Empfindungen, die sie hervorrufen.

Kein einziger Zeitgenosse hat sich über die Uraufführung von Mozarts *c-Moll-Konzert* geäußert, besser: keine einzige Äußerung ist überliefert. Wir können deshalb auch die Wirkung dieses *Konzerts* nicht rekonstruieren, zumal wir nicht in der damaligen Sprache reden. Ich plädiere deshalb für große Zurückhaltung bei einer Interpretation der historischen Hörerlebnisse, geschweige denn Mozarts eigener Empfindungen beim Komponieren eines so auffälligen Werkes. Andererseits ist wohl deutlich, daß hier ein kompromißloser Ton herrscht, eine Verweigerung jeder gefälligen Virtuosität, aller gewohnten musikalischen Phrasen und Zusammenhänge. Dies *Klavierkonzert* eignete sich nicht für den Salon, wo oft genug während des Konzerts geschwätzt oder gespielt wurde, wo das Klavier gewissermaßen in die Gesellschaft hineinparlierte, geistreich mitredete und sich durch Witz, perlende Kunstfertigkeit oder funkensprühenden Einfallsreichtum Gehör verschaffte. Hier hielt eher jemand eine Rede, die jeden durch ihren unerbittlichen Anspruch, einen schnörkellosen Ernst und ihre kompromißlose Härte zum Verstummen brachte. Diese Musik hat etwas Trotziges, Rücksichtsloses, ihr fehlt alles Heiter-Gesellschaftliche, Glitzernde, Beifallheischende, sie ist spannungsvoll, nicht fragend-abwartend, sondern eher bekenntnishaft und wuchtig. Und insofern drückt sie die angespannte Stimmung dieser Tage aus, die viele bereits als entscheidende Wende nach Jahren begeisterten Aufschwungs empfanden. Mozart gehörte nicht zu denen, die resignierten und sich zurückzogen, enttäuscht oder kleinmütig. Er reagierte mit seinen Mitteln, musikalischen (aber er blieb auch in der Freimaurerloge, der Zeittendenz zum Trotz), er komponierte ungefälliger, weniger unterhaltsam, gedankenstrenger, aber nicht entrückter von den Zeitverhältnissen, sondern – wie seine Opern zeigen – in immer deutlicherem Bezug zu ihnen, eindeutiger, schonungsloser.

Für einen – wie auch immer gearteten – Rückzug hatte Mozart auch gar keine Veranlassung. Denn mit *Figaro* hatte er sich weit gewagt; die Oper wird im wesentlichen schon im Winter 1785/86 fertig geschrieben worden sein, ihre erste Aufführung verzögerte sich jedoch bis in den Mai 1786. Von ihrem Erfolg hing zunächst erst einmal alles ab, einem Erfolg, der Aufschluß geben würde über die weiteren Möglichkeiten seiner Wiener Existenz; die war ja durch keinerlei Verträge oder feste Anstellungen gesichert, sondern hing allein von der Zustimmung zu einem für den freien »Kunstmarkt« geschriebenen Werk ab.

Der tolle Tag: »*Figaros Hochzeit*«

Der ersten Aufführung gingen bereits »tolle Tage« voraus. Am Theater gab es allerhand Intrigen, wohl auch aus Konkurrenzgründen, da gleich mehrere Opern zur Aufführung anstanden und jeder mit seiner der erste sein wollte. Mozart muß äußerst nervös gewesen sein, da er im Theater selbst über den geringsten Anhang verfügte. Lorenzo Da Ponte erzählt, man habe am Ende des ersten Aktes das Ballett streichen wollen, worüber Mozart ganz »verzweifelt« gewesen sei; den schuldigen Intriganten wollte er übel zurichten (»strapazar«) und im übrigen die ganze Oper zurückziehen. (Durch eine Intervention Da Pontes sei das Theater jedoch vom Kaiser zur vollständigen Wiedergabe aufgefordert worden[7].) Auch der mit Mozart befreundete Sänger Michael Kelly berichtet: »Mozart war auffahrend wie Schießpulver und schwor, seine Oper ins Feuer zu werfen, wenn sie nicht zuerst auf die Bühne käme.«[8] Mozart hatte guten Grund, alles auf eine Karte zu setzen, zumal er sich der kaiserlichen Protektion mit diesem Werk sicher wußte; andererseits stellte gerade diese Oper ihrer ganzen Anlage nach etwas so unerhört Neues dar, einen so ungeheuren Bruch mit allem, was es bisher auf der Opernbühne gegeben hatte, daß Schwierigkeiten zu erwarten waren und es um mehr ging als die Überwindung theaterinterner Probleme.

Noch nie hatte es eine Oper gegeben, in der zeitgenössische soziale Konflikte des Alltags Gegenstand eines Opernlustspiels waren. Hier gab es weder eine Staatsaktion noch das übliche Lustspiel mit klassentypisierenden Rollen, sondern hier wurden bürgerliche Gefühls- und Moralvorstellungen in einem Akt unzweideutiger Auflehnung gegen adligen Machtmißbrauch und Frivolität gestellt. Mozart und Da Ponte hatten dafür die ausgetretenen Pfade der Opera buffa verlassen und – das sollte man ernst nehmen – eine neue Form der »commedia per musica« gefunden. Das zugrundeliegende Theaterstück war zwar stark gekürzt, in seiner Textstruktur jedoch weitgehend beibehalten worden, so daß die Oper gegen vier Stunden dauert – nicht überlanger Arien und Musiknummern wegen, sondern wegen einer trotz Kürzung überreichen Handlung voller Intrigen, Verstecke, Düpierungen und Ausbrüche, die jedoch in keinem Moment ihren zentralen Konflikt aus den Augen verlieren. Besonders auffällig ist die ständige Theatralisierung zur Bühnenaktion bei schnellem Wortwechsel in erregten Rezitativen, die man sich wohl fast gesprochen vorstellen muß. In der Tat ist *Figaro* in erster Linie ein »Theaterstück mit Musik« und alles vom theatralischen Effekt her gedacht. Die Musik deutet dabei jedes Wort, jede Geste, jede Gefühlsregung mit einem nie gekannten Raffinement aus, mal kommentierend, dann paraphrasierend, dann wieder ironisierend, mal unterstützend, dann wieder übertreibend, mit tonmalerischen Elementen, aber auch mit Formen absoluter Musik, zu jedem Moment aber mit einer solchen Delikatesse musikdramatischer Detailzeichnung, daß man bei jedem Hören »neue« Einzelheiten entdeckt. (Ein so biegsamer Konversationston mit so viel genauer musikalischer Ausdeutung ist wohl erst wieder in Alban Bergs *Lulu* erreicht worden.)

In einem Vorwort zum Librettoheft weist Da Ponte auf die Neuartigkeit des Stücks ausdrücklich hin, nachdem er sich für dessen ungewöhnliche Länge entschuldigt hat:

»Darinn, hoffen wir, wird uns genugsam entschuldigen die Verschiedenheit der Fäden, welche die Handlung dieses Schauspiels durchweben, das Neue und die Größe desselben, die Vielfältigkeit und Verschiedenheit der musikalischen Stüke, die man hineinbringen mußte, um nicht leider oft die Akteurs unthätig zu lassen, um den Eckel und die Einförmigkeit der langen Rezitativen zu vermeiden, um verschiedene Leidenschaften, die da vorkommen, mit verschiedenen Farben auszudrücken, besonders aber wegen der fast neuen Art des Schauspieles, so wir diesem gnädigsten, verehrungswürdigsten Publiko zu geben wünschten.«[9]

Nicht ohne Bedacht spricht Da Ponte hier mehrfach vom Schauspiel, nie von der Oper: Jede Nähe zu bekannten Gattungen sollte vermieden werden – und besteht ja in der Tat auch nicht.

Obwohl hier deutlich bürgerliche Moral und adlige Genußsucht gegenübergestellt werden, kommt es doch nie zu einer platten Aufteilung in Gut und Böse. *Figaro* ist kein Agitationsstück – aber auch keine zeitlose Oper über Allgemeinmenschliches, »menschliche Irrungen und Wirrungen, wie sie das Leben mit sich bringt« (Anna Amalie Abert)[10]. Hier wird in aller Deutlichkeit ein Klassenkonflikt geschildert, aber die Personen, die ihn auszutragen haben, sind zugleich Individuen, unverwechselbare Persönlichkeiten bis in die kleinste Nebenrolle; keiner verkörpert seine Rolle als Typus seiner sozialen Bedingungen, sondern jeder als selbstverantwortliches Individuum. Jeder in dieser Oper hat etwas einzustecken – am wenigsten vielleicht Susanna, am meisten Graf Almaviva –, und jeder hat seine eigene Lektion zu lernen; um allgemeingültige Lehrsätze geht es nicht. Es gibt deshalb auch kein »glückliches Ende«, in dem alle Konflikte aufgehoben wären. Selbst die »Hochzeit«, die am Ende möglich ist, klingt kaum noch an, wird weniger deutlich in Aussicht gestellt als im Original von Beaumarchais. Wenn der Graf, der selbst keinerlei Vergebung gewährt, dann doch wenigstens selbst die Gräfin um Vergebung bittet (und sie gewährt bekommt), singen alle: »Ah, so werden wir alle zufrieden sein.« Der folgende Schlußgesang wendet sich bereits direkt ans Publikum, gehört nicht mehr der theatralischen Handlung an:

»Diesen Tag der Leiden, der Verrücktheiten und Tollheiten in Zufriedenheit und Freude zu beschließen, ist nur die Liebe fähig. Geliebte, Freunde, zum Tanz, zum Spiel! Zündet das Feuerwerk! Und bei den Klängen eines fröhlichen Marsches eilen wir alle zum Fest.«

Graf Almaviva muß vor allem lernen, daß er keine Macht hat, sich seine frivolen Wünsche zu erfüllen, weder unter Berufung auf das »Recht der ersten Nacht« noch durch Geld, nicht einmal mit Hilfe von Intrigen; zu welchem Mittel er auch greift, er erleidet nichts als Niederlagen. Diese Demontage adliger Macht ist um so eindrucksvoller, als er selbst kein bißchen sich läutert oder wandelt, sondern bis zum Schluß einfach aufläuft. Die Auflehnung gegen den Grafen beginnt bei Figaro, der von Susanna allerdings erst über die Absichten des Grafen aufgeklärt werden muß; später bestimmt Susanna das Geschehen, bis die Gräfin selbst die Intrige gegen den Grafen beherrscht. Was bei ihr anfänglich nur Sympathie für das Dienerpaar ist, wird später zum Versuch, die Untreue des Grafen zu besiegen (wobei völlig offen bleibt, ob ihr das jemals gelingen kann).

Wenn die Gräfin selbst die Gegenintrigen gegen den Grafen leitet, zeigt sich, daß der auf feudale Rechte sich berufende Adlige in einer hoffnungslosen Isolation ist. Denn die Gräfin, selbst bürgerlicher Herkunft, läßt zunehmend erkennen, daß es auch ihr um Liebe und Treue im Sinne bürgerlicher Wertvorstellungen geht und sie bereit ist, für diese Werte zu kämpfen – sogar gemeinsam mit dem Dienerpaar Figaro und

Susanna. Die Auflehnung von Figaro und Susanna gegen einen despotischen Grafen wird in einen Kampf um bürgerliche Wertvorstellungen gegen feudale Rechte überführt, bei dem das Dienerpaar nicht mehr allein steht. Graf Almaviva verkörpert also nicht den Adel schlechthin, sondern den patriarchalisch-feudalen, der die Emanzipation des Bürgertums nicht begreifen will und in seinem erlebten Machtverlust doch begreifen muß. Dabei handelt es sich jedoch nicht um einen unbedeutenden, zu belächelnden Vertreter des Landadels, der von den aufgeklärten Vertretern seiner Klasse (zum Beispiel den Adligen, die in den Freimaurerlogen verkehrten) nicht mehr ernst genommen wird, sondern ausdrücklich um einen Grafen, der mehrere hohe Posten bekleidet und damit zur politischen und militärischen Führungsschicht des Landes gehört: Er wird als Minister bezeichnet, bekommt einen Botschafterposten in London und ist sogar Inhaber eines Regimentes.

Vor dem Hintergrund der josephinischen Reformen, die insoweit bürgerlichen Wertvorstellungen breiten Raum einräumen (wenn und soweit sie den absolutistischen Herrscher nicht in Frage stellen), als sie stark auf bürgerliche Produktivkraft setzen und im sozialen und rechtlichen Bereich auf die Untertanengleichheit pochen, lag dieses Schauspiel durchaus auf der kaiserlichen Linie, erst recht der der aufklärerischen oder freimaurerischen Gesellschaft. Joseph II. konnte mit dieser Adelskritik zufrieden sein, sie paßte genau in sein Programm. Der aufgeklärte, absolutistisch regierende Herrscher bezog seine Legitimation aus der von ihm beanspruchten Verantwortung für das Gesamtwohl seiner Untertanen, er hatte sich bis zu einem gewissen Grade bürgerliche Wertvorstellungen angeeignet und konnte das Bestehen auf Privilegien, Sonderrechten oder persönlichen Übergriffen des Adels, insbesondere wenn sie das Gesamtwohl störten, nicht hinnehmen – in den Augen Josephs II. handelte es sich hierbei um das Verhältnis von legitimer und illegitimer Macht.

Wie aber reagierte das Publikum der »welschen« Oper im Nationaltheater, die Zeitgenossen, auf eine Oper, die mit allen überkommenen Operntraditionen brach, sich als ein herausforderndes politisches Zeitstück verstand? Einerseits knüpfte die Oper an das vom Adel bevorzugte französische Schauspiel an und verband es mit der tendenziell höfischen italienischen Oper, bewahrte sogar Distanz zum bürgerlichen Singspiel, erst recht zum Volkstheater – andererseits vertrat sie aber ideologisch Positionen des bürgerlichen Aufklärungstheaters mit ästhetischen Mitteln, die im Bereich des Musiktheaters völlig neu waren. Ein Bericht in

Der tolle Tag: »Figaros Hochzeit«

der *Wiener Realzeitung* vom 11. Juli 1786 zeigt eine gemischte Reaktion, die offensichtlich mit der provokanten Zielrichtung der Oper zu erklären ist:

»›Was in unsern Zeiten nicht erlaubt ist, gesagt zu werden, wird gesungen.‹ Könnte man nach *Figaro* sagen. Dieses Stück, das man in *Paris* verbothen, und hier als *Komödie* sowohl in einer schlechten als in einer guten Uebersetzung aufzuführen nicht erlaubt hat, waren wir endlich so glücklich als *Oper* vorgestellet zu sehen. Man sieht, daß wir besser daran sind als die Franzosen.

Die Musik des Herrn *Mozart* wurde schon bey der ersten Vorstellung von Kennern allgemein bewundert, nur nehme ich diejenigen aus deren Eigenliebe und Stolz es nicht zuläßt, etwas gut zu finden, was sie nicht selbst verfaßt haben.

Das *Publikum* zwar (und dem Publikum begegnet dieses oft) wußte am ersten Tage nicht eigentlich, wie es daran war. Es hörte manches Bravo von unpartheiischen Kennern, aber ungestümme Bengel im obersten Stockwerke sprengten ihre gedungenen Lungen nach Kräften an, um mit ihren St! und Pst! Sänger und Zuhörer zu betäuben; und folglich waren mit Ende des Stücks die Meinungen getheilt.

Ueberdieß hat es seine Richtigkeit, dass die erste Aufführung, weil die Komposition sehr schwer ist, nicht am besten von statten gieng.

Itzt aber nach wiederholten Vorstellungen würde man sich offenbar entweder zur *Kabale* oder *Geschmacklosigkeit* bekennen, wenn man eine andere Meinung behaupten wollte, als daß die Musik des Hrn. *Mozart* ein Meisterstück der Kunst sey.

Sie enthält so viele Schönheiten, und einen solchen Reichthum von Gedanken, die nur aus der Quelle eines angebohrnen Genie's geschöpft werden können.

Einige Zeitungsschreiber beliebten zu erzählen, Herrn Mozarts Oper habe ganz und gar nicht gefallen. Es läßt sich errathen, von welcher Art Korrespondenten seyn müssen, die dergleichen offenbare Lügen in den Tag hineinschreiben. Ich glaube es ist genugsam bekannt, daß eben die dritte Vorstellung dieser Oper und die in selber so häufig anverlangten Wiederholungen die Ursache waren, warum einige Tage darauf auf *allerhöchsten Befehl* öffentlich bekannt gemacht wurde, *es sey in Hinkunft verbothen, in den Singspielen kein Stück mehr, das aus mehr als einer Stimme besteht, wiederholen zu lassen.*«[11]

Also gab es offensichtlich sowohl begeisterte Zustimmung als auch (bestellte) Ablehnung – auch von Musikerkollegen (vielleicht Salieri?) –, die zu demonstrativem Beifall beziehungsweise Mißfallenskundgebungen führten. In den folgenden Vorstellungen scheint der Beifall zugenommen zu haben, denn bei der zweiten mußten fünf Arien wiederholt werden, bei der dritten sogar sieben, »worunter ein kleines Duetto dreimal hat müssen gesungen werden« (Leopold Mozart, 20. Mai 1786) – welches, ist allerdings nicht überliefert. Daß mehrfache Wiederholungen verboten wurden, zeigt, daß man großes, vor allem zielgerichtetes Aufsehen vermeiden wollte; schließlich war der Adel Hauptpublikum und sollte nicht noch unnötig provoziert werden. Der Kaiser meinte zu den Sängern etwas scheinheilig, die Dacapos müßten doch für sie »sehr ermüdend und unangenehm sein«, worauf einige Sänger zustimmten. Kelly jedoch, immer glühender Verteidiger Mozarts, erwiderte Joseph II.: »Glauben sie ihnen nicht, Sire, sie mögen Alle gern, wenn da Capo verlangt wird, wenigstens geht es mir so«, und fügte in seinen »Memoiren« hinzu: »Se. Majestät lachte und ich glaube, er hielt meine Versicherung für aufrichtiger, als die der Anderen. Jedenfalls war sie es.«[12]

Stellvertretend für das Urteil des Adels über diese Oper kann die Tagebucheintragung des Grafen Karl von Zinzendorf gelten, der als Präsident der Hofrechnungskammer und der Steuerregulierungs-Hofkommission eines der einflußreichsten Ämter innehatte. Sein Urteil ist lakonisch: »Die Oper langweilte mich« (»l'opera m'ennuyer«). Nach einer späteren Aufführung notierte er süffisant: »Mozarts Musik ist einzig mit den Händen, aber ohne Kopf« (»La musique de Mozart singulière de mains sans tète«). Die Kunstfertigkeit hat auch er nicht unterschätzt, mit dem Sujet konnte er offensichtlich aber nichts anfangen.

Der Kaiser jedoch lud die Mitwirkenden zu einer Extravorstellung auf seine Sommerresidenz Schloß Laxenburg ein, deutliches Zeichen seiner Wertschätzung. Offensichtlich hielt er darüber hinaus *Figaro* für ein gelungenes Mittel, dem Adel seine Ansichten mitzuteilen: Die ersten italienischen Aufführungen, in Monza und Florenz, kamen ebenso auf seine Anregung zustande wie eine Festaufführung in Prag anläßlich der Hochzeit seiner Nichte, Erzherzogin Maria Theresia, mit Anton Klemens, dem künftigen König von Sachsen. Vom Adel gab es dagegen ziemliche Widerstände, über die Mozart anläßlich der Prager Aufführung im Herbst 1787 an Gottfried von Jacquin schrieb:

»Man gab also gestern bey ganz illuminirten theater meinen figaro, den ich selbst dirigirte. – bey dieser gelegenheit muß ich ihnen einen Spass erzehlen. – einige von den hiesigen ersten damen |: besonders eine gar hocherläuchte :| geruhten es sehr lächerlich, unschicklich, und was weis ich alles zu finden, daß man der Prinzessin den figaro, *den tollen tag* |: wie sie sich auszudrücken beliebten :| geben wollte; – Sie bedachten nicht daß keine oper in der Welt sich zu einer solchen gelegenheit schiken kann, wenn Sie nicht beflissentlich dazu geschrieben ist; daß es sehr gleichgültig seye, ob sie diese oder Jene oper geben, wenn es nur eine gute und der Prinzessin unbekannte oper ist; und das lezte wenigstens war figaro gewis. – kurz, die Radlführerin brachte es durch ihre wohlredenheit so weit, daß dem impreßario [Pasquale Bondini] von der Regierung aus dieses Stück auf Jenen tag untersagt wurde. – Nun triumphirte Sie! – – hò vinta schrie Sie eines abends aus der Loge; – Sie vermuthete wohl gewis nicht daß sich das hò in ein Sono verändern könne! – des tags darauf kamm aber le Noble – brachte den befehl S: Mayt: daß wenn die Neue oper [*Don Giovanni*, die aber noch nicht fertig war] nichtgegeben werden könne, figaro gegeben werden müsse! – wenn Sie, mein freund, die schöne, herrliche Nase dieser dame nun gesehen hätten! – O es würde ihnen so viel vergnügen verursachet haben wie mir! –« (15. Oktober 1787)

Am Kaiser, der ja die Oberaufsicht über das Wiener Nationaltheater selbst ausübte, lag es also nicht, wenn *Figaro* nur neun Vorstellungen in Wien erlebte und erst eine Neueinstudierung im August 1789, nachdem die ersten Nachrichten der Französischen Revolution in Wien eingetroffen waren, es auf insgesamt 28 Aufführungen brachte: Offensichtlich wurde diese Oper vom Adel in Wien boykottiert und konnte sich erst unter veränderten politischen Umständen durchsetzen. Die Aufführungen außerhalb Wiens bestätigen, daß nur im zeitlichen Zusammenhang mit der Revolution der Oper ein Erfolg beschieden war, später die Aufführungen im Verhältnis zu den anderen Mozart-Opern eher sporadisch zu nennen sind. Die erst in den dreißiger Jahren des 19. Jahrhunderts einsetzende ausführlichere Beschäftigung mit *Figaro* geschah wohl bereits in einer Umdeutung des ehemals hochpolitischen Gehalts zu einer Buffooper über die Liebe, die für Da Ponte und Mozart nur das Medium ihrer theatralischen Argumentation war.

Einzig in Prag war *Figaro* von allem Anfang an ein ungeheurer Erfolg, freilich aus speziellen Gründen, die im Zusammenhang mit *Don Giovanni* und Mozarts Pragreisen besprochen werden sollen.

Die verhinderten Englandreisen

Als Mozart mit der Arbeit an *Le nozze di Figaro* begann, bekam er einen neuen Schüler in Komposition, den etwa zwanzigjährigen Thomas Attwood, der vom Herbst 1785 bis Anfang 1787 in Wien blieb. In der gleichen Zeit hatte sich Mozart mit Michael Kelly angefreundet, der Sänger an der Nationaloper war und im *Figaro* zwei Nebenrollen gesungen hatte. Enger Kontakt bestand auch zu Nancy Storace, die die erste Susanna gesungen hatte, und zu ihrem Bruder, dem Komponisten Stephen Storace, der bis Anfang 1787 in Wien blieb. Diese kleine englische Kolonie hatte bei Mozart alte Wünsche neu geweckt.

Schon im August 1782, gerade zwei Wochen verheiratet, machte Mozart die ersten Reisepläne, ganz aus seiner unsicheren Existenz in der ersten Wiener Zeit geboren und nicht ohne Seitenhiebe auf den Geiz des Kaisers, der »Leute von Talent« nicht genügend fördere. Da er noch keine Kontakte nach England hatte, stand zunächst Paris im Vordergrund.

»Mein gedanke ist künftige fasten Nach Paris zu gehen; versteht sich nicht ganz so auf gerade wohl. – ich habe deswegen schon an *legros* geschrieben, und erwarte antwort. – hier habe es auch – besonders den *grossen* – so im discurs gesagt. – sie wissen wohl daß mann öfters im reden so was hinwerfen kann, welches mehr wirkung thut, als wenn mann es so dicktatorisch hindeklamirt. –«

Aber so ganz ernst kann es mit diesem Plan nicht gewesen sein, denn nach einigen Vorstellungen über die Verdienstmöglichkeiten in Paris kommt ganz unvermittelt ein Satz, der die wahre Richtung angibt: »ich habe mich die zeither täglich in der französischen sprache geübt – und nun schon 3 lectionen im Englischen genommen. – in 3 Monathen hoffe ich so ganz Passable die Engländischen bücher lesen und verstehen zu können. –« (17. August 1782)

War Paris also nur als Drohung den Großen in Wien hingeworfen, als Reizwort, um bessere Angebote zu bekommen? Oder ging es Mozart darum, englische Literatur auf der Suche nach Opernlibretti lesen zu können, William Shakespeare gar? Immerhin wurde im Salon der Gräfin Thun, wo Mozart um diese Zeit viel verkehrte, oft englische Literatur gelesen. Und sicher war dies ein Ort, wo die ohnehin in Wien grassierende Anglomanie besonders blühte. Auf dem Theater, wohin Mozart oft ging, spielten Friedrich Ludwig Schröder und Franz Brockmann unter

Die verhinderten Englandreisen 305

anderem Shakespeare, und schon in Salzburg hatten die Mozarts öfter Gelegenheit, *Hamlet* und andere Stücke zu sehen. Leopold Mozart hat den Hinweis auf die Sprachstudien jedenfalls gleich verstanden – und zu reiflicher Überlegung gemahnt, wie es seine Art war. Ohne feste Aussichten und entsprechend vorbereitete Kontakte kann man sich auf ein so weites Reiseabenteuer nicht einlassen. Mozart lenkt auch gleich ein:

»wegen frankreich und Engelland haben sie vollkommen recht! – dieser schritt wird mir niemal ausbleiben – es ist besser wenn ich es hier noch ein bischen auswarte – unterdessen können sich auch in selben ländern die Zeiten ändern. –« (24. August 1782)

Leopold Mozart, der ohnehin verärgert war, daß sein Sohn ihn in Salzburg allein gelassen hatte, hielt – mit Recht, wie sich zeigen wird – das Thema noch nicht für ausgestanden und schrieb an die Baronin Waldstätten:

»Mein Sohn hat auf mein Schreiben von seinem Entschluß, Wien zu verlassen, etwas nachgelassen, und da er mich in Salzburg besuchen will, so werde ihm die weiteren nöthigsten und kräftigsten Vorstellungen machen.« (13. September 1782)

Schon kurz zuvor erklärte Mozart seinem Vater, daß er »ein ErzEngländer« sei, und bezog sich dabei ausdrücklich auf den Sieg der englischen über die französische Flotte bei der dreijährigen Belagerung Gibraltars. Kein Votum sicherlich, das Paris als liebsten Ort für eine Übersiedlung erscheinen läßt; die Erinnerung an frühere Parisaufenthalte war ohnehin nicht besonders glückverheißend – auch in finanzieller Hinsicht.

Englandpläne werden in den kommenden Jahren nicht erwähnt, vergessen waren sie jedoch nicht. Als Attwood nach Wien kam, ein Protegé des Prinzen von Wales (und nachmaligen Königs Georg IV. von England), sah Mozart vielleicht eine deutlichere Chance, eine solche Reise vorzubereiten. Selbstverständlich sollte Konstanze mitkommen; eine Trennung von ihr von mehr als vier Wochen empfand Mozart stets als unerträglich. Ein Problem waren jedoch die Kinder, mittlerweile zwei, die irgendwo in Pension gegeben werden mußten. Gerade zu diesem Zeitpunkt erfuhr Mozart durch Zufall, was ihm bisher bewußt verschwiegen worden war, daß der Sohn seiner Schwester bei Leopold Mozart in Salzburg in Pension gegeben worden war. Bot sich da nicht eine Lösung an?

Mozarts Schwester Maria Anna hatte einen sehr viel älteren Mann, Johann Baptist von Berchtold zu Sonnenburg, geheiratet, der schon zweimal verwitwet war und fünf Kinder in die neue Ehe mitbrachte. Als seine dritte Frau ein weiteres Kind bekam, das im Juli 1785 in ihrem Elternhaus in Salzburg geboren wurde, ließ sie dieses Kind bei seinem überglücklichen Großvater zurück und und begnügte sich mit der Versorgung der fünf Stiefkinder. Warum sollte Leopold Mozart, der dafür ja mindestens zwei Hausangestellte hatte, nicht auch noch zwei weitere Kinder eine Zeitlang in Pflege nehmen können?

Aber Leopold Mozart geriet bei diesen Vorstellungen in Harnisch, fühlte sich ausgenutzt – und machte im übrigen auch einen Unterschied zwischen seinem Sohn und seiner Tochter. Ihr schrieb er:

»Heut habe einen Brief deines Bruders beantworten müssen *der mir viel Schreibens gekostet hat,* folglich kann dir sehr wenig schreiben, – es ist späth, in die Commoedie will ich heut auch gehen, da itzt *frey* bin, und mit dem Wienerbrief bin auch erst zu Ende gekommen. Daß ich einen sehr *nachdrücklichen Brief* schreiben musste, kannst dir leicht vorstellen, da er mir keinen geringern Vortrag macht, als *seine 2 kinder* in meine Versorgung zu nehmen, da er im halben fasching eine Reise durch Teutschland nach Engelland machen möchte etc: – ich habe aber tüchtig geschrieben, und versprochen die Continuation meines Briefes mit nächster Post ihm zu schicken. Der gute ehrliche Siloettenmacher H: Miller hatte deinem Bruder den *Leopoldl* gelobt, folglich hat er erfahren, daß das Kind bey mir ist, welches ihm niemals geschrieben hatte: also kam ihm oder vielleicht seiner Frau der gute Einfahl. das wäre freilich nicht übl, – Sie könnten ruhig reisen, – könnten sterben, – – könnten in Engelland bleiben, – – da könnte ich ihnen mit den Kindern nachlauffen etc: oder der Bezahlung für die Kinder die er mir für Menscher und Kinder anträgt etc: – Basta! meine Entschuldigung ist kräftig und Lehrreich, wenn ers benüzen will. –« (17. November 1786)

Ganz unrecht hatte er nicht: Mozart hielt es nicht einmal für ausgeschlossen, für immer in England zu bleiben.

Mozart scheint diese abschlägige Antwort nicht übel aufgenommen zu haben, zumal er inzwischen eine Einladung zu einem Besuch in Prag anläßlich der dortigen *Figaro*-Inszenierung erhielt. Hatte er ursprünglich wohl geplant, zusammen mit Kelly, Nancy und Stephen Storace (sowie Attwood) Ende Februar 1787 zu reisen, so wurde der Plan verschoben, damit Attwood ihm in London erst einen Opernauftrag oder Konzerte vermitteln könnte.

Attwood war zu solcher Vermittlung im Grunde bestens geeignet. War er schon auf Kosten des Prinzen von Wales in Italien und Wien zur

Ausbildung gewesen, so wurde er gleich bei seiner Rückkehr Kammermusiker des Prinzen, der ein unglaublich verschwenderisches Leben führte, spielte, teure Rennpferde besaß und sich als »erster Gentleman Europas« bezeichnen ließ. Dieser Dandy war an der beginnenden Mozart-Verehrung in England aktiv beteiligt. Attwood hingegen sollte vor allem Opernaufträge arrangieren und mit den Theaterdirektoren und Konzertunternehmern Verträge vorbereiten. Nirgendwo sonst war das Konzertleben so entfaltet, ganz in bürgerlichen Händen und (ohne die Vermittlung des Salons) nicht nur lebensfähig, sondern bereits voll kommerzialisiert. Nirgendwo sonst wurden für Konzerte solche Honorare bezahlt. Die Unternehmer befanden sich bereits in regelrechter Konkurrenz, was nur durch die riesige Bevölkerung von fast einer Million Menschen möglich war, ein Mehrfaches von Paris oder gar Wien.

Auch die gefeierte Sängerin Nancy Storace konnte Mozart sicher einige Wege ebnen. So schrieb er für ihr Wiener Abschiedskonzert eine *Scena con Rondo mit Klaviersolo* (KV 505), die in eigentümlicher Weise ein Klavierkonzert und eine Abschiedsarie mischt. Mozart selbst führte sie mit ihr zusammen in jenem denkwürdigen Konzert auf, das eine Einnahme von mehr als 4000 Gulden brachte. Dies war ein höchst persönliches Erinnerungsgeschenk und Dank für die *Figaro*-Premiere.

Mozart hatte seine Englandpläne keineswegs aufgegeben. Wie ernst es ihm, trotz der mangelnden Unterstützung aus Salzburg, damit war, zeigt ein Brief an seinen Wiener Freund Gottfried von Jacquin, dem er aus Prag schreibt:

»Ich muß ihnen aufrichtig gestehen, daß |: obwohl ich hier alle mögliche höflichkeiten und Ehren genüsse, und Prag in der That ein sehr schöner und angenehmer ort ist :| ich mich doch recht sehr wieder nach Wienn sehne; und glauben sie mir, der hauptgegenstand davon ist gewis *ihr* Haus. – wenn ich bedenke daß ich nach meiner zurückkunft nur eine kurze Zeit noch das Vergnügen genüssen kann in ihrer werthen gesellschaft zu seyn, und dann auf so lange – und vieleicht auf immer dieses Vergnügen werde entbehren müssen – dann fühle ich erst ganz die freundschaft und Achtung welche ich gegen ihr ganzes Haus hege; –« (15. Januar 1787)

Mozart ließ jetzt überall bekanntmachen, daß er von Wien weggehen werde, so daß selbst die Zeitungen davon voll waren. Oder war auch das wieder nur eine Taktik gegen »die Großen«, also den Kaiser, den einflußreichen Adel, ihm in Wien durch Opernaufträge das Bleiben zu versüßen? Denn in Prag hatte Mozart inzwischen den Auftrag zu *Don Giovanni* angenommen, der jedenfalls vor einer Reise fertig werden mußte.

Nancy Storace mit ihrer Familie, Kelly, Attwood und verschiedene Begleiter waren mittlerweile auf ihrer Reise durch Salzburg gekommen und brachten auch einen Brief von Mozart an seinen Vater mit. Leopold Mozart spielte einen Tag den Fremdenführer.

»Abends sang sie 3 Arien. und um *12 uhr in der Nacht* sind sie nach München abgereiset. sie hatten 2 Wägen, ieden mit 4 Postpferd, ein Bedienter ritte voraus um die 8 Pferd als Currier zu bestellen. welch ein Gepack! – diese Reise mag Geld kosten!« (1. März 1787)

Leopold Mozart wird zufrieden gewesen sein, daß sein Sohn mit seiner Frau nicht dabei war.

»Nachdem ich ihm aber vätterlich darüber geschrieben, daß er auf der Reise im Sommer nichts gewinnen, auch zur unrechten zeit in Engell: anlangen würde, – daß er *wenigst 2 000 f* im Sack haben müsste um diese Reise zu unternehmen, und daß er endlich, ohne etwas gewisses als engagement in London schon zu haben, es wagen würde bey aller Geschicklichkeit anfangs wenigst sicher Noth zu leiden; – so wird er den Muth verloren haben, da natür: Weise der Bruder der Sängerin für diesesmahl eine opera schreiben wird.« (2. März 1787)

Was Attwood und Nancy Storace für Mozart in London tun konnten, ist nicht bekannt. Für Mozart stand zunächst anderes im Vordergrund, mochte es nun Angebote aus England geben oder nicht: sie blieben die Ultima ratio... Als im Herbst 1789 der Londoner Verleger John Bland nach Wien kam, arbeitete Mozart gerade an *Così fan tutte*; wahrscheinlich hat Bland auch mit Mozart Kontakt aufgenommen, bevor er zu Haydn nach Eszterháza fuhr. Zu all diesen englischen Bemühungen um Mozart paßt ein Satz, den Mozart in das Stammbuch eines Englischlehrers in Wien eintrug, bei dem er vielleicht selbst Stunden hatte (der im übrigen ein Logenbruder aus der »Neugekrönten Hoffnung« war): »Patience and tranquillity of mind contribute more to cure our distempers as the whole art of medecine. –«[13] Alle Angebote kamen nämlich irgendwie zur Unzeit. Als Mozart auf der Frankfurtreise war (September bis November 1790), traf in Wien ein Brief ein, in dem der englische Konzertmanager Robert May O'Reilly den folgenden Vertrag anbot: Mozart solle von Dezember 1790 bis Ende Juni 1791 nach London kommen und in dieser Zeit wenigstens zwei Opern schreiben, ernste oder komische nach Wahl der Operndirektion, und bekäme dafür 300 Pfund

Die verhinderten Englandreisen

Sterling (etwa 2400 Gulden); außerdem könne Mozart auch noch für andere Konzertunternehmer schreiben, allerdings nicht für andere Theater. O'Reilly berief sich bei diesem Angebot ausdrücklich auf »eine Person aus der Umgebung des Prince of Wales«, von der er Mozarts Englandpläne erfahren habe; dies kann nur Attwood gewesen sein. Diesmal scheinen Mozart die Gesundheitsumstände seiner Frau abgehalten zu haben, die noch immer an ihrem offenen Bein laborierte. Aber ans Reisen dachte er selbst zumindest für den nächsten Sommer (1791). Aus München schrieb er seiner Frau:

»ich freue mich auf Dich, denn ich habe viel mit dir zu sprechen, ich habe im Sinne zu Ende künftigen Sommers diese tour mit dir, meine liebe zu machen, damit du ein anderes Bad besuchest, dabey wird dir auch die unterhaltung, Motion, und Luftveränderung gut thun, so wie es mir herrlich anschlägt, da freue ich mich recht darauf und alles freuet sich.« (vor dem 4. November 1790)

Offensichtlich war dabei an eine Reise in die Münchener Gegend gedacht.

Bald nach seiner Rückkehr fand in Wien ein Abschiedsmahl für Joseph Haydn statt, der am nächsten Tag mit dem Konzertagenten Johann Peter Salomon nach London reiste. Dabei hat Salomon auch Mozart ein Angebot gemacht. Salomon, ursprünglich ein gefeierter Geiger in Bonn und später in Berlin, war 1781 nach London gegangen und entwickelte sich dort zu einem der erfolgreichsten Konzertagenten. Haydn hat auf seinen Englandreisen durch Salomons Vermittlung ein Vermögen verdient. Aber Mozart konnte sich zu festen Zusagen nie entschließen. Ohne seine Frau war er zu längeren Reisen nicht bereit, und von Wien wollte er nur weggehen, wenn er irgendwo ein Dauerengagement bekäme, das lukrativer wäre.

Nach einer nur zweiwöchigen Abwesenheit schrieb Mozart aus Frankfurt an seine Frau:

»wenn du mir nur in mein Herz sehen könntest – da kämpft der Wunsch, die sehnsucht dich wieder zu sehen und zu umarmen mit dem Wunsche viel geld nach Hause zu bringen. – da hätt' ich schon oft den Gedanken noch *weiter* zu reisen – wenn ich mich dann so zwang diesen Entschluß zu fassen, so fiel mir dann wieder ein, wie es mich reuen würde, wenn ich mich so auf *ungewis,* vieleicht gar *fruchtlos* so lange von meiner lieben gattin getrennet hätte – mir ist *so* als wenn ich schon Jahrelang von dir wäre – glaube mir, meine liebe – wenn du bei mir wärest, so würde ich mich vieleicht leichter dazu entschliessen können –

allein – ich bin dich zu sehr gewöhnt – und liebe dich zu sehr, als daß ich lange von dir getrennt seyn könnte – [...] wenn ich in Wienn fleissig arbeite, und Scolaren nehme, so können wir recht vergnügt leben; und nichts kann mich von diesem Plane ab-bringen als ein *gutes Engagement* irgend an einem *Hofe*. –« (8. Oktober 1790)

(Haydn hatte es darin einfacher: er vertrug sich mit seiner Frau so wenig, daß er nie auch nur auf die Idee gekommen wäre, sie auf eine seiner Reisen mitzunehmen.) Das Geld, das Haydn in den insgesamt 24 Monaten seiner Englandaufenthalte verdiente, hätte selbst Mozart ein Engagement bei Hofe entbehrlich gemacht: Es waren rund 24 000 Gulden.

So ist aus einer Englandreise nie etwas geworden. Zwei Engländer, »die nicht Wienn verlassen wollten, ohne mich kennen zu lernen« (2. Juli 1791), trafen Mozart in seinem letzten Sommer und hatten einige vergnügte Stunden mit ihm in Mozarts bevorzugtem Lokal »Zur ungarischen Krone«. (Die nächsten suchten schon – vergeblich – nach seinem Grab und halfen damit nur noch einer Legende auf die Beine; darüber später.)

Der Tod des Vaters

»Der Leopoldl ist gesund« – so beginnt fast jeder Brief Leopold Mozarts an seine in Sankt Gilgen verheiratete Tochter seit dem Oktober 1785. Gemeint war sein Enkelkind, das im Juli in Salzburg geboren wurde und bis zum Tod des Großvaters dort bei ihm blieb. Zwischen Sankt Gilgen und Salzburg ging ein reger Briefwechsel hin und her, mindestens einmal die Woche, oft häufiger. Das Enkelkind ist natürlich ein wichtiger Impuls, aber Leopold Mozart berichtet ebenso von allen Salzburger Begebenheiten, gibt seine Kommentare dazu, auch zu den politischen Welthändeln, läßt aber ebenso ein umfassendes Bild von den Alltäglichkeiten des Haushalts entstehen, wie wir es in dieser Gründlichkeit und Umfänglichkeit wohl von kaum einem anderen Zeitgenossen besitzen.

Von Mozart allerdings erfahren wir wenig. Der Briefwechsel zwischen Salzburg und Wien scheint sich auf höchst gelegentliche und unvollständige Nachrichten beschränkt zu haben, von Leopold Mozart des öfteren beklagt, aber es scheint, als habe auch er den Kontakt sehr viel geringer gehalten als zu seiner Tochter. Mozart war ganz überrascht, als

Der Tod des Vaters

er eines Tages hörte, sein Vater sei ernstlich krank. Er schrieb sofort nach Salzburg:

»Ich hoffe und wünsche daß sie sich während ich dieses schreibe besser befinden werden; sollten sie aber wieder alles vermuthen nicht besser seyn, so bitte ich sie bey . . . . . . mir es nicht zu verhehlen, sondern mir die reine Wahrheit zu schreiben oder schreiben zu lassen, damit ich so geschwind als es menschenmöglich ist in ihren Armen seyn kann; ich beschwöre sie bey allem was – uns heilig ist. – Doch hoffe ich bald einen Trostreichen brief von ihnen zu erhalten« (4. April 1787).

Mozart machte sich ernsthafte Sorgen, zumal er auch an den plötzlichen Tod eines Freundes (August Clemens Graf Hatzfeld) denken mußte, der ihn sehr getroffen hatte. Er hatte diesen Todesfall schon zum Anlaß genommen, mit dem Vater über seine (freimaurerisch geprägten) Vorstellungen vom Tod zu reden, und wiederholt nun, da der erste Brief verlorengegangen war, seine Vorstellung vom Tod als dem »wahre[n] Endzweck unsers Lebens [...] diesem wahren, besten freunde des Menschen«, den Mozart über die Freimaurerei »als den *schlüssel* zu unserer wahren Glückseeligkeit kennen zu lernen« das Glück hatte.

Aber es stand noch nicht so schlimm mit Leopold Mozart; er kränkelte schon seit längerem, ohne ein deutlich wahrnehmbares Leiden zu haben. Am 24. Februar hatte er seiner Tochter geschrieben:

»Du willst immer, daß ich dir von meiner *vollkomenen* Gesundheit schreiben sollte. Du bedenkst nicht den Unterschied zwischen einem alten und jungen Mann. Ich habe nicht Zeit vieles zu schreiben, genug daß bey einem alten Man keine Rede von *vollkommener* Gesundheit mehr seyn kann, da immer etwas fehlt und ein alter Mann abnimmt, wie die jugend aufnimmt. kurz! man muß flicken, so lange man flicken kann. Dermahl kann eine gute Hofnung auf das nach und nach herannahende bessere und wärmere Wetter mit Grund setzen. übrigens wirst du mich ganz natürlich sehr mager finden, welches aber in der Hauptsache nichts thut.«

Allerdings war Leopold Mozart inzwischen sehr geschwächt, anfälliger, hatte offensichtlich Wasser und Herzbeschwerden. Am 10. Mai 1787 schreibt er:

»Ich befinde mich, Gott lob, nicht schlechter, und setze meine Hofnung auf ein dauerhafteres Wetter, um an die frische Luft zu kommen.«

Kurze Zeit später jedoch äußert er, er glaube kaum den Sommer zu überleben; am 28. Mai ist er plötzlich gestorben.

Von Mozarts Reaktion auf die Todesnachricht ist nur ein kleines (belangloses) Billett erhalten, die Nachschrift zu einigen Zeilen an Gottfried von Jacquin, dem er die tags zuvor fertig gewordene große vierhändige *Klaviersonate* (KV 521) schickte:

»Ich benachrichtige sie daß ich heute als ich nach haus kamm die traurige Nachricht von dem Tode meines besten Vaters bekam. – Sie können sich meine Lage vorstellen! –« (Ende Mai 1787)

Sonst wissen wir nichts hierzu[14].

Anderes, das Mozart in diesen Tagen gemacht hat, sei nicht verschwiegen, aber es muß ohne Deutung bleiben. Wir wissen nicht, was in Mozart vorging, und jeder Versuch, zwischen einzelnen Ereignissen, die hier wie erratische Blöcke nebeneinanderstehen, einen Sinnzusammenhang herzustellen, wäre Hochstapelei gegenüber dem Maximum an Information, das eine psychische Erklärung erfordert, zumal bei einer historischen Persönlichkeit, die sich jeder Nachfrage entzieht:

Einige Tage später starb Mozarts kleiner Vogel, den er drei Jahre zuvor für 34 Kreuzer gekauft hatte. Er muß recht gelehrig gewesen sein, konnte er doch das Rondothema aus dem *Klavierkonzert* für Barbara Ployer (KV 453) pfeifen. Auf seinen Tod schrieb Mozart am 4. Juni 1787 das folgende Gedicht:

> »Hier ruht ein lieber Narr,
> Ein Vogel Staar.
> Noch in den besten Jahren
> Mußt er erfahren
> Des Todes bittern Schmerz.
> Mir blu't das Herz,
> Wenn ich daran gedenke.
> O Leser! schenke
> Auch du ein Thränchen ihm.
> Er war nicht schlimm;
> Nur war er etwas munter,
> Doch auch mitunter
> Ein lieber loser Schalk,
> Und drum kein Dalk.
> Ich wett, er ist schon oben,
> Um mich zu loben
> Für diesen Freundschaftsdienst
> Ohne Gewinnst.

Denn wie er unvermuthet
Sich hat verblutet,
Dacht er nicht an den Mann,
Der so schön reimen kann.«

Um die gleiche Zeit war Mozart mit einer parodistischen Symphonie beschäftigt, die unter dem Titel *Ein musikalischer Spaß* (KV 522) ins Werkverzeichnis eingetragen wurde. Freilich ist dies ein bitterer Spaß, der unmusikalischen Dilettantismus recht unbarmherzig verspottet. Auch das »musikalische Würfelspiel« gehört in diese Zeit, eine Komposition, die einer häufig vorkommenden Gattung rationalistischer Schreibweise entspricht, bei der die »Mitspieler« sich ihre Stimmen erwürfeln können zu einem aleatorischen, immer wieder anders zusammengesetzten Spiel von Menuetten, Polonaisen und Kontretänzen. Im übrigen arbeitete Mozart in dieser Zeit bereits an seinem Prager Auftrag, der Oper *Don Giovanni.*

Prager Voraussetzungen

Mozarts einzigartige Erfolge in Prag, zuerst mit *Le nozze di Figaro,* danach mit *Don Giovanni,* sind nicht allein mit der vielbeschworenen böhmischen Musikliebe und -begeisterung zu erklären, die sich auch in dem hohen Anteil böhmischer Musiker in allen europäischen Orchestern niederschlug, und sind auch mit dem Hinweis auf die zahlreichen Freunde und Gönner Mozarts in Prag nicht verständlicher, denn die hatte er auch in Wien, wo eine differenziertere Aufnahme dieser Werke zu beobachten ist. Es scheint, als seien Mozarts Erfolge in Prag zu einem guten Teil auf das spezifische Verhältnis Böhmens zum Wiener Hof zurückzuführen, das seit dem Beginn des Dreißigjährigen Krieges belastet war und eine Sonderentwicklung unter den Habsburger Erblanden zur Folge hatte.

Man muß sich in Erinnerung rufen, daß Prag bis 1612 Residenzstadt gewesen war. Der »Bruderzwist im Hause Habsburg« endete mit der Schlacht am Weißen Berg und führte zu einer vollständigen Unterwerfung der Böhmen, die dem Kaiser die Anerkennung versagt hatten. Das folgende Strafgericht führte zu einer Vertreibung des unbotmäßigen Bürgertums und Adels: Fast die Hälfte des Adelsbesitzes kam in die

Hände landfremden, aber kaisertreuen Militäradels aus Italien, Spanien und Deutschland oder wurde den einheimischen katholischen Feudalherren übergeben. Eine rabiate Gegenreformation unter Führung der Jesuiten nahm Kultur und Bildung in ihre Hände, begleitet von einer Germanisierung, die die tschechische Bevölkerung bedeutungslos werden ließ. Erst nach fast 100 Jahren (1709) wurde diese Zwangsherrschaft etwas gelockert, hatte aber aus der einst selbstbewußten Nation eine politisch einflußlose Provinz gemacht. Die böhmischen Stände hatten kaum etwas zu melden, außer daß sie erhebliche Steuern abführen mußten, und selbst der böhmische Adel hatte am Hof in Wien bis weit ins 18. Jahrhundert eine eher zurückgedrängte Stellung inne. Im Lande herrschte eine nationale, soziale und religiöse Unterdrückung, die sich in allen Lebensbereichen bemerkbar machte.

Dabei war Böhmen auch im 18. Jahrhundert von kriegerischen Auseinandersetzungen mehr als andere Länder belastet, insbesondere in den Schlesischen Kriegen zwischen 1740 und 1763. Dennoch gelang es den böhmischen Ständen nicht, ihre alten Privilegien zurückzugewinnen: Regiert wurde in Wien mit Hilfe der böhmischen Hofkanzlei, und deren Rücksichten auf alte Traditionen, Gebräuche und Herkommen waren gering. Die Stände vereinten durchaus die tschechischen Elemente, die es auch unter dem alten Adel gab, und die deutsch-böhmischen zu einem böhmischen Patriotismus, in dem der Adel – wie sonst auch – eine führende Rolle hatte. Ökonomisch hatte er ohnehin die Führung, und er benutzte seine Kapitalien dazu, neben der Landwirtschaft ein bedeutendes Manufakturwesen aufzubauen, zum großen Teil auf den feudalen Gütern selbst, insbesondere im Textilbereich (mit großem Anteil an Heimarbeit), mit Glaserzeugung, später auch Eisenindustrie und Papiermühlen. Feudale Einrichtungen wie die Leibeigenschaft erleichterten dem Adel das Nebeneinander von landwirtschaftlicher und manufakturéller Produktion, sicherten aber auch einen Vorteil gegenüber bürgerlichen Unternehmern, die kaum mithalten konnten.

Mit der josephinischen Reformpolitik verschärften sich die Gegensätze in allen Bereichen. Josephs II. Versuch, einen zentralisierten Einheitsstaat mit einer straffen Verwaltungsstruktur einzurichten, die ganz auf das absolutistische Zentrum ausgerichtet war, begünstigte einen böhmischen Patriotismus, der die historische Eigenart des Landes nicht einem fremden Herrscherwillen aufgeopfert wissen wollte. Einem Herrscher übrigens, der (wie schon Joseph I.) noch nicht einmal für nötig befunden hatte, sich zum böhmischen König krönen zu lassen. Darüber hinaus war die Bevorzugung der deutschen Sprache – zum Beispiel als Voraussetzung für höhere Schulbildung – ein Mißachten der alten Zweisprachigkeit in Böhmen.

Im Bereich der Landwirtschaft führten die hohen Frondienste, Steuerabgaben und Mißernten zu sozialen Spannungen bei einer Bevölkerung, die mit dem Existenzminimum leben mußte. Bauernaufstände waren die Folge. Mit dem Robotpatent von 1774 wurde zwar versucht, die Dienste genau zu verzeichnen und zu begrenzen; die Bauern waren von dieser Neuordnung jedoch enttäuscht, weil sie ihnen nicht weit genug ging, während die Feudalherren die neuen Regelungen zu hintertreiben versuchten. Die Aufhebung der Leibeigenschaft (1781) führte dann einerseits zu einer Abwanderung in die Städte, andererseits zu moderneren Formen in der feudalen Landwirtschaft. Mit der weiteren Lockerung der Zunftordnung wurde jedoch der Übergang zur industriellen Produktion im Bürgertum befördert.

Der böhmische Adel, der sich nur in geringer Zahl vom Wiener Hof zu militärischen oder administrativen Stellungen herangezogen sah, war mehr oder weniger zum Rückzug auf seine Landgüter oder in seine prunkvoll errichteten Stadtpalais gezwungen. Andererseits hat gerade dies zu einer regionalistischen kulturellen Blüte beigetragen. Zahlreiche Musikkapellen des Adels entstanden, in – allerdings bedeutenden – einzelnen Fällen sogar Privattheater, die vor allem mit Opernaufführungen hervortraten. Der Adel, der durchaus gelernt hatte, ökonomisch zu denken, stellte als Dienstpersonal nur jemand ein, der zugleich ein Instrument beherrschte, und konnte mit dieser Doppelfunktion des livrierten Lakaien als Musiker erhebliche Kosten sparen beziehungsweise seine Musikensembles erweitern. Die andere materielle Basis des böhmischen Musikantentums war die Kirche, die der Kirchenmusik einen hohen Stellenwert zukommen ließ. Die meisten dieser Musiker kamen vom Land, wo ein schier unerschöpfliches Reservoir an Nachwuchs vorhanden war. Der Grund lag in dem in Böhmen üblichen Schulsystem.

Ganz im Zeichen der Gegenreformation gehörte es zu den vordringlichsten Aufgaben der Dorfschullehrer, für die Kirchenmusik zu sorgen; sie selbst mußten die Organistenstelle einnehmen. Dies bedeutete, daß die Lehrer eine gute musikalische Bildung haben mußten. Auf die Musikerziehung der Schulkinder legten sie größten Wert, brauchten sie diese doch für die Kirchenmusik. Von jedem Lehrer wurde erwartet, daß er selbst mindestens eine Meßkomposition im Jahr ablieferte, einstudierte und aufführte. Kein Wunder, daß der Schulunterricht oft vor allem

Musikunterricht war – kein Wunder, daß es so viele tüchtige Instrumentalisten gab, unter denen der Adel und die Kirche nur auszusuchen brauchten. Bei den großen sozialen Spannungen nach der Jahrhundertmitte und der großen Bevölkerungsvermehrung, wobei Arbeitsmangel herrschte, sahen viele in der Musikausübung die einzige Chance für ihr Fortkommen. Die böhmische Musikeremigration hat also in erster Linie soziale Gründe und fußt auf den Besonderheiten des Schulsystems, wobei die böhmischen Musiker im Ausland bald hochgeschätzt waren.

Nach 1774 gab es zwar eine Bildungsreform, bei der die Lehrer nicht mehr zugleich das Organistenamt ausüben durften, auch wurde das allgemeine Bildungsniveau stark angehoben und der Musik ein sehr viel geringerer Stellenwert beigemessen; aber die musikalische Tradition, im wesentlichen auch familiär gestützt, war dadurch keineswegs gebrochen. In den Adelskapellen nahmen als Einsparungsmaßnahme zunächst die Bläserharmonien überhand, nach der Abschaffung der Leibeigenschaft kam es sogar zum allgemeinen Rückgang privater Ensembles und zu allgemeiner Personaleinschränkung auf den Schlössern; die Emigration böhmischer Musiker ins Ausland setzte sich dadurch nur ungebrochen fort.

Die Dorfmusikanten wanderten zunehmend in die Städte ab, wo sich das Musikleben – abgesehen von den Einrichtungen der Kirche – über das Wirtshaus zunehmend in die öffentlich zugänglichen Theater und schließlich in eigene Konzertsäle verlagerte. Diese Erscheinungen verlaufen überall ganz ähnlich. Nur in der Residenzstadt spielen adlige und private Salons als Mittler eine ungleich größere Rolle, sofern es außerhalb der Residenz überhaupt vergleichbare private Einrichtungen gab. Aber jeder reisende Virtuose, der nach Prag kam, fand hier Auftrittsmöglichkeiten und Interesse, mußte er auch oft mit einem Wirtshaussaal vorliebnehmen. Das Publikum jedoch war musikalisch hochgebildet.

Die Abwesenheit des Hofes bedingte, daß die Oper nur auf privater Basis Fuß fassen konnte, denn abgesehen von den pompösen Krönungsfeierlichkeiten gab es dafür keine Institution. Wohl aber großes Interesse: Schon 1724 gründete Franz Anton Graf Sporck ein Opernhaus, 1735 kam das der Grafen Thun auf der Kleinseite hinzu. Damit gab es zu den jesuitischen Schuldramen und großen Oratorienaufführungen in den Kirchen jetzt auch italienische Oper, sowohl in der Gattung der Buffooper wie auch der Opera seria. Der Rückgriff auf freie Opernunternehmer mit ihren eigenen Ensembles brachte vor allem einen engen Kontakt nach Leipzig (und Dresden), weitaus intensiver als nach Wien. Von Leipzig

Prager Voraussetzungen

kam auch die Operntruppe Pasquale Bondinis, die in Prag zuerst *Figaro* und *Don Giovanni* aufgeführt hatte. Nach Wiener Vorbild war darüber hinaus von Franz Anton Graf Nostitz-Rieneck das Prager Nationaltheater gegründet worden, das schon 1783 *Die Entführung aus dem Serail* gegeben hatte – mit einem Erfolg, der vor allem auf Mozarts Schreibweise beruhte: seinen Bläsersätzen und seinem harmonischen Reichtum. In Prag konnte – anders als in Wien – auch das über Leipzig bekannte norddeutsche Singspiel mit dem Wiener deutschen Singspiel konfrontiert werden, das sich am Wiener Nationaltheater nur kurze Zeit halten konnte.

Mozart hatte in Prag in dem einflußreichen Ehepaar Josepha und Franz Xaver Duschek gute Musikerfreunde, die sogleich von den der *Figaro*-Premiere vorangegangenen Theaterintrigen in Wien erzählten. Außerdem war er seit langem mit der Familie der Grafen Thun bekannt, deren Oberhaupt in Prag residierte, eine eigene Hausmusik und das Thunsche Theater unterhielt. Aber auch ohne diese persönlichen Beziehungen waren die Voraussetzungen in Prag für Mozart denkbar günstig. Bondini, dessen Unternehmungen einen spektakulären Erfolg durchaus brauchen konnten, entschloß sich, als erstes Theater *Figaro* nachzuspielen, das Stück, das wegen seines provozierenden politischen Sujets ebenso neugierig machen mußte, wie es von der musikalischen Sprache her als die avancierteste, um nicht zu sagen avantgardistische Oper gelten mußte. In Prag verhinderte keine ennuyierte Hofgesellschaft den Erfolg, war man musikalisch wach genug, sofort zu verstehen, was in Wien sich erst gegen die populäre Tradition durchsetzen mußte. Und schließlich wurde *Figaro* in Prag sofort als eine Oper verstanden, die sich gegen die eingefahrene italienische Operntradition absetzte, obschon sie auch dort zunächst auf italienisch gegeben wurde. Gerade diese Abkehr vom italienischen Operntypus hat der Prager Mozart-Begeisterung den entscheidenden Impuls gegeben. Denn damit ließ sich Mozart für den von allen Prager Schichten getragenen böhmischen Patriotismus vermitteln.

In einem Gedicht des Prager Arztes Anton Daniel Breicha, das als Flugblatt bei den *Figaro*-Aufführungen verteilt wurde, wird Mozart nicht nur als ein »melodischer Denker« bezeichnet und das »sprechende Spiel« gerühmt, sondern in pathetischen Tönen der »deutsche Apoll« gefeiert, während die höfische italienische Oper unter dem »Neid, der selbst sich verzehret«, leidet. Die fünfte und letzte Strophe dieser Huldigung, die Mozart gleich zugeschickt und von ihm triumphierend nach Salzburg weitergeleitet wurde, lautet:

»Sieh! Deutschland, Dein Vaterland, reicht Dir die Hand,
Nach Sitte der Deutschen, und löset das Band
　der Freundschaft mit Fremdlingen auf, und verehret
In Dir nun den deutschen Apoll, und versöhnt
Sich so mit Germaniens Musen, und höhnt
　Des schielenden Neides, der sich selbst verzehret.«[15]

Noch eindrucksvoller für die böhmisch-nationale Rezeption Mozarts in Prag ist jene Anekdote von dem bekannten Prager Harfenisten Joseph Häusler, der im »neuen Wirtshaus« auftrat und auf Wunsch der Gäste immer »Non più andrai farfallone amoroso...« (Nicht länger, verliebter Schmetterling, wirst du Tag und Nacht herumflattern) spielen mußte: Er behauptete steif und fest, Mozart sei ein gebürtiger Böhme...

　Daß Mozart von einer »Gesellschaft *grosser* kenner und Liebhaber« (12. Januar 1787) nach Prag eingeladen wurde, um sich dort eine Aufführung des *Figaro* anzuhören, war eine ungewöhnliche Ehrung. Schließlich war dies eine Reise von dreieinhalb Tagen und einigem finanziellen Aufwand, die man jemandem nur zumuten konnte, wenn man auch finanzielle Entschädigungen bot, zumindest Konzerteinnahmen. An der Einladung hatte sich auch das Orchester beteiligt, wohl als deutlicher Hinweis, daß in Prag von den Musikern keine Kabalen zu erwarten seien, sie alle vielmehr seinen musikalischen Rang bewunderten und verehrten. All dies sind deutliche Spitzen gegen den hauptstädtischen Musikbetrieb, in dem nicht Talent und Können, sondern Beziehungen und Intrigenspiel über den Erfolg entschieden.

　Aus wem diese Gesellschaft von Kennern und Liebhabern im einzelnen bestand, wissen wir nicht. Man braucht sich darunter keine feste Organisation vorzustellen, wahrscheinlich handelte es sich um eine Aufforderungsliste, die unter den Musikenthusiasten, bürgerlichen wie adligen, herumgereicht wurde. Denkbar ist auch, daß die Prager Freimaurer, mit denen Mozart alsbald Kontakt aufnahm, das einigende Band darstellten: Viele von Mozarts Prager Bekannten und Freunden, einschließlich des alten Grafen Thun, waren Logenbrüder, wie in Prag überhaupt die Freimaurerei eine bedeutende Rolle spielte.

Mozart auf der Reise nach Prag

»Diese Reise mag Geld kosten!« rief Leopold Mozart aus, als die Reisegesellschaft von Nancy Storace, Michael Kelly und Thomas Attwood mit fünf weiteren Personen in zwei Kutschen mit je vier Pferden durch Salzburg kam. Er wird nicht gewußt haben, daß sein Sohn mit seiner Frau einige Wochen zuvor kaum weniger luxuriös seine erste Reise nach Prag unternommen hatte: Auch er liebte große Begleitung, nur das Gepäck wird etwas weniger gewesen sein, sie waren ja nur für fünf Wochen unterwegs. Auch Mozarts waren zu acht, denn mit von der Partie waren noch der spätere Schwager Franz Hofer (der Mozart 1789 auch nach Frankfurt am Main begleiten sollte), der Klarinettist Anton Stadler, die junge Geigerin Marianne Crux mit ihrer Tante, Elisabeth Barbara Qualenberg, der Geiger Kaspar Ramlo, Mozarts Bedienter Joseph (der über viele Jahre bei Mozarts war), schließlich sogar noch Mozarts Hund Gauckerl. Auch diese Gesellschaft fuhr in zwei Kutschen, brauchte also zwei Kutscher und mindestens sechs Pferde, das war Vorschrift. Mozart wird vermutlich alles gezahlt haben, denn die Musiker waren arm und hatten nichts (nur bei Marianne Crux und ihrer Tante ist die Beziehung unklar, vielleicht hatten sie sich auf eigene Kosten der Gesellschaft angeschlossen). Hofer zum Beispiel war als Geiger bei der Kirchenmusik vom Stephansdom angestellt mit einem jährlichen Salär von 25 Gulden (das hätte nicht einmal für die Hinreise gereicht), Stadler ist ohnehin als Mozarts Schuldner bekannt. Auf der dreieinhalbtägigen Reise waren alle sehr ausgelassen, titulierten sich und andere mit Spottnamen, Mozart hieß Pùnkititi, seine Frau SchablaPumfa und so weiter.

Mozarts wohnten im Palais des Grafen Thun, die anderen vermutlich im Gasthaus. Die Prager Gastlichkeit ging gleich los.

»Gleich bey unserer Ankunft |: Donnerstag den 11:ten um 12 uhr zu Mittag :| hatten wir über hals und kopf zu thun, um bis 1 uhr zur Tafel fertig zu werden. Nach Tisch regalirte uns der alte H: graf Thun mit einer Musick, welche von seinen eigenen leuten aufgeführt wurde, und gegen anderthalb Stunden dauerte. – diese *wahre unterhaltung* kann ich täglich genüssen. – um 6 uhr fuhr ich mit grafen Canal auf den sogenannten breitfeldischen ball, wo sich der kern der Prager schönheiten zu versammeln pflegt. –« (15. Januar 1787)

So ging es fort durch die ganze Zeit dieses Besuches. Wenn Mozart irgend einmal eine reine Vergnügungsreise unternommen hat, dann diese. Außer sechs *Deutschen Tänzen mit Alternativo* (KV 509) kurz vor seiner Abreise hat Mozart noch nicht einmal etwas komponiert, obschon Gelegenheit genug da war, sei es für die Prager Privatkapellen des Adels, sei es für andere Ensembles, sei es für Konzerte, die Mozart gab. Er hatte zwar die kurz zuvor geschriebene dreisätzige *Symphonie,* die später als *Prager* (KV 504) bekannt wurde, im Gepäck – sie wurde in Prag zum erstenmal aufgeführt –, aber wir wissen von keinem Klavierkonzert, das er dort gespielt hätte, nur von Fantasien auf dem Klavier, Improvisationen wohl. Natürlich wurde bei der täglichen Musik des Grafen Thun auch Mozart gespielt, ebenso bei anderen Gelegenheiten, aber er ließ sich sonst zu keiner neuen Notenzeile hinreißen.

Mozart war wirklich nur gekommen, um seinen Erfolg mit *Figaro* auszukosten. Anläßlich eines Balles schreibt er:

»Ich tanzte nicht und löffelte nicht. – das erste, weil ich zu müde war, und das leztere aus meiner angebohrnen blöde; – ich sah aber mit ganzem Vergnügen zu, wie alle diese leute auf die Musick meines figaro, in lauter Contretänze und teutsche verwandelt, so innig vergnügt herumsprangen; – denn hier wird von nichts gesprochen als vom – figaro; nichts gespielt, geblasen, gesungen und gepfiffen als – figaro: keine Opera besucht als – figaro und Ewig figaro; gewis grosse Ehre für mich. –« (15. Januar 1787)

Mozart absolvierte mit seiner Frau ein richtiges Touristenprogramm. Das berühmte Clementinum, das Prager Priesterseminar, ließ er sich von Pater Karl Raphael Ungar zeigen, einem Mitglied der Prager Loge »Zur Wahrheit und Einigkeit«, Direktor der Bibliothek dieser ehemaligen Jesuitenschule; zum Essen fuhr er zum Grafen Emanuel Joseph Canal von Malabaila, Mitglied derselben Loge. Abends Oper. Morgens lange geschlafen. Die musikalischen Verpflichtungen blieben äußerst sparsam: Das erwähnte Konzert im Theater, das aber immerhin eine Einnahme von 1000 Gulden brachte, drei Tage später dirigierte er seinen *Figaro,* vielleicht auch noch an einem anderen Tag.

Pasquale Bondini, der Pächter und Leiter des Theaters, durfte mit dem Besuch Mozarts zufrieden sein. Bei dieser Mozart-Begeisterung in Prag konnte er es wagen, bei ihm eine ganz neue Oper in Auftrag zu geben zu gleichen Honorarbedingungen, wie sie in Wien üblich waren. Bondini wird sich mit Mozart über den Charakter der Oper abgesprochen haben, auf die Sänger und die Darstellungsmöglichkeiten seiner Truppe galt es ohnehin Rücksicht zu nehmen. Sicher aber gab es noch keine Idee für das Libretto, noch keinen Textdichter. Bondini verließ sich darin ganz auf

Mozart. Für ihn als selbständigen Opernunternehmer mußte der Erfolg ganz anders kalkuliert werden als etwa am Wiener Nationaltheater, das eine kaiserliche Theaterdirektion hatte und über die Hoftheater-Rechnungsbücher abrechnete, das heißt: vom Kaiser subventioniert wurde. Am Wiener Nationaltheater gab es oft Opern, die nur drei- oder viermal gegeben wurden und dann bereits vom Spielplan verschwanden. Dergleichen konnte sich Bondini nicht leisten, zumal wenn er dem Komponisten Honorar zahlen mußte. *Figaro* bewies aber, daß die für Musiker und Sänger außerordentlich anspruchsvolle Schreibweise Mozarts beim Publikum großen Erfolg haben konnte. Sicherheitshalber bat Bondini für die neue Oper Mozart um seine Anwesenheit bei den letzten Proben; schließlich war der Komponist auch ein erfahrener Theaterpraktiker. Und dann sollte die Oper gleich am Beginn der neuen Spielzeit herauskommen, damit genug Zeit wäre, ihre Kosten wieder hereinzubringen.

Als Mozart sieben Monate später, Ende September 1787, das nächstemal in Prag eintraf, hatte er *Don Giovanni* bei sich – wahrscheinlich jedoch nicht alles bereits in Notenschrift, denn die letzten Feinheiten wollte er ja aus der Probenarbeit mit den Sängerinnen und Sängern herausfeilen, und sicher noch nicht die Ouvertüre, die wie immer erst im letzten Augenblick niedergeschrieben wurde (sie ist mit dem Vorabend der Uraufführung datiert)[16].

Diesmal war es wirklich ein Arbeitsaufenthalt – ohne weitere Begleitung als von seiner Frau, von der er sich kaum jemals trennte. Obschon die Premiere vom 14. auf den 29. Oktober verschoben werden mußte, war alle Zeit mit Proben ausgefüllt. Sie waren zunächst sogar der Grund der Verschiebung, denn »das hiesige theatralische Personale [ist] nicht so geschickt wie das zu Wienn um eine solche oper in so kurzer Zeit einzustudiren. zweytens fand ich bey meiner Ankunft so wenige vorkehrungen und Anstalten, daß es eine blosse unmöglichkeit gewesen seyn würde, Sie am 14:ten als gestern zu geben« (15. Oktober 1787). Zu allem Überfluß wurde noch eine Sängerin krank.

»da die truppe klein ist, so mus der Impreßario immer in Sorgen leben, und seine leute so viel möglich schonen, damit er nicht, durch eine unvermuthete unpässlichkeit in die unter allen krittischen allerkrittischste laage versezt wird, gar kein Spektakl geben zu können! – deswegen geht hier alles in die lange bank, weil die Recitirenden |: aus faulheit :| an operntägen nicht Studieren wollen, und der Entrepreneur |: aus forcht und angst:| Sie nicht dazu anhalten will« (21. Oktober 1787).

Mozart hat sich seine Ungeduld jedoch nicht anmerken lassen, sondern dirigierte selbst wieder einmal den *Figaro* als Ersatzvorstellung, für Bondini und sein Ensemble eine gute Aufmunterung.

Daß wirklich noch viel an *Don Giovanni* gearbeitet werden mußte, geht schon daraus hervor, daß auch Lorenzo Da Ponte, der Textdichter, bereits einige Tage vor der geplanten Uraufführung in Prag eintraf, wegen der Verzögerungen die Premiere dann allerdings nicht mehr sehen konnte[17]. Auch Mozart beklagt sich, nicht einmal zum Briefeschreiben zu kommen. Seine Arbeit bestand ja nicht mehr im Komponieren der Oper, sondern im Anpassen an die Gegebenheiten, so daß »ich zu viel andern leuten – und zu wenig – mir selbst angehöre; – daß dies nicht mein lieblings-leben ist, brauche ich ihnen wohl nicht erst zu sagen« (25. Oktober 1787). Dafür wurde die Uraufführung dann ein rauschender Erfolg, »und zwar mit dem lautesten beyfall«, wie Mozart stolz nach Wien berichtet.

Mozart, der selbst dirigierte, fand ein Publikum, das ihn schon deshalb bejubelte, weil er eigens für Prag eine neue Oper geschrieben hatte, aus der Metropole in die Provinz gekommen war. Als Mozart »ins Orchester trat, wurde ihm ein dreymaliger Jubel gegeben, welches auch bey seinem Austritte aus demselben geschah«, berichtet die *Prager Oberpostamtszeitung* und fährt fort: »Die Oper ist übrigens äußerst schwer zu exequiren, und jeder bewundert dem ungeachtet die gute Vorstellung derselben nach so kurzer Studierzeit. Alles, Theater und Orchester bot seine Kräften auf, Mozarden zum Danke mit guter Exequirung zu belohnen. Es werden auch sehr viele Kosten durch mehrere Chöre und Dekorazion erfordert, welches alles Herr Guardasoni glänzend hergestellt hat. Die außerordentliche Menge Zuschauer bürgen für den allgemeinen Beyfall.«[18] Mozart bekam von Bondini noch zusätzlich zum Honorar die Einnahmen der vierten Vorstellung; es muß eine Summe von 700 bis 1000 Gulden gewesen sein.

Mozart blieb nach der Premiere noch etwa zwei Wochen in Prag, dirigierte die ersten Aufführungen und hatte endlich auch etwas mehr Zeit für seine Prager Freunde. Für Josepha Duschek schrieb er eine dramatische Gesangsszene, um die sich eine Anekdote rankt, die dem Werk immerhin nicht widerspricht: Die Sängerin habe die Niederschrift dieser lange versprochenen Arie erzwungen, indem sie Mozart in seinem Zimmer einschloß, bis sie fertig sei; Mozart habe die Arie nur herausgeben wollen, wenn Josepha Duschek sie fehlerfrei vom Blatt singen könne. (In der Tat sind bei einer Stelle, die sich doppeldeutig auch so übersetzen läßt: »Welche Atemnot, welche schreckliche Stelle für mich«, harmonische Wendungen angebracht, die selbst für eine sehr geübte Sängerin äußerst unübersichtlich sind.) Josepha Duschek bewohnte eine (heute noch erhaltene) reizende kleine Gartenvilla in einem Vorort von Prag, um die sich manche Mozart-Anekdoten ranken (die bei einem Pragbesuch zu erfahren der Genius loci verhilft).

Am 4. November schreibt Mozart an Gottfried von Jacquin:

»Ich wollte meinen guten freunden |: besonders bridi und ihnen :| wünschen, daß Sie nur einen einzigen Abend hier wären, um antheil an meinem vergnügen zu nehmen! – vieleicht wird Sie doch in Wienn aufgeführt? – ich wünsche es. – Man wendet hier alles mögliche an um mich zu bereden, ein paar Monathe noch hier zu bleiben, und noch eine Oper zu schreiben, – ich kann aber diesen antrag, so schmeichelhaft er immer ist, nicht annehmen. –«

Warum eigentlich nicht? In Wien hatte Mozart keinerlei Verpflichtungen, keine Aufträge. Konstanze Mozart befand sich bei ihm in Prag, der mittlerweile dreijährige Sohn Karl Thomas war in einem Heim gut untergebracht. Es ist kein Grund ersichtlich, warum Mozart einen Opernauftrag, der ihm sonst das wichtigste war, diesmal ablehnen sollte. Zwar vermutet Erich Schenk, Mozart habe davon gehört, daß Christoph Willibald Gluck nicht mehr lange zu leben habe[19]. Gluck, der schon zwei Schlaganfälle erlitten hatte und seit Jahren krank war, starb völlig unerwartet an einem dritten Schlag, den er bei einer Spazierfahrt erlitt[20].

Vielleicht kam Mozart, der seine Rückreise frühestens am 13. November angetreten hatte, gerade rechtzeitig nach Wien, um an dem prunkvollen Leichenbegängnis für Gluck teilzunehmen, das am 17. November unter großer Anteilnahme der Bevölkerung begangen wurde. Daß Mozart kurz darauf eine Anstellung als Kammerkompositeur bekam, mag mit dem Tod Glucks zusammenhängen. Mit dieser Anstellung sollte aber auch, wie aus den Akten hervorgeht, erreicht werden, daß »ein in dem Musik-Fache so seltenes Genie, nicht genöthiget sey, in dem Auslande Verdienst und Brod zu suchen«[21]. Daß Mozarts Englandpläne in die Zeitungen lanciert wurden, hat wohl ebenso geholfen, wie die jüngsten Prager Erfolge deutlich machten, daß Mozart auch anderswo hoch geschätzt wurde. (Im übrigen soll auch Gräfin Thun dem Kaiser die Besoldung dringend nahegelegt haben.) Die Zeitungsberichte aus Prag über *Don Giovanni* waren jedenfalls noch im November in den Wiener Zeitungen nachgedruckt worden.

Der gestrafte Ausschweifende oder: Don Jean

Mozart war natürlich an einer Wiener Aufführung des *Don Giovanni* sehr gelegen. Wenn man Lorenzo Da Ponte glauben darf, hatten die Berichte aus Prag ihre Wirkung nicht verfehlt. Der Kaiser selbst habe eine baldige Aufführung gewünscht (und konnte sie dann wegen des Türkenkrieges erst am Ende des Jahres sehen). Mozart hatte einige Veränderungen vornehmen müssen, den Sängern zuliebe, dramaturgisch eher störend – ein Duett zwischen Zerlina und Leporello, einfach überflüssig und nur als Konzession an das Publikum zu verstehen. Aus den Änderungen spricht eine gewisse Ängstlichkeit, vielleicht ist sie den Unsicherheiten mit teilweise neu engagierten Sängern geschuldet.

In Prag also ein Riesenerfolg – in Wien ein Reinfall? Lag es wieder am Adel, dem wichtigen Publikum der Wiener Nationaloper? Graf Zinzendorf notiert von der Premiere, er fände die Musik sehr angenehm und vielfältig (»agréable et très variée«); insgesamt sechs Vorstellungen sieht er sich an (von 15 Aufführungen insgesamt); nur einmal notiert er, daß er sich sehr gelangweilt habe, aber das kann auch an der einen Vorstellung gelegen haben.

Die Vorbehalte gegen *Don Giovanni* sind keine Vorbehalte gegen Mozart. Vermutlich hatte Joseph II. gar nicht so unrecht, wenn er darauf verwies, daß diese Oper eben nichts Neues enthielt, das Stück (natürlich nicht Mozarts Musik) war den Wienern altbekannt, und es war von einer Art, die nicht gerade dem neuesten Geschmack entsprach, wenigstens nicht dem aufgeklärter und gebildeter Leute, sei es beim Adel oder im Bürgertum.

Das Don-Juan-Thema hatte schon immer mehr Neigung zum volkstümlichen, derb-witzigen Theater als zum großen Charakterdrama, dessen »dämonische« Seite überhaupt erst im 19. Jahrhundert entdeckt wurde und uns hier nicht zu beschäftigen braucht. (Es geht um Mozart und seine Zeitgenossen, um *ihre* historische Bedingtheit, nicht um eine spätere Mozart-Rezeption.) Tirso de Molina mit seinem *Burlador de Sevilla y convidado de piedra (Der Spötter von Sevilla und der steinerne Gast,* 1630), der Urvater aller Bearbeitungen dieses Themas, hatte schon Komödienhaftes und Abenteuerliches mit christlicher Bußpredigt theatralisch zu verbinden gewußt. Sein »Spötter« ist dabei nicht völlig unsympathisch, aber er überhört alle Hinweise, rechtzeitig seine Sünden zu bereuen, bis es zu spät ist und er in die Hölle hinabgerissen wird. Fast alles an Motiven aus späteren Bearbeitungen des Stoffes ist bei Tirso de Molina schon zumindest in Andeutungen enthalten; im Grunde finden nur noch Akzentverschiebungen statt. Für Verbreitung in den nächsten anderthalb Jahrhunderten haben allerdings weniger die künstlerisch anspruchsvollen Theaterfassungen gesorgt, wie sie zum Beispiel Molière, Corneille, Goldoni versucht haben, sondern die Formen des improvisierenden Theaters, der Commedia dell'arte, die Puppenspiele, Stegreifkomödien, Farcen, Vaudevillekomödien. Und in ihnen grassierten das Burlesk-Komische, das Irrationale, das unechte Pathos; jetzt wurde das Verhältnis von Herr und Diener zu einer wichtigen Gelenkstelle des Stückes, weil sie die Rolle des Leporello zum Arlecchino umzugestalten erlaubte, zum Hanswurst, zu jener Figur, deren Beliebtheit das ganze Interesse am Theater wachhielt. Das Stück war zum Volksstück geworden in der Weise, wie es von den Theaterreformern seit Johann Christoph Gottsched bekämpft wurde. Zwar gab es Versuche, das Thema gewissermaßen zu retten für ein anspruchsvolles und seriöses Theater – schon Molières Bearbeitung läßt sich als rationalistische Moralkritik verstehen, und selbst Glucks *Don Juan*-Ballette heben das Stück in eine fast mythische Ebene, die ganz aus der Tradition der Opera seria kommt und keinerlei komische Aspekte erlaubt. Aber alle diese Versuche haben der anderen Tradition des Stoffes nichts anhaben können. Hier handelte es sich um Vorstadttheater, das gemeinhin die Einwände von Reformeiferern ignoriert, ein Theater, das derbe Späße und große Leidenschaften unbekümmert verschmilzt, das Unwahrscheinliche, Abstruse, den Maschineneffekt auf dem Theater sich nicht nehmen läßt, ein aufsässiges Theater – auch gegen das Diktat der rationalistischen Aufklärung.

Und dieses Vorstadttheater hatte in Wien geradezu sein bestes Haus und war hier keineswegs nur auf Gelegenheitsbühnen angewiesen. Das Leopoldstädter Theater vor allem war die Bühne, die diese Theatertradition am Leben erhielt, eine Tradition, die später zu Ferdinand Raimunds Zauberpossen weiterführt und sich nirgendwo sonst als in Wien so erfolgreich halten konnte. Mozart hatte zu diesem Theater immer eine gewisse Affinität, die sich mit seinem außerordentlich entwickelten Theaterverstand und Sinn für den dramatischen Effekt bestens vertrug. Ist nicht auch *Die Zauberflöte* für diesen Theatertypus geschrieben? Mozart hat solches Theater sicher oft besucht, er ließ sich sogar dazu anregen, selbst ein Stück zu schreiben (oder zumindest anzufangen), das in dieses Theatermilieu gehört: *Die Liebesprobe*[22]. Und in diesem »Theater in der Leopoldstadt« gab der Lokalmatador Karl von Marinelli seit 1783 eine der Commedia-dell'arte-Fassungen des Don-Giovanni-Stoffes. Den Wienern war also wahrlich bekannt, welche Handlung dies Stück umreißt.

Und in anderen Städten kannte man das Stück vom »steinernen Gast« natürlich ebenso. Das ist wichtig, weil wir die Theaterkritiken anderer Orte zu Hilfe nehmen müssen, um die Einwände zu verstehen, die auch in Wien gemacht wurden. In Wien hielt sich die Kritik nämlich sehr zurück, verbarg sich geradezu hinter der einfachen Ankündigung der Oper. Anderswo hingegen wurde freimütig diskutiert und deutlich zwischen der Handlung und der musikalischen Bearbeitung unterschieden, wurden auch grundsätzliche Bedenken angemeldet gegen das Mißverhältnis von niederem Theater und hoher (musikalischer) Kunstleistung Mozarts.

Eine für diesen Einwand besonders deutliche und ausführliche Besprechung des *Don Giovanni* gibt Johann Friedrich Schink anläßlich einer Hamburger Aufführung von 1789. An Mozart rühmt er vor allem, daß seine Musik »durchdachtes, tiefempfundenes Werk [ist], den Karakteren, Situationen und Empfindungen seiner Personen angemessen. [...] Er legt nie Läufe und Triller in Silben, die derselben nicht fähig sind, und verschnirkelt überhaupt nie seinen Gesang mit unnöthigen und Seellosen Kolleraturen. Das heißt den Ausdruk aus der Musik verbannen, und der Ausdruk liegt nie in einzelnen Worten, sondern in der klugen, natürlichen Vereinigung der Töne, durch die die wahre Empfindung spricht. Diesen Ausdruk hat *Mozart* völlig in seiner Gewalt. [...] Er ist der wahre Virtuos, bey dem nie die Einbildungskraft mit dem Verstande davon läuft. Raisonnement leitet seine Begeistrung, und ruhige Prüfung seine Darstellung.«

Man merkt, daß Schink kein Musiker ist, aber er kann sich für diese Musik zumindest begeistern. Etwas ganz anderes ist es mit der Figur des Don Giovanni, die für ihn so sehr den Wüstling, das Böse und Unsittliche schlechthin verkörpert, daß er nicht in der Lage ist, die Elemente dieses Charakters wahrzunehmen, zum Beispiel seinen Charme, der doch vor allem mit musikalischen Mitteln gestaltet ist – etwa im Duett mit Zerlina. Noch schlimmer, weil alle Gesetze der Vernunft mißachtend, ist freilich das überwirkliche Auftreten des Komturs:

»*Don Juan* vereinigt all das Vernunftwidrige, Abentheuerliche, Widersprechende und Unnatürliche in sich, was nur immer ein poetisches Unding von einem menschlichen Wesen zu einem Opernhelden qualificiren kann. [...] Der lüderlichste, niederträchtigste, ruchloseste Kerl, dessen Leben eine ununterbrochene Reihe von Infamitäten, Unschuldverführungen und Mordthaten ist. [...] Er begeht die größten Abscheulichkeiten mit einer Kälte und einem Gleichmute, als hätt' er ein Glas Wasser auszutrinken, stößt einen Menschen nieder, als ging er zum Tanz, und verführt und betrügt weibliche Tugend, als nähm' er eine Prise Schnupftabak. Und alle diese Greuel amüsiren ihn, alle diese Bestialitäten machen ihm großen Spaaß. [...] Eine steinerne Statüe singt, läßt sich zu Gaste laden, nimmt diese Einladung an, steigt von ihrem Pferde herunter und trift zu rechter Zeit und Stunde glüklich ein. Allerliebst! Schade! daß sie nicht auch ißt, denn wäre der Spaaß erst vollkommen.«

Schink wirft der Oper allgemein vor, ein Theater der Unnatürlichkeit, Unwahrhaftigkeit und Vernunftwidrigkeit zu sein, das aufgeklärten Ansprüchen nicht standhält, nur niedrige Unterhaltung darstellt.

»Wie könnte Vernunft im Gesang Leute ergözzen, die nur singen hören, blos ihr Trommelfell erschüttern lassen, blos eine Austernmahlzeit bequem verdauen, blos ein paar Stunden mit Nichtsdenken hinbringen wollen? Was kann unter diesen Umständen willkommener seyn, als Unsinn, wie er hier vorgeht, als Abgeschmaktheiten, wie sie hier tragerirt werden?«

So hätte auch Joseph von Sonnenfels argumentieren können, der sich in Wien gern als Kritikerpapst verstand. Aber Mozarts *Don Giovanni* war mit solchen Vorwürfen nicht beizukommen, das mochte auch Schink gespürt haben. Darum zieht er ein merkwürdiges Resümee, das Mozart einerseits vorwirft, dem abgeschmackten Opernstoff eine inadäquate Musik aufgesetzt zu haben, eine Musik, die für den (niedrigen) Verstand eines Opernliebhabers zu hoch sei, andererseits wirft er den Opernhörern vor, keine Empfindung zu haben.

»Wer hieß ihn zu einem so italienischwahren Opernthema eine so unopernmäßige, schöne, große und edle Musik sezzen? Ist dieser Prachtvolle, majestätische und Kraftreiche Gesang wohl Waare für die gewöhnlichen Opernliebhaber, die nur ihre *Ohren* in's Singspiel bringen, ihr *Herz* aber zu Haus lassen? Was hätte auch das Herz in einem Schauspiel zu thun, in dem es nur auf sehen und hören ankömmt? dessen erstes Erfordernis, wenn es Beyfall erhalten soll, ist, daß bey seiner Verfertigung, des Dichters Herz eben so sehr feyre, als sein Kopf? Herr *Mozart* mag also immer ein vortreflicher Komponist seyn, für unsre eigentliche Opernliebhaber wird er's nie werden, er müßte ihnen denn erst vorher eine Eigenschaft einflössen, von der sie eben so wenig wissen, wie der Blinde von der Farbe, Empfindung.«[23]

So platt rationalistisch Schink einerseits argumentiert, so zeigt er andererseits deutlich, daß Mozart einen ganz anderen Operntypus schuf, als er durch die überlieferten historischen Formen des Buffo-Singspiels bekannt war. Mit voller Absicht griff Mozart auf das Sprechtheater zurück, einerseits das politische Zeitstück *(Figaro),* zum anderen die populäre Volkskomödie – wie hier. Und in den musikalischen Mitteln versuchte Mozart eine völlig neue Sprache, die vor allem in den Ensemblesätzen und den riesigen Finales zum Ausdruck kommt, durchkomponierten Sätzen, die auch den Zeitablauf des Bühnengeschehens völlig neu strukturierten. In *Don Giovanni* ging er sogar so weit, die traditionelle Opernarie fast ganz aufzugeben: Don Giovanni selbst bekommt nicht eine Arie des bekannten Typs zu singen. Am ehesten zählt hier noch Leporellos sogenannte Registerarie, in der er ausgerechnet der Frau seines Herrn, Donna Elvira, die ernüchternde Liste von Don Giovannis Eroberungen herunterbetet. Indem Mozart die Burleske aus der Vorstadt wieder zurückholte ins große Theater, mußte er auch zu großen Mitteln greifen. Die Zeitgenossen, die sich an das Singspiel harmloser Einfachheit gewöhnt hatten, die Karl Ditters von Dittersdorfs *Doktor und Apotheker* beklatschten, sahen sich jetzt bei Mozart plötzlich mit den Mitteln der großen heroischen Oper konfrontiert, einem Instrumentarium mit Trompeten und Posaunen, und das alles für eine realistische und ganz und gar nicht moralisierende Beschreibung des Lebens eines Wüstlings. In einer Rezension einer Berliner Aufführung vom 20. Dezember 1790 kommt dies deutlich zum Ausdruck:

»*Mozart* wollte bey seinem *Don Juan* etwas ausserordentliches, unnachahmlich *Großes* schreiben, so viel ist gewiß, das Außerordentliche ist da, aber nicht das *unnachahmliche Große*! Grille, Laune, Stolz, aber nicht das Herz war *Don Juans* Schöpfer, und wir wünschten lieber in einem *Oratorium* oder sonst einer feyerlichen Kirchenmusik die hohen Möglichkeiten in der Tonkunst von ihm zu bewundern, erhalten zu haben, als in seinen *Don Juan,* dessen Ausgang so ziemlich analog ist, mit einer Schilderung des *jüngsten Gerichts,* wo, wie Seifenblasen, die Gräber aufspringen, Berge platzen, und der Würg-Engel des Herrn mit der Schrecktrompete zum Aufbruch bläst. Bei allem dem hat diese Oper der Direction gute Einnahme geschaft und die Gallerie, die Logen und das Parket werden in der Folge nicht leer seyn, denn ein geharnischter Geist und feuerspeiende Furien sind ein sehr starker Magnet. – ›*Ach, Verstand der Abderitten!*‹«[24]

Von derselben Aufführung berichtet eine Weimarer Zeitung:

Der gestrafte Ausschweifende oder: Don Jean

»Die Komposition dieses Singspiels ist schön, hie und da aber sehr künstlich, schwer und mit Instrumenten überladen. Der Inhalt des Stüks ist das alte bekannte Sujet, das nur durch die burlesken Späße des Leporello, vorzeiten des Hanswurst's, und durch den steinernen Comthur zu Pferde dem großen Haufen gefällt...«[25]

Die Kritik schwankt zwischen Ablehnung, die deutlich dem norddeutschen Protestantismus geschuldet ist, und – wie aus Weimar – einem Naserümpfen vor dem schlechten Geschmack »des großen Haufens«, dem hier gehuldigt werde. Die Diskussion um dieses Stück zog immer weitere Kreise, machte immer neugieriger.

»Voll hohen Begriffs ging ich nun hin und sah und hörte ein Singschauspiel, in welchen nach meinen Begriffen, *das Auge gesättigt, das Ohr bezaubert, die Vernunft gekränkt, die Sittsamkeit beleidigt werden, und das Laster Tugend und Gefühl mit Füßen tritt.*«

Auch diese Kritik aus Berlin unterscheidet Mozarts Musik und das Theaterstück gründlich:

»Gesprochen wird nur wenig; den größten Theil des Texts beherrscht der Gesang; und wenn je eine Nation auf einen ihrer Mitgenossen stolz seyn konnte, so sey es Deutschland auf *Mozart,* dem Musikverfasser dieses Singspiels – Nie, gewiss nie wurde die Größe eines menschlichen Geistes fühlbarer, und nie erreichte die Tonkunst eine höhere Stufe! Melodien, die ein Engel erdacht zu haben scheint, werden hier von himmlischen Harmonien begleitet, und der, dessen Seele nur einigermaaßen empfänglich für das wahre Schöne ist, wird gewiß mir verzeihen wenn ich sage, *das Ohr wird bezaubert.*«

Hier allerdings wird Mozart – zu Recht – mitverantwortlich gemacht für die Wahl dieses Librettos (wenngleich die folgenden Worte völlig verständnislos bleiben):

»Wie unendlich tiefer würden Dein Gesang, Deine Harmonie in die Seelen Deiner Zuhörer dringen, wenn der Gedanke an das Unedele des Textes sie nicht immer auf halben Wege zurückhielten! Nein, theurer Mann! sey künftig nicht mehr so grausam gegen Deine so liebenswürdige Muse! suche das fernere Gebäude Deines Ruhms auf Säulen zu gründen, bei welchen gern der Redliche weilt und das biedere Mädchen nicht schamroth vorüber geht! Was könnt' es Dir frommen, wenn dein Nahme mit Diamanten-Schrift auf einer goldnen Tafel stände – und diese Tafel hing' an einen Schandpfahl – ...«[26]

Alle diese Kritiken haben eine Tendenz gemeinsam: Sie rühmen Mozarts Musik als schön, aber schwer (was sowohl für die Ausführenden wie die Zuhörer gemeint ist), verurteilen aber mehr oder weniger deutlich die Wahl des Textes als geschmacklos. Demnach beruhte in Prag der Erfolg ausschließlich auf der Begeisterung über Mozarts Musik, einer Kennerschaft, die auch das Neuartige, Ungewohnte, Komplexe und Komplizierte sofort zu entschlüsseln in der Lage war, einer Aufgeschlossenheit gegenüber einer avantgardistischen Tonsprache, während in Wien und anderswo Mozarts Musik eher als zu kompliziert und überladen galt, vor allem aber unangemessen an einen Text verschwendet, der in einer gebildeten Gesellschaft nicht zu dulden ist[27]. Bei Mozart stellt dies allerdings keinen »Unfall« dar, ist kein einmaliges Experiment, sondern wird bei *Così fan tutte* und der *Zauberflöte* wiederbegegnen. Mozart entwickelt geradezu einen Operntypus, der sich allen eindeutigen Gattungs- und Zuordnungsmerkmalen entzieht, der auch nicht mit »heroico-buffo« oder »tragico-buffo« zu umschreiben ist, weil er seine buffonesken wie seine ernsthaften Seiten gleichermaßen aus der realistischen Darstellung bezieht, der genauen Beobachtung aller Elemente, aus denen sich ein Charakter zusammensetzt. Und am Ende der Oper fehlt so auch das fraglose Einverständnis, die Wiederherstellung einer heilen Welt, in der alles wieder in Ordnung ist; es bleiben Fragen offen, es sind Brüche sichtbar geworden, und Mozarts Musik erzeugt immerhin so viel Distanz, daß man sich ihren Fragen nicht entziehen kann.

Der Kaiser im Krieg – gegen alle

Als am 29. Oktober 1787 *Don Giovanni* zum erstenmal in Prag gegeben wurde, befand sich die Habsburgermonarchie bereits seit zwei Monaten im – freilich noch nicht erklärten – Krieg mit der Türkei. Zur Zeit der Wiener Erstaufführung lag das kaiserliche Heer bereits monatelang untätig in diesem ohnehin glücklosen Feldzug in der Nähe von Belgrad – von dort aus seinem Zelt regierte der Kaiser die gesamte Monarchie, leitete den Kriegsrat, schrieb Briefe, gab sogar Anweisungen an die Direktion des Nationaltheaters in Wien. Die politische Situation hatte sich in allen Bereichen innerhalb kürzester Zeit drastisch verschlechtert. Joseph II. mußte eine Niederlage nach der anderen hinnehmen: innenpolitisch, im Verhältnis zu seinen Erbländern, außenpolitisch, militärisch.

Angefangen hatte es in den habsburgischen Niederlanden. Joseph II. hatte im Rahmen seiner Zentralisierungspläne die niederländische Verwaltungsstruktur und das Gerichtswesen zum 1. Januar 1787 geändert und gleichgeschaltet, ohne die Stände zu Rate zu ziehen und obwohl er die niederländische Verfassung einst feierlich beschworen hatte. Die Opposition war so stürmisch, daß die Gouverneure schon nach wenigen Monaten den alten Zustand wiederherzustellen genötigt waren. Statt der Beruhigung zu dienen, wirkte dies als Eingeständnis der Schwäche. Der Opposition gelang es, sich mit dem kirchlichen Widerstand gegen die kaiserliche Reform der Kirchenverwaltung zu verbünden und einen (ersten) Aufstand loszuschlagen. Die österreichischen Bevollmächtigten wichen ängstlich zurück und annullierten alle neuen Maßnahmen – ohne Einverständnis des Kaisers, der seine Bevollmächtigten deshalb durch andere ersetzte, begleitet von Truppenverstärkungen.

Zum gleichen Zeitpunkt hatte die Türkei den Krieg an Rußland erklärt, wohl um den Expansionsgelüsten Katharinas II. zuvorzukommen, die es schon lange auf den Besitz Konstantinopels abgesehen hatte. Joseph II. hatte mit der Zarin eine Bündnisverpflichtung über ein Heer von 30000 Mann, marschierte aber jetzt mit mehr als 280000 Mann an den türkischen Grenzen auf. Schließlich wollte auch er von den Kriegseroberungen profitieren. Nur allzubald stellte sich heraus, daß Katharina den Kaiser den Krieg gegen die Türken mehr oder weniger allein führen ließ (zumal sie jetzt auch noch vom schwedischen König Gustav III. angegriffen wurde). Josephs II. Heer war zwar im besten Zustand, die militärische Führung jedoch desolat. Eine Offensive kam nicht zustande, weil die russischen Truppen nicht kamen; statt dessen gab es kleine Gefechte mit den Türken. Das Schlimmste aber waren die Seuchenepidemien – die Lazarette waren überfüllt, die Hälfte des Heeres krank, Zigtausende starben. Im August 1788 wurde auch der Kaiser krank und sollte sich davon nie mehr erholen.

Aber jetzt kam alles auf einmal. Die Unzufriedenheit der Ungarn erreichte einen Höhepunkt mit offen separatistischen Bestrebungen. Auch hier hatte Joseph II. die Toleranzgrenze überschritten. Erst hatte er sich nicht zum ungarischen König krönen lassen, die Krone sogar nach Wien verschleppt, die Hauptstadt von Preßburg nach Ofen (Buda) verlegt. Dann hatte er auch hier seine Zentralisierungspläne verwirklicht und eine neue Verwaltungsstruktur eingeführt. Als Amtssprache wurde zwangsweise Deutsch dekretiert. Der selbstbewußte ungarische Adel, von dem nur ein sehr kleiner Teil »josephinisch« eingestellt war, geriet in zunehmende Mißstimmung, die sich steigerte, als 1785 auch in Ungarn die Leibeigenschaft aufgehoben wurde. Immerhin beharrte der ungarische Adel noch auf seiner Steuerfreiheit, sah sich aber bald unter wirtschaftlichen Druck gesetzt: Die österreichischen Erzeugnisse kamen steuerfrei nach Ungarn, ungarische aber nur mit Zoll nach Österreich – so lange, bis in Ungarn die Steuergleichheit aller Untertanen eingeführt sei. Die ungarischen Stände fühlten sich noch immer als eigene Nation und waren nicht länger bereit, ihre planmäßige Entmachtung hinzunehmen. Allen Ernstes dachten einige daran, Joseph II. als ungarisches Oberhaupt abzusetzen und sich einen anderen König zu wählen (gedacht war an Herzog Karl August von Sachsen-Weimar, der schon als Generalsekretär des Fürstenbundes gegen Joseph II. agiert hatte).

Joseph II. hatte schon einige Niederlagen hinnehmen müssen. Im sogenannten Scheldestreit 1785 war es ihm nicht gelungen, die Öffnung der Schelde für die Schiffe der habsburgischen Niederlande durchzusetzen. Das Tauschprojekt Niederlande gegen Bayern war mißlungen. Bauernaufstände in der Walachei und in Böhmen hatten nur militärisch niedergeworfen werden können. Jetzt, wo er in den Krieg mit der Türkei verwickelt war, kamen der Aufstand der Niederlande, der Separatismus der Ungarn hinzu. Zu alledem gärte es selbst in Wien. Der Türkenkrieg stieß dort auf offene Ablehnung, geschürt durch die enormen Kriegslasten, die die Bevölkerung drückten. Die Preise der Nahrungsmittel waren drastisch angestiegen, teilweise auf das Doppelte, in Wien hatte es die ersten Plünderungen von Brotläden gegeben. Der Adel zog sich mehr und mehr aus der Hauptstadt zurück. Die Steuerreform, die 1789 in Kraft treten sollte, wurde offenkundig hintertrieben. Schließlich trat der Präsident der Steuerregulierungs-Hofkommission, Rudolf Graf Chotek, aus Protest von seinem Amt zurück. Es war ein Signal, das vom Kaiser allerdings nicht verstanden wurde. Er schrieb an Chotek zurück, er sei Undank gewohnt, sei aber erstaunt, daß ein Mann von Geist wie der Graf aus reiner Starrköpfigkeit und Donquichotterie einen solchen Schritt unternehme. Der ständische Adel zollte Graf Chotek jedoch seinen Beifall.

Auch aus den Kreisen bürgerlicher Anhänger der kaiserlichen Reformpolitik wurde jetzt vehemente Kritik laut. In einer berühmt gewordenen Flugschrift »Warum wird Kaiser Joseph von seinem Volke nicht geliebt?« stellte der Verfasser (Joseph Richter) 1787 Lob und Kritik gegenüber. Zwar gebe es Denk- und Schreibfreiheit, habe Joseph II. die Ketten der Leibeigenschaft zertrümmert, Toleranz der Religion eingeführt, die Anzahl der Mönche verringert, die Bischöfe zu Untertanen des Kaisers gemacht und die Geldsendungen nach Rom unterbunden, habe

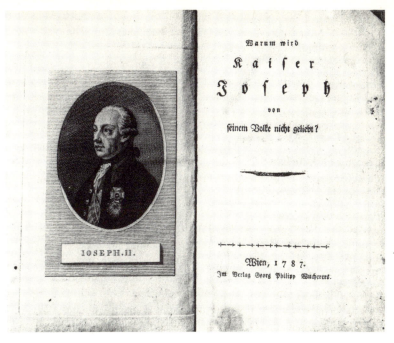

Titelblatt der Broschüre eines enttäuschten Anhängers des Reformkaisers. Fast täglich wurde Wien von neuen Broschüren und Flugblättern zu Tagesereignissen überschwemmt, die ungehindert von der Zensur erscheinen konnten

eine allgemeine Rechtsverbesserung eingeführt, eine Wirtschaftsreform, Abgaben nach dem Einkommen festgesetzt, zwar gebe es geprüfte Wundärzte und so weiter. Auch werden die persönliche Bescheidenheit des Kaisers hervorgehoben, der offene Zutritt für jedermann und der immense Fleiß: »Joseph wacht, wenn die Nation schläft.« Doch Joseph habe sich auch Feinde geschaffen: unter den Priestern; unter dem Adel (dessen Macht er beschränkte) und den vom Adel Abhängigen; unter den Beamten, die er zur Pflicht anhielt; unter denen, die ihre Handels- und Gewerbeprivilegien verloren; unter allen denen, die über seine Reformen mißvergnügt sein mußten. Aber alle »Edlen im Volke« hätten auch berechtigte Wünsche, die Ursache dafür seien, daß er im Volk nicht geliebt werde. Der Kaiser solle die Beamtenpensionen erhöhen, mehr Befreiung vom Militärstand geben, mildere Strafen einführen, mehr

Nachsicht üben mit Gebräuchen wie dem Begräbnis, mehr Rücksichten auf Geburt und Stand nehmen (worauf auch das einfache Volk Wert lege), er solle die Fehler seiner Untertanen (insbesondere der Beamten) milder ahnden, solle nicht so sparsam sein, mehr für Wissenschaft und Kunst tun, schließlich nicht so voreilig bei seinen Entscheidungen sein und keine Denunzianten anhören. Ein ungewöhnlicher Katalog, der deutlich macht, daß der Kaiser zwar vieles geleistet habe, aber die Zustimmung sich mit Verhaltensweisen und Entscheidungen verscherze, die ihn verhältnismäßig wenig kosteten, dem Betroffenen jedoch von äußerster Dringlichkeit sein mußten. Der Hinweis auf die vielen Feinde der Reformpolitik sollte wohl nichts anderes besagen als die Warnung, es nicht auch noch mit seinen Anhängern zu verderben, sonst stünde er allein da.

Aber der Kaiser war nicht lernfähig. Er entschied allein gegen alle – Freunde, Ratgeber, Minister, Wohlmeinende und sogar gegen die politische Klugheit. In den Niederlanden glaubte er sich mit militärischer Strenge durchsetzen zu können. Für einen Moment gelang ihm das noch, doch dann brach der Aufstand von neuem los, nahm schließlich sogar militärische Formen an, bis die Aufständischen schließlich die kaiserlichen Truppen und die habsburgische Administration aus dem Lande jagten, angespornt durch die inzwischen ausgebrochene Französische Revolution. Den Staatsschatz mit drei Millionen Gulden und das Staatsarchiv mußten die Österreicher in den Niederlanden zurücklassen, so eilig flohen sie, teilweise sogar zu Fuß.

Auch im Türkenkrieg stellte sich kein richtiger Erfolg ein. Erst nachdem General Gideon von Laudon im August 1789 den Oberbefehl übernommen hatte, verbesserte sich die militärische Lage etwas, im Oktober konnte sogar Belgrad eingenommen werden, im November Bukarest. Aber ein Erfolg wurde dieser Krieg deshalb keineswegs, nur hat Joseph II. das nicht mehr miterlebt. (Im September 1790 wurde ein Waffenstillstand geschlossen, ein Jahr später der Friede: geblieben ist nichts, die eroberten Gebiete einschließlich Belgrads wurden zurückgegeben.)

Den Ungarn mußte der Kaiser noch vom Totenbett aus alle Verordnungen, die diese Nation den österreichischen Provinzen angleichen sollten, zurücknehmen. Selbst die ungarische Stefanskrone mußte unter großem Jubel zurückgegeben werden. Nur die Aufhebung der Leibeigenschaft und das Toleranzpatent blieben von allen Maßnahmen des Kaisers, mehr konnte er nicht erreichen.

Der Kaiser im Krieg – gegen alle

Die Unzufriedenheit mit der Politik Josephs II. hatte immer weitere Kreise aus allen Bevölkerungsschichten erfaßt. Der Türkenkrieg war äußerst unpopulär, weil niemandem die Kriegsziele einleuchten konnten, aber jeder unter den hohen Kriegssteuern und -abgaben zu leiden hatte. Die niederländischen Ereignisse waren in Wien von nicht so großer Aktualität, schon wegen der Entfernung und der geringen persönlichen oder verwandtschaftlichen Verflechtung mit dem Wiener Adel oder der Beamtenschaft. Eine sehr viel größere Rolle für das Leben der Hauptstadt spielte der Unmut der Ungarn, denn viele ungarische Magnaten und Adlige hielten sich regelmäßig in Wien auf und spielten innerhalb der Wiener Gesellschaft eine große Rolle.

Für das kulturelle Leben der Stadt, das zumeist vom Adel und von den höheren Regierungsbeamten getragen war – erst zögernd von einem Bürgertum, das sich in Österreich später als anderswo wirtschaftlich zu erholen vermochte und damit an Einfluß gewann –, mußte sich die allgemeine Bedrückung sehr deutlich auswirken. Zwar wurden die Theater und die Oper nicht geschlossen, sondern liefen an ihren normalen Spieltagen weiter, aber die Lust zu hohen Geldausgaben für Privatakademien, Hauskonzerte oder Virtuosenvorstellungen war gering, schließlich war das Geld auch in den reichsten Familien knapper. Sodann darf man nicht vergessen, daß aus allen Familien des höheren Adels die männlichen Mitglieder, die militärische Ränge bekleideten, beim Heer waren. Viele andere hatten sich auf ihre Güter zurückgezogen, sei es aus Erbitterung, sei es aus Gründen ihrer Vermögensverwaltung, die in so angespannten Zeiten mit sehr viel mehr Sorgfalt vorgenommen sein wollte. So kann es nicht verwundern, daß Berichte vorliegen, der Adel entlasse Teile seiner Dienerschaft und habe sogar die Anzahl seiner Pferde reduziert[28].

Die Auflösung der ehemals zahlreichen Adelskapellen wird sich durch diese politischen Ereignisse beschleunigt haben. Ein Rückgang des Konzertlebens scheint ebenso feststellbar zu sein, auch wenn wir über Einzelheiten des Konzertwesens, statistische Daten gar, nur völlig unzureichende Kenntnisse haben. Hier wäre noch viel Forschungsarbeit (in Adelsarchiven, mit Alltagszeugnissen, bei Musikerautobiographien usw.) zu leisten. Denn in nahezu allen Mozart-Biographien heißt es, Mozart habe in diesen Jahren die Unterstützung des Adels verloren, sei nicht mehr aufgeführt worden, habe keine Konzerte mehr geben können und sei infolgedessen schließlich verarmt und vergessen zugrunde gegangen. Die Quelle für diese summarische Einschätzung wird nirgends angegeben, durch unermüdliche Wiederholung hat sich daraus jedoch ein Legendenstrom entwickelt, der zum historischen Allgemeinwissen gehört. Mit Sicherheit ist jedoch die These vom Gunstverfall beim Adel und von der Verarmung Mozarts falsch.

Sie ist schon deshalb falsch, weil ein eher strukturelles Problem der Kriegswirtschaft mit ihren Auswirkungen auf das kulturelle Leben in unzulässiger Weise personalisiert wird. Mozart ging es nicht schlechter als anderen Musikern im Wien des Türkenkrieges. Aber alle Musiker hatten an einer – im einzelnen jedoch erst noch zu belegenden – Einschränkung der Aufführungsgelegenheiten und damit der Verdienstmöglichkeiten zu leiden. Das betraf den Salon sicher ebenso wie das öffentliche Konzertleben und ist angesichts der politischen Verhältnisse auch kaum verwunderlich. Gerade Mozart aber erfuhr in den Jahren 1788 bis 1791 Gunstbeweise, die sich auch in Kompositionsaufträgen niederschlugen, sowohl vom Hof (Nationaltheater) als auch vom vermögenden Adel (Gesellschaft einiger Kavaliere um Baron van Swieten), sogar vom betuchten Bürgertum (Darlehen von Logenbrüdern). Das Jahr 1791 wurde sogar zu einem seiner produktivsten Jahre, wobei die meisten Werke Aufträge waren. Aber dies war, dank der friedenserhaltenden Politik Leopolds II., auch ein Jahr der Erholung für die Österreicher (nachdem 1788 und 1789 vom Türkenkrieg geprägt waren, dann die europäischen Gärungsprozesse infolge der Französischen Revolution wirksam wurden und 1790 der Tod Josephs II. neue Unsicherheiten über den innen- wie außenpolitischen Kurs brachte).

Unter der Kriegszeit hatten alle zu leiden, warum sollten ausgerechnet die Musiker davon ausgenommen bleiben, das würde jeder historischen Erfahrung widersprechen. Auch Mozart hatte in den Jahren 1788 bis 1790 manche Einbußen hinzunehmen. (Schwerer wog für ihn sicherlich die Krankheit seiner Frau, für deren medizinische Betreuung und Pflege Mozart nichts zu teuer war.) Insgesamt gilt jedoch festzuhalten, daß Mozart auch in Krisenzeiten tatkräftige Freunde behalten hat, sogar hinzugewinnen konnte. Auch der Kaiser, müde und todkrank vom Kriegsschauplatz heimgekehrt, verschaffte Mozart noch einmal einen Opernauftrag, und dies, obschon er im August 1788 alle Anstalten getroffen hatte, die (italienische) Oper am Nationaltheater fürs erste ganz aufzulösen. Ein nicht unerheblicher Grund waren die Kosten des Theaters, die allein für die Spielzeit 1787/88 einen Zuschuß von 80000 Gulden nötig machten. Joseph II. hat diesen Entschluß nicht ausgeführt, dürfte an seinem Nationaltheater aber keine rechte Freude mehr gehabt haben. Am 5. Dezember 1788 war er krank nach Wien zurückgekehrt. Für den 15. Dezember wurde in der Oper *Don Giovanni* angesetzt, den der Kaiser noch nicht gesehen hatte. Sein Empfang durch das Opernpublikum – immerhin sein erstes öffentliches Auftreten seit der Kriegsabwesenheit – war so frostig und geradezu beleidigend abweisend, daß Joseph II. schon nach kurzem das Opernhaus vorzeitig wieder verließ. Selbst in »seinem« Nationaltheater bekam der Kaiser zu spüren, daß er kaum noch Freunde hatte, höchstens Mitleid hervorrief[29]. Was Mozart bei dieser Szene empfunden hat, die er wahrscheinlich selbst miterlebte, ist nicht überliefert.

Adlige Mäzene – Baron van Swieten

Die seit Mitte der achtziger Jahre überall zu beobachtende Auflösung der privaten Adelsorchester wurde durch die Kriegsereignisse vielleicht beschleunigt, ihren Grund hatte sie jedoch auch in einem strukturellen Wandel der Formen adliger Repräsentanz. Für viele Musiker hatte dies sicherlich einschneidende soziale Folgen, obschon der Adel nicht gerade mit Spitzengehältern hervorgetreten war, oftmals sogar seine Dienerschaft musizieren ließ, um Geld zu sparen. Mozart jedoch hatte mit solchen Musikdiensten seit seinen Salzburger Tagen nichts mehr zu tun. Soviel wie dort als Jahresgehalt (450 Gulden) konnte er jetzt mit einem einzigen Konzert erzielen; im übrigen bekam er seit Dezember 1787 ein kaiserliches Jahresgehalt von 800 Gulden ohne weitere Verpflichtungen, sieht man von der Ablieferung einiger Tanzkompositionen für die Faschingsfeste in der Redoute ab. (Dieser Ehrensold war nur ein Grundstock seines Einkommens und doch so hoch, wie ihn die wenigsten Musiker bei mühsamen täglichen Diensten erreichen konnten.)

Neue Formen der Musikpflege wurden entwickelt, die insgesamt als eine Verbürgerlichung des Kulturlebens charakterisiert werden können, auch wenn zunächst der Adel ökonomisch seinen beherrschenden Einfluß behielt. Das neu entstehende öffentliche Konzertwesen diente nicht mehr privatem Vergnügen oder feudaler Repräsentation, denen die Musik sich unterzuordnen hatte, sondern es suchte die Auseinandersetzung mit dem einzelnen Kunstwerk als einer Manifestation des schöpferischen Geistes. Vor diesem Hintergrund verdienen Übergangserscheinungen wie die »Gesellschaft der associirten Cavaliers« eine besondere Beachtung.

Denn einerseits handelte es sich dabei um eine Vereinigung adliger »Kenner und Liebhaber« der Musik, die zunächst durchaus unter sich bleiben wollten und so die Exklusivität der Adelsgesellschaft fortsetzten. Andererseits war ihr Programm auf die Aufführung besonderer Werke ausgerichtet, die auch ökonomisch die Möglichkeiten jedes einzelnen ihrer (höchst vermögenden) Mitglieder durchaus überstiegen, zumal kompromißlos an Musteraufführungen gedacht war. Initiator dieser Unternehmung war Baron van Swieten, der damit genau zu dem Zeitpunkt als ein Mäzen Mozarts in Erscheinung trat, als die kriegsbedingte Einschränkung des Musiklebens auch Mozart zu schaffen machte.

Gottfried van Swieten war der Sohn des berühmten Leibarztes der Kaiserin Maria Theresia, Gerhard van Swieten, zugleich Nachfolger seines Vaters im Amt des Präfekten der Hofbibliothek. Dieser außerordentlich vielsprachige und gelehrte Staatsbeamte war zunächst als Diplomat tätig und hatte es mit großer Geschicklichkeit verstanden, sich ungewöhnlich hohe Staatseinkünfte zu verschaffen. Darüber hinaus erbte er von seinem Vater ein erhebliches Vermögen (so daß er über das zehnfache Einkommen Mozarts verfügen konnte). Neben seiner juristischen Ausbildung hatte er sich auch solide musikalische Kenntnisse angeeignet, die ihm in späterer Zeit die unbestrittene Rolle eines Opinion-leader in musikalischen Geschmacksfragen ermöglichten. Von 1770 bis 1777 war Swieten als k. k. Gesandter am Berliner Hof tätig und dabei ein stets gern gesehener Gesprächspartner Friedrichs II. In Berlin war er mit dem Kreis um Carl Philipp Emanuel Bach in engen Kontakt gekommen, hatte dadurch auch die Musik Johann Sebastian Bachs und Georg Friedrich Händels kennengelernt. Carl Philipp Emanuel Bach war zwar schon 1768 nach Hamburg gegangen, ließ aber über seine Schüler die Berliner Bach-Tradition nicht abreißen. Wie eng Swietens Kontakte zu diesen Kreisen waren, belegt schon die Widmung von Johann Nikolaus Forkels Bach-Biographie an ihn, mehr noch die Widmung der dritten Sammlung von Sonaten und Rondos von Carl Philipp Emanuel Bach. Denn die musikalischen Interessen Swietens beschränkten sich keineswegs auf die ältere Musik, sosehr er sie später in Wien der Vergessenheit zu entreißen suchte, sondern waren durchaus auch an der zeitgenössischen Musik orientiert. Er komponierte sogar selbst, einige Singspiele und Symphonien sind überliefert. Für den Hamburger Bach war er als eifriger Subskribentensammler tätig, vermittelte diesem später auch den wichtigen Kontakt zum Wiener Verlag Artaria, gab sogar sclbst sechs Streichersymphonien bei ihm in Auftrag.

Adlige Mäzene – Baron van Swieten

Gottfried van Swieten, Diplomat und Musiker, seit 1782 Präses der Studien- und Bücherzensur-Hofkommission und damit der »Kultusminister« Josephs II. Er organisierte die Pflege älterer Musik, setzte sich aber auch für die zeitgenössische Musik ein

Mit der Alleinherrschaft Josephs II. bekam Swieten neben der Leitung der Hofbibliothek auch den Vorsitz der Studienhofkommission und der Bücherzensur. Swieten war damit so etwas wie der Kultusminister der josephinischen Ära, dem die Aufsicht über Schulwesen, Universität und wissenschaftliche Einrichtungen oblag, der darüber hinaus bei der Auflösung des Klosterinventars eine bedeutende Rolle spielte und mit der Zensur eine der Schaltstellen der josephinischen Aufklärung besetzt hielt[30]. Für Joseph II. war Swieten, der übrigens wie viele einflußreiche Beamte auch Freimaurer war, einer der engsten Mitarbeiter an seinem Reformprogramm, auf den er sich bedingungslos verlassen konnte. Kein Wunder, daß er in der nachjosephinischen Ära, als es darum gehen mußte, den in vielen Punkten verfahrenen Staatskarren wieder aus dem Dreck zu ziehen und flott zu machen, binnen kurzer Zeit jeden Einfluß verlor, am Ende sogar seinen gewichtigen Posten[31].

Mozart war schon gleich zu Beginn seiner Wiener Zeit mit Swieten in engen musikalischen Verkehr gekommen. Er gehörte zu jenem kleinen Kreis von Liebhabern der älteren Musik, die sich jeden Sonntag zu einer Matinee bei Swieten trafen und miteinander musizierten. Und durch die reichhaltige private Musikalienbibliothek Swietens lernte Mozart die Klavierwerke Bachs kennen, die Werke Händels, kam selbst zu seinen ausgedehnten neuerlichen Fugenstudien (1782), zusätzlich angefeuert von (der angeblich so unmusikalischen) Konstanze Mozart.

Waren bei diesen Sonntagsmatineen auch bereits Händelsche Oratorien durchgenommen worden, wobei Mozart am Klavier aus der Partitur spielte, so waren dies doch unbefriedigende Studien, die das Interesse an integralen Aufführungen mit optimaler Besetzung und voller Mitwirkung von Chor und Orchester nur verdeutlichen konnten. Swieten gründete zu diesem Geschäft die »Gesellschaft der associirten Cavaliers«, der außer ihm noch die Fürsten Schwarzenberg, Lobkowitz und Dietrichstein sowie die Grafen Apponyi, Batthyány und Johann Esterházy angehörten. (Diese Zusammensetzung war keineswegs zufällig, denn fast alle diese Angehörigen besonders reicher Adelshäuser hatten auch sonst ein gesteigertes musikalisches Interesse bewiesen, das sich unter anderem in der Unterhaltung eigener Orchester ausdrückte.) Diese Gesellschaft existierte seit 1786 und ließ jedes Jahr mindestens ein großes Oratorienwerk aufführen, teils in exklusivem Rahmen bei Graf Esterházy (der damals im Palais Pálffy wohnte), bei Fürst Schwarzenberg oder im großen Saal der Hofbibliothek, dann aber auch öffentlich im Nationaltheater oder im Jahnschen Saal. Seit 1788 war Mozart als Dirigent dieser Veranstaltungen gewonnen worden, in den Jahren zuvor war er wegen seiner vielen anderen Verpflichtungen kaum in Frage gekommen. Orchester (über 80 Personen) und Chor wurden vom Nationaltheater verpflichtet und mußten sicher entsprechend entlohnt werden, als Solisten wirkten die besten Kräfte mit. Durch eine Reihe von Proben, damals noch gänzlich ungewöhnlich, waren die Aufführungen mustergültig vorbereitet. Die Besetzung war wohl eine der prominentesten, die diesseits der Alpen möglich war. Man darf nicht vergessen, daß Mozart inzwischen einen europäischen Ruhm genoß, der nur noch Haydn und Carl Philipp Emanuel Bach an seiner Seite duldete.

Aber Mozart wurde auch mit der Bearbeitung der großen Händelschen Vokalwerke beauftragt, die zwischen 1788 und 1791 mit Unterstützung der Cavaliers-Gesellschaft aufgeführt wurden. (Nicht alle Aufführungsdaten sind überliefert, gesichert ist jedoch, daß Mozart zumindest *Acis und Galathea* auch zu seinem eigenen Benefiz 1788 öffentlich dirigieren konnte.) Swieten selbst hatte die deutschen Übersetzungen eingerichtet, Mozart die Instrumentation behutsam modernisiert, denn werkgetreu historisierende Aufführungen kamen kaum in Frage. Der Eingriff in die Instrumentation war jedoch insofern grundsätzlicher Art, als die Unterscheidung von obligaten Stimmen und Generalbaßfundierung aufgehoben und ein durchgehender Orchestersatz hergestellt wurde. Freilich ging Mozart, im Gegensatz zu anderen Händel-Bearbeitern, nicht so weit, die Kompositionen »verbessern« und »verschönern« zu wollen, sondern er versuchte, sie in ihrem Klangbild dem seiner Zeit anzugleichen und damit verständlich zu machen[32].

Mozart hat vier Händel-Werke zwischen 1788 und 1790 bearbeitet und aufgeführt: *Acis und Galathea* (1788), *Messias* (1789), das *Alexanderfest* und die *Cäcilienode* (1790). Sicher ist er für diese Arbeiten auch honoriert worden, wie überhaupt die »Gesellschaft der associrten Cavaliers« und auch Swieten selbst sich als Mäzene im Wiener Musikleben verstanden. Haydn zum Beispiel berichtet, Swieten »unterstützte mich zuweilen mit ein paar Dukaten und schenkte mir auch einen bequemen Reisewagen zur zweiten Reise nach England«[33]. Mozart, der im Gegensatz zu Haydn zeitweise in erheblicher Geldnot war, dürfte in Swieten ebenso einen Rückhalt gehabt haben, auch wenn darüber nichts bekannt ist[34].

Bürgerliche Mäzene? Puchberg

Man weiß über die Zuwendungen an Mozart aus seinen letzten Lebensjahren wenig Genaues, wohl sind aber die Bettelbriefe an Michael Puchberg erhalten geblieben, von Puchberg meist mit den Beträgen gegengezeichnet, die er Mozart zukommen ließ. Sicher sind die Briefe an Puchberg nicht vollständig erhalten, wahrscheinlich nur die, die den Schuldenstand dokumentieren sollten. Sie summieren zwischen Juni 1788 und Juni 1791 Darlehenszahlungen von rund 1450 Gulden, von denen bei Mozarts Tod noch etwa 1000 Gulden offenstanden.

Wir wissen nicht, woher Mozart Puchberg kannte, wahrscheinlich jedoch aus Freimaurerkreisen, denn er redet ihn zumeist als »liebster Freund und Ordensbruder« an. Puchberg war zunächst Geschäftsführer eines großen Handels- und Fabrikationsbetriebes für Textilerzeugnisse, heiratete nach dem Tod seines Chefs dessen Witwe und scheint ein vermögender Mann gewesen zu sein, der nicht nur Mozart mit zum Teil erheblichen Darlehen aushalf. Indessen scheint Mozarts Verkehr mit Puchberg nicht nur geschäftlicher Art gewesen zu sein, sondern ein sehr persönlich-freundschaftlicher, der in dieser Weise auch in Mozarts Briefen an seine Frau aufscheint. Mozart bat Puchberg im Juni 1788 um ein langfristiges Darlehen:

»Verehrungs-würdiger O:. B:.
liebster, bester freund! –
Die überzeugung daß Sie *mein wahrer freund* sind, und daß Sie mich als *einen ehrlichen Manne* kennen, ermuntert mich ihnen mein Herz aufzudecken, und folgende bitte an Sie zu thun. – Ich will ohne alle Zierereynach meiner angebohrnen Aufrichtigkeit zur sache selbst schreitten. –
Wenn Sie die liebe und freundschaft für mich haben wollten, mich auf 1 oder 2 Jahre, mit 1 oder 2 tausend gulden gegen gebührenden Intereßen zu unterstützen, so würden sie mir auf acker und Pflug helfen! – Sie werden gewis selbst *sicher* und *wahr* finden, daß es übel, Ja ohnmöglich zu leben sey, wenn man von Einahme zu Einahme warten muß! – wenn man nicht einen gewissen, wenigstens *den nöthigen vorath* hat, so ist es nicht möglich in ordnung zu kommen. – mit nichts macht man *nichts*; – wenn Sie mir diese freundschaft thun, so kann ich 1:^{mo} |: da ich versehen bin :| die nöthigen ausgaben zur *gehörigen Zeit*, folglich *leichter* entrich-

ten, wo ich izt die bezahlungen *verschieben,* und dann eben zur *unbequemsten zeit* meine *ganze Einahme* oft auf *einmal* hinausgeben muß. – 2:^(do) kann ich *mit sorgenlosern gemüth* und *freyern herzen arbeiten,* folglich *mehr verdienen.* – wegen sicherheit glaube ich nicht daß sie einigen zweifel haben werden! – Sie wissen so ohngefähr wie ich stehe – und kennen meine *Denkungsart*! –« (vor dem 17. Juni 1788)

Da Puchberg »nur« einen Betrag von 200 Gulden übersandte, der offensichtlich allein schon für rückständige Mietschulden der längst verlassenen Wohnung auf der Landstraße gebraucht wurde, erneuerte Mozart seine Bitte um ein längerfristiges Darlehen schon zehn Tage später, nun mit eindringlicheren Worten:

»Ich habe immer geglaubt dieser Tagen selbst in die Stadt zu kommen, um mich bei ihnen wegen ihrer mir bewießenen Freundschaft mündlich bedanken zu können – Nun hätte ich aber nicht einmal das Herz vor ihnen zu erscheinen, da ich gezwungen bin, Ihnen frey zu gestehen, daß ich ihnen das mir geliehene ohnmöglich sobald zurückzahlen kann, und sie ersuchen muß mit mir Geduld zu haben! – daß die Umstände dermalen und Sie mich nach meinem Wunsch nicht unterstützen können, macht mir viele Sorgen! – Meine Laage ist so, daß ich unumgänglich genöthigt bin Geld aufzunehmen. – aber Gott, wem soll ich mich vertrauen? Niemanden als ihnen, mein Bester! – Wenn Sie mir nur wenigst die Freundschaft thun wollen, mir durch einen andern Weg Geld zu verschaffen! – ich zahle ja gerne die Intereßen, und derjenige der mir lehnte, ist ja durch meinen Charakter u. meine Besoldung glaub ich gesichert genug – es thut mir leid genug, daß ich in diesem Falle bin, ebendeßwegen wünschte ich aber eine etwas *ansehnliche Summe* auf einen etwas *längeren Termin* zu haben, um einem solchen Falle vorbeugen zu können. – Wenn Sie werthester Br: mir in dieser meiner Laage nicht helfen, so verliere ich meine Ehre und Credit, welches das einzige ist, welches ich zu erhalten wünsche. – ich baue ganz auf ihre ächte Freundschaft und br: Liebe, und erwarte zuversichtlich, daß Sie mir mit Rath und That an die Hand gehen werden. Wen mein Wunsch in Erfüllung gehet, so kann frey Odem schöpfen, weil ich dann im Stande seyn werde, mich in Ordnung zu bringen und auch *darinnen* zu erhalten; –« (27. Juni 1788)

Aus diesen Formulierungen geht recht eindeutig hervor, daß Mozart, auch unabhängig von der inzwischen beglichenen Mietschuld, sich in Schulden gestürzt hatte und sich momentan in einer peinlichen Situation befand, die ihn um »Ehre und Credit« bringen konnte. Zweifelsfrei handelte es sich um eine außergewöhnliche Situation, wodurch auch immer sie hervorgerufen wurde. Spielschulden wären *eine* Erklärungsmöglichkeit; müßig, darüber zu spekulieren. Puchberg jedenfalls konnte sich zu einem größeren Darlehensbetrag nicht entschließen, und Mozart scheint die Hilfe des Pfandhauses in Anspruch genommen zu haben:

»Meine sachen habe mit mühe und sorge so weit gebracht, daß es nur darauf ankömmt mir auf diese 2 versatz-zettel etwas geld vorzustrecken. – ich bitte Sie bey unserer freundschaft um diese gefälligkeit, aber es müsste augenblicklich geschehen. – verzeihen sie meine zudringlichkeit, aber sie kennen meine laage. – Ach! hätten sie doch das gethan um was ich sie bat! – thuen sie es noch – so gieng alles nach Wunsch.« (Anfang Juli 1788)

Gerade in dieser Zeit komponierte Mozart seine letzten drei *Symphonien*[35], überdies zwei *Klaviertrios,* zwei Anfängersonaten und einige kleinere Werke: innerhalb von acht bis zehn Wochen. Außerdem war Mozart erst am 17. Juni wieder umgezogen. Zweifellos stand er unter erheblichem Druck und hätte ohne äußere Veranlassung kaum in so kurzer Zeit gleich drei gewichtige symphonische Werke nacheinander geschrieben: dies vielleicht die »Mühe« – die »Sorge« meint wohl eher, daß Mozart seine erst halbjährige Tochter Theresia Ende Juni zu Grabe tragen mußte, die plötzlich an einer Darmerkrankung gestorben war.

Die beiden *Klaviertrios,* oder zumindest das eine von ihnen, waren für Puchberg geschrieben, ob auf Bestellung oder als freundliches Geschenk, ist nicht deutlich. Die *Symphonien* hingegen waren offensichtlich für Konzerte gedacht, die Mozart im »Casino« zu geben beabsichtigte. Allgemein wird davon ausgegangen, daß diese »Casino«-Konzerte nicht stattgefunden haben – warum eigentlich? Wo Mozart doch zwei Freikarten an Puchberg geschickt hat, die Karten also bereits gedruckt waren und verteilt wurden. Wann genau diese Konzerte stattfanden (es waren vermutlich drei Subskriptionskonzerte), geht aus den Briefen nicht hervor, wohl erst im Herbst 1788.

Woher kommt eigentlich die Unsicherheit über diese Konzerte? Die brieflichen Äußerungen dazu waren doch recht eindeutig. An Puchberg schrieb Mozart:

»Ihre wahre Freundschaft und Bruderliebe macht mich so kühn, Sie um eine große Gefälligkeit zu bitten; – ich bin ihnen noch 8 *Dukaten* schuldig – überdies daß ich dermalen außer Stand bin, Sie Ihnen zurück zu bezahlen, so geht mein Vertrauen gegen Sie so weit, daß ich Sie zu bitten wage, mir nur bis künftige Woche (wo meine Academien im

Casino anfangen) mit 100 fl. auszuhelfen; – bis dahin muß ich nothwendigerweise mein Subscriptions-Geld in Händen haben und kann Ihnen dann ganz leicht 136 fl. mit dem wärmsten Dank zurück bezahlen.

Ich nehme mir die Freyheit Ihnen hier mit 2 Billets aufzuwarten, welche ich Sie (als Bruder) bitte, ohne alle Bezahlung anzunehmen, da ich ohnehin nie im Stande seyn werde, Ihnen Ihre mir bezeugte Freundschaft genugsam zu erwiedern.«

Dieser Brief, dessen Original verschollen zu sein scheint, wird in der Ausgabe der Mozart-Briefe und -Aufzeichnungen als erster überlieferter Puchberg-Brief eingeordnet und mit »Juni 1788« datiert (Nr. 1076). Die Datierung geht schon auf Philipp Spitta (1880) zurück, läßt sich aber mit Sicherheit so nicht halten. Denn fälschlicherweise wird das erwähnte »Subscribtionsgeld« immer auf die zur Subskription ausgeschriebene Serie der drei *Streichquintette* bezogen, die schon am 2. April in der *Wiener Zeitung* angekündigt wurde[36]. Aber die Briefformulierung bezeugt eindeutig, daß bis zum Beginn der Akademien »nothwendigerweise mein Subscriptions-Geld« eingehen muß, also sich auch nur auf das Konzertabonnement beziehen kann. Demnach wäre der zitierte Brief (Nr. 1076) frühestens im August zu datieren, vielleicht auch erst im Herbst. Reicht das aus, deshalb anzunehmen, die erwähnten Konzerte hätten nicht stattgefunden? Für welchen Anlaß sollten denn die letzten drei *Symphonien* geschrieben sein, etwa für die Schublade? Das wäre ein ganz einzigartiger Fall, denn Mozart hat immer für konkrete Anlässe geschrieben und sich auch deutlich genug zur ausschließlich auftrags- oder aufführungsbedingten Kompositionsarbeit bekannt.

Allerdings passen die ältere Datierung des Briefes und ihre interpretatorischen Folgen besser in das überlieferte Mozart-Klischee vom verarmten und im Stich gelassenen Künstler. Die Puchberg-Briefe mit ihren immer wieder geäußerten Geldforderungen lasen sich bisher als eine dramatische Steigerung von Armut, Not und Depression, wozu die Legende vom Armengrab als tränenselige Krönung des verkannten Genies fast notwendigerweise ihr zählebiges Überdauern aller historischen Erkenntnis zum Trotz beitrug. Hat man nämlich die Existenz der Casino-Konzerte erst einmal aufgehoben, so ergibt sich folgendes:

»Die Bittbriefe Mozarts an Puchberg beginnen zu einer Zeit, in der die Verdienstquellen Mozarts aus heute noch nicht geklärten Gründen zu einem wesentlichen Teil versiegt waren. Die letzte eigene Akademie ist am 7. 4. 1786 nachgewiesen [...]; von da an spielt er nur mehr vereinzelt in Konzerten anderer Musiker [...]. Nach 1784 wird auch nicht mehr von der Mitwirkung Mozarts bei Akademien in Adelshäusern berichtet: ›die schönsten und Nützlichsten Connaißancen von der Welt‹, auf die er sich 1781 seinem Vater gegenüber berief [...], sind nicht mehr, wie damals, die Basis seines Verbleibens in Wien.«[37]

Obwohl Mozart dringlich zwischen Mitte Juni und Ende Juli 1788 von Puchberg Darlehen erbat, muß sich seine Situation doch seit August bis weit in das nächste Jahr so grundlegend gebessert haben, daß keine weiteren Darlehensforderungen bekannt sind. Mozarts Einnahmen und Ausgaben befanden sich offensichtlich wieder im Gleichgewicht. Und dazu mochten die Casino-Konzerte ebenso beigetragen haben wie die Aufträge Swietens und seiner Cavaliers-Gesellschaft.

Freilich bleibt eines bemerkenswert: Mozart hat bekanntlich des öfteren Schulden gemacht, aber stets und ausschließlich bei seinen bürgerlichen Gönnern. Nur von ihnen wurden Schuldscheine oder Belege aufgehoben. Von Geschenken seiner teilweise außerordentlich vermögenden bürgerlichen Freunde – es ist nur an Raimund Wetzlar von Plankenstern zu denken, den damals größten Wiener Bauspekulanten, nach dem bis heute die Plankengasse benannt ist – erfahren wir nie etwas. Beim Adel hingegen machte man offenbar keine Schulden, sondern – erhielt Geschenke, wie es neben Mozart auch von Haydn, Beethoven und anderen überliefert ist. Selbst bei Konzerten war die Entlohnung des Adels nach dessen Gutdünken: meist höher, sie konnte in Ausnahmefällen aber auch einmal etwas »mager« ausfallen (Brief vom 23. Oktober 1790). Für die bürgerlichen Konzertbesucher scheint hingegen der angegebene Preis des Billetts bestimmend gewesen zu sein. Die Bürger wußten zu rechnen. So betont Mozart eigens, daß die Freikarten für Puchberg »ohne alle Bezahlung« anzunehmen seien; Puchberg wiederum vermerkt jeden kleinsten Betrag, den er Mozart übersendet.

Andererseits beginnt in jener Zeit auch ein bürgerliches Mäzenatenwesen – für Mozart freilich nicht in Wien. Zum gleichen Zeitpunkt, als der ungarische Adel eine Pension von jährlich 1000 Gulden in Aussicht stellt, kam »von Amsterdam die Anweisung eines noch höheren jährlichen Betrages an, wofür er nur wenige Stücke ausschließend für die Subskribenten komponiren sollte«[38]. Hierbei handelte es sich offensichtlich um die Kaufmannschaft der Republik der Vereinigten Niederlande.

Einmal Wien–Berlin und retour

Mozarts Berlinreise vom 8. April bis zum 4. Juni 1789 ist ein besonders dunkles Kapitel seiner Biographie. Zwar besitzen wir hiervon acht Briefe an seine Frau und sind dadurch über einige äußere Daten dieser Reise gut unterrichtet, jedoch sind vier Briefe verschollen (sowie alle sieben Briefe von Konstanze Mozart). Der Mangel an authentischen Informationen wird zudem überdeckt und übermalt durch eine Reihe von Anekdoten und späteren Überlieferungen, die kaum das Recht auf Glaubwürdigkeit haben, mangels anderer Kenntnisse jedoch bis heute ihre Virulenz erweisen. Es gibt bei der Biographie bedeutender Persönlichkeiten so etwas wie einen Horror vacui, eine Scheu vor »leeren Stellen«. Wo zweifelhafte Anekdoten oder unzweifelhaft falsche Legenden zur Verfügung stehen, greift mancher Biograph lieber zu ihnen wie nach einem Strohhalm, als einzugestehen, daß hier nichts historisch Gesichertes zu greifen ist. Man könnte freilich auf einen anderen Ausweg verfallen: auf die kleinliche Widerlegung des offensichtlich Falschen, das Zurückweisen des nur Vermuteten, das Hin- und Herwenden eines wuchernden Rankenwerkes. Aber selten ist im anekdotischen Schutt noch Brauchbares zu finden, von dem ein historisch nachweisbarer Kern freizulegen wäre. Ganz besonders gilt dies für Mozarts Berlinreise.

Die Schwierigkeiten beginnen damit, daß wir über Anlaß und Zweck der Reise nichts wissen. Mozart unternahm wohl kaum eine Reise – zumal ohne seine Frau –, die sich nicht durch Konzerte, Aufträge oder künftige Engagements bezahlt gemacht hätte. Aber hier war für Konzerte nichts vorbereitet, kaum Briefkontakt vorher geknüpft, kein Opernauftrag in Sicht und an Engagements nicht zu denken. Von einem Plan, Berlin mit Wien zu vertauschen, weiß man ohnehin nichts. Die ganze Reise macht einen improvisierten und vielleicht sogar unüberlegten Eindruck. Sicher ist nur, daß Mozart in Begleitung des Fürsten Lichnowsky fuhr, der zwar in Wien lebte, durch seine Güter aber eher an den Berliner Hof gebunden war. Mozart kannte Lichnowsky seit langem, gehörte der Fürst doch seit Beginn der achtziger Jahre zu den ständigen Besuchern der Gräfin Thun, deren Tochter Maria Christina er im Herbst 1789 heiratete. Lichnowsky zählte auch zu den regelmäßigen Besuchern der Sonntagsmatineen bei Gottfried van Swieten. Aber es gab noch mehr Verbindungen, denn ein Bruder des Fürsten, Moritz Lichnowsky, war eine Zeitlang Mozarts Klavierschüler, im übrigen kannte man sich auch aus der Freimaurerei, denn der Fürst gehörte der Loge »Zur wahren Eintracht« an. Viele persönliche Beziehungen also, und vielleicht lag hierin auch der Reisegrund, denn Lichnowsky hatte Mozart erwiesenermaßen eingeladen.

Eine Zwischenstation in Prag von nur einem Tag zeigte, daß Mozarts dortige Bekannte fast alle nicht anzutreffen waren, wohl aber Domenico Guardasoni, der zur Bondinischen Operntruppe gehörte und seit neuestem als ihr Leiter fungierte. Er stellte Mozart den Auftrag für eine neue Oper in Aussicht – zu sehr günstigen Bedingungen, nämlich 200 Dukaten Honorar und 50 Dukaten Reisegeld, also immerhin mehr als 1 100 Gulden. Nur unterschrieben wurde dieser Vertrag »auf künftigen Herbst« noch nicht, wohl weil Guardasoni gerade dabei war, für sich selbst einen Vertrag nach Warschau auszuhandeln (der dann auch tatsächlich zustande kam und den Auftrag an Mozart hinfällig machte, denn Guardasoni kam erst 1791 aus Warschau zurück). Welches Textbuch für diesen Auftrag in Aussicht genommen worden war, wissen wir nicht – unwahrscheinlich, daß es eine Bearbeitung von *La clemenza di Tito* gewesen sein soll, ein Opernsujet, das ganz und gar nicht zu dem Operntypus paßte, mit dem Mozart in den vergangenen Jahren in Prag so erfolgreich gewesen war.

Von Prag ging es auf schlechten Wegen nach Dresden, wo die Reisegesellschaft länger als erwartet blieb. Für Mozart ergab sich hier ein Wiedersehen mit manchen Bekannten, vor allem fand aber ein Konzert vor der sächsischen Kurfürstin statt, das »eine recht schene Dose« erbrachte, wobei Mozart mit »schen« wohl deren sonst verschwiegenen Inhalt von 100 Dukaten meinte. Mit den Dresdner Musikerkollegen wurde natürlich viel musiziert, vor allem auch mit Johann Wilhelm Häßler, einem Erfurter Organisten, auf der Silbermannorgel der Hofkirche. (Häßler hatte schon seit langem die Absicht, sich mit Mozart einmal im Wettspiel zu messen, ein Anzeichen der großen Wertschätzung als Virtuose, der sich Mozart auch in Mittel- und Norddeutschland erfreute, wo er ja noch nie aufgetreten war.)

Danach drei Tage Aufenthalt in Leipzig, wo Mozart in der Thomaskirche auf der Orgel spielte. Am 25. April, nach mehr als zwei Wochen, trifft er endlich in Potsdam ein, wo er dem preußischen König Friedrich Wilhelm II. mit folgenden Worten von einem Hofbeamten angekündigt wird:

»Der Nahmens Motzart alhier (hatt sich beym Einpaßieren für einen Capell-Meister aus Wien angegeben) meldet, daß ihn der Fürst Lichnowsky zur Gesellschaft mit sich genommen, daß er wünschte seine Talente zu Ew. Königlichen Majestät Füßen zu legen und daß er Befehl erwartete, ob er hoffen dürffe, daß Ew. Königliche Majestät ihn vorkommen laßen würden.«[39]

Man hört fast die Feder über das Papier kratzen... Das Papier hat sich erhalten. Auf seinen Rand hat der König notiert: »Directeur du Port« – Mozart solle sich also bei Jean-Pierre Duport melden, dem langjährigen Konzertmeister der Hofkapelle und Intendanten der königlichen Kammermusik, in der der König oft genug selbst mitspielte. Das war gewissermaßen der Dienstweg. Desinteresse ist daraus nicht abzulesen. Denn schon aus Prag hatte Mozart seiner Frau geschrieben:

Der mit Mozarts befreundete Oboist Friedrich »Ramm ist erst vor 8 Tagen wieder von hier wieder nach Hause, er kam von Berlin und sagte, daß ihn der König sehr oft, und zudringlich gefragt hätte, ob ich gewiß komme und da ich halt noch nicht kam sagte er wieder ich fürchte er kommt nicht. – Ramm wurde völlig bange er suchte ihn das Gegentheil zu versichern; – Nach diesem zu schließen sollen meine Sachen nicht schlecht gehen. –« (10. April 1789)

Ist aus dieser einen Bemerkung mehr zu schließen als die Hoffnung auf eine Auftrittseinnahme beim König, bestenfalls auf einen Werkauftrag? Wohl kaum. Und mehr wissen wir über den zehn- bis zwölftägigen Aufenthalt in Potsdam nicht, nicht einmal wann es zu einer Begegnung mit dem König gekommen ist. Nur ein Thema Duports, das die allwissende Legende sogleich zum Lieblingsstück des Königs machte, wurde von Mozart zu *Klaviervariationen* (KV 573) verarbeitet – eine kleine musikalische Verbeugung, sonst nichts. Allerdings bekam Mozart vom König den Auftrag für sechs *Streichquartette* und sechs *Klaviersonaten* für die Prinzessin Friederike sowie ein Honorar von 100 Friedrichsdor (etwa 785 Gulden), wohl für ein Konzert am Hof[40]. Dafür mußte Mozart von dem empfangenen Geld gleich 100 Gulden an seinen fürstlichen Reisebegleiter verleihen, der ihn in Potsam auch noch allein ließ, so daß Mozart »folglich |: in dem theuren orte Potsdam :| selbst zehren« mußte (23. Mai 1789). Ganz unklar aber bleibt, warum Mozart, bevor er von Potsdam nach Berlin ging, noch einmal einen Umweg über Leipzig machen mußte, wo er am 12. Mai ein Konzert gab.

Vielleicht wollte Lichnowsky höchstpersönlich Mozart in Norddeutschland bekannt machen, denn er selbst kam auch wieder nach Leipzig. Das Konzert im alten Gewandhaus hatte ein monströses Programm: Mozart spielte zwei Klavierkonzerte sowie die *c-Moll-Fantasie* und Klaviervariationen, Josepha Duschek sang zwei Szenen, außerdem wurden noch zwei Symphonien gegeben. Die Akademie »war von Seiten des beyfalls und der Ehre glänzend genug, desto mägerer aber die Einnahme betreffend« (16. Mai 1789); später wird Georg Nikolaus von Nissen darüber schreiben, daß der Saal fast leer geblieben sei – aber einerseits war der Eintrittspreis außerordentlich hoch angesetzt, andererseits gab es am selben Abend in der Oper *Le nozze di Figaro* ...

Nach acht Tagen Leipzig also noch einmal zurück nach Berlin für zehn Tage; was Mozart dort gemacht hat, bleibt im dunkeln. Am Ankunftstag soll er eine Aufführung seiner *Entführung aus dem Serail* angesehen haben, wobei ihm der sechzehnjährige Ludwig Tieck begegnet sei. Einmal spielte er vor der Königin bei Hofe. Aber ein öffentliches Konzert war nicht möglich.

»hier ist $1.^t$ mit einer academie nicht viel zu machen, und $2.^{tens}$ – sieht es der könig nicht gerne. – du must schon *mit mir* mit *diesem* zufrieden seyn, daß ich so glücklich bin beym könige in gnaden zu stehen«, schrieb Mozart am 23. Mai 1789 an seine Frau.

Warum der König ein öffentliches Konzert Mozarts »nicht gerne sieht«, bleibt ganz unverständlich. Er mußte höchstens auf Johann Friedrich Reichardts »Concerts spirituells« Rücksicht nehmen, aber Reichardt war mal wieder auf Reisen (in Weimar). Hätten der König und Mozart, beide, einen Anstellungsvertrag gewollt, so hätte dem nichts entgegen gestanden. Denn erstens war der König großzügig gegenüber Musikern (Luigi Boccherini in Madrid bekam sogar von ihm eine Rente), zweitens aber hätte sich eine Stelle einrichten lassen, wurde doch Felice Alessandri, ein nicht sehr bedeutender Komponist, kurz darauf mit der Stelle eines zweiten Direktors der Hofoper betraut, bei immerhin 3000 Talern Gehalt. Allein, weder vom König noch von Mozart ist der Wunsch nach einem solchen Vertrag je laut geworden, so daß es auch nicht zu seiner Ablehnung durch Mozart kommen konnte (der angeblich Wien und Kaiser Joseph II. nicht verlassen wollte). Die Hartnäckigkeit dieser Legende ist wohl nur als Wunschvorstellung zu erklären – der Preußen, die Mozart ein seiner würdiges Angebot gemacht haben wollen, das ihm das Elend des angeblichen Armengrabes erspart hätte; der Wiener, die sich durch Mozarts Treue belohnt sahen, denn er paßte nun einmal besser zu ihnen. Aber Mozart brachte aus Berlin nichts mit als zwei Aufträge und eine Stange Geld – selbst nach Abzug seiner Reisekosten müßten um die 1000 Gulden übriggeblieben sein.

Selbstverständlich ist auch bei Gelegenheit dieser Berlinreise Mozart

Einmal Wien–Berlin und retour

manche erotische Bekanntschaft mit Sängerinnen angedichtet worden – mit welchem Bedürfnis, wird ein ewiges Geheimnis ihrer Verfasser bleiben. Denn Mozart erfüllt mit seinen Briefen der interessierten Nachwelt viel besser und schöner solche Wünsche als jede fremde Dichtung, nur daß seine erotischen Briefe ausschließlich an seine Frau gerichtet sind (was spießigen Mozart-Verehrern allerdings schon immer Kummer gemacht hat). Aus Berlin also schreibt er an Konstanze Mozart:

»zwischen den 13:ᵗ und 24:ᵗ april ist, wie du Siehst eine lücke, da muß nun ein briefe von dir verloren gegangen seyn – durch dies musste 17 tage ohne briefe seyn! – wenn du also auch 17 tage in diesen umständen leben musstest, so muß auch einer von meinen briefen verloren gegangen seyn; – gott lob, wir haben diese fatalitäten nun bald überstanden; – an *deinem Halse hangend* werde ich es dir dann erst recht erzählen wie es mir damals war! – doch – du kennst meine liebe zu dir! – wo glaubst du daß ich dieses schreibe? – im gasthofe auf meinem zimmer? – Nein; – im thiergarten in einem Wirthshause |: in einem garten hause mit schöner aussicht :| alwo ich heute ganz *alleine* Speisste, um mich nur ganz alleine mit dir beschäftigen zu können; – [...] donnerstag den 28:ᵗ gehe ich nach dresden ab, alwo ich übernachten werde. den 1:ᵗ Juny werde ich in Prag schlafen, und den 4: – den 4:ᵗ? – *bey meinem liebsten weiberl;* – richte dein liebes schönstes nest recht sauber her, denn mein bübderl verdient es in der That, er hat sich recht gut aufgeführt und wünscht sich nichts als dein schönstes [....] zu besitzen. stelle dir den Spitzbuben vor, dieweil ich so schreibe schleicht er sich auf den Tisch und zeigt mir mit fragen ich aber nicht faul geb ihm einen derben Nasenstüber – der bursch ist aber nur [...] jetzt brennt auch der Schlingel noch mehr und läßt sich fast nicht bändigen. ich hoffe doch du wirst mir auf die erste Post entgegen fahren? – ich werde den 4:ᵗ dort zu Mittage eintreffen; – Hofer |: den ich 1 000mal umarme :| hoffe ich wird wohl auch dabey seyn; – wenn H: und fr: von Puchberg auch mitführen, dann wäre alles beysammen was ich wünschte. vergesse auch den Carl nicht. – Nun aber das nothwendigste; – du must einen vertrauten Menschen |: Satmann oder so Jemand :| mitnehmen, welcher dann in meinem Wagen mit meiner Bagage auf die Mauth fährt, damit *ich* nicht diese unöthige seccatura habe, sondern mit euch lieben leuten nach hause fahren kann. – aber gewis! –

Nun adieu – ich küsse dich Millionenmal und bin Ewig

dein getreuester gatte
W. A. Mozart.« (23. Mai 1789)

Mozarts Eile, die ihn sogar beim Zoll einen Ersatzmann bestellen heißt (darauf dringt er noch in einem weiteren Brief, um das lästige und zeitraubende Zollverfahren zu umgehen), gilt ausschließlich seiner Frau.

Bettelbriefe

Mozart kam aus Berlin nicht ganz erfolglos zurück: Nicht nur brachte er eine ansehnliche Stange Geld mit, mochte er deren Umrechnungskurs in Wiener Währung auch gegenüber seiner Frau untertreiben:

»Mein liebstes Weibchen, du must dich bey meiner Rückunft schon mehr auf *mich* freuen, als auf das *gelde*. – 100 friedrichs'Dor sind nicht 900 fl sondern 700 fl; – wenigstens hat man mir es hier so gesagt. –« (23. Mai 1789)

Tatsächlich erhielt man jedoch 785 Gulden dafür, fast so viel wie sein Jahresgehalt; andere Einnahmen von der Reise verschwieg er ganz. Und dann brachte er auch zwei gewichtige Kompositionsaufträge mit für je eine Serie von sechs *Streichquartetten* und sechs *Klaviersonaten*. Dennoch beginnt nur wenige Wochen später eine Phase in Mozarts Leben, die tiefstes Elend und Not erkennen läßt, wie sie weder zuvor noch später aus seinen Briefen aufscheinen. Mozarts Frau war in bedrohlicher Weise an einem Fußleiden erkrankt, nach damaligem medizinischen Kenntnisstand und therapeutischen Möglichkeiten ein höchst gefährliches Krankheitsbild. Offensichtlich handelte es sich um eine Art offenes Bein, und man mußte befürchten, daß auch »der Knochen möchte angegriffen werden« (zweite Hälfte Juli 1789). Arzt- und Apothekerrechnungen waren horrend, denn einerseits gab es ja keinerlei Versicherungswesen, andererseits war Mozart nichts zu teuer, um seine Frau zu retten. Hinzu kam die dringende Nachbehandlung nach der akuten Phase der Krankheit mit Schwefelbädern, wozu ein Kuraufenthalt in dem teuren Baden notwendig wurde. Das Mitleiden Mozarts und sein Anteil an der Pflege machten ihn selbst völlig arbeitsunfähig, »immer zwischen Angst und Hoffnung« (17. Juli 1789).

Natürlich wissen wir nicht, was die medizinische Betreuung und die anschließenden Kuraufenthalte von Konstanze Mozart gekostet haben, sie scheinen Mozart jedenfalls in eine fast ausweglose Geldnot gebracht zu haben, die sich in Briefen an Michael Puchberg spiegelt. Dies waren nun keine Bitten um Darlehen mehr oder Hilfsgesuche aus kleineren

Bettelbriefe

momentanen Verlegenheiten, sondern wirkliche Bettelbriefe von einem, der aus seiner nicht nur finanziellen Not kaum noch einen Ausweg wußte.

»Den 12ten Jul. 1789.

Liebster, bester Freund!
und Verehrungswürdiger O. B.

Gott! ich bin in einer Lage, die ich meinem ärgsten Feinde nicht wünsche; und wenn Sie bester Freund und Bruder mich verlassen, so bin ich *unglücklicher und unschuldigerweise* sammt meiner armen kranken Frau und Kind verlohren. – Schon letztens als ich bei Ihnen war wollte ich mein Herz ausleeren – allein ich hatte das Herz nicht! – und hätte es noch nicht – nur zitternd wage ich es schrifftlich – würde es auch schrifftlich nicht wagen – wenn ich nicht wüßte, daß Sie mich kennen, meine Umstände wissen und von meiner *Unschuld,* meine unglückseelige, höchst traurige Laage betreffend, gänzlich überzeugt sind. O Gott! anstatt Danksagungen komme ich mit neuen Bitten! – anstatt Berichtigung mit neuem Begehren. Wenn Sie mein Herz ganz kennen, so müssen Sie meinen Schmerz hierüber ganz fühlen; daß ich durch diese unglückseelige Krankheit in allem Verdienste gehemmt werde, brauche ich Ihnen wohl nicht zu wiederholen; nur das muß ich Ihnen sagen, daß ich ohngeachtet meiner elenden Laage, mich doch entschloß bei mir Subscriptions-Academien zu geben, um doch wenigstens die dermalen so großen und häufigen Ausgaben bestreiten zu können, denn von Ihrer freundschafftlichen Zuwartung war ich ganz überzeugt; aber auch dies gelinget mir nicht; – mein Schicksal ist leider, *aber nur in Wien,* mir so widrig, daß ich auch nichts verdienen kann, wenn ich auch will; ich habe 14 Tage eine Liste herumgeschickt, und da steht der einzige Name *Swieten!* – Da es ietzt doch scheint, daß es mit meinem lieben (den 15ten) Weibchen von Tag zu Tage besser geht, so würde ich doch wieder arbeiten können, wenn nicht dieser Schlag, dieser harte Schlag dazu käme; – man tröstet uns wenigstens, daß es besser gehe – obwohl sie mich gestern Abends wieder ganz bestürzt und verzweifelnd machte, so sehr litte sie wieder und ich – mit ihr (den 14ten) aber heute Nacht hat sie so gut geschlafen und befindet sich den ganzen Morgen so leicht, daß ich die beste Hoffnung habe; nun fange ich an wieder zur Arbeit aufgelegt zu seyn – aber ich sehe mich wieder auf einer anderen Seite unglücklich – freylich nur für den Augenblick! – Liebster, bester Freund und Bruder – Sie kennen meine *dermaligen Umstände,* Sie wissen aber auch *meine Aussichten;* bey *diesem,* was wir gesprochen, bleibt es; *so oder so,* Sie verstehen mich; – unterdessen schreibe ich 6 leichte Klavier-Sonaten für die Prinzessin Friederika und 6 Quartetten für den König, welches ich alles bey Kozeluch auf meine Unkosten stechen lasse; nebstbei tragen mir die 2 Dedicationen auch etwas ein; in ein paar Monathen muß mein Schicksal in der *geringsten Sache* auch entschieden sein, folglich können Sie, bester Freund, bey mir nichts riskiren; nun kömmt es blos auf Sie an, einziger Freund, ob Sie mir noch 500 fl. leihen wollen oder können? – ich bitte, bis meine Sache entschieden ist, Ihnen alle Monath 10 fl. zurückzuzahlen; dann (welches längstens in einigen Monathen vorbey seyn muß) Ihnen die ganze Summe mit beliebigen Interessen zurückzuzahlen, und mich anbey noch auf Lebenslang für Ihren Schuldner erklären, welches ich auch leider ewig werde bleiben müssen, indem ich nie im Stande seyn werde, Ihnen für Ihre Freundschaft und Liebe genug danken zu können; – Gottlob; es ist geschehen; Sie wissen nun alles, nehmen Sie nur mein Zutrauen zu Ihnen nicht übel und bedenken Sie, daß ohne Ihre Unterstützung die Ehre, die Ruhe und vielleicht das Leben Ihres Freundes und Bruders zu Grunde geht; ewig Ihr verbundenster Diener, wahrer Freund und Bruder

W. A. Mozart.

Von Haus den 14ten Jul. 1789.

Ach Gott! – ich kann mich fast nicht entschließen, diesen Brief abzuschicken! – und doch muß ich es! – Wäre mir diese Krankheit nicht gekommen, so wäre ich nicht gezwungen, gegen meinen einzigen Freund so unverschämt zu seyn; – und doch hoffe ich von Ihnen Verzeihung, da Sie das gute und *üble meiner Lage* kennen. Das Üble besteht nur in diesem Augenblick, das Gute aber ist gewiß von Dauer, wenn das augenblickliche Übel gehoben wird. – Adjeu! – Verzeihen Sie mir um Gotteswillen, verzeihen Sie mir nur! – – und – Adieu! –––––«

Dieser gewiß dramatische Hilferuf wirft mancherlei Fragen auf. Allzusehr unterstreicht Mozart immer wieder seine »Unschuld« an seiner »unglückseeligen Lage« und bittet Puchberg um Verzeihung. Zweifellos bestanden noch offene Forderungen Puchbergs, und Mozart spürte die Peinlichkeit, statt »Berichtigung« mit neuen Bitten zu kommen. Hatte Puchberg zwischenzeitlich gemahnt, Mozart gar Vorwürfe gemacht? Was ist gemeint mit dem Satz: »bey *diesem,* was wir gesprochen, bleibt es; *so oder so,* Sie verstehen mich«? Ebenso unklar sind die »Aussichten«, von denen Mozart spricht, »die Sache«, die zur Entscheidung ansteht. Eine von Mozart angestrebte Anstellung am Wiener Hof, wie sie ein Jahr später aus einem Briefentwurf an den Erzherzog Franz hervorgeht, kommt schon deshalb nicht in Frage, weil Kaiser Joseph II. noch lebte und schon von daher keine Aussicht auf eine neue Stelle oder auf Veränderungen bestand. Eher ist an einen in Aussicht gestellten Opernauftrag zu denken, wie er im Laufe des Sommers oder des Herbstes auch tatsächlich kam[41].

Diesmal jedoch war Puchberg zurückhaltender und schickte auch erst nach einem weiteren Hilferuf einen Betrag von 150 Gulden. Vielleicht hatte er längst den Eindruck, daß Mozarts Geldbedürfnisse ein Faß ohne Boden seien. Diesmal setzt Mozart aber zur Verdeutlichung hinzu:

»1. daß ich keiner so ansehnlichen Summe benöthigt seyn würde, wenn mir nicht entsetzliche Kosten wegen der Kur meiner Frau bevorständen, besonders wenn sie nach Baden muß, 2do da ich in kurzer Zeit versichert bin in bessere Umstände zu kommen, so ist mir die zurückzahlende Summe sehr gleichgültig, für die gegenwärtige Zeit aber lieber und sicherer wenn sie groß ist.« (17. Juli 1789)

Das sind bemerkenswert beherzte Formulierungen für jemanden, der in einer so schlimmen Lage ist, ohne Schnörkel oder diplomatische Verbrämung. Einige Tage später gibt Mozart eine kurze Nachricht vom Befinden seiner Frau, die genaueste Schilderung der Krankheit, die wir überhaupt haben; in seiner ganzen Knappheit zeigt der Brief aber auch Mozarts eigene Verstörung:

»Liebster Freund und Bruder!

Ich habe seit der Zeit als Sie mir so einen großen Freundschaftsdienst erwiesen in *Jammer* gelebt, so daß ich nicht nur nicht ausgehen, sondern auch nicht schreiben konnte, aus lauter Gram. –

Dermalen ist sie ruhiger; und wenn sie sich nicht *aufgelegt hätte,* welches ihre Lage fatal macht, würde sie schlafen können; – man befürchtet nur, daß der Knochen möchte angegriffen werden; –– sie giebt sich zum Erstaunen in ihr Schicksal und erwartet Besserung oder Tod mit wahrer philosophischer Gelassenheit, mit thränenden Augen schreibe ich dieses. – Wenn Sie können, bester Freund, so besuchen Sie uns; und wenn sie *können,* so stehen Sie mir mit Rath und That bey in *bewußter Sache.*«

Die »bewußte Sache« bleibt verborgen.

Konstanze Mozart konnte Anfang August zur Kur nach Baden bei Wien fahren. Wolfgang Hildesheimer schreibt:

»Constanze ging, ziemlich ungerührt, in Baden ihren ausgedehnten Kuren nach, deren angestrebter Zweck sich für sie wohl mehr oder weniger erfüllt haben muß, so vage er auch für uns bleibt. – Doch waren Krankheiten eben damals wenig definiert, chronische Leiden noch weniger, und eingebildete schon ganz und gar nicht.« Und an anderer Stelle: »Es ist unwahrscheinlich, daß sie jemals psychisch gelitten hat, und auch ihre physischen Leiden betrachten wir mehr als willkommenen Vorwand zu Badekuren.«[42]

Bei genauer Lektüre der erhaltenen Briefe besteht kein Grund, an ihrem Wahrheitsgehalt zu zweifeln, so vieles in ihnen auch nur angedeutet ist und sich unserem vollen Verständnis entzieht. Wir wissen von anderen Briefen Mozarts, daß er manchmal zu Übertreibungen neigte, zu günstigen Beleuchtungen, Überschätzungen seiner Möglichkeiten. Bei der Darstellung jener Ereignisse, die sein Salzburger Dienstverhältnis beendeten, kamen solche Tendenzen im Briefwechsel mit seinem Vater deutlich genug zum Vorschein. Aber daß Mozart die Krankheit seiner Frau aufgebauscht, dramatisiert habe, um Puchberg zu neuen Zuwendungen geneigter zu machen, das kommt einem dann doch etwas unwahrscheinlich, zu unverfroren und dreist vor.

»mein Schicksal ist leider, *aber nur in Wien,* mir so widrig, daß ich auch nichts verdienen kann, wenn ich auch will; ich habe 14 Tage eine Liste herumgeschickt, und da steht der einzige Name *Swieten*! –«

Das ist schon eher eine der Mozartschen Übertreibungen. Puchberg, der ein genauer Rechner gewesen zu sein scheint, würde Mozart auch kaum beigestanden haben, wenn er nicht Aussichten hatte, daß Mozart irgendwann wieder zurückzahlen konnte. Deshalb schildert Mozart ja auch immer vollmundig seine »Aussichten«, nämlich Verdienstmöglichkeiten. Daß eine Subskriptionsliste, im Juni verschickt, nur den »einzigen Namen Swieten« enthielt, hat nicht so viel zu besagen, denn in den Sommermonaten Juni bis September fanden so gut wie nie Konzerte statt, einfach deshalb, weil der Adel sich in dieser Zeit aufs Land zurückzog, und das wußte Mozart durchaus[43].

Bei den Puchberg angedeuteten »Aussichten« ist aber nicht nur an den Wiener Opernauftrag *(Così fan tutte)* zu denken, sondern auch an die Verhandlungen mit Domenico Guardasoni in Dresden, »welcher es auf künftigen Herbst fast richtig machte mir für die Oper 200 # und 50 # Reisegeld zu geben« (10. April 1789). Freilich zerschmolz dies schöne Projekt wie Schnee, wovon Mozart aber jetzt noch nichts wußte.

Erst im Dezember desselben Jahres folgt ein nächster Puchberg-Brief, auch diesmal werden die Geldbitten mit den Apotheker- und Arztrechnungen begründet, die zu Neujahr beglichen sein müssen, »wenn ich nicht meinem Credit schaden will«. Diesmal fordert Mozart 400 Gulden, und der vorsichtige Puchberg schickt 300, obschon Mozart ankündigt:

»künftigen Monat bekomme ich von der Direction (nach ietziger Einrichtung) 200 Ducaten für meine Oper; – [...] bester Freund und Bruder! – ich weiß nur zu gut, was ich Ihnen alles schuldig bin! – wegen den alten bitte ich Sie noch Geduld zu haben! – gewiß ist Ihnen die Bezahlung, dafür stehe ich mit meiner Ehre. Ich bitte Sie nochmals, reißen Sie mich nur diesmal aus meiner fatalen Lage, wie ich das Geld für die Oper erhalte, so sollen Sie die 400 fl. ganz gewiß wieder zurück haben; – und diesen Sommer hoffe ich gewis (durch die Arbeit für den König von Preußen) Sie von meiner Ehrlichkeit ganz überzeugen zu können –« (Dezember 1789).

Aber es kam alles ganz anders. Von den sechs *Preußischen Quartetten* hat Mozart nur drei komponiert, den Auftrag also immer weiter hinausgeschoben und sich immer wieder durch anderes unterbrechen lassen; und von den ebenso bestellten sechs *Klaviersonaten* schrieb er sogar nur eine einzige (KV 576).

»So machen es alle«

Joseph II. war sehr knauserig – darüber hat Mozart oft geklagt –, im Stich gelassen hat er ihn nie. Mozart hatte schließlich keines der offiziellen Ämter, die alle besetzt waren, schon lange ehe er nach Wien kam. Er ist also auch nicht »übergangen« worden. Was Mozart bekam, war gerade so viel, um ihn in Wien zu halten: gelegentlich Opernaufträge, schließlich die Ehrenstelle eines Kammerkompositeurs. Gerade jetzt, wo er sich in schlimmen Geldverlegenheiten befand (dem Kaiser wird es nicht verborgen geblieben sein, dafür waren die Verhältnisse in Wien zu »eng«), kam ein neuer Opernauftrag, mit 900 Gulden besser bezahlt als üblich.

Bei keiner von Mozarts Opern wissen wir so wenig zur Entstehungsgeschichte wie bei dieser: *Così fan tutte*. Eine nicht nachprüfbare Legende berichtet von einem Wiener Ereignis, das den Kaiser mit dem bei ihm üblichen Spott veranlaßt habe, es zum Sujet einer Oper zu machen. Immerhin bestätigt diese Legende damit, daß der Kaiser selbst den Auftrag gegeben hat. Schon im September und Oktober 1789 komponiert Mozart drei Arien als Operneinlagen für Inszenierungen des

Burgtheaters. Ohne Wissen der Hoftheaterdirektion konnte dies nicht geschehen. Handelt es sich dabei um Sympathiewerbung bei den Sängern? Um offizielle und bezahlte Aufträge? Bestand der *Così*-Auftrag schon, oder wurde er dadurch vorbereitet? Wir wissen nicht einmal, wann die neue Oper geschrieben wurde, denn der Eintrag in seinem Werkverzeichnis (»im Jenner. 1790«) scheint schon vor der Uraufführung (am 26. Januar 1790) erfolgt zu sein. Und schon im Dezember notierte er: »*Eine arie* welche in die Oper Così fan tutte bestimmt war«, die schließlich durch eine andere ersetzt wurde. Für den 31. Dezember lud er Puchberg bereits zu einer Opernprobe ein:

»Donnerstag aber lade ich Sie (aber nur Sie allein) um 10 Uhr Vormittag zu mir ein, zu einer kleinen Oper-Probe; – nur Sie und *Haydn* lade ich dazu. – Mündlich werde ich Ihnen Cabalen von Salieri erzählen, die aber alle schon zu Wasser geworden sind – adjeu.« (Dezember 1789)

Bei den »Cabalen von Salieri« wird man sich nicht allzuviel denken müssen, denn gerade eine Woche zuvor hatte Antonio Salieri das *Klarinettenquintett* (KV 581) im Konzert der Tonkünstler-Sozietät, deren Präsident er war, zur Uraufführung gebracht. Zwischen Mozart und Salieri gab es auch keinerlei grundlegende Abneigung, eher sogar ein freundschaftliches und hochachtendes Verhältnis nebeneinander. Die »Cabalen« werden also Differenzen gewesen sein, wie sie sich im Opernalltag, erst recht bei der Vorbereitung einer neuen Produktion, schon institutionell zwischen Komponist und Theaterleitung ergeben.

Wenn es um diese Oper nachhaltige Kabalen gegeben hat, so hat sie Mozart nicht mehr erlebt; denn keines seiner Werke hat so üble Bearbeitungen, Verfälschungen und Entstellungen erlebt wie diese Oper das ganze 19. Jahrhundert hindurch. Sie betrafen alle das Libretto Lorenzo Da Pontes. »[...] ist ein elendes Ding, das alle Weiber herabsetzt, Zuschauerinnen unmöglich gefallen kann und daher kein Glück machen wird«, schrieb schon am 28. April 1791 der berühmte Schauspieler Friedrich Ludwig Schröder nach der Lektüre des Textbuches in sein Tagebuch[44]. Und im *Journal des Luxus und der Moden* heißt es 1792 anläßlich einer Berliner Aufführung: »Es ist wahrlich zu bedauern, daß unsere besten Komponisten ihre Talente und ihre Zeit meist immer an jämmerliche Sujets verschwenden. Gegenwärtiges Singspiel ist das albernste Zeug von der Welt, und seine Vorstellung wird nur in Rücksicht der vortrefflichen Komposition besucht.«[45] Keiner hat den Vorbehalt so deutlich ausgesprochen wie Arthur Schurig:

»Das Libretto ist eine Verhöhnung nicht nur der Frauenliebe, sondern der Liebesleidenschaft überhaupt. Die Liebe ist in der Weltliteratur oft in den Staub gezogen worden. Denken wir an die großen Spötter Aretin, Boccaccio, Macchiavell, Rabelais, Fischart, aber niemals in so geistloser Weise wie von Daponte. Und es wird kaum wieder einen großen Künstler geben, der seine Kräfte einem so mäßigen Machwerke wie dem Text zu *Cosi fan tutte* mit solcher Selbstverständlichkeit widmet, wie es Mozart getan hat. Durch seine Mitarbeit hat er hier einmal das verspottet, was er in seinem übrigen Werk nicht müde geworden, zu verklären und zu vergöttern: die irdische Liebe. Daß ihm dieser Spott nicht aus tiefem Herzen kam, steht außer Frage. Ihm war die Handlung eine Harlekinade. Weiter nichts. Erst die Nachwelt deutet und deutet an den Werken der unsterblichen Meister. Ein Frauenlob, wie Meister Mozart einer war, wird eines Textbuches wegen nicht von heut auf morgen zum Weibesverhöhner. Und doch ist etwas sehr seltsam. In der *Entführung* hat Mozart die rührselige deutsche Liebe verherrlicht, im *Figaro* die galante Liebe, den Amour goût (nach Stendhals berühmter Einteilung), im *Don Juan* die dämonische Sinnenliebe, und in der *Zauberflöte* den Drang des Mannes empor zu den höchsten Idealen und sein urewiges Schicksal, das Hangenbleiben am Erdenhaften. Und so harrte der Kunst Mozarts nur noch eine, die Venus vulgivaga, die sich dem Erstbesten schenkt, der ihr zur Stunde gefällt. Damit war der Reigen geschlossen.«[46]

Das ist ein bis zur Komik extremes Urteil, aber seine Virulenz hat es behalten. Fast alle heutigen Inszenierungen halten fest an dem Grundgedanken, daß es sich bei dieser Oper um eine geradezu mathematische Versuchsanordnung handle, der die Liebestreue unterworfen werde. Die Folge ist eine entschieden marionettenhafte Personenführung, eine abgezirkelt symmetrische Darstellung (sosehr sie der Musik auch widerspricht), eine platte Typisierung der handelnden Personen, wo Da Ponte und Mozart sich um die Charakterzeichnung höchst ausgeprägter Individuen bemüht haben. Gegen den lebendigen Realismus dieser Oper wird fast stets ein gesichtsloses Einerlei gesetzt, das vermutlich Allgemeingültigkeit vortäuschen soll. Wieso werden zum Beispiel die beiden Schwestern eigentlich immer als vornehme, reiche Damen vorgeführt, oftmals geradezu in Abendtoilette, und ihr Haus fast als ein Rokokoschloß? Wieso wird für die Hochzeitsszene ein festlicher Saal illuminiert, obschon das Libretto nur von einem »hübschen Zimmer« spricht?

Ganz eindeutig handelt es sich hier ausschließlich um bürgerliche Leute. Zwar fuchteln in der ersten Szene die beiden Liebhaber mit einem

Degen herum, aber sie sind schließlich Soldaten. Und ihre Sprache ist alles andere als vornehm oder höfisch, sondern oftmals derb bis zur Vulgarität[47]. Mozart war viel zu sehr Opernpraktiker, bewußter Gestalter und Inszenator selbst des kleinsten Details, als daß man ohne Schaden in seine und Da Pontes Anweisungen eingreifen dürfte. Was sich im Personenverzeichnis noch als Bezeichnung gängiger Buffotypen liest, erweist sich bald als »dramma giocoso« von sechs lebendigen Personen, die im Umgang miteinander vor allem auch sich selbst kennenlernen, verwirrt und voller ambivalenter Gefühle, in ihrer auftrumpfenden Selbstsicherheit erschüttert, am Ende zwar nicht entmutigt, aber immer noch am Anfang einer Suche nach Selbstsicherheit, nach Glück, nach Lebensweisheit: wahrlich ohne Happy-End. Ein bürgerliches Drama – ebenso natürlich Lustspiel. Das spielt sich auch in unserer Gesellschaft ab, ohne jeden Abstand von Vornehmheit, Reichtum, (adliger) Gesellschaftsschicht.

Gleich die erste Szene zeigt den »alten Philosophen« Don Alfonso im Gespräch mit den beiden »Liebhabern« über die Treue der Frauen. Der Ort ist das bürgerliche »Caféhaus« – nicht der private Salon, sondern der Ort, wo sich bürgerliche Öffentlichkeit konstituiert. Don Alfonso räsoniert recht allgemein über die Frauen, ob sie Idealbilder oder Menschen seien, »Göttinnen oder Frauen«. Das Thema der Desillusionierung ist angeschlagen. Wenn Don Alfonso nur zweifelt und fragt, »zu welcher Art von Lebewesen eure Schönen zählen: ob sie wie wir aus Fleisch, Knochen und Haut sind«, fühlen die beiden Liebhaber bereits ihre Ehre gekränkt. Der öffentliche Ort ist einer des Räsonnements ebenso wie der aufprotzenden Verteidigung bürgerlicher Wertvorstellung. Die beiden Liebhaber verlangen auf der Stelle Beweise für die Untreue ihrer Schönen (als habe Don Alfonso dies konkret behauptet) oder das Duell. Der »Philosoph« hält nichts vom reinigenden Bad des Blutvergießens und fragt zurück: »Welchen Beweis habt ihr, daß eure Geliebten euch ständig treu sind? Wer garantiert euch, daß ihre Herzen standhaft sind?« Und nach einigen allzu vollmundigen Beteuerungen ihrer Einzigartigkeit: »Und wenn ich euch handgreiflich beweise, daß sie wie alle andern sind?« Um dem Duell zu entgehen, bietet Don Alfonso also eine Wette an, der »Philosoph« entgeht dem Zusammenprall mit bürgerlichen Ehrvorstellungen fürs erste. Aber Don Alfonso ist im weiteren Verlauf keineswegs der geschickte Marionettenmeister, der alle Fäden so zu ziehen weiß, daß die Figuren schließlich nach seiner Melodie tanzen. Wo es aufs Handeln ankommt, läßt er sich schon bald von Despina vertreten. Lebensweisheit und Handlungsklugheit fallen eben nicht zusammen:

> *Despina:* Mir überlaßt die Mühe, das Ganze weiterzuführen. Wenn Despina etwas plant, wird der Erfolg nicht ausbleiben [...]. Nur, daß ihr alles tut, was ich euch befehle.«[48]

Erst gegen Ende, wenn die Gefühlsverwirrungen und die abgründigen Blicke in die eigenen Herzensregungen einiges Erschrecken zutage fördern, kann Don Alfonso wieder etwas beitragen mit einem (durchaus fragwürdigen) Konzept der Schadensbegrenzung und einem (gelingenden) Einmischen der Vernunft als »heitere Ruhe in den Stürmen des Lebens«. Don Alfonsos Desillusionierung unternimmt nicht in erster Linie die Entlarvung weiblicher Untreue, sondern gilt eher einem ideologischen Frauenbild der Männer, bei dem nicht sein kann, was nach ihren Männlichkeitsvorstellungen nicht sein darf.

> »Nehmt sie, wie sie sind; die Natur konnte keine Ausnahme machen; es gibt kein Privileg, zwei Frauen aus einem anderen Teig zu schaffen für eure schönen Mäuler; man muß alles als Philosoph sehen [...]. Alle beschuldigen die Frauen, und ich entschuldige sie, auch wenn sie tausendmal am Tag ihre Liebe wechseln; der eine nennt es Laster, der andere Gewohnheit, ich glaube, es ist eine Herzensnotwendigkeit. Der Liebhaber, der am Ende enttäuscht wird, soll nicht die Schuld bei andern suchen, sondern bei sich selbst – seien sie jung, alt, schön oder häßlich.«[49]

Mozart führt an dieser Stelle in Da Pontes Textbuch noch folgendes ein: »Wiederholt es mit mir: So machen sie's alle.« Freilich verwischt er mit diesem musikalisch höchst wirkungsvollen Einschub die ernstgemeinte Mahnung an die Männer.

Don Alfonso wird von Mozart überhaupt eher abgewertet, wenn er ihn für seine trockene und skeptische Altersnüchternheit durch dürre Streicherbegleitung und konsequentes Verstummen aller Bläserstimmen bei seinen Einsätzen charakterisiert. Gewiß hat er alle Gefühlsstürme längst hinter sich, geht nicht einmal auf Despinas anzügliche Scherze ein. Er ist eben in erster Linie der Katalysator, der provoziert und damit bei den aufbrausenden Liebhabern einiges in Gang bringt, der aber auch wieder versöhnt und zusammenführt, wo Ratlosigkeit um sich greift, Verlegenheit, Beschämung.

Daß die beiden Damen eine Kammerzofe haben, ist kein Indiz für Reichtum oder eine besonders privilegierte Stellung. Hauspersonal wurde so gering entlohnt, daß fast jeder es sich leisten konnte (Mozarts hatten bis zu drei Angestellte). Despinas erster Auftritt beginnt: »Was für ein verfluchtes Leben, Kammerzofe zu sein! Von morgens bis abends tut man, schwitzt man, arbeitet, und dann ist von allem nichts für uns selbst.« Aber dennoch ist ihr Umgang mit den Damen ohne die geringste Unterwürfigkeit, eher von Direktheit bis zur Schnoddrigkeit und Frechheit geprägt, ohne daß man es ihr übelnimmt. »Die Liebe ›en bagatelle‹ zu behandeln« ist ihre Lehre, und dazu muß sie nicht erst von Don Alfonso angestiftet werden. Sie, die kein behütetes Mädchen ist, hat früh lernen müssen, sich selbst zur Wehr zu setzen, ihre Interessen durchzusetzen, ihren Vorteil zu wahren. Selbstbestimmung ist ihr Konzept, nicht aus emanzipatorischer Einsicht, sondern aus Erfahrung. (Mozart hat hierin nicht zum erstenmal ein Kammermädchen gestaltet, das seiner Herrin an praktischer Lebensklugheit, Selbständigkeit im Urteilen und Handeln, aber auch an Mut deutlich überlegen ist: Zu nennen sind Blonde und Susanna, so verschieden ihre Herkunft, ihre Lebensumstände, ihre Bedeutung auch sind.)

»Ein Mädchen von fünfzehn Jahren muß sich auf jede Art auskennen: wo der Teufel seinen Schwanz hat, was gut, was schlecht ist, muß Bosheiten kennen, verliebt machen können, Lachen heucheln, Weinen heucheln, gute Ausreden erfinden.«[50]

Die beiden Damen sind etwas verwirrt von solchen Ansichten, aber auch angezogen. Dorabella ist schnell davon überzeugt: »Wenn man sich ein bißchen amüsiert, um nicht aus Schwermut zu sterben, bricht man nicht die Treue«, und Fiordiligi bestätigt: »Das ist wahr«[51]. Aber zwischen den beiden Schwestern gibt es einen gravierenden Unterschied: Dorabella als die aktivere, lebenslustigere sucht gleich für alle Schwierigkeiten Ausreden und Auswege zu finden, während Fiordiligi mit der Gewissensinstanz kämpft. In den Verführungsszenen können sich Dorabella und Guglielmo schon deshalb verhältnismäßig leicht einander nähern, weil beide nichts anderes als eine kleine verliebte Spielerei im Sinn haben, als Unterhaltung, als Wetteinlösung, beides leichtgewichtig.

Fiordiligi ist sich zunächst der selbstgesteckten Grenzen viel sicherer, kann deshalb im Rahmen der Konventionen auch aktiver sein. Ihr Gegenüber Ferrando ist auch nicht gerade der Typ des Herzensbrechers. Man muß sogar vermuten, daß er sich der Verführungsaufgabe auf eine sehr plumpe und aggressive Art zu entledigen versucht, die natürlich nicht verfängt. Fiordiligi bleibt die »modestia in carne«, die eingefleischte Zurückhaltung, kein Wunder angesichts einer Attacke,

»So machen es alle«

die dem Zuschauer verborgen bleibt, die sie aber recht eindeutig beschreibt:

»*Fiordiligi:* Ich habe eine Viper, eine Hydra, einen Basilisken gesehen!

Ferrando: Ah, Grausame, ich verstehe dich! Die Viper, die Hydra, den Basilisken und was es sonst noch in der Libyschen Wüste gibt, siehst du in mir allein.

Fiordiligi: Das ist wahr, das ist wahr! Du willst mir den Frieden rauben.«[52]

Aber dann gerät Fiordiligi in einen immer größeren Zwiespalt ihrer Gefühle, die für Ferrando erwachen, ohne daß sie Guglielmo vergessen kann. Und auch Ferrando, von Dorabellas Untreue verletzt und enttäuscht, gerät in immer größere Konflikte, für die man sich eine Lösung kaum vorstellen kann.

Was Don Alfonso mit seiner Wette in Gang gesetzt hat, ist für die Beteiligten plötzlich nicht mehr nur ein Spiel, bei dem am Ende alle wieder ihre Ausgangsplätze einnehmen können, sondern der Ernst einer Liebesverstrickung, bei der Leiden und Glück, Verletzung und Desorientierung gleichermaßen die beiden Paare überfällt. Das Ende der Oper läßt alles offen. Zwar versichern Dorabella und Fiordiligi ihre Verlobten der künftigen Treue, aber erproben darf man sie nicht. Die Treue zeigt sich hier als ein notwendiger Damm gegen die Sturzflut ambivalenter und unbezähmbarer Gefühle und Leidenschaften, deren Sprengkraft ebensowenig bestreitbar ist wie ihre Wahrheit.

Das ist kein kleines, gefälliges Intrigenstück, sondern großes Theater, schonungslos und provozierend, das Gegenteil von all den vielen Buffoopernchen, die eine heile Welt vorgaukeln, wo am Ende alles seinen geordneten Gang geht, Liebe nur Glück verspricht und was sich findet, ewig bindet... Andererseits haben Mozart und Da Ponte ganz bewußt auf das überkommene Buffopersonal zurückgegriffen, ihm allerdings ein ganz individuelles Leben eingehaucht, das weit weg führt von den bekannten Buffotypen. Und ebenso weit weg von allen Gattungskonventionen führt die Handlung, mag sie am Anfang mit der Wette auch noch ganz der überkommenen Typologie entsprechen. Die Überführung einer harmlosen Operngattung in großes Charaktertheater ist weder Mozart noch Da Ponte vom Publikum honoriert worden. Am Nationaltheater wurde diese Oper kein wirklicher Erfolg, fanden insgesamt nur zehn Aufführungen bis 1791 statt, während in der gleichen Zeit die Neuinszenierung von *Le nozze di Figaro* insgesamt 29 Aufführungen erreichte.

Dies Werk war das einzige, das Mozarts Nachruhm gefährden konnte. Man hat ihm den schonungslosen Realismus verübelt, den man als Amoralität mißverstand. Die vielen Bearbeitungen bis hin zu jenen »Übersetzungen« seines Textes, die noch heute gespielt werden (Devrient, Niese, Levi/Possart, Schünemann), stellen grobe Verfälschungen dar, gerade weil sie versuchten, ein Werk entgegen seinem Wortlaut zu »retten«. Die allgemeine Kenntnis dieses Werkes steht noch aus – trotz erfreulicher Annäherungen in den letzten Jahren durch Regisseure wie Dieter Dorn, Karl Ernst Herrmann und andere.

Così fan tutte zeigt, mit welcher Konsequenz sich Mozart von der höfischen Oper löst, mag sie als Auftraggeber für ihn auch immer noch eine besondere Bedeutung haben. Freilich kamen ihm hierbei die Wiener Verhältnisse in besonderer Weise entgegen. Hatte nicht der Kaiser selbst mit dem Versuch eines »Nationalsingspiels« die Oper aus ihrer konventionellen Erstarrung lösen wollen? Mozart hatte mit der *Entführung aus dem Serail* nicht nur das erfolgreichste Singspiel geschrieben, sondern mit allen folgenden Werken, ohne eine neue Gattung bürgerlichen Musikdramas zu begründen, immer neue Beispiele eines realistischen musikalischen Theaters geschaffen, das sich an ein gesamtgesellschaftliches Publikum wandte. Mit der *Zauberflöte* ging Mozart dann noch einen Schritt weiter, indem er auch das Vorstadttheater der großen Oper erschloß, wozu nirgends so gute Voraussetzungen bestanden wie in Wien. Daß Mozart dabei auch auf Märchen- und Zaubersujets zurückgriff, zeigt seinen uneingeschränkten Realismusbegriff, der sich schon im *Don-Giovanni*-Finale offenbart hatte.

Mozarts Opernschaffen war durch und durch provokant, indem es ungeschriebene ästhetische, klassenmäßige und politische Gesetze und Regeln in Frage stellte. *Figaro* schilderte den maroden und borniertn Adel aus der Sicht der Diener und griff ihn schonungslos an; *Don Giovanni* ließ das zur Vorstadtposse heruntergekommene alte »Barock«-Stück als hintergründiges großes Theater wiedererstehen; *Così fan tutte* beharrte auf der wahren Ambivalenz der Gefühle und nahm den Verdacht der Amoralität dafür in Kauf; *Die Zauberflöte* schließlich diskutierte die Freimaurerei, die längst in ein politisches Abseits geraten war. Darüber hinaus war das Stück so bilderreich angelegt, daß die Zeitgenossen es als eine Allegorie auf die Französische Revolution verstehen konnten.

Mozarts Opern gingen bei jedem Werk das volle Risiko ein, indem sie, manchmal haarscharf an der Zensur vorbeischrammend, mit einem untrüglichen politischen Gespür die gesellschaftlichen Zustände und die zeitgenössischen Anschauungen darüber reflektierten. Zugleich bediente sich Mozart aber einer musikalischen Sprache, die – bei aller von den Zeitgenossen hervorgehobenen Kompliziertheit – von großer Eingängigkeit und damit Überzeugungskraft war. Mozarts musikalisch-rhetorische Fähigkeiten machten zwar seine Provokationen nicht vergessen, ließen sie aber selbst noch bei denen entschuldigen, die ihn wegen der Inhalte seiner Opern hart und ungerecht kritisierten. Nirgends wird das so deutlich wie bei der (nicht nur) zeitgenössischen Kritik an *Così fan tutte*.

Der Kaiser stirbt

Kaiser Joseph II. hat *Così fan tutte* nicht mehr gesehen. Am 26. Januar 1790 war die Premiere, rechtzeitig zum Höhepunkt des Wiener Faschings, der wie immer in großer Ausgelassenheit begangen wurde. In den folgenden 14 Tagen gab es immerhin noch weitere vier Aufführungen, dann wurde das Burgtheater wegen Hoftrauer geschlossen. Denn am 17. Februar war Prinzessin Elisabeth, die Frau des Erzherzogs Franz, im Kindbett gestorben. Joseph II. war davon besonders betroffen, weil er diese angeheiratete Nichte sehr liebte. Sein eigener Gesundheitszustand – er litt an einer offenen Lungentuberkulose – war jedoch so schlecht, daß er selbst dem Tod entgegenfieberte. Dennoch, wann immer die Kräfte es zuließen, war er mit dem Schreiben von Briefen, dem Diktieren von Verordnungen und mit Audienzen beschäftigt. Zum Begräbnis der Prinzessin äußerte er, man werde sie wohl kaum drei Tage lang in der Hofkapelle aufbahren können, weil diese für seine eigene Aufbahrung freigemacht werden müsse.

Der Zustand des Kaisers war allgemein bekannt. Von Betroffenheit, Anteilnahme, Trauer war wenig zu spüren, ausgenommen seine nähere Umgebung, die wenigen persönlichen Freunde und engsten Ratgeber, von denen sich der Kaiser in zahlreichen Briefen und Gesprächen persönlich verabschiedete. (Unter ihnen war auch die Gräfin Thun, deren Salon Joseph II. stets gern besucht hatte.) Ansonsten redete man höchst distanziert, manchmal auch despektierlich über den Kaiser. Daß Joseph II. mit den meisten seiner Reformen, mit seinen militärischen, außen- und innenpolitischen Zielen fast überall gescheitert war, bereitete eher Genugtuung. Die Stimmung in der Wiener Bevölkerung war auf einem Tiefpunkt, die Faschingsausgelassenheit und der Übermut waren offensichtlich um so größer. Der Geist der Rebellion, von den Nachrichten über die Französische Revolution zusätzlich ermuntert, breitete sich aus wie Morgennebel. Man ging sogar soweit, Spottgedichte auf den Sterbenden in Umlauf zu bringen. An die Hofburg wurde ein Zettel geklebt:

>»Der Bauern Gott, der Bürger Noth,
> Des Adels Spott liegt auf den Tod.«

Der Kaiser starb zwei Tage nach Aschermittwoch, am 19. Februar 1790. Soweit Joseph II. darüber verfügen konnte, hatte er auf einen schmucklosen Sarg Wert gelegt, das Begräbnis jedoch hatte dem habsburgischen Zeremoniell zu folgen. Aber selbst hierbei wurde die Würde nur mit Mühe gewahrt: Graf Zinzendorf notierte in seinem Tagebuch die nachlässige Aufbahrung des Leichnams. Der Herrscher, der wie kein anderer die Hoffnungen auf einen humanen, aufgeklärten Staat auf sich gezogen hatte, einen zwar absolutistischen, aber doch dem Volkswohl, der Rechtlichkeit und dem Abbau ungerechter Drückungen verschriebenen Staat, der in seinen Ländern Toleranz gewährt und die Leibeigenschaft aufgehoben hatte, der ein modernes Staatskirchentum durchgesetzt und einen straff organisierten Einheitsstaat begründet hatte, der Kaiser, von dem ganz Europa fasziniert gewesen war, starb erst 48 Jahre alt, verspottet, von vielen gehaßt, und hinterließ ein Reich, das am Zerfall entlangschlitterte, von Unruhen und Auflehnung erschüttert, von separatistischem Abfall bedroht. Die Situation war mit Frankreich in gar keiner Weise vergleichbar, und doch gab es in der Habsburgermonarchie genügend Sprengsätze, die ihrem Bestand höchst gefährlich werden konnten.

Durch seine Reformpolitik hatte Joseph II. die bürgerliche Aufklärung an den Hof gebunden, sie für seine Ziele nutzbar gemacht. Gerade dadurch war aber bei den bäuerlichen und bürgerlichen Schichten ein politischer Bewußtseinsprozeß in Gang gesetzt, der nun weitergehende politische Forderungen freisetzte. So dankbar beispielsweise die Bauern für die Aufhebung der Leibeigenschaft auch waren, so verlangten sie doch jetzt weitere finanzielle Entlastungen, die zu ungeheuren Spannungen mit dem grundbesitzenden Adel führen mußten. Der Adel wiederum war aufgebracht über die Aufhebung seiner Privilegien (zum Beispiel die Gerichtsfreiheit) und verweigerte seinerseits die Zustimmung zur neuen Steuerordnung. Hinzu kam die radikale Entmachtung der Stände in den einzelnen Ländern, die neue Widersprüche und Fronten schuf, kurzfristig auch nationalistische Koalitionen (wie zum Beispiel in den Niederlanden) begünstigte. Joseph II. hatte sich gewungen gesehen, einen Großteil seiner Reformen wieder zurückzunehmen und – angesichts der vielfältigen Oppositionsströmungen – einen geheimen Polizeiapparat aufzubauen. Noch in seinen letzten Lebensmonaten verloren jene aufgeklärten Staatsbeamten an Einfluß, die die Reformen mit ausgearbeitet hatten, also die eigentlichen »Josephiner«, die zumeist auch Freimaurer gewesen waren, und statt dessen gewannen Vertreter des grundbesitzenden Adels (wie etwa Graf Pergen) in Regierungsstellen an Einfluß. (Hier bahnte sich eine Restauration an, die zwei Jahre später – unter Franz II. – sich voll als Reaktion entfalten sollte.)

Der bereits im Sterben liegende Kaiser wurde von seinen Polizeibeamten über die Stimmung der Wiener Bevölkerung wohl unterrichtet. Da heißt es zum Beispiel:

»Euer Majestät tiefsten Einsicht ist nicht verborgen, wie sehr sich der Ton der hiesigen Residenzstadt seit einigen Jahren geändert hat; es ist nicht mehr das gutmüthige Volk, das es ehemals war, welches ohne zu raisonniren mit blinder Unterwürfigkeit dem Rufe der Gesetze folgte, mit Ehrfurcht seine Obrigkeiten ansahe, und stolz auf die Ehre Unterthan des deutschen Kaysers zu seyn, seyn Glück mit keiner Nazion des Erdbodens vertauscht hätte. Dieses leutsame, treuherzige, zufriedene Volk sucht man dermal vergebens in hiesiger Residenzstadt.«[53]

Die Spottverse an der Hofburg konnten den Kaiser – sofern man sie ihm übermittelt hat – belehren, daß dies sogar ein zurückhaltend formulierter Stimmungsbericht war. Die Nachrichten aus Frankreich trugen auch nicht zur Besänftigung bei. Denn in Wien war man recht gut informiert über die Pariser Ereignisse. Selbst die *Wiener Zeitung* berichtete ausführlich über die Sitzungen der Nationalversammlung und das übrige Geschehen. Der Entwurf zur Erklärung der Menschenrechte wurde hier sogleich wörtlich abgedruckt. Ebenso kamen die Verfassungsentwürfe ausführlich zu Wort, die wichtigsten Argumentationslinien wurden referiert. (Auch französische Zeitungen wurden in Wien gelesen, zumindest höhere Regierungsbeamte hatten Zugang zu ihnen.) In aller Offenheit wurde in den Kaffeehäusern über diese Vorgänge debattiert, eine grundsätzliche Zustimmung zu den Forderungen nach einer Verfassung war allgemein zu hören, manch hitziger Vergleich von Unzufriedenen wird den Polizeispitzeln in den Ohren geklungen haben. Organisierte Verschwörerzirkel gab es zu dieser Zeit in Wien wohl noch nicht. Andererseits ist nicht zu übersehen, daß die Mitglieder der späteren sogenannten »Jakobinerverschwörung« (1794) so gut wie alle aus der Freimaurerei hervorgegangen waren, die Logen also die Rolle politischer Klubs gewissermaßen mit erfüllten.

Gerade von Mozarts Loge »Zur neugekrönten Hoffnung« wissen wir, daß sie in jener Zeit mit französischen Logen einen Briefwechsel unterhielt, den die Wiener Polizei abgefangen hatte. Hier bahnte sich bereits der Konflikt der ehemaligen »Josephiner«, als die man den größten Teil der Freimaurer bezeichnen kann, mit dem »Wendekurs« der Reformrücknahme, der polizeilichen Verdächtigung und der Restauration der alten Adelsgesellschaft an. Mozarts Loge war dabei ihrem Selbstverständnis nach eine politisch orientierte Loge; kein Wunder, daß sie, im Gegensatz zu anderen, ihre Geheimnisse vor allem auch gegenüber der Polizei zu wahren wußte.

Mozart selbst war auch einer jener »Josephiner«, die von dem neuen Kurs äußerst enttäuscht sein mußten. Er hatte sich mit seinen Wiener Opern, vor allem *Le nozze di Figaro,* eindeutig als solcher zu erkennen gegeben – Opern, wie sie in dieser radikalen Bekenntnisform kein anderer Zeitgenosse geschrieben hat. Auch sein persönliches Verhältnis zum Kaiser war offensichtlich distanziert geworden. Aus früheren Briefen konnte man Achtung und Bewunderung herauslesen, unbeschadet der Klagen über die »Knauserigkeit« des Kaisers. Jetzt hatte Mozart gerade erst einen gut dotierten Opernauftrag abwickeln können, womit er vom Kaiser Hilfe in einer Zeit finanzieller Sorgen bekommen hatte. Aber auch Mozart ging zur Tagesordnung über. Für die Faschingsbälle schrieb er, während der Kaiser im Sterben lag, wie jedes Jahr seine Serie von Tänzen. Und am Tag, als die Kirchenglocken den Tod Josephs II. signalisierten, schrieb Mozart an Michael Puchberg einen launigen Brief:

»Wenn ich gewußt hätte, daß Sie mit dem Biere fast zu Ende sind, so würde ich mich gewis nie unterstanden haben Sie davon zu berauben, ich nehme mir also die Freyheit Ihnen hiemit den andern Blutzer wieder zurück zu schicken, da ich heute schon mit Wein versehen bin; – ich danke Ihnen herzlich für den ersten und wenn Sie wieder mit Bier versehen seyn werden, so bitte ich mir ein Blutzerchen aus; Sie wissen wie gerne ich es trinke; –« Freilich erbat er zugleich auch »auf ein paar Tage etliche Ducaten« (20. Februar 1790).

Eine Trauermusik auf den Tod Josephs II. zu schreiben (wie Beethoven mit einer *Kantate*) kam Mozart nicht in den Sinn, und bestellt hat sie auch keiner. Der Kaiser war tot, Mozarts Gedanken kreisten schon um den Nachfolger. Offensichtlich angeregt von Baron van Swieten, richtete Mozart ein Gesuch an den neuen Herrscher, eine zweite Kapellmeisterstelle einzurichten und an ihn zu vergeben.

Es lebe der Kaiser!

Das Gesuch hat sich nicht erhalten. Wohl aber der Entwurf zu einem Schreiben, mit dem Mozart bei Erzherzog Franz um Unterstützung bat:
»Euere königliche Ho
Ich bin so kühn Eure k. H. in aller Ehrf. zu bitten bey S: M: dem könige die gnädigste fürsprache, in betreff meiner unterth. bitte an allerhöchstdieselben, zu führen. – Eyfer nach Ruhm, liebe zur thättigkeit, und überzeugung meiner kenntnisse, (alles Symt) heissen mich (an) es (zu) wagen um eine zweyte kapellmeisterstelle zu bitten, besonders da der sehr geschickte kapellm Salieri sich nie dem kirchen Styl gewidmet (hat), ich (habe) aber vonn Jugend auf mir diesen Styl ganz eigen gemacht habe. der wenige Ruhm, den mir die Welt meines Spiels wegen auf dem Pianoforte gegeben, ermunterte mich auch um A. Gnade zu bitten mir die königl famill zum Musiclschen Unterricht allergndist anzuvertrauen. –
ganz überzeugt daß ich mich an den würdigsten und für mich besonder gnädigen (Gönner) Mittler gewendet habe, (hoffe ich auch alles, und bin ich bereit durch thätigst Eyfer, treue und Rechtsch stets darzuthun – an und zwar. – gnade) lebe ich der besten zuversicht, – und werde (nicht) st... bestr.... dinsten best...E... gen zu überzeug daß« (erste Hälfte Mai 1790[54])

Nicht daß Mozart damit der Oper entsagen und sich vor allem der Kirchenmusik zuwenden wollte: Dafür gibt es kein Indiz, denn Kirchenmusik hatte Mozart zuletzt vor zehn Jahren geschrieben (sieht man vom Fragment der *c-Moll-Messe* einmal ab). Unter Joseph II. spielte die Kirchenmusik in Wien schließlich eine sehr untergeordnete, um nicht zu sagen vernachlässigte Rolle. Mozart war aber eingeweiht genug in die innenpolitischen Verhältnisse, um eine Wende auch in der Kirchenpolitik vorauszuahnen. Der Hinweis auf Antonio Salieri war wohl nur taktischer Art, denn dessen Stellung als Hofkapellmeister schien völlig unangefochten. Eher ging es darum, den Musikunterricht der kaiserlichen Familie anvertraut zu bekommen, denn Leopold II. hatte immerhin

16 Kinder. Damit aber nicht wieder ein so schäbiges Honorar (wie 1782 für die Prinzessin Elisabeth mit 400 Gulden) ausgeworfen würde, suchte Mozart die Notwendigkeit einer zweiten Kapellmeisterstelle zu begründen, die immerhin um die 2000 Gulden eintragen konnte.

Mozarts ganze Phantasie kreiste um dieses Projekt, das er mit allen Mitteln verfolgen wollte. Freilich mußte er auch auf seinen guten Leumund bedacht sein, durfte nicht als Schuldenmacher oder Verschwender beim neuen Herrscher gelten. In einem aufschlußreichen Brief an Michael Puchberg kommt diese Sorge zum Ausdruck:

»Nun stehe ich vor der Pforte meines Glückes«, heißt es da kühn vorausträumend, »– verliere es auf ewig, wenn ich diesmal nicht Gebrauch davon machen kann. Meine gegenwärtigen Umständen sind aber – daß ich, bey all meinen angenehmen Aussichten, ohne der Hülfe eines biederen Freundes, meine Hoffnung zu meinem ferneren Glücke ganz für verlohren geben muß; – Sie werden an mit die Zeither immer etwas trauriges bemerket haben – und nur die zu vielen Gefälligkeiten, die Sie mir schon erwiesen haben, hießen mich schweigen; aber nur noch einmal und zum letztenmale, im allernothwendigsten Augenblike, welcher mein ganzes ferneres Glück entscheidet, rufe ich Sie voll des Zutrauens in Ihre mir bewährte Freundschaft und Bruderliebe an, mir nach Ihrer ganzen Möglichkeit beyzustehen. Sie wissen, wie mir meine dermaligen Umstände, wenn Sie kund würden, in meinem Gesuche bey Hofe schaden würden – wie nöthig es ist, daß dies ein Geheimnis bleibe; denn man urtheilt bey Hofe nicht nach den Umständen, sondern leider blos nach dem Schein. Sie wissen, sind gewis ganz überzeugt, daß wenn ich, wie ich dermalen gewis zu hoffen habe, in meinem Gesuche glücklich bin, Sie ganz gewis nicht verlohren haben – mit welchem Vergnügen werde ich Ihnen dann meine Schulden abzahlen! – mit welchem Vergnügen Ihnen danken! – und mich überdies ewig als Ihren Schuldner anerkennen! – welch eine angenehme Empfindung, wenn man endlich seinen Zweck erreicht hat! – welch eine seelige Empfindung, wenn man dazu geholfen hat – meine Thränen lassen mich das Bild nicht ganz ausmalen – Kurz! – mein ganzes ferneres Glücke ist in Ihren Händen – handeln Sie nach Ihrem edeln Herzen – thun Sie was Sie können und denken Sie daß Sie mit einem rechtschaffenen, ewig dankbaren Manne zu thun haben, dem seine Lage mehr wegen Ihnen als wegen seiner selbst schmerzhaft ist! –« (Ende März oder Anfang April 1790)[55]

Tatsächlich hat Mozart zwischen Dezember 1789 und Mitte Mai 1790 von Puchberg den horrenden Betrag von 875 Gulden zusammengeliehen, unbeschadet seiner sonstigen Einkünfte in diesem halben Jahr, die noch einmal mindestens 1 300 Gulden ausmachten. Das ist um so erstaunlicher, als Mozart sich im Herbst 1790 zu einer höchst standesgemäßen, um nicht zu sagen luxuriösen Reise zur Kaiserkrönung nach Frankfurt am Main aufmachte, ohne für diese außergewöhnliche Ausgabe neuerliche Schulden zu machen. Aus Mozarts Leumundsbefürchtungen gegenüber Puchberg läßt sich immerhin ein Hinweis auf Spielschulden, Spekulationsgeschäfte oder ähnliches herauslesen – Gewißheit aber ganz und gar nicht.

Mozart war dem neuen Kaiser gegenüber einigermaßen unsicher. Zwar kannte er Leopold II. schon von Italien her, wo dieser als Pietro Leopoldino, Großherzog von Toskana, in Florenz residierte, aber das war nun schon 20 Jahre her und kaum ein persönlicher Anknüpfungspunkt.

Ungewißheit über den neuen Kaiser herrschte in Wien überhaupt. Man wußte zwar, daß Leopold II. in der Toskana eine Art Musterstaat einzurichten unternommen hatte, kannte auch die Grundprinzipien seiner dortigen Politik. Wie aber würde der neue Kaiser sich in Wien verhalten, wie mit dem hiesigen Beamtenapparat umgehen, welche Entlassungen, welche Umbesetzungen vornehmen, welche Verwaltungsgesichtspunkte ändern? Und vor allem, was würde der neue Kaiser unternehmen, um die außenpolitischen Schwierigkeiten in den Griff zu bekommen (man befand sich ja immer noch im Krieg mit der Türkei), um die wegdriftenden Erblande zu befrieden? Würde er die Stände durch Erneuerung ihrer alten Privilegien zu besänftigen versuchen? Würde er neue Steuermaßnahmen ergreifen? Über all dies herrschte Unklarheit, und die Folgen dieser dringend notwendigen Entscheidungen betrafen jeden einzelnen in Wien in irgendeiner Weise.

Und dann war auch sehr fraglich, ob man von der Regierungsweise in dem kleinen, überschaubaren Großherzogtum Toskana auf die künftige Regierung in den vielschichtigen Habsburger Erblanden würde schließen können. Während einer fast dreißigjährigen Regierung hatte Leopold aus der Toskana einen der modernsten Staaten gemacht: Die Feudalrechte der Grundherren wurden aufgehoben, die Bauern erhielten Rechte und Unterstützung; Gewerbefreiheit, Handelsverbesserung und Ausbau der Verkehrswege schufen weitere Grundlagen relativen Wohlstandes; das Schulwesen wurde reformiert; auch hier wurde ein modernes Staatskirchentum eingeführt unter Abschaffung der Inquisition, größerer Unabhängigkeit der Bischöfe vom Papst, Beschränkung der Zahl der

Klöster und bessere Ausstattung der Pfarrstellen. In ganz Europa berühmt und durch viele Übersetzungen verbreitet war vor allem das toskanische Strafgesetzbuch, zu dessen Abfassung sich Leopold den konsequenten Aufklärer Cesare Beccaria geholt hatte. Der Geist dieses Strafgesetzbuches läßt sich am besten an zwei Grundgedanken zeigen: Zum einen ging Beccaria davon aus, daß Strafe der Besserung dienen sollte und nicht der Sühne für eine Tat, zum anderen wurden Majestätsverbrechen abgeschafft und damit auch einer künftigen Verfassung bereits der Weg gewiesen.

Es war wohl leicht einzusehen, daß Leopold sehr viel konsequenter als sein Bruder Joseph seinen Staat reformiert hatte, freilich auch unter überschaubaren und glücklicheren Voraussetzungen. Dabei waren die Reformziele nicht grundsätzlich verschieden, wohl aber die Methoden ihrer Durchsetzung. Leopold verstand es im Gegensatz zu seinem Bruder stets, durch ein gemäßigtes Vorgehen niemanden unnötig zu provozieren, konnte ausgleichen, ohne seine Ziele aus dem Auge zu verlieren, wirkte versöhnlich, weil er zu überzeugen versuchte, wo sein Bruder als Despot Reformen durchzusetzen suchte. Außerdem fehlte Leopold die Kleinlichkeit, mit der sich Joseph II. in die unwichtigsten und persönlichsten Dinge glaubte einmischen zu müssen.

Zunächst einmal mußte man auf Leopold warten. Sein Bruder hatte ihn in zahlreichen Briefen seit Anfang Januar beschworen, sogleich nach Wien zu kommen, damit er ihn noch vor seinem Tode sehen und in die wichtigsten Vorgänge einweisen könne. Aber Leopold dachte gar nicht daran zu kommen, fand vielmehr immer neue Ausflüchte. So ganz unverständlich war das nicht, mußte er doch befürchten, in Wien untätig das Ende seines Bruders abwarten zu müssen, ohne in die Staatsgeschäfte eingreifen zu können, deren Gang ihm völlig verfahren schien. Leopold kam erst drei Wochen nach dem Tod Josephs II. und begann sogleich mit einer rastlosen Tätigkeit. Nur daß die Bevölkerung wenig davon zu spüren bekam und die Ungewißheiten blieben. Er war zwar da, aber zeigte sich so gut wie nie in der Öffentlichkeit; ins Theater oder Konzert ging er schon gar nicht, obwohl dies die zwangloseste Art war, in der Öffentlichkeit zu erscheinen. Joseph II. hatte hiervon häufig Gebrauch gemacht. Mit einem Male schien alles anders, man wußte nur noch nicht wie.

Mozart war zunächst noch voller Optimismus. Freilich waren die Anzeichen, auf die er sich stützte, recht undeutlich. An Puchberg schrieb er:

Es lebe der Kaiser!

»Ich habe nun sehr große Hoffnung bey Hofe, denn ich weis zuverlässig, daß der K..... meine Bittschrift, nicht wie die andern, begünstigt oder verdammt, herabgeschickt, sondern zurückbehalten hat. – Das ist ein gutes Zeichen. –« (17. [?] Mai 1790)

Oder ahnte er bereits, daß aus seinem Gesuch nichts würde? Immerhin fügte er in einem Postskriptum hinzu:

»Nun habe ich 2 Scolaren ich möchte es gerne auf 8 Scolaren bringen – suchen Sie es auszustreuen daß ich Lectionen annehme.«

War Mozart etwa unmerklich wieder an dem Punkt angelangt, an dem er neun Jahre zuvor in Wien begonnen hatte? Zunächst einmal sollte dieses Postskriptum Puchberg beruhigen, der des öfteren darauf gedrängt hatte, Mozart solle Schüler annehmen, um seine Einkünfte zu stabilisieren. Wenig später – Puchberg wird es ebenso gleich erfahren haben wie Mozart – war »bey Hofe« auch eine Entscheidung gefallen: Von einer weiteren Kapellmeisterstelle war nicht die Rede, und die Königskinder wurden von Ignaz Umlauff unterrichtet, dem Theaterkapellmeister und Substitut des Operndirektors Antonio Salieri. Das war die kleinste mögliche Lösung, ohne eine neue Stelle, ohne irgendwelche Personalveränderungen zu schaffen. Leopold II. hatte in diesen ersten Monaten wahrlich andere Sorgen, als sich ausführlichere Gedanken um die Organisation des Musiklebens in Wien zu machen. In *Bosslers Musikalischer Korrespondenz* hieß es in einem Wiener Korrespondentenbericht vom 5. Juni:

»Der jetzige König war noch nicht im Theater, hatte noch keine Musik bei sich, noch sonst ein Merkmal von Liebhaberei zur Musik gezeigt. Malum signum schreien unsere Afterpropheten. Allein ich denke, wenn einmal die Riesengebürge von Staatsgeschäften, die auf seinen Schultern liegen, werden zu Sandhügeln abgeebnet seyn, wenn er seinen Staaten den goldnen Frieden wird wieder geschenkt haben, daß alsdann auch das goldene Zeitalter für die Musik eine neue Periode bei uns haben wird. Wenigstens läßt Leopold seine fünf Prinzen in der Musik unterrichten, und die Königinn sahen wir schon einigemal mit denselben in der Oper. Sie scheint Einsichten in die Musik zu haben; aber ausserordentliches Vergnügen über unsre Musik konnte man an ihr noch nicht wahrnehmen: allein die Sache läßt sich vielleicht wohl erklären: denn wessen Ohr einmal an die rasche feurige Exekutierung italienischer Meister gewöhnt ist, der kann dem pflegmatischen Vortrag der Deutschen unmöglich sogleich seinen Geschmack abgewinnen. Eine Erfahrung, die ich mit dem Geständnis mehrerer Kenner und Liebhaber der Tonkunst bestätigen könnte, die schon jenseits der Alpen waren, doch wer will darüber urteilen.«[56]

»Malum signum« – schlechtes Zeichen –, erst nach sechs Monaten fand der wenig musikalische Kaiser zum erstenmal den Weg in die Oper. Nur seine konservative und sittenstrenge Frau hatte bereits im Frühsommer genug Gelegenheit, Mozart-Opern zu sehen: *Le nozze di Figaro* und *Così fan tutte* standen des öfteren auf dem Programm, beide wohl kaum nach ihrem Geschmack, so daß man annehmen kann, daß vor allem sie ihre Kinder nicht einem so freigeistigen Musiker wie Mozart anvertrauen mochte.

Mozart mußte einsehen, daß er am Hof des neuen Kaiserpaares keine besonderen Chancen hatte, im Gegenteil froh sein konnte, seine Stelle als Kammerkompositeur zu behalten. Damit war für ihn eine grundlegend neue Situation eingetreten – zu einem Zeitpunkt, an dem er einen hohen Schuldenberg mit sich herumschleppte, seine Frau nach wie vor kränkelte und dringend der teuren Kuren bedurfte und er selbst sich nach neuen Perspektiven umsehen mußte, weil alle früheren Hoffnungen sich mit einem Male endgültig zerschlagen hatten. Denn Joseph II. – so »knauserig« er war – hatte immerhin ein erhebliches Interesse am Nationaltheater gehabt und Mozart selbst immer wieder Aufträge verschafft. Von seinem Nachfolger war in dieser Hinsicht nichts zu erwarten, wie sich jetzt herausstellte, schon gar nicht eine feste Stellung als Hofopernkomponist.

Solche Einsicht war schmerzlich und bedeutete Abschied von vielen langjährigen Träumen. Mozart fing in dieser Zeit selbst an zu kränkeln, und es ist unverkennbar, daß diese neue Lebenssituation auch seinen physischen Zustand beeinflußte. Wir haben aus dieser Zeit fast nur die Briefe an Puchberg mit ihren immer wieder geäußerten Bitten um Geld, sie deuten aber selbst auf eine auch körperlich empfundene Krise.

Schon am 8. April 1790 heißt es: »Ich würde selbst zu ihnen gekommen seyn, um mündlich mit ihnen zu Sprechen, allein mein kopf ist wegen Rheumatischen Schmerzen ganz eingebunden, welche mir meine laage noch fühlbarer machen. –« Anfang Mai: »Mir ist sehr leid, daß ich nicht ausgehen darf um mit Ihnen selbst sprechen zu können, alleine meine Zahn- und Kopfschmerzen sind noch zu groß, und ich fühle überhaupt noch eine starke Alteration.« Und noch am 14. August schreibt er: »So leidentlich als es mir gestern war, so schlecht geht es mir heute; ich habe die ganze Nacht nicht schlafen können vor Schmerzen; ich muß mich gestern von vielem gehen erhizt und dann unwissend erkältiget

Es lebe der Kaiser!

haben; – stellen sie sich meine laage vor – krank und voll kummer und Sorge – eine solche laage verhindert auch die genesung um ein merkliches. – in 8 oder 14 tagen wird mir geholfen werden – sicher – aber gegenwärtig habe ich mangel. –«

Immerhin hatte Mozart noch Aufträge: die sechs dem König von Preußen versprochenen *Quartette* und sechs *Klaviersonaten* für die preußische Prinzessin. Und in der Tat begann er mit diesen Arbeiten, wenn auch höchst unlustig – nicht wegen der Musik, sondern wegen der äußeren Umstände.

»Nun bin ich gezwungen meine Quartetten |: diese mühsame Arbeit :| um ein Spottgeld herzugeben, nur um in meinen Umständen Geld in die Hände zu bekommen. – Nun schreibe auch deswegen an Clavier-Sonaten. –« (12. [?] Juni 1790)

Aber Mozart hatte auch längst begonnen, neue Entschlüsse zu fassen, sogar eine geeignetere Wohnung zu nehmen, die dann allerdings erst zum Michaelistermin frei wurde, vermutlich auch erst renoviert werden mußte. (Wie anders wäre die Tapeziererrechnung in seinem Nachlaß über 208 Gulden zu erklären?) An Puchberg schreibt Mozart über seine nächsten Pläne:

»Ihr Gedanke wegen einigen guten Scholaren ist auch der meinige, nur wollte ich warten, bis ich in dem andern Quartier bin, weil ich in meiner Behausung Lection zu geben gesinnt bin, unterdessen bitte ich Sie, diese meine Idee ein Bischen unterdessen den Leuten bekannt zu machen, – auch bin ich gesinnt die 3 Monathe Juli, Juni und August Subscriptions-Academien bey mir zu geben, folglich ist nichts als die gegenwärtige Lage, die mich drückt – Wie ich ausziehe, so muß ich 275 fl. wegen der neuen Wohnung zahlen – leben muß ich auch bis meine Academien in Ordnung sind und bis meine Quartetten so ich in Arbeit habe zum Stich befördert werden – folglich würde ich, wenn ich dermalen wenigstens 600 fl. in die Hände bekäme, ziemlich ruhig schreiben können – denn ach! Ruhe gehört dazu; –« (Anfang Mai 1790)

In der Tat war die musikalische Ausbeute dieses Sommers unverhältnismäßig gering. Im eigenhändigen Werkverzeichnis sind nach *Così fan tutte* (Januar) bis Dezember 1790 nur zwei *Streichquartette* (KV 589 und 590) sowie ein *Streichquintett* (KV 593) verzeichnet sowie »im Monath Jullius Händels Caecilia und Alexandersfest für B: Suiten bearbeitet«[57].

Mozart hielt sich im Frühsommer einige Zeit mit seiner Frau in Baden bei Wien auf, unterbrochen, wenn er in Wien etwa *Così fan tutte* zu dirigieren hatte. Von einem dieser Kurzaufenthalte schrieb Mozart an seine Frau von einer Intrige, die deutlich macht, wie sehr sich der Wind gedreht hatte:

»apropos – N. N. |: Du weißt wen ich meine :| ist ein Hundsfott – erstens thut er mir so schön ins Gesicht und schmält aber öffentlich über den Figaro – und hat mich hier entsetzlich wegen der bewußten Sachen ausgerichtet – *ich weiß es gewis* –« (2. [?] Juni 1790)

Die »bewußten Sachen« sind uns unbekannt; sie waren aber von einer Art, daß Mozart sie im Brief auch nur andeuten, mit keinem bezeichnenden Stichwort enthüllen wollte. Diese Vorsicht in Briefen wird in diesem Fall noch verstärkt, indem er den Namen des Doppelzünglers ebenso verschweigt. Erstaunlich aber ist, daß jemand, der Mozart »schöntut«, öffentlich über *Figaro* herzieht, die Oper, die zu der Zeit als eine der erfolgreichsten den Spielplan beherrschte (allein im Mai wurde sie fünfmal gegeben). Sinn macht dies nur, wenn hier die altbekannten politischen Einwände gegen *Figaro* wieder aufgetischt worden waren, ihr revolutionsverdächtiger Impetus, der jetzt wie ein begeisterter Kommentar zu den Pariser Ereignissen wirken mußte. Es handelte sich also offensichtlich um politische Anschwärzerei, die Mozart doppelt treffen mußte, als sein Ansehen beim Hof so deutlich gesunken war.

Ob Mozart in diesen Sommermonaten wirklich noch Subskriptionsakademien gegeben hat, wie er es Puchberg angekündigt hatte? Gemeint waren wohl eher Kammermusikkonzerte bei sich zu Hause, bei denen etwa seine *Quartette* für den König von Preußen aufgeführt wurden – wie am Pfingstsamstag (22. Mai), wozu er Puchberg eingeladen hatte. Aber wer kam sonst dazu? Hätten wir nur von einem solcher Abende die Teilnehmerliste, wüßten wir sehr viel mehr über die Kreise, in denen sich Mozart in dieser Zeit bewegte, die Zusammensetzung seines Freundeskreises. Gehörte Baron Wetzlar noch dazu? Die Gräfin Thun? Baron van Swieten? Wer sonst?

Frankfurt – eine unnütze Reise?

Zu Mozarts Entschlüssen, sich neue Perspektiven zu gewinnen, gehörte auch die Reise nach Frankfurt am Main zur Krönung Leopolds II. zum neuen Kaiser des Reiches im Herbst 1790. War dies ein neuerlicher Versuch, außerhalb Wiens Fuß zu fassen? Oder suchte Mozart nur neue Aufträge, verbunden mit einer Konzertreise, die zugleich auch Einnahmen versprach? Mozart gehörte jedenfalls nicht zum offiziellen Gefolge des Kaisers, das zwar aus 1 493 Reitern und 1 336 Mann zu Fuß[58] bestand, als nichtmilitärisches Musikkorps jedoch nur 15 Kammermusiker unter Leitung Antonio Salieris und Ignaz Umlauffs mitführte. Mozart hatte also keinerlei offizielle Funktion und reiste daher auf eigene Kosten in Begleitung seines Schwagers Franz Hofer und mindestens eines Bedienten, der auch als Kutscher fungierte. Denn Mozart fuhr in einer eigenen Kutsche. (Oder hatte ihm Baron van Swieten einen Reisewagen zur Verfügung gestellt wie Haydn zu seiner zweiten Englandreise 1794?[59]) Ein teures Unternehmen war es jedenfalls, weil man auf jeder Station zwei Postpferde mieten mußte. Mozart hat für diese Reise dann auch sein Silberzeug, was immer das gewesen sein mag, aufs Pfandhaus, das heute noch bestehende Dorotheum, getragen[60].

Frankfurt war bei Krönungsanlässen ohnehin eine extrem teure Stadt. Abgesehen von dem riesigen Gefolge der einzelnen Kurfürsten und Wahlbotschafter sollen sich 60 000 bis 80 000 Besucher eingefunden haben, die von den geschäftstüchtigen Frankfurtern mit ihrem Reichsstadtstolz kräftig ausgenommen wurden. Die Mutter Goethes rechnete: »so viel ist gewiß, daß eine einzige Stube den Tag ein Carolin [elf Gulden] kosten wird, das Essen den Tag unter einem Laubthaler [zwei Gulden] gewiß nicht«[61].

Ein Fremder, der den Einzug des Kaisers am 4. Oktober sah, meinte: »Dießer Tag ist 100 fl. werth, es zu sehen. Ich bin nicht lange hier, und kostet mich schon 100 fl.; nunmehro bleib ich hier zur Crönung [am 9. Oktober], und wen mich's noch hundert kosten sollte.«[62] Am Römer wurden die Fensterplätze regelrecht verkauft. Die reichen Frankfurter Patrizier hingegen zeigten ihren ganzen bürgerlichen Stolz: »Es hat vor 3 Tagen eine große Persohn nebst Familie ein Hauß auf einen Monath mithen wollen und 12 000 fl. geben. Ein reicher Kauffmann, welchen das Hauß gehöret, hat gesagt, er brauchte es selber zu seinen Plaisir! Da kanstu sehen, was für reiche Kautze hier giebt. Und geitzig wie der Teuffel! Mit einen Edelman, und wen es ein Graf ist, nimt er sich in Gesellschafft die Mühe nicht, mit ihme zu reden; sondern ein Kauffman wie auch die Weiber haben untereinander Gesellschafften und nehmen keine Adelgen darzu.«[63]

Der Ruf der Reichsstädte war dementsprechend, sie galten als unermeßlich reich. Mozarts Erfahrungen zeigen aber auch die Kehrseite dieser Medaille:

»und dann, es ist alles Prallerey was man von den Reichsstädten macht. – berühmt, bewundert und beliebt bin ich hier gewis; übrigens sind die leute aber hier noch mehr Pfening-fuchser als in Wienn. –« (8. Oktober 1790)

Da konnte Mozart schon von Glück reden, bei einem Bekannten unterzukommen, dem Theaterdirektor Johann Heinrich Böhm (Kalbächer Gasse 10) – »wir zahlen 30 gulden das Monath, und das ist noch ausserordentlich wenig« (30. September 1790; nach heutigem Geld immerhin um die 1200 DM).

Von den fast drei Wochen, die Mozart in Frankfurt blieb, haben sich fünf Briefe an seine Frau erhalten. Dabei ist doch auffällig, daß er mit keinem Wort die mit der Krönung verbundenen außerordentlich eindrucksvollen Vorgänge erwähnt. Lediglich in einem Postskriptum heißt es einmal: »Morgen Montag ist der Einzug und über acht Tage die Krönung« (3. Oktober 1790), und über sein Konzert:

»heut 11 Uhr war meine Academie, welche von Seiten der Ehre herrlich, aber in Betreff des Geldes mager ausgefallen ist. – Es war zum Unglück ein groß Dejuné bei einem Fürsten und großes Manoever von den Hessischen Truppen, – so war aber alle Tage meines Hierseyns immer Verhinderung.« (15. Oktober 1790)

Freilich konnte Konstanze Mozart jeden Tag in der *Wiener Zeitung* ausführliche Beschreibungen der Frankfurter Feierlichkeiten lesen, aber man spürt auch einen gewissen Affekt gegen den Kaiser, den Mozart nie mit einem Wort erwähnt, ganz im Gegensatz zu den vielen früheren Hinweisen auf Joseph II.

Der Affekt richtete sich wohl überhaupt gegen das ganze höfische Brimborium, ein Zeremoniell, das auch den Zeitgenossen höchst lächerlich und unverständlich vorkam, und färbte auf alle Beteiligten ab. Doch Mozart erfuhr immerhin überall sehr viel Aufmerksamkeit und Bewunderung. »ich freue mich wie ein kind wieder zu dir zurück«, schreibt er seiner Frau, »– wenn die leute in mein herz sehen könnten, so müsste ich mich fast schämen. – es ist alles kalt für mich – eiskalt – Ja, wenn du bey mir wärest, da würde ich vieleicht an dem artigen betragen der leute gegen mich mehr vergnügen finden, – so ist es aber so leer –« (30. September 1790). Die in diesen Briefen immer wieder beklagte Trennung von Konstanze, obwohl nur für sieben Wochen, verstärkte noch die Empfindung von Überdruß, »Kälte«, Fremdheit und den Wunsch nach einem ruhigen und von Geldsorgen freien Leben.

»wenn ich in Wienn fleissig arbeite, und Scolaren nehme, so können wir recht vergnügt leben; und nichts kann mich von diesem Plane ab-

Frankfurt – eine unnütze Reise?

bringen als ein *gutes Engagement* irgend an einem *Hofe.* –« (8. Oktober 1790)

War das die Alternative? Unterrichten oder an einen Hof gehen? Ist Mozart etwa nach Frankfurt gefahren, um ein solches »gutes Engagement« zu finden? Welcher Hof kam überhaupt in Frage? Eine gewisse Unlust ist immer wieder zu spüren.

»Ich lebe hier bis dato noch ganz retiré – gehe den ganzen Morgen nicht aus, sondern bleibe in meinem Loch von einer Stube und schreibe; – meine ganze Unterhaltung ist das Theater, wo ich dann Bekannte genug antreffe, von Wien, München, Mannheim und sogar Salzburg [...] – aber – ich fürchte es nimmt schon ein Ende, fängt ein unruhiges Leben an – man will mich nun schon überall haben – und so ungelegen es mir ist, mich überall so begucken zu lassen, so sehe ich doch die Nothwendigkeit davon ein – und muß es halt in Gottes Namen geschehen lassen; –« (3. Oktober 1790)

Das klingt ganz anders als der sonst so ausgelassene Mozart, der im Trubel der Gesellschaft erst richtig aufblühte. Offensichtlich hatte er diese ganze Reise ohne innere Überzeugung, eher wie eine lästige Pflicht angetreten, vielleicht auch seinen Gläubigern gegenüber. Denn am 30. September 1790 schreibt er an seine Frau:

»Meine liebe! ich werde zweifelsohne gewis etwas hier machen – so gewis aber wie du und verschiedene freunde es sich vorstellen wird es sicherlich nicht seyn. – bekannt und angesehen bin ich hier genug, das ist gewis. – Nein – wir wollen sehen. –«

Mozart scheint sich von dem in Frankfurt zahlreich anwesenden Hochadel ganz ferngehalten zu haben und damit auch von den vielen Feierlichkeiten im Gefolge des Krönungsprogramms. Von Kontakten in Richtung eines Hofes ist nie die Rede, und selbst sein eigenes Konzert fand eher am Rande statt:

»wenn die Academie ein bischen gut ausfällt, so habe ich es meinem *Namen* – der gräfin Hatzfeld, und dem Schweitzerischen Hause, welche sich sehr für mich intereßiren, zu danken. – übrigens bin ich froh wenn es vorbey ist. –« (8. Oktober 1790)

Nicht unter der Protektion eines Fürsten, sondern der privater Bekanntschaften und des reichen Frankfurter Bankiers Franz Maria Schweitzer, bei dem Mozart auch zum Essen eingeladen war, fand dieses Konzert statt. Das Eintrittsgeld war entsprechend den in diesen Tagen üblichen Preisen sehr hoch: 2 Gulden 45 Kronen. Dafür dauerte das Konzert auch drei Stunden. Mozart spielte unter anderem zwei *Klavier-*

konzerte, darunter jenes in *D-Dur* (KV 537), das als *Krönungskonzert* bekannt ist[64]. Mozarts ganze Einstellung zu dem Krönungsrummel findet ihren prägnanten Ausdruck in einem Satz: »tschiri tschitschi – das beste ist zu fliehen« (8. Oktober 1790).

Bis hierhin hatte sich die ganze Reise noch nicht gelohnt, und auch die Ergebnisse des zweiten Teils waren eher gering. Als erstes ging es nach Mainz, das war wohl in Frankfurt schon ausgemacht. Für ein Konzert beim Kurfürsten erhielt Mozart 165 Gulden – und war enttäuscht. (Ob er allerdings von den anderen hohen Gästen – wie üblich – etwas bekommen hat, verschweigt er. Von weiteren Konzerten in Mainz weiß man nichts Genaues.) Einige Tage später ist er in Mannheim, trifft dort am Theater alte Freunde, die gerade *Figaro* auf deutsch einstudieren. In der Kritik wird von einer verstümmelten Aufführung gesprochen, Mozart schweigt darüber. Noch ein Tagesausflug nach Schwetzingen, dann geht es über Augsburg nach München, wohin der bessere Teil des Mannheimer Theaters übergesiedelt war. Hier war auch nur ein kurzer Zwischenhalt geplant, gerade genug, die alten Freunde um den Kapellmeister Christian Cannabich wiederzusehen. In München befand sich aber zufällig auch der König von Neapel, mit einer Schwester Leopolds II. verheiratet. Eigentlich zu einem Besuch in Wien, nutzte das Königspaar die Gelegenheit, zur Frankfurter Krönung zu fahren, und machte nun auf der Rückreise nach Wien, wo es noch einige Monate bleiben wollte, eine Zwischenstation. Der bayerische Kurfürst, der seinen Gästen gern etwas bieten wollte, bat Mozart zu einer Akademie in den Kaisersaal der Residenz. Mozart äußerte über diese überraschende Situation, daß die Wiener Gäste ihn in München zu hören bekamen: »Das ist wirklich eine Distinction. – Eine schöne Ehre für den Wiener Hof, daß mich der König in fremden Landen hören muß.« Um den 10. November war Mozart wieder in Wien.

Was waren nun eigentlich Ziel und Ertrag dieser anstrengenden Reise, bei der Mozart fast ein Drittel der Zeit wieder einmal in der Kutsche saß, zwar nicht in der harten und unbequemen Postkutsche, sondern im eigenen Reisewagen, aber doch kaum sehr vergnüglich. Gewiß, er hatte viele alte Bekannte wiedergesehen, in Frankfurt, Mannheim, München. Er hatte ein paar Konzerte gegeben, die ihm allerdings wenig mehr eintrugen, als die ganze Reise kostete. Und er war überall viel zu kurz geblieben. Von München schrieb er seiner Frau:

»ich freue mich auf Dich, denn ich habe viel mit dir zu sprechen, ich habe im Sinne zu Ende künftigen Sommers diese tour mit dir, meine liebe zu machen, damit du ein anderes Bad besuchest, dabey wird dir auch die unterhaltung, Motion, und Luftveränderung gut thun, so wie es mir herrlich anschlägt, da freue ich mich recht darauf und alles freuet sich.« (4. November 1790)

Cannabich, der sicher über die Kürze von Mozarts Aufenthalt enttäuscht war, wird dazugeredet haben. Aber in Wien waren schließlich in diesen Wochen auch wichtige Dinge geschehen, die Konstanze Mozart in seiner Abwesenheit für ihn regeln mußte. Zum einen war in der Zwischenzeit endlich der schon im Sommer geplante Umzug in die Rauhensteingasse vorgenommen worden, andererseits standen wichtige Geldgeschäfte an, die schon die ganzen Briefe nach Wien beschäftigten. Da klingt das Versprechen einer künftigen Reise mit seiner Frau nach Bayern fast wie ein dankbares Geschenk für Konstanzes geschickte Teilnahme bei den Darlehensverhandlungen während seiner Abwesenheit.

Denn um nichts anderes handelte es sich. Mozart wollte einerseits eine Summe von 2000 Gulden auf die Dauer von zwei Jahren leihen, wovon 1000 Gulden zum sofortigen Schuldenabtrag gedacht waren. Als Sicherheit war er bereit, sein gesamtes Mobiliar zu verpfänden, andererseits wollte er die Honorare seines Hauptverlegers Franz Anton Hoffmeister zur Darlehenstilgung verwenden, wobei er damit rechnete, bei Hoffmeister in zwei Jahren die entsprechende Honorarsumme durch neue Kompositionen zu erzielen. Die Sache wurde dadurch noch etwas komplizierter, daß Mozart zunächst ein Darlehensangebot hatte, bei dem 1000 Gulden in bar und die andere Hälfte in Tuch ausgezahlt werden sollte, andererseits wünschte er, daß Hoffmeister den Darlehensvertrag als Mithaftender auch unterzeichnen sollte. Mozart scheint eine hohe Meinung von der Geschäftstüchtigkeit seiner Frau gehabt zu haben, wenn er auf eine Reise mit höchst zweifelhaften Erfolgsaussichten ging und sie derweil den endgültigen Darlehensvertrag aushandeln ließ. Selbstverständlich spielte im häufigen Briefwechsel von der Reise diese Kreditsache eine große Rolle, wobei Mozart vor allem Wert darauf legte, nicht bekannt werden zu lassen, daß es sich offensichtlich nur um eine Umschuldungsaktion handelte:

»du musst aber eine andere Ursache vorwenden, nämlich daß ich eine Speculation im Kopf hätte, die dir unbewusst wäre; – [...] ich liebe aber in iedem falle das sichere zu Spielen, darum möchte ich gerne das Geschäft mit H[offmeister] machen, weil ich dadurch geld bekomme, und keines zahlen darf. sondern blos arbeiten, und das will ich Ja meinem Weibchen zu liebe gerne.–« (30. September 1790)

Wie dieses Geschäft dann tatsächlich abgewickelt wurde, ist nicht vollständig bekannt. Erhalten hat sich in diesem Zusammenhang lediglich eine Schuldverschreibung über 1 000 Gulden an Heinrich Lackenbacher, einen Kaufmann in Wien, wobei als Sicherheit die Verpfändung des gesamten Mobiliars ausgeschrieben war. Von Hoffmeister ist dabei weder Unterschrift noch Mithaftung zu finden. Dennoch ist nicht daran zu zweifeln, daß auch mit Hoffmeister eine diese Schuldverschreibung ergänzende Regelung zustande gekommen ist (über welche Summe auch immer). Aber in der Vermögensbilanz bei Mozarts Tod war dieses Darlehen bereits getilgt, Außenstände bei Hoffmeister nicht aufgeführt.

Dieser ganze Vorgang ist aus mehr als einem Grunde höchst aufschlußreich und interessant. Zum einen ist eine Lösung von Puchberg als Hauptgläubiger zu erkennen. Ob Puchberg Mozart die »Kreditlinie« gekürzt hat, also auf Begrenzung und Teilrückzahlung gedrängt hat, wissen wir nicht; jedenfalls diente das Darlehen auch der Schuldentilgung, und Puchberg wird als Gläubiger von nun an nur noch zweimal mit Kleinstbeträgen (13. April 1791: 30 Gulden, 25. Juni: 25 Gulden) kurzfristig in Anspruch genommen. Gleichwohl scheint es keine Verstimmung mit Puchberg gegeben zu haben. Zum anderen – und das wirft ein Schlaglicht auf die damaligen Finanzusancen – scheint es seriöser gewesen zu sein, eine »Spekulation im Kopf« zu haben und dafür Geld zu brauchen, als Schulden zu haben. Dies nicht nur unter Kaufleuten, sondern auch bei Mozart. Man kann sogar annehmen, daß Mozart des öfteren – erfolgreich oder nicht – spekuliert hat, insofern nichts Ungewöhnliches vorlag.

Zum dritten aber wird deutlich, daß Mozart sich eine bürgerliche Existenz aufzubauen gewillt ist, das heißt seine Hoffnungen auf eine Funktionsstelle am Hof (sei es beim Hoftheater oder am Hof selbst) endgültig begraben hat. Die Ehrenstelle eines k. k. Kammerkompositeurs behielt er weiter, sie war jedoch an keine Tätigkeit gebunden. Mozart plant jetzt offensichtlich langfristig seine Verlagseinkünfte und will in erster Linie von ihnen und seinen Schülerhonoraren leben. Darüber hinaus strebt er sogar eine Stelle beim Magistrat der Stadt Wien an, nämlich als Domkapellmeister bei Sankt Stephan, immerhin mit 2 000 Gulden und etlichen Nebeneinkünften dotiert. Da diese Stelle von einem älteren, zudem kränkelnden Kapellmeister besetzt war, bat Mozart darum, »für izt nur unentgeltlich adjungiret« zu werden, damit er »dadurch die Gelegenheit erhielte, diesem Rechtschaffenen Manne in seinem dienste an die Hand zu gehen, und eines Hochweisen Stadt-

Frankfurt – eine unnütze Reise?

Magistrats Rücksicht durch wirkliche dienste mir zu erwerben, die ich durch meine auch im kirchenstyl ausgebildeten känntnisse zu leisten vor andern mich fähig halten darf« (Gesuch an den Magistrat von Anfang Mai 1791). Daraus geht zum weiteren hervor, daß Mozart, unbeschadet auch längerer Reisen zum Beispiel nach England, grundsätzlich vorzog, in Wien seßhaft zu bleiben, wenn er dort sein Auskommen finden konnte. Alle Hinweise und Anspielungen auf »ein *gutes Engagement* irgend an einem *Hofe*« beinhalten also nichts anderes als eine Ultima ratio, wenn es denn gar nicht anders ginge.

8. Das letzte Jahr

Umbesetzungen

Als Mozart von seiner Frankfurtreise zurückkam, fand er einen Brief aus London mit einem guten Angebot vor – vermutlich hatte es Thomas Attwood, der Protegé des Prinzen von Wales, vermittelt. Danach sollte Mozart von Ende Dezember 1790 an ein halbes Jahr nach London kommen und mindestens zwei Opern dort komponieren, »sérieux ou comiques« nach Wahl der Direktion der italienischen Oper, und dafür 300 Pfund Sterling (2400 Gulden) erhalten. Für die Oper sollte dies ein Exklusivvertrag sein, jedoch wurden zusätzliche Konzertmöglichkeiten in Aussicht gestellt. Diese finanziellen Vorschläge waren glänzend, dennoch zögerte Mozart. Seine Antwort an den Konzertagenten Robert May O'Reilly ist nicht bekannt, er wird zumindest eine Verschiebung vorgeschlagen haben, nicht zuletzt wohl wegen des Gesundheitszustandes von Konstanze Mozart, ohne die er nicht reisen mochte. Einige Wochen später fand ein Abschiedsmahl für Joseph Haydn in Wien statt, der mit dem Konzertagenten Johann Peter Salomon zu seiner (ersten) Englandreise aufbrach. Auch Salomon wird Mozart dabei ein ähnliches Angebot unterbreitet haben.

Offensichtlich verbesserten sich Mozarts Aussichten mit einem Male erheblich. (Freilich läuteten diese günstigen Perspektiven nicht nur das schaffensreichste und im ganzen wohl ein erfolgreiches und glückliches Jahr ein, sondern zugleich sein letztes.) In den führenden Wiener Musikalienhandlungen wurden ständig neue Werke angeboten – bei Artaria, Traeg, Lausch, nicht zuletzt bei Hoffmeister. Überall wurden seine Opern aufgeführt; so gab es in diesem letzten Jahr Aufführungen des *Don Giovanni* in Berlin, Augsburg, Hannover, Bonn, Kassel, Bad Pyrmont, München, Prag und Köln, die *Entführung aus dem Serail* wurde in Amsterdam, Erfurt und Pest, *Le nozze di Figaro* in Bonn und Hamburg gegeben, *Così fan tutte* in Frankfurt am Main, Mainz, Leipzig und Dresden nachgespielt. Die meisten dieser Aufführungen fanden in deutscher Sprache statt, ein Zeichen, daß es auf das Verständnis von Text *und* Musik ankam, mochten die deutschen Bearbeitungen oftmals auch unsäglich schlechte Übersetzungen zur Grundlage haben. Natürlich war Mozart – entsprechend dem fehlenden Urheberrecht – bei keiner dieser Aufführungen finanziell beteiligt, aber sein Ruhm wuchs täglich und war schließlich auch die Grundlage aller vertraglichen Abmachungen mit Verlegern oder Musikagenten. Auch Klavier- und Kompositionsschüler fanden sich ein. Namen zu nennen erübrigt sich, denn sicher verbürgt ist das Schülerverhältnis nur von wenigen, die Zahl derer, die zumindest später sich selbst als Schüler Mozarts bezeichnet haben, jedoch fast übergroß.

Sieht man sich den kompositorischen Ertrag dieser letzten Jahre an, so verblüffen nicht nur Zahl und Umfang, sondern auch die Vielfältigkeit der Werkgattungen. Darüber hinaus sind Modifikationen der bevorzugten Werktypen zu beobachten, die auf einen gewandelten Publikumsgeschmack schließen lassen. Beispielsweise schreibt Mozart nach 1787 keine Serenaden, Kassationen und Divertimenti gleich welcher Besetzung mehr, dafür beginnt die Reihe der Tänze für die großen Faschingsbälle in der Redoute, Menuette, Deutsche, Ländler, Kontretänze – für die lange Saison 1790/91 so viele wie nie zuvor (rund 40), denn Aschermittwoch war erst am 9. März. Anders als die Serenaden, Divertimenti usw. erschienen diese neuen Tänze oft sofort im Druck und konnten damit von jedermann auf dem Klavier nachgespielt werden. In der *Wiener Zeitung* wurden in den letzten Jahren laufend neue Noten dieser Art angekündigt, Mozart hatte dadurch auch ansehnliche Verlagseinkünfte.

Anders als in den Jahren 1782 bis 1786, wo Mozart häufig in Konzerten auftrat oder für Konzerte anderer Musiker schrieb, hatte er in den folgenden Jahren so gut wie kein Solistenkonzert mehr geschrieben, lediglich 1788 ein einziges *Klavierkonzert* (KV 537). Jetzt, 1791, schrieb Mozart sowohl wieder ein *Klavierkonzert* (KV 595) als auch das *Klarinettenkonzert* (KV 622); er möchte also auch im großen Konzertsaal präsent bleiben. Das *Klavierkonzert* spielt er selbst am 4. März in einem Konzert des Wiener Klarinettisten Joseph Beer, jetzt aber nicht im kaiserlichen Burgtheater, sondern im bürgerlichen Saal bei Ignaz Jahn. Für das jährliche große Konzert der Tonkünstler-Sozietät fügt Mozart seiner *g-Moll-Symphonie* (KV 550) zwei Klarinettenstimmen hinzu, Antonio Salieri dirigiert. Deutet sich hier ein neues Interesse am großen symphonischen Werk an? Denn seit der Mitte der achtziger Jahre hatte Mozart sich zunehmend anspruchsvoller Kammermusik zugewandt,

Trios, Quartetten und Quintetten unterschiedlichster Besetzung, teilweise mit solistischen Parts. Andererseits wurde der bestehende Auftrag für eine Serie von sechs Streichquartetten nur zur Hälfte ausgeführt.

Szenen und Arien schrieb Mozart in der Wiener Zeit eigentlich immer nur in unmittelbarer Nähe zu Opernprojekten, vielleicht auch, um sich die Sängerinnen und Sänger gewogen zu machen, denn die meisten Kompositionen dieser Art waren ausgesprochen virtuos. Die Baßarie »*Per questa bella mano*« (KV 612) entstand bezeichnenderweise für den ersten Sarastro-Sänger, Franz Gerl. Im übrigen brauchte Mozart in diesem Jahr (1791) keine Theaterintrigen zu befürchten, denn *La clemenza di Tito* war ein Prager Auftrag, wo Mozart stets die größte Zustimmung des ganzen Opernpersonals hatte, und *Die Zauberflöte* war ausdrücklich nicht für das Hoftheater, sondern für Emanuel Schikaneders Vorstadtbühne geschrieben.

Trotz zweier großer Opern in diesem letzten Jahr kehrte Mozart seit langem zum erstenmal auch wieder zu Kirchenkompositionen zurück. Das *Requiem* (KV 626) war zwar ein Auftrag, aber Mozart hätte sicher auch früher schon in Wien Gelegenheit gehabt, Kirchenwerke zu schreiben, zumal er – wie er in dem Gesuch an den Magistrat wegen der Domkapellmeisterstelle schrieb – im Kirchenstil sich auf »ausgebildete känntnisse« berufen konnte. Das *Ave verum corpus* (KV 618), für den Schullehrer und Chorregenten Anton Stoll in Baden geschrieben, war ein gewichtiges Indiz für Mozarts neues Interesse an der Kirchenmusik. Auch hatte er in letzter Zeit oft auf der Orgel der ehemaligen Jesuitenkirche am Hof gespielt.

Daß Mozart nicht nur mit der *Zauberflöte* in diesem Jahr ein (allerdings kritisches) Bekenntnis zur Freimaurerei ablegte, muß besonders hervorgehoben werden. Denn Logenzugehörigkeit war längst mißliebig geworden und alles andere als opportun. Die *Kleine Freimaurerkantate* (KV 623), das letzte vollendete und selbst uraufgeführte Werk, war eine Aufforderung zur Erneuerung und Intensivierung der Logenarbeit und hatte damit programmatischen Charakter. Auch die Vertonung von Franz Heinrich Ziegenhagens Hymnus *Die ihr des unermeßlichen Weltalls Schöpfer ehrt* darf nicht unterschätzt werden, denn sie knüpft an freimaurerische Gedanken an und stammte von einem Verfasser, der Mozart zumindest dem Namen nach bekannt war; im übrigen war die Vertonung ausdrücklich für eine Veröffentlichung gedacht (deren utopisch-sozialistischen Charakter Mozart im einzelnen aber nicht gekannt haben muß).

Überblickt man die kompositorische Tätigkeit dieses letzten Jahres, so fällt auf, daß Mozart kein einziges Werk für den adligen Salon geschrieben hat, der in der *Figaro*-Zeit ein wichtiger Adressat seiner Musik war, und auch der Hofoper deutlich den Rücken gekehrt hat. *La clemenza di Tito* ist zwar für die Krönung Leopolds II. als böhmischer König geschrieben, aber nicht vom Hof, sondern von den (eher oppositionellen) Ständen in Auftrag gegeben. Mozart unternimmt auch keinerlei Versuche, in ein besseres Verhältnis zum Hof zu kommen, sucht statt dessen eine Perspektive beim (bürgerlichen) Magistrat von Wien. Er hat die Wartestellung, die er unter Joseph II. gegenüber dem Nationaltheater immer beibehalten hatte, völlig aufgegeben und strebt eine größere Unabhängigkeit an. Offensichtlich war er damit gut beraten, denn seine finanzielle Situation schien sich laufend zu verbessern, und an Aufträgen mangelte es nicht. So konnte das letzte Jahr zum produktivsten überhaupt werden. Die Aussichten am Ende dieses Jahres, wo sich durch die ungarische und die Amsterdamer Pensionsversprechen weitere Verbesserungen ankündigten, versprachen völlige Unabhängigkeit, darüber hinaus lagen Reiseeinladungen nach England und Rußland vor. Die Tragik um seinen frühen und unerwarteten Tod wird dadurch gemildert (oder vergrößert?), daß Mozart von diesen Begünstigungen noch Kenntnis bekam.

Als Leopold II. drei Wochen nach dem Tod Josephs II. in Wien eintraf, fand er einen innen- wie außenpolitischen Scherbenhaufen vor. Kein Wunder, daß er die josephinischen Beamten nicht einfach ungeprüft alle in ihren Stellungen belassen wollte, zumal er von früheren Wienbesuchen her kein sehr günstiges Urteil über sie hatte. Hinzu kam, daß er einen gehörigen Schlendrian glaubte ausmachen zu können. Keinen einzigen der Schreiber und Sekretäre seines Bruders war er bereit zu übernehmen, weil er kein Vertrauen zu ihnen hatte. Er nahm sogar in Kauf, daß deshalb in den ersten Wochen nicht einmal die Handbillette mit seinen Regierungsentscheidungen ordentlich protokolliert wurden. Andererseits konnte er die höheren Beamten nicht einfach austauschen, weil er keine anderen hatte. Größte Behutsamkeit war also am Platze. Daß unter den Hof- und Regierungsbeamten zunächst einige Unruhe und Irritation über den neuen Herrscher aufkam, kann nicht wundernehmen, zumal auch der politische Kurs wie eine völlige Abkehr vom josephinischen Programm aussehen mußte: Wiederherstellung der alten Stände- und Adelsprivilegien, Entgegenkommen gegenüber der Kirche, Vorbereitung einer völlig neuen Unterrichtsverfassung und so weiter. Freilich ließ sich Leopold II. nicht so schnell in die Karten gucken, denn er konnte sich keinerlei Schwäche erlauben, mußte hingegen eine Befriedungspolitik einleiten, in der er am Ende das Heft in der Hand behielt. Denn die Oppositionsbewegungen insbesondere des ungarischen Adels und der Niederländer erfuhren offene Unterstützung von Preußen, das die Schwäche Österreichs (auch im Hinblick auf den andauernden Krieg mit der Türkei) zu seinem Vorteil ausnutzen wollte. Leopold II. mußte und wollte Zugeständnisse machen, aber er wollte sie von sich aus gewähren, sich nicht abpressen lassen. Erst der glückliche Ausgang dieser genialen kaiserlichen Politik erlaubt die einprägsame Formel: »Ein Schritt zurück, zwei Schritte vorwärts« (Ernst Wangermann und Adam Wandruszka).

Für die Zeitgenossen muß es schwer gewesen sein, hinter dieser Politik einen klaren und konsequenten Kurs zu erblicken. Den Wienern galt der Kaiser überdies als verschlagen und doppelzüngig, fremd und unzugänglich, obschon er bereitwillig jede Beschwerde anzuhören gewillt schien – ein herzliches Verhältnis wollte sich nicht einstellen.

Mozart wurde in seiner Abneigung gegenüber dem neuen Hof, die mit dem Nichtgewähren einer zweiten Kapellmeisterstelle begonnen hatte, immer mehr durch die politischen und personellen Entscheidungen bestätigt, die sich in seinem engeren und weiteren Umfeld auswirkten. So zeichnete sich schon im Frühsommer 1790 die allmähliche Entmachtung Gottfried van Swietens ab, der zwar weiterhin die laufenden Geschäfte der Studienhofkommission leitete, zugleich aber eine Kommission unter der Leitung Karl Anton von Martinis hinnehmen mußte, die eine völlige Umorganisation des Unterrichtswesens vorbereitete. Die Abberufung Swietens war also nur eine Frage der Zeit; sie wurde jedoch erst im Oktober 1791 beschlossen und am Tage nach Mozarts Tod verkündet. Da Swieten als einer der konsequentesten Josephiner galt, war seine schrittweise Kaltstellung das Signal für einen neuen Kurs.

Einschneidende Veränderungen gab es auch am Nationaltheater. Graf Franz Xaver Wolf Rosenberg-Orsini wurde als Hoftheaterdirektor durch Graf Johann Wenzel Ugarte abgelöst. Um die gleiche Zeit spitzte sich die Krise um Lorenzo Da Ponte zu, der bis 1792 einen Vertrag als Hoftheaterdichter hatte. Er sah sich zunehmend in die Intrigenspiele des Theaters versponnen, geschürt durch sein Zusammenleben mit der bedeutenden Sängerin Adriana del Bene[1]. Sie war beim Ensemble des Nationaltheaters wegen ihrer Capricen und ihres Jähzorns reichlich unbeliebt, wurde von Da Ponte hingegen vor allen anderen protegiert. Der ganze Theatertratsch mit Verleumdungen, Anschuldigungen, Be-

Antonio Salieri lebte seit 1766 in Wien, wurde 1774 Hofkomponist und 1788 Hofkapellmeister

schwerden wurde auch direkt vor den Kaiser getragen, so daß sich Da Ponte bemüßigt sah, sich zu rechtfertigen und Leopold II. einen ziemlich überheblichen Brief zu schreiben. Der hatte allerdings andere Sorgen, und sein Interesse am Nationaltheater war nicht so groß, auch hier noch schlichtend und ausgleichend einzugreifen: Er ließ Da Ponte ungnädig mitteilen, daß er ihn nicht weiter als Theaterdichter beschäftigen wolle und es im übrigen gern sehe, wenn er Wien noch vor Ostern (1791) verlasse. (Da Ponte war allerdings nicht der Mann, so schnell klein beizugeben. Ein ganzes Jahr noch bemühte er sich, teilweise schon von Italien aus, um Rehabilitierung, jedoch vergebens.)

Die Theaterintrigen müssen sich in diesem Jahr gehäuft haben, die Enttäuschung über das Desinteresse des Kaisers sicher ebenso, denn während der Spielzeit 1791 gab Salieri seine Stelle am Nationaltheater entnervt auf, worauf sein Schüler Joseph Weigl zum Nachfolger ernannt wurde. Es war genau die Stelle, die Mozart sich zu Zeiten Josephs II. immer erträumt hatte. Jetzt bewarb er sich nicht einmal mehr um sie, so wenig konnte er sich eine Funktionsstelle am Hofe Leopolds II. vorstellen[2].

Freilich gibt es von Mozart zu all diesen Vorgängen keine überlieferten Äußerungen. Er hatte keine Briefpartner mehr, wie Leopold Mozart einer war – voller Neugierde, voller Aufmerksamkeit und stets bereit zum eigenen Räsonnement. Der größte Teil von Mozarts Bekannten befand sich in Wien; über alles konnte mündlich geredet werden. Und auch in den späteren Erinnerungen anderer finden sich nur wenige Ergänzungen. So viele Einzelheiten zum Beispiel aus dem zweiten Halbjahr 1791 überliefert sind – schon deshalb, weil Mozart ständig Briefe an seine Frau schreibt, wenn sie zur Kur in Baden ist –, so wenig wissen wir über die Zeit zwischen November 1790 und April 1791. Selbst das eigenhändige Verzeichnis seiner Werke enthält nur wenige Eintragungen[3]. Angesichts des riesigen Pensums des folgenden letzten halben Jahres wirkt dies wie eine Erholungspause vom Komponieren. Selbst wenn man annimmt, daß Mozart in dieser Zeit einige Schüler hatte und die Anfänge der *Zauberflöte* vielleicht schon im März 1791 anzusetzen sind, ist diese Ausbeute im Vergleich zu anderen Zeiten so gering, daß man wieder von einem weißen Fleck in seiner Biographie sprechen kann.

Der Sohn im Internat

Aber es gibt aus dieser Zeit auch keine Geldklagen und Bittbriefe mehr, allem Anschein nach nicht allein deshalb, weil sie verlorengegangen wären. Mozarts finanzielle Situation hatte sich stabilisiert und war so weit auskömmlich, daß er es sich leisten konnte, seinen Sohn Karl in ein verhältnismäßig teures Internat in Perchtoldsdorf bei Wien zu schicken[4]. Der Aufenthalt dort verlangte ein jährliches Kost- und Erziehungsgeld von 400 Gulden, mehr, als Leopold Mozart in Salzburg als Vizekapellmeister verdient hatte (350 Gulden). Das Institut scheint sich trotz des hohen Preises keines besonders guten Leumundes erfreut zu haben, denn im August 1790 las man folgende Anzeige in der *Wiener Zeitung*:

»*Erziehungsnachricht*. Mit sehr unangenehmer Verwunderung muß ich seit geraumer Zeit das vielfältige Fragen anhören: ob denn mein Erziehungshaus in Berchtholdsdorf noch bestehe? Auch manches Mehrwissers Versicherung, daß es nicht mehr bestehe, erdulden. – Daher finde ich mich verpflichtet, hiemit öffentlich zu versichern: 1) Daß diese Erziehungsanstalt nicht allein niemals aufgehört habe, sondern sich vielmehr in dem erwähnten Zustand befinde, wovon sich jedermann überzeugen kann. 2) Daß man auf schriftliche Anfragen unter der Aufschrift An das Heegersche Erziehungshaus in Berchtholdsdorf unweit Wien, die befriedigendste Auskunft erhalten könne und 3) daß die Aufnahme-Zeit bis Ende September verlängert sey. Berchtholdsdorf den 21. August 1790 W. B. Heeger, Unternehmer und Vorsteher seines Erziehungshauses.«

Mozart, der sich durchaus Gedanken um die Erziehung seines Sohnes machte, scheint mit den Methoden und dem Erfolg Wenzel Bernhard Heegers aber wenig zufrieden gewesen zu sein. In einem Brief an Konstanze schreibt er von einem Besuch dort, als er Karl zu einer *Zauberflöten*-Aufführung abholte:

»Dem Carl hab ich keine geringe Freude gemacht, daß ich ihm in die Oper abgehohlt habe. – Er sieht herrlich aus – für die Gesundheit könnte er kein bessers Ort haben, aber daß übrige ist leider Elend! – einen guten Bauern mögen sie wohl der Welt erziehen! – aber genug, ich habe weil Montag erst die großen Studien |: daß Gott erbarm :| den Carl bis Sonntag nach Tisch ausgebeten; ich habe gesagt, daß du ihm gerne sehen möchtest – Morgen Sonntag komme ich mit ihm hinaus zu dier – dan kannst du ihn behalten, oder ich führe ihn Sonntag nach Tisch wieder zu Hecker; –

überlege es, wegen einen Monath, kann er eben nicht verdorben werden, denke ich! [...] übrigens ist er zwar nicht schlechter, aber auch um kein Haar besser als er immer war. er hat die nähmliche Unform, plaget gerne wie sonst, und lernt fast *noch weniger gern,* weil er daraus nichts als vormittags 5 und nach Tisch 5 Stunden im Garten herumgeht, wie er mir selbst gestanden hat, mit einem Wort die Kinder thuen nichts, als Essen, trinken, schlafen und spazieren gehen« (14. Oktober 1791).

Von einer gründlichen Erziehung konnte also keine Rede sein. Mozart hatte hierin durchaus Ansprüche, er besaß sogar selbst eine ganze Reihe von Büchern für den Anfangsunterricht von Kindern.

Heeger mußte natürlich ein erhebliches Interesse haben, daß sein Institut nicht in den Geruch einer reinen Verwahranstalt kam. Tatsächlich gelang es ihm, eine Inspektion des Erzherzogs Franz im Auftrag des am Erziehungswesen stark interessierten Kaisers als Werbung auszuschlachten. In die *Wiener Zeitung* ließ er darüber einen Artikel einrücken, worin es heißt:

»Wer nun die gründliche und tief forschende Weisheit Vater Leopolds kennet, – und wer bewundert sie nicht! – wird auch leicht auf die besondere Zweckmäßigkeit des in diesem Institute eingeführten und von Sr. Maj. so sehr begünstigten Erziehungs- und Unterrichtssystems schließen. Diejenigen also, welche geneigt sind, ihre kleine Nachkommenschaft, sozusagen, unmittelbar unter den Augen des Weisen Leopold erziehen zu lassen, werden hiermit ersuchet, sich der Aufnahme bis 8. Okt. d. J. zu versichern [...]. Daß um 400 fl. jährlich alle möglichen Bedürfnisse, auch Kleidung mit verstanden, geleistet werden, daß, ausser Donnerstag und Sonntag bis 5 Uhr kein Besuch angenommen, kein Zögling ausser den halbjährigen Ferien wohin geladen, weder, ohne wenigstens vierteljährige Ankündigung, unter der Zeit weggenommen werden kann, und was alles gelehrt werde, ist ohnehin bekannt.«[5]

Mozart ließ sich von solchen Empfehlungen jedoch nicht beeindrukken und meldete kurz darauf seinen Sohn in diesem Institut ab. Er sollte eine gediegene Gymnasialausbildung bekommen, und dafür war am besten das Institut der Piaristen in der Josephstadt geeignet. Offensichtlich war es gar nicht so einfach, dort seine Kinder unterzubringen. Um gutes Wetter zu machen, fühlte sich Mozart bemüßigt, schon an Fronleichnam »mit einer kerze in der Hand in der Joseph Stadt mit der Proceßion« zu gehen, wie er amüsiert an Konstanze schrieb (25. Juni 1791). Das »Löwenburgische Erziehungshaus der P. P. Piaristen« war zweifellos die vornehmste Einrichtung dieser Art in Wien, fast kann man

Der Sohn im Internat

von einer Kavaliersschule reden, denn nicht nur das vermögende Bürgertum, sondern vor allem auch der Adel ließ dort seine Kinder erziehen. Ein ausführlicher Prospekt beschreibt die dortigen Einrichtungen, die einen zweckmäßigen Eindruck machen und nebenbei auch erheblich billiger als in Perchtoldsdorf waren:

»Die Erziehung und den Unterricht besorgen geistliche Vorgesetzte, die der Jugend allzeit zur Seite sind. Man lehrt sie in unseren dasigen öffentlichen Gymnasium, und außer demselben, an bestimmten Wiederholungsstunden durch eigene angestellte geistliche Korrepetitoren, vor allem das wahre Christentum, und die reine Sittenlehre; dann Lesen, Schreiben, Rechnen, die allgemeine und besondere, wie auch Litteraturgeschichte, die Erdbeschreibung, und alle sowohl für die deutschen, als fünf untern lateinischen Schulen von höchstem Orte vorgeschriebenen Lehrgegenstände; auch sind zum Unterrichte in der französischen Sprache, im Zeichnen und Tanzen weltliche Lehrer angestellt, die auf Kosten des Hauses besoldet werden. Jünglinge von gleichem Alter wohnen unter der Aufsicht der Geistlichen in mehrern geräumigen Zimmern beysammen, deren Beheizung, Beleuchtung, so wie die Säuberung und Bedienung der Zöglinge von dem Hause besorget wird. Die Verköstigung besteht, nebst einer Suppe zum Frühemale, Mittags in vier, Abend in zwey Speisen, nebst Früchten oder Salat nach Verschiedenheit der Jahreszeiten, sammt einer angemessenen Portion Wein, wenn solcher von Eltern und Vormündern begehret werden sollte. An Festen und außerordentlichen Tagen werden die Speisen auch vermehret.

Belustigungsorte sind im Sommer ein eigener Hausgarten, im Winter besondere Spielzimmer. Für alles dieses werden dem Vorsteher des Hauses jährlich, so lang diese gegenwärtige Theuerung dauern wird, 250 fl. jedesmal vierteljährig vorhinein gereicht; und für die Wäschreinigung, wenn selbe vom Hause übernommen werden sollte, sind auf die angezeigte Summe noch 10 fl. nachzutragen. Die Zöglinge, welche die Vakanz-Zeit außer dem Haus zubringen, zahlen um 25 fl. weniger. Der Austritt eines Kostgängers muß ein Vierteljahr vorher angenommen werden. In dieses Löwenburgische Erziehungshaus können auch alle Gattung Stiftlinge und Stipendiaten angenommen werden; weil sie vermög Hofdekret das dasige öffentliche Gymnasium zu besuchen haben. Weder eine Uniform, noch andere Art der Kleidung wird vorgeschrieben, sondern kann nach Belieben angeschaffet werden, nur muß sie reinlich, und zum Wechsel genug seyn. Sowohl diese, als auch die nöthigen Bücher, das kaiserliche Schulgeld und Studienerfordernisse – wie auch im Falle einer Krankheit, zu deren Pflege ein abgesonderter Krankenraum vorhanden ist, sind Medicus, Chirurgus, Medizinen, Krankenwärterinnen besonders zu bestreiten. Ferners hat ein eintretender Jüngling ein eigenes Bettgewand, Eßbesteck, Waschzeug, und andere dergleichen Bedürfnisse mit sich zu bringen; wovon ein Verzeichnis in doppelter Abschrift, eines für die Eltern oder Vormünder, das andere für den Vorsteher des Hauses zu machen ist. Soweit die Nachricht für das allgemeine. Wer aber ein eigenes Zimmer, einen eigenen Geistlichen, einen eigenen Bedienten, oder nur eines von diesen verlanget, hat über die obige Summe jährlich noch besonders, und zwar für ein eigenes Zimmer 50 fl. für einen eigenen Geistlichen 200 fl., für einen eigenen Bedienten und dessen Livree 130 fl. zu entrichten.«[6]

Dieser Erziehungsplan, den Mozart als für seinen Sohn geeignet ansah, wobei an einen eigenen Bedienten oder Geistlichen nicht zu denken ist, ist auch deshalb von Interesse, weil Mozart selbst keinen geregelten Schulunterricht genossen hatte, sondern – als Wunderkind schon früh auf Reisen – immer nur Privatunterricht. Zwar hatte er auf diese Weise eine umfangreiche und vielseitige Ausbildung erhalten, aber in erster Linie doch nur, weil er einen ausgesprochen pädagogisch begabten Vater von ungewöhnlich breit gestreuten geistigen Interessen gehabt hatte. Mozart war wohl klar, daß er selbst ein ganz anderes, ungeregelteres Leben führte, bei dem die Kindererziehung nie so im Mittelpunkt stehen konnte wie bei Leopold Mozart selbst noch auf mehrjährigen Reisen. Und Mozart hat auch keinerlei Anstalten gemacht, seinen Sohn Karl mit Macht zu einer frühen musikalischen Entwicklung zu führen, gar zum Wunderkind aufzupäppeln, obschon durchaus musikalische Begabung vorhanden war. Anscheinend nahm Mozart seinen siebenjährigen Sohn zum erstenmal in die Oper mit, als er am 13. Oktober 1791 *Die Zauberflöte* hören durfte – und Karl hat es genossen.

Denn einerseits bekam Karl seinen Vater nicht so oft zu sehen. Andererseits durfte Karl seine Mutter schon im Juni/Juli 1791 zur Kur nach Baden begleiten, wohin Mozart drei- oder viermal für einige Tage nachkam. Es war dies die Zeit der Arbeit an der *Zauberflöte,* und nie zuvor wird Karl seinen Vater so nah bei der Arbeit beobachtet haben wie hier. Wahrscheinlich kannte er also schon einige Stücke, bevor er Papageno, den lustigen Vogelfänger, zum erstenmal auf der Bühne sah, gespielt von Schikaneder, dem Textdichter der *Zauberflöte*.

Abschweifung: Emanuel Schikaneder

Mit Emanuel Schikaneder war Mozart noch aus Salzburger Tagen bekannt. Damals (1780) ging er im Mozartschen Haus ein und aus, gehörte sogar zu jenem engen Kreis, der sich regelmäßig zum Bölzlschießen traf, einem derb-lustigen Freizeitvergnügen mit Geldpreisen, bei dem auf (oft auch erotisch-anspielungsreich) bemalte Holzschilder geschossen wurde. Schikaneder revanchierte sich für diese familiäre Aufnahme durch drei Freibilletts für die ganze Saison. Und Mozarts machten von diesen Gratis-Theaterbesuchen ausgiebig Gebrauch. Als Wolfgang Mozart am 5. November 1780 zu den *Idomeneo*-Vorbereitungen nach München reiste, mußte ihm seine Schwester Maria Anna ausführlich von allen Theaterproduktionen Schikaneders in Salzburg berichten. Schikaneder wiederum bestellte bei Mozart eine Arieneinlage für eine seiner Inszenierungen. So bestand ein enges Verhältnis wechselseitigen Interesses.

Schikaneder war als Sohn von Dienstleuten 1751 in Straubing geboren und verlor schon früh seinen Vater. Seine Mutter betrieb dann einen Devotionalienhandel am Regensburger Dom; immerhin konnte Schikaneder auf diese Weise einige Jahre das Jesuitengymnasium besuchen. Aber bald begann er als Wandergeiger und Sänger umherzuziehen und schloß sich bereits mit 18 Jahren als Schauspieler einer Wandertruppe an. Seine Vielseitigkeit wurde hier auf eine erste Probe gestellt, denn er mußte nicht nur schauspielern, sondern komponierte auch, führte Regie, soll sogar im Ballett aufgetreten sein, das damals noch die meisten Theateraufführungen ergänzen mußte. Allerdings hatten die Theatertruppen, denen sich Schikaneder anschloß, durchaus ernste künstlerische Absichten, auch wenn aus finanziellen Gründen manches Entgegenkommen an einen nicht sehr verwöhnten Publikumsgeschmack geleistet werden mußte. So lernte Schikaneder früh die modernen deutschen Bühnenwerke kennen und spielte Lessing, Goethe, manches Sturm-und-Drang-Stück, vor allem aber Shakespeare: Hamlet war seine Starrolle, daneben trat er in *Macbeth, König Lear, Othello* und als Richard III. auf.

1778 konnte er die Direktion der Moserschen Truppe übernehmen und zog nun mit eigenem Ensemble und auf eigene Rechnung umher. In Salzburg blieb er im Winter 1780/81 fast ein halbes Jahr. Mozart hat ihn hier unter anderem als Hamlet und in *Emilia Galotti* gesehen. Aber auch Singspiele waren in seinem Programm, eine damals ganz neue Gattung, die man ebenso von der Oper unterschied wie heute die Operette und das Musical. Es scheint, als habe Schikaneder, solange Mozart noch in Salzburg war, sogar besonders häufig Singspiele gegeben. So konnte Mozart folgende Werke hören: *Die Lyranten oder Das lustige Elend* (von Schikaneder selbst), *Die pucefarbenen Schuhe* (Ignaz Umlauff), *Ariadne auf Naxos* (Melodram von Georg Benda), *Der Barbier von Sevilla* (nach Beaumarchais von Friedrich Ludwig Benda), *Der Seefahrer oder Die schöne Sklavin* (Niccolò Piccinni); weitere neun Singspiele hatte Schikaneder im Repertoire seiner Truppe, von denen fünf noch in Salzburg gespielt wurden. Freilich wird man das Niveau der Aufführungen nicht sehr hoch ansetzen dürfen, aber zur Verbreitung jener Werke auch in Gegenden ohne eigenes Theater waren diese Vorstellungen von großer Bedeutung.

Und Schikaneder hatte vor anderen einen grandiosen Theaterinstinkt. Alles war bei ihm auf möglichst große Publikumswirkung berechnet, er selbst immer geistesgegenwärtig zum Eingreifen bereit, notfalls auch extemporierend. In seinen Mitteln kannte Schikaneder schier keine Grenzen. *Götz von Berlichingen*, Schillers *Räuber,* Törrings *Agnes Bernauerin* wurden von ihm in riesigen Freilichtaufführungen unter Ausnutzung des Naturgeländes inszeniert, mit ganzen Kompanien von Soldaten als Komparsen des Schlachtgetümmels; eine Flußbrücke schließlich diente als reales Bühnenbild für den Ertränkungstod der Agnes Bernauer – so wirkungsvoll gestaltet, daß das Publikum eingriff, die Heldin in Schutz nahm und den »Täter« verfolgte.

Schikaneder hatte entschieden einen Hang zum opulenten Theater, einem Theater der großen Bilder, der modernsten Theatertechnik mit Aufzügen, Flugmaschinen, fahrbaren Lichtquellen für Beleuchtungseffekte; der Einsatz von Feuer und ganze Wasserfälle waren seine Spezialität. Er mußte einfach zu einem eigenen Haus kommen, in dem sich seine theatralischen Mittel erst vervollkommnen ließen. Glück gehörte dazu, denn Schikaneder hatte nicht mehr Geld, als er einspielte, und das verschwendete er wieder in immer neue Theatereffekte. Es klingt fast wie ein Märchen, daß Kaiser Joseph II. ihn zufällig in Preßburg sah, ihn sogleich zu sich bat und ihm spontan das Kärntnertortheater in Wien als Spielort anbot. Der Kaiser dachte dabei sicher auch daran, auf diese Weise das eben gescheiterte Nationalsingspiel insoweit zu retten, als es Schikaneder als Privattheater quasi fortsetzen sollte. So war es sicher auch kein Zufall, daß er am 5. November 1784 mit der *Entführung aus dem Serail* sein erstes fest gepachtetes Haus eröffnete.

Abschweifung: Emanuel Schikaneder

Diese Bewährungsprobe war jedoch nur von kurzer Dauer, denn Schikaneder stolperte über seine von jeher geradezu zwanghafte Schürzenjägerei. Diesmal war es seiner Frau Eleonore, die eines der wichtigsten Mitglieder seines Ensembles war, zuviel, und sie verließ ihn, was die Auflösung seiner ganzen Truppe zur Folge hatte. In der letzten Woche dieser kurzen Theaterepisode griff dann noch der Kaiser persönlich in den Spielplan ein, als er die Premiere von Beaumarchais' *Hochzeit des Figaro* kurzerhand verbot[7]. In Ungnade war Schikaneder damit nicht gefallen. Denn da er allein aus persönlichen (nicht aus zensurbedingten) Gründen die Pacht des Kärntnertortheaters aufgeben mußte, wurde er ins Ensemble des Burgtheaters aufgenommen, allerdings nur für sekundäre Rollen. Aus dieser ersten Wiener Zeit Schikaneders gibt es kein Zeugnis für die Fortsetzung des freundschaftlichen Verkehrs mit Mozart, aber das hat nichts zu besagen. Daß beide zum Teil die gleiche Geistesrichtung hatten und ähnliche Theaterinteressen verfolgten, zeigt sich nicht zuletzt an beider Bemühungen um Beaumarchais' skandalumwittertes Stück.

Die zweitrangige Rolle am Burgtheater war auf Dauer natürlich nichts für die expansiven Vorstellungen Schikaneders. Nach einem kurzen Wanderleben gelang es ihm, wieder eine eigene Truppe zusammenzustellen und sogar einen mächtigen Geldgeber zu finden. In Regensburg, subventioniert von Carl Anselm Fürst von Thurn und Taxis, konnte Schikaneder wieder zu seinen großen Freilichtspektakeln zurückkehren. So wurden Schillers *Räuber* mit mehreren hundert Mitwirkenden aufgeführt. In Regensburg trat Schikaneder auch der einflußreichen Freimaurerloge »Zu den drei Schlüsseln« bei, wurde kurz darauf aber wegen eines »viel Aufsehen machendes Vorfalles« für sechs Monate suspendiert. Daß es dabei um Gelddinge gegangen sein soll, ist eher unwahrscheinlich. Denn Schikaneder hatte hier eine einigermaßen sichere Existenz, trotz der enormen Kosten seiner Inszenierungen. Fürst von Thurn und Taxis hielt immerhin ein Sammelabonnement für seinen Hofstaat von 100 Karten pro Auffführung. Erwiesenermaßen gab es jedoch wieder reichlich Probleme mit den zahlreichen Liebschaften Schikaneders, was in der reichsstädtischen Enge Regensburgs einigen Wirbel verursachen mußte.

Schikaneder war jetzt ganz auf seiner Erfolgsbahn. Auch hierbei halfen ihm Glück und gut genutzte Überraschungen. Seine Frau, die sich 1785 von ihm getrennt hatte, lebte mit dem Schauspieler Johann Friedel zusammen, der in Wien das Theater im Freihaus auf der Wieden gepachtet hatte. Als dieser ganz überraschend 1789 starb und das Theater

Eleonore Schikaneder testamentarisch vermacht hatte, versöhnte sich Schikaneder wieder mit seiner Frau, kündigte in Regensburg und übernahm mit ihr das Wiener Theater auf der Wieden.

Es war ein Vorstadttheater, wie es in Wien mehrere gab, lag aber verkehrsgünstig und war eingebaut in einen großen Wohnkomplex von etwa 225 Wohnungen, der dem Fürsten Starhemberg gehörte. Die ganze Theatertruppe konnte dort billig wohnen – mitten unter Handwerkern, Arbeitern, Bedienten: eben dem Publikum dieses Theaters, das allerdings ebenso von der großen Gesellschaft der inneren Stadt besucht wurde. Zwar saß man im Parkett nur auf einfachen Holzbänken, aber es gab auch zwei Ränge mit Logen zu vier und acht Stühlen, insgesamt hatten rund 800 Zuschauer Platz. Das Orchester bestand aus 23 Musikern, wurde aber bei Bedarf erweitert. Schikaneder zeigte sich hier als ein präzis kalkulierender, auf ein genaues Reglement bedachter, den künstlerischen Erfolg planender Theaterleiter. Die Gagen waren zwar nicht hoch, konnten natürlich keinen Vergleich mit den Spitzengagen des Nationaltheaters aushalten, waren aber doch so bemessen, daß gute Kräfte an das Haus gebunden werden konnten. Josepha Hofer zum Beispiel, Mozarts Schwägerin und erste »Königin der Nacht«, bekam eine Jahresgage von 830 Gulden plus 150 Gulden Garderobengeld. Da es keinen Theaterfriseur gab, mußte sie aber ihre Frisuren selbst bezahlen. Aus ihrem Vertrag, einem der ganz wenigen erhaltenen Theaterverträge jener Zeit, geht hervor, daß Schikaneder sehr wohl auch auf geordnete Verhältnisse sah. Auf den guten Ruf seines Hauses legte er größten Wert. Ein anderer Passus verpflichtete auch zur Übernahme weniger attraktiver Rollen, man mußte sich eben nach der Decke strecken. Die entsprechenden Vertragsabschnitte lauten:

»IItens. Verpflichtet sich dagegen *Madame Josephe Hofer* durch diese ganze Zeit hindurch alle von den Direkteuren zugetheilten Rollen, welche *Ihren* Kräften angemessen sind, ohne Weigerung mit dem bestmöglichsten Fleiße und Eifer zu spielen, wobei es sich von selbsten versteht, daß immer Bedacht darauf genommen werden sollte, zur Einstudirung der Rollen die nöthige Zeit zu bewilligen, weßhalb denn auch wöchentlich nur eine grosse oder zwey mittlere Rollen zu liefern sind. Aeußerst schwere Hauptcharaktere machen hievon eine Ausnahme.

IIItens. Da die Direkteure der Gesellschaft mehr auf die Sittlichkeit der Aufführung ihres Personals, als auf die blosse Kunst sehen, so verbindet sich *Madame Hofer* durch diesen Kontrakt auch zu allen jenen Regeln, welche bei der Gesellschaft eingeführt sind, als (a) gute häußliche

Abschweifung: Emanuel Schikaneder

Aufführung. (b) Vermeidung des Schuldenmachens. (c) Vermeidung aller Kabale. (d) aller Unordnung, alles Zankes, Raufereyen, Schlägereyen, Nachtschwärmens, Rollen-Neides, und Rollen-Streites, kurz alles desjenigen, was auch nur von der entferntesten Seite durch Muthwillen das Ganze der Gesellschaft und der Direktion beleidigen könnte. Bei der dritten deshalb zu machen nöthig seyenden Erinnerung wird der betreffende Theil auf der Stelle sich der Abdankung zu unterziehen haben.

VIItens. Da es das Wesen jeder Privatgesellschaft mit sich bringt, daß nicht für alle Fächer bestimmte Akteurs und Aktrizen gehalten werden können, auch unmöglich das Personal so hoch vermehrt werden kann, das der gute Schauspieler und Schauspielerinn nur immer in wichtigen Rollen erscheinen können, so verbindet sich *Madame Hofer* sich auch von subordinirten Rollen nicht auszuschließen; das heißt: wenn es das Personal des Stücks erfordert, worinn eben keine wichtige für *Sie* anpassende Rollen wären, auch kleinere, und in Stücken, welche bei der Gesellschaft schon einstudirt sind, abgängige Rollen zu übernehmen, überhaupt aber, so wie alle übrigen Glieder bei Austheilung der Rollen gänzlich der Leitung der Direkteurs sich zu überlassen, welche ohnehin gewohnt sind, jeden in das vortheilhafteste Licht zu setzen, weil es ihr Vortheil fordert, jedes Glied ihrer Gesellschaft so viel möglich gefallen zu machen.«[8]

Schikaneder war viel zu sehr Theaterpraktiker, um nicht jeden Vertragspunkt aus Erfahrung so und nicht anders zu formulieren. Ein anderes verstand er allerdings nicht weniger: daß er sein Theater nur verwirklichen konnte, wenn er Geldgeber fände, die auch eine Mithaftung zu übernehmen bereit wären, ohne ihm in die künstlerischen Belange hineinreden zu wollen. Und auch das ist ihm so gut wie immer gelungen. Zunächst war es Joseph von Bauernfeld, der als Mitdirektor fungierte – bis zu seinem Bankrott. Ab 1799 tat sich Schikaneder mit Bartholomäus Zitterbarth zusammen, der auch gleich noch alle Theaterschulden mit übernahm. Und 1802 stieg Schikaneder sogar als Unternehmer aus, um sich nur noch jeden Auftritt auf Honorarbasis einzeln bezahlen zu lassen. In Finanzdingen hatte er eine ausgesprochen gute Hand. Auf dem Höhepunkt konnte er sich sogar ein eigenes Wohnhaus bauen. Es geriet so prunkvoll, daß es als »Schikanederschlößl« berühmt wurde. Innen und außen prachtvoll verziert, enthielt es sogar einen Saal, der mit Allegorien aus der *Zauberflöte* ausgemalt war.

Das »Freihaustheater« war Schikaneder allerdings auf Dauer viel zu klein und bescheiden. Und auch dazu konnte er seinen Geldgeber

Zitterbarth bewegen, seinen alten Traum eines nach eigenen Vorstellungen erbauten Theaters zu erfüllen. 1801 war es soweit, und Schikaneder ließ das »Theater an der Wien« errichten, das größte der Stadt mit 2200 Plätzen. Daß davon zwei Drittel Stehplätze waren, ist eine Einschränkung, die damals als nicht so gravierend empfunden wurde. Insgesamt fünf Ränge mit Logen und Galerien waren übereinander angeordnet, unten zwei Parkette und davor der Orchestergraben.

Aber Schikaneder war nicht nur erfolgreicher Theaterleiter, Regisseur und Schauspieler, sondern auch Autor für die Stücke »seines« Hauses. Allein in seiner Erfolgszeit zwischen 1790 und 1802 brachte er im Jahr durchschnittlich fünf eigene Stücke heraus, alle auf ihn als Protagonisten zugeschnitten. Darunter waren Lustspiele, Singspiele, historische Dramen – Theater jeden Genres, mit dem ein Erfolg zu erzielen war. Sicher wurde er durch die Konkurrenz der übrigen Wiener Vorstadtbühnen angestachelt, vor allem des Leopoldstädter Theaters, aber sein Erfolg beruhte in erster Linie auf der unerhörten Wendigkeit, mit der er Tagesthemen, Stimmungen, Modeströmungen aufzugreifen verstand, wobei es ihm gelang, Figuren zu erfinden (von ihm selbst gespielt), die eine mehr oder weniger direkte Kommentierung der gesellschaftlichen Verhältnisse erlaubten. Schikaneders Theater war eine Mischung aus Kabarett, Posse, Revue, Unterhaltungsshow und Clownerie, in alle möglichen Lustspielformen und überlieferten Theaterklischees gezwängt, sich selbst parodierend, andere persiflierend, aber immer zeitnah und mit dem aufklärerischen Anspruch, daß Theater zwar gefallen, aber auch eine volkserzieherische Aufgabe erfüllen müsse.

Dennoch war Schikaneder nicht selbstkritisch genug, im Erfolg auch jene zunächst kaum wahrnehmbaren Töne des Überdrusses zu hören, die mit der Plötzlichkeit eines Stimmungsumschlags eine völlig neue Situation schaffen können. Mit einem Male hatte er die immer wieder variierten Erfolgsrezepte zu Tode geritten, sein Witz war schal geworden, das immer wieder Aufgekochte zu dünn und wäßrig. Schikaneder unterlag der Tragik vieler Erfolgsverwöhnter, keine Einsicht in ihre Grenzen zu haben. Und so begann ein beispielloser künstlerischer Abstieg, der innerhalb von fünf Jahren im völligen Fiasko endete. Zuerst wurde Schikaneder nur ausgezischt, am Ende gelang es ihm nicht einmal, in der Provinz ein Auskommen zu finden. Der alte Mime verlor den Überblick und die Maßstäbe, schließlich starb er 1812 verarmt und vereinsamt, angeblich wahnsinnig geworden, doch wohl nur der Welt abhanden gekommen, ohne zu verstehen, warum und wie.

Abschweifung: Emanuel Schikaneder

Aus diesem Lebenslauf geht – trotz des bitteren Endes – deutlich hervor, daß *Die Zauberflöte,* was Schikaneders Anteil angeht, kein Zufallsprodukt und er der geeignetste Textdichter für diesen Stoff war. Das zu betonen ist um so wichtiger, als sich eine völlig unberechtigte Verurteilung Schikaneders durch die Musikwissenschaft und Mozart-Biographen eingebürgert hat, die bei Hermann Abert zum Beispiel bis zur bösartigen Verhöhnung geht:

»Seine Bildung war kaum den Künsten des Schreibens und Rechnens gewachsen, sein Charakter besaß alle Eigenschaften des geborenen Vagabunden, Gutmütigkeit, schlagfertigen Mutterwitz, Renomistentum und eine unglaubliche Skrupellosigkeit, die er doch immer wieder mit Anmut und Humor zu verdecken verstand.«[9]

Immerhin mochte Abert die Autorschaft am Libretto der *Zauberflöte* Schikaneder nicht absprechen; man fragt sich überhaupt, wie sie je angezweifelt werden konnte. In einem fast 60 Jahre nach der Uraufführung der *Zauberflöte* erschienenen Werk über *Die Oper in Deutschland* (von Julius Cornet) wird berichtet:

»Im Sommer des Jahres 1818 zu Wien setzte sich einst ein feiner alter Herr in blauem Frack und weissen Halstuch, mit einem Orden geziert, zu uns an den Wirtstisch [...].«[10]

Es war Karl Ludwig Gieseke, der 1791 zu Schikaneders Ensemble als Chorist gehört hatte. Er war mit Mozart sicher bekannt, gehörte er doch der Loge »Zur neugekrönten Hoffnung« an. Bei der Uraufführung der *Zauberflöte* hatte er die Rolle des ersten Sklaven gespielt. Bei dieser Tafelrunde ließ Gieseke, der inzwischen Botaniker geworden war und eine Professur in Dublin innehatte, die Bemerkung fallen, eigentlich sei er ja der Verfasser des Textbuches der *Zauberflöte* gewesen. Allein auf dieses kleine Stammtischgeschwätz geht der ganze Streit um die Verfasserschaft zurück, wobei Gieseke bei der Gelegenheit auch noch andere zur Stimmung passende Unrichtigkeiten wider besseres Wissen von sich gab. So erzählte er zum Beispiel:

»*Schikaneders* persönliche Bekanntschaft mit *Mozart,* so wie auch jene spätere mit *Zitterbarth,* – datirt sich aus einer Freymaurer Loge her, – freylich nicht jene hochberühmte *Born*'sche, welche Wien's erste Dignitäten, u: die Elite der damaligen literarischen Kaste unter ihre Mitglieder erzählt haben soll, – sondern schlechtweg eine sogenannte Winkel- oder Freß-Loge, woselbst man sich in den wöchentlichen Abendzusammenkünften mit Spiel, Musik, u: den vielen Freuden einer wohlbesetzten Tafel beschäftigte [...].«[11]

In der Tat gehörten die Genannten nicht zur »Wahren Eintracht«, sondern zur »Neugekrönten Hoffnung«, lediglich von Schikaneder weiß man es nicht gewiß; und dies war nun ganz und gar nicht eine »Winkel- oder Freßloge«.

Einzig, daß Gieseke tatsächlich auch als Verfasser von Singspielen und Theaterstücken hervorgetreten ist, läßt sich anführen. Ob sie einen Vergleich mit denen Schikaneders aushalten, stehe dahin. Jedenfalls ist zu Schikaneders Lebzeiten von niemandem seine Autorschaft angefochten worden, die durch Theaterzettel und Textbuch öffentlich bekannt gemacht wurde. Solange der Zweifel nicht anders begründet werden kann als durch eine noch nicht einmal genau wiedergegebene Wirtshausbemerkung, die darüber hinaus erst weitere 20 bis 30 Jahre später schriftlich notiert wurde, sollte eigentlich Schikaneder als Librettist außer Frage stehen.

»Die Zauberflöte« entsteht

Um *Die Zauberflöte* haben sich seit jeher besonders viele Legenden gerankt. Die Entstehung dieser Oper soll sich Schikaneders Geldverlegenheiten verdanken, wobei Mozart ihm mehr widerwillig versprochen habe, mit einer neuen Oper seiner Vorstadtbühne aufzuhelfen. Schikaneder habe Mozart mit Freßorgien und Saufereien bei Laune zu halten versucht, ihm sein Gartenhäuschen zur Verfügung gestellt, damit er ungestört und ohne Ablenkung komponieren könne. Schließlich habe Schikaneder von dem geschäftlichen Erfolg der Oper nichts an Mozart weitergegeben und ihn nur schamlos ausgenutzt. Das angebliche Schikanedersche Gartenhäuschen hat sogar seine museale Würdigung durch das Mozarteum in Salzburg erfahren, ungeachtet der Frage, ob auch nur sein Holz in jene Zeit zurückreicht. Und das Wort Gartenhäuschen suggeriert einen anmutigen Garten in der Vorstadt, wo diese Hütte bestenfalls in einem der zahlreichen Innenhöfe des Freihauses auf der Wieden stand; einen eigenen Garten hatte Schikaneder damals noch nicht.

Man findet jedoch in Mozarts Briefen aus dem Frühsommer 1791 nur jenen Garten, der dem Hornisten Joseph Leutgeb gehörte:

»J'écris cette lettre dans la petite Chambre au Jardin chez Leitgeb ou j'ai couché cette Nuit excellement – et J'espére que ma chere Epouse aura paßée cette Nuit außi bien que moi, j'y paßerai cette Nuit außi, puisque

J'ai congedié Leonore, et je serais tout seul á la maison, ce qui n'est pas agreable.«[12]

Das andere Stubenmädchen (neben Leonore) war mit Konstanze Mozart und dem Sohn Karl in Baden. Wann immer es möglich war, kam Mozart auch für einige Tage nach Baden, sonst schrieb er jeden Tag an seine Frau. Durch diese Briefe erhält man eine Menge Einblick in Mozarts Alltag, liest die Namen seines täglichen Umgangs, erfährt von zahlreichen Theaterbesuchen in den Vorstädten – nur die *Zauberflöte* kommt verhältnismäßig selten zur Sprache. Einige Male ist Mozart bei Schikaneder zum Essen eingeladen, aber das werden Arbeitsbesuche gewesen sein, bei denen Einzelheiten des gemeinsamen Projektes besprochen wurden, von Schlemmereien und ähnlichem ist jedenfalls nie die Rede. Mozart haßte es ohnehin, allein zu essen, und wo immer Gelegenheit war, traf er sich mit Freunden oder Bekannten.

Am Textbuch der *Zauberflöte* scheint seit Juni nichts Wesentliches mehr geändert worden zu sein – schon gar nicht, weil etwa eine Konkurrenzbühne ein ähnliches Stück vorbereitete[13]. Gerade in diesen Tagen wird Mozart den ersten der beiden Aufzüge beendet und ihn vermutlich am 13. Juni nach Baden mitgenommen haben, damit Franz Xaver Süßmayr das Particell abschreiben konnte. Der zweite Aufzug lag (mit Ausnahme des Priestermarsches und der Ouvertüre) dann bis Ende Juli vor, als Mozart diese »Teutsche Oper in 2 Aufzügen. von Eman. Schikaneder. bestehend in 22 Stücken« in sein Werkverzeichnis eintrug.

Alles, was man aus dieser Zeit weiß, spricht für eine sehr undramatische Entstehungsgeschichte der *Zauberflöte*. Keine Theaterintrigen begleiten sie, kein Zeitdruck scheint zu bestehen, auch die finanzielle Seite führt zu keinerlei Klagen. Zwar ist nichts über die Honorierung überliefert, aber das spricht eher für eine Regelung im Rahmen des üblichen. Mozart war mit Schikaneder zwar seit langem bekannt, auch verbanden ihn viele Gemeinsamkeiten in punkto Theater, aber eine enge persönliche Freundschaft läßt sich nicht behaupten. Und das Theater auf der Wieden war ein ganz normales Geschäftsunternehmen, ein blühendes dazu, mit Schikaneder als einem der beiden »Directeurs«. Mozart hatte seine mehr oder weniger festen Preise für Auftragskompositionen, die Schikaneder sicher bekannt waren. Für *Così fan tutte* wie für *La clemenza di Tito* bekam Mozart jeweils 900 Gulden, für die Prager Oper überdies noch Reisespesen. Es bestand also kein Unterschied zwischen den Honoraren, die er am Wiener Nationaltheater erhielt, und denen eines privaten Theaterunternehmers, denn Domenico Guardasoni, in dessen

Auftrag *Tito* geschrieben wurde, war ein privater, auf eigene Rechnung arbeitender Theaterleiter. Von diesem üblichen Honorar hat man also auch bei der *Zauberflöte* auszugehen – oder will man allen Ernstes behaupten, Mozart habe für diese Erfolgsoper kein Geld bekommen, bloß weil der Betrag nicht buchhalterisch überliefert ist? Hieße das nicht, Mozarts künstlerisches Selbstbewußtsein erheblich zu unterschätzen? Wann war Mozart je bereit, ein größeres Werk ohne angemessene Honorierung zu schreiben? Es scheint, als ob die zugegebenermaßen anrührende Verarmungslegende allein ihm das Honorar streitig macht, hat sie es doch ohnehin schon schwer, die belegten Einkünfte von Mozarts letztem Lebensjahr als Armut auszugeben: Sie machen auch ohne *Die Zauberflöte* und Verlagshonorare schon um die 2000 Gulden aus.

Etwas ganz anderes muß die biographische Neugier beschäftigen: Warum eigentlich begleitete Mozart seine Frau nicht zur Kur nach Baden, wenn er sie so oft wie möglich dort besuchte – fast jede Woche und meist für einige Tage? Glaubte er, dort nicht ungestört komponieren zu können? Einmal besucht er sie mit einer ganzen Gesellschaft von Bekannten und kündigt sich so an:

»Morgen früh 5 Uhr fahren wir 3 Wagen voll weg, – ich hoffe also zwischen 9 und 10 Uhr in Deinen Armen all das Vergnügen zu fühlen, was ein Mann, der seine Frau so liebt wie ich, nur immer fühlen kann! Nur Schade, daß ich weder das Klavier noch den Vogel mitnehmen kann! – deswegen würde ich lieber allein gegangen sein; nun kann ich mich aber nimmer mit guter Art losmachen.« (7. Juni 1791)

Wäre er allein gefahren, hätte er also das Klavier – nicht den großen Flügel – und den Vogel mitgenommen. Warum also diese selbstgewählte Einsamkeit in Wien, wo er zudem noch einigermaßen unversorgt war[14]?

Eine – geradezu böswillige – Legende hat behaupten wollen, Konstanze Mozart habe sich in Baden mit einem Liebhaber vergnügt, der ausgerechnet Süßmayr gewesen sein soll, weshalb Mozarts am 26. Juli 1791 geborener Sohn auch dessen Vornamen erhalten habe. Aber Süßmayr wohnte zum einen ganz woanders und war zum anderen vor allem mit der Abschrift des *Zauberflöten*-Particells beschäftigt. Daß Mozart in seinen Briefen manchmal recht drastische Witzchen mit Süßmayr veranstaltet, ist eher ein Zeichen überschäumender Laune als des Übelwollens, gar des eifersüchtigen Sarkasmus. »ich muß halt immer einen Narren haben – ist es Leitgeb nicht, so ist es Süßmayr.« (25. Juni 1791)[15]

Der eigentliche Grund, warum Mozart in Wien allein aushielt, einmal

»Die Zauberflöte« entsteht

sogar aus »lauter langer Weile [...] von der Oper eine Arie componirt« (11. Juni 1791), liegt in einer geschäftlichen Angelegenheit, die seine Anwesenheit erforderlich machte. Welcher Art dieses Geschäft war, bleibt leider ganz im dunkeln, obschon den ganzen Juni und bis in den Juli hinein davon die Rede ist. Ob Mozart eine »Speculation« gemacht hat, einen (allerdings schwer zu vermutenden) Verkauf tätigen konnte, steht dahin. Auch ein Brief an Michael Puchberg vom 25. Juni 1791, in dem Mozart kurzfristig um eine kleine Summe bittet, bringt kein Licht in das Dunkel, denn er muß sich nicht auf dieses »Geschäft« beziehen, kann auch bereits die angekündigten Zahlungen der ungarischen Magnaten oder der Amsterdamer Kaufleute andeuten. Jedenfalls heißt es darin bezüglich der Rückzahlung dieser kleinen Anleihe:

»Wenn Sie bester Fr: mich mit etwas unterstützen können, daß ich ihr [Konstanze Mozart] es sogleich hinausschicke, so verbinden Sie mich recht sehr. – es kömmt ohnehin nur auf einige Tage an, so empfangen Sie in meinem Namen f 2000 – wovon sie sich dann gleich bezahlt machen können«.

Puchberg schickte daraufhin 25 Gulden, die zur Zwischenrechnung der Kurkosten in Baden gedacht waren.

Zweierlei wird aus den Briefen deutlich: daß Mozart es mit einem nur mit »N. N.« bezeichneten Mann zu tun hat, dem er ständig nachlaufen muß, wobei er in Sorgen ist, ob er sein »Geschäft« überhaupt erfolgreich abschließen kann, und daß seine Frau darauf drängt, nach Wien zurückkommen zu können, weil auch ihr die Trennung schwerfällt. Mozart schreibt am 5. Juli 1791:

»Sey nicht melancholisch, ich bitte Dich! – ich hoffe Du wirst das Geld erhalten haben – für Deinen Fuß ist es doch besser und bist noch im Baade, weil Du da besser ausgehen kannst – ich hoffe Dich Samstag umarmen zu können, vielleicht eher, Sobald mein Geschäft zu Ende ist, so bin ich bey Dir – denn ich habe mir vorgenommen, in Deiner Umarmung auszuruhen; – ich werd' es auch brauchen – denn die innerliche Sorge, Bekümmerniß und das damit verbundene Laufen mattet einen doch ein wenig ab. Das letzte Paquet habe auch richtig erhalten und danke Dir dafür! – Ich bin so froh, daß Du nicht mehr badest, daß ich es Dir nicht sagen kann – mit einem Wort mir fehlt nichts als – Deine Gegenwart – ich meine ich kann es nicht erwarten; ich könnte herzlich Dich nun ganz hereinlassen, wenn meine Sache zu Ende ist – allein – ich wünschte doch noch ein paar schöne Tage bei Dir in Baaden zu verleben. –«

Tags drauf schreibt er unter Anspielung auf die Flugversuche, die François Blanchard vom Prater aus als öffentliche Demonstration unternahm:

»eben izt wird Blanchard entweder *Steigen* – oder die Wiener zum 3:ᵗ male fopen! –

die Historie mit Blanchard ist mir heute gar nicht lieb – sie bringt mich um den schlusse meines Geschäftes – *N. N.* versprach mir bevor er hinausführe zu mir zu kommen – kamm aber nicht – vieleicht kömmt er wenn der Spass vorbey ist – ich warte bis 2 uhr – dann werfe ich ein bischen Essen hinein – und suche ihn aller Orten auf. – das ist ein nicht gar angenehmes leben. – gedult! es wird schon besser kommen – ich ruhe dann in deinen Armen aus! –

Ich danke dir für deinen Rath mich nicht ganz auf N. N. zu verlassen. – aber in dergleichen fällen *muß* man nur mit *einem* zu thun haben – wendet man sich an 2 oder 3 – und das Geschäft geht überall – so erscheint man bey den andern, wo man es dann nicht annehmen kann, als ein Narr, oder unverlässlicher Mann.« (6. Juli 1791)

Eben an diesem Tage gelang Blanchard sein erster Aufstieg in Wien. Schon im März und im Mai hatte er Versuche unternommen, und die Wiener, die die Anfänge der Fessel- und Freiballons schon seit Jahren mit großem Interesse verfolgten, wollten nun endlich die Künste des berühmtesten Luftschiffers seiner Zeit sehen, der sechs Jahre zuvor als erster den Ärmelkanal überquert hatte. Bisher hatten sie nämlich vor allem zahlen müssen – schon um nur einen kurzen Blick auf den berühmten Ballon werfen zu dürfen, der in einem Saal der Mehlgrube ausgestellt war. Darüber hatte es bereits beträchtlichen Ärger gegeben. Am Prater, auf dem Platz, wo sonst Johann Georg Stuwer seine berühmten Kunstfeuerwerke abblitzen ließ, waren Absperrungen und Tribünen errichtet (auch hier wieder mit hohem Eintrittsgeld), und einige tausend Neugierige warteten auf das Schauspiel. Erzherzog Franz zerschnitt eigenhändig die Halteseile, dann stieg das Luftschiff langsam empor und schwebte davon, bis es nicht mehr zu sehen war. In Groß-Enzersdorf landete Blanchard und wurde mit ungeheurem Jubel empfangen und zurück nach Wien geführt. Mozart schrieb davon nach Baden:

»ich war nicht beym Ballon, denn ich kann mir es *so* einbilden, und glaubte auch und wird diesmal auch nichts draus werden – aber nun ist Jubel unter den Wienern! – so sehr sie bisher geschimpft haben, so loben sie nun. –

Etwas kann ich in Deinem Brief nicht lesen und etwas verstehe ich nicht – es heißt ›Nun wird mein . . . . Mannerl gewis heut in der großen *Com:* auch im Brader seyn‹ etc. etc. – Das Beiwort vor Mannerl kann ich nicht lesen – das *Com:* vermuthe ich wird Compagnie heißen, – wen du aber unter der *großen Compagnie* verstehest, weiß ich nicht.« (7. Juli 1791)

Sollte hier nicht Schikaneder gemeint sein, der Blanchards Flugversuche – geglückt oder nicht – mit seinem genialen Theaterinstinkt sofort aufgegriffen hatte, um sie in der *Zauberflöte* vorzuführen[16]? Freilich mußte die komplizierte Apparatur erst hergestellt werden und die Maschinerie für die zahlreichen anderen Theatereffekte der *Zauberflöte* auch. Und gerade jetzt, als Mozart mit der Oper fast fertig war, kamen zwei neue, höchst gewichtige Aufträge.

Ein eiliger Auftrag

Mitte Juli holte Mozart seine Familie aus Baden ab. Konstanze Mozart war hochschwanger, jeden Tag mußte man mit ihrer Niederkunft rechnen. Doch sich in Ruhe auf dies Ereignis einzustellen, blieb keine Zeit. Denn am 14. Juli war der Prager Opernunternehmer Domenico Guardasoni in Wien eingetroffen, um mit Mozart einen Vertrag für eine Festoper anläßlich der Krönung Leopolds II. zum König von Böhmen abzuschließen. Es war äußerste Eile geboten, denn die Krönung sollte schon Anfang September stattfinden, mehr als acht Wochen blieben nicht. Mozart und Guardasoni kannten sich seit längerem, hatten auch im April 1789 bereits einmal einen Opernkontrakt »fast richtig« gemacht, der dann jedoch nicht realisiert werden konnte, da Guardasoni ein Engagement in Warschau angenommen hatte[17]. Für die Librettobearbeitung blieb jetzt nicht mehr viel Zeit, aber Guardasoni scheint rechtzeitig seine Fäden gezogen zu haben. Den Auftrag zu dieser Festoper hatte er von den böhmischen Ständen bekommen, die sich lange nicht einigen konnten, wie das Festprogramm aussehen sollte. Erst eine Woche zuvor war ein entsprechender Vertrag in Prag unterzeichnet worden, wobei Guardasoni gleich zwei Librettoentwürfe überreicht bekam. Er hatte aber in den Vertrag hineinschreiben lassen, daß Pietro Metastasios *La clemenza di Tito* bearbeitet werden sollte, falls die anderen beiden Libretti ungeeignet seien. Sicher hatte er auch vorgebaut und sich bereits des sächsischen Hofdichters Caterino Mazzolà als Bearbeiter für *Tito* versichert. Auch

Mozart wird über den neuen Auftrag nicht ganz überrascht gewesen sein, denn Mazzolà war bereits seit Mitte Mai in Wien. Erst jetzt aber konnte Guardasoni Mozart und Mazzolà fest verpflichten und mußte anschließend gleich nach Italien weiterreisen, um die Sänger »einzukaufen«. Er konnte Mozart deshalb auch nicht einmal die endgültige Besetzung mitteilen. Aber wenigstens Mazzolà blieb noch in Wien, wenn auch nur für zwei Wochen.

Ob Mozart in dieser kurzen Zeit den Text mit Mazzolà vollständig bearbeiten konnte? Daß Mozart daran mitgewirkt hat, ist gewiß. Aus einem altertümlichen Text, der immerhin schon über 50 Jahre alt war und in dem – entsprechend der Seriatradition – handlungsfördernde Rezitative mit reflektierenden Arien sich eintönig abwechselten, mußte eine Vorlage gemacht werden, die Mozarts moderner Operndramaturgie entsprach: deutliche Charakterisierung der Personen, große musikalisch ausgestaltete Szenen im Ensemble, Dramatisierung mit musikalischen Mitteln an Stelle der althergebrachten gleichförmigen Folge von Rezitativen und Arien. Vielleicht begannen Mozart und Mazzolà schon vor der Ankunft Guardasonis, jedenfalls muß die Verständigung zwischen beiden in der kurzen zur Verfügung stehenden Zeit sehr gut gewesen sein, denn Mozart notierte bei der Eintragung in sein Werkverzeichnis ausdrücklich: »ridotta à vera opera dal Sig:re Mazzolà. Poeta di Sua A: S: l'Ettore di Saßonia« (zu einer wirklichen Oper umgearbeitet von Herrn Mazzolà ...), während er bei den Da-Ponte-Opern den Textdichter nicht einmal erwähnte.

Die endgültige Besetzung konnte Mozart erst nach Guardasonis Rückkehr aus Italien erfahren, das war bereits Mitte August. Das ist auch das einzige, was von der Legende bleibt, Mozart habe diese Oper in 18 Tagen geschrieben. Abgesehen davon, daß Komponieren sich nicht im Notenschreiben erschöpft, sondern eine vor allem schöpferische Voraustätigkeit erfordert, die in diesem Falle auch die Herstellung eines geeigneten Textes einschloß, gibt es für diese Oper auch Vorentwürfe und Skizzen, die sicher *vor* Guardasonis Rückkehr aus Italien geschrieben sind; sie weisen Sesto nämlich eine Tenorpartie zu, während die endgültige Besetzung einen Kastraten vorsah[18]. Am Ende des 18. Jahrhunderts war das Kastratentum bereits am Aussterben, da es ohnehin nur für die aus der Mode kommende Opera seria in Frage kam. Begeistert wird Mozart nicht gewesen sein, als Guardasoni mit einem Kastraten für den Sesto (Domenico Bedini) und sogar einer Sängerin für die Partie des Annio (Carolina Perini) ankam. Seinen realistischen musikdramatischen Vorstellungen

Ein eiliger Auftrag

entsprach dies in keiner Weise. Aber er fügte sich, weil gar keine andere Wahl bestand – und den ganzen Opernauftrag auszuschlagen wäre ihm deswegen dann doch nicht in den Sinn gekommen. Mozart bekam immerhin ein Honorar von 200 Dukaten und ein Reisegeld von 50 Dukaten obendrein (zusammen 1125 Gulden).

Schon Ende August fuhr Mozart nach Prag, um dort die letzten Stücke zu komponieren und an Ort und Stelle die Einstudierung zu überwachen. In seiner Begleitung waren der mit Mozart befreundete Klarinettist Anton Stadler, der im Orchester die schweren und virtuosen Solopartien spielen sollte, sowie Mozarts Schüler und Assistent Franz Xaver Süßmayr. Auch Konstanze Mozart, die keine fünf Wochen zuvor ihr sechstes Kind geboren hatte, begleitete ihren Mann[19].

Der Zeitdruck war natürlich enorm. Und so ist es kein Wunder, daß Mozart die Rezitative (mit Ausnahme der Accompagnati) nicht selbst schreiben konnte. Sie stammen vermutlich von Süßmayr. Hinzu kam, daß Mozart kurz vor der Premiere auch noch krank wurde[20].

Darüber hinaus stand die Aufführung unter einem Unstern. Sie fand am Abend des Krönungstages im Nationaltheater statt, und natürlich war alles anwesend, was in Prag Rang und Namen hatte. Aber der neugekrönte König erschien mit seinem Hofstaat erst mit einer Stunde Verspätung. Graf Karl von Zinzendorf vermerkte in seinem Tagebuch: »[...] man regalierte uns mit dem sehr ermüdenden Schauspiel *La Clemenza di Tito* [...].« Im offiziellen Textbuch zur Aufführung war der Textdichter Mazzolà nicht genannt. Er erfreute sich ohnehin keiner Beliebtheit bei Leopold II.[21]

Kann man die Nichtnennung von Mazzolà noch immerhin als einen versehentlichen Lapsus erklären, so ist die »Ungnade«, in die Mozart bei Leopold II. längst gefallen war, hier zweifelsfrei belegt. Die Kaiserin, die wahrscheinlich schon die Anstellung Mozarts als zweiter Kapellmeister hintertrieben hatte, soll aus ihrer Loge gerufen haben: »Una porcheria tedesca« (eine deutsche Schweinerei), was sich wohl auf die Oper insgesamt bezog. Mag man diesen von Zeitgenossen überlieferten Satz auch anzweifeln, so gibt es doch ein amtliches Dokument, das zugleich etwas über den Erfolg aussagt. Der verspätete Beginn der Oper war bereits ein Affront – auch gegenüber Guardasoni, der sehr viel Geld, unter anderem für neue Dekorationen, in die Aufführung gesteckt hatte. Er verlangte von den böhmischen Ständen tatsächlich eine Entschädigung. In einem Gutachten des Burggrafen Heinrich Rottenhan wird ihre Berechtigung mit folgenden Worten anerkannt:

»[...] was der Entschädigungsbitte für die Aufwand der Oper selbst betrift, das ist blos eine Gnaden Sache, weil dieser Gegenstand durch einen formlichen Contract seine Bestimung erhalten hat. Allein es ist allgemein bekannt, daß wegen der vielen Hof Feste und der Balle und Gesellschaften, die in den Privat Haysern gegeben wurden beyde Theater Entreprenneurs sehr wenig zulauf gehabt haben, *zeigte sich auch bey Hof wider Mozarts Composition eine vorgefaste Abneigung,* allso da die Oper nach der ersten feyerlichen Vorstellung fast gar nicht mehr besucht ward, die ganze Speculation des Entrepreneurs war darauf gebaut, das nebst der bewilligten Gaabe der H. Stände auch die Entrée einen beträchtlichen Beytrag abwerfen wurde, und das hat gänzlich fehlgeschlagen...«[22]

Die allseits bekannt gewordene Abneigung des Hofes gegen Mozarts Oper führte demnach dazu, daß während der Festtage kaum jemand in das mißliebige Schauspiel ging. Dafür wollte Guardasoni entschädigt sein. Er verschwieg freilich, daß »die Oper in Prag immer beliebter« wurde, »so wie das Publikum wechselte. Bei den nächsten Reprisen ist das Werk nämlich auch vor den einheimischen bürgerlichen Kreisen gespielt worden. Und bei diesen hatte es einen nicht unbedeutenden Erfolg, wovon auch Mozarts Brief an seine Frau vom 7. Oktober 1791 zeugt.«[23] Mozart schreibt da von der letzten Aufführung des *Tito* in Prag, sie sei »mit ausserordentlichen beifall aufgeführet worden. – alle Stücke sind applaudirt worden. – der Bedini sang besser als allezeit. – das Duettchen *ex A* von die 2 Mädchens wurde wiederhollet – und gerne – hätte man nicht die Marchetti geschonet – hätte man auch das Rondó repetirt. – dem *Stodla* [Stadler] wurde |: O böhmisches wunder! – schreibt er :| aus dem Parterre und so gar aus dem Orchestre bravo zugerufen. ich hab mich aber auch recht *angesetzt,* schreibt er; –«

Während der Krönungsfeierlichkeiten konnte *Tito* also keinen Erfolg erringen, wohl aber danach mit »normalem« Publikum, und das war ein ganz anders zusammengesetztes als das bei einem Hoffest, wo die Karten nach der Rangfolge der Gäste vergeben wurden und nicht nach deren musikalischen Interessen oder Kenntnissen. Schließlich hatte es seit Jahrzehnten in Prag keine Krönung mehr gegeben, und die Zahl der Fremden in der Stadt, die in offizieller Mission anwesend waren, muß man mit ihrem ganzen Troß nach Tausenden zählen. Entsprechend gab es in Prag eine Fülle von Veranstaltungen aller Art, von Jahrmarktbuden und Gaukelstückchen bis zu Theater und Oper, Konzerte, Festgelage, Feuerwerke usw. Einige Quellen meinen, die Schauspiele und Opernaufführungen hätten geradezu unter dem Überangebot an Veranstaltungen gelitten und seien schlecht besucht gewesen. Um so mehr ist man erstaunt, daß Guardasoni, der mit seiner Truppe von diesem ganzen Trubel profitieren wollte, vor allem auf Mozart setzte. Allein drei Mozart-Opern hat er in diesen Wochen in Prag aufgeführt: *Don Giovanni*, *Tito* und *Così fan tutte*. *Don Giovanni* wurde zum Beispiel vier Tage vor der Krönung »auf höchstes Verlangen« gegeben, in Anwesenheit des Kaiserpaares und der Prinzen. In Wien hatten sie in der Tat noch keine Gelegenheit gehabt, dieses berühmte Stück zu sehen, das allerdings nun gar nicht nach dem strengen Geschmack der Kaiserin war[24]. Und bei *Don Giovanni* zumindest konnte Guardasoni sich kaum über schlechten Besuch beklagen. Die *Prager Oberpostamtszeitung* notierte:

»Das geräumige Theater, welches doch einige tausend Menschen fassen kann, war vollgepfropft, und der Weg, welchen Allerhöchstdieselben nahmen, ganz voll Menschen angefüllt.«[25]

Wie schon in Frankfurt am Main scheint Mozart die offiziellen Hofkreise eher gemieden zu haben. Statt dessen traf er sich mit seinen alten Prager Freunden, worunter auch Angehörige des hohen Adels waren, und besuchte mehrfach die Freimaurerloge »Zur Wahrheit und Einigkeit«, wo zu seinen Ehren seine Kantate *Die Maurerfreude* (KV 471) aufgeführt wurde.

»La clemenza di Tito«

Pietro Metastasios Opernlibretto *La clemenza di Tito* gehört zu den meistvertonten Texten dieses zur kanonischen Geltung gelangten Hofdichters und des 18. Jahrhunderts überhaupt. Mehr noch als an der Qualität der Dichtung lag dies am Stoff, der wie kaum ein zweiter sich eignete, Herrscherlob mit der Darstellung einer exemplarisch guten Herrschaft im Gewande römisch-antiken Prunkes zu vereinen. Titus war der erste nachaugusteische Kaiser, der nicht zum menschenverachtenden, grausamen und lasterhaften Despoten pervertierte, sondern auf Maß, Ausgleich und mildes Monarchentum achtete. In seine nur kurze Regierung fielen zwei große Katastrophen – der Vesuvausbruch, der Pompeji und Herculaneum verschüttete (79 n. Chr.), und der dreitägige Brand Roms (80 n. Chr.) –, bei denen Titus seine Hilfsbereitschaft zeigen konnte. Privatinteressen opferte er gänzlich seinem kaiserlichen Amt auf. Jeden Tag, an dem er keine Wohltaten vollbracht habe – so erklärte er –, achte er für verloren. Die Geschichtsschreiber wetteiferten dann auch in der Darstellung seiner Güte, Milde und seines Gerechtigkeitssinns. Wenn unter den römischen Kaisern einer zum Vorbild geeignet scheint, dann Titus – fast noch mehr als der erhabene Augustus. Für eine dramatische Handlung gibt dieses Leben allerdings wenig her. Metastasio schürt deshalb eine Liebesintrige – bis zum Mordanschlag auf den Kaiser, der zum guten Ausgang seine berühmte Milde walten läßt. Der Inhalt seines Librettos ist folgender:

Tito hat aus Syrien (wo er den Feldzug gegen die aufständischen Juden mit der Zerstörung Jerusalems beendete) seine Geliebte Berenike mitgebracht, was den Römern sehr mißfällt. Noch mehr empört ist aber Vitellia, Tochter des von Titus entthronten Kaisers Vitellius, die gehofft hatte, von Tito geheiratet und damit Frau des Kaisers zu werden. Titos Freund Sesto liebt vergeblich Vitellia und läßt sich in seiner Liebesblindheit hinreißen, in ihrem Auftrag einen Rachemord an Tito zu planen. Doch Tito gibt der Stimmung gegen Berenike nach und verzichtet auf sie – für Vitellia eine neue Hoffnung; die Mordpläne werden abgeblasen. Annio, ein Freund von Sesto, möchte dessen Schwester Servilia heiraten und bittet Sesto um ein vermittelndes Wort bei Tito, damit der Kaiser diese Ehe erlaube. Nun möchte aber plötzlich Tito Servilia heiraten. Vitellia sieht sich erneut um ihre Hoffnungen betrogen und fordert Sesto wiederum zum Rachemord an Tito auf. Aber Servilia bekennt dem Kaiser, schon Annio versprochen zu sein. Tito verzichtet ein zweites Mal auf eine Frau und ist nun bereit, Vitellia zu heiraten. Als diese davon erfährt, möchte sie Sesto von seinem Mordanschlag zurückhalten, findet ihn aber nicht mehr. Sesto, innerlich zerquält zwischen seiner blinden Liebe zu Vitellia und seiner Verehrung für Tito, begeht den Anschlag: Der erste Akt endet mit dem Brand des Kapitols.

Im zweiten Akt trifft Annio mitten im Durcheinander Sesto und erzählt ihm, daß Tito lebt. Sesto ist verwirrt und gesteht Annio seine Tat. Wenig später zeigt sich, daß Tito nur durch eine Verwechslung gerettet wurde. Sesto wird verhaftet und zum Tode verurteilt. Tito kann kaum glauben, von einem so guten Freund verraten worden zu sein, und möchte Sesto vor der Hinrichtung noch einmal sprechen. Kein Appell an frühere Freundschaft kann Sesto von seinem Schweigen abbringen: Er möchte Vitellia schonen. Tito bestätigt die Hinrichtung und ist zugleich gewillt, sie im letzten Moment zu verhindern. Vitellia ist von Sestos Schweigen so betroffen, daß sie zu Tito geht und sich als die eigentliche Schuldige bekennt. Doch Tito gewährt allen Vergebung.

»La clemenza di Tito«

Dieser Handlungsablauf entspricht Caterino Mazzolàs Bearbeitung für Mozart, gerafft und dramatisch verknappt zu zwei Akten, wo Metastasio in drei Akten nach allen Regeln der Gattung, aber nicht ohne Langatmigkeit sich ergeht. Als Krönungsoper für einen Monarchen sicher nicht völlig ungeeignet, formuliert das Libretto doch Ansprüche an einen guten Herrscher, seine persönlichen Neigungen der Staatsraison unterzuordnen, Vernunft und Maß walten zu lassen, Gerechtigkeit und Milde als hohe Herrschertugenden zu üben. Schon recht, möchte man sagen, aber in seiner ganzen rationalistischen Abgeklärtheit doch etwas abgestanden, Theater der Gottsched-Zeit.

Eine einzige Figur kann sich mit vollem Temperament entfalten, die beleidigte, rachsüchtige und unbeherrschte Vitellia. Alle anderen Figuren bleiben blutleer, »Puppen« hat Alfred Einstein sie genannt. Sesto ist Wachs in Vitellias Händen, aber seine Liebe zu Vitellia bleibt nur Behauptung, und fast meint man, er müsse sie sich selbst beweisen, indem er zum ausführenden Organ ihrer Rachepläne wird. Die ungeheure innere Spannung zwischen seiner blinden Liebe und dem Wissen um den Verrat seines besten Freundes auszudrücken, ergibt sich keine Gelegenheit, weil er – ebenso wie alle anderen Figuren – typisiert ist, verengt auf eine Funktion in diesem Drama, statt daß er als Charakter, als Persönlichkeit entfaltet wird. Erst recht trifft dies auf Tito zu, der zur Verkörperung guter Eigenschaften erstarrt, eine Statue ohne Leben und ohne die Möglichkeit, auch einmal menschliche Züge zu zeigen, nämlich Emotionen, Erschütterungen, Verzweiflungen. Leidenschaften gestand ihm das rationalistisch-aufgeklärte Konzept seines Autors nicht zu. Und so muß Tito, ohne irgendeine persönliche Betroffenheit zeigen zu dürfen, erst auf seine Geliebte, dann auf die von ihm gewählte Frau verzichten. Und auch ein Mordanschlag durch seinen besten Freund kann ihn kaum aus der Fassung bringen, gibt ihm nur Gelegenheit, seine außergewöhnliche Milde zu beweisen – die in ihrer Grenzenlosigkeit weder ein Motiv hat noch aus Titos Charakter verständlich wird. Dazu fehlt einfach jedes Handlungselement, das zur Darstellung von Titos Persönlichkeit diente.

Diese auf Metastasio zurückgehende Dramaturgie mußte ihre Schwächen deutlich zutage treten lassen, wenn man – wie in Mazzolàs Bearbeitung – versuchte, das Abwechseln von handlungtreibenden Rezitativen und reflektierenden (oder Gefühle zeigenden) Arien aufzuheben zugunsten einer theatralischeren Version mit bewegten Szenen und dramatisch angelegten Ensembles. Dennoch war für Mozart diese Bearbeitung eine Voraussetzung, sich überhaupt mit dem Stoff beschäftigen zu können.

Dankbar spricht er von der »Umgestaltung zu einer wirklichen Oper durch Signore Mazzolà«, anders gesagt: Metastasios Libretto erfüllte Mozarts Vorstellungen von einer Oper nicht – kein Wunder, wenn man an die Dramaturgie von *Le nozze di Figaro, Don Giovanni* oder *Così fan tutte* denkt.

Natürlich erhebt sich die Frage, ob Mozart die Schwäche seines Librettos nicht bemerkt habe, trotz der Bearbeitung, an der er sicher seinen Anteil gehabt hat. Eine Teilantwort ergibt sich daraus, daß Mazzolà kein neues Libretto schreiben konnte. Er mußte den bei Metastasio vorgegebenen Handlungsablauf voll übernehmen, wollte er in der kurzen zur Verfügung stehenden Zeit überhaupt etwas zustande bringen. Und unter dieser Prämisse ist Mazzolà eine geschickte Verknappung und dramatisch wirkungsvolle Steigerung gelungen, die Mozart zu einigen seiner besten Musikstücke inspirieren konnte – zu Musik*sätzen* allerdings, ohne daß diese Oper als Ganzes befriedigen kann.

Vielleicht liegt dies auch daran, daß Mozart hier nicht die geringste Chance hatte, den Zeitgeist musiktheatralisch einzufangen. Wenn man *La clemenza di Tito* mit seinen anderen Werken für das Musiktheater aus den Wiener Jahren vergleicht, bleibt diese Oper anachronistisch, nicht nur wegen der abgelebten höfischen Opera seria, die für diesen Krönungsanlaß wieder ausgegraben wurde (wann hätte sich Mozart je von Gattungsgesetzen in Fesseln legen lassen?), sondern wegen dieser Opernhandlung – sowohl im Hinblick auf die Person des neugekrönten Herrschers als auch auf die Zeitumstände dieser Krönung. Leopold II. war schließlich kein junger Mann, kein unbeschriebenes Blatt, das da auf den Thron gelangte und dem man Mahnungen und Bitten um eine gerechte und milde Regierung mit auf den Weg geben mußte, sondern er hatte eine fünfundzwanzigjährige Herrschaftszeit hinter sich, in der er aus der Toskana einen in ganz Europa bewunderten Musterstaat gemacht hatte. Der römische Titus konnte für Leopold II. kein Vorbild mehr sein. Allein das toskanische Strafgesetzbuch und seine staatsrechtlichen Implikate wogen weitaus mehr als die »clemenza« des Titus. Diesen römischen Kaiser konnte man einem absoluten Monarchen und seinem Herrscherstolz vielleicht als einen Spiegel vorhalten, nicht aber jenem Fürsten, der aus intellektueller Einsicht (nicht auf Druck von unten) den Übergang zu einem konstitutionellen Staat vorbereitete. Leopold II. war eine höchst realitätsorientierte Persönlichkeit mit einem genauen Blick für politische Notwendigkeiten. Ihm diese erdenferne Idealgestalt des Titus vorzuhalten war kein Zeichen besonderer Delikatesse.

Domenico Guardasoni, dem kaum Zeit blieb, eine Krönungsoper auf die Beine zu stellen, mag sich gesagt haben: dieses Stück von Metastasio ist seit jeher erfolgreich gewesen, es wurde schon um die sechzigmal vertont, mag es also auch hier seinen Zweck erfüllen, zumal wenn Mozart die Musik schreibt. Aber in Zeiten der Französischen Revolution, des neuerlichen Abfalls der habsburgischen Niederlande, des offenen Separatismus in Ungarn war diese Form der Herrschermahnung und des Herrscherlobs einfach unangemessen. Und als das Stück in Prag dann doch beklatscht und bejubelt wurde, am Ende der Aufführungsserie und nicht mehr im Krönungszusammenhang, da geschah dies von den musikalischen Kennern, den Freunden Mozarts und scheint vor allem der Musik gegolten zu haben, nicht aber der Oper insgesamt, wie es etwa bei *Figaro* oder *Don Giovanni* gewesen war. Die Kritik geht auf das Libretto auch kaum ein.

Interessanterweise hat aber gerade diese Mozart-Oper am Beginn des 19. Jahrhunderts den größten Erfolg gehabt und ist damals wohl mit am meisten gespielt worden, während die Aufführungszahl in der zweiten Hälfte des 19. Jahrhunderts deutlich nachläßt, bis *Tito* zu den besonders selten gespielten Mozart-Opern gezählt werden mußte. Erst jetzt, seit den siebziger Jahren, ist eine Neuentdeckung zu beobachten[26].

»Was mich aber am meisten freuet, ist der stille Beifall«

Lange konnte Mozart in Prag nicht bleiben, schon Mitte September fuhr er mit seiner Frau nach Wien zurück, denn dort stand die erste Aufführung der *Zauberflöte* an. Emanuel Schikaneder hatte inzwischen die aufwendigen Dekorationen anfertigen lassen, die ihn 5000 Gulden gekostet haben sollen. Mozart hatte noch die Ouvertüre und den Priestermarsch zu komponieren und vor allem die Proben zu überwachen. Am 30. September dirigierte er die Premiere, die Schwester von Konstanze Mozart, Josepha Hofer, sang die Königin der Nacht, eine Rolle, die sie über zehn Jahre am Schikanederschen Theater verkörperte. Der Erfolg der Oper war von Anfang an groß, wurde sie doch schon im Oktober fast täglich gegeben. Eine Bemerkung aus dem Berliner *Musikalischen Wochenblatt* geht wohl an den Tatsachen vorbei, wenn es heißt:

»Die neue Maschienenkomödie: *Die Zauberflöte,* mit Musik von unserm Kapellmeister *Mozard,* die mit grossen Kosten und vieler Pracht in den Dekorationen gegeben wird, findet den gehoften Beifall nicht, weil der Inhalt und die Sprache des Stücks gar zu schlecht sind.«[27]

Offensichtlich handelt es sich dabei eher um die persönliche Meinung des Verfassers, der mit der Tradition des Wiener Volkstheaters nicht viel anzufangen wußte. Denn Mozart äußert sich über den Erfolg höchst zufrieden. Schon von der Premiere heißt es, daß »meine neue Oper mit so vielen beifall zum erstenmale aufgeführt wurde«, und am 7. Oktober:

»Eben komme ich von der Oper; – Sie war eben so voll wie allzeit. – das Duetto *Mann* und *Weib* etc: und das Glöckchen Spiel im ersten Ackt wurde wie gewöhnlich wiederhollet – auch im 2:^{t} Ackt das knaben Terzett – was mich aber am meisten freuet, ist, der *Stille beifall!* – man sieht recht wie sehr und immer mehr diese Oper steigt.«

Einen Tag später heißt es: »die Oper ist, obwohl sammstag allzeit, wegen Postag ein schlechter Tag ist, mit ganz vollem Theater mit dem gewöhnlichen beifall und repetitionen aufgeführt worden; –« Allerdings hatte Mozart wohl die Befürchtung, daß mehr die Schaulust befriedigt werden könnte – Schikaneders spektakelhafte Inszenierung – und ein wirkliches Verständnis von Inhalt *und* Musik zu kurz käme. Dies meint »der stille Beifall« von Kennern und Liebhabern, denen über dem beeindruckenden Schaugepränge die feinen Einzelheiten nicht entgehen. Und für das musikalische Verständnis einer Oper ist Textverständnis erstes Erfordernis, auch wenn die Opernpraxis dem bis heute oft genug wenig entgegenkommt. Aus Mozarts Berichten über Opernbesuche geht hervor, wie wichtig ihm selbst noch gesprochene Partien waren. Über einen nicht identifizierbaren Besucher schreibt Mozart:

»aber Er, der allwissende, zeigte so sehr den *bayern,* daß ich nicht bleiben konnte, oder ich hätte ihn einen Esel heissen müssen; – Unglückseeligerweise war ich eben drinnen als der 2:^{te} Ackt anfing, folglich bey der feyerlichen Scene. – er belachte alles; anfangs hatte ich gedult genug ihn auf einige Reden aufmerksam machen zu wollen, allein – er belachte alles; – da wards mir nun zu viel – ich hiess ihn *Papageno,* und gieng fort – ich glaube aber nicht daß es der dalk verstanden hat. –« (8. Oktober 1791)

Mozart war in den ersten beiden Wochen wohl fast täglich in der Oper, oft begleitete er Freunde und Musikerkollegen. Auch Antonio Salieri führte Mozart höchstpersönlich zu seinem neuen Werk und konnte sich an dessen überschwenglichem Beifall freuen.

»um 6 Uhr hohlte ich Salieri und den Cavalieri mit den Wagen ab, und führte sie in die Loge – dann gieng ich geschwind die Mama und den Carl abzuhohlen, welche unterdessen bey Hofer gelassen habe. Du kannst nicht glauben, wie artig beide waren, – wie sehr ihnen nicht nur meine Musick, sondern das Buch und alles zusammen gefiel. – Sie sagten beide ein *Opera,* – würdig bey der größten festivität vor dem größten Monarchen aufzuführen, – und Sie würden sie gewis sehr oft sehen, den sie haben noch kein schöneres und angenehmeres Spectacel gesehen. – Er hörte und sah mit aller Aufmerksamkeit und von der Sinfonie bis zum letzten Chor, war kein Stück, welches ihm nicht ein bravo oder bello entlockte, und sie konnten fast nicht fertig werden, sich über diese Gefälligkeit bei mir zu bedanken Sie waren allzeit gesinnt gestern in die Oper zu gehen. Sie hatten aber um 4 Uhr schon hinein sitzen müssen – da sahen und hörten Sie aber mit Ruhe. – Nach dem Theater ließ ich sie nach Hause führen, und ich supirte mit Carl bei Hofer. –« (14. Oktober 1791; Hofer hatte seine Wohnung im Theater.)

Auch daß man schon drei Stunden vor Beginn erscheinen mußte, um einigermaßen gute Plätze zu bekommen, spricht für einen beispiellosen Erfolg.

Leider gibt es in dieser Zeit noch keine regelmäßige Theaterkritik, die Aufschlüsse geben könnte über das zeitgenössische Verständnis dieses Werkes, das wie kein anderes die heterogensten Elemente vereint, sich aus den verschiedenartigsten Quellen speist und bis heute zu den entgegengesetztesten Deutungen Anlaß gibt. In den frühen Aufführungen bis zum Beginn des 19. Jahrhunderts scheint die wörtliche Befolgung der Regieanweisungen noch die Regel gewesen zu sein und einer idealistischen Verengung entgegengewirkt zu haben. So wurde Sarastro tatsächlich noch auf einem von Löwen gezogenen Wagen auf die Bühne gefahren, und die wilden Tiere wurden leibhaftig dargestellt. So schreibt Frau Rat Goethe von einer Frankfurter Aufführung an ihren Sohn:

»Neues gibts hir nichts, als daß die Zauberflöte 18 mahl ist gegeben worden – und daß das Haus immer geproft voll war – kein Mensch will von sich sagen laßen – er hätte sie nicht gesehn – alle Handwercker – gärtner – ja gar die Sachsenhäußer – deren Ihre Jungen die Affen und Löwen machen gehen hinein so ein Specktackel hat mann hir noch nicht erlebt – das Hauß muß jedesmahl schon vor 4 uhr auf seyn – und mit alledem müßen immer einige hunderte wieder zurück die keinen Platz bekommen können – das hat Geld eingetragen! Der König hat vor die 3 mahl als Er das letzte mahl hir war, und nur die einzige kleine Loge von Willmer innehatte 100 Carolin [1 100 Gulden] bezahlt.«[28]

Die Komplexität des Werkes wird durch die strikte Befolgung der

Szenenanweisungen eher noch unterstrichen. Auf diese Weise war es auch möglich, die *Zauberflöte* als Allegorie auf die Französische Revolution zu verstehen. Dabei ist nicht entscheidend, ob Mozart und Schikaneder selbst an eine solche Interpretation gedacht haben (für oder gegen die Jakobiner), sondern daß sie von den Zeitgenossen ohne große Mühe gesehen wurde. Eine projakobinische Deutung wird zum erstenmal 1794 schriftlich verbreitet. Danach sind die Personen des Stückes so zu begreifen:

»Die Königin der Nacht	Die vorige Regierung
Pamina, ihre Tochter	Die Freyheit, welche immer eine Tochter des Despotismus ist
Tamino	Das Volk
Die drey Nymphen der Königin der Nacht	Die Deputirten der drey Stände
Sarastro	Die Weisheit einer bessern Gesetzgebung
Die Priester des Sarastro	Die Nationalversammlung
Papageno	Die Reichen
Eine Alte	Die Gleichheit
Monostatos, der Mohr	Die Emigranten
Sclaven	Die Diener und Söldner der Emigranten
Drey gute Genien	Klugheit, Gerechtigkeit und Vaterlandsliebe, welche Tamino leiten

Die Idee, die diesem Stücke zum Grunde liegt, ist: Die Befreyung des französischen Volkes aus den Händen des alten Despotismus durch die Weisheit einer bessern Gesetzgebung.«[29]

Ohne die große Popularität, die *Die Zauberflöte* innerhalb weniger Jahre erreicht hatte, wäre eine solche Unterschiebung ihres geheimen Sinnes kaum vorgenommen worden. Bei dieser – auch propagandistisch zu verstehenden – Interpretation blieb es jedoch nicht, es folgten auch neue Textunterlegungen auf so bekannte Melodien wie »Der Vogelfänger bin ich ja«. So dichtete der Mainzer Jakobiner Friedrich Lehne hierauf:

Theaterzettel zur Uraufführung der »Zauberflöte« (1791). Im Personenverzeichnis werden die drei Sklaven namentlich genannt, nicht jedoch die drei Knaben

»Was mich aber am meisten freuet, ist der stille Beifall«

Heute Freytag den 30ten September 1791.

Werden die Schauspieler in dem kaiserl. königl. privil. Theater auf der Wieden die Ehre haben aufzuführen

Zum Erstenmale:
Die Zauberflöte.

Eine grosse Oper in 2 Akten, von Emanuel Schikaneder.

Personen.

Sarastro.	Hr. Gerl.
Tamino.	Hr. Schack.
Sprecher.	Hr. Winter.
Erster)	Hr. Schikaneder der ältere.
Zweiter) Priester.	Hr. Kistler.
Dritter)	Hr. Moll.
Königin der Nacht.	Mad. Hofer.
Pamina ihre Tochter.	Mlle. Gottlieb.
Erste)	Mlle. Klöpfer.
Zweite) Dame.	Mlle. Hofmann.
Dritte)	Mad. Schack.
Papageno.	Hr. Schikaneder der jüngere.
Ein altes Weib.	Mad. Gerl.
Monostatos ein Mohr.	Hr. Nouseul.
Erster)	Hr. Giesche.
Zweiter) Sklav.	Hr. Frasel.
Dritter)	Hr. Starke.
Priester, Sklaven, Gefolge.	

Die Musik ist von Herrn Wolfgang Amade Mozart, Kapellmeister, und wirklicher K. K. Kammerkompositeur. Herr Mozart wird aus Hochachtung für ein gnädiges und verehrungswürdiges Publikum, und aus Freundschaft gegen den Verfasser des Stücks, das Orchester heute selbst dirigiren.

Die Bücher von der Oper, die mit zwey Kupferstichen versehen sind, wo Herr Schikaneder in der Rolle als Papageno nach wahrem Kostum gestochen ist, werden bei der Theater-Kassa vor 30 kr. verkauft.

Herr Gayl Theatermahler und Herr Nesslthaler als Dekorateur schmeicheln sich nach den vorgeschriebenen Plan des Stücks, mit möglichsten Künstlersfleiß gearbeitet zu haben.

Die Eintrittspreise sind wie gewöhnlich.

 **Der Anfang ist um 7 Uhr.**

»Ich bin ein treuer Untertan,
Was geht mich Recht und Freiheit an!
Ich lobe mir den edlen Hund;
Sein Herr schlägt ihm den Rücken wund,
Doch kriecht er wedelnd zu ihm hin
Und wedelt leis und lecket ihn.
  Wohl jedem, der es sagen kann:
    Ich bin ein treuer Untertan!
[...]

Der Adel schwelgt von meinem Brot,
Doch stürb' ich auch den Hungertod,
So gäb ich doch den süßen Herrn
Sogar den letzten Bissen gern;
Sie tragen ja für's Vaterland
Ihr Kreuz und Stern und Ordensband.
  Wohl jedem etc.

Ich kenne zwar den Fürsten nicht,
Man sagt, er sei ein armer Wicht,
Er schwelge wie ein Großsultan
Und hänge feilen Dirnen an.
Wenn er mich auch mit Hunden hetzt,
So ist er doch von Gott gesetzt.
  Wohl jedem etc.«[30]

Freilich ließ jene Fraktion von Antijakobinern, die hinter jeder abweichenden Meinung gleich eine Jakobinerverschwörung witterte und die in genauester Weise mit der ängstlichen Stimmung von Kaiser Franz II. korrespondierte, nicht lange auf sich warten und versuchte nun, *Die Zauberflöte* auf ihre Fahnen zu schreiben. Allerdings klingt dieser Versuch (von Johann Valentin Eybel), der mit Mozart und Schikaneder schwerlich noch irgend etwas gemein hat, recht mühsam und wenig plausibel:

»Nun der Hauptstoff ist dieser: Die Nacht, das ist, die Jakobinerphilosophie gebar eine Tochter, nämlich die Republik, welche sie auch forthin im Reiche der Nacht erziehen wollte und sodann eine jakobinische Verheiratung und Verbindung mit ihr im Antrag hatte. [...] Nun, im ersten Auftritte ist unter dem Namen *Tamino* der Prinz verstanden,

»Was mich aber am meisten freuet, ist der stille Beifall«

Diese Darstellung Papagenos aus dem Textbuch der Uraufführung zeigt vermutlich das hierbei benutzte originale Vogelkleid

welchen Frankreich erhalten und ihrem ledigen Republiksstande ein Ende machen wird. Es droht ihm zwar gleich beim Anfange der Unternehmung die jakobinische Schlange den Untergang. Allein selbst einige von denen, die im Reiche der Nacht sind, aber es mit den Königlichgesinnten halten, erlegen diese Schlange. Sodann kömmt im zweiten Auftritte der *Papageno* oder jakobinische Vogelfänger, der die Leute in den Jakobinerklub locken, in den Nationalkäfig einsperren und sie dergestalt der Nacht überliefern muß.«

So geht das seitenlang fort. Von Sarastro heißt es, daß er »die wider die Jakobiner vereinigte Macht vorstellet. [...] Unter den Eingeweihten verstand ich hauptsächlich die Gesalbten, die Könige anderer Länder und alle die, die sich dem Dienste dieser Könige geweihet haben [...].«[31]

Das Merkwürdige ist, daß in den ersten Jahren die freimaurerische Deutung der *Zauberflöte* noch kaum eine Rolle spielte. Nicht als habe man den Zusammenhang mit dem Logenwesen nicht gesehen. Ganz im Gegenteil: Freimaurerei galt nicht als etwas so Mysteriös-Geheimnisvolles, sie war in bürgerlichen und adligen Kreisen nichts Ungewöhnliches; Logenabzeichen wurden in aller Öffentlichkeit getragen, und freimaurerische Symbole waren als Damenschmuck, als Stickerei auf Taschentüchern, als dekorative Verzierung weit verbreitet. Die Freimaurerei war im öffentlichen Bewußtsein so deutlich, daß niemand in der *Zauberflöte* irgendeinen Logenverrat erkennen konnte. (Und in der Tat werden in ihr ja keinerlei Logengeheimnisse vor Unbefugten ausgebreitet!) Daß die Bestrebungen der Freimaurerei allerdings mit Menschenrechten, kurz gesagt: mit Freiheit, Gleichheit, Brüderlichkeit im Gleichklang standen, war ebensowenig Geheimnis. Nur waren die Freimaurer deswegen noch lange keine Revolutionäre und wurden auch nicht als solche angesehen. Dessenungeachtet waren viele von denen, die die Ziele der Französischen Revolution begrüßten – und diese reichten bis weit in den Adel hinein –, zugleich Logenmitglieder. Insofern lag eine Deutung der *Zauberflöte* als Allegorie der Französischen Revolution näher als der Versuch, freimaurerische Symbole zu entschlüsseln. Letzteres gehört erst einer Zeit an, als das Logenwesen im Gefolge von Reaktion und Restauration aus dem öffentlichen Bewußtsein verschwand, verboten und verfolgt wurde und meistenorts sich nicht mehr halten konnte.

Ein anonymer Auftrag

Konstanze Mozart war nach der Premiere der *Zauberflöte* noch einmal für zehn Tage zur Kur nach Baden gefahren, offensichtlich mehr auf Drängen Mozarts, dem dennoch schon nach einem Tag die Zeit lang wurde. Am liebsten wäre er mitgefahren, aber ihm fehlte in Baden die Bequemlichkeit zum Arbeiten. Mindestens seit März schon war Mozart mit Aufträgen eingedeckt. Neben den beiden Opern war noch eine Reihe kleinerer Gelegenheitswerke entstanden, schließlich wie nebenbei das *Klarinettenkonzert*. Jetzt war er schon wieder mit einem Auftragswerk beschäftigt, für das er bereits eine hohe Anzahlung bekommen hatte: das *Requiem*.

Kein Detail aus Mozarts Leben ist so oft erzählt und ausgeschmückt worden wie die Erteilung dieses Auftrags durch einen Unbekannten. Nur ist diesmal nichts Legende, alles mag sich so zugetragen haben, wie es schon Mozarts erster Biograph Franz Xaver Niemetschek erzählt. Nur die Kostümierung ist Zutat, der lange Umhang, der zum Begriff gewordene Name des Überbringers als »Der graue Bote«. Aber gerade von diesem romantischen Beiwerk ist Niemetscheks Bericht noch frei:

»Kurz vor der Krönungszeit des Kaisers Leopold, bevor noch Mozart den Auftrag erhielt nach Prag zu reisen, wurde ihm ein Brief ohne Unterschrift von einem unbekannten Bothen übergeben, der nebst mehreren schmeichelhaften Aeusserungen die Anfrage enthielt, ob Mozart eine Seelenmesse zu schreiben übernehmen wollte? um welchen Preis und binnen welcher Zeit er sie liefern könnte?

Mozart der ohne das Mitwissen seiner Gattin nicht den geringsten Schritt zu thun pflegte, erzählte ihr den sonderbaren Auftrag, und äußerte zugleich sein Verlangen sich in dieser Gattung auch einmal zu versuchen, um so mehr, da der höhere pathetische Stil der Kirchenmusik immer sehr nach seinem Genie war. Sie rieth ihm den Auftrag anzunehmen. Er schrieb also dem unbekannten Besteller zurück, er würde das Requiem für eine gewisse Belohnung verfertigen; die Zeit der Vollendung könne er nicht genau bestimmen; er wünsche jedoch den Ort zu wissen, wohin er das Werk, wenn es fertig seyn würde, zu übergeben habe. In kurzer Zeit erschien derselbe Bothe wieder, brachte nicht nur die bedungene Belohnung mit, sondern noch das Versprechen, da er in dem Preise so billig gewesen sey, bey der Absendung des Werkes eine beträchtliche Zugabe zu erhalten. Er sollte übrigens nach der Stimmung und Laune seines

Geistes schreiben, sich aber gar keine Mühe geben, den Besteller zu erfahren, indem es gewiß vergeblich seyn würde.

Mittlerweile bekam Mozart den ehrenvollen und vortheilhaften Antrag für die Prager Krönung des Kaisers Leopold die Opera seria zu schreiben. Nach Prag zu gehen, für seine lieben Böhmen zu schreiben, hatte für ihn zu viel Reiz, als daß er es hätte ausschlagen können!

Eben als Mozart mit seiner Frau in den Reisewagen stieg, stand der Bothe wie ein Geist da, zupfte die Frau an dem Rocke, und fragte: ›Wie wird es nun mit dem Requiem aussehen? –‹

Mozart entschuldigte sich mit der Nothwendigkeit der Reise und der Unmöglichkeit seinem unbekannten Herrn davon Nachricht geben zu können; übrigens würde es seine erste Arbeit bey der Zurückkunft seyn, und es käme nur auf den Unbekannten an, ob er solange warten wolle. Damit war der Bothe gänzlich befriedigt.«[32]

Niemetschek hatte seine Kenntnisse von Konstanze Mozart, hatte darüber hinaus aber »eines der Billetter, die der unbekannte Besteller an Mozart schrieb«, noch selbst gesehen. Geheimnisse sind oft jedoch schwerer zu verbergen, als daß Dinge, die sich in aller Öffentlichkeit abspielen, bekannt werden. Über manches Konzert von Mozart, bei dem vermutlich mehrere hundert Zuhörer anwesend waren, wissen wir kaum, ob es stattgefunden hat, und hier, wo der unbekannte Besteller alles tat, um unentdeckt zu bleiben, scheint sein Inkognito nur ein paar Monate gewährt zu haben.

Der Unbekannte war Franz Graf Walsegg-Stuppach, der im Schloß Stuppach am Semmering wohnte, ein Musikliebhaber, der selbst Flöte und Cello spielte und zweimal wöchentlich bei sich einen Quartettabend hatte. Er soll bei Mozart auch nach dem Preis von Quartetten gefragt haben. Mag sein, daß der Graf die Eigenart hatte, seine Gäste den Komponisten der eben aufgeführten Musik raten zu lassen und die schmeichelhaft geäußerte Vermutung, er selbst sei der Autor, nur mit einem vielsagenden Lächeln zu quittieren, aber nicht zurückzuweisen. Aber dies ist bereits nur Vermutung – die allerdings Allgemeingut geworden ist. Er jedenfalls bestellte das *Requiem,* nachdem seine Frau Anna früh gestorben war, zu ihrem Gedächtnis. Da er in Wien Besitzer eben jenes Hauses auf dem Hohen Markt war, in dem Michael Puchberg wohnte, ist die Vermutung geäußert worden, Puchberg habe als Vermittler gedient, weil er um Mozarts finanzielle Nöte am besten Bescheid gewußt habe. Und auch den Boten des Grafen glaubt man identifiziert zu haben: Es soll sein Gutsverwalter Franz Anton Leitgeb gewesen sein,

Ein anonymer Auftrag

dessen erhaltenes Porträt sich als »unheimlich« deuten ließ... Immerhin verdient angemerkt zu werden, daß der Abbé Maximilian Stadler, ein Bekannter der Mozarts, der später der Witwe mit dem musikalischen Nachlaß half, schon früh den Namen des Unbekannten gewußt haben will:

»Daß Graf Walsegg das Requiem bey Moz. bestellt habe, wußte ich gleich nach Mozart's Tode. Auch des Bestellers Absicht und alles, was man für Geheimniß ausgiebt, ist mir von jeher bekannt... Allein, weil es unschicklich und unerlaubt ist Geheimniße zu entdecken, so erlaubte ich mir nicht einmal den Nahmen des Bestellers bekannt zu machen.«[33]

Auch andere wollen schon früh den Namen des Grafen Walsegg gekannt haben. Konstanze Mozart jedenfalls hatte Ursache, falls sie auch Bescheid wußte, an der Fiktion festzuhalten. Ihr lag daran, dem Unbekannten das *Requiem* zukommen zu lassen, zumal es schon bezahlt war. Daß Mozart es nicht mehr vollenden konnte, machte die Sache schwieriger. So wollte sie es von Mozarts Schüler Joseph Eybler – der ebenso wie Franz Xaver Süßmayr genau über den Fortgang der Komposition von Mozart instruiert war – vollenden lassen. Als dieser den Auftrag aber bereits nach kurzer Zeit an sie zurückgab, vertraute sie das *Requiem* Süßmayr an, der die noch fehlenden Sätze komponierte und die Instrumentation ergänzte. Tatsächlich ist das Werk an den Grafen abgeliefert worden, nachdem zuvor noch Abschriften hergestellt worden waren. Graf Walsegg hat das *Requiem* im Dezember 1793 in Wiener Neustadt aufgeführt, wohl in dem Glauben, es sei zur Gänze Mozarts Werk. Daß Gottfried van Swieten das *Requiem* schon elf Monate früher in Wien aufführen ließ, sollte er nicht erfahren haben? Selbst in den Zeitungen konnte man über diese Aufführung lesen:

»Mozart, der sich in der Musik einen unsterblichen Namen gemacht hat, hinterließ eine Witwe und zwei Waisen in Armut. Viele edle Wohltäter helfen dieser unglücklichen Frau. Vorgestern veranstaltete Baron Swieten zum Gedächtnis Mozarts an einem öffentlichen Orte eine Konzert mit gesungener Trauer-Musik. Die Witwe bekam als Erlös über 300 Golddukaten.«[34]

Dennoch wäre es später beinahe zu einem Rechtsstreit gekommen, als Konstanze Mozart die Partitur des *Requiems* zum Druck gab. Jetzt meldete sich Graf Walsegg über einen Rechtsanwalt als Eigentümer und konnte nur über einen Vergleich befriedet werden.

Krankheit zum Tode

Am 18. November dirigierte Mozart anläßlich der Eröffnung eines neuen Tempels seiner Loge die *Kleine Freimaurerkantate* (KV 623), deren Komposition er drei Tage zuvor abgeschlossen hatte. Es sollte die letzte Eintragung in sein eigenhändiges Werkverzeichnis sein. Zwei Tage später legte er sich krank zu Bett. Zwischen dem 18. und 20. November waren die ersten kräftigen Herbststürme mit verhältnismäßig warmen Südwinden um 12 bis 14 Grad Celsius aufgekommen, dann stieg das Barometer wieder. Nach einigen Tagen scheint Mozart sich etwas besser gefühlt zu haben, aber das blieb nur von kurzer Dauer. Georg Nikolaus von Nissen, der seine Informationen von Konstanze Mozart hatte, schreibt:

»Seine Todeskrankheit, wo er bettlägerig wurde, währte 15 Tage. Sie begann mit Geschwulst an Händen und Füssen und einer beynahe gänzlichen Unbeweglichkeit: derselben [...]«[35]

Dieser rheumatische Schub muß äußerst schmerzhaft gewesen sein. Sophie Weber, Mozarts Schwägerin, berichtet von einem »Nacht Leibel, welche Er Vorwärts anziehen könte weil er sich vermög geschwulst nicht trehen könte«, und von einem »Watirten Schlaf Rock |: wozu uns zwar zu allem das Zeig seine gute Frau meine Liebste Schwester gab :| daß wen Er auf stehete er gut Versorgt sein mögte. und so Besuchten wir jhn fleisig er zeigte auch eine Herzliche freude an dem Schlafrok zu haben. ich ging alle Täge in die Stadt jhn zu besuchen«[36].

Ob Mozart freilich noch aufstehen konnte, ist sehr zweifelhaft. Von solcher Besserung ist nirgends die Rede. Erst recht muß bezweifelt werden, daß er während seiner Bettlägerigkeit noch *eigenhändig* komponiert habe. Sicher waren seine beiden Schüler Joseph Eybler und Franz Xaver Süßmayr oft da, und dabei wurde auch am *Requiem* gearbeitet. Das wird auch von der Schwägerin bestätigt. Die Eigenhändigkeit Mozarts müßte sich aber im Schriftbild des Mozartschen Autographs zeigen, zumal entzündliche Gelenkschwellungen und Versteifungen sich in einer deutlich zittrigen Schrift ausdrücken. Davon ist jedoch nichts zu finden. Aber Komponieren besteht nicht nur im Malen von Notenköpfen, und Süßmayr berichtet ja selbst von den genauen Anweisungen, die er für die Weiterarbeit erhielt. Andererseits wird man daran denken müssen, daß die Behandlung seiner Krankheit mit Aderlässen, Brechmitteln und kalten Umschlägen nur zu kurzen Zeiten eine produktive Beschäftigung mit dem *Requiem* erlaubte. Der eigentliche Krankheitsverlauf dieser letzten 15 Tage ist nicht genau rekonstruierbar. Der Hausarzt Dr. Thomas Franz Closset wird oft vorbeigekommen sein, gelegentlich auch sein Kollege vom allgemeinen Krankenhaus, Dr. Mathias von Sallaba. Beide haben sich über Mozarts Krankheit besprochen; ob auch ein förmliches Konsilium abgehalten wurde, wie es eine besonders fragwürdige Quelle darstellt, stehe dahin[37].

Die authentischste Quelle über Mozarts Sterben scheint der Bericht seiner Schwägerin Sophie Haibel (geb. Weber) zu sein, den diese 1825 wohl für die Vorbereitung von Nissens *Biographie* schrieb; ihr ist um so mehr zu trauen, als sie die einzige dabei Anwesende war, die ihre Erinnerungen selbst aufgezeichnet hat.

»Ach Gott wie Erschrak ich nicht als mir meine halb Verzweiflende, und doch sich Modoriren wollende Schwester entgegen kam, und sagte Gott Lob Liebe Sophie dass du da bist, heute Nacht ist er so schlecht geweßen, daß ich schon dachte er erlebt diesen Tag nicht mehr, bleibe doch nur heute bey mir den wen er heute wieder so wird so Stirbt er auch diese Nacht, gehe doch einwenig zu jhm, waß er macht, ich suchte mich zu faßen, u ging an sein bette, wo Er mir gleich zu rüffte, ach gut Liebe Sophie daß Sie da sind, Sie müßen heute Nacht da bleiben, Sie müßen mich Sterben sehen, ich suchte mich stark zu machen, u jhm es aus zu reden allein er erwiederte mir auf alles, ich habe ia schon den Todten scheschmack [Geschmack] auf der Zunge, und wer wird den meiner Liebsten Constance beystehen wen Sie nicht hier blieben, ia Lieber M: ich muß nur noch zu unserer Mutter gehen, und jhr sagen, dass Sie mich heute gerne bey sich hätten sonst gedenkt sie es seie ein Unglück geschehen, ia daß tuhen sie aber komen Sie ia balt wieder – Gott wie war mir dazu Muthe, die arme Schwester ging mir nach und bat mich um Gottes willen zu denen geistlichen bey St. Peter zu gehen, und Geistlichen zu bitten, Er mögte komen so wie Von Ungefehr, dis dat ich auch allein |: Sant peters wollte ich schreiben :| Selbe weigerten sich Lange, und ich hätte Vile Mihe einen solgen Geistligen Unmenschen dazu zubewegen – – – Nun Lief ich zu der mich ängstVoll erwardenden Mutter es war schon finster, wie Erschrak die Arme, ich beredetete Selbe, zu der Ältesten Tochter der Seeligen Hofer über Nacht zu gehen welches auch geschah, und ich Lief wieder was ich Konte zu meiner Trost Loßen Schwester, da war der Sissmaier bey M: am Bette dan Lag auf der Deke das Bekante Requem und M: Explicirte jhm wie seine Meinung seie daß er es Nach seinem Todte Vollenden sollte. ferner Trug er seiner Frau auf seinen Todt geheim zu halten, bis sie nicht Vor Tag Albregtsberger davon benachrichtig hätte den diesem gehörte der Dienst vor Gott u der Weldt. Glosett der Docter wurde Lange gesucht, auch im Theater gefunden allein Er muste daß Ende der Pieße abwarten – dan kam Er und Verordnete jhm noch *Kalte* Umschlage über seinen Glühenden Kopfe welche jhn auch so erschitterten, daß Er nicht mehr zu sich Kam bis er nicht Verschieden, sein Leztes war noch wie Er mit dem Munde die Paucken, in seinem Requem aus Trüken wolte, daß höre ich noch iez, Nun kam gleich Muller aus dem Kunst Cabinett, und Trückte sein Bleiges erstorbenes Gesicht in Gibs ab, Wie Kranzen Loß Elend seine Treue Gattin sich auf jhre Knihe warf und den AllMachtigen um seinen Beystand anrüfft, ist mir liebster Bruder unmöglich zu beschreiben, sie konte sich nicht Von jhm trennen so sehr ich sie auch bath, wen jhr Schmerz noch zu Vermehren geweßen wäre, so müste er dadurch Vermehret worden sein daß den Tag auf die schauervolle Nacht, die Menschen scharen weiß Vorbey gingen u Laut um jhn weinten, und schrien.«[38]

Daß an Mozarts letztem Tag noch eine *Requiem*-Probe an seinem Bett stattgefunden habe, ist offenbar eine romantische Ausschmükkung, die zudem auf eine nur indirekt überlieferte mündliche Quelle zurückgeht. Obschon sie ganz offensichtlich nicht zu vereinbaren ist mit Sophie Haibels Bericht, fehlt diese Anekdote in keiner Mozart-Biographie. Wenn sie überhaupt etwas Wahres enthält, so kann sie nur für einen früheren Zeitpunkt der Krankheit mit relativer Besserung gelten:

»Selbst an dem Vorabende seines Todes liess er sich die Partitur des *Requiem* noch zum Bette hinbringen und sang (es war zwey Uhr Nachmittags) selbst noch die Altstimme; Schack, der Hausfreund, sang, wie er es denn vorher immer pflegte, die Sopranpartie, Hofer, Mozart's Schwager, den Tenor, Gerle, später Bassist beym Mannheimertheater, den Bass. Sie waren bey den ersten Takten des Lacrimosa, als Mozart heftig zu weinen anfing, die Partitur bey Seite legte, und eilf Stunden später um ein Uhr Nachts, verschied [...].«[39]

Konstanze Mozart war über diesen unerwarteten Verlust so verzweifelt und aufgelöst, daß man sie und die beiden Kinder bald aus der Wohnung fort und bei Freunden unterbrachte. Das jüngste Kind war noch kein halbes Jahr alt, der ältere Sohn bereits sieben. Die Kraft, an der Einsegnungsfeier im Stephansdom teilzunehmen, brachte sie nicht auf, vielleicht hat man sie auch davon abgehalten. Von der Nachwelt ist ihr dies nie verziehen worden, als habe irgend jemand ein Anrecht, in öffentlicher Trauerfeier den Abschiedsschmerz der Witwe beobachten zu dürfen[40]. Am Tag seines Begräbnisses konnte man in der *Wiener Zeitung* folgenden Nachruf lesen:

»In der Nacht vom 4. zum 5. d. M. verstarb allhier der K. K. Hofkammerkompositor Wolfgang *Mozart*. Von seiner Kindheit an durch das seltenste musikalische Talent schon in ganz *Europa* bekannt, hatte er durch die glückliche Entwickelung seiner ausgezeichneten Natursgaben und durch die beharrlichste Verwendung die Stufe der größten Meister erstiegen; davon zeugen seine allgemein beliebten und bewunderten Werke, und diese geben das Maß des unersetzlichen Verlustes, den die edle Tonkunst durch seinen Tod erleidet.«[41]

In vielen Zeitungen ganz Europas wurde der Tod Mozarts bekanntgegeben und betrauert – wahrlich kein Zeichen dafür, daß Mozart zum Zeitpunkt seines Todes vergessen und mißachtet worden sei.

Die Todesursache

Unter allen biographischen Umständen Mozarts hat nichts die Nachwelt so beschäftigt wie Tod und Begräbnis. Dabei wurden aus den »Nachforschungen« immer theatralischere Ereignisse herausdestilliert, die den verwöhnten Gaumen des Publikums befriedigen sollen, das sich mit den einfachen historischen Gegebenheiten nicht abfinden mag. So wurden für die Todesursache immer wieder neue medizinische Gründe konstruiert, vor allem aber in immer neuen Variationen die These vom Giftmord hin- und hergewälzt, die für Spekulationen ein weites Feld bietet: Wenn Mozart nämlich vergiftet worden wäre, so wäre sogleich die Frage nach dem Täter und seinem möglichen Motiv zu stellen. Zu welch merkwürdigen Blüten diese interessante Frage führen kann, zeigt folgende Zeitungsmeldung vom 18. Mai 1983:

»London, 17. Mai 1983 (AFP). Wolfgang Amadeus Mozart wurde am 5. Dezember 1791 im Alter von 35 Jahren in Wien vergiftet. Zu diesem Schluß kam eine britische ›Ermittlungskommission‹ nach einem ›Gerichtsspiel‹ im Rahmen der Musikfestspiele im Seebad Brighton. Die auf der Bühne in Szene gesetzten Ermittlungen wurden von zwei hauptberuflichen Richtern und drei Rechtsanwälten geleitet. Die Mehrheit der ›Geschworenen‹ – etwa 250 Zuschauer – war nach dem Verhör der fünf

Hauptverdächtigen – darunter auch Mozarts ›Ehefrau‹ Constanze – der Überzeugung, daß der Musiker ermordet wurde.

Obwohl die Identität des Mörders nicht genau geklärt werden konnte, neigte das ›Gericht‹ zu der Ansicht, daß Franz Hofdemel, der eifersüchtige Ehemann einer Schülerin Mozarts, der Täter war. Er hat nach dem Tod des Meisters Selbstmord verübt. Der Mordverdacht kam hauptsächlich durch die heimliche Beerdigung Mozarts auf. Seine Frau Constanze, die später einen Diplomaten heiratete, soll nie sein Grab besucht haben. Richter Michael Hutchinson, der das Gerichtsspiel leitete, meinte, im ›Fall Mozart‹ müsse eine ›Mordanklage gegen Unbekannt‹ in Erwägung gezogen werden.«[42]

Die These vom Giftmord kann sich kaum auf authentische Dokumente stützen. Im wesentlichen sind es nur drei Hinweise. Zuerst ein Korrespondentenbericht aus Prag im *Musikalischen Wochenblatt,* das Ende Dezember 1791 in Berlin erschien. Da heißt es:

»Mozart ist – todt. Er kam von Prag kränklich heim, siechte seitdem immer: man hielt ihn für wassersüchtig, und er starb zu Wien, Ende voriger Woche. Weil sein Körper nach dem Tode schwoll, glaubt man gar, dass er vergiftet worden.«[43]

An dieser kurzen Notiz stimmt so gut wie nichts, soweit es sich nachprüfen läßt – nicht einmal der Wochentag, denn Mozart starb an einem Montag. Daß er seit Prag »immer siechte«, ist sicher falsch, wie aus den Septemberbriefen an seine Frau nach Baden hervorgeht, und die medizinischen Hinweise werden von keinem der bei Mozarts Krankheit Anwesenden, auch nicht den Ärzten, bestätigt.

Die zweite Quelle für den Giftmord besteht in der Biographie, die Franz Xaver Niemetschek zuerst 1798 in Prag erscheinen ließ. Sie geht auf Angaben von Mozart-Freunden und Konstanze Mozarts zurück, neigt aber auch zu blumigen Ausschmückungen, die den Keim der Verfälschung in sich bergen. Die entsprechende Stelle lautet so:

»Bey seiner Zurückkunft nach Wien nahm er sogleich seine Seelenmesse vor, und arbeitete mit viel Anstrengung und einem lebhaften Interesse daran: aber seine Unpäßlichkeit nahm sichtbar zu, und stimmte ihn zur düstern Schwermuth. Seine Gattin nahm es mit Betrübniß wahr. Als sie eines Tages mit ihm in den Prater fuhr, um ihm Zerstreuung und Aufmunterung zu verschaffen, und sie da beyde einsamm saßen, fing Mozart an vom Tode zu sprechen, und behauptete, daß er das Requiem für sich setze. Thränen standen dem empfindsamen Manne in den Augen. ›Ich fühle mich zu sehr, sagte er weiter, mit mir dauert es nicht mehr lange: gewiß, man hat mir Gift gegeben! Ich kann mich von diesem Gedanken nicht los winden. –‹ Zentnerschwer fiel diese Rede auf das Herz seiner Frau; sie war kaum im Stande ihn zu trösten, und das Grundlose seiner schwermüthigen Vorstellungen zu beweisen.«[44]

Woher Niemetschek diese Anekdote bekommen hat, ist unbekannt, einen Giftmord beweist sie natürlich in keiner Weise, zumal Konstanze Mozart später nie den Mordverdacht authentisch geäußert hat.

Den dritten Vergiftungshinweis gibt die Geschichte um Antonio Salieri; sie ist die dubioseste und beginnt erst mehr als 30 Jahre nach Mozarts Tod. In der Leipziger *Allgemeinen Musikalischen Zeitung* vom 25. Mai 1825 heißt es in einem Wiener Korrespondentenbericht:

»Unser würdiger Salieri kann – nach dem Volksausdrucke – halt nicht sterben. Der Körper leidet alle Schmerzen der Altersgebrechen, und der Geist ist entflohen. In seiner Phantasiezerrüttung soll er sich wirklich zuweilen selbst als Mitschuldigen an Mozarts frühem Tode anklagen: ein Irrwahn, dem wahrlich niemand Glauben beymisst, als der arme, sinnverwirrte Greis.«[45]

Zu keinem Zeitpunkt hat Salieri sich selbst des Giftmordes beschuldigt, wohl aber das bereits umlaufende Gerücht zurückgewiesen. Ignaz Moscheles, ein Schüler von ihm, der ihn an seinem Krankenlager besuchte, schrieb:

»Das Wiedersehen war ein trauriges; denn sein Anblick schon entsetzte mich, und er sprach mir in abgebrochenen Sätzen von seinem nahebevorstehenden Tode; zuletzt aber mit den Worten: ›Obgleich dies meine letzte Krankheit ist, so kann ich doch auf Treu und Glauben versichern, dass nichts Wahres an dem absurden Gerücht ist. Sie wissen ja, – Mozart, ich soll ihn vergiftet haben. Aber nein, Bosheit, lauter Bosheit, sagen Sie es der Welt, lieber Moscheles; der alte Salieri, der bald stirbt, hat es Ihnen gesagt.‹«[46]

Dieses Dementi hat Salieri nichts genützt. So schrieb schon 1830 Alexander Puschkin an einem Theaterstück über den Giftmörder Salieri, Nikolai Rimski-Korsakow hat daraus später eine kleine Oper gemacht; vor einigen Jahren hat Peter Shaffer – unbeschadet des fehlenden Wahrheitsgehaltes – die eminent theaterwirksame Bedeutung dieses Stoffes erkannt und genial genutzt. Kommt immerhin bei einem solchen Theaterstück, das ja erfolgreich um die ganze Welt läuft, niemand darauf, die Bühnenfiktion für historische Wahrheit zu nehmen, so ist Miloš Formans Filmversion des Stückes trügerischer, zumal wenn »Originalschauplätze« suggeriert werden. Wer diesen Film gesehen hat, mag sich nur ungern eingestehen, daß kein Wort, kein Bild, kein Schauplatz, geschweige die Art und Weise des Benehmens und Verhaltens der Personen dieses Films irgend etwas mit historischer Wahrheit zu tun haben.

Andererseits hat das Gerücht um Salieris Giftmord dessen Freunde alarmiert, den im Sterben liegenden Greis zu verteidigen. Auf diese Weise ist auch ein Gutachten über Mozarts Tod zustande gekommen, dem man die gründlichsten und verläßlichsten Nachrichten von den Mozart behandelnden Ärzten verdankt; zumindest einer von ihnen (Dr. Sallaba) war ein ausgesprochener Spezialist für Vergiftungen, der ein halbes Jahr vor Mozarts Tod erst die Einführung einer Gerichtsmedizin gefordert hatte, also auch den forensischen Hintergrund von Vergiftungen kannte. Und auch Mozarts behandelnder Arzt, Dr. Closset, hatte sich in seinen wissenschaftlichen Arbeiten mit Quecksilberüberdosierungen beschäftigt. Daß also die kompetentesten Ärzte Wiens den Vergiftungsverdacht nicht einmal für erwägenswert hielten, nimmt den ohnehin dürftigen Argumenten ihren Restwert.

Die Frage nach möglichen Tätern und ihrem Motiv fällt noch dürftiger für die Vergiftungsthese aus. Hier ist alles nur noch Kolportage, Vermutung, Spekulation. Bei dem »Gerichtsspiel« in Brighton wurde zum Beispiel vorgebracht, Mozart sei »von seinem Untermieter und Schüler Franz Xaver Süßmayr getötet worden. Süßmayr sei der Liebhaber von Mozarts Frau Constanze gewesen und habe oft mit ihr allein Urlaube verbracht. An Mozarts Todestag habe Süßmayr das Haus verlassen und Constanze nie wieder gesehen. Sie aber habe seinen Namen aus jedem Dokument getilgt.«[47] Süßmayr hat nie im Hause Mozarts gewohnt, war aber sein Schüler und Assistent, der für ihn Noten abgeschrieben hat. Als die hochschwangere Konstanze Mozart im Sommer 1791 in Baden zur Kur weilte, war auch Süßmayr dort und erhielt von Mozart alle paar Tage neue Aufträge. Puritanische Historiker, die schon immer gern Mozarts Frau am Zeug flicken wollten, haben die Vermutung geäußert, der am 26. Juli 1791 geborene Sohn Franz Xaver Wolfgang habe in Wirklichkeit Süßmayr zum Vater gehabt und deshalb auch dessen Vornamen bekommen. Das lohnt die Widerlegung nicht. Jedenfalls hat Konstanze auch später noch Süßmayr gelegentlich gesehen. Seinen Namen hat allerdings ihr späterer Ehemann in Mozarts Briefen gestrichen, wohl weil Mozart allzu scherzhaft mit Süßmayr umgeht, ihn mit derben Späßen grüßen läßt und so weiter.

Und was ist mit Hofdemel, der auch als möglicher Täter genannt wird?

Die Todesursache

Er war ein Logenbekannter Mozarts und ist einmal auch als sein Gläubiger bekannt (April 1789). Die Frau dieses Justizbeamten war möglicherweise eine Klavierschülerin Mozarts. Am Tage nach Mozarts Tod kam es im Hause Hofdemel zu einer heftigen Auseinandersetzung, deren Kern wohl eine Eifersuchtsgeschichte war. Jedenfalls endete die Tragödie mit einem Blutbad, bei dem Hofdemel mit einem Messer auf seine Frau losging und ihr lebensgefährliche Schnitte, unter anderem am Kopf, beibrachte. Er selbst verübte anschließend Selbstmord, ebenso mit dem Messer. Maria Magdalena Hofdemel überlebte diesen Angriff, hat aber über die Hintergründe der Tat stets Stillschweigen bewahrt und ihren Mann in Schutz genommen. Das ist alles, was man über diese Geschichte weiß, aber es genügt offensichtlich bei der »Nähe« zu Mozart, der Spekulation Tür und Tor zu öffnen. Wie eng die Bekanntschaft auch immer gewesen ist, so kann doch jeder kriminalistische Laie schon erkennen, daß Hofdemel als Mörder Mozarts nicht in Frage kommt.

Aber es gibt noch mehr »Täter« – und hier wird es immer abenteuerlicher. Schon im 19. Jahrhundert, später vor allem von Mathilde Ludendorff, wurde behauptet, Mozart sei von den Freimaurern vergiftet worden, aber nicht etwa nur, weil er angeblich in der *Zauberflöte* Logenrituale verraten habe (in dieser verkürzten Version werden Ludendorffs Thesen sogar von ernstzunehmenden Leuten gelegentlich wiedergegeben):

»Die eingeweihten Brüder müssen offenbar, seit der Komponist Logenbruder geworden war, das Ziel gehabt haben, den ahnungslosen, offenherzigen, in aller Welt berühmten Mozart zu unterdrücken und zu demütigen. Er war ihnen viel zu bewußt Deutsch und sprach diese Überzeugung auch unumwunden aus...«[48]

Mathilde Ludendorff, eine der furchtbarsten Rassenfanatikerinnen, will zeigen, »wie sehr es den Logen, in denen Juda und Rom zunächst in den obersten Graden gemeinsam ihre Deutschfeindliche Arbeit taten, gelungen war, das Kulturwerk der Deutschen zu unterdrücken. [...] So wissen wir, daß Mozart erbittert von Rom und Juda schon zu einer Zeit gehaßt war und sein mußte, in der er nur das Antideutschtum der Logen, nicht aber ihre verbrecherischen Mordwege erkannt hatte.«[49] Diese – eigentliche – Argumentation Ludendorffs wird von denen, die ihr mit der These vom Fememord der Freimaurer folgen, dann doch nicht zitiert. Und ebensowenig folgende, ganz ernstgemeinte Schlußfolgerung:

»Selbstverständlich sorgte nun auch die höchstleuchtende Bruderschaft der Loge ›zur Wohltätigkeit‹ in Wien, daß Not und Elend bei

Mozart nicht aufhörten. Alle Einflüsse am Hof und reiche Geldmittel standen ihr wie auch der Loge ›zur neugegründeten [!] Hoffnung‹, der Mozart auch angehörte, zu Gebote. Es war weit schwerer, den berühmten Mann Mozart brotlos zu erhalten, als ihm eine glänzende Laufbahn in Wien zu ermöglichen.«[50]

Die Vergiftungsthese kann also als eindeutig widerlegt gelten, zumal es für sie auch an den körperlichen Erscheinungsformen mangelt, die dabei notwendigerweise auftreten. Gerade die Krankheitsgeschichte Mozarts ist immer wieder Gegenstand medizinhistorischer Untersuchungen gewesen. Auch hier gibt es mehrere Stränge zu verfolgen: Sowohl die Vergiftungsthese wurde verfochten und ihre Wahrscheinlichkeit aus der Krankengeschichte zu untermauern versucht als auch eine – im wesentlichen von Aloys Greither vertretene – Nierenerkrankung als Todesursache angegeben. Die Nierenkrankheit stellt sich dabei als ein Versuch dar, zu einem Krankheitsbild zu kommen, das der Vergiftungsthese zumindest nicht vollkommen widerspricht. Die Urämie, heute mit der Dialyse behandelt, stellt ja eine innere Vergiftung durch Nierenversagen dar, bei der es zu einem »Gift«-Geschmack auf der Zunge kommen kann. Jedoch kann auch dieses Krankheitsbild inzwischen als schlüssig widerlegt betrachtet werden.

Die Todesursache Mozarts kann weitgehend als geklärt angesehen werden, und zwar nicht auf Grund irgendwelcher neuen Dokumentenfunde, sondern durch eine umsichtige Auswertung jener Zeugnisse und Berichte, die alle schon um die Mitte des 19. Jahrhunderts vorlagen und zum Beispiel Otto Jahn für seine große Mozart-Biographie (1856–59) bereits zur Verfügung standen. (Ein gleiches gilt für die Umstände von Mozarts Begräbnis). Bei dem merkwürdigen Interesse an Mozarts Tod und Begräbnis ist es schon verwunderlich, wie lange Spekulationen und Voreingenommenheiten für ein inzwischen liebgewordenes Mozart-Bild vom geheimnisumwitterten Tod und anschließendem Armenbegräbnis wirksam bleiben konnten.

Inzwischen liegt eine mustergültig genaue Untersuchung von Carl Bär vor, der sämtliche vorhandenen Quellen noch einmal diskutiert und medizinhistorisch geprüft hat. Seine weitläufigen Forschungen brauchen hier nicht noch einmal ausgebreitet zu werden, es genügt, ihre Ergebnisse zu referieren. Danach hat Mozart, der schon in seiner Jugend Anfälle von Gelenkrheumatismus hatte, ein rheumatisches Fieber bekommen und ist an den Folgen der Krankheit und der dagegen eingeleiteten Behandlungsmethoden gestorben.

»Zusammenfassend ergibt sich folgendes Krankheitsbild: *Akute fieberhafte Krankheit mit entzündlich geschwollenen Extremitäten, Bewegungsunmöglichkeit infolge starker Schmerzen, Ausschlag, Erbrechen (?), Schweißausbrüche (?), Kopfschmerzen.*«[51]

Nach ausführlicher Diskussion des offiziell als Todesursache angegebenen »hitzigen Frieselfiebers«, und was man darunter unter Berücksichtigung der damaligen medizinischen Kenntnisse zu verstehen habe, kommt Bär schließlich zum Ergebnis:

»Mit den vorstehenden Ausführungen ist es jedenfalls gelungen, auf Grund der Kriterientabelle nach Jones mit zwei Hauptsymptomen und mindestens zwei Nebensymptomen, unter Einbeziehung aller zeitgenössischen Quellen die Diagnose ›rheumatisches Fieber‹ für Mozarts Todeskrankheit zu sichern, wobei der Nachweis von rheumatischen Früherkrankungen von ausschlaggebender Bedeutung war.«[52]

Für seine Todeskrankheit führt Bär als übliche Heilmethode der behandelnden Ärzte Aderlaß an sowie salzige Getränke und anschließende Brechmittel und schweißtreibende Mittel. In diesem Fall sind Aderlaß, Erbrechen (vermutlich auf Grund der Behandlung) und Schweißausbrüche (erschließbar aus dem häufigen Hemdenwechsel) überliefert. Was den Aderlaß angeht, so rechnet Bär »bei Mozart mit größter Wahrscheinlichkeit selbst bei vorsichtiger Schätzung mit einem Blutverlust von gegen zwei Litern«[53] auf Grund der medizinhistorischen Untersuchung üblicher Behandlungsmethoden. Daß damit eine extreme Schwächung des ohnehin nicht mehr widerstandsfähigen fiebernden Körpers verbunden war, liegt auf der Hand. Andererseits hatte man am Ende des 18. Jahrhunderts noch kaum Kenntnisse von den Herzbetroffenheiten bei rheumatischem Fieber, geschweige bei solchen Therapieformen.

»Daß die Aderlässe Mozarts Tod unmittelbar verschuldet haben könnten, ist eine bisher übersehene, aber in erster Linie in Betracht zu ziehende Möglichkeit. Beweisen läßt sich jedoch in dieser Beziehung nichts. Daneben muß offen bleiben, ob nicht die Krankheit selbst oder eine überlagernde Staphylo- oder Streptokokkeninfektion zu einem akuten Herzversagen geführt haben. Damit muß die Erklärung von Mozarts Tod sein Bewenden haben. Jede weitere Präzisierung überschreitet die Forderungen, die man auch für eine Hypothese an die Quellen stellen darf.«[54]

Josephinische Begräbnisordnung

Nicht die historischen Ereignisse ändern sich durch den zeitlichen Abstand von ihnen, sondern die Kenntnisse über sie und ihre Interpretation. Das wird einem besonders deutlich, wenn man an die Legenden denkt, die sich um Mozarts Begräbnis ranken – nicht einmal das Datum war bis vor kurzem gesichert, was zu allerlei Widersprüchen mit den zeitgenössischen Berichten führte. Immer wieder liest man, Mozart sei in einem Armengrab bestattet worden; es gehört fast schon zur Allgemeinbildung. Das Begräbnis im Massengrab sei bei stürmischem und regnerischem Wetter allein durch den Totengräber erfolgt, Mozart sei ohne jeden Zeugen verscharrt worden. Ein Grabkreuz habe man sich gespart und dadurch binnen kurzem nicht mehr gewußt, wo die Grabstelle gelegen sei. Mozart sei eben bei seinem Tod ein bereits mehr oder weniger vergessener Musiker gewesen (obwohl doch allabendlich mit größtem Erfolg die eben erst uraufgeführte *Zauberflöte* im »kaiserl. königl. privil. Theater auf der Wieden« gegeben wurde). Mehr als 170 Jahre haben die zahlreichen Mozart-Biographen an der rührseligen Legende dieses Begräbnisses weitergestrickt, wobei Konstanze Mozart fast immer mit bitteren Vorwürfen bedacht wurde, vermischt mit Urteilen wie: sie habe »vom tiefsten einsamen Innenleben Mozarts zu keiner Zeit ihres Lebens eine Ahnung« gehabt (Arthur Schurig), und ähnlichem. Fast ist man geneigt zu glauben, die Biographen hätten jenes Mozart-Bild zusammengezimmert, das die Leser wünschten: ein einsames, verkanntes Genie, jung, aber »vollendet« gestorben, im Massengrab verscharrt, weil niemand seine Bedeutung erkannte – und der Leser solcher Rührstücke fühlt sich erhoben, weil er Mozart zu würdigen weiß, für Mozart schwärmt, seine Musik liebt (wenn er sie kennt) und mit dem einsamen Helden mitleidet. Konstanze Mozart wird dann teils beneidet, weil sie an der Seite dieses »Genies« leben durfte, teils aber auch verachtet, weil sie nicht fähig gewesen sei, »des Gatten Größe zu ermessen« (Erich Schenk). Wer Trauer an der Lautstärke des Wehklagens mißt und an dem Aufwand für das Begräbnis, wird Konstanze Mozart freilich verurteilen müssen. Verstehen kann man aber nur, wenn man die damals üblichen Gebräuche zur Kenntnis nimmt, den Umgang mit Toten in der josephinischen Zeit, die amtlichen Vorschriften.

Zu den umstrittensten Reformen Kaiser Josephs II. gehörte zweifellos die Begräbnisordnung vom 23. August 1784. Wie bei seinen meisten

Reformen sind auch hier die Motive und Überlegungen, die ihnen zugrunde lagen, leicht einsehbar – ob man sie teilt oder nicht. Allein sie sind zu »vernünftig« gewesen und verletzten allzu offenkundig überlieferte Gebräuche, Anschauungen und Gefühle, die im Begräbniszeremoniell einen ausgeprägten Ausdruck finden. Der hygienische Hintergrund dieser Reform, die durchaus als gesundheitspolitische Maßnahme zu verstehen war, vermischt sich in unnötiger Weise mit Josephs II. ökonomischem Puritanismus, den er als erster Lehrmeister der Nation allen Bewohnern seiner Länder aufzwingen wollte. Dabei haben seine Vorstellungen von Verschwendungen bei Leichenbegängnissen sowohl volkswirtschaftliche Aspekte als auch fürsorgliche zur Vermeidung hoher finanzieller Aufwendungen der Familienhaushalte einer Bevölkerung, die insgesamt als eher arm anzusehen war. Denn daß die Begräbnisordnung für Standespersonen nicht galt, versteht sich von selbst und bedurfte nicht geschriebener Ausnahmeregelungen. Hatten doch diese (und zum Teil auch das vermögende Bürgertum) eigene Familiengrüfte.

Joseph II., in seiner persönlichen Lebensweise und seinem Verhalten zur Bevölkerung sicher der bürgernächste und am wenigsten auf Distanz bedachte der österreichischen Herrscher, war zugleich absolut taub und blind für die Denk- und Fühlweisen seiner Untertanen. Sie hatten auch keinen Platz in seinen Vorstellungen von der Herrschaft der Vernunft. Er war gewiß kein Despot der Willkür, wie manche seiner Herrscherkollegen auf anderen europäischen Thronen, als Despot der Vernunft übertraf er aber sicher noch den nicht minder vernunftbewußten preußischen König Friedrich II.

Zur Begräbnisordnung hatte Joseph II. am 23. August 1784 ein »Hofdekret in geistlichen und Polizeysachen« mit folgendem Wortlaut erlassen:

»Von nun an sollen alle Gruften, Kirchhöfe oder sogenannte Gottesäcker, die sich inner dem Umfange der Ortschaften befinden, geschlossen, und anstatt solcher die ausser den Ortschaften in einer angemessenen Entfernung ausgewählt werden.

2. Sollen alle und jede Leichen wie bisher so auch künftighin von ihrem Sterbehause aus nach der letztwilligen Anordnung der Verstorbenen, oder nach Veranstaltung ihrer Angehörigen nach Vorschrift der Stoll- und Konduktsordnung bey Tage oder auf den Abend in die Kirche getragen oder geführet, sodann nach abgesungenen gewöhnlichen Kirchengebetern eingesegnet und beygesetzt, von dannen aus aber hernach

von dem Pfarrer in die ausser den Ortschaften gewählten Freythöfe zur Eingrabung ohne Gepränge überbracht werden.

3. Zu diesen Freythöfen ist ein der Volksmenge angemessener hinlänglicher Platz zu wählen, welcher keinem Wasser ausgesetzt, noch sonst von einer solchen Erdengattung ist, daß selber die Fäulung verhinderte. Ist nun dieser Grund ausgesucht, so ist solcher mit einer Mauer zu umfangen, und mit einem Kreuze zu versehen.

4. Da bey der Begrabung kein anderes Absehen seyn kann, als die Verwesung so bald als möglich zu befördern, und solcher nichts hinderlicher ist, als die Eingrabung der Leichen in Todtentruhen: so wird für gegenwärtig geboten, daß alle Leichen in einen leinenen Sack ganz blos ohne Kleidungsstücke eingenäht, sodann in die Todtentruhe gelegt, und in solchen auf den Gottesacker gebracht werden sollen.

5. Soll bey diesen Kirchhöfen jederzeit ein Graben von 6 Schuh tief und 4 Schuh breit gemacht, die dahin gebrachte Leiche aus der Truhe allemal herausgenommen und wie sie in den leinenen Sack eingenäht ist, in diese Grube geleget, mit ungelöschtem Kalk überworfen, gleich mit Erde zugedeckt werden. Sollten zu gleicher Zeit mehrere Leichen ankommen: so können mehrere in die nemliche Grube gelegt werden; jedoch ist unfehlbar die Veranstaltung zu treffen, daß jeder Graben, in welchen todte Körper gelegt werden, alsogleich mit Erde angefüllt und zugedeckt werde, auf welche Art dergestalt fortzufahren ist, daß jederzeit zwischen den Gräbern ein Raum von 4 Schuh zu lassen ist.

6. Zur Ersparung der Kösten ist die Veranlassung zu treffen, daß jede Pfarre eine ihrer Volksmenge angemessene Anzahl gut gemachter Todtentruhen von verschiedener Grösse sich beyschaffe, welche jedem unentgeltlich darzugeben sind; sollte aber dennoch jemand eigene Todtentruhen für seine verstorbenen Verwandten sich beyschaffen: so ist es ihm unbenommen; jedoch können die Leichen nie mit den Truhen unter die Erde gebracht werden, sondern müssen aus solchen wieder herausgenommen, und diese zu anderen Leichen gebraucht werden.

7. Soll den Anverwandten oder Freunden, welche der Nachwelt ein besonderes Denkmaal der Liebe, der Hochachtung, oder der Dankbarkeit für den Verstorbenen darstellen wollen, allerdings gestattet seyn, diesen ihren Trieben zu folgen; diese sind aber lediglich an dem Umfang der Mauern zu errichten, nicht aber auf den Kirchhof zu setzen, um da keinen Platz zu benehmen.

8. Endlich, da alle Gruften und Begräbnisse in den sämmtlichen Klöstern, dann die sogenannten Kalkgruben und Schachten bey den

Josephinische Begräbnisordnung

Spitälern, barmherzigen Brüdern und Elisabethinerinnen nun aufhören, und alle da Verstorbene ebenfalls auf den Freythöfen derjenigen Pfarre, wohin sie gehören, begraben werden müssen; so sollen diese Klöster und Spitäler wegen Entschädigung der Todtengräber für ihre Mühe mit selben ein billiges Abkommen treffen, und jene Pfarrkirchhöfe, in deren Umfange diese Spitäler und Klöster liegen, nach der Erforderniß grösser gemacht werden.«[55]

Die Verlegung der Friedhöfe vor die Tore der Stadt – ein Verfahren, das Joseph II. 1777 in Frankreich zuerst gesehen hatte – war einsehbar und nach den herrschenden medizinischen Anschauungen auch sicher geboten. Ein anderes war der Verzicht auf die Sargbestattung, mochte die Holzersparnis auch noch so groß sein und sogar volkswirtschaftlich relevante Ausmaße annehmen. (Dies ist auch der Grund, warum die Feuerbestattung, hygienisch sicher die beste Methode, nicht in Vorschlag kam.) Ein Sackbegräbnis, erst recht aber seine Begründung mit der schnelleren Verwesung, empfand man als würdelos. Daß denen, die auf einen Sarg nicht verzichten wollten, ein Leihsarg für die Einsegnung und die Überführung der Leiche auf den Friedhof angeboten wurde, mußte als besonders pietätlos angesehen werden. Die Proteste gegen diese neuen Regelungen waren vehement und weit verbreitet. Schon nach einem halben Jahr mußte sich Joseph II. korrigieren: Ein »Zirkulare in geistlichen Sachen« vom 27. Januar 1785 lautet:

»In leinenen Säcken sich begraben zu lassen wird Niemandem aufgebürdet, im übrigen aber hat es bey dem Inhalte der diesfälligen Verordnung vom 23. Aug. 1784 sein festes Verbleiben.«

Wie schwer dies Zugeständnis dem Kaiser fiel, geht aus einem Handbillett an die Verwaltung hervor, in dem es heißt:

»Da ich sehe und täglich erfahre, daß die Begriffe der Lebendigen leider! noch so materiell sind, daß sie einen unendlichen Preis darauf setzen, daß ihre Körper nach dem Tode langsam faulen, und länger ein stinkendes Aas bleiben: so ist mir wenig daran gelegen, wie sich die Leute wollen begraben lassen; und werden Sie also durchaus erklären, daß nachdem ich die vernünftigen Ursachen, die Nutzbekeit und Möglichkeit dieser Art Begräbnisse gezeiget habe, ich keinen Menschen, der nicht davon überzeugt ist, zwingen will, vernünftig zu seyn, und daß also ein jeder, was die Truhen anbelangt, frey thun kann, was er für seinen Todten Körper zum Voraus für das Angemessene hält.«

In der Praxis bedeutete diese Milderung von Josephs II. Begräbnisordnung, daß das Sackbegräbnis zwar weiterhin erwünscht und vorgesehen war, jedoch nicht zur aufgebürdeten Verpflichtung gemacht wurde.

Immerhin muß die Frage gestellt werden, ob nicht Mozart, der angeblich »das billigste Begräbnis, das es überhaupt gab« (Michael Levey) erhielt, mit jenem josephinischen Sackbegräbnis bestattet worden ist. Diese Frage, die sich bisher niemand gestellt hat, ist nicht damit beiseite zu schieben, im Jahre 1791 sei diese Bestattungsmethode längst aufgehoben gewesen. Danach wäre Mozart mit ungelöschtem Kalk überworfen und sogleich mit Erde bedeckt worden, bis sein Grab später zugeschüttet wurde. Damit wurde allgemein gewartet, bis fünf oder sechs Leichen zusammenkamen, die dann in einem gemeinsamen Grab bestattet wurden. (An Hand der Sterbelisten wäre durchaus rekonstruierbar, mit wem Mozart sein Grab teilte.) Diese Begräbnisform mag uns ungewöhnlich erscheinen, war aber in dieser Zeit ganz und gar der Normalfall. Man sollte auch daran denken, daß die Absenkung der Leichen in große Kirchengrüfte oder Gebeinhäuser bis weit ins 19. Jahrhundert verbreitet war. Vor allem in Österreich kann man auf dem Lande noch zahlreiche Gebeinhäuser, sogenannte Karner, bewundern, in denen die Totengebeine in präziser Ordnung übereinandergestapelt wurden; denn schon nach sechs bis acht Jahren wurden die Grabstellen wieder benutzt.

Die josephinischen Begräbnissitten sind Ausdruck eines gewissen Puritanismus, der sich im kirchlichen Bereich in einer aufgeklärten, schmucklosen Frömmigkeit zeigte. Sie entsprachen auch ganz den kirchenreformerischen Bestrebungen des Kaisers und sind keineswegs Ausdruck von Zynismus, wie immer wieder mißverstanden wurde. Joseph II. sah im unnötigen Prunk eher ein Zeichen mangelnder Frömmigkeit und veräußerlichter, aber nicht innerlich empfundener Glaubensgewißheit. Noch im theresianischen Wien war ganz andere Prachtentfaltung an der Tagesordnung, und der Aufwand etwa für das Begräbnis der Sängerin Anna Maria Schindler macht diesen Unterschied sinnfällig deutlich. Ihr Begräbnis kostete mit 341 Gulden 24 Kreuzer das 38fache von Mozarts »gemäßigt josephinischem« Begräbnis. Wenn man sich die Kosten im einzelnen ansieht, begreift man, warum Joseph II. gerade hierbei zur Sparsamkeit mahnte. Fast ein halbes kaiserliches Jahresgehalt hätte Konstanze Mozart für folgende Pompes funèbres aufbringen müssen:

»Begräbniskosten bei den Michaelern	59 fl.	9 kr.
Hl. Messen gelesen	25 fl.	3 kr.

Wachskonto [Kerzen]	53 fl. 21 kr.
Ausläuten bei den Minoriten	3 fl. 3 kr.
Ausläuten in der Lichtenstein-Kapelle	1 fl. 30 kr.
3 Bruderschaften	3 fl.
Totenwappen	18 fl. 39 kr.
Trauerflöre [schwarzes Tuch]	148 fl. 6 kr.
Leichenansager	29 fl. 33 kr.«[56]

Dergleichen wurde von Joseph II. schlicht und einfach verboten, und er scheute sich nicht einmal, die »Lobreden, welche bey Leichenbegängnissen bisher zu halten gebräuchlich waren, durchgehens einzustellen« zu befehlen. Daß in der franziszeischen Zeit nach 1800 der Wiener Leichenprunk allmählich wieder zur vollsten Blüte kam, steht auf einem anderen Blatt[57].

Kein Armenbegräbnis

Wie lief nun tatsächlich Mozarts Begräbnis ab. Unmittelbare Berichte von Teilnehmern oder Augenzeugen gibt es nicht, und was an Erinnerungen durch die Überlieferung Dritter bekannt ist, ist meist ungenau, widersprüchlich oder zweifelhaft. Dennoch kann man sich ein ziemlich klares Bild machen, wenn man das übliche Begräbniszeremoniell, das durch amtliche Vorschriften präzise festgelegt war, und die wenigen Hinweise auf Mozarts Begräbnis vergleichend und ergänzend abwägt, wie es auch Carl Bär mit großer Behutsamkeit unternommen hat.

Frühestens nach 48 Stunden durfte ein Toter begraben werden, Ausnahmen waren nur in seuchenbedingten Einzelfällen und mit einem ausdrücklichen ärztlichen Attest möglich. Demnach konnte Mozart frühestens am 7. Dezember beerdigt werden. Die Eintragung im Sterberegister über »Ort, wohin, und Tag, an welchem die Begräbniß beschehen«, die den 6. Dezember angibt, stellt also vermutlich einen Schreibfehler dar. Immerhin vier Quellen verzeichnen ein »ungünstiges« bis »stürmisches Wetter«[58] am Abend des Begräbnistages, und diese Wetterbeobachtung trifft nur für den 7. Dezember zu.

Nachmittags vor drei Uhr wurde die Leiche von der Wohnung abgeholt und zur Trauerfeier in den Stephansdom gebracht. Unter dem Geläut einer Glocke schritt ein Kreuzträger vorneweg, dann folgte ein Priester.

Der Sarg, mit einem Bahrtuch bedeckt, wurde von vier Trägern in langen Mänteln getragen, flankiert von vier Knaben in Kutten, die je ein Windlicht trugen. Wer von den Angehörigen, alle zur Familie Weber gehörig, wer von Freunden und Bekannten dem Sarg folgte, ist nicht überliefert. In der Kreuzkapelle des Stephansdoms, gleich neben dem Haupteingang, fand dann die Einsegnungsfeier statt. Über die dabei aufgeführte Kirchenmusik ist nichts bekannt. Wenn es sie gegeben hat, so wurde sie nicht berechnet, denn in den Begräbniskosten ist sie nicht enthalten. Aber das hat in diesem Fall nichts zu besagen. Denn Mozart war selbst als Vizedomkapellmeister »adjungirt«, ihm wird also vermutlich von Kollegen, vielleicht seinem Nachfolger in diesem Amt, Johann Georg Albrechtsberger, eine Musik veranstaltet worden sein. Denkbar ist auch die Mitwirkung weiterer Musikerkollegen, von denen einige bei der Trauerfeier im Dom teilgenommen haben sollen. Wie groß die Trauergemeinde war, ist ebensowenig überliefert. Aus den Erinnerungen einiger Teilnehmer werden immerhin die Namen von etwa zehn Freunden und Musikerkollegen genannt sowie weitere sechs Familienangehörige. Zu irgendwelchen Rückschlüssen dürfen diese Nennungen aber nicht führen, zumal nicht solchen eines Desinteresses an Mozart. Denn einerseits können es sehr viel mehr Trauergäste gewesen sein, andererseits müßte man wissen, wie üblicherweise die Teilnahme an solchen Einsegnungsfeiern gewesen ist. Wir befinden uns hier noch ganz in der josephinischen Gewohnheit, die jedem Aufwand bei Begräbnissen abhold war. Anderseits wurde zum Beispiel in Mozarts Wiener Freimaurerloge eine eigene Trauerloge abgehalten, und in Prag fand ein Gedenkgottesdienst mit über 4000 Teilnehmern statt.

Nach der Einsegnungsfeier wurde der Sarg aus dem Dom getragen und in der nur von außen zugänglichen Kruzifixkapelle, die den Eingang zu den Grüften bildet, abgestellt. Die übliche Begräbniszeremonie war damit zu Ende. Erst abends nach sechs Uhr (im Sommer erst ab neun Uhr) durfte der Sarg von dort auf den Friedhof überführt werden. Bei der eigentlichen Beerdigung gab es keinerlei Zeremoniell mehr, auch war kein Priester zugegen, lediglich der Totengräber mit seinem Gehilfen. Dennoch sollen sich zur Überführung des Sarges auf den Friedhof einige Freunde Mozarts eingefunden haben, die dem Sarg zu Fuß folgen wollten. Wegen des schlechten Wetters, und weil der Wagen so schnell fuhr, mußten sie jedoch am Stubentor umkehren. Diese Anekdote wird in keiner Mozart-Biographie ausgelassen, meist folgt an dieser Stelle der wiederholte Hinweis, daß selbst Konstanze Mozart nicht einmal den Sarg

Kein Armenbegräbnis

auf den Friedhof begleitet habe. Selbst der so umsichtige Carl Bär merkt etwas vorwurfsvoll an: »Damit langte der Leichenwagen unbegleitet vor dem Friedhofstor zu St. Marx an. Dort fand die Episode von Mozarts armseligem Ende ihren Abschluß«[59], nachdem er eine Seite zuvor darauf hingewiesen hatte: »obgleich ein Grabgeleite damals nicht üblich war, blieb es natürlich niemandem verwehrt, dem Leichentransport zu folgen«.

Dieses kleine Detail wäre ohne Belang, wenn es nicht zum gewaltigen Belegbrocken für das schnöde Verhalten der Nachwelt aufgewertet worden wäre, wobei einzig zwei Mozart-Schüler (Franz Jakob Freystädtler und Otto Hatwig) zum Schluß noch die Pietät aufgebracht hätten, wenigstens den Versuch zu unternehmen, den Leichnam zu begleiten.

»Aber auch sie mußten ihr Vorhaben bald aufgeben, weil der Fuhrknecht, der auf allfällige Begleiter keine Rücksicht zu nehmen brauchte, das Pferd zu größerer Eile antrieb und sie nicht mehr nachkommen konnten.«[60]

Jedoch hätten »allfällige Begleiter« mindestens selbst eine Kutsche nehmen müssen, denn der Weg war für einen Fußmarsch ohnehin zu weit. Der Friedhof Sankt Marx – der erst 1787 angelegt worden war, nachdem der bis dahin auf dem heutigen Stephansplatz gelegene Friedhof aufgehoben, eingeebnet und die damals um die Friedhofsmauer stehenden kleinen Häuschen abgerissen worden waren – lag etwa viereinhalb Kilometer vom Dom entfernt im Bezirk Landstraße. Die Gegend um Sankt Marx war damals noch so gut wie unbebaut, der Weg eine einfache Landstraße über die Linien hinaus, zu laufen eine gute Stunde. Aber der Totentransport durfte ja erst am Abend geschehen, und nach sechs Uhr war es um diese Zeit bereits dunkel. Deshalb wird der Totengräber auch erst am nächsten Morgen die eigentliche Beerdigung vorgenommen haben, so lange wurden die Särge in einer Totenhütte abgestellt (die übrigens offen sein mußte, da Fälle von Scheintod befürchtet wurden). Aus diesen Gründen wurden seit der Verlegung der Friedhöfe vor die Linien die Toten nicht mehr bis zum Grab begleitet. Das Begräbnis selbst hatte darüber hinaus nur wenig mit einer pietätvollen Handlung gemein, denn üblicherweise wurde in Schachtgräbern bestattet, wobei vier Erwachsene und zwei Kinder in einem Grab zusammenlagen, und zwar in der Anordnung und Reihenfolge, wie sie auf den Friedhof gelangten. Einzelgräber waren eher die Ausnahme. Vermögende Bürgerfamilien hatten (wie der Adel) manchmal Familiengrüfte, die natürlich mit einem Grabmonument versehen waren. Sonst waren Gedenksteine nur an der

Friedhofsmauer zugelassen, schon aus Platzgründen. Eine aufwendige individuelle Grabpflege, gar eine Friedhofsgärtnerei kannte man noch gar nicht. Allenfalls mit einigen Büschen oder Bäumen waren die Friedhöfe bepflanzt. Vor allem die Friedhöfe vor der Stadt waren alles andere als einladende Parkanlagen. Häufiger Friedhofsbesuch war angesichts dieser einfachen Bestattungsweise in einem eher öden Gelände kaum üblich.

Was hat es aber mit dem sogenannten Armenbegräbnis Mozarts auf sich? Wie konnte es zu dieser Legende überhaupt kommen? Was unterschied ein Armenbegräbnis vom üblichen Begräbnis? Ist nicht eher die Frage zu stellen, ob Mozart im Leinensack bestattet wurde statt im eigenen Sarg? Denn auch im Fall des sogenannten »Sackbegräbnisses« wurde zur Einsegnung in der Kirche und zur Überführung des Toten auf den Friedhof ein Sarg benutzt, der über dem offenen Grab entleert und vom Totenwagen wieder zurückgeführt wurde zur Wiederbenutzung. Diese Leihsärge gehörten zur Normalausstattung jeder Pfarrkirche[61]. Es ist ja keineswegs so, daß nach der Korrektur des Begräbnispatents das Sackbegräbnis einfach wieder abgeschafft war, es wurde lediglich der individuelle Sarg wieder zugelassen. Jedoch bis ins 19. Jahrhundert kam auch das Sackbegräbnis vor. Wer zum Beispiel im Krankenhaus starb, wurde üblicherweise im Leihsarg zur Einsegnung gefahren. Und da die Särge dort mit einem Bahrtuch bedeckt waren, konnte auch niemand von den Trauergästen erkennen, um welche Art von Sarg es sich handelte.

Im Falle Mozarts kann diese Frage ganz eindeutig beantwortet werden. Im Totenbuch der zuständigen Pfarrgemeinde ist bei Mozart folgende Eintragung vermerkt: Als Kosten des Begräbnisses für Kirche und Pfarrei der Betrag für die dritte Klasse mit »8 fl. 56 kr« sowie zusätzlich »Wagen f 3.–«. Es handelt sich bei diesem letzten Betrag um die Kosten des Totentransports, die nur dann zu entrichten waren, wenn ein eigener Sarg benutzt wurde; im Falle des »Sackbegräbnisses« entfielen sie, was von Joseph II. wohl auch als ein finanzieller Anreiz vorgeschrieben worden war. Der in den Begräbniskosten nicht enthaltene Sarg für Mozart war also bei einem Tischler bestellt und ist wohl sofort bezahlt worden. Da Gottfried van Swieten der Familie Mozart die Begräbnisformalitäten abgenommen hatte, wird er es gewesen sein, der dies in Auftrag gab und ebenso wie das Begräbnis sofort bezahlte, denn unter »Inventarium und Schätzung« von Mozarts Nachlaß werden diese Kosten nicht einzeln aufgeführt; es wird nur pauschal angemerkt: »an baarem Gelde Hätte sich

Kein Armenbegräbnis

nach dessen Absterben vorgefunden 60 fl. wovon die Leich- und andern Kösten bestritten worden wären.«[62]

Wann zum erstenmal von einem »Armenbegräbnis Mozarts« gesprochen worden ist, ist schwer rekonstruierbar, jedenfalls taucht dieser Begriff in den überlieferten Erinnerungen derer, die dabei waren, nicht auf, schon gar nicht bei den Familienangehörigen. Eine mit den josephinischen Begräbnissitten nicht vertraute Nachwelt konnte allerdings diesem Mißverständnis erliegen, zumal, nachdem die Mozart-Biographie Georg Nikolaus von Nissens, des zweiten Ehemannes von Konstanze Mozart, im Jahre 1828 erschienen war. Denn dort findet sich eine Formulierung, die in ihrer Kürze wenig prägnant ist:

»Mozart's sterbliche Hülle wurde auf dem Todtenacker vor der St. Marxer-Linie bey Wien begraben [...]. [Weil Swieten] dabey die grösstmöglichste Ersparniss für die Familie berücksichtigte, so wurde der Sarg nur in ein gemeinschaftliches Grab eingesenkt und jeder andere Aufwand vermieden.«[63]

Daß hier der bürgerliche Normalfall von 85 Prozent der Bevölkerung beschrieben wurde, war nicht mehr erkennbar. Ein »gemeinschaftliches« Grab, das als Zeichen besonderer Lieblosigkeit oder extremer Armut mißverstanden werden mußte, war hingegen inzwischen die Ausnahme bei Beerdigungen. Zur josephinischen Zeit war das Reihen- oder Schachtgrab aber kein Ausdruck von Schäbigkeit und Achtlosigkeit, sondern entsprach einer nüchtern-rationalistischen Denkweise, die die damals modernsten Erkenntnisse der Hygiene – nicht ganz unverständlich – besonders hochhielt.

Andererseits wird man dem damaligen Begräbnisgebrauch eine hohe menschliche Sensibilität nicht absprechen dürfen, die sich in einer Fürsorglichkeit ausdrückte, wie wir sie heute nicht mehr kennen. Es gab damals nämlich gar kein Armenbegräbnis, und jedermann stand das übliche Begräbnis dritter Klasse zu. Bei denen, die das Geld hierfür nicht aufbringen konnten, wurde – ohne daß sich damit an dem Aufwand und der Abfolge der Zeremonien auch nur das Geringste änderte – auf die Begräbnisgebühr verzichtet und im Totenbuch in der entsprechenden Rubrik das Wort »Gratis« eingetragen[64]. Auf diese Weise wurde dafür gesorgt, daß die Armen bei Beerdigungen mit allen anderen Bürgern gleichgestellt waren beziehungsweise – woran Joseph II. sicher besonders lag – der finanzielle Aufwand bei einer Beerdigung nicht zur fragwürdigen Demonstration des Ausmaßes von Trauer und Achtung für den Toten wurde. Im Totenbegängnis wurde auch äußerlich die Gleichheit wiederhergestellt, die sicher auch eine den reformtheologischen Vorstellungen des Kaisers entsprechende Fundierung hatte. Er selbst legte im Gegensatz zu allen seinen Vorgängern und Nachfolgern auf einen völlig schmucklosen Sarg wert.

Sicher ist die Vorstellung vom Armenbegräbnis auch begünstigt worden durch die Tatsache, daß schon sehr bald nach Mozarts Tod die genaue Grabstelle nicht mehr bekannt war. Auch dies kann jedoch nicht als so ungewöhnlich angesehen werden, denn die Reihengräber blieben im allgemeinen unbezeichnet, zumal ja vier bis sechs Personen in einem Grab lagen. Grabmonumente in Form von Gedenksteinen wurden – wenn überhaupt – nicht über dem Grab, sondern an der Friedhofsmauer, soweit dort Platz war, angebracht. Man merkte sich bestenfalls die ungefähre Stelle, die dann allerdings nach spätestens acht Jahren wieder belegt war. Der Totengräber wußte im allgemeinen Bescheid, weil er an Hand der Begräbnisdaten sagen konnte, wann welche Reihen benutzt wurden.

Dieses späteren Wiener Gebräuchen diametral entgegengesetzte Vernachlässigen einer individuellen Grabpflege mußte schon bald auf Unverständnis stoßen. Bereits 1799, also gerade zu dem Zeitpunkt, an dem Mozarts Grab vermutlich neu belegt wurde, erschien in Christoph Martin Wielands Zeitschrift *Der Neue teutsche Merkur*[65] eine »Anfrage Mozart betreffend«, in der es heißt:

»Folgendes ist die wörtliche Übersetzung einer Stelle aus dem Briefe eines Engländers in Wien: ›Der Britte zeigt mit frohem Bewußtseyn, daß er jedes Verdienst zu schätzen wisse, des teutschen Händels Grabmahl in der Westminsterabtey. *Hier* weiß man nicht die Stelle, wo Mozarts (vielleicht gewaltsam) abgestreifte Hülle am Freythofe begraben liegt‹. Dieser Vorwurf ist kränkend, obgleich nicht neu in der Geschichte unserer Worthies. Sollte er aber auch gegründet seyn? Guter Mozart! Du errichtetest einem Lieblingsvogel in dem von dir gemietheten Garten ein Grabmal, und setztest ihm selbst eine Inschrift. Wenn wird man dir thun, was du an deinem Vogel thatest.«

Natürlich war dieser vorwurfsvolle Beitrag als eine Aufforderung gedacht, daß sich jemand melden möge, der den genauen Platz von Mozarts Grab angeben könne, vor allem aber, daß dort ein Denkmal errichtet werden möge. Die Bemerkungen über den Lieblingsvogel und über den »vielleicht gewaltsamen« Tod Mozarts gründen sich auf die eben erst (1798) erschienene Biographie Franz Xaver Niemetscheks – das Gerücht von der Vergiftung durch Antonio Salieri, das erst 1825 aufkam, war hier also nicht gemeint. Aber niemand rührte sich, so daß dieser

Artikel neun Jahre später in einer Wiener Zeitschrift noch einmal gedruckt wurde. Diesmal meldete sich Georg August Griesinger mit der ungefähren Beschreibung des Grabplatzes. Später gab Griesinger, der vor allem als erster Biograph Joseph Haydns bekannt wurde, hierzu folgende Schilderung von der Wirkung dieser »Rüge, daß Niemand wisse, wo Mozart begraben sei, obschon er selbst auf den Tod eines Papagei ein Lied componirt habe«:

»Ich las diese Stelle der Witwe Mozarts vor, die ich bey ihrem zweiten Gemahl, dem königl. dänischen Geschäftsträger v. Nissen, sehr oft sah und befragte sie, ob sie nicht geneigt wäre, mit mir auf den St. Marxer Gottesacker zu fahren, um die Grabstätte ihres Gatten auszuforschen. Sie zeigte sich sehr bereitwillig, und wir fuhren also in Begleitung ihres im vergangenen Sommer (1844) auch verstorbenen Sohnes Wolfgang hinaus. Sehr wohl erinnere ich mich der Äußerung der Witwe, daß, wenn es auf den hiesigen Friedhöfen wie an manchen Orten im Gebrauch wäre, die Gebeine der verwesten Leichname zu sammeln und aufzustellen, sie den Schädel ihres Mannes aus Tausenden wiedererkennen würde.

Auf dem Gottesacker angekommen, erfuhren wir, daß der Todtengräber, dem dieses Geschäft im J. 1791 oblag, schon seit längerer Zeit gestorben sey, daß die Gräber von dem gedachten Jahre bereits wieder umgegraben worden wären, und daß man die zum Vorscheine kommenden Gebeine nicht aufzuhäufen, sondern wieder in die Erde einzuscharren pflege. Es bliebe also nichts übrig, als sich nach den Reihen zu erkundigen, in welchen im J. 1791 die Ruhestädten der Todten bereitet wurden. Nur diese konnte uns der Todtengräber angeben, nämlich die dritte und vierte, wenn man von dem Monumentalkreuze, welches mitten auf der Höhe des Gottesackers aufgerichtet ist, herabkommt. Ein genügenderes Ergebniß war nicht zu erlangen.«[66]

Eine genauere Kenntnis von Mozarts Grab ist nie erreicht worden, obschon die Suche weiterging. Fast muß man sagen: zum Glück. Denn in der merkwürdigen Biedermeierzeit war, worauf schon dieser Bericht hindeutet, die Totenverehrung mit einem sonderbaren Interesse an Totenschädeln verbunden. (Goethes Suche nach Schillers Schädel im Weimarer Gebeinhaus und seine zeitweise Aufbewahrung bei sich zu Hause gehören ebenso hierher.) So wurde Haydns Schädel (bereits 1809) aus seinem Grab geraubt und befand sich von 1895 bis 1954 im Besitz der Wiener »Gesellschaft der Musikfreunde«, bis er in einem feierlichen Festakt am 5. Juni 1954 wieder in Haydns Grab in Eisenstadt beigesetzt wurde. Ein solches Schicksal wenigstens ist Mozarts totem Körper erspart geblieben. Statt dessen halten die Vorwürfe über die schändliche Vernachlässigung seines Grabes bis heute an. Ein Urteil hierzu fällt schwer und mag dem Leser überlassen bleiben.

Schätzung

Mozart starb mittellos, das heißt ohne irgendwelche Rücklagen. Er hatte immer von der Hand in den Mund gelebt und seine oft erheblichen Einkünfte stets sofort wieder ausgegeben, was bei der Unregelmäßigkeit der meisten Einnahmen zum Teil auch hohe mehr oder weniger kurzfristige Schulden einschloß. Da Mozarts Geldverhältnisse sich gerade in der Zeit erheblich verbessern sollten, als er starb, kann es nicht verwundern, daß er auf diese Aussichten hin noch eine Reihe offener Rechnungen hatte, die im Nachlaßinventar penibel verzeichnet werden:

»Verzeichniß
Deren nach Absterben meines Ehegattens Wolfgang A. Mozart für ihn bezahlten Konti als

N°.	fl.	kr.
1. Dem Hr: Georg Dümmer bürgerl: Schneidermeister seinen Konto N° 1. mit	282.	7
2. Dem Anton Reiz Tapezierer laut Konto N° 2.	208.	3.
3. In die k:k: Hof-Apothck vermög Konto N° 3.	139.	30.
4. Dem Hr: Johann Heydegger Kaufmann Zeugs Konto N° 4.	87.	22.
5. Dem Hr: Friedrich Purker bürgl: Handelsmann sein Kont. N^{ro} 5.	59.	–
6. Der Frau Regina Haselin Apothekerin zum Mohren laut Konto N° 6.	40.	53.
7. Mehr derselben auf ihren Konto pr: 74 f 53 Kr. vermög N^{ro} 7.	34.	–.
8. Dem Michael Anhamer Schustermeister laut Nota N° 8.	31.	46
9. Dem H: Georg Mayer bürgl. Schneidermeister seine Nota N^{ro} 9.	13.	41.
10. Dem Kaufmann Reuter vermög Nota N^{ro} 10.	12.	54.

Schätzung

11. Dem Hr: Andre Igl bürgerl. Chyrurgo laut seiner Quittung N° 11.	9.	–
Summa	918.	16

Konstanzia Mozart Wittib.«

Nicht aufgeführt ist hier die noch bestehende Schuld an Michael Puchberg in Höhe von rund 1 000 Gulden, die einstweilen gestundet, später aber zurückbezahlt worden ist.

Wovon Konstanze Mozart diese Schuldkonten aufgelöst haben soll, ist fraglich. Vielleicht hat Gottfried van Swieten, der sich in dieser Zeit als tatkräftiger Freund der Familie Mozart erwies, in seine Tasche gegriffen. Denn auf der anderen Seite standen nur geringe Summen zur Verfügung:

	fl. kr.
»an baarem Gelde	
Hätte sich nach dessen Absterben vorgefunden	60 : –.
wovon die Leich- und andern Kösten bestritten worden wären.	
an Schulden herein!	
Der Besoldungs Rückstand beträgt von Jährl^n 800 f.	133 : 20.
an verlohrn seyn sollenden deto!	
1 Recognition Act° 23^t Aug: 786. von H: Franz Gilowsky an Hn Erblasser über eine empfangene Landschafts Obligation ausgestelt pr	300 f. –.
Hn Anton Stadler K. K. Hof-Musikus wäre ohne obligo schuldig bey	500 ″ –.
Summa	800 f. –.

Latus 193 : 20″«[67]

Demnach war Mozart trotz seiner eigenen Geldschwierigkeiten auch bereit, an wenig zuverlässige Schuldner selbst erhebliche und, wie sich zeigen sollte, uneinbringliche Gelder zu verleihen. Seine Sorglosigkeit spiegelt sich auch darin, daß er es regelrecht »verschusselt« hat, dem Pensionsfonds für »Tonkünstler Wittwen und Waisen« beizutreten, obschon er bei deren jährlichen Benefizkonzerten oft genug aufgetreten war.

Konstanze Mozart war unter diesen Umständen also unversorgt und hatte nichts als den Musikaliennachlaß. Denn eine Pension aus Mozarts Einkünften als Hofkompositeur stand ihr noch nicht zu. Allerdings hat sie auf dem Gnadenweg dann doch eine kleine Pension bewilligt bekommen, nachdem die ungünstigen Vermögensverhältnisse bekannt geworden waren.

Überhaupt zeigte sich die Nachwelt Mozarts Witwe gegenüber recht großzügig. Swieten übernahm über viele Jahre die Finanzierung der Kindererziehung, auch die Gräfin Maria Wilhelmine Thun soll sich daran beteiligt haben. Zahlreiche Benefizvorstellungen und Sammlungen fanden innerhalb des ersten Jahres nach Mozarts Tod statt und bezeugen die ungeheure Wertschätzung, die sich von Mozart auf seine Familie übertrug. Emanuel Schikaneder soll noch im Dezember 1791 eine Benefizvorstellung der *Zauberflöte* für Mozarts Witwe gegeben haben, am 28. Dezember fand im Prager Nationaltheater ein Konzert zu ihren Gunsten statt, der Kurfürst von Köln sandte 100 Dukaten in Gold, im Nationaltheater in Wien gab es ein Gedenkkonzert mit 1 500 Gulden für Mozarts Nachkommen, davon allein 675 vom Wiener Hof. Auch von seiten der Freimaurer wurde Unterstützung organisiert, zum Beispiel der Druck der *Kleinen Freimaurerkantate* (KV 623) »zum Vortheil seiner hülfsbedürftigen Witwe und Waisen auf Pränumeration« angekündigt, ein halbes Jahr später eine Geldsammlung veranstaltet. Bereits im Februar 1792 kaufte König Friedrich Wilhelm II. von Preußen über seinen Wiener Geschäftsträger acht Werke aus Mozarts Nachlaß an zu einem Preis von 3 600 Gulden, was einer großherzigen Spende gleichkam. In Prag gab es im Juni 1792 eine weitere Trauerfeier für Mozart, deren Erlös für die Hinterbliebenen bestimmt war, und am 2. Januar 1793 ließ schließlich Swieten in Wien das *Requiem* uraufführen – noch vor der Aufführung durch den Besteller Franz Graf Walsegg-Stuppach. Allein dabei kamen mehr als 300 Dukaten (1 350 Gulden) für Konstanze Mozart zusammen.

Die Bestürzung über Mozarts frühen und plötzlichen Tod war überall groß, nirgends fand sie aber einen so beredten Ausdruck wie bei dem feierlichen Seelenamt, das bereits am 14. Dezember in Prag veranstaltet wurde. Ein Bericht darüber, der am 24. Dezember in der *Wiener Zeitung* erschien, lautete folgendermaßen:

»Die Freunde der Tonkunst in *Prag,* haben daselbst, am 14. d. M. in der kleinseitner Pfarrkirche bei *St. Niklas,* die feyerlichen Exequien für

Mozarts Logenbrüder hielten eine eigene Trauerfeier ab. Dabei hielt Karl Friedrich Hensler auf Mozart diese gedruckt erschienene Rede, in der auch Mozarts Wohltätigkeit für Arme, Witwen und Waisen gerühmt wurde

MAURERREDE
AUF
MOZARTS TOD.

VORGELESEN
BEY EINER
MEISTERAUFNAHME
IN DER
SEHR EHRW. ST. JOH. ▫
ZUR
GEKRÖNTEN HOFFNUNG
IM ORIENT VON WIEN
VOM
B$^{dr.}$ H. . . . . r.

WIEN,
GEDRUCKT BEYM BR. IGNAZ ALBERTI.
1792.

den am 5. allhier verstorbenen Kapellmeister und K. K. Hofkomponisten Wolfgang Gottlieb *Mozart,* gehalten. Diese Feyer, war von dem Prager Orchester des Nationaltheaters, unter der Direktion des Hrn. Joseph *Strohbach,* veranstaltet worden, und alle Prager berühmten Tonkünstler nahmen daran Theil. An dem dazu bestimmten Tage wurden durch eine halbe Stunde alle Glocken an der Pfarrkirche geläutet; fast die ganze Stadt strömte hinzu, so daß weder der wälsche Platz die Kutschen, noch die sonst für beynahe 4000 Menschen geräumige Kirche die Verehrer des verstorbenen Künstlers fassen konnte. Das Requiem war von dem Kapellmeister *Rößler,* es wurde von 120 der ersten Tonkünstler, an deren Spitze die beliebte Sängerin Mad. *Duscheck,* stand, vortreflich ausgeführt. In der Mitte der Kirche stand ein herrlich beleuchtetes Trauergerüste; 3 Chöre Pauken und Trompeten ertönten im dumpfen Klange; das Seelenamt hielt der Herr Pfarrer Rudolph *Fischer*; 12 Schüler des kleinseitner Gymnasiums trugen Fackeln mit quer über die Schulter hangenden Trauerflören und weissen Tüchern in der Hand; festliche Stille war umher, und tausend Thränen flossen in schmerzlicher Rückerinnerung an den Künstler, der so oft durch Harmonie alle Herzen zu den lebhaftesten Gefühlen gestimmet hat.«[68]

Anmerkungen

Abkürzungen

Dokumente Mozart, Wolfgang Amadeus: *Die Dokumente seines Lebens*. Gesammelt und erläutert von Otto Erich Deutsch, Kassel usw. 1961 (NAW X, Supplement, Werkgruppe 34)
ISM Internationale Stiftung Mozarteum
MBA Mozart, Wolfgang Amadeus: *Briefe und Aufzeichnungen*. Gesamtausgabe, herausgegeben von der Internationalen Stiftung Mozarteum Salzburg, gesammelt und erläutert von Wilhelm A. Bauer und Otto Erich Deutsch, Bd. I–IV (Text), Bd. V–VI (Kommentar, bearbeitet von Joseph Heinz Eibl), Bd. VII (Register, zusammengestellt von Joseph Heinz Eibl), Kassel usw. 1962–75
VA Vertrauliche Akten des Haus-, Hof- und Staatsarchivs Wien

1. Ankunft in Wien

1 Diese Ansicht, zuerst von Otto Jahn vertreten, hat bis heute viele Fürsprecher gefunden; selbst Alfred Einstein (*Mozart. Sein Charakter – Sein Werk,* Frankfurt a. M. 1968, S. 420–422) äußert sich in diesem Sinne. Freilich braucht nicht verschwiegen zu werden, daß es auch genau entgegengesetzte Ansichten gibt, am schärfsten von Hermann Abert vertreten, der von *Idomeneo* sagt, »daß er jedoch in der Geschichte der Gattung Epoche gemacht habe, oder gar ihren letzten krönenden Gipfel darstelle, kann nur behaupten, wer weder die zeitgenössische noch die unmittelbar vorangehende Generation italienischer Opernkomponisten genügend kennt« (*W. A. Mozart. Neubearbeitete und erweiterte Ausgabe von Otto Jahns Mozart,* Leipzig ⁹1978, Erster Teil, S. 695). Der Widerspruch ist der einer gattungshistorischen bzw. kulturhistorischen Musikwissenschaft.
2 Colloredo hat die Ablehnung und Verachtung, die er als Erzbischof in Salzburg erfuhr, die Bevölkerung seines Landes später teuer bezahlen lassen. Die Ereignisse im Gefolge der Französischen Revolution lehrten ihn, daß seine politische Isolation nicht ganz ungefährlich war und die Tage eines Absolutismus seiner Spielart (mochte er noch so sehr eine Ehe mit Vernunft und Aufklärung eingehen)

gezählt waren. Wirkliche Freunde oder Verbündete in anderen Ländern hatte er nicht, von seiner eigenen Bevölkerung mußte er eher Haß fürchten: So blieb mit einem Male nur grenzenlose Angst. Als schließlich die französischen Truppen in ihrem Vormarsch Salzburg zu überfluten drohten, hatte er nur noch im Sinn, sich selbst zu retten. Colloredo versuchte, mit möglichst viel Geld aus der Landeskasse zu fliehen, was ihm schließlich nach einigen fast tragikomischen Versuchen auch gelang. Nachdem er sich in Sicherheit gebracht hatte, besaß er die (erfolgreiche) Frechheit, auch noch die Kosten seiner Flucht im Jahre 1799 (immerhin 36000 Gulden) einzufordern. Freilich mußte er als Fürsterzbischof dann doch noch abdanken. In Salzburg hat ihm sicher keiner eine Träne nachgeweint. Aber auch dann noch ließ er sich eine Jahrespension von 80000 Gulden nach Wien überweisen, wohin er sich ins Privatleben zurückzog. – Dieser Verfall einer interessanten politischen Biographie eines Fürsten, der wie kaum ein anderer Fürst einmal in den Fußstapfen josephinischer Reformen gewandelt war, war so beschämend grandios, wie niemand auch nur vermuten konnte. Leopold und Wolfgang Mozart haben dies freilich nicht mehr miterleben müssen. Aber vielleicht hatten sie mit ihrer Aversion gegen Colloredo so ganz unrecht doch nicht, obschon er sich ihnen gegenüber nicht schlechter (aber auch nicht besser) verhalten hat, als in jeder der zahlreichen kleinen Residenzstädte mit den Hofbeamten umgegangen wurde. Nur Mozarts Schwester Maria Anna hat Colloredos exzentrisches Ende in Salzburg aus der Nähe miterlebt: Äußerungen von ihr hierzu sind allerdings nicht überliefert.

3 Colloredo konnte es »nicht leiden, wenn man so ins betteln herumreise« (31. August 1778), wie er Leopold Mozart einmal verriet. Offensichtlich unterschied er nicht zwischen Virtuosenreisen hochbeachtlicher Künstler und Gauklertum, das er bei seinen »Landeskindern« nicht fördern wollte. Mozart empfand dies als ein Zeichen von Mißachtung und Herabsetzung, auf das er um so empfindlicher reagierte, als er auf seinen vielen Reisen durch ganz Europa von seinem Vater immer wieder gelernt hatte, daß es nicht allein darauf ankäme, Geld zu verdienen, sondern vor allem, musikalische Reputation zu erwerben, sich als Künstler, nicht aber für Kunststückchen bezahlen zu lassen, musikalisches Genie zu zeigen und keine leere Artistik, die nur Staunen macht, statt den musikalischen Verstand zu bilden. Freilich hatten auch Mozarts die Grenzen gelegentlich verwischt, wenn es galt, bei einflußreichen Herrschaften Anerkennung zu finden: Dann mußte auch Wolfgang alberne Kunststückchen vollführen wie das Klavierspiel mit verdeckten Tasten und ähnliche Scherze. Allerdings hatte er dergleichen jetzt nicht mehr nötig.

2. *Die Entführung* – 1782

1 Zitiert bei Hermann Abert: *W. A. Mozart. Neubearbeitete und erweiterte Ausgabe von Otto Jahns Mozart,* Leipzig ⁹1978, Erster Teil, S. 727.
2 Es sind dies die *Variationen* KV 374a=359, 374b=360 und 374c=352 sowie die *Sonaten für Klavier und Violine* 374d=376, 374e=377 und 374f=380. Daß die große *Serenade* (KV 370a=361), die unter dem Namen *Gran Partita* bekannt geworden ist, ebenfalls in diesem Sommer fertiggestellt worden sei, wird in der

Anmerkungen 455

neueren Mozart-Forschung bestritten; vgl. dazu NMA, Serie VII, Werkgruppe 17, Bd. 2, S. XII.
3   Dokumente, S. 190.
4   Als der Großfürst 1796 als Paul I. den Zarenthron bestieg, stellte sich heraus, daß er auf Grund seiner Erziehung, der mütterlichen Kaltstellung und einer Behandlung, die einmal sogar bis zum Mordversuch reichte, zu einem vernünftigen Regieren nicht mehr in der Lage war: Er betrieb eine so konfuse Politik, daß an seinem Verstand gezweifelt wurde. Die Opposition im Lande gegen ihn wurde immer stärker, schließlich wurde er 1801 ermordet.
5   Zitiert nach Abert, a.a.O., S. 727.
6   Hilde Spiel: *Fanny von Arnstein oder Die Emanzipation. Ein Frauenleben an der Zeitenwende 1758–1818,* Frankfurt a. M. 1962, S. 54 f.
7   Die geistigen Linien, die damit gezogen waren, mag die Konstellation erläutern, daß Fanny Arnstein die Großtante Felix Mendelssohn-Bartholdys wurde, während Konstanze Weber, Mozarts künftige Frau, eine Kusine Carl Maria von Webers wurde.
8   Es gehört zu den bitteren Lehren der Geschichte, daß diese Verleugnung der alten Religion und damit eines geschichtlich-kulturellen Zusammenhalts, die einstmals die bürgerliche Gleichstellung versprach, nichts genützt hat: Die Judenverfolgungen des 20. Jahrhunderts, die sich nicht am religiösen, sondern am rassischen Merkmal orientierten, holten auch die ein, die glaubten, ihre geschichtliche Besonderheit längst abgestreift zu haben.
9   Zitiert nach Spiel, a.a.O., S. 75.
10 Johann Baptist Fuchs: *Erinnerungen aus dem Leben eines Kölner Juristen,* Köln 1912; zitiert nach Spiel, a.a.O., S. 80.
11 I. Akt, 9. Auftritt.
12 II. Akt, 1. Auftritt.
13 III. Akt, 6. Auftritt.
14 III. Akt, 9. Auftritt.
15 II. Akt, 5. Auftritt.
16 Einer dieser Mohren, Anton Wilhelm Amo aus Guinea, hatte in Halle studieren können und eine Dissertation über das Recht der Mohren in Europa (*De jure Maurorum in Europa,* 1729) geschrieben. Er war aus dem Sklavendasein längst entlassen und konnte es sogar bis zu einer Professur für Philosophie bringen; Anfeindungen rassischer Art entging er jedoch nicht, und auch hierbei war sein Wunsch nach einer Frau im Spiel. Irgendwann zog er es vor, wieder in seine afrikanische Heimat zu gehen (um 1747?), wo sich seine Spur verläuft. Sein Grab ist noch heute in Shama (Ghana) zu besichtigen. – Ein anderer »fürstlicher Mohr«, Ibrahim Hannibal, geriet als Lakai an den russischen Zarenhof, wurde dann zur Ausbildung als Schiffsingenieur nach Holland geschickt, ging wieder zurück an den Hof Peters des Großen und brachte es bis zur Stellung eines Großadmirals in der Marine. Nach dem Tod des Zaren verliert sich seine Spur in der Verbannung in Sibirien. Er war der Urgroßvater von Alexandr Puschkin.
17 Zitiert nach Eugen Lennhoff und Oskar Posner: *Internationales Freimaurer-Lexikon.* Unveränderter Nachdruck der Ausgabe 1932, Wien/München 1980, Sp. 1476. Über Joseph II. berichtet Georg Forster an Samuel Thomas von Sömmerring (14.–16. August 1784): »Der Kaiser kann kein ausgestopftes Tier

sehen. – Die ganze kaiserliche Familie hat diese Idiosynkrasie« (Forster: *Werke. Sämtliche Schriften, Tagebücher, Briefe.* Herausgegeben von der Akademie der Wissenschaften der DDR, Bd. 14: Briefe 1783–89, Berlin 1978, S. 160). Damals war noch nicht zu erkennen, daß der Neffe und spätere Nachfolger des Kaisers, Franz II., offensichtlich in allem ein Gegenteil Josephs II. werden würde.

3. Bei Mozarts zu Haus

1 Erich Schenk: *Mozart. Eine Biographie,* München/Mainz 1977, S. 584.
2 Wolfgang Hildesheimer: *Mozart,* Frankfurt a. M. 1977, S. 253 f.
3 Arthur Schurig: *Wolfgang Amadé Mozart. Sein Leben, seine Persönlichkeit, sein Werk,* Leipzig ²1923, Bd. 2, S. 379.
4 Ebd., S. 131.
5 Konstanze Mozart: *Briefe/Aufzeichnungen/Dokumente.* Herausgegeben von Arthur Schurig, Dresden 1922, S. Xf.
6 Fast jedes vierte Kind erreichte nicht das Ende des ersten Lebensjahres, nur jedes dritte Kind den dritten Geburtstag. Erst von diesem Alter an flachte die Mortalitätskurve deutlich ab. Der Grund dafür lag in der Hilflosigkeit, die man vor allem bei Ernährungsstörungen oder fiebrigen (entzündlichen) Vorgängen bei Säuglingen und Kleinkindern hatte. Selbst der Durchbruch erster Zähne stellte eine erhebliche Gefahr dar. Andererseits galt die Hauptsorge der schnellen Gesundung der Wöchnerin, nicht dem Kind. Die hohe Kindersterblichkeit empfand man als einen unabwendbaren Schicksalsschlag, mit dem man rechnen mußte. Die schnelle und häufige Geburtenfolge trug sicher ebenso zu Anschauungen bei, die uns heute fremd und schwer verständlich sein müssen.
7 Die Eigenart der Überlieferung, daß die Briefe von Konstanze Mozart entweder des Aufhebens nicht für wert befunden oder bewußt (von wem?) aus dem Verkehr gezogen wurden, läßt für sich genommen keinen Rückschluß auf deren Inhalt zu, hat gleichwohl aber Raum gelassen für wissenschaftlich unhaltbare, boshafte und mißgünstige Vermutungen, Charakterbeurteilungen und Verdrehungen. Die Frage, wie das abschätzige Bild zustande kommt, das bei den meisten Mozart-Biographen bis zu Hildesheimer von Konstanze Mozart gezeichnet wurde, wäre selbst einmal einer Untersuchung wert.
8 Die Kuraufenthalte 1791 in Baden scheinen nicht einem neuen Ausbruch der Krankheit gegolten zu haben, sondern ihrer Prophylaxe im Zusammenhang mit einer erneuten Schwangerschaft, im Herbst: der Rekonvaleszenz nach der sechsten Geburt. Sie scheinen erst auf Mozarts ausdrücklichen Wunsch zustande gekommen zu sein, wobei Mozart selbst seine Frau ferienweise begleiten wollte.
9 Von den Briefen scheint vieles abhanden gekommen zu sein. Sowohl der Umfang des Briefverlustes als auch die Motive dafür, falls er mutwillig herbeigeführt wurde, bleiben unklar: Alles, was auf Freimaurerei Bezug haben konnte, scheint einer politischen Vorbeugezensur zum Opfer gefallen zu sein. In der Zeit des Kaisers Franz (ab 1792) war Freimaurerei fast ein Staatsverbrechen, und so scheint alles darauf Bezügliche ausgesondert und vernichtet worden zu sein. Ob Nissen daran beteiligt war, wissen wir nicht; immerhin hat er – trotz seiner Sammelleidenschaft für alle Mozartiana – in den Briefen herumgewütet, einzelne

Anmerkungen 457

Wörter, vor allem Namen, unkenntlich gemacht und insoweit ein durchaus zweifelhaftes Regime der Nachlaßverwaltung geführt.

10 *Eine Wallfahrt zu Mozart. Die Reisetagebücher von Vincent und Mary Novello aus dem Jahre 1829,* Bonn 1959, S. 87.
11 Dokumente, S. 255f.
12 *Eine Wallfahrt...,* a.a.O., S. 107. Es kann sich dabei nur um jene chromatische Stelle im Mittelteil des Menuetts handeln, die ein merkwürdiges harmonisches Ziehen über dem Orgelpunkt des Cellos beinhaltet, übrigens im Piano, von späteren Deutern einhellig als »düster« beschrieben und Ausdruck »seelischen Leids« – weswegen diese Musik auch nichts mit der Geburt zu tun haben könne. Zeitgenossen kamen nicht auf die Idee, in dieses Quartett »seelisches Leid« oder »inneren Schmerz« hineinzuhören, sie empfanden Mozarts Musik schlimmstenfalls als »zu stark gewürzt«, will heißen: überladen, mit gesuchten, künstlichen, gelehrten, schwer verständlichen, weil die Regeln sprengenden Stellen. Wer sich nicht mit dem »Ungefälligen« aufhielt, sondern sich genauer mit solcher Musik beschäftigte, Mozarts musikalische Gedanken nachzuvollziehen suchte, der bewunderte seinen Einfallsreichtum und die kühne Einfachheit seiner Gedanken. Wer diese Musik jedoch nicht verstand, verstieg sich im extremsten Fall zum Nachweis ihrer »Fehlerhaftigkeit«, wie aus den zahlreichen »Verbesserungen« des 19. Jahrhunderts – insbesondere zum letzten der Haydn gewidmeten *Quartette* (KV 465) – hervorgeht. Konstanze Mozart kannte diese Musik jedoch so gut, daß sie selbst ihre kompliziertesten Stellen vorsingen konnte. Wolfgang Hildesheimer hingegen scheint von ihrer Unmusikalität so überzeugt zu sein, daß er sie sogar ein Menuett (Allegretto) mit einem Andante verwechseln läßt: Ihm scheint die Erfindung einkomponierter Wehen »so abwegig und so unwahrscheinlich, daß wir an ihre Wahrheit glauben: So etwas erfindet auch eine Constanze nicht. Die Aussage berührt sie ja nicht als Charakter, weder in ihrem Wunsch noch in ihrer Vorstellung. Sie wertet sich selbst damit weder auf noch ab. Warum sollte sich demnach gerade hier ein offensichtlich intensiv nachwirkendes Erinnerungs-Detail festgesetzt haben? Constanze hat den Novellos die Schrei-Passage sogar vorgesungen. Leider hat Vincent sie nicht notiert. Doch gehen wir wohl nicht fehl in der Annahme, daß es sich um das plötzliche Forte der beiden Oktavsprünge und des darauffolgenden Septimensprunges (Takte 31 und 32 des Andante) handeln muß, [...].« (Hildesheimer, a.a.O., S. 173f.)
13 Hermann Abert: *W. A. Mozart. Neubearbeitete und erweiterte Ausgabe von Otto Jahns Mozart,* Leipzig ⁹1978, Zweiter Teil, S. 140.
14 Zwar sind die meisten Verlegerbriefe in der Handschrift ihres späteren Ehemannes Nissen, dieser scheint jedoch mehr deren geschäftsmäßigen und vertragssprachlichen Teil zu verantworten. Das musikalische Verständnis, das Insistieren auf der Korrektheit der Ausgaben, die Wertschätzung der Fragmente und das Drängen, vor allem auch diese zu veröffentlichen, kamen wohl ausschließlich von Konstanze Mozart.
15 Merkwürdigerweise ist dies der einzige Brief Leopold Mozarts an seine Tochter, der nur in einem Zitatausschnitt überliefert ist; sollte er etwa weitere – kritische – Anmerkungen über Konstanze Mozart enthalten haben, die der Nachwelt lieber entzogen wurden? Jedenfalls ist hier eine bemerkenswert auffällige Brieflücke zu konstatieren!

16 Johann Pezzl: *Skizze von Wien. Ein Kultur- und Sittenbild aus der josefinischen Zeit*. Herausgegeben von Gustav Gugitz und Anton Schlossar, Graz 1923, S. 63–66.
17 Der Vater, Karl Abraham Wetzlar, war seit den sechziger Jahren in Wien. Er muß ein besonderes Privileg gehabt haben, das ihn berechtigte, in Wien zu leben und Geschäfte zu treiben. Wahrscheinlich war er auch als Bankier tätig. Seine Konversion erfolgte 1777, während seine Frau dem Judentum treu blieb – wie sich bald herausstellen sollte, als einzige der großen Familie. Denn im Laufe der folgenden Jahre traten auch alle neun Kinder aus dieser Ehe, teilweise inzwischen erwachsene Menschen, zum katholischen Glauben über. Fast alle haben sie später in den österreichisch-ungarischen Adel hineingeheiratet: auch dies ein Zeichen dafür, daß mit der Konversion jede Ächtung des (ehemaligen) Juden aufhörte. Das Vermögen der Familie muß außerordentlich groß gewesen sein, so befand sich im Familienschmuck zum Beispiel ein Solitär von 13¾ Karat. Nach der Konversion erst konnten die Wetzlars Hausbesitz erwerben. Als mit den josephinischen Klosteraufhebungen das Dorotheerkloster aufgelöst und der Klostergarten als Baugrund veräußert wurde, hat Wetzlar in großem Umfang hier Mietshäuser errichtet. Er erhielt 1778 den erblichen Adel für sich und seine Nachkommen und nannte sich nun Baron Wetzlar von Plankenstern. Auch sein Sohn Raimund, obschon erst 1779 konvertiert, erhielt auf diese Weise die Freiherrnwürde. (Die Plankengasse in Wien, auf dem Gelände des ehemaligen Klostergartens der Dorotheer, verdankt ihren Namen der Wetzlar von Plankensternschen Bautätigkeit.)
18 Auch einige der Geschwister Raimund von Wetzlars waren mit Mozart bekannt, werden in den Briefen aber auch kaum genannt. Ein Besuch Ostern 1785 sowie ein Quartettabend mit der Aufführung der sechs Haydn gewidmeten *Streichquartette* (April 1785), beide während des Aufenthaltes von Leopold Mozart in Wien, sind nicht eindeutig auf Baron Wetzlar zu deuten: Beide Male heißt es in den entsprechenden Briefen Leopolds nur »beim Banquier«; es ist auch denkbar, daß damit der jüdische Bankier Adam Albert Hönig von Henikstein gemeint ist, der sich später seiner Bekanntschaft mit Mozart rühmte.
19 Vermutlich war es ein eindrucksvolles frühes Beispiel von Kitschentfaltung; um so bedauerlicher, daß dieses Gebäude 1911 abgerissen und durch zwei höchst gewöhnliche ersetzt wurde.
20 Dennoch fand Leopold Mozart diesen Hausstand »ökonomisch«. Sofern er bei diesem Urteil auch die teure Miete mitbedacht hatte, kann sich dies nur auf die in der Tat erstaunlichen Preisunterschiede zwischen Salzburg und Wien beziehen. Denn Leopold Mozart hatte in Salzburg für die Riesenwohnung mit ihren acht Zimmern (einschließlich des Tanzmeistersaals) nur 45 Gulden zu zahlen. Andererseits verlangte er von seinen Schülern nur zwölf Kronen für eine Lektion, sein Sohn hingegen fast das Zehnfache. Anders ausgedrückt: Um seine Jahresmiete bezahlen zu können, hätte Leopold Mozart 450 Stunden erteilen müssen, sein Sohn in Wien hingegen nur 205, obschon seine Wohnung fünfmal soviel kostete.
21 Dies ist der letzte Brief Leopold Mozarts, der schon seit längerer Zeit kränkelte. Keine drei Wochen später ist er gestorben. Die familiären Briefquellen versiegen damit fast ganz, denn mit seiner Schwester hat Mozart nur sehr selten korrespon-

diert; einzig ein paar Briefe an seine Frau während der kurzen Reise- und Kurtrennungen berichten seit 1787 über persönliche und familiäre Dinge.
22 Auch die Wertangaben zu den einzelnen Inventarposten sind mit großem Vorbehalt anzusehen: Einerseits wurde bei den Schätzwerten üblicherweise nur die Hälfte des tatsächlichen Wertes angegeben, andererseits wurde darüber hinaus wegen der Erbschaftssteuer eine möglichst geringe Bewertung vorgenommen. Im Falle von Mozarts Nachlaßinventur war der Bücherschatzmeister ein Logenfreund Mozarts, der der Witwe Mozart sicher geholfen hat, die Kosten zu senken. Es braucht jedoch nicht verschwiegen zu werden, daß er sich bei allen Additionsposten leicht verrechnet hat, im Gesamtergebnis sogar geringfügig zuungunsten der Witwe Mozarts. Das ganze Nachlaßverzeichnis und die dazugehörigen Akten sind abgedruckt in: Dokumente, S. 493–511. Vgl. hierzu auch Carl Bär: »Er war kein guter Wirth. Eine Studie über Mozarts Verhältnis zum Geld«, in: *Acta Mozartiana* 1978, H. 1, S. 37ff.
23 Folgt man hierbei den Angaben des Nachlaßverzeichnisses, so waren Mozarts Kleidung und Wäsche dreimal soviel wert wie seine sämtlichen Bücher und Musikalien zusammen, anders ausgedrückt: Sein gesamter Hausrat an Möbeln, Geschirr, Silber usw. (mit Ausnahme des Pianofortes und des Billardtisches) war nur das Doppelte von Mozarts Kleidung wert. (Die Kleidung von Konstanze Mozart ist dabei selbstverständlich unberücksichtigt.)
24 Im 18. Jahrhundert war das Rauchen in der Öffentlichkeit verboten – wohl auch wegen der Brandgefahr. Lediglich in einigen Kaffeehäusern und Lesekabinetten gab es extra Raucherzimmer, die polizeilich konzessioniert sein mußten. In Gesellschaften war das Rauchen schon wegen des Geruches äußerst unfein, vor allem gegenüber den Damen. Im eigenen Haus wurde meistens der Hausrock übergezogen, damit der Geruch sich nicht in der normalen Kleidung festsetzen konnte; so sieht man es meist auf den Biedermeierdarstellungen. Wirkliche Verbreitung fand das Rauchen erst im Laufe des 19. Jahrhunderts.
25 Michael Kelly: »Lebenserinnerungen«. Übersetzt von Cäcilie Chrysander, in: *Allgemeine Musikalische Zeitung*, 15. Jg. (1880), Nr. 12–33, Spalte 340.
26 Als Nikolaus Fürst Esterházy 1790 starb und die Kapelle aufgelöst wurde, erhielt Haydn – ohne weitere Verpflichtungen – eine jährliche Pension von 1 000 sowie ein Gehalt von 400 Gulden, das 1797 auf 700 Gulden aufgestockt wurde, damit aber wohl lediglich einen Teuerungsausgleich bedeutete. Ab 1806 bekam er von Esterházy insgesamt 2 300 Gulden jährlich: Sein Einkommen hatte sich also in 45 Jahren vervierfacht. Vgl. hierzu Ulrich Tank: *Studien zur Esterházyschen Hofmusik von etwa 1620 bis 1790*, Regensburg 1981. Die Dokumente hierzu auch bei Chris Stadtlaender: *Joseph Haydns Sinfonia domestica. Eine Dokumentation*, München 1963.
27 Emil Karl Blümml: *Aus Mozarts Freundes- und Familienkreis*, Wien/Prag/Leipzig 1923, S. 26ff.
28 Diese Zahlen bei Robert Haas, Einleitung zu Ignaz Umlauf: *Die Bergknappen*, DTÖ, Bd. 36, S. XVIIf.
29 Vgl. Josef Karl Mayr: *Wien im Zeitalter Napoleons,* Wien 1940, S. 186ff.
30 Im Vergleich hierzu ist die Besoldung Goethes als Sachsen-Weimarischer Beamter anzuführen, der gewiß nicht schlecht bezahlt war. In Gulden umgerechnet erhielt er 1776 als Geheimer Legationsrat mit Sitz und Stimme im Geheimen

Konsilium (Ministerrat) 2400 Gulden, die sich am Ende dieser Ministertätigkeit mit einer Fülle von Zuständigkeiten und nach einem zweijährigen Italienurlaub auf 3600 Gulden (1788) erhöht hatten. Mittlerweile war Goethe auch geadelt worden. Im weiteren Verlauf seiner Tätigkeit hatte er die »Oberaufsicht über die unmittelbaren Anstalten für Wissenschaft und Kunst in Weimar und Jena« mit dem Titel eines Staatsministers und erhielt dafür schließlich 6000 Gulden – bei einer allerdings starken Geldentwertung gegenüber den neunziger Jahren des 18. Jahrhunderts.

31 Vgl. hierzu Haas, a.a.O.
32 Interessante Einzelheiten in: *Joseph II. als Theaterdirektor. Ungedruckte Briefe und Aktenstücke aus den Kinderjahren des Burgtheaters*. Herausgegeben von Rudolf Payer von Thurn, Wien/Leipzig 1920.
33 Lediglich die Pariser Oper zahlte vertraglich zugesicherte Erfolgshonorare an die Komponisten, also nicht nur Einmalhonorare; daraus erwuchsen unter bestimmten Bedingungen auch Pensionsansprüche: Gluck erhielt von der Pariser Oper von daher eine Pension von 1200 Gulden. Vgl. hierzu Rudolph Angermüller: *Antonio Salieri, sein Leben und seine weltlichen Werke unter besonderer Berücksichtigung seiner großen Opern*. Teil I, II/1 und III, München 1971–74 (Schriften zur Musik Bd. 16, 17, 19); insbesondere Teil II/1, S. 87, Anm. 1.
34 Uwe Kraemer: »Wer hat Mozart verhungern lassen?«, in: *Musica* 1976, S. 206.
35 Bär, a.a.O., S. 52.
36 Die Puchberg-Briefe werden stets überschätzt, denn Mozart hat schließlich einen Teil der hier erwähnten Schulden noch vor seinem Tod zurückbezahlt, was zwar durch keine schriftlichen Unterlagen bestätigt ist, sich aber aus der verbliebenen Restschuld bei seinem Tod ergibt. Auch diese Restschuld ist später von Konstanze Mozart beglichen worden. Die Puchberg-Briefe geben so zwar einen Einblick in Mozarts zwischenzeitlich erhebliche finanzielle Sorgen und Nöte, sie spiegeln aber in keiner Weise vollständig seine finanzielle Situation. Man wird auch davon ausgehen müssen, daß es – neben den beiden bekannten weiteren Schuldverschreibungen – noch andere kurzfristige Verbindlichkeiten gab. Dagegen ist Mozart auch selbst als Geldverleiher an seine Freunde aufgetreten. In zwei Fällen wurden diese Außenstände im Nachlaß als »verlohren«, also uneinbringlich, bezeichnet (Dokumente, S. 494).

4. Adlige und bürgerliche Salons

1 Wieviel beschränkter die preußische Hofhaltung war, geht schon daraus hervor, daß die preußischen Könige, wenn sie überhaupt gekrönt wurden, zur Krönung nach Königsberg fahren mußten, das außerhalb des Heiligen Römischen Reiches deutscher Nation lag, wie denn schlechterdings die größten preußischen Gebiete gar nicht innerhalb des Reiches lagen. Die Habsburger hingegen konnten sich neben der Kaiserwürde gleich drei Kronen aufsetzen: in Prag (für Böhmen), in Preßburg (für Ungarn) und in Wien (für die österreichischen Erblande).
2 Unter der Wiener Bevölkerung (1782: 206000 Einwohner) waren etwa 2600 Adlige, 2000 Geistliche, 5900 Stadtbürger, etwas über 3000 Beamte, ungefähr 500 Juden. Das Militär machte 12500 Personen aus. Andererseits gab es allein

30 000 Domestiken, worunter etwa 4 000 Lakaien waren, die Stubenmädchen noch gar nicht gerechnet. Der Anteil der Fremden war mit 25 000 Personen außerordentlich hoch. Zahlen nach Johann Pezzl: *Skizze von Wien. Ein Kultur- und Sittenbild aus der josefinischen Zeit.* Herausgegeben von Gustav Gugitz und Anton Schlossar, Graz 1923.

3 Eigene Musikensembles unterhielten zumindest zeitweilig die Fürsten Batthyány, Esterházy, Grassalkovics, Liechtenstein und Schwarzenberg sowie mehrere Grafen Erdödy, die Grafen Batthyány, Chotek und Harrach, außerdem ist hier die Harmoniemusik des Hofrats Johann Gottlieb von Braun zu nennen. Als die meisten Kapellen wohl schon aufgehört hatten zu existieren, gründete Fürst Lobkowitz ein neues Ensemble und bildete Fürst Lichnowsky jenes berühmte Streichquartett, das von Ignaz Schuppanzigh geleitet wurde. Man wird davon ausgehen müssen, daß vor allem bis 1800 immer wieder neue Ensembles gegründet, andere aufgelöst wurden. Die Liste dieser Kapellen ist zum Teil noch unerforscht und sicher unvollständig. – Sie wirft natürlich die Frage auf, warum Mozart eigentlich keine Festanstellung beim Wiener Adel gesucht hat, eine Stellung vergleichbar der Haydns beim Fürsten Esterházy. Gelegenheiten hierzu hätte es sicher gegeben. Allein Mozart hatte Ansprüche an eine solche Stelle, die nicht leicht zu befriedigen waren. In einem Brief an seinen Vater äußert sich Mozart hierzu recht deutlich, wobei Gehälter – wie immer in der Familie Mozart – als »das gewisse« bezeichnet werden: »Nun will ich ihnen wegen dem wenigen gewissen meine Meynung sagen. – Ich habe hier auf dreyerley sachen mein augenmerk. – das Erste ist nicht gewis, und wenn auch – vermuthlich nicht viel – das zweyte wäre das beste –– aber gott weis ob es geschieht – und das dritte – wäre nicht zu verrachten – nur schade daß es nur das futurum und nicht das Praesens seyn könnte. – das Erste ist der Junge fürst liechtenstein, |: er will es aber noch nicht wissen lassen :| dieser will eine Harmonie Musick aufnehmen, zu welcher ich die stücke setzen soll – da würde freylich nicht viel ausfallen – doch wenigstens wäre es etwas sicheres – und ich würde den accord niemalen anders als lebenslänglich eingehen – das zweyte |: welches aber bey mir das Erste ist – :| ist der kayser selbst. – wer weis – ich will mit H: v: Strack davon reden – ich zweifle nicht daß er das seinige gewis dabey thun wird – denn er zeigt einen recht guten freund von mir. – doch ist den Hofschranzen niemalen zu trauen. – die Rede des kaysers gegen mich, hat mir einige hofnung eingeflöst. – grosse herrn hören dergleichen reden nicht gerne, geschweige daß sie selbst solche führen sollten; sie müssen immer einen Metzgerstich erwarten – und dergleichen sachen wissen sie sonst hübsch auszuweichen. – das dritte ist der Erzherzog Maximilian – bey diesem kann ich sagen daß ich alles gelte – er streicht mich bey allen gelegenheiten hervor – und ich wollte fast gewis sagen können, daß wenn er schon Churfürst von kölln wäre, ich auch schon sein kapellmeister wäre. – Nur schade das solche herrn nichts im voraus thun wollen. – das simple versprechen getrauete ich mir schon heraus zu locken – allein was hilft mir das für itzt? – baares geld ist besser. ––« (23. Januar 1782) Ein Vertrag mit Fürst Liechtenstein kam nicht zustande, vermutlich aber Einzelaufträge; der Kaiser hatte keine Stelle frei; und auch mit dem Kurfürsten von Köln war es noch lange hin. Es bleibt eine schöne Spekulation, was aus Mozart geworden wäre, wenn er 1785 an Stelle Joseph Reichas die Leitung der Bonner Hofmusik übernommen hätte, die eines

der größten Orchester im deutschsprachigen Raum darstellte. – Mozart fühlte sich in erster Linie als Klaviervirtuose, soweit er ausübender Musiker war, und hätte diese Rolle mit der eines dirigierenden Violinisten vertauschen müssen. Und auch als Komponist suchte Mozart vor allem ein Opernhaus, wo er seine Vorstellungen von Musiktheater verwirklichen konnte. Die Frage ist also, ob ihm ein Vertrag, wie ihn etwa Haydn beim Fürsten Esterházy gehabt hat, annehmbar gewesen wäre. Denn außer den nicht gerade üppigen finanziellen Regelungen enthielt dieser Vertrag auch einige Bestimmungen, mit denen Mozart schwerlich einverstanden gewesen wäre. So wurde Haydn »als ein haus-Officier angesehen«, was bedeutete, daß er »allezeit in Uniform ... in weissen strümpffen, weisser wäsche, eingepudert, und entweder in zopf, oder harbeütel, Jedoch durch aus gleich sich sehen« lasse. Vor allem aber solle er komponieren, was von ihm verlangt werde, und seine Kompositionen niemandem herzeigen, »viel weniger abschreiben lassen, sondern für Ihro Durchlaucht eintzig, und allein vorbehalten, vorzüglich ohne vorwissen, und gnädiger erlaubnus für Niemand andern nichts Componiren«. Besonders unannehmbar für Mozart, wenn auch in der Praxis vielleicht weniger streng gehandhabt, mag die Vorschrift gewesen sein, daß Haydn »alltäglich vor- und nach-Mittag in der Anti-Chambre erscheinen, und sich melden lassen, allda die Hochfürstl. Ordre, ob eine Musique seyn solle? abwarthen« mußte und dafür verantwortlich war, daß alle Musiker pünktlich erschienen. Außerdem war mit Haydns Stelle die organisatorische Verantwortung über das Orchester verbunden, was Einkäufe für die Instrumente, Noten, Kopieraufträge, Engagements usw. bis zum Rechnungschreiben einschloß. Selbst wenn man den erneuerten Vertrag von 1779 nimmt, der keine Subalternbestimmungen mehr enthielt und über das Eigentum des Fürsten an Haydns Kompositionen keine Klauseln mehr vorsah, so hätte dieser Mozart kaum glücklich gemacht: Bei einem Gehalt von etwa 1 000 Gulden inklusive der Naturalentlohnung war jetzt noch die Wahrnehmung der Organistenstelle in Eisenstadt vorgeschrieben mit der Bestimmung, daß Haydn im Vertretungsfalle den Ersatzmann selbst zu bezahlen hatte. Vgl. hierzu Anmerkung 26 zu Kapitel 3.

4 Immer noch einschlägig hierzu ist die Monographie von Eduard Hanslick: *Geschichte des Concertwesens in Wien,* Wien 1869, die auch in einem Neudruck (Farnborough 1971) vorliegt. Im übrigen gibt eine gute Übersicht: *Musikgeschichte Österreichs.* Herausgegeben von Rudolf Flotzinger und Gernot Gruber. Band II: Vom Barock zur Gegenwart, Graz/Wien/Köln 1979, Kapitel 13.

5 Bei diesen Konzerten bestand allein das Orchester oft aus 150 bis 180 Instrumenten. Da hierbei oft auch große Oratorienwerke aufgeführt wurden, muß man sich neben den Solisten auch noch einen entsprechenden Chor vorstellen.

6 Gemeint ist keineswegs ein erstes Auftreten vor dem Kaiser, denn Joseph II. hatte Mozart bereits vier Tage zuvor im Konzert der »Tonkünstler-Sozietät« hören können, wo Mozart ein Klavierkonzert gespielt hatte. Es geht Mozart wohl vor allem um eine Begegnung mit Joseph II. in der zwanglosen Atmosphäre des Salons, wo neben der Musikdarbietung auch Gelegenheit zum privaten Gespräch zwischen Zuhörern und Künstlern möglich war.

7 Zitiert bei Alfred Orel: »Gräfin Wilhelmine Thun«, in: *Mozart-Jahrbuch 1954,* S. 92 f.

Anmerkungen 463

8   Für die Musikgeschichte bedeutsamer ist freilich, daß die älteste Tochter, Elisabeth, später den russischen Botschafter in Wien, Andreas Graf Razumowsky, geheiratet hat, während sich ihre Schwester Christina mit dem Fürsten Karl Lichnowsky verehelichte, den Mozart kurz zuvor auf eine Reise nach Berlin begleitete. Zu diesen beiden Hochzeiten vgl. das Tagebuch des Grafen Zinzendorf, abgedruckt in: *Wien von Maria Theresia bis zur Franzosenzeit.* Aus den Tagebüchern des Grafen Karl von Zinzendorf ausgewählt, aus dem Französischen übersetzt, eingeleitet und kommentiert von Hans Wagner, Wien 1972 (Jahresgabe der Wiener Bibliophilen-Gesellschaft zu ihrem 60jährigen Bestehen), S. 88f. Sowohl Razumowsky wie Lichnowsky spielten später eine große Rolle als Mäzene Beethovens, der sich des Thunschen Anteils dieser Musikliebe wohl bewußt war, als er sein *Klarinettentrio* op. 11 der Gräfin Thun widmete, bei der er selbst auch verkehrte.

9   Die Briefe Forsters finden sich in Georg Forster: *Werke. Sämtliche Schriften, Tagebücher, Briefe.* Herausgegeben von der Akademie der Wissenschaften der DDR, Band 14: Briefe 1783–87, Berlin 1978.

10 Anna von Pufendorf, Frau eines Reichshofrats, war eine ausgezeichnete Sängerin. In der Liebhaberaufführung von *Idomeneo,* die Mozart im März 1786 im Palais Auersperg dirigierte, sang sie die Rolle der Ilia. Auch ihr Mann ist schon früh im Mozart-Umkreis zu finden: 1762 ließ er bei einem Konzert in Wien ein Gedicht *Auf den kleinen sechsjährigen Clavieristen aus Salzburg* auf einem gedruckten Blatt verteilen.

11 Brief vom 13. Mai 1788 an den Grafen Rosenberg-Orsini, zitiert in: *Joseph II. als Theaterdirektor. Ungedruckte Briefe und Aktenstücke aus den Kinderjahren des Burgtheaters.* Herausgegeben von Rudolf Payer von Thurn, Wien/Leipzig 1920, S. 74. Das dort angegebene Datum 3. Mai kann nicht stimmen; vielleicht handelt es sich um einen Schreibfehler des Kaisers. Denn die *Don-Giovanni*-Premiere, von der Graf Rosenberg berichtet hatte, war am 7. Mai, der Kaiser konnte also frühestens am 13. Mai auf diesen Bericht replizieren.

12 Zitiert nach: *Joseph II. als Theaterdirektor,* a.a.O., S. 1.

13 Übrigens spielen hier auch materielle Seiten hinein: Die Eintrittskarten zum Nationalsingspiel kosteten ebensoviel wie die des Sprechtheaters, waren also heruntersubventioniert. Die Eintrittspreise zur italienischen Hofoper waren wesentlich höher. Dies dürfte die Zusammensetzung des Publikums erheblich beeinflußt haben und war sicher auch so beabsichtigt.

5. Wien 1782 bis 1785

1   Die Grafen (später Fürsten) Lichnowsky waren eine eher am Berliner Hof orientierte Adelsfamilie mit Gütern im österreichisch-preußischen Grenzbereich. Ihren Fürstentitel hatten sie nicht am Wiener Hof, sondern in Berlin erworben.

2   KV 386b=412 (und 514). Leider wird dies Konzert nie in jener gestischen Form gespielt, die Mozarts Regieanmerkungen nahelegen; sie seien deshalb hier notiert: Die Satzüberschrift des Rondos lautet für das Orchester »Allegro«, in der Solostimme »Adagio«. In die Noten der Solostimme sind folgende Bemerkungen hineingeschrieben: »A lei Signor Asino – Animo – presto – sù via – da bravo –

Coraggio – e finisci già – bestia – oh che stonatura – chi – oimè – bravo poveretto! – oh seccatura di coglioni! – ah che mi fai ridere! – ajuto – respira un poco! – avanti, avanti! – questo poi va al meglio – e non finici nemmeno? – ah porco infame! oh come sei grazioso! – Carino! Asinino! – hahaha – respira! – Ma intoni almeno una, pazzo – bravo evviva! – e vieni a seccarmi per la quarta, e Dio sia benedetto per l'ultima volta – ah termina, ti prego! – ah ma ledetto – anche bravura? bravo – ah trillo di pecore – finisci? grazie al ciel! basta, basta!«

3 Die folgende Darstellung basiert auf der einzigen archivalischen Untersuchung dieser Affäre, der von Gustav Gugitz: »Zu einer Briefstelle Mozarts (Die Affaire Günther–Eskeles)«, in: *Mozarteums-Mitteilungen* 1921, S. 41ff. Eine entstellende und voreingenommene Kurzfassung gibt der Kommentar zum Brief Nr. 691 in MBA Bd. VI, S. 118; das liest sich dann so: »Sie hatte sich an Günther herangemacht und war dessen ›amantin‹ [...] geworden, dem sie zwei Kinder gebar. Sie verstand es, aus Günther politische Nachrichten [...] herauszulocken, die durch Hintermänner nach Berlin verkauft wurden.« Obschon der Aufsatz von Gugitz zitiert wird, wird geradezu das Gegenteil von seinen Ergebnissen referiert!

4 Eleonore Eskeles betrieb von Berlin aus ihre Rehabilitation, die aber erst durch Leopold II., verbunden mit einer harten Justizkritik, ausgesprochen wurde. Erst 1802 kehrte sie nach Wien zurück und begründete einen der geistvollen Salons. Ausgerechnet sie war es, die später Goethe, den sie in Karlsbad kennengelernt hatte, Mozart-Autographen aus der Hand von Mozarts Witwe verschaffte. Vermutlich kannte sie Konstanze von Nissen, verwitwete Mozart, geborene Weber, noch aus jenen frühen Tagen im Hause Arnstein vor mehr als 30 Jahren. Auch scheint sie in Mozarts Bekanntenkreis mehrere Kontakte gehabt zu haben: Mit Baron Wetzlar von Plankenstern zum Beispiel hatte sie gemeinsam eine Loge im Nationaltheater gemietet (Otto G. Schindler: »Das Publikum der josefinischen Ära«, in: *Das Burgtheater und sein Publikum. Festgabe zur 200-Jahr-Feier der Erhebung des Burgtheaters zum Nationaltheater.* Herausgegeben von Margret Dietrich, Wien 1976, S. 79). Günther wiederum war seit 1779 Freimaurer und wird im »Verzeichnis Sämmtlichen Brüdern und Mitgliedern der ... Loge zur gekrönten Hofnung ...« (1781) unter Nr. 33 genannt (VA 72, fol. 265 ff.).

5 Sieht man sich den Spielplan für die »italienische« Zeit von 1783 bis zu Mozarts Tod an, so ist allein Vicente Martín y Soler mit drei Uraufführungen vertreten – sieht man einmal vom »Chef« des Hauses, Antonio Salieri, ab, der natürlich einen ungeheuren Platzvorteil genoß und im übrigen gerade dafür auch engagiert war: Er ist mit sieben Auftragswerken vertreten. Außer Mozart sind nur drei weitere Komponisten mit jeweils zwei Auftragsarbeiten dabei, während fünf Komponisten sich in diesen neun Jahren mit jeweils einem Werk begnügen mußten. Pro Jahr kamen unter neun neuen Inszenierungen durchschnittlich zwei bis drei neue Opern heraus. Außerdem ist daran zu denken, daß *Don Giovanni*, obschon nur eine Nachaufführung, unüblicherweise noch einmal mit einem halben Satz honoriert und für *Così fan tutte* sogar doppeltes Honorar gezahlt wurde.

6 Daß die meisten Opernproduktionen der zweiten Hälfte des 18. Jahrhunderts – und es sind viele Tausende – so schematisch, langweilig und uninspiriert sind,

daß sie heute kaum noch aufgeführt werden könnten, hängt sicher auch mit einem Mangel an Reflexion über die Verbindung theatralischer und musikalischer Mittel zusammen.

7 Hermann Abert: *W. A. Mozart. Neubearbeitete und erweiterte Ausgabe von Otto Jahns Mozart,* Leipzig ⁹1978, Zweiter Teil, S. 34.

8 Es ist nur bekannt, daß Konstanze Mozart dabei das Sopransolo gesungen hat, weshalb die Vermutung naheliegt, es handle sich dabei um das Fragment der *c-Moll-Messe.* Später wurde sie mit einem anderen Text unterlegt und um einige Sätze ergänzt zu dem Oratorium *Davidde penitente* (KV 469) – ein bei Mozart einmaliger Fall, der im übrigen seiner ganzen Auffassung von Textbehandlung durch Musik völlig widersprach.

9 Nach *Così fan tutte* (Januar 1790) scheint eine ebenso lange Ruhepause stattgefunden zu haben.

10 Interessant sind in diesem Zusammenhang die Wetterumstände dieses Frühsommers: Nach einem sehr kalten Winter hatte es sowohl Anfang wie Ende April heftig geschneit, also auch Hochwasser gegeben. Mitte Juni hat es dann so stark geregnet, daß die Flüsse über die Ufer getreten sind und großen Schaden anrichteten.

11 Lorenzo Da Ponte: *Geschichte meines Lebens. Memoiren eines Venezianers.* Aus dem Italienischen übertragen und herausgegeben von Charlotte Birnbaum. Mit einem Vorwort von Hermann Kesten, Tübingen 1969, S. 102.

12 Lorenzo Da Ponte: *Memoiren des Mozart-Librettisten, galanten Liebhabers und Abenteurers,* Berlin 1970, S. 125.

13 Dokumente, S. 208.

14 Dokumente, S. 209.

15 Übersetzung von Josef Kainz, in Jürgen Petersen: *Die Hochzeit des Figaro. Deutung und Dokumentation,* Frankfurt/Berlin 1965.

16 Das hat nichts mit dem kaiserlichen Urteil über das Gelingen dieser Komposition zu tun: Vermutlich eher zu *Figaro* gehört die Anekdote von der Bemerkung Josephs II.: »Zu schön für unsere Ohren und gewaltig viele Noten, lieber Mozart!«

17 Saul K. Padovers Biographie führt zum Beispiel den Titel *Joseph II. Ein Revolutionär auf dem Kaiserthron;* weitere Beispiele ließen sich leicht zusammenstellen.

18 Die Schauspielzensur blieb übrigens bestehen, weil das Theater »so sehr auf die Sitten Einfluß« habe. Andererseits bedeutete dies keineswegs, daß das Theater einer besonders strengen Zensur unterworfen worden wäre. Aber das Burgtheater galt gewissermaßen als zentrale Instanz für alle Länder: Was dort gespielt wurde, war gleichsam überallhin »empfohlen« – und das erforderte eine größere Aufmerksamkeit der Zensur.

19 »Nous n'héritons en naissant de nos parents que la vie animal, ainsi roi, comte, bourgeois, paysan, il n'a pas la moindre différence. Ces dons de l'âme et de l'esprit, nous les tenons du créateur, les vices ou les qualités nous viennent par le bonne ou mauvaise éducation, et par les exemples que nous voyons.« Denkschrift Josephs II. über den Zustand der österreichischen Monarchie (Ende 1765), in: *Maria Theresia und Joseph II. Ihre Correspondenz sammt Briefen Joseph's an seinen Bruder Leopold.* Herausgegeben von Alfred Ritter von Arneth, 3 Bände,

Wien 1867/68, Bd. 3, S. 353. Deutlicher hatte es Figaro in seiner Wut auf den Grafen Almaviva auch nicht formuliert.
20 Die Universitätsreform jener Jahre scheint in vielem nach 200 Jahren einem Wiederholungszwang zu unterliegen.

6. Mozart und die Freimaurerei

1 VA 71.
2 VA 68.
3 VA 68. Solche Bewerbungsschreiben liegen sogar von bekannten Zeitgenossen, wie etwa dem Schriftsteller Johann Pezzl, vor. Selbst schriftliche Bitten um Beförderung in einen höheren Grad haben sich erhalten. Von Mozart stammende Dokumente sucht man freilich vergebens. Daß Mozart über den Freiherrn Otto von Gemmingen zur Freimaurerei gekommen sei, liest man immer wieder in der Sekundärliteratur, einen Beweis für diese Behauptung gibt es jedoch nicht, es ist sogar höchst unwahrscheinlich. Gemmingen gehörte zwar zu den Gründern der Loge »Zur Wohltätigkeit«, war aber schon bald mit der dortigen Arbeit unzufrieden. Im übrigen scheint er 1785 Wien verlassen zu haben.
4 Historisches Museum, Inventar-Nr. 47.927. – Eine andere, heute nicht mehr überprüfbare mündliche Überlieferung meint, daß das dargestellte Logenlokal sich im »Haus zum 7 Schwertern« (Schwertgasse 3) befunden habe. Zu diesem Bild sind des öfteren Versuche unternommen worden, die dargestellten Personen zu identifizieren. Selbstverständlich glaubte man auch stets den »berühmtesten« Freimaurer Wiens zu erkennen – im Vordergrund rechts: Wolfgang Mozart. Diese Interpretation vermag ebensowenig zu überzeugen wie die noch umfänglichere Entschlüsselung von Howard Chandler Robbins Landon, die im Katalog der Ausstellung *Zirkel und Winkelmaß – 200 Jahre Große Landesloge der Freimaurer* (Historisches Museum der Stadt Wien, 1984, S. 25ff.) abgedruckt wird. Ihre historischen Prämissen sind allzuleicht in Frage zu stellen. – Im Logenlokal in der Landskrongasse arbeiteten wohl seit 1787 die Logen »Zur Wahrheit« (in der die Loge »Zur wahren Eintracht« aufgegangen war) und »Zur neugekrönten Hoffnung« (die aus der Loge »Zur Wohltätigkeit« hervorgegangen war).
5 VA 41, fol. 299–318. – Dieses Meisterritual stammt von der Loge »Zu den 3 gekrönten Säulen« in Prag, die Mozart oft besucht hat. Es entsprach wohl ziemlich genau dem Ritual in seiner Wiener Loge.
6 In der Loge »Zur neugekrönten Hoffnung« waren allein fünf Priester und Domherren. Eine systematische Durchsicht aller Logenverzeichnisse kommt auf 45 Geistliche (Priester, Mönche, Domherren usw.) in den Wiener Logen des josephinischen Jahrzehnts. Vollständigkeit ist wegen des inkompletten Archivmaterials aber keineswegs garantiert; außerdem scheint die Zugehörigkeit von Geistlichen gelegentlich verschwiegen worden zu sein, um Konflikte mit der Kirchenobrigkeit zu vermeiden. Vgl. Franz Wehrl: »Der ›Neue Geist‹. Eine Untersuchung des Klerus in Wien von 1750–1790«, in: *Mitteilungen des österreichischen Staatsarchivs* 20, Wien 1967, S. 55ff.
7 Reinhart Koselleck: *Kritik und Krise. Eine Studie zur Parthenogenese der bürgerlichen Welt*, Frankfurt a. M. ^{3}1979, S. 52f.

Anmerkungen

8   VA 65, fol. 1 ff.
9   Georg Forster: *Werke. Sämtliche Schriften, Tagebücher, Briefe.* Herausgegeben von der Akademie der Wissenschaften der DDR, Band 14: Briefe 1783–87, Berlin 1978 (Brief vom 14. August 1784).
10 Als nach dem Freimaurerpatent (Dezember 1785) das Logenwesen in eine tiefe Krise geriet, brach vor allem das von Born Organisierte wie ein Kartenhaus zusammen: Möglicherweise ist der kritische Unterton auch auf Born gemünzt, in dem ausgerechnet der Sekretär jener Loge, in der Born als Meister vom Stuhl amtierte, von der »demokratischen Verfassung« der Logen untereinander redete. Borns Verfahrensweisen erinnern eher an einen geschickt im verborgenen die Drähte ziehenden, machtbewußten Politiker als an einen zur Demokratie führenden Erzieher unter den Logenbrüdern.
11 Später wird in der Trauerfeier der Loge anläßlich des Todes von Mozart ausdrücklich dessen eigene karitative Tätigkeit hervorgehoben.
12 So zum Beispiel im Brief vom 14. Oktober 1785.
13 Die Partitur von Mozarts *Kantate* erschien sogleich in einem aufwendigen Druck, dessen Erlös »zum Besten der Armen« gedacht war, wobei allein der Name Mozart genannt war, alles andere in den nur den Eingeweihten bekannten Abkürzungen erschien; der Titel lautete: »Die Maurerfreude. Eine Kantate gesungen am 24. April 1785 zu Ehren des Hw. Br:. B. .n von den B. B. der Loge zur G. H. im O . . . .t von Wien. Die Worte von B:. P. .n, die Musik von B:. W. A. Mozart«. Aufgelöst sollte dies heißen: ». . . zu Ehren des hochwerten Bruders Born von den Brüdern der Loge zur Gekrönten Hoffnung im Orient von Wien. Die Worte von Bruder Petran . . .«; Franz Petran war übrigens ein Weltgeistlicher und Freimaurer.
14 Daneben gab es aber auch eine ganze Anzahl von logenähnlichen Bünden, die reine Betrügereien darstellten (wie etwa die Steinertsche), nichts anderes als Saufklubs waren (wie die »Zu den drei schwarzen Katern«) oder Geldschneiderei mit Mystifikationen verbanden. Von den Verwicklungen des Grafen Thun in die »Gablidonische Gesellschaft« war der Kaiser sicher unterrichtet. – Es soll sogar eine recht freizügige Frauenloge gegeben haben, an deren Spitze eine Vertraute des Kaisers stand. Von all diesen Winkellogen weiß man bisher recht wenig, da sich die historischen Untersuchungen allzu eng immer mit der Freimaurerei beschäftigen. Das meiste zu diesem Komplex enthält noch immer das allerdings sehr seltene und schwer zugängliche Werk von Gustav Brabbée: *Sub Rosa. Vertrauliche Mittheilungen aus dem maurerischen Leben unserer Großväter,* Wien 1879. Die hier (S. 176) einmal erwähnte Zahl von 10 000 Freimaurern im josephinischen Wien dürfte allerdings als Druckfehler eine Null zuviel haben; aber sonst ist dieses Werk außerordentlich zuverlässig.
15 *Journal für Freymaurer,* 1786, III, S. 204.
16 *Journal für Freymaurer,* 1786, III, S. 212 ff.
17 Die Mitgliedschaft in einer Loge war recht teuer: Sie kostete monatlich einen Gulden, außerdem waren für die Aufnahme in den ersten Grad 50 Gulden zu bezahlen, für den zweiten Grad 20 Gulden, und die Beförderung zum Meister kostete 35 Gulden.
18 Forster, a.a.O. (Brief vom 12. Oktober 1786).
19 Wer die Figur Borns als Vorbild für Mozarts Sarastro behauptet, wie man es

überall lesen kann, der wird freilich auch die Rolle Borns im Auflösungsprozeß der Loge »Zur Wahrheit«, beim berüchtigten »Kratterschen Autodafé«, bedenken müssen. Im übrigen vgl. Anmerkung 10 zu Kapitel 6.
20 Oder stammte der »Grotten«-Plan gar aus der Zeit nach dem Tod Josephs II.? Er wäre für Mozart nur um so gefährlicher gewesen, da Leopold II. für die Reorganisation der Geheimpolizei ein großes Faible entwickelte; schließlich befand sich das Habsburgerreich bei seinem Regierungsantritt in einem zerrütteten Zustand und drohte wirklich auseinanderzubrechen. Hinzu kamen die durch die Französische Revolution signalisierten Gefahren, die zum ansteckenden Vorbild werden konnten.
21 Der Text stammt von Caterino Mazzolà (dem Librettisten von Mozarts *La clemenza di Tito*), der sich dabei von Lorenzo Da Ponte helfen ließ, mit dem er befreundet war.
22 VA 41.
23 VA 41.
24 II. Aufzug, 28. Auftritt.
25 II. Aufzug, 1. Auftritt.
26 I. Aufzug, 9. und 10. Auftritt.
27 I. Aufzug, 19. Auftritt.
28 II. Aufzug, 12. Auftritt. – Wer Ignaz von Born als »Vorbild« für Sarastro ansieht, wird diese Arie als kritische Anspielung auf das »Krattersche Autodafé« verstehen müssen. Die tiefe Ironie dieses Textes wird zumindest Mozarts Logenbrüdern aufgefallen sein.
29 I. Aufzug, 18. Auftritt.
30 II. Aufzug, 1. Auftritt.
31 II. Aufzug, 8. Auftritt.
32 II. Aufzug, 28. Auftritt.
33 II. Aufzug, 3. Auftritt.
34 Zitiert bei Brabbée, a.a.O., S. 117f.

7. Wien 1786 bis 1790

1 Vor allem über die Zentralisierungspläne Josephs II. Denn auch darauf lief der Plan hinaus, den Kurfürsten von Bayern, der aus Mannheim kam und nun in München durchaus ortsfremd war, dazu zu bewegen, Bayern an Österreich abzutreten und dafür die österreichischen Niederlande zu bekommen – ein Plan, für den auch der hochverschuldete Herzog von Pfalz-Zweibrücken gewonnen werden mußte, den man mit entsprechenden Geldsummen zu ködern gedachte. Für Joseph II. bot ein solcher Tausch ungeheure Vorteile, die allein schon aus geographischer Sicht einleuchten: Joseph II. hätte auf die Herrschaft über schwer zu verwaltende und unruhige Provinzen, weit entfernt von den Stammlanden, verzichtet, zugleich aber im Westen mit Bayern seine zusammenhängende Herrschaft auf das vorteilhafteste erweitert (was einige europäische Mächte in Alarmbereitschaft rufen mußte). Gerade im Zusammenhang mit einem solchen süddeutsch-österreichisch-ungarischen Großreich gewann auch der Fürstenbund an Gewicht, der als Bollwerk der kleinen, zunehmend einflußlosen Fürstentümer

gegen die Großen (Friedrich II. in Preußen, Joseph II. im Süden) ins Leben gerufen worden war. – Dieser Fürstenbund vereinte die kleinen, aber wegen ihrer Armut reformfreudigen Staaten, wie insbesondere die Markgrafschaft Baden, Sachsen-Weimar-Eisenach und Sachsen-Coburg-Gotha. Der Herzog von Weimar, dem Goethe als wichtigster Minister diente, spielte in diesem Bunde gewissermaßen die Rolle eines geschäftsführenden Sekretärs. Goethe selbst entzweite sich über diese Frage mit seinem Herzog und quittierte nach der Italienreise 1788 seinen aktiven Dienst als Minister im Geheimen Conseil. Goethe sah richtig vorher, daß die kleinen Fürstentümer gegen die Großen machtlos waren und ein solcher Fürstenbund nur von den notwendigen Reformen im eigenen kleinen Staatsgebilde ablenken würde. Als Joseph II. mit seinem Plan, sich Bayern durch Tausch einzuverleiben, aktiv wurde, sah auch der Fürstenbund seine einzige Überlebenschance darin, nun mit Preußen zusammen gegen Josephs II. Pläne vorzugehen, aus denen bekanntlich dann auch nichts wurde. – Andererseits waren viele bürgerliche Intellektuelle durchaus bereit, Joseph II. zu vertrauen, sahen in der schrittweisen Durchsetzung seiner Reformmaßnahmen eine schrittweise Verbesserung der Lebensbedingungen, der Gerechtigkeit und der Zurückdrängung adliger Willkürherrschaft. Insofern fand auch der Vertauschungsplan mit Bayern seine Befürworter, insbesondere im ohnehin rückständigen süddeutschen Raum, wo der Klerisei noch eine ungebrochene Macht zukam. Man sieht, daß Leopold Mozart sich nicht für Bagatellfragen interessierte, sondern für die wichtigsten politischen Veränderungen, die in der Luft lagen.

2 In den gedruckten Exemplaren der »Constitutio Criminalis Theresiana« wird die Folter noch mit Hilfe von 30 übergroßen gefalteten Kupfertafeln anschaulich gemacht zu ihrer peinlich genauen Durchführung: Vorgesehen waren unter anderem der Daumenstock, die Schnürung, die Folterleiter mit Stricken und Knebel, Schraubstiefel, Feuer, Beinschraube, eine Aufzugsmaschine usw.

3 Daß es in der Strafrechtspflege auch ganz andere Tendenzen gab, zeigt das Beispiel seines Bruders Leopold, der als Großherzog von Toskana residierte. Er hatte sich bei seinen Reformbestrebungen von dem avanciertesten Juristen der Zeit beraten lassen. Unter dem Einfluß von Cesare Beccaria wurden nicht nur alle Majestätsverbrechen abgeschafft (die im allgemeinen bis 1918 in ganz Europa gang und gäbe waren), sondern darüber hinaus auch der Grundsatz aufgestellt, daß Strafe der Besserung dienen solle und keineswegs der Abschreckung oder gar der Rache. (Dieser Resozialisierungsgedanke ist zwar heute durch die Strafrechtsreform überall eingeführt, im Strafvollzug jedoch bisher keineswegs verwirklicht.) Leopold hat dann auch gleich in den ersten Tagen als Nachfolger Josephs II. (1790) die Strafe des Schiffsziehens aufgehoben, ebenso die öffentliche Züchtigung mit Schlägen, die dann unter seinem Sohn Franz zusammen mit der Todesstrafe wieder eingeführt wurde und bis 1867 in Österreich im Gebrauch war. Man sieht daraus, daß die »77 Sohlenstreich«, die Sarastro in der *Zauberflöte* (1791) dem Mohren Monostatos verpassen läßt, nicht nur ziemlich genau der Mischung aus Despotismus, Willkür und Strenge entsprechen, die Joseph II. verkörperte, sondern auch aus der Strafpraxis *seiner* Herrschaftszeit stammen und nicht der seines Nachfolgers.

4 Das »Rädern von unten auf« bedeutet als Strafverschärfung ein langsames, qualvolles Zerbrechen der Knochen mit einem metallbeschlagenen Rad, bis der Tod eintritt, während beim »Rädern von oben« als Strafmilderung der Tod sofort eintritt.
5 Mozart hat selbst mehrere Hinrichtungen aus der Nähe erlebt. Und auch Leopold Mozart schrieb in einem Brief vom 22. Februar – also keine zwei Wochen zuvor – aus München lapidar: »Freylich waren hier heute morgens schon viele 100 Menschen vor der Statt versammelt, um der Execution zuzusehen, weil ein Soldat, wegen *vieler gewaltätiger Einbrüche, und Diebereyen etc etc: gehenkt worden.*«
6 Alfred Einstein: *Mozart. Sein Charakter – Sein Werk,* Frankfurt a. M. 1968, S. 328; Wolfgang Hildesheimer: *Mozart,* Frankfurt a. M. 1977, S. 171f.
7 Lorenzo Da Ponte: *Memoiren des Mozart-Librettisten, galanten Liebhabers und Abenteurers,* Berlin 1970, S. 126ff.
8 Michael Kelly: »Lebenserinnerungen«. Übersetzt von Cäcilie Chrysander, in: *Allgemeine Musikalische Zeitung,* 15. Jg. (1880), Nr. 12–33, Spalte 405.
9 Dokumente, S. 240.
10 Anna Amalie Abert: *Die Opern Mozarts,* Wolfenbüttel/Zürich 1970, S. 93.
11 Dokumente, S. 243f.
12 Kelly, a.a.O., Spalte 407.
13 Dokumente, S. 253.
14 Man hat – im 20. Jahrhundert allerdings – Mozart tatsächlich vorgeworfen, er sei seinem Vater gegenüber so hartherzig gewesen, nicht einmal zu seinem Begräbnis zu fahren. Dazu sei wenigstens angemerkt, daß die Post aus Salzburg mindestens drei Tage brauchte, Mozart vom Tod also erst erfuhr, als sein Vater bereits begraben war. Er selbst hätte frühestens in sechs oder sieben Tagen in Salzburg sein können. Am Begräbnis nahm teil, wer von den Angehörigen am Ort war.
15 Dokumente, S. 248f.
16 Um die Entstehungsgeschichte des *Don Giovanni,* insbesondere die Ouvertüre, rankt sich eine undurchdringliche Legendenhecke. Wirklich authentisch und gesichert ist davon nichts; jede Zeile davon würde nur zu dem Mozart-Bild beitragen, das lebendige Szenen malt, wo eine leere Aussparung nötig ist. Romantische Retuschen und Ergänzungen haben ohnehin mehr verzerrt, als von exakter biographischer Forschung zurechtgerückt werden kann.
17 Da Ponte wurde wegen der Vorarbeiten zu einer Salieri-Oper nach Wien zurückgerufen. Dies ist so ungewöhnlich, daß man an Wiener Kabalen durchaus denken kann. Andererseits brachte die Premierenverzögerung jeden Terminplan durcheinander. Ist deshalb Giacomo Casanova, ein Freund Da Pontes, als Dramaturg eingesprungen? Jedenfalls findet sich in seinem Nachlaß ein Szenenentwurf zu *Don Giovanni,* und außerdem war er zur Uraufführung eigens nach Prag gekommen.
18 Dokumente, S. 267.
19 »Die Aushändigung seines ›De profundis‹ an Salieri für des Kaisers Sammlungen entsprach dem in Todesahnung geäußerten und tatsächlich erfüllten Wunsch, das Werk möge bei seinem Requiem erklingen. Davon wußte man natürlich in Wien und Prag, und solches Wissen mochte auch, neben Da Pontes Mahnung, die frühe

Rückkehr Mozarts veranlaßt haben.« Erich Schenk: *Mozart. Eine Biographie,* München/Mainz 1977, S. 513.

20 Immerhin mag als Erklärung der Rückreise dienen, daß Konstanze Mozart ein weiteres Kind erwartete, das am 17. Dezember geboren wurde und nicht auf Reisen zur Welt kommen sollte.

21 Dokumente, S. 378.

22 Von einer anderen Mozart-Komödie gibt es nur einen Szenenplan; sie hieß *Der Salzburger Lump in Wien.* Beide Stücke sind abgedruckt in MBA, Bd. IV.

23 Dokumente, S. 310–313.

24 Dokumente, S. 334f.

25 Dokumente, S. 335.

26 Dokumente, S. 343f.

27 Bezeichnenderweise ist der gleiche Vorwurf gegen Alban Bergs *Lulu* erhoben worden, hier seien Salon, Zirkusmanege, Gosse mit höchster künstlerischer Geistigkeit zum Sakrileg an der Kunst vermischt worden.

28 Saul K. Padover: *Joseph II. Ein Revolutionär auf dem Kaiserthron,* Düsseldorf/Köln 1969, S. 270.

29 Paul von Mitrofanow: *Joseph II. Seine politische und kulturelle Tätigkeit,* Wien/Leipzig 1910, S. 222.

30 Die schärfsten Auswirkungen der Zensur bekam die Kirche mit ihren gegenaufklärerischen Traktätchen, Andachts- und Erbauungsbüchlein zu spüren. Das Universitätswesen wurde von Baron van Swieten grundlegend reformiert – im Sinne eines strengen »verschulten« Reglements mit ständigen Prüfungen; also ganz im Gegensatz zur (etwas späteren) Humboldtschen Universitätsreform. Nicht der allseits gebildete Universitätsabsolvent schwebte Swieten vor, sondern der eng für einen bestimmten nützlichen Beruf Ausgebildete, und deshalb konnte Lehr- und Lernfreiheit für diesen rationalistischen Aufklärer auch kein oberstes Ziel sein.

31 Swieten war über seine Entmachtung völlig konsterniert und zog sich in ein verbittertes Privatleben zurück. Am Musikleben nahm er jedoch weiterhin nachhaltigen Anteil, war er es doch, der sowohl das Textbuch der *Schöpfung* als auch der *Jahreszeiten* für Joseph Haydn einrichtete und auch erheblichen Einfluß auf die musikalische Ausgestaltung dieser enthusiastisch aufgenommenen Oratorienwerke nahm.

32 Das Bearbeitungsverfahren schloß auch kleinere Striche und Kürzungen ein. Man hat diese Mozartschen Bearbeitungen später viel gescholten; vielleicht kann der Hinweis zu denken geben, daß heute noch kaum eine Mozart-Oper vollständig mit allen (auch gesprochenen) Texten und ohne jede Bearbeitung aufgeführt wird; daß kein Theaterstück der Goethe-Zeit im historischen Gewand heute auf der Bühne bestehen würde; daß nicht einmal die Rembrandt-Bilder in ihrer originalen Leuchtkraft erhalten sind, sondern durch jahrhundertealten Firnis gefiltert und verdunkelt erscheinen; selbst die griechischen Tempel waren einmal farbig bemalt. Wir haben mit unseren heutigen historischen Vorlieben wahrlich wenig Grund, beckmesserisch über Mozarts Aktualisierungsversuche für eine den Zeitgenossen eher veraltet erscheinende Kunst zu urteilen.

33 Georg August Griesinger: *Biographische Notiz über Joseph Haydn,* Neudruck Leipzig 1975, S. 51.

34 Vielmehr hat die Mozart-Forschung gerade im Zusammenhang mit Mozarts plötzlichem Tod von schnödem Im-Stich-Lassen der Mozart-Witwe gesprochen; aber auch hier bewährte sich Swietens Tatkraft, indem er mit der Cavaliers-Gesellschaft die erste Aufführung des *Requiems* (KV 626) organisierte, deren Erlös von mehr als 1300 Gulden für Konstanze Mozart und die Kinder bestimmt war (Dokumente, S. 409). Auch jener Adelskreis, der später Haydns *Schöpfung* und *Die Jahreszeiten* finanzierte (1798 ff.), war zum Teil eine Fortsetzung der Cavaliers-Gesellschaft. Man wird auch daran denken müssen, daß jene ungarischen Magnaten, die Mozart kurz vor seinem Tod eine Pension von 1000 Gulden aussetzen wollten (Dokumente, S. 372), zum Teil mit den Mitgliedern der Cavaliers-Gesellschaft identisch gewesen sein können. Ludwig van Beethoven hat später bekanntlich von einer solchen Leibrente aus Adelskreisen gelebt.

35 KV 543 am 26. Juni, KV 550 am 25. Juli, KV 551 am 10. August 1788 datiert.

36 Dokumente, S. 274. – »Die Subskriptionsbillets sind täglich bey Herrn *Puchberg,* in der Sallinzischen Niederlagshandlung am hohen Markte zu haben, alwo vom 1. Julius an auch das Werk selbst zu haben seyn wird«, hieß es da (Dokumente, S. 274). Der Erfolg war offensichtlich zu gering, denn Mozart ließ am 23. Juni eine weitere Anzeige in die *Wiener Zeitung* einrücken: »Da die Anzahl der Herren Subscribenten noch sehr geringe ist, so sehe ich mich gezwungen, die Herausgabe meiner 3 Quintetten bis auf den 1. Jäner 1789 zu verschieben« (Dokumente, S. 280); ob diese Ausgabe überhaupt erschienen ist, ist unbekannt, jedenfalls hat sich bisher kein Exemplar gefunden.

37 Joseph Heinz Eibl im Kommentar zum Brief Nr. 1076 (MBA).

38 Dokumente, S. 372.

39 Dokumente, S. 298.

40 Denn die Honorierung für die bestellten Kompositionen, die Mozart auf eigene Kosten drucken lassen wollte, sollte erst mit Überreichung der Widmungsexemplare erfolgen, wie Mozart in einem Puchberg-Brief (14. Juli 1789) andeutet.

41 Es handelt sich um *Così fan tutte*. Die Summe von erbetenen 500 Gulden würde damit leicht zu erklären sein, denn das übliche Honorar bestand in 100 Dukaten (450 Gulden), die nach der Premiere ausgezahlt wurden. Bis dahin würden nach Mozarts Plan monatlich weitere zehn Gulden von der Schuld abgetragen werden: Puchberg hätte tatsächlich »nichts« zu riskieren.

42 Hildesheimer, a.a.O., S. 271, 253.

43 Aus dieser einen Briefbemerkung zu schließen, Mozart habe in Wien sein Konzertpublikum verloren – wie es in jeder Mozart-Biographie gefolgert wird –, scheint mir eine sehr willkürliche Interpretation. Es gab in Europa, ausgenommen Paris und London, keine Stadt, die ein so ausgeprägtes Musikleben hatte. Man konnte allerdings in London oder Paris unter Umständen mehr Geld verdienen als in Wien. Mozart wird wohl erfahren haben, daß Salieri beispielsweise in Paris mit einer einzigen Oper (*Les Danaïdes*, 1784) fast 5000 Gulden verdient hatte – ein Betrag, an den in Wien nicht im entferntesten zu denken war.

44 Dokumente, S. 346.

45 Zitiert nach Arthur Schurig: *Wolfgang Amadé Mozart. Sein Leben, seine Persönlichkeit, sein Werk,* Leipzig ²1923, Bd. 2, S. 302.

46 Ebd., S. 296.

47 Die deutschen Übersetzungen sind hierin allerdings so gut wie alle unsäglich

Anmerkungen 473

schlecht: Opernsprache voller Gespreiztheit und alle krasse Deutlichkeit des italienischen Originals nivellierend bis zur Unverständlichkeit und Blödsinnigkeit, vor allem bei den vielen sexuellen Anspielungen in dieser Oper.

48 I. Akt, 13. Szene.
49 II. Akt, 13. Szene.
50 II. Akt, 1. Szene.
51 II. Akt, 2. Szene.
52 II. Akt, 6. Szene.
53 Zitiert nach Ernst Wangermann: *Von Joseph II. zu den Jakobinerprozessen*, Wien 1966, S. 47f.
54 Die eingeklammerten Textteile sind von Mozart bereits im Entwurf gestrichen, der Schluß unleserlich.
55 Warum Mozart kurz nach der Honorierung von *Così fan tutte* (900 Gulden) und trotz Auszahlung seines Quartalsgeldes (200 Gulden) schon wieder Schulden machen mußte, bleibt unklar.
56 28. Juli 1790, zitiert nach Rudolph Angermüller: *Antonio Salieri, sein Leben und seine weltlichen Werke unter besonderer Berücksichtigung seiner großen Opern*, Teil III, München 1974, S. 58.
57 Auch die Mozart-Forschung hat diese Werkfolge nur um einige kleine Klaviersätze und Fragmente sowie ein komisches *Duett* (KV 592a = 625) anreichern können.
58 Joseph Heinz Eibl: *Wolfgang Amadeus Mozart. Chronik seines Lebens*, München ²1977, S. 106.
59 Griesinger, a.a.O.
60 Georg Nikolaus Nissen: *Biographie W. A. Mozarts*, Nachdruck Hildesheim/New York 1972, S. 683.
61 MBA, Bd. VI, S. 399.
62 *Wahl und Krönung Leopolds II. 1790. Brieftagebuch des Feldschers der kursächsischen Schweizergarde*. Herausgegeben von Erna Berger und Konrad Bund, Frankfurt a. M. 1981, S. 63.
63 Ebd., S. 55.
64 Der Name *Krönungskonzert* ist freilich recht deplaziert, denn erstens war das *Konzert* keineswegs für diese Gelegenheit geschrieben, sondern schon im Februar 1788, und zweitens hatte die Aufführung außer ihrer zeitlichen Nähe mit der Krönung wenig zu tun.

8. Das letzte Jahr

1 Sie wurde »la Ferrarese« genannt; darauf spielt auch *Così fan tutte* an, worin sie Fiordiligi sang, eine der beiden »Damen aus Ferrara«.
2 Hätte Peter Shaffers *Amadeus* die Tatsache von Salieris freiwilliger Ämterniederlegung berücksichtigen wollen, wäre die ganze auf Erfindung beruhende Dramaturgie seines Theaterstücks zusammengebrochen: Worauf sollte eine tödliche Konkurrenz zwischen Mozart und Salieri gerade in dem Jahr gründen, in dem sie beide vor dem neuen Kaiser resignierten?
3 Seit Juli 1790: *Streichquintett* (KV 593, Dezember 1790), das letzte *Klavierkon-*

zert (KV 595, 5. Januar 1791), das letzte *Streichquintett* (KV 614, 12. April 1791); außerdem drei kleine Gelegenheitsstücke und die *Baßarie* (KV 612) sowie zahlreiche Tänze für den Fasching und drei *Lieder*.

4 Wann Karl Mozart ins Internat kam, ist einstweilen nicht genau festzustellen. In den Kommentaren zu der Briefausgabe Mozarts taucht immer wieder die Jahreszahl 1787 auf, die indessen wohl zu früh angesetzt ist, denn noch während der Berlinreise im Frühjahr 1789 war Karl zu Hause, während der Frankfurtreise im September 1790 wohl nicht mehr.

5 *Wiener Zeitung*, 14. September 1791.

6 *Wiener Zeitung*, 6. Juni 1789.

7 15 Monate später brachte Mozart seinen *Figaro* heraus, diesmal sogar mit kaiserlichem Interesse. Der Druck von Johann Rautenstrauchs Übersetzung wurde nicht verboten.

8 Zitiert nach Emil Karl Blümml: *Aus Mozarts Freundes- und Familienkreis*, Wien/Prag/Leipzig 1923, S. 128f.

9 Hermann Abert: *W. A. Mozart. Neubearbeitete und erweiterte Ausgabe von Otto Jahns Mozart*, Leipzig ⁹1978, Zweiter Teil, S. 582f.

10 Dokumente, S. 475.

11 Dokumente, S. 471.

12 »Ich schreibe diesen Brief in dem kleinen Zimmer im Garten von Leitgeb, wo ich diese Nacht sehr gut geschlafen habe – und ich hoffe, daß mein teures Weib diese Nacht ebenso gut verbracht hat wie ich, ich bleibe auch diese Nacht hier, weil ich Leonore entlassen habe und ich ganz allein im Haus wäre, was nicht angenehm ist.« (6. Juni 1791; Original französisch)

13 Das Stück, das für diese These immer herangezogen wird, ist das Singspiel *Kaspar, der Fagottist, oder Die Zauberzither* von Wenzel Müller (Text: Joachim Perinet), das am 8. Juni im Leopoldstädter Theater Premiere hatte. Mozart, der drei Tage später eine Auffführung besuchte, schrieb an seine Frau: »ich gieng dann um mich aufzuheitern zum Kasperl in die neue Oper der *Fagottist*, die so viel Lärm macht – aber gar nichts daran ist« (12. Juni 1791). Diese Formulierung wäre wohl etwas anders ausgefallen, wenn die Oper tatsächlich Änderungen an der *Zauberflöte* notwendig gemacht hätte.

14 »Mad:ᵉ Leitgeb hat mir heute das halsbindl gemacht, aber wie? – lieber gott! – ich habe freylich immer gesagt, *so macht sie's!* – es nutzte aber nichts. –« (6. Juni 1791) Das Hausmädchen Leonore hatte er ja entlassen.

15 Die beiden Namen können nur vermutet werden, da Georg Nikolaus von Nissen sie später unleserlich gemacht hat.

16 Gleich nach Sarastros Arie »In diesen heil'gen Hallen« verwandelt sich das Theater »in eine Halle, wo das Flugwerk gehen kann. Das Flugwerk ist mit Rosen und Blumen umgeben.« (Textbuch; Verwandlung zur 13. Szene des II. Aktes.)

17 Daß dabei bereits über eine *Titus*-Vertonung verhandelt wurde, wird immer wieder unterstellt, ist aber weder beweisbar noch wahrscheinlich. Guardasoni suchte Erfolgsstücke, da er auf eigenes Risiko arbeitete, und nicht die steifen Seriaopern, die ihren höfischen Charakter nicht verleugnen konnten. Der Erfolg des *Don Giovanni* in Prag legte eher einen Buffo-Opernstoff im weitesten Sinne nahe.

Anmerkungen

18 Kastraten waren in der höfischen Opera seria üblich, obschon am Ende des 18. Jahrhunderts die theatralische Lächerlichkeit evident und allgemein verspottet war. Da es heute keine Kastraten mehr gibt, wird diese Lächerlichkeit noch um einiges gesteigert, wenn man deren Männerrollen nun von Frauen singen läßt: Ob das Transponieren einer Sopranlage in eine Tenorpartie dem Musiktheater mehr Gewalt antut als die Verkleidung zu Hosenrollen? Mozart jedenfalls war alles andere als ein Freund des Kastratenunwesens, legte hingegen größten Wert auf theatralische Wahrscheinlichkeit; man sollte ihm die Ehre antun, in unseren modernen Opernhäusern auf diese »Hosenrollen«-Besetzung zu verzichten, die im 18. Jahrhundert höchstens bei ganz unbedeutenden Nebenrollen geduldet wurde.

19 Von heute aus gesehen weiß man nicht, worüber man mehr staunen soll: daß Konstanze Mozart sich so kurz nach der Entbindung einer dreitägigen Kutschenfahrt anvertraute oder daß sie das neugeborene Kind bedenkenlos in die Obhut einer Amme gab. Jedenfalls war die Sorge um das Kind weniger ausgeprägt als der Wunsch, sich nicht für drei Wochen von Mozart trennen zu müssen.

20 Helga Lühning hat hierzu in eindrucksvoller Weise die Entstehung der Legendenbildung um Mozart dargestellt: »Daß der Komponist während seines Prager Aufenthaltes ›kränkelte und medizinirte‹ (Niemetschek, 1. Aufl.), erklärt Jahn noch als Folge der Überanstrengung. Niemetschek selbst hatte dieser Beobachtung jedoch schon in der 2. Auflage (1808) seiner Biographie hinzugefügt: *Bey seinem Abschiede von dem Zirkel seiner Freunde ward er so wehmütig, daß er Tränen vergoß. Ein ahnendes Gefühl seines nahen Lebensende schien die schwermüthige Stimmung hervorgebracht zu haben – denn schon damals trug er den Keim der Krankheit, die ihn bald hinraffte, in sich.‹* Ungeachtet der Tatsache, daß Mozart nach seiner Rückkehr aus Prag noch einen Teil der *Zauberflöte,* das Klarinetten-Konzert und den größten Teil des *Requiem* schrieb, wird diese ›Todeskrankheit‹ nicht nur in fast allen Biographien ausschließlich im Zusammenhang mit dem *Titus* erwähnt; sie wird auch in einer Weise überbetont, die sich aus Niemetscheks Bericht nicht rechtfertigen läßt – etwa, wenn es bei Hermann Abert heißt: ›*Zum Titus kam Mozart bereits als schwer leidender Mann nach Prag, . . .*‹ oder bei Haas: Mozart *›war im Juli* (sic!) *bereits in einem Zustand seelischer Erschöpfung, der ihm die Beendigung der Zauberflöte unmöglich machte* (?). *Die nächsten Monate peitschten den todkranken Mann grausam auf.‹* (usw.) Ein erst neuerdings wiederentdeckter Bericht im 1791 erschienenen *Krönungsjournal für Prag* ist der Wahrheit wohl näher. Dort heißt es zum *Titus:* ›*Die Komposition ist von dem berühmten Mozart, und macht demselben Ehre, ob er gleich nicht viel Zeit dazu gehabt und ihn noch dazu eine Krankheit überfiel, in welcher er den letzten Theil derselben verfertigen mußte.*‹« (Helga Lühning: »Zur Entstehungsgeschichte von Mozarts ›Titus‹«, in: *Die Musikforschung* 27 (1974), S. 302 f.

21 Mazzolà war nach der Kündigung Da Pontes drei Monate als Theaterdichter in Wien tätig, was in einer Protokollnotiz des Hofes kritisiert wird: »Was den Theaterdichter betrifft, so ist die Berufung des in Dresden angestellten Mazzoli unitz! und überflüssig, weil in diesen wenigen Monathen, wo ohnehin nur ältere Stücke gespielt werden man sich ganz leicht ohne Dichter wird behelfen können.« (Zitiert nach Lühning, ebd., S. 308, Anm. 39.)

22 Zitiert nach Tomislav Volek: »Über den Ursprung von Mozarts Oper ›La clemenza di Tito‹«, in: *Mozart-Jahrbuch* 1959, S. 284.
23 Ebd.
24 Sehr gut möglich und vom Stück her wahrscheinlicher, daß die Kaiserin in einer *Don-Giovanni*-Aufführung das viel zitierte Wort »una porcheria tedesca« aus ihrer Loge brüllte; die Quellen für diese Äußerung sind so wenig verläßlich, daß diese Vermutung nicht völlig von der Hand zu weisen ist. Vgl. hierzu Joseph Heinz Eibl in: *Österreichische Musikzeitschrift* 31, S. 329ff.
25 Dokumente, S. 524.
26 Eine Wiener Aufführungsstatistik von 1879 zeigt diese Verschiebungen bereits deutlich an. *Tito* war in den vergangenen 90 Jahren genausooft gegeben worden wie die vielgeschmähte (und »bearbeitete«) Oper *Così fan tutte*, nämlich 75mal, während *Figaro* auf 331 Aufführungen kam und *Don Giovanni* auf 476 am Hoftheater und weiteren 180 an den Vorstadtbühnen (!). Den größten Erfolg hatte freilich *Die Zauberflöte*, die in diesem Zeitraum allein 354mal am Hoftheater und 376mal an den Wiener Vorstadtbühnen zur Aufführung kam (nach: *Urtheile bedeutender Dichter, Philosophen und Musiker über Mozart*. Gesammelt und herausgegeben von Karl Prieger, 2., vermehrte Auflage, Wiesbaden 1886, S. 10).
27 Dokumente, S. 358.
28 *Briefe von Goethes Mutter an ihren Sohn, Christiane und August von Goethe*, Weimar 1889, S. 28f. Noch nach vier Monaten kommt sie auf »die Affen« zurück (ebd., S. 45). 100 Carolin wären nach heutigem Geld die unvorstellbare Summe von etwa 44 000 DM.
29 Zitiert nach: *Josephinische Couriosa oder ganz besondere, theils nicht mehr, theils noch nicht bekannte Persönlichkeiten, Geheimnisse, Details, Actenstücke und Denkwürdigkeiten der Lebens- und Zeitgeschichte Kaiser Joseph II*. Herausgegeben von Franz Gräffer, 5 Bände, Wien 1848–50, Bd. 3, S. 182f.
30 Alle sechs Strophen abgedruckt in: *Gedichte und Lieder deutscher Jakobiner*. Herausgegeben von Hans Werner Engels, Stuttgart 1971, S. 101f.
31 Zitiert nach Emil Karl Blümml: »Ausdeutungen der ›Zauberflöte‹«, in: *Mozart-Jahrbuch* 1923, S. 116f., 119f.
32 Franz Xaver Niemetschek: *Ich kannte Mozart. Die einzige Mozart-Biographie von einem Augenzeugen*. Herausgegeben und kommentiert von Jost Perfahl, Nachdruck München 1984, S. 32ff.
33 Brief vom 1. Oktober 1826 an den Verleger André, in: MBA, Bd. VI, S. 515.
34 Dokumente, S. 409.
35 Georg Nikolaus Nissen: *Biographie W. A. Mozarts*, Nachdruck Hildesheim/New York 1972, S. 572.
36 7. April 1825, in: MBA, Bd. IV.
37 Dies wird aus den Erinnerungen eines mit Mozart bekannten Hausmeisters überliefert, die allerdings über 30 Jahre nach dessen Tod und mehr als 60 Jahre nach dem Tode Mozarts erst schriftlich festgehalten wurden; abgedruckt in: Dokumente, S. 477–479.
38 7. April 1825, in: MBA, Bd. IV.
39 Dokumente, S. 460.
40 Ganz ungewöhnlich scheint diese Abwesenheit von der Totenfeier nicht gewesen

Anmerkungen

zu sein. Auch ihr Schwager Joseph Lange, der 1779 seine erste Frau verlor, floh am Tage ihres Begräbnisses mit anderen Verwandten vor die Tore der Stadt und fühlte sich noch dort von dem Glockengeläut verfolgt (Lange: *Biographie*, Wien 1808, S. 106).

41 Dokumente, S. 369.
42 Zitiert nach: *Frankfurter Rundschau*, 18. Mai 1983.
43 Dokumente, S. 380.
44 Niemetschek, a.a.O., S. 34.
45 Dokumente, S. 452.
46 Zitiert nach Rudolph Angermüller: *Antonio Salieri, sein Leben und seine weltlichen Werke unter besonderer Berücksichtigung seiner großen Opern*, Teil II/1, München 1974, S. 338.
47 Zitiert nach: *Frankfurter Rundschau*, 18. Mai 1983.
48 Mathilde Ludendorff: *Mozarts Leben und gewaltsamer Tod*, München 1936, S. 146.
49 Ebd., S. 144.
50 Ebd., S. 147. Nach Ludendorff ist auch Gotthold Ephraim Lessing von Logenbrüdern ermordet worden, weil er Freimaurergeheimnisse verraten habe, und viele andere deutsche Geistesheroen gleich auch noch. Wie man sieht, muß ihr Tod für vieles herhalten, selbst als Begründung für völkische und rassistische Fanatiker.
51 Carl Bär: *Mozart. Krankheit – Tod – Begräbnis*, 2., vermehrte Auflage Salzburg 1972, S. 40.
52 Ebd., S. 106. Bär fügt dann noch an: »Vom heutigen Standpunkt der medizinischen Praxis aus ist nun vor allem folgender Einwand zu erwarten: Ein Anfall von Gelenkrheumatismus mit tödlichem Ausgang nach einem möglicherweise 25jährigen freien Intervall ist unwahrscheinlich, solche Fälle sind kaum bekannt.« Auch diesen Einwand versucht Bär zu entkräften, verweist merkwürdigerweise aber nicht auf Mozarts Krankheiten der zurückliegenden zehn Jahre, die zumindest zum Teil eindeutig als ebenso rheumatische Krankheiten zu diagnostizieren sind. Am 23. August 1784 hatte sich Mozart nach einem Opernbesuch bei auffälligem Wetterwechsel einen Infekt geholt, der – unter wörtlichen Zitaten aus einem Brief Mozarts – von seinem Vater so beschrieben wurde: »Mein Sohn war in Wienn sehr krank, – er schwitzte in der neuen opera des Paesiello durch alle Kleider, und musste durch die Kalte Luft erst den Bedienten anzutreffen suchen, der seinen Überrock hatte, weil unterdessen der Befehl erging keinen Bedienten durch den ordentlichen Ausgang ins Theater zu lassen. dadurch erwischte nicht nur er, sondern manche andere Personen ein Revmatisches fieber, das, wenn man nicht gleich dazuthat, in ein faulfieber ausartete. Er schreibt: *ich habe 4 Täge nacheinander zur näm: Stunde rasende Colique bekommen, die sich allzeit mit starkem Erbrechen geendet hat; nun muß mich entsetzlich halten. Mein Doctor ist H: Sigmund Barisani der ohnehin die Zeit, als er hier ist, fast täglich bey mir war; er wird hier sehr gelobt, ist auch sehr geschickt, und sie werden sehen, daß er in kurzem sehr avancieren wird.*« (14. September 1784) Aus den bei Bär dargestellten, damals üblichen Behandlungsmethoden geht hervor, daß Brechmittel zu den Standardtherapien gehörten, offensichtlich also auch hierbei angewandt wurden. Weniger eindeutig in diesen Zusammenhang gehört ein

Brief, in dem sich Mozart als »mit starken Kopfschmerzen und Magenkrampf behaftet« (14. Januar 1786) schildert. Anfang Mai 1790 klagt er über große »Zahn- und Kopfschmerzen«, die genau in den Formenkreis seiner Todeskrankheit gehören. Seine Anfälligkeit kommt auch zum Ausdruck in einem Brief vom 14. August 1790, wo er schreibt: »ich habe die ganze Nacht nicht schlafen können vor Schmerzen; ich muß mich gestern von vielem gehen erhizt und dann unwissend erkältiget haben; –« Man kann also von häufigen ähnlichen Krankheitsbildern ausgehen, die vielleicht auf rheumatische Schübè in relativ kurzen Abständen deuten.

53 Bär, a.a.O., S. 70.
54 Ebd., S. 118.
55 *Vollständige Sammlung aller seit dem glorreichen Regierungsantritt Joseph des Zweyten für die k. k. Erbländer ergangenen höchsten Verordnungen und Gesetze . . .*, 7 Bände, Wien 1788/89, Nr. 496 von 1784.
56 Zitiert nach Blümml, a.a.O., S. 46f. Anna Maria Schindler war die erste Frau von Mozarts Schwager Joseph Lange; sie starb 1779.
57 So kostete das Begräbnis von Mozarts Schwägerin Josepha Hofer im Jahre 1819, obschon keineswegs in einer Luxusklasse, bereits wieder 230 Gulden (nach Blümml, ebd.).
58 Bär, a.a.O., S. 127ff.
59 Ebd., S. 155.
60 Ebd.
61 Es haben sich mehrere dieser Leihsärge aus josephinischer Zeit mit ihrem eigenartigen Klappmechanismus erhalten; einer ist im Wiener Bestattungsmuseum zu besichtigen.
62 Dokumente, S. 494. Der tatsächliche Aufwand von Mozarts Begräbnis kostete ein Mehrfaches der Mindestgebühren für Einfachbestattungen.
63 Nissen, a.a.O., S. 576.
64 Die letzte Eintragung vor Mozart im Totenbuch von Sankt Stephan war zum Beispiel ein solches Gratisbegräbnis.
65 9. Stück, S. 90ff., zitiert nach: *Mozarteums-Mitteilungen* 1920, S. 97ff.
66 Zitiert nach: ebd., S. 100f.
67 Dokumente, Anhang II (Die Akten des Nachlasses Mozarts), S. 500f., 494.
68 Dokumente, S. 375f.

Literatur

Das Literaturverzeichnis führt nur die Titel an, die zitiert wurden oder für dieses Buch wichtige Aspekte erschließen. Mehr zu geben wäre für den Benutzer unhandlich geworden. Die weitere Literatur ist durch Bibliographien leicht zu erschließen. Die folgenden Bibliotheken haben mir bei Auskünften und Materialbeschaffung mit ihren verschiedenen Einrichtungen in großzügiger Weise jene Hilfe gegeben, ohne die eine historische Arbeit dieses Umfanges gar nicht zu leisten wäre: Universitätsbibliothek Freiburg i. Br., Musikwissenschaftliches Seminar der Universität Freiburg i. Br., Haus-, Hof- und Staatsarchiv Wien, Österreichische Nationalbibliothek Wien (auch mit ihrer Musiksammlung und ihrer Theatersammlung), Universitätsbibliothek Wien, Wiener Stadt- und Landesbibliothek, Wiener Stadt- und Landesarchiv, Staatsbibliothek Berlin (West). Den dort beschäftigten Damen und Herren bin ich zu großem Dank verpflichtet.

Ungedruckte Quellen

Haus-, Hof- und Staatsarchiv, Wien:
- VA 40 Briefe des Abbate Da Ponte, Illuminatenakten
- VA 41 Loge »Zur neugekrönten Hoffnung« und Französische Revolution, Meisterritual der Loge »Zu den 3 Säulen« in Prag
- VA 60 Logenaufnahmediplom, Freimaurerkorrespondenz
- VA 65 Logengesetze, Freimaurerkorrespondenz der Provinzialloge und der Loge »Zur Wahrheit«
- VA 68 Diplom der Loge »Zur neugekrönten Hoffnung«, Korrespondenz, Rechnungen, Quittungen, Mitgliederbeiträge diverser Logen
- VA 70 Diverses zur Loge »Zur Wohltätigkeit«
- VA 72 Mitgliederverzeichnisse der Logen
- VA 74 Mitgliederverzeichnisse der Logen, Logenutensilien des Baron von Lehrbach
- VA 77 Prot.- und Präsenzbuch der Loge »Zur Wahrheit«
- VA 78 Prot. oecon. der Loge »Zur Wahrheit«

Tagebücher von Karl Graf Zinzendorf 1780–91

Allgemeine Musikgeschichte

Musik in Geschichte und Gegenwart. Allgemeine Enzyklopädie der Musik. Herausgegeben von Friedrich Blume, 14 Bände und 2 Supplementbände, Kassel usw. 1949–79

Rudolph Angermüller: »Die entpolitisierte Oper am Wiener und am Esterházyschen Hof«, in: *Das Haydn-Jahrbuch* X, Eisenstadt 1978, S. 5–22

Rudolph Angermüller: *Antonio Salieri. Sein Leben und seine weltlichen Werke unter besonderer Berücksichtigung seiner großen Opern,* Teil I, II/1 u. III, München 1971–74 (Schriften zur Musik Bd. 16, 17, 19)

Reinhold Bernhardt: »Aus der Umwelt der Wiener Klassiker. Gottfried van Swieten (1734–1803)«, in: *Der Bär. Jahrbuch von Breitkopf und Haertel,* Leipzig 1929/30, S. 74–166

Otto Biba: »Grundzüge des Konzertwesens in Wien zu Mozarts Zeit«, in: *Mozart-Jahrbuch* 1978/79, S. 132–143

Lorenzo Da Ponte: *Memoiren des Mozart-Librettisten, galanten Liebhabers und Abenteurers,* Berlin 1970

Lorenzo Da Ponte: *Geschichte meines Lebens. Memoiren eines Venezianers.* Aus dem Italienischen übertragen und herausgegeben von Charlotte Birnbaum, mit einem Vorwort von Hermann Kesten, Tübingen 1969

Joseph Heinz Eibl: »Ein ›ächter‹ Bruder. Mozart und Puchberg«, in: *Acta Mozartiana* 26 (1979), S. 41–46

Rudolf Flotzigner / Gernot Gruber (Hrsg.): *Musikgeschichte Österreichs.* Band II: *Vom Barock zur Gegenwart,* Graz/Wien/Köln 1979

Georg August Griesinger: *Biographische Notizen über Joseph Haydn,* Neudruck, Leipzig 1975

Robert Haas: (Einleitung zu) Ignaz Umlauf: Die Bergknappen, *Denkmäler der Tonkunst in Österreich* Bd. 36

Eduard Hanslick: *Geschichte des Concertwesens in Wien,* 2 Bände, Wien 1869, Neudruck Farnborough 1971

Joseph Haydn: *Gesammelte Briefe und Aufzeichnungen.* Unter Benutzung der Quellensammlung von H. C. Robbins Landon herausgegeben und erläutert von Dénes Bartha, Kassel usw. 1965

Kurt Honolka: *Papageno. Emanuel Schikaneder. Der große Theatermann der Mozart-Zeit,* Salzburg/Wien 1984

Michael Kelly: »Lebenserinnerungen«. Übersetzt von Cäcilie Chrysander, in: *Allgemeine Musikalische Zeitung,* 15. Jg. 1880, Nr. 12–33

Karl Kobald: *Alt-Wiener Musikstätten,* Zürich/Leipzig/Wien 1919

Egon Komorzynski: *Der Vater der Zauberflöte Emanuel Schikaneder,* Wien 1948

Egon Komorzynski: *Emanuel Schikaneder. Ein Beitrag zur Geschichte des deutschen Theaters,* Wien 1951

Christoph Hellmut Mahling: »Herkunft und Sozialstatus des höfischen Orchestermusikers im 18. und frühen 19. Jahrhundert in Deutschland«, in: *Der Sozialstatus des Berufsmusikers vom 17. bis 19. Jahrhundert. Gesammelte Beiträge.* Im Auftrag der Gesellschaft für Musikforschung herausgegeben von Walter Salmen, Kassel usw. 1971, S. 103–136

Adolf Meier: »Die Preßburger Hofkapelle des Fürstprimas von Ungarn, Fürst Josef von Batthyany, in den Jahren 1776–1784«, in: *Das Haydn-Jahrbuch* X, Eisenstadt 1978, S. 81–89

Otto Michtner: »Der Fall Abbé Da Ponte«, in: *Mitteilungen des österreichischen Staatsarchivs* Bd. 19, S. 170–209

Otto Michtner: *Das alte Burgtheater als Opernbühne von der Einführung des deutschen Singspiels (1778) bis zum Tod Kaiser Leopold II. (1792)*, Akademie der Wissenschaften, Theatergeschichte Österreichs Bd. III/1, Wien/Köln/Graz 1970

Anton Morath: »Die Pflege der Tonkunst durch das Fürstenhaus Schwarzenberg im achtzehnten und zum Beginne des neunzehnten Jahrhunderts«, in: *Das Vaterland, Zeitung für die österreichische Monarchie,* Jg. 42, Nr. 68, 10. März 1901

Antonín Myslík: »Repertoire und Besetzung der Harmoniemusiken an den Höfen Schwarzenberg, Pachta und Clam-Gallas«, in: *Das Haydn-Jahrbuch* X, Eisenstadt 1978, S. 110–120

Richard Petzoldt: »Die soziale Lage des Musikers im 18. Jahrhundert«, in: *Der Sozialstatus des Berufsmusikers vom 17. bis 19. Jahrhundert. Gesammelte Beiträge*. Im Auftrag der Gesellschaft für Musikforschung herausgegeben von Walter Salmen, Kassel usw. 1971, S. 64–82

Johann Ferdinand von Schönfeld: *Jahrbuch der Tonkunst von Wien und Prag,* Wien 1796, Faksimile-Nachdruck mit Nachwort und Register von Otto Biba, München/Salzburg 1976

Ottmar Schreiber: *Orchester und Orchester-Praxis in Deutschland zwischen 1780 und 1850,* Diss. Berlin 1938

Chris Stadtlaender: *Joseph Haydns Sinfonia domestica. Eine Dokumentation,* München 1963

Hannes Stekl: »Harmoniemusik und ›türkische Banda‹ des Fürstenhauses Liechtenstein«, in: *Das Haydn-Jahrbuch* X, Eisenstadt 1978, S. 164–175

Ulrich Tank: *Studien zur Esterházyschen Hofmusik von 1620 bis 1790,* Regensburg 1981 (Kölner Beiträge zur Musikforschung Bd. 101)

Mozart

»Mozart-Bibliographie (bis 1970)«. Zusammengestellt von Rudolph Angermüller und Otto Schneider, in: *Mozart-Jahrbuch* 1975 (Beilage)

Mozart-Bibliographie 1971–1975 mit Nachträgen zur Mozart-Bibliographie bis 1970. Zusammengestellt von Rudolph Angermüller und Otto Schneider, Kassel usw. 1978

Mozart-Bibliographie 1976–1980 mit Nachträgen zur Mozart-Bibliographie bis 1975. Zusammengestellt von Rudolph Angermüller und Otto Schneider, Kassel usw. 1982

Mozarteums-Mitteilungen. Im Auftrage des Mozarteums herausgegeben von Rudolf Lewicki, 1919 ff.

Mozart-Jahrbuch des Zentralinstituts für Mozartforschung der ISM, Salzburg 1950 ff.

Acta Mozartiana, Augsburg 1954 ff.

Wolfgang Amadeus Mozart: *Neue Ausgabe sämtlicher Werke*. In Verbindung mit den

Mozartstädten Augsburg, Salzburg und Wien herausgegeben von der Internationalen Stiftung Mozarteum Salzburg

Mozart: *Briefe und Aufzeichnungen*. Gesamtausgabe herausgegeben von der Internationalen Stiftung Mozarteum Salzburg, gesammelt und erläutert von Wilhelm A. Bauer und Otto Erich Deutsch, Bd. I–IV (Text), Bd. V–VI Kommentar, bearbeitet von Joseph Heinz Eibl, Bd. VII Register, zusammengestellt von Joseph Heinz Eibl, Kassel usw. 1962–75

Weiterer Nachtrag zum Kommentar. Zusammengestellt von Joseph Heinz Eibl, in: *Mozart-Jahrbuch* 1976/77, S. 289–302

Weiterer Nachtrag (2) zum Kommentar, zusammengestellt von Joseph Heinz Eibl, in: *Mozart-Jahrbuch* 1980–83, S. 318–352

Wolfgang Amadeus Mozart: *Verzeichnis aller meiner Werke*, und Leopold Mozart: *Verzeichnis der Jugendwerke W. A. Mozarts*, herausgegeben von E. H. Mueller von Asow, Faksimileausgabe, Wien/Wiesbaden 1956

Mozart und seine Welt in zeitgenössischen Bildern. Begründet von Maximilian Zenger, vorgelegt von Otto Erich Deutsch, Kassel usw. 1961 (NAW X, Suppl. 32)

Otto Erich Deutsch (Hrsg.): *Mozart. Die Dokumente seines Lebens*, Kassel usw. 1961 (NAW X, Suppl. 34)

Mozart. Die Dokumente seines Lebens. Addenda und Corrigenda, Kassel usw. 1978 (NAW X, 31/1)

Wolfgang Amadeus Mozart: *Die Entführung aus dem Serail. Texte, Materialien, Kommentare*. Herausgegeben von Attila Csampai und Dietmar Holland, Reinbek 1983 (rororo 7757)

Wolfgang Amadeus Mozart: *Die Hochzeit des Figaro. Texte, Materialien, Kommentare*. Herausgegeben von Attila Csampai und Dietmar Holland, Reinbek 1982 (rororo 7667)

Wolfgang Amadeus Mozart: *Don Giovanni. Texte, Materialien, Kommentare*. Herausgegeben von Attila Csampai und Dietmar Holland, Reinbek 1981 (rororo 7329)

Wolfgang Amadeus Mozart: *Così fan tutte. Texte, Materialien, Kommentare*. Herausgegeben von Attila Csampai und Dietmar Holland, Reinbek 1984 (rororo 7823)

Wolfgang Amadeus Mozart: *Die Zauberflöte. Texte, Materialien, Kommentare*. Herausgegeben von Attila Csampai und Dietmar Holland, Reinbek 1982 (rororo 7476)

Wolfgang Amadeus Mozart: *Le nozze di Figaro*. Wortgetreue deutsche Übersetzung von Walter Dürr, Kassel 1978 (ISM Salzburg, Mozarts italienische Texte mit deutscher Übersetzung 5)

Wolfgang Amadeus Mozart: *Don Giovanni*. Wortgetreue deutsche Übersetzung von Walter Dürr, Kassel 1977 (ISM Salzburg, Mozarts italienische Texte mit deutscher Übersetzung 4)

Wolfgang Amadeus Mozart: *La clemenza di Tito*. Wortgetreue deutsche Übersetzung von Erna Neunteufel, Kassel 1976 (ISM Salzburg, Mozarts italienische Texte mit deutscher Übersetzung 2)

Ludwig Ritter von Köchel: *Chronologisch-thematisches Verzeichnis sämtlicher Tonwerke Wolfgang Amadé Mozarts*. 7., unveränderte Auflage, bearbeitet von Franz Giegling, Alexander Weinmann und Gerd Sievers, Wiesbaden 1965

Hermann Abert: *W. A. Mozart. Neubearbeitete und erweiterte Ausgabe von Otto Jahns Mozart*, 2 Bände, Leipzig ^{9}1978

Joseph Heinz Eibl: *Wolfgang Amadeus Mozart. Chronik eines Lebens,* Neuausgabe, München 1977 (dtv 1267)

Alfred Einstein: *Mozart. Sein Charakter – Sein Werk,* Neuausgabe, Frankfurt a. M. 1968

Wolfgang Hildesheimer: *Mozart,* Frankfurt a. M. 1977

Arthur Hutchings: *Mozart der Mensch,* Baarn (Niederlande) 1976

Arthur Hutchings: *Mozart der Musiker,* Baarn (Niederlande) 1976

Otto Jahn: *Mozart,* 2 Bände, Leipzig ²1867

Michael Levey: *Leben und Sterben des Wolfgang Amadé Mozart.* Aus dem Englischen von Christian Spiel, München 1971

Mathilde Ludendorff: *Mozarts Leben und gewaltsamer Tod,* München 1936

Franz Xaver Niemetschek: *Ich kannte Mozart. Die einzige Mozart-Biographie von einem Augenzeugen.* Herausgegeben und kommentiert von Jost Perfahl, Faksimile-Nachdruck des Erstdrucks von 1798), München 1984

Georg Nikolaus von Nissen: *Biographie W. A. Mozart's.* Nach Originalbriefen, Sammlungen alles über ihn Geschriebenen, mit vielen neuen Beylagen, Steindrükken, Musikblättern und einem Facsimile. Herausgegeben von Constanze, Wittwe von Nissen, früher Wittwe Mozart, Leipzig 1828, Faksimile-Nachdruck Hildesheim/New York 1972

Bernhard Paumgartner: *Mozart,* Zürich/Freiburg ⁵1957

Erich Schenk: *Mozart. Eine Biographie,* Neuausgabe, München/Mainz 1977 (Goldmann Schott 33 102)

Arthur Schurig: *Wolfgang Amadé Mozart. Sein Leben, seine Persönlichkeit, sein Werk,* 2 Bände, Leipzig ²1923

Arthur Schurig (Hrsg.): *Konstanze Mozart. Briefe/Aufzeichnungen/Dokumente. 1782–1842.* Im Auftrage des Mozarteums zu Salzburg mit einem biographischen Essay, Dresden 1922

Ludwig Wegele (Hrsg.): *Leopold Mozart. Bild einer Persönlichkeit.* Im Auftrage der deutschen Mozartgesellschaft, Augsburg 1969

Rudolph Angermüller: *W. A. Mozarts musikalische Umwelt in Paris (1778). Eine Dokumentation,* München/Salzburg 1982

Carl Bär: *Mozart. Krankheit – Tod – Begräbnis,* 2., vermehrte Auflage, Salzburg 1972 (Schriftenreihe der ISM Band 1)

Carl Bär: »›Er war kein guter Wirth‹. Eine Studie über Mozarts Verhältnis zum Geld«, in: *Acta Mozartiana* 1978, S. 30–53

Emil Karl Blümml: *Aus Mozarts Freundes- und Familienkreis,* Wien/Prag/Leipzig 1923

Emil Karl Blümml: »Ausdeutungen der ›Zauberflöte‹«, in: *Mozart-Jahrbuch* 1923, S. 111–146

Liselotte Blumenthal: »Mozarts englisches Mädchen«, in: *Sitzungsberichte der Sächsischen Akademie der Wissenschaften zu Leipzig, Phil.-hist. Klasse,* Bd. 120, Heft 1, Berlin 1978, S. 3–29

Francis Carr: *Mozart and Constanze,* London 1983

Hermine Cloeter: *Die Grabstätte W. A. Mozarts auf dem St. Marxer Friedhof in Wien.* Im Auftrage des Kulturamtes der Stadt Wien und unter Mitwirkung von Leopold Sailer, Wien 1941

Così fan tutte. Beiträge zur Wirkungsgeschichte von Mozarts Oper. Herausgegeben vom Forschungsinstitut für Musiktheater der Universität Bayreuth, Bayreuth 1978 (Schriften zum Musiktheater Band 2)

James Stevens Curl: »Mozart considered as a Jacobin«, in: *The Music Review* Vol. 35, 1974, S. 131–141

Otto Erich Deutsch: *Mozart und die Wiener Logen. Zur Geschichte seiner Freimaurer-Kompositionen,* Wien 1932

Otto Erich Deutsch: »Lysers Beschreibung des Mozartschen Sterbehauses«, in: *Schweizerische Musikzeitung,* 96. Jg., 1956, S. 289–291

Otto Erich Deutsch: »Mozart in Zinzendorfs Tagebüchern«, in: *Schweizerische Musikzeitung,* 102. Jg., 1962, S. 211–218

Walter Dürr: »Zur Dramaturgie des ›Titus‹. Mozarts Libretto und Metastasio«, in: *Mozart-Jahrbuch* 1978/79, S. 55–61

Joseph Heinz Eibl: »›una porcheria tedesca‹. Zur Uraufführung des ›Titus‹«, in: *Österreichische Musikzeitung* 31, 1976, S. 329–334

Joseph Heinz Eibl: »Mozarts Umwelt in den Familienbriefen«, in: *Mozart-Jahrbuch* 1978/79, S. 215–227

Ernst Friedländer: »Mozarts Beziehungen zu Berlin«, in: *Mitteilungen für die Mozart-Gemeinde in Berlin,* 4. Heft, April 1897

Franz Giegling: »Metastasios Oper ›La clemenza di Tito‹ in der Bearbeitung durch Mazzolà«, in: *Mozart-Jahrbuch* 1968/70, S. 88–94

Aloys Greither: *Wolfgang Amadé Mozart. Seine Leidensgeschichte aus Briefen und Dokumenten dargestellt,* Heidelberg 1958

Aloys Greither: »Noch einmal: Woran ist Mozart gestorben?«, in: *Mitteilungen der ISM* 19, 1971, H. 3/4, S. 25–27

Gernot Gruber: *Mozart und die Nachwelt.* Herausgegeben von der ISM, Salzburg/Wien 1985

Gernot Gruber: »Bedeutung und Spontaneität in Mozarts ›Zauberflöte‹«, in: *Festschrift Walter Senn zum 70. Geburtstag,* München/Salzburg 1975

Gustav Gugitz: »Zu einer Briefstelle Mozarts (Die Affaire Günther–Eskeles)«, in: *Mozarteums-Mitteilungen* I, 1926, S. 41–49

Gustav Gugitz: »Von W. A. Mozarts kuriosen Schülerinnen«, in: *Österreichische Musikzeitschrift* 11, 1956, S. 261–269

Heinz Wolfgang Hamann: »Mozarts Schülerkreis«, in: *Mozart-Jahrbuch* 1962/63, S. 115–139

Dieter Kerner: *Krankheiten großer Meister,* Stuttgart 1963

Dieter Kerner: »Mozart in Frankfurt und Mainz«, in: *Hessisches Ärzteblatt,* 32. Jg., Frankfurt a. M. 1971, H. 12

Uwe Kraemer: »Wer hat Mozart verhungern lassen?«, in: *Musica* 1976, S. 203–211

Stefan Kunze: *Don Giovanni vor Mozart. Die Tradition der Don Giovanni-Opern im italienischen Buffa-Theater des 18. Jahrhunderts,* München 1972 (Münchner Universitätsschriften 10)

Albert Leitzmann (Hrsg.): *Wolfgang Amadeus Mozart. Berichte der Zeitgenossen und Briefe,* Leipzig 1926

Helga Lühning: »Zur Entstehungsgeschichte von Mozarts ›Titus‹«, in: *Die Musikforschung* 27, 1974, S. 300–318

Entgegnung von Joseph Heinz Eibl, in: ebd. 28, 1975, S. 75–81

Erwiderung von Helga Lühning, in: ebd. 28, 1975, S. 311–314
Musik-Konzepte 3: Mozart. Ist die Zauberflöte ein Machwerk? München 1978 (Beiträge von Wolf Rosenberg, Hans Rudolf Zeller, Ulrich Dibelius, Rainer Riehn und Wolfgang Hildesheimer)
Eine Wallfahrt zu Mozart. Die Reisetagebücher von Vincent und Mary Novello aus dem Jahre 1829. Herausgegeben von Nerina Medici di Marignano und Rosemary Hughes, Bonn 1959
Ludwig Paneth: »Constanze – eine Ehrenrettung«, in: *Mozart-Jahrbuch* 1959, S. 266–273
Karl Prieger (Hrsg.): *Urtheile bedeutender Dichter, Philosophen und Musiker über Mozart. Anschließend: Hervorragende Musik-Schriftsteller über Mozart – Gedichte,* 2., vermehrte Auflage, Wiesbaden 1886
Sonja Puntscher-Rieckmann: *Mozart. Ein bürgerlicher Künstler. Studien zu den Libretti »Le Nozze di Figaro«, »Don Giovanni« und »Così fan tutte«,* Wien/Köln/Graz 1982
Wolfgang Ruf: *Die Rezeption von Mozarts »Le nozze di Figaro« bei den Zeitgenossen,* Wiesbaden 1977 (Beihefte zum Archiv für Musikwissenschaft XVI)
Alan Tyson: »›La clemenza di Tito‹ and its chronology«, in: *The Musical Times* Vol. 116, 1975, S. 221–227
Tomislav Volek: »Über den Ursprung von Mozarts Oper ›La clemenza di Tito‹«, in: *Mozart-Jahrbuch* 1959, S. 274–286
Hans Wagner: »Das josefinische Wien und Mozart«, in: *Mozart-Jahrbuch* 1978/79, S. 1–13
Friedrich Walla: »Der Vogelfänger bin ich ja. Die Rolle Papagenos in der ›Zauberflöte‹«, in: *Sprachkunst. Beiträge zur Literaturwissenschaft,* Jg. VIII, 1977, S. 179–190

Wien: zeitgenössische Quellen, Zeitschriften

Briefe des Dichters Johann Baptist von Alxinger. Herausgegeben von Gustav Wilhelm, in: Sitzungsberichte der kaiserlichen Akademie der Wissenschaften, Phil.-hist. Classe, CXL. Band, Jg. 1899
Criminal-Proceß Zalheimb. Josephinische cause célèbre 1786. Mittheilung sämmtlicher hierauf bezüglichen Original-Acten des Wiener Stadt- und des k. k. niederösterr. Appellations-Gerichtes zum ersten Male veröffentlicht..., Wien 1870
Hans Werner Engels (Hrsg.): *Gedichte und Lieder deutscher Jakobiner,* Stuttgart 1971 (Deutsche revolutionäre Demokraten 1)
Georg Forster: *Werke. Sämtliche Schriften, Tagebücher, Briefe.* Herausgegeben von der Akademie der Wissenschaften der DDR. Bd. 14: *Briefe 1783–87,* Berlin 1978
(Johann Ferdinand Gaum): *Die Reise des Pabst zum Kaiser,* Wien 1782
Richard Maria Werner (Hrsg.): *Aus dem josefinischen Wien. Geblers und Nicolais Briefwechsel während der Jahre 1771–1786,* Berlin 1888
Anton von Geusau: *Geschichte der Haupt- und Residenzstadt Wien in Österreich,* 4. Teil, Wien 1793
Franz Gräffer (Hrsg.): *Josephinische Couriosa oder ganz besondere, theils nicht mehr, theils noch nicht bekannten Persönlichkeiten, Geheimnisse, Details, Acten-*

stücke und Denkwürdigkeiten der Lebens- und Zeitgeschichte Kaiser Joseph II., 5 Bände, Wien 1848–50

Franz Gräffer: *Kleine Wiener Memoiren und Wiener Dosenstücke*. In Auswahl herausgegeben, eingeleitet und mit Anmerkungen und alphabetischem Register versehen von Anton Schlossar unter Mitwirkung von Gustav Gugitz, 2 Bände, München 1918–22 (Denkwürdigkeiten aus Alt-Österreich XIII/XIV)

Joseph Lange: *Biographie*, Wien 1808

Friedrich Nicolai: *Beschreibung einer Reise durch Deutschland im Jahre 1781. Nebst Bemerkungen über Gelehrsamkeit, Industrie, Religion und Sitten*, 12 Bände, Berlin/Stettin 1783–96

Rudolf Payer von Thurn (Hrsg.): *Joseph II. als Theaterdirektor. Ungedruckte Briefe und Actenstücke aus den Kinderjahren des Burgtheaters*, Wien/Leipzig 1920

Johann Pezzl: *Skizze von Wien. Ein Kultur- und Sittenbild aus der josefinischen Zeit*. Herausgegeben von Gustav Gugitz und Anton Schlossar, Graz 1923

Alfred Francis Pribram (Hrsg.): *Materialien zur Geschichte der Preise und Löhne in Österreich*. Unter Mitarbeit von Rudolf Geyer und Franz Koran, Wien 1938 (Veröffentlichungen des Internationalen wissenschaftlichen Komitees für die Geschichte der Preise und Löhne)

Alfred Francis Pribram (Hrsg.): *Urkunden und Akten zur Geschichte der Juden in Wien*. 1. Abteilung: *Allgemeiner Teil 1526–1847 (1849)*, 2 Bände, Wien/Leipzig 1918 (Quellen und Forschungen zur Geschichte der Juden in Deutsch-Österreich, herausgegeben von der historischen Kommission der israelitischen Kultusgemeinde in Wien VIII/1.2)

Josef Richter: *Die Eipeldauer Briefe 1785–1797*. In Auswahl herausgegeben und eingeleitet und mit Anmerkungen versehen von Eugen von Pannel, München 1917 (Denkwürdigkeiten aus Alt-Österreich XVII)

Der Spion in Wien, 1.–3. Stück, Wien 1784

Vollständige Sammlung aller seit dem glorreichen Regierungsantritt Joseph des Zweyten für die k. k. Erbländer ergangenen höchsten Verordnungen und Gesetze..., 7 Bände, Wien 1788/89

Wahl und Krönung Leopolds II. 1790. Brieftagebuch des Feldschers der kursächsischen Schweizergarde. Herausgegeben von Erna Berger und Konrad Bund, Frankfurt a. M. 1981

Wiener Zeitung, 1781–91

Wien von Maria Theresia bis zur Franzosenzeit. Aus den Tagebüchern des Grafen Karl von Zinzendorf ausgewählt, aus dem Französischen übersetzt, eingeleitet und kommentiert von Hans Wagner, Wien 1972 (Jahresgabe der Wiener Bibliophilen-Gesellschaft zu ihrem 60jährigen Bestehen)

Ausstellungskataloge

Joseph Haydn in seiner Zeit. Katalog der Ausstelllung in Eisenstadt 1982, veranstaltet von der Kulturabteilung des Amtes der Burgenländischen Landesregierung

Josephinische Pfarrgründungen in Wien. Katalog der 92. Sonderausstellung des Historischen Museums der Stadt Wien 1985

Maria Theresia und ihre Zeit. Zur 200. Wiederkehr des Todestages. Katalog der Ausstellung in Wien 1980

Österreich zur Zeit Kaiser Josephs II., Mitregent Kaiserin Maria Theresias, Kaiser und Landesfürst. Katalog der Niederösterreichischen Landesausstellung Stift Melk 1980

Wien zur Zeit Joseph Haydns. Katalog der 78. Sonderausstellung des Historischen Museums der Stadt Wien 1982

Biographisches

Hermine Cloeter: *Johann Thomas Trattner. Ein Großunternehmer im Theresianischen Wien,* Wien 1952 (Wiener Bibliophilen-Gesellschaft)

Paul von Mitrofanow: *Joseph II. Seine politische und kulturelle Tätigkeit,* 2 Bände, Wien/Leipzig 1910

Paul Nettl: *Casanova und seine Zeit,* Esslingen a. N. 1949

Alfred Orel: »Gräfin Wilhelmine Thun (Mäzenatentum in Wiens klassischer Zeit)«, in: *Mozart-Jahrbuch* 1954, S. 89–101

Saul K. Padover: *Joseph II. Ein Revolutionär auf dem Kaiserthron,* Düsseldorf/Köln 1969

Hilde Spiel: *Fanny von Arnstein oder Die Emanzipation. Ein Frauenleben an der Zeitenwende 1758–1818,* Frankfurt a. M. 1962

Adam Wandruszka: *Leopold II., Erzherzog von Österreich, Großherzog von Toscana, König von Ungarn und Böhmen, Römischer Kaiser,* 2 Bände, Wien/München 1964/65

Adam Wolf: *Fürstin Eleonore Liechtenstein 1745–1812. Nach Briefen und Memoiren ihrer Zeit,* Wien 1875

Historische Darstellungen

Emil Karl Blümml / Gustav Gugitz: *Von Leuten und Zeiten im alten Wien,* Wien/Leipzig 1922

Emil Karl Blümml / Gustav Gugitz: *Alt-Wiener Thespiskarren. Die Frühzeit der Wiener Vorstadtbühnen,* Wien 1925

Emil Karl Blümml / Gustav Gugitz: *Alt-Wienerisches. Bilder und Gestalten,* 2 Bände, Wien/Prag/Leipzig 1921

Leslie Bodi: *Tauwetter in Wien. Zur Prosa der österreichischen Aufklärung 1781–1795,* Frankfurt a. M. 1977

Karl Bosl (Hrsg.): *Handbuch der Geschichte der böhmischen Länder.* Herausgegeben im Auftrag des Collegium carolinum, 4 Bände und Ergänzungsband, Stuttgart 1974

Felix Czeike: *Geschichte der Stadt Wien,* Wien usw. 1981

Felix Czeike: *Der Graben,* Wien/Hamburg 1972 (Wiener Geschichtsbücher 10)

Margret Dietrich (Hrsg.): *Das Burgtheater und sein Publikum. Festgabe zur 200-Jahr-Feier der Erhebung des Burgtheaters zum Nationaltheater,* Wien 1976

(Veröffentlichungen des Instituts für Publikumsforschung 3, Österreichische Akademie der Wissenschaften, Phil.-hist. Klasse, Sitzungsberichte 305); hier vor allem: Otto G. Schindler:»Das Publikum in der josefinischen Ära«

Norbert Elias: *Die höfische Gesellschaft. Untersuchungen zur Soziologie des Königtums und der höfischen Aristokratie*, Taschenbuchausgabe, Frankfurt a. M. 1983

Hermann Gnau: *Die Zensur unter Joseph II.*, Wien 1911

Fred Hennings: *Das Josefinische Wien*, Wien/München 1966

Peter Hersche:»Erzbischof Hieronymus Colloredo und der Jansenismus in Salzburg«, in: *Mitteilungen der Gesellschaft für Salzburger Landeskunde*, Jg. 117, 1977, S. 231–268

Alois Jesinger: *Wiener Lektürekabinette*, Wien 1928 (Zur Jahresversammlung der Gesellschaft der Bibliophilen)

Wilhelm Kisch: *Die alten Straßen und Plätze Wiens und ihre historisch interessanten Häuser*, 3 Bände, Wien 1882–95

Reinhart Koselleck: *Kritik und Krise. Eine Studie zur Parthenogenese der bürgerlichen Welt*, Frankfurt a. M. ³1979

Erna Lesky: *Österreichisches Gesundheitswesen im Zeitalter des aufgeklärten Absolutismus*, Wien 1959 (Österreichische Akademie der Wissenschaften, Phil.-hist. Klasse, historische Kommission, Archiv für österreichische Geschichte, Bd. 122, 1. Heft)

Ferdinand Maaß: *Der Josefinismus. Quellen zu seiner Geschichte in Österreich 1760–1790. Amtliche Berichte aus dem Wiener Haus-, Hof- und Staatsarchiv*, 5 Bände, 1951 ff.

Joseph Mack: *Die Reform- und Aufklärungsbestrebungen im Erzstift Salzburg unter Erzbischof Hieronymus von Colloredo*, Diss. München 1912

Josef Karl Mayr: *Wien im Zeitalter Napoleons. Staatsfinanzen, Lebensverhältnisse, Beamte und Militär*, Wien 1940 (Abhandlungen zur Geschichte und Quellenkunde der Stadt Wien, herausgegeben vom Verein für Geschichte der Stadt Wien)

Karl-Heinz Osterloh: *Joseph v. Sonnenfels und die österreichische Reformbewegung im Zeitalter des aufgeklärten Absolutismus*, Lübeck/Hamburg 1970 (Historische Studien 409)

Otto Rommel: *Die Alt-Wiener Volkskomödie. Ihre Geschichte vom barocken Welttheater bis zum Tode Nestroys*, Wien 1952

Oskar Sashegyi: *Zensur und Geistesfreiheit unter Joseph II. Beitrag zur Kulturgeschichte der Habsburger Länder*, Budapest 1958 (Studia historica Academiae scientiarum Hungaricae 16)

Karl Eduard Schimmer: *Alt und Neu Wien. Geschichte der österreichischen Kaiserstadt*, 2 Bände, Wien ²1904

Heinrich Schnee:»Die Nobilitierung der ersten Hoffaktoren. Zur Geschichte des Hofjudentums in Deutschland«, in: *Archiv für Kulturgeschichte* Bd. 43, Köln/Graz 1961, S. 62–99

Josef Schöttel: *Kirchliche Reformen des Salzburger Erzbischofs Hieronymus von Colloredo im Zeitalter der Aufklärung*, Hirschenhausen 1939 (Südostbayrische Heimatstudien 16)

Marieluise Schubert:»Wie reagierte Wien auf die französische Revolution?«, in: *Österreich in Geschichte und Literatur.* Herausgegeben vom Institut für Österreichkunde, 14. Jg., 1970, Folge 10, S. 505–522

Gerhard Steiner: *Franz Heinrich Ziegenhagen und seine Verhältnislehre. Ein Beitrag zur Geschichte des utopischen Sozialismus in Deutschland,* Berlin 1962
Hannes Stekl: *Österreichs Aristokraten im Vormärz. Herrschaftsstil und Lebensformen der Fürstenhäuser Liechtenstein und Schwarzenberg,* München 1973 (Sozial- und wirtschaftshistorische Studien 2)
Hans Tietze: *Die Juden Wiens. Geschichte, Wirtschaft, Kultur,* Leipzig/Wien 1935
Bernhard Wachstein: »Das Testament der Baronin Eleonore Wetzlar von Plankenstern«, in: *Archiv für jüdische Familienforschung, Kunstgeschichte und Museumswesen.* Heft 2/3, 1912/13, S. 4–9
Wilhelm Ernst Wahlberg: *Gesammelte kleinere Schriften und Bruchstücke über Strafrecht, Strafprocess, Gefängniskunde, Literatur und Dogmengeschichte der Rechtslehr in Österreich.* 2. Band: *Neuere Praxis und Geschichte der Todesstrafe in Österreich,* Wien 1877
Ernst Wangermann: *Aufklärung und Staatsbürgerliche Erziehung. Gottfried van Swieten als Reformator des österreichischen Unterrichtswesens 1781–1791,* München 1978
Ernst Wangermann: *Von Joseph II. zu den Jakobinerprozessen,* Wien 1966
Franz Wehrl: »Eine Untersuchung der Geistesrichtungen des Klerus in Wien von 1750–1790«, in: *Mitteilungen des österreichischen Staatsarchivs* 20, Wien 1967
Gerson Wolf: *Judentaufen in Österreich,* Wien 1863

Freimaurerei

Österreichische Freimaurerlogen. Humanität und Toleranz im 18. Jahrhundert. Katalog der Ausstellung im österreichischen Freimaurermuseum Schloß Rosenau bei Zwettl
Zirkel und Winkelmaß. 200 Jahre Große Landesloge der Freimaurer. Katalog der 86. Sonderausstellung des Historischen Museums der Stadt Wien 1984
Ludwig Abafi (= Aigner): *Geschichte der Freimaurerei in Österreich-Ungarn,* 5 Bände, Budapest 1890–99
Gustav Brabbée: *Sub Rosa. Vertrauliche Mittheilungen aus dem maurerischen Leben unserer Großväter,* Wien 1879
Richard van Dülmen: *Der Geheimbund der Illuminaten. Darstellung, Analyse, Dokumentation,* Stuttgart 1975
Ernst Otto Fehn: »Zur Wiederentdeckung des Illuminatenordens. Ergänzende Bemerkungen zu Richard van Dülmens Buch«, in: *Geheime Gesellschaften.* Herausgegeben von Peter Christian Ludz, Heidelberg 1979 (Wolfenbütteler Studien zur Aufklärung V/1)
Ludwig Hammermayer: *Der Wilhelmsbader Freimaurer-Konvent von 1782. Ein Höhe- und Wendepunkt in der Geschichte der deutschen und europäischen Geheimgesellschaften,* Heidelberg 1980 (Wolfenbütteler Studien zur Aufklärung V/2)
Journal für Freymaurer, Wien 1784–87
Eugen Lennhoff / Oskar Posner: *Internationales Freimaurerlexikon,* Nachdruck der Ausgabe 1932, Wien/München 1980

Erich J. Lindner: *Die königliche Kunst im Bild. Beiträge zur Ikonographie der Freimaurerei*, Graz 1976

Peter Christian Ludz (Hrsg.): *Geheime Gesellschaften*, Heidelberg 1979 (Wolfenbütteler Studien zur Aufklärung V/1)

Paul Nettl: *Musik und Freimaurerei. Mozart und die königliche Kunst*, Esslingen a. N. 1956

Helmut Reinalter (Hrsg.): *Freimaurerei und Geheimbünde im 18. Jahrhundert in Mitteleuropa*, Frankfurt a. M. 1983

Helmut Reinalter: *Aufgeklärter Absolutismus und Revolution. Zur Geschichte des Jakobinertums und der frühdemokratischen Bestrebungen in der Habsburger Monarchie*, Wien/Köln/Graz 1980 (Veröffentlichungen der Kommission für Neuere Geschichte Österreichs 68)

Edith Rosenstrauch-Königsberg: »Ausstrahlungen des Journals für Freymaurer«, in: *Beförderer der Aufklärung in Mittel- und Osteuropa. Freimaurer, Gesellschaften, Clubs*. Herausgegeben von H. Balázs, Ludwig Hammermayer, Hans Wagner und Jerzy Wojtowicz, Berlin 1979

Edith Rosenstrauch-Königsberg: *Freimaurerei im josephinischen Wien. Aloys Blumauers Weg vom Jesuiten zum Jakobiner*, Wien/Stuttgart 1975 (Wiener Arbeiten zur deutschen Literatur 6)

Eberhard Schmitt: »Elemente einer Theorie der politischen Konspiration im 18. Jahrhundert. Einige typologische Bemerkungen«, in: *Geheime Gesellschaften*. Herausgegeben von Peter Christian Ludz, Heidelberg 1979 (Wolfenbütteler Studien zur Aufklärung V/1)

Otto Schott: *Die Geschichte der Freimaurerei in Wien von den Anfängen bis zum Jahre 1792*, Diss. Wien 1939 (Masch.-Schr.)

Edith Schwarz: *Die Freimaurerei in Österreich, vor allem in Wien unter Kaiser Franz II. 1792–1809*, Diss. Wien 1940 (masch.-schriftl.)

Hans Wagner: »Die Freimaurerei und die Reformen Kaiser Josephs II.«, in: *Quatuor-Coronati-Jahrbuch* 1977, Nr. 14, S. 55–73

Hans Wagner: »Die politische und kulturelle Bedeutung der Freimaurerei im 18. Jahrhundert«, in: *Beförderer der Aufklärung in Mittel- und Osteuropa. Freimaurer, Gesellschaften, Clubs*. Herausgegeben von H. Balázs, Ludwig Hammermayer, Hans Wagner und Jerzy Wojtowicz, Berlin 1979

Nachschlagewerke (soweit nicht anderweitig eingeordnet)

Heinz Fengler / Gerhard Gierow / Willy Unger: *Lexikon der Numismatik*, Berlin ²1977

Carl von Littrow (Hrsg.): *Meteorologische Beobachtungen an der k. k. Sternwarte in Wien von 1775 bis 1855*. 1. Band: *1775–1796*, Wien 1860

J. Meyer (Hrsg.): *Das große Conversations-Lexicon für die gebildeten Stände. In Verbindung mit Staatsmännern, Gelehrten, Künstlern und Technikern*. 55 Bände, Hildburghausen 1842–53

Allgemeines Post- und Reisebuch nebst einer richtigen Anzeige aller in ganz Europa gangbaren Münzsorten, Gewichte und Ellenmasses, samt deren Verhältnis gegen den österreichischen Münz-, Gewicht- und Ellenfuß, 3., verbesserte und vermehrte Auflage, Wien o. J. [um 1785]

Constant von Wurzbach: *Biographisches Lexicon des Kaiserthums Österreich, enthaltend die Lebensskizzen der denkwürdigen Personen, welche 1750 bis 1850 im Kaiserstaate und in seinen Kronländern gelebt haben,* 60 Theile, Wien 1856–91

Verschiedenes

Briefe von Goethes Mutter an ihren Sohn, Christiane und August von Goethe, Weimar 1889 (Schriften der Goethe-Gesellschaft 4)

Louis Sébastien Mercier: *Mein Bild von Paris.* Übertragen und herausgegeben von Jean Villain, Frankfurt a. M. 1979

Peter Shaffer: *Amadeus.* Deutsch von Nina Adler, Frankfurt a. M. 1982

Abbildungsverzeichnis

Seite 35 Hieronymus Graf Colloredo, Fürsterzbischof von Salzburg 1772–1803. Kupferstich von Christoph Wilhelm Bock. (Porträtarchiv Diepenbroick, Münster)
Seite 85 Cäcilia Weber, geb. Stamm, die Mutter von Konstanze Mozart. Silhouette von unbekannter Hand. Die eigenhändige Beschriftung von Konstanze Mozart lautet: »Meine liebe gute Mutter Ceacilia Weber née Stamm.« (Mozarteum, Salzburg)
Seite 129 Bau des Trattnernhofs. Radierung (1775) von Friedrich August Brand. (Historisches Museum der Stadt Wien 48.793)
Seite 149 »Einlass-Karte zum Concert von W. A. Mozart.« (Mozarteum, Salzburg)
Seite 166 Franz Joseph Graf Thun-Hohenstein. Kupferstich von Clemens Kohl nach einer Zeichnung von Achaz Gottlieb Rähmel. (Historisches Museum der Stadt Wien 75.448)
Seite 193 Papst Pius VI. am Ostersonntag auf dem Hof zu Wien 1782. Kupferstich von Hieronymus Löschenkohl. (Historisches Museum der Stadt Wien 108.945)
Seite 217 Konzertankündigung in Form eines Handzettels für die »grosse musikalische Akademie« im Burgtheater am 10. März 1785 in Anwesenheit von Leopold Mozart. (Mozarteum, Salzburg)
Seite 235 Monument Josephs II. Kupferstich (1790) von Hieronymus Löschenkohl. (Historisches Museum der Stadt Wien 20.716/1)
Seite 247 Logenschmuck von Franz Joseph von Bosset aus der Loge »Zur gekrönten Hoffnung«. Auch Mozart dürfte solchen Schmuck besessen haben. (Historisches Museum der Stadt Wien 31.621/2 + 3)
Seite 277–279 Neunter Auftritt des ersten Aufzugs der Oper »Die Zauberflöte« aus dem Textbuch zur Uraufführung (1791). (Österreichische Nationalbibliothek, Wien, Musiksammlung)
Seite 292 »Grausame Mordthat so in Wien geschehen . . .«. Anonym. (Historisches Museum der Stadt Wien 52.277)
Seite 333 [Joseph Richter:] »Warum wird Kaiser Joseph von seinem Volke nicht geliebt?«, Wien 1787. (Bildarchiv der Österreichischen Nationalbibliothek, Wien, 134.822 Br)
Seite 339 Gottfried Bernhard van Swieten. Kupferstich von Johann Ernst Mansfeld nach einer Zeichnung von J. C. Lackner. (Porträtarchiv Diepenbroick, Münster)
Seite 389 Antonio Salieri. Kupferstich von Johann Neidl nach einer Zeichnung von Gandolph Ernst Stainhauser. (Porträtarchiv Diepenbroick, Münster)
Seite 419 Theaterzettel »Zum Erstenmale: Die Zauberflöte«, 30. September 1791, Theater auf der Wieden, Wien. (Historisches Museum der Stadt Wien 9.148)

Abbildungsverzeichnis

Seite 421 Papageno. Kupferstich (1791) von Ignaz Alberti aus dem Textbuch zur Uraufführung der »Zauberflöte«. (Österreichische Nationalbibliothek, Wien, Musiksammlung)

Seite 451 [Karl Friedrich] H[ensle]r: »Maurerrede auf Mozarts Tod«, Wien 1792. Einziges bekanntes Exemplar. (Österreichische Nationalbibliothek, Wien, Musiksammlung)

Tafel 1 Mozart am Klavier. Ölgemälde (vermutlich 1782/83; unvollendet) von Joseph Lange. (Mozart-Museum, Salzburg)

Tafel 2 Konstanze Mozart, geb. Weber. Kupfertiefdruck nach dem Gemälde (1802) von Hans Hansen im Mozart-Museum, Salzburg. (Bildarchiv der Österreichischen Nationalbibliothek, Wien, NB 523.911 B[RG]F)

Tafel 3 Karl Thomas und Franz Xaver Wolfgang Mozart im Alter von 14 und 7 Jahren. Ölgemälde (1798) von Hans Hansen im Mozart-Museum, Salzburg. (Bildarchiv der Österreichischen Nationalbibliothek, Wien, 59.389 B)

Tafel 4 Leopold Mozart, Konzertmeister und Vizekapellmeister in Salzburg. Ölgemälde (um 1765?) von Pietro Antonio Lorenzoni (?). (Mozarteum Salzburg)

Tafel 5 Joseph II. am Spinett mit zwei Damen. Anonyme Bleistiftskizze. (Bildarchiv der Österreichischen Nationalbibliothek, Wien, NB 507.273 BR)

Tafel 6a Joseph II., deutscher Kaiser, zunächst als Mitregent der Kaiserin Maria Theresia, ab 1780 Alleinregent. Der Kaiser trug gewöhnlich bürgerliche Kleidung oder einen einfachen Waffenrock. Zeitgenössische Darstellungen zeigen ihn jedoch meist im Repräsentationsgewand. Auf dieser Darstellung ist als Herrscherinsignie lediglich der Marschallstab zu sehen. Ölgemälde von Friedrich Heinrich Füger. (Bildarchiv der Österreichischen Nationalbibliothek, Wien, Pf 36.302 Cv 6514:3)

Tafel 6b Pietro Leopoldino, Großherzog von Toskana, ab 1790 als Leopold II. deutscher Kaiser. Wachsbüste von unbekannter Hand in der Wiener Hofburg. (Bildarchiv der Österreichischen Nationalbibliothek, Wien, 157.999 B[T.R]F)

Tafel 7a Der Spaziergang des Abends am Graben oder der Schnepfen-Strich. Kolorierter Kupferstich (1784) von Hieronymus Löschenkohl. (Historisches Museum der Stadt Wien 62.017)

Tafel 7b Michaelerplatz mit Michaelerkirche und Burgtheater. Aquarellierte Zeichnung (1783) von Carl Schütz. (Historisches Museum der Stadt Wien 51.611)

Tafel 8a Maria Wilhelmine Gräfin Thun-Hohenstein, geb. Comtesse Ulfeld. Ölgemälde in der Art von Johann Baptist Lampi d. Ä. (Bildarchiv der Österreichischen Nationalbibliothek, Wien, 165.568 B+[R]F)

Tafel 8b Karl Fürst Lichnowsky. Ölgemälde von unbekannter Hand. (Bildarchiv der Österreichischen Nationalbibliothek, Wien, NB 502.486 B)

Tafel 8c Fanny (Franziska) Arnstein, geb. Itzig. Schabblatt von Vinzenz Georg Kininger nach einem Gemälde von Jean Guérin. (Bildarchiv der Österreichischen Nationalbibliothek, Wien, NB 504. = 97 BR)

Tafel 9 Innenansicht einer Loge. Ölgemälde (um 1790) von unbekannter Hand. Nach mündlicher Familienüberlieferung soll es sich um die Loge »Zur gekrönten Hoffnung« mit einem Logenlokal im Haus Schwertgasse 3 handeln. (Historisches Museum der Stadt Wien 47.927)

Tafel 10 Angelo Soliman. Schabblatt von Johann Gottfried Haid nach einer Zeichnung von Johann Nepomuk Steiner. (Historisches Museum der Stadt Wien 23.766)

Tafel 11a Logenzertifikat für Ignaz Etzels von Löwenfels, Meister in der Loge »Zur gekrönten Hoffnung«, vom 19. Dezember 1785. Kupferstich auf Pergament. Mozarts Logenpaß ist nicht erhalten, dürfte aber die gleiche Vorlage gehabt haben. (Historisches Museum der Stadt Wien 42.107)

Tafel 11b Logenschurz von Franz Joseph von Bosset aus der Loge »Zur gekrönten Hoffnung«. Mozarts Logenutensilien haben sich nicht erhalten, dürften aber ähnlich ausgesehen haben. (Historisches Museum der Stadt Wien 31.621/1)

Tafel 12 Szenenbilder zur »Zauberflöte« von Joseph und Peter Schaffer. Kolorierte Stiche (um 1793). Ob es sich dabei um Darstellungen der Uraufführung im Theater auf der Wieden handelt, ist nicht erwiesen. Die Ausstattung und die Kostüme der frühen Inszenierungen scheinen sich aber nur unwesentlich voneinander unterschieden zu haben. (Historisches Museum der Stadt Wien 1788 [a], 1787 [b], 1785 [c])

Tafel 14 »Ankunft des Hl: Blanchards von seiner 38ten Luftreise zu Stadt Enzersdorf bey Wien d: 6: July 1791«. Kolorierter Kupferstich von Hieronymus Löschenkohl. (Historisches Museum der Stadt Wien 62.014)

Tafel 15 Autograph des »Requiems« (KV 626) von Mozart. (Österreichische Nationalbibliothek, Wien, Musiksammlung Cod. 17.561 Blatt 87 r+v)

Tafel 16 Die Metropolitankirche zum heiligen Stephan in Wien. Kolorierter Kupferstich (1792), gezeichnet und gestochen von Carl Schütz. (Historisches Museum der Stadt Wien 64.334)

Personenregister

Abert, Anna Amalie (*1906) 299
Abert, Hermann (1871–1927) 119, 212, 295, 401, 453, 475
Adamberger, Johann Valentin (1743–1804) 41, 70, 122, 143, 164, 200, 203
Adamberger, Maria Anna (geb. Jacquet; 1752–1804) 122
Albert Kasimir August (1738–1822), Herzog von Sachsen-Teschen 195
Alberti, Ignaz (1760–1794) 493
Albrechtsberger, Johann Georg (1736–1809) 428, 442
Alessandri, Felice (1747–1798) 350
Alxinger, Johann Baptist Edler von (1755–1797) 171, 175
Ambrok, Josefa (1729–1786) 290f.
Amo, Anton Wilhelm (1703–1753?) 455
André (um 1785) 286
André, Johann (1741–1799) 14, 128
André, Johann Anton (1775–1842) 115, 476
Angerbauer, Johann Ulrich (1732–1827) 28f.
Anhamer, Michael (um 1790) 448
Anton I. Klemens Theodor (1755–1836), König von Sachsen (seit 1827) 302
Apponyi, Anton Georg Graf (1751–1817) 340
Arco, Karl Joseph Maria Felix (1743–1830) 17, 29, 44–50, 61, 168
Aretino, Pietro (1492–1556) 359

Arnstein (Familie) 124, 201, 464
Arnstein, Fanny Freifrau von (geb. Itzig; 1758–1818) 77–79, 201f., 455, 493, Tafel 8
Arnstein, Nathan Adam Freiherr von (1748–1838) 77, 202
Arnstein(er), Adam Isaac (1721–1785) 76f.
Arouet, François Marie *siehe* Voltaire
Artaria (Verlag) 147–149, 338, 384
Arth, Maria Magdalena *siehe* Schikaneder, Eleonore
Artois, Graf von *siehe* Karl X.
Attwood, Thomas (1765–1838) 286, 304–309, 319, 384
Auernhammer (Familie) 73, 175
Auernhammer, Johann Michael (um 1719–1782) 200
Auernhammer, Josepha Barbara (1758–1820) 68, 199f., 209
Auersperg (Familie) 267, 287, 294
Auersperg, Karl Fürst (1744–1822) 176
Augustus (eigtl. Gajus Octavius; 63 v. Chr. – 14 n. Chr.) 412

Bach, Carl Philipp Emanuel (1714–1788) 338, 341
Bach, Johann Sebastian (1685–1750) 116f., 197, 338, 340
Bär, Carl (1909–1978) 152f., 434f., 441, 443, 447
Barisani, Sigmund (1758–1787) 136, 477
Bassewitz (Familie) 171

Batthyány (Familie) 340, 461
Bauer, Wilhelm A. (1888–1968) 453
Bauernfeld, Joseph Edler von (um 1790) 399
Bayern *siehe* Karl Theodor
Beaumarchais, Pierre Augustin Caron de (1732–1799) 38, 218, 226, 228, 230, 236, 286, 299, 396f.
Beccaria, Cesare Bonesana, Graf von (1738–1794) 372, 469
Bedini, Domenico (um 1790) 408, 410
Beer, Joseph (1744–1811) 385
Beethoven, Ludwig van (1770–1827) 68, 160, 346, 368, 463, 472
Benda, Friedrich Ludwig (1746–1792) 396
Benda, Georg Anton (1722–1795) 19, 22, 396
Bene *siehe* del Bene
Beneckè *siehe* Bönike
Benucci, Francesco (um 1745–1824) 223
Berchtold zu Sonnenburg, Johann Baptist von (1736–1801) 305
Berchtold zu Sonnenburg, Leopold von (1785–1840) 305f., 310
Berchtold zu Sonnenburg, Maria Anna Walburga Ignatia *siehe* Mozart, Maria Anna Walburga Ignatia
Berg, Alban (1885–1935) 298, 471
Bernasconi, Antonia (um 1741–1803?) 143
Beyle, Marie Henri *siehe* Stendhal
Binder, Freiherr von Kriegelstein, Johann Friedrich (1758–1790) 205
Blanchard, François (eigtl. Jean-Pierre Blanchard; 1750–1809) 406f., 494, Tafel 14
Bland, John (um 1750–um 1840) 308
Blumauer, Aloys (1755–1798) 171
Boccaccio, Giovanni (1313–1375) 359
Boccherini, Luigi (1743–1805) 350
Bock, Christoph Wilhelm (1755–um 1830) 492
Böhm, Johann Heinrich (1740/50 bis 1792) 378

Bönike, Johann Michael (1734–1811) 29
Bondini, Pasquale (1737?–1789) 303, 317, 320–322, 348
Bonno, Giuseppe (1710–1788) 41, 179, 187
Born, Ignaz Edler von (1742–1791) 172, 250, 255–259, 261, 265–267, 401, 467f.
Bosset, Franz Joseph von (um 1790) 492, 494
Brabbé, Gustav (* 1822) 468
Brand, Friedrich August (1735–1806) 492
Braschi, Giovanni Angelo *siehe* Pius VI.
Braun, Johann Gottlieb von (1727– 1788) 175, 461
Breicha, Anton Daniel († nach 1787) 317
Bretzner, Christoph Friedrich (1746–1807) 88
Bridi, Giuseppe Antonio (1763–1836) 323
Brockmann, Johann Franz Hieronymus (1745–1812) 185, 304
Brunetti, Antonio (um 1744–1786) 27–30

Calmer Freifrau Picqnigny, Johanna *siehe* Wetzlar von Plankenstern, Johanna
Camesina (Familie) 128
Canal von Malabaila, Emanuel Joseph Graf (1745–1827) 319f.
Cannabich, Carl (1771–1806) 218
Cannabich, Christian (1731–1798) 139, 380f.
Casanova, Giacomo (1725–1798) 221, 225, 470
Cavalieri, Caterina (eigtl. Caterina Cavalier; 1755–1801) 70, 416
Ceccarelli, Francesco (1752–1814) 27–30
Chotek (Familie) 461
Chotek, Rudolf Graf (1748–1824) 332

Personenregister

Christiani, Anna von *siehe* Soliman, Anna

Clementi, Muzio (1752–1832) 68, 73, 148, 168, 182

Closset, Thomas Franz (1754–1813) 427f., 432

Cobenzl, Johann Philipp Graf (1741–1810) 66f., 172, 190, 192

Cobenzl, Marie Karoline Gräfin *siehe* Thiennes de Rumbeke, Marie Karoline Gräfin

Colloredo, Hieronymus Graf *siehe* Hieronymus Joseph Franz de Paula Graf von Colloredo-Waldsee

Colloredo, Rudolf Joseph Fürst (1706–1788) 17, 28, 33f.

Conegliano, Anania *siehe* Da Ponte, Luigi

Conegliano, Baruch *siehe* Da Ponte, Girolamo

Conegliano, Emanuele *siehe* Da Ponte, Lorenzo

Conegliano, Geremia *siehe* Da Ponte, Gaspare

Conegliano, Rachele (geb. Pincherle; † 1754) 325

Contrini, Theresia (um 1785) 76

Corneille, Pierre (1606–1684) 325

Cornet, Julius (1793–1860) 401

Cramer, Karl Friedrich (1752–1807) 69, 118, 199

Crux, Marianne (verh. Gilbert; 1772–nach 1807) 319

Czernin (Familie) 176

Cziczi (Familie) 171 *siehe* auch Zichy

Danzi, Franziska Dorothea *siehe* Le Brun, Franziska Dorothea

Da Ponte, Gaspare (eigtl. Geremia Conegliano; * 1720) 219f.

Da Ponte, Girolamo (eigtl. Baruch Conegliano; 1752–1784) 220

Da Ponte, Lorenzo (1697–1768) 220

Da Ponte, Lorenzo (eigtl. Emanuele Conegliano; 1749–1838) 93, 125, 200, 207, 218–227, 229f., 286, 297f., 303, 322, 324, 358–361, 363, 388, 390, 408, 468, 470, 475

Da Ponte, Luigi (eigtl. Anania Conegliano; 1754– um 1781) 220

Da Ponte, Nancy (geb. Ann Celestine Ernestina Grahl; um 1769–1832) 224f.

Da Ponte, Orsola Pasqua (geb. Paietta; * 1747) 220

Da Ponte, Rachele *siehe* Conegliano, Rachele

Deiner, Joseph (um 1790) 136

del Bene, Adriana (eigtl. Francesca Gabrieli, gen. la Ferrarese; * um 1750) 388, 473

Denis, Michael (1729–1800) 208f.

Deutsch, Otto Erich (1883–1967) 453

Devrient, Eduard (1801–1877) 364

Deym von Stržitež, Franz de Paula Graf *siehe* Müller, Joseph

Dietrichstein, Johann Baptist Karl Fürst von (1728–1808) 254, 340

Dittersdorf, Karl Ditters von (1739–1799) 328

Dorn, Dieter (* 1935) 364

Dümmer, Georg (um 1790) 448

Duport, Jean-Pierre (1741–1818) 349

Duschek, Franz Xaver (1731–1799) 317

Duschek, Josepha (geb. Hambacher; 1753–1824) 317, 322f., 350, 452

Ecker und Eckhoffen, Hans Heinrich Freiherr von (1750–1790) 250

Edelbach, Benedikt Schloßgängl von (1748–1820) 122

Eibl, Joseph Heinz (1905–1982) 38, 129, 472

Einstein, Alfred (1880–1952) 207, 295, 413, 453

Elisabeth Wilhelmine Luise von Württemberg (1767–1790; verh. mit Franz, Erzherzog von Österreich) 71, 144f., 176, 216, 365, 370

Engel, Karl Imanuel (1764–1795) 270

Erdödy (Familie) 461

Erthal, Friedrich Karl Freiherr von

siehe Friedrich Karl Freiherr von Erthal
Escherich (um 1780) 26
Eskeles, Bernhard Freiherr von (1753–1839) 202
Eskeles, Eleonore (verh. Fließ; 1752–1812) 202–204, 464
Esterházy (Familie) 148
Esterházy, Johann Nepomuk Graf (1754–1840) 176, 340
Esterházy von Galántha, Nikolaus Joseph Fürst (1714–1790) 140, 160, 459, 461f.
Etzels von Löwenfels, Ignaz (um 1785) 494
Eybel, Johann Valentin (1741–1805) 420
Eybler, Joseph Leopold von (1765–1845) 425f., Tafel 15

Fantozzi, Maria *siehe* Marchetti-Fantozzi, Maria
Ferdinand IV. (1751–1825), König von Neapel (seit 1759) 380
Ferrarese *siehe* del Bene, Adriana
Fiala, Joseph (um 1750–1816) 30, 128, 286
Fischart, Johann (eigtl. Johann Fischer; um 1546–um 1590) 359
Fischer, Rudolph (um 1790) 452
Fischer von Erlach (Familie) 51
Fisher, Nancy Ann Selina *siehe* Storace, Nancy Ann Selina
Flammberg, Anna von *siehe* Walsegg-Stuppach, Anna Gräfin von
Fließ, Eleonore *siehe* Eskeles, Eleonore
Fließ, Moises (* um 1750) 202
Forkel, Johann Nikolaus (1749–1818) 338
Forman, Miloš (* 1932) 431
Forster, Georg (1754–1794) 170–173, 190, 254–257, 266f., 455
Forster, Therese *siehe* Heyne, Therese
Fränzl, Ignaz (1736–1811) 139
Frankreich *siehe* Karl X., *siehe* Ludwig XVI., *siehe* Marie Antoinette

Franz, Erzherzog von Österreich *siehe* Franz II.
Franz I. Stephan (1708–1765), Kaiser des Heiligen Römischen Reichs (seit 1745) 249
Franz II. Joseph Karl (1768–1835), Kaiser des Heiligen Römischen Reichs (1792–1806) 71, 99, 142, 144, 249, 284f., 355, 365, 367, 369, 392, 406, 420, 456, 469, Tafel 10
Freystädtler, Franz Jakob (1761–1841) 443
Friedel, Johann (1751?–1789) 397
Friederike von Hessen-Darmstadt (1751–1805; verh. mit Friedrich Wilhelm II., König von Preußen) 350
Friederike Charlotte Ulrike von Preußen (1767–1820) 349, 354, 375
Friedrich II., der Große (1712–1786), König von Preußen (seit 1740) 185, 203, 338, 437, 469
Friedrich Karl Freiherr von Erthal (1719–1802), Kurfürst von Mainz (seit 1774) 380
Friedrich Wilhelm II. (1744–1797), König von Preußen (seit 1786) 348–350, 354, 357, 375f., 417, 450
Füger, Heinrich Friedrich (1751–1818) 493

Gabrieli, Francesca *siehe* del Bene, Adriana
Galizyn *siehe* Golyzin
Gallenberg, Graf (um 1780) 266
Ganganelli, Giovanni Vincenzo Antonio *siehe* Klemens XIV.
Gazzaniga, Giuseppe (1743–1818) 223
Gebler, Tobias Philipp Freiherr von (1726–1786) 171
Gemmingen-Hornberg, Otto Heinrich Freiherr von (1755–1836) 171f., 250, 258, 265, 466
Georg IV. August Friedrich (1762–1830), König von Großbri-

Personenregister

tannien und Hannover (seit 1820) 305–307, 384
Gerl, Franz Xaver (1774–1827) 386, 428
Gieseke, Karl Ludwig (eigtl. Johann Georg Metzler; 1761–1833) 401 f.
Gilbert, Marianne *siehe* Crux, Marianne
Gilowsky von Urazowa, Franz Xaver Wenzel (1757–1816) 122, 449
Gluck, Christoph Willibald Ritter von (1714–1787) 71, 123, 145, 179, 184, 187, 194, 199 f., 215, 323, 460
Goethe, Johann Wolfgang von (1749–1832) 98, 218, 238, 377, 395 f., 417, 447, 459 f., 464, 469
Goethe, Katharina Elisabeth (geb. Textor; 1731–1808) 377, 417, 476
Goldoni, Carlo (1707–1793) 23, 205 f., 209, 325
Golizyn, Dmitri Michailowitsch Fürst (1720–1793) 29, 148, 176, 196
Gottsched, Johann Christoph (1700–1766) 90, 325, 413
Grahl, Ann Celestine Ernestina *siehe* Da Ponte, Nancy
Grassalkovics, Anton Graf (1733–1794) 198, 461
Gray, Thomas (1716–1771) 172
Greiner, Franz Sales von (1730–1798) 171, 175
Greiner, Karoline von *siehe* Pichler, Karoline
Greither, Aloys (1913–1986) 434
Griesinger, Georg August (1769–1845) 447
Grimm, Friedrich Melchior Freiherr von (1723–1807) 37
Großbritannien *siehe* Georg IV.
Guardasoni, Domenico (um 1731–1806) 270, 322, 348, 356, 403, 407–411, 415, 474
Günther, Johann Valentin (1746–nach 1782) 201–204, 464
Guérin, Jean (1760–1836) 493
Gugitz, Gustav (1874–1964) 464

Guilford de Gillhall, Maria Karoline *siehe* Thun-Hohenstein, Maria Karoline Gräfin
Gustav III. (1746–1792), König von Schweden (seit 1771) 331

Haas, Robert (1886–1960) 459
Habert, Elisabeth Barbara *siehe* Qualenberg, Elisabeth Barbara
Hadik, Johann Graf (1755–nach 1785) 176
Händel, Georg Friedrich (1685–1759) 116, 151, 197, 338, 340 f., 375, 446
Häßler, Johann Wilhelm (1747–1822) 348
Häusler, Joseph (1768–1845) 318
Haffner (Familie) 138
Haibel, Sophie *siehe* Weber, Sophie
Haid, Johann Gottfried (1710–1776) 493
Hambacher, Josepha *siehe* Duschek, Josepha
Hannibal, Ibrahim (um 1697–1781) 455
Hannover *siehe* Georg IV.
Hansen, Hans (1769–1828) 493
Hanslick, Eduard (1825–1904) 462
Harrach, Ferdinand Bonaventura Graf (1708–1788) 461
Haschka, Lorenz Leopold (1749–1827) 175
Haselin, Regina (um 1790) 448
Hatwig, Otto (1766–1834) 443
Hatzfeld, August Clemens Ludwig Maria Graf (1754–1787) 311
Hatzfeldt, Sophie Freifrau von (verh. Coudenhoven; 1747–1825) 379
Haydn, Johann Evangelist (1743–1805) 140
Haydn, Joseph (1732–1809) 80, 118, 132, 140, 147, 149, 152, 154–156, 160, 168, 198 f., 216, 257, 309 f., 341, 346, 358, 377, 384, 447, 457–459, 461 f., 471
Haydn, Maria Anna (geb. Keller; 1729–1800) 310

Haydn, Michael (1737–1806) 213

Heeger, Wenzel Bernhard (1740–1807) 391 f.

Hehl, Mary Sabilla *siehe* Novello, Mary Sabilla

Heiliges Römisches Reich *siehe* Franz I., *siehe* Joseph I., *siehe* Joseph II., *siehe* Leopold II., *siehe* Maria Luise, *siehe* Maria Theresia, *siehe* Matthias

Henikstein *siehe* Hönig

Hensler, Karl Friedrich (1759–1825) 450, 493

Herberstein, Joseph Johann Nepomuzenus Graf (1727–1809) 203

Herder, Johann Gottfried von (1744–1803) 185

Herrmann, Karl-Ernst (* 1936) 364

Hessen-Darmstadt *siehe* Friederike

Heufeld, Franz von (1731–1795) 19

Heydegger, Johann (um 1790) 448

Heyne, Therese (verh. Forster, Huber; 1764–1829) 173

Hickel, Joseph (1736–1807) 73

Hieronymus Joseph Franz de Paula Graf von Colloredo-Waldsee (1732–1812), Fürsterzbischof von Salzburg (seit 1772) 17–19, 21, 24, 27–43, 45–50, 58, 61–63, 102, 137, 164, 168, 195, 210 f., 453 f., 492

Hildebrandt (Familie) 51

Hildesheimer, Wolfgang (* 1916) 104–106, 295, 355, 456 f.

Hober, Franziska *siehe* Leutgeb, Franziska

Hochstetter, Gottfried Adam Freiherr von (1715–1790) 79

Hönig, Edler von Henikstein, Adam Albert (1745–1811) 171, 458

Hofdemel, Franz (um 1755–1791) 151, 430, 432 f.

Hofdemel, Maria Magdalena (geb. Pokorný; 1766–nach 1804) 430, 433

Hofer, Franz de Paula (1755–1796) 140, 319, 351, 377, 417, 428

Hofer, Josepha *siehe* Weber, Josepha

Hoffmann, Leopold Alois (1748–1806) 265, 272

Hoffmeister, Franz Anton (1754–1812) 149, 381 f., 384

Hofmann, Leopold (1738–1793) 382

Holzbauer, Ignaz (1711–1783) 139

Huber, Therese *siehe* Heyne, Therese

Humboldt, Alexander Freiherr von (1769–1859) 471

Hummel, Johann Nepomuk (1778–1837) 128

Hunczovsky, Johann Nepomuk (1752–1798) 171

Hutchinson, Michael 430

Igl, André (um 1790) 449

Itzig, Daniel (1723–1799) 77

Itzig, Fanny *siehe* Arnstein, Fanny Freifrau von

Jacquet, Maria Anna *siehe* Adamberger, Maria Anna

Jacquin, Gottfried von (1767–1792) 302, 307, 312, 323

Jahn, Ignaz (1744–1810) 161, 340, 385

Jahn, Otto (1813–1869) 9, 152, 434, 453, 475

Jommelli, Niccolò (1714–1774) 139

Jones, T. Ducket 435

Joseph (Diener) 319

Joseph I. (1678–1711), Kaiser des Heiligen Römischen Reichs (seit 1705) 314

Joseph II. (1741–1790), Kaiser des Heiligen Römischen Reichs (seit 1765) 12, 19, 22 f., 33 f., 36–38, 41, 51–57, 61 f., 70 f., 73, 83, 88, 98, 117, 123, 142–144, 148, 150, 154, 161, 163, 168, 172, 174 f., 178–185, 187 f., 190–197, 199, 201–204, 222 f., 226–242, 248–251, 256, 259–263, 266–273, 284, 287–293, 297, 300, 302–304, 307, 313 f., 323 f., 330–337, 339 f., 350, 355, 357, 364–369, 372, 378,

387, 390, 396f., 436f., 439–441, 444–446, 455f., 461–463, 465, 468–470, 492f., Tafel 5, 6

Karl II. August Christian (1746–1795), Herzog von Pfalz-Zweibrücken (seit 1775) 468

Karl X. (1757–1836), König von Frankreich (1824–30) 228

Karl August (1757–1828), Herzog von Sachsen-Weimar-Eisenach (seit 1775) 332, 469

Karl Theodor (1724–1799), Kurfürst von der Pfalz (seit 1743) und von Bayern (seit 1777) 21, 139, 258, 380

Katharina II., die Große (1729–1796), Kaiserin von Rußland (seit 1762) 71, 201, 331, 455

Kaunitz, Wenzel Anton Graf (1711–1794) 171, 184, 197

Keesenberg, Jakob Joseph (um 1785) 76

Keller, Maria Anna *siehe* Haydn, Maria Anna

Kelly, Michael (1762–1826) 135, 137, 297, 302, 304, 306, 308, 319

Kininger, Vinzenz Georg (1767–1851) 493

Kleinmayr, Johann Franz Thaddäus von (1733–1805) 29, 47f.

Klemens XIV. (vorher Giovanni Vincenzo Antonio Ganganelli; 1705–1774), Papst (seit 1769) 194

Klopstock, Friedrich Gottlieb (1724–1803) 185

Köchel, Ludwig Ritter von (1800–1877) 15

Köllenberger, Ernst Maximilian (um 1733–1811) 28

Köln *siehe* Maximilian Franz, *siehe* Maximilian Friedrich

Königsegg-Rothenfels, Maximilian Friedrich Graf *siehe* Maximilian Friedrich

Kohl, Clemens (1754–1807) 492

Koselleck, Reinhart (* 1923) 252

Koželuch, Leopold Anton (1747–1818) 147, 354

Krämer, Uwe (* 1937) 152

Kratter, Franz (1757–1830) 266f., 294, 468

Kriegelstein *siehe* Binder

Kronauer, Johann Georg (um 1785) 308

Lackenbacher, Heinrich (um 1785) 382

Lackner, J. C. (um 1785) 492

Lampi, Johann Baptist Edler von (1751–1830) 493

Landon, Howard Chandler Robbins (* 1926) 466

Lang, Martin (1755–nach 1791) 60

Lange, Aloysia *siehe* Weber, Aloysia

Lange, Anna Maria Elisabeth (geb. Schindler; 1757–1779) 440, 477f.

Lange, Joseph (1751–1831) 63, 80f., 122, 200, 477f., 493, Tafel 1

Laudon, Gideon Ernst Freiherr von (1717?–1790) 334

Lausch, Lorenz (um 1780) 384

Le Brun, Franziska Dorothea (geb. Danzi; 1756–1791) 218

Le Brun, Ludwig August (1752–1790) 218

Legros, Joseph (1730–1793) 304

Lehne, Friedrich (1771–1836) 418

Leitgeb, Franz Anton (um 1744–1812) 424

Le Noble (vor 1750–nach 1790) 303

Leon, Gottlieb von (1757–1832) 175

Leonore (Stubenmädchen) 403, 474

Leopold II. (1747–1792), Kaiser des Heiligen Römischen Reichs (seit 1790) 132, 179, 183, 223, 271, 284, 336, 369, 371–374, 376–378, 387f., 390, 392, 407, 409, 411, 414, 423f., 464, 468f., 493, Tafel 6

Lessing, Gotthold Ephraim (1729–1781) 90, 172f., 185f., 395, 477

Leutgeb, Franziska (geb. Hober; um 1734–1828) 474

Leutgeb, Joseph (1732–1811) 198, 402, 404
Levey, Michael Vincent (* 1927) 440
Levi, Hermann (1839–1900) 364
Lichnowsky (Familie) 463
Lichnowsky, Karl Fürst (1756–1814) 169–172, 197, 258, 271, 347–349, 461, 463, 493, Tafel 8
Lichnowsky, Maria Christina Fürstin *siehe* Thun-Hohenstein, Maria Christina Gräfin
Lichnowsky, Moritz Graf (1771–1837) 347
Liechtenstein (Familie) 176, 461
Liechtenstein, Alois Joseph Fürst (1759–1805) 99, 461
Liechtenstein, Franz Joseph Fürst (1726–1781) 99
Liechtenstein, Joseph Wenzel Fürst (1696–1772) 97–99, Tafel 10
Lobkowitz, Johann Georg Christian Fürst (1686–1755) 97
Lobkowitz, Joseph Maria Karl Fürst (1725–1802) 340, 461
Löschenkohl, Hieronymus (1753–1807) 287, 492–494
Lorenzoni, Pietro Antonio (um 1721–1786) 493
Ludendorff, Mathilde (1877–1966) 433, 477
Ludwig XVI. (1754–1793), König von Frankreich (1774–92) 228
Lühning, Helga 475

Machiavelli, Niccolò (1469–1527) 359
Mainz *siehe* Friedrich Karl
Make, Fatuma (um 1725) 97
Make, Mmadi *siehe* Soliman, Angelo
Malabaila *siehe* Canal
Mansfeld, Johann Ernst (1738–1796) 492
Marchesi, Luigi (gen. Marchesini; um 1755–1829) 143
Marchetti-Fantozzi, Maria (1767–nach 1807) 410
Maria Amalia Anna Josepha von Pfalz-Zweibrücken (1757–1831; verh. mit Friedrich August III., Kurfürst von Sachsen) 348
Maria Christine von Österreich (1742–1798; verh. mit Albert Kasimir, Herzog von Sachsen-Teschen) 195
Maria Fjodorowna *siehe* Sophie Dorothea
Maria Karolina von Österreich (1752–1814; verh. mit Ferdinand IV., König von Neapel) 380
Maria Luise von Spanien (1745–1792; verh. mit Leopold II., Kaiser des Heiligen Römischen Reichs) 373f., 409, 411, 476
Maria Theresia (1717–1780), Kaiserin des Heiligen Römischen Reichs (1745–65) 22, 33, 51, 54–56, 77f., 127, 159, 175, 179f., 187, 191, 233, 237–239, 250, 254, 291, 338, 493
Maria Theresia von Toskana (1767–1827; verh. mit Anton I., König von Sachsen) 302
Marie Antoinette (1755–1793; verh. mit Ludwig XVI., König von Frankreich) 228
Marinelli, Karl von (1745–1803) 326
Martini, Karl Anton Reichsfreiherr von (1726–1800) 388
Martín y Soler, Vicente (1754–1806) 223, 464
Matthias (1557–1619), Kaiser des Heiligen Römischen Reichs (seit 1612) 313
Maximilian Franz (1756–1801), Erzherzog, Kurfürst von Köln 175, 183f., 450, 461
Maximilian Friedrich Graf Königsegg-Rothenfels (1708–1784), Kurfürst von Köln 183
Mayer, Georg (um 1790) 448
Mazzolà, Caterino (1745–1806) 407–409, 413f., 468, 475
Mendelssohn, Moses (1729–1786) 78

Mendelssohn-Bartholdy, Felix (1809–1847) 117, 455

Mesmer, Franz Anton (1734–1815) 165

Metastasio, Pietro (eigtl. Pietro Antonio Domenico Bonaventura Trapassi; 1698–1782) 407, 411–415

Metternich, Klemens Wenzel Graf (1773–1859) 142

Metzler, Johann Georg *siehe* Gieseke, Karl Ludwig

Migazzi, Christoph Bartholomäus Anton Graf (1714–1803) 98f., 234, 272

Miller, Johann Martin (1750–1814) 27

Molière (eigtl. Jean-Baptiste Poquelin; 1622–1673) 110, 325

Montesquieu, Charles de Secondat, Baron de La Brède et de (1689–1755) 87

Moscheles, Ignaz (1794–1870) 431

Moser, Franz Joseph (1717–1792) 395

Mozart, Anna Maria (1789–1789) 112

Mozart, Anna Maria Walburga (geb. Pertl; 1720–1778) 25, 30, 108

Mozart, Franz Xaver Wolfgang (1791–1844) 404, 409, 425, 428, 432, 447, 471, 493, Tafel 3

Mozart, Johann Thomas Leopold (1786–1786) 112, 305f.

Mozart, Karl Thomas (1784–1858) 112, 155, 305f., 323, 351, 353, 391f., 394, 403, 416f., 425, 428, 474f., 493, Tafel 3

Mozart, Konstanze (geb. Weber, auch verh. von Nissen; 1762–1842) 9f., 59, 63–65, 69, 80, 82–84, 95, 101–122, 124, 126, 130–132, 136, 147, 155, 169, 198, 209–213, 269, 305f., 308f., 319–321, 336, 340, 342, 347, 349–353, 355f., 374–376, 378–381, 384, 390–392, 394, 402–405, 407, 409f., 415, 423–428, 430–432, 436, 440, 442, 445, 447, 449f., 455–457, 459, 464f., 471f., 475, 492f., Tafel 2

Mozart, Leopold (1719–1787) 9, 18–26, 28–32, 36–50, 58–63, 65–67, 69, 80–83, 100–103, 107, 111, 115, 118–122, 128, 130, 139, 152, 157, 168–170, 176f., 189f., 193, 195–197, 199, 201f., 204f., 209–213, 215f., 218, 230, 243, 248f., 257–259, 288f., 302, 305f., 308, 310–312, 319, 346, 356, 390f., 394, 454, 457f., 461, 469f., 477, 492f., Tafel 4

Mozart, Maria Anna Walburga Ignatia (gen. Nannerl Mozart, verh. von Berchtold zu Sonnenburg; 1751–1829) 18, 21f., 25, 30f., 39, 104, 108, 111, 116f., 130, 209–213, 216, 249, 258, 288, 305f., 310f., 395, 454, 457f.

Mozart, Raimund Leopold (1783–1783) 111f., 118f., 126, 198, 210

Mozart, Theresia Konstanzia (1787–1788) 112, 344

Müller, Joseph (eigtl. Joseph Nepomuk Franz de Paula Deym von Stržiteř; 1752–1804) 428

Müller, Wenzel (1767–1835) 474

Muratori, Ludovico Antonio (1672–1750) 37

Myka, Anna Maria *siehe* Stephanie, Anna Maria

Nagel, Maria Theresia von *siehe* Trattnern, Maria Theresia von

Naumann, Johann Gottlieb (1741–1801) 270

Neapel *siehe* Ferdinand IV., *siehe* Maria Karolina

Neidl, Johann (1776–1832) 492

Niemetschek, Franz Xaver (1766–1849) 112, 423f., 430f., 446, 475

Niese, Carl Friedrich (1821–1891) 364

Nissen, Georg Nikolaus von (1761–1826) 105, 114, 350, 426f., 430, 432, 445, 447, 457, 474

Nissen, Konstanze von *siehe* Mozart, Konstanze
Nostiz-Rieneck, Franz Anton Graf (1725–1794) 317
Novello, Mary Sabilla (geb. Hehl; um 1789–1854) 118, 457
Novello, Vincent (1781–1861) 119, 457

Österreich *siehe* Elisabeth Wilhelmine Luise, *siehe* Franz II., *siehe* Maria Christine, *siehe* Maria Karolina
Offenbach, Jacques (eigtl. Jacob Offenbach; 1819–1880) 230
O'Reilly, Robert May (um 1790) 308f., 384
Orsini *siehe* Rosenberg-Orsini

Paar, Wenzel Johann Joseph Graf (1719–1792) 253
Padover, Saul K. (1905–1981) 465
Paietta, Orsola Pasqua *siehe* Da Ponte, Orsola Pasqua
Paisiello, Giovanni (1740–1816) 172, 477
Pálffy (Familie) 148, 176
Paul I. (1754–1801), Kaiser von Rußland (seit 1796) 70f., 86, 195, 455
Pergen, Johann Baptist Anton Graf (1725–1814) 175, 228, 272f., 367
Pergen, Philippine Gabriele Gräfin (*1739) 174–176, 274
Pergolesi, Giovanni Battista (1710–1736) 23
Perinet, Joachim (1763–1816) 474
Perini, Carolina (um 1795) 408
Pertl, Anna Maria Walburga *siehe* Mozart, Anna Maria Walburga
Peter I., der Große (1672–1725), Zar (seit 1682) und Kaiser (seit 1721) von Rußland 455
Peter III. (1728–1762), Kaiser von Rußland (1762) 71
Petran, Franz (um 1785) 467
Pezzl, Johann (1756–1823) 124, 466
Pfalz *siehe* Karl Theodor

Pfalz-Zweibrücken *siehe* Karl II., *siehe* Maria Amalia Anna Josepha
Piccinni, Niccolò (1728–1800) 396
Pichler, Karoline (geb. von Greiner; 1769–1843) 175
Pietro Leopoldino, Großherzog von Toskana *siehe* Leopold II.
Pius VI. (vorher Giovanni Angelo Braschi; 1717–1799), Papst (seit 1775) 190, 192–196, 234, 492
Plankenstern *siehe* Wetzlar
Ployer (Familie) 175
Ployer, Maria Anna Barbara von (1765–1811) 312
Ponte, da *siehe* Da Ponte
Pope, Alexander (1688–1744) 172
Poquelin, Jean-Baptiste *siehe* Molière
Posch, Anna Freiin von *siehe* Pufendorf, Anna Freifrau von
Possart, Ernst von (1841–1921) 364
Preußen *siehe* Friederike, *siehe* Friederike Charlotte Ulrike, *siehe* Friedrich II., *siehe* Friedrich Wilhelm II.
Puchberg, Elisabeth (geb. Rustenholzer, verw. Salliet; 1748–1784) 342, 351
Puchberg, Johann Michael (1741–1822) 113, 129–131, 151, 154f., 201, 249, 266, 342–346, 351f., 354, 356–358, 368, 370–376, 382, 405, 424, 449, 460, 472
Pufendorf, Anna Freifrau von (geb. Freiin von Posch; 1757–1843) 171, 463
Pufendorf, Konrad Friedrich Freiherr von (1743–1822) 463
Purker, Friedrich (um 1790) 448
Puschkin, Alexandr Sergejewitsch (1799–1837) 431, 455

Qualenberg, Elisabeth Barbara (geb. Habert; um 1790) 319

Rabelais, François (um 1484–1553) 359

Personenregister

Rähmel, Achaz Gottlieb (1732–1810) 492

Raimund, Ferdinand (eigtl. Ferdinand Raimann; 1790–1836) 325

Ramlo, Kaspar (um 1790) 319

Ramm, Friedrich (1744–1811) 349

Rasumowski, Andreas Kyrillowitsch Graf (1752–1836) 463

Rasumowski, Elisabeth Gräfin *siehe* Thun-Hohenstein, Elisabeth Gräfin

Rautenstrauch, Johann (1746–1801) 171, 228, 236, 474

Razumowsky *siehe* Rasumowski

Reicha, Joseph (1746–1795) 461

Reichardt, Johann Friedrich (1752–1814) 350

Reinalter, Helmut (*1942) 261

Reiz, Anton (um 1790) 448

Rembrandt (eigtl. Rembrandt Harmensz. van Rijn; 1606–1669) 471

Reuter (um 1790) 448

Richardson, Samuel (1689–1761) 95

Richter, Joseph (1749–1813) 332f., 492

Riedesel, Johann Hermann Freiherrr von (1740–1785) 100, 206, 450

Rimski-Korsakow, Nikolai Andrejewitsch (1844–1908) 431

Rößler, Franz Anton (1746–1792) 425

Rosenberg-Orsini, Franz Xaver Wolf Graf (1723–1796) 67, 70, 168, 184, 388, 463

Rottenhan, Heinrich Franz Graf (1737–1809) 409

Rousseau, Jean-Jacques (1712–1778) 33

Rumbeke *siehe* Thiennes

Rußland *siehe* Katharina II., *siehe* Paul I., *siehe* Peter I., *siehe* Peter III., *siehe* Sophie Dorothea

Rustenholzer, Elisabeth *siehe* Puchberg, Elisabeth

Sachsen *siehe* Anton I., *siehe* Maria Amalia Anna Josepha, *siehe* Maria Theresia

Sachsen-Teschen *siehe* Albert Kasimir, *siehe* Maria Christine

Sachsen-Weimar-Eisenach *siehe* Karl August

Salieri, Antonio (1750–1825) 41, 179, 181f., 195, 219, 222f., 225f., 301, 358, 369, 373, 377, 385, 389f., 416, 431f., 446, 464, 470, 472f., 492

Sallaba, Mathias von (1764–1797) 427, 432

Salliet, Elisabeth *siehe* Puchberg, Elisabeth

Salliet, Michael († 1777) 342

Salomon, Johann Peter (1745–1815) 309, 384

Salzburg *siehe* Hieronymus Joseph Franz

Satmann (um 1790) 351

Schäfer, Martha Elisabeth von *siehe* Waldstätten, Martha Elisabeth Baronin von

Schaffer, Joseph († nach 1810) 494

Schaffer, Peter († nach 1810) 494

Schak, Benedikt (1758–1826) 428

Scheffstoß, Anna Maria *siehe* Weigl, Anna Maria

Schenk, Erich (1902–1974) 104, 323, 436

Schickeneder, Johann Joseph *siehe* Schikaneder, Emanuel

Schickeneder, Joseph (um 1720–nach 1753) 395

Schickeneder, Juliana (geb. Schießl; 1715–1789) 395

Schikaneder, Eleonore (geb. Maria Magdalena Arth; 1751–1821) 397f.

Schikaneder, Emanuel (eigtl. Johann Joseph Schickeneder; 1751–1812) 136, 138, 140, 227, 274f., 283f., 386, 394–403, 415f., 418, 450

Schiller, Friedrich von (1759–1805) 92, 142, 396f., 447

Schindler, Anna Maria Elisabeth *siehe* Lange, Anna Maria Elisabeth

Schink, Johann Friedrich (1755–1835) 326–328

Schlauka, Franz (um 1780) 28
Schönfeld, Johann Ferdinand Ritter von (1750–1821) 161f.
Schopenhauer, Arthur (1788–1860) 106
Schrattenbach, Siegmund Christoph Graf (1698–1771) 17, 32, 34, 37f.
Schröder, Friedrich Ludwig (1744–1816) 185, 304, 358
Schubart, Christian Friedrich Daniel (1739–1791) 210
Schubert, Franz (1797–1828) 132
Schünemann, Georg (1884–1945) 364
Schütz, Carl (1746–1800) 493f.
Schuppanzigh, Ignaz (1776–1830) 461
Schurig, Arthur (1870–1929) 105–107, 358, 436
Schwarzenberg, Johann Nepomuk Fürst (1742–1789) 340, 461
Schweden *siehe* Gustav III.
Schweitzer, Anton (1735–1787) 19, 21
Schweitzer, Franz Maria (vor 1745–nach 1790) 379
Shaffer, Peter (* 1926) 431, 473
Shakespeare, William (1564–1616) 90, 304f., 395
Shenstone, William (1714–1763) 172
Soler *siehe* Martín y Soler
Soliman, Angelo (eigtl. Mmadi Make; um 1726–1796) 96–99, 493, Tafel 10
Soliman, Anna (geb. von Christiani; um 1770) 98f.
Sömmerring, Samuel Thomas von (1755–1830) 455
Sonnenburg *siehe* Berchtold
Sonnenfels, Joseph Reichsfreiherr von (1732/33–1817) 171, 266f., 327
Sophie Dorothea von Württemberg (gen. Maria Fjodorowna; 1759–1829; verh. mit Paul I., Kaiser von Rußland) 71
Spanien *siehe* Maria Luise
Spielmann, Anton Freiherr von (1738–1813) 175, 197f., 200
Spielmann, Franziska von (1789–1847) 198

Spitta, Philipp (1801–1859) 345
Sporck, Franz Anton Graf (1662–1738) 316
Stadler, Anton Paul (1753–1812) 136, 270, 409, 449
Stadler, Maximilian (1748–1833) 425
Stainhauser, Gandolph Ernst (1766–1805) 492
Stamm, Cäcilia Cordula *siehe* Weber, Cäcilia Cordula
Starhemberg (Familie) 124, 398
Starzer, Joseph (1726–1787) 41, 179, 197
Steiner, Johann Nepomuk (1725–1793) 493
Stendhal (eigtl. Marie Henri Beyle; 1783–1842) 359
Stephanie, Anna Maria (geb. Myka; 1751–1802) 122
Stephanie, Johann Gottlieb (d. J.; 1741–1800) 42, 69f., 72f., 86, 88f., 122, 203, 218
Stoll, Anton (1747–1805) 386
Storace, Nancy Ann Selina (verh. Fisher; 1765–1817) 143, 304, 306–308, 319
Storace, Stephen John Seymour (1762–1796) 223, 304, 306, 308
Strack, Johann Kilian (1724–1793) 73, 461
Strobach, Johann Joseph (1731–1794) 452
Stütz, Andreas (1747–1806) 171
Stuwer, Johann Georg (1732–1802) 406
Süßmayr, Franz Xaver (1766–1803) 403f., 409, 425–427, 432
Swieten, Gerhard van (1700–1772) 338
Swieten, Gottfried Bernhard Baron von (1733–1803) 116f., 168, 176, 184, 196–198, 200, 336, 338–341, 346f., 353, 356, 369, 375, 377, 388, 425, 444f., 449f., 471f., 492

Taylor, William (1753–1825) 224
Téllez, Gabriel *siehe* Tirso de Molina

Personenregister

Textor, Katharina Elisabeth *siehe* Goethe, Katharina Elisabeth
Thaler, Franz Christian (1759–1817) 99
Thiennes de Rumbeke, Marie Karoline Gräfin (geb. Gräfin Cobenzl; 1755–1812) 41, 67, 176
Thorwart, Johann Franz Joseph (1737–1813) 74f., 80–84, 102
Thun-Hohenstein (Familie) 164f., 169, 171f., 174, 317, 467
Thun-Hohenstein, Elisabeth Gräfin (verh. Gräfin Rasumowski; 1764–1806) 168, 171–173
Thun-Hohenstein, Franz de Paula Joseph Graf (1734–1800) 165–167, 169f., 257, 492
Thun-Hohenstein, Johann Joseph Anton Graf (1711–1788) 165, 169f., 316, 318–320
Thun-Hohenstein, Maria Christina Gräfin (verh. Fürstin Lichnowsky; 1765–1841) 168f., 171–173, 347, 463
Thun-Hohenstein, Maria Karoline (verh. Guilford de Gillhall; 1769–1800) 168, 171–173
Thun-Hohenstein, Maria Wilhelmine Gräfin (geb. Gräfin Ulfeld; 1744–1800) 41, 164–174, 182, 184, 190, 196f., 200, 258, 274, 304, 323, 347, 365, 376, 450, 463, 493, Tafel 8
Thurn und Taxis, Carl Anselm Fürst von (1733–1805) 397
Tieck, Ludwig (1773–1853) 350
Tirso de Molina (eigtl. Gabriel Téllez; 1584?–1648) 324f.
Titus (Titus Flavius Vespasianus; 39–81) 411f., 414
Törring, Joseph August Graf von (1753–1826) 396
Tomasini, Luigi (1741–1808) 140
Toskana *siehe* Maria Theresia, *siehe* Leopold II.
Traeg, Johann (1748–1805) 384
Trapassi, Pietro Antonio Domenico Bonaventura *siehe* Metastasio, Pietro

Trattnern (eigtl. Trattner), Johann Thomas Edler von (1717–1798) 55f., 68, 124, 126f., 129, 175, 241, 492, Tafel 7
Trattnern (eigtl. Trattner), Maria Theresia von (geb. von Nagel; 1758–1793) 68, 126f.

Ugarte, Johann Wenzel Graf (1748–1796) 388
Ulfeld, Maria Wilhelmine Gräfin *siehe* Thun-Hohenstein, Maria Wilhelmine Gräfin
Umlauff, Ignaz (1746–1796) 141, 373, 377, 396
Ungar, Karl Raphael (1743–1807) 320
Urazowa *siehe* Gilowsky

Varesco, Giambattista (eigtl. Girolamo Giovanni Battista Varesco; 1735–1805) 20, 207
Vásonykö *siehe* Zichy
Voltaire (eigtl. François Marie Arouet; 1694–1778) 33

Waldsee *siehe* Hieronymus Joseph Franz
Waldstätten, Hugo Joseph Dominik Baron von (1737–1800) 102
Waldstätten, Martha Elisabeth Baronin von (geb. von Schäfer; 1744–1811) 75, 102, 122, 134f., 200f., 305
Wales, Prince of *siehe* Georg IV.
Walsegg-Stuppach, Anna Gräfin (geb. von Flammberg; 1770–1791) 424
Walsegg-Stuppach, Franz Graf (1763–1827) 424f., 450
Wandruszka, Adam (*1914) 388
Wangermann, Ernst (*1925) 388
Wappler, Christian Friedrich (1741–1807) 269
Weber, Aloysia (verh. Lange; 1759/61–1839) 44, 59, 63, 79–81, 105, 108, 110, 116, 122, 143, 199f.

Weber, Cäcilia Cordula (geb. Stamm; 1727–1793) 43, 58, 61, 64, 74f., 80–85, 102f., 109, 111, 119, 124, 216, 416, 427, 492
Weber, Carl Maria von (1786–1826) 455
Weber, Franz Fridolin (1733?–1779) 44, 74, 80, 108, 110
Weber, Fridolin (1691–1754) 110
Weber, Josepha (verh. Hofer; 1758?–1819) 63, 108, 140, 216, 398f., 415, 427, 478
Weber, Konstanze *siehe* Mozart, Konstanze
Weber, Sophie (verh. Haibel; 1763–1846) 63, 102, 108, 216, 426–428
Weigl, Anna Maria (geb. Scheffstoß; um 1740–nach 1769) 41, 164
Weigl, Joseph (1766–1846) 390
Weiser, Ignaz Anton (1701–1785) 37
Werthes, Friedrich August Clemens (1748–1817) 171
Wetzlar von Plankenstern (Familie) 125, 458
Wetzlar von Plankenstern, Johanna (geb. Calmer Freifrau Picqnigny; 1749–1793) 122
Wetzlar von Plankenstern, Karl Abraham (1716–1799) 458
Wetzlar von Plankenstern, Raimund Baron (1752–1810) 56, 122, 124–126, 175, 200f., 218, 222, 227, 346, 376, 458, 464
Wieland, Christoph Martin (1733–1813) 19, 446
Winter, Peter von (1754–1825) 82
Wührer, Friedrich (1900–1975) 14
Württemberg *siehe* Elisabeth Wilhelmine Luise, *siehe* Sophie Dorothea

Zahlheim, Franz de Paula Zaglauer von (1753–1786) 290–294
Zetti (um 1780) 28
Zichy von Vásonykö, Karl Graf (1753–1826) 148, 176, 184
Ziegenhagen, Franz Heinrich (1735–1806) 386
Zinzendorf, Karl Johann Christian Graf (1739–1813) 169, 302, 324, 366, 409
Zitterbarth, Bartholomäus (1757–1806) 399–401

SERIE PIPER

Joachim Kaiser

Große Pianisten in unserer Zeit

Von Klaus Bennert erweiterte Neuausgabe. 363 Seiten mit zahlreichen Notenbeispielen. SP 2376

Joachim Kaiser hat mit diesem Standardwerk über die großen Meister des Klavierspiels unserer Zeit – scherzhaft auch »Klavier-Michelin« genannt – einen großen Leserkreis unter den Musikfreunden des In- und Auslandes gefunden. Neben Rubinstein, Backhaus, Horowitz, Kempff, Arrau, Solomon, Richter, Gilels, Benedetti Michelangeli und Gould werden Vertreter der nächsten Pianistengeneration vorgestellt wie Gulda, Brendel, Barenboim, Argerich, Pollini, Perahia, Schiff, Zimerman und andere. Diese Ausgabe wurde von Klaus Bennert um das Kapitel »Verlust und neue Fülle« erweitert.

»Noch niemals habe ich erlebt, daß musikalische Interpretation mit derartiger Genauigkeit und Liebe zum Detail analysiert und beschrieben wurde.«
Arthur Rubinstein

Alfred Brendel

Musik beim Wort genommen

Über Musik, Musiker und das Metier des Pianisten. 278 Seiten mit zahlreichen Notenbeispielen. SP 8334

»Eines der brillantesten, gewiß auch amüsantesten Kapitel der aktuellen Musikliteratur – nein, nicht einfach lesen, sondern genüßlich auf der Zunge zergehen lassen. Es geht um das bisweilen diabolische Vergnügen bei der Lektüre des Diabelli-Kapitels.«
Klaus Bennert. Süddeutsche Zeitung

Nachdenken über Musik

Mit einem Interview von Jeremy Siepman. 231 Seiten mit 61 Notenbeispielen. SP 8244

»An sprachlichem Format übertrifft Brendels Erstling ein Fuder Musikbücher, an musikalischem ohnehin... Einer, der es nicht nur in den Fingern hat, versenkte sich in die Fragen seines Metiers, wobei er die Probleme als Praktiker, nicht als Schwarmgeist oder Eiferer anging.«
Süddeutsche Zeitung

Albrecht Roeseler

Große Geiger unseres Jahrhunderts

Von Norbert Hornig durchgesehene und erweiterte Neuausgabe. 457 Seiten mit 16 Notenbeispielen. SP 2375

Albrecht Roeselers Buch über große Geiger unseres Jahrhunderts ist für die Liebhaber und die Kenner des Violinspiels geschrieben. Es enthält eine durchaus persönlich getroffene Auswahl von Künsterporträts, beschreibt die Interpretationskunst der großen Geiger und die charakteristische Kraft ihres Spiels: die europäischen Virtuosen der zwanziger und dreißiger Jahre wie Kreisler und Busch, die Geiger der russischen Schule wie Heifetz, Milstein und die Oistrachs, sowjetische Künstler, die erst im »Westen« zu Weltruhm gelangten, wie Kremer und Tretjakow. Geiger der Weltklasse wie Menuhin, Stern, Perlman und Zukerman porträtiert Roeseler ebenso wie »junge« Künstler, etwa wie Anne-Sophie Mutter und Frank Peter Zimmermann. – Norbert Hornig aktualisierte dieses Buch. Er skizziert die Geigenszene der neunziger Jahre, bewertet die Karrieren etablierter Geiger aus heutiger Sicht und erzählt von neuen Talenten.

»Wer in die faszinierende Welt der Musikrezeption tiefer eindringen will, sollte Roeselers Buch zur Hand nehmen und lesen; Seite um Seite – oder ziellos blätternd: In jedem Fall wird er darin viel über Musik – so ganz im allgemeinen – erfahren. Roeselers Buch ist weit davon entfernt, eine trockene biographische Abhandlung über die Geigerstars der jüngeren Vergangenheit und der Gegenwart zu sein. Denn da erzählt ein Begeisterter, welches Abenteuer Musik-Hören sein kann. Und dort, wo er ganz persönlich wird und nicht verhehlen mag, was ihm am Stile des einen oder anderen allseits bejubelten Nachfolgers Paganinis besonders oder so gar nicht zusagen mag, dort wird dieses Buch am spannendsten. Die Begeisterung springt über, weil Roeseler letztlich sich selbst und seine Reaktionen ganz uneitel zu erklären vermag.«

Die Presse

SERIE PIPER

Gucken Sie mal über den Tellerrand.

Zwei Wochen kostenlos.

Tel. 0130/866686.